D1724342

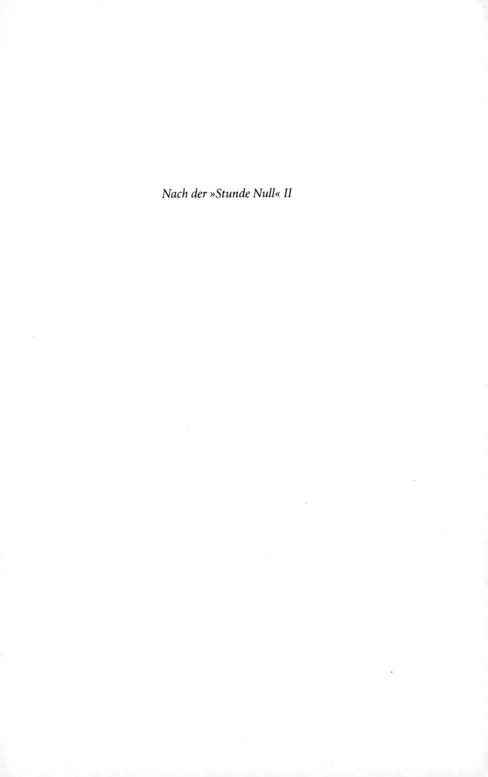

Nach der »Stunde Null« II

Dachauer Diskurse
Beiträge zur Zeitgeschichte
und zur historisch-politischen Bildung

Band 8

Herausgegeben von
Nina Ritz, Bernhard Schoßig und Robert Sigel

Annegret Braun, Norbert Göttler (Hrsg.)

Nach der »Stunde Null« II

Historische Nahaufnahmen aus den Gemeinden des Landkreises Dachau 1945 bis 1949

Herbert Utz Verlag · München

Umschlagabbildung: *Domjan Josef rasiert den Haag Johann, daneben stehend Haag Josef.*
© Sepp Haag, Feldgeding

Bibliografische Information der Deutschen Nationalbibliothek
Die Deutsche Nationalbibliothek verzeichnet diese Publikation
in der Deutschen Nationalbibliografie; detaillierte bibliografische Daten
sind im Internet über http://dnb.d-nb.de abrufbar.

ISBN 978 3 8316 4288 5

Printed in EU

Herbert Utz Verlag GmbH, München
089–277791–00 · www.utzverlag.de

INHALT

VORWORT

Mit diesem Buch über die Nachkriegszeit von 1945 bis 1949 im Landkreis Dachau wird ein reicher Schatz an regionalem Geschichtswissen vorgelegt. Das Buch entstand infolge des Leader-geförderten Projekts der Geschichtswerkstatt im Landkreis Dachau. Die Aufsätze präsentieren die Ergebnisse vieler sehr unterschiedlicher Forscher: geschichtsinteressierte Laien, Historiker und qualifizierte Heimatforscher, Einheimische und Zugezogene. Einige haben die Nachkriegszeit selbst erlebt, andere kennen sie nur aus den Geschichtsbüchern. Auch die Forschungen sind sehr unterschiedlich. Manche recherchieren seit Jahren über die Geschichte ihres Heimatortes und sind in Archiven schon zuhause, andere haben erst vor einiger Zeit begonnen, sich in die Regionalgeschichte einzuarbeiten. Manche sind in einem Team eingebunden und haben bereits historische Beiträge zur Ortsgeschichte geschrieben oder geben Heimatblätter mit historischen Themenschwerpunkten heraus. Andere wiederum sind Einzelkämpfer und können auf keine Vorarbeiten aufbauen. Aus diesem Grund sind die Texte, die wir in diesem Buch vorlegen, sehr unterschiedlich. Manche haben eine sehr aussagekräftige Quelle bei ihren Forschungen entdeckt und diese ausgewertet, wie Wolfgang Graf aus Altomünster, der das Tagebuch des Bürgermeisters Gruner heranzog oder Josef Mayr aus Tandern, der die Schulchronik auswertete oder Helmuth Rumrich aus Röhrmoos, der die Pfarrchronik verwendete. Andere wiederum erzählen als Zeitzeugen aus ihren eigenen Erinnerungen, wie Blasius Thätter aus Großberghofen und Franz Thaler aus Röhrmoos. Im Mittelpunkt der Aufsätze stehen Zeitzeugengespräche. Sie machen die Geschichte lebendig. So stützen sich die Beiträge von Josef Haas und Hubert Eberl aus Bergkirchen auf Zeitzeugeninterviews, ebenso die Beiträge von Ernst-Michael Hackbarth aus Pfaffenhofen a. d. Glonn, Jakob Schlatterer und Michael Lechner aus Hilgertshausen und dem bereits verstorbenen Heimatpfleger Manfred Daurer aus Sulzemoos. In seinem Beitrag erwähnt der leidenschaftliche Geschichtsforscher, wie schwierig es ist, Zeitzeugen zu finden, die bereit sind, über die Nachkriegszeit zu reden. Manche können auf die Erinnerungen ihrer Eltern zurückgreifen, so wie Thomas Vötter, der zusammen mit seinem gleichnamigen Vater die Erlebnisse der Kriegsgefangenschaft und seine Einheirat nach Gaggers aufgezeichnet hat. Der Beitrag von Karl Kühbandner aus Petershausen fasst die verschiedenen Forschungsergebnisse zusammen und gibt einen breiten Überblick über die Nachkriegszeit seiner Gemeinde. Anna Ziller berichtet über ein Geschichtsprojekt – Generationen im Gespräch – in Petershausen. Die anderen Aufsätze enthalten eine Kombination aus Zeitzeugeninterviews und Archivmaterial. Dazu gehören die Beiträge von Hans Kornprobst aus Markt Indersdorf, Petra Röhrle aus Karlsfeld, Inge Bortenschlager aus Feldgeding, Ursula Kohn unter der Mitarbeit von Simbert Greppmair aus Odelzhausen, Heinrich Fitger aus Weichs, Hedy Esters und Thomas Schlichenmayr aus Ampermoching, Hiltrud Frühauf aus Haimhausen und Annegret Braun aus Sulzemoos. Helmut Beilner und Ernst Spiegel haben in ihrem Beitrag einen besonderen Schwerpunkt auf die Heimatvertriebenen und Flüchtlinge gelegt. Auch zwei weitere Themen wurden vertiefend bearbeitet: Cornelia Reim aus Dachau schreibt über das wieder aufgenommene Musikleben in Dachau und Helmut Größ über das Schulwesen in Vierkirchen.

Die Beiträge sind in jeder Hinsicht sehr unterschiedlich. Von dieser Vielfalt lebt dieses Buch. Auch die Perspektiven zeigen eine sehr breite Spannweite. Sie reichen von der analytischen Gesamtbetrachtung aus Helikopter-Perspektive bis zu einer direkten Beobachtung mitten im Geschehen, also von der Reflexion über die sogenannte »Stunde Null« bis zu den erschreckenden Beobachtungen zweier Jungen, die bei Kriegsende die letzten Stunden einiger jungen, gefangengenommenen Deserteure miterlebten, bevor sie standrechtlich erschossen wurden.

Wir als Herausgeber freuen uns, dass so viele Autoren und Autorinnen zu dieser Vielfalt beigetragen haben. Sie haben monate- und jahrelang in ehrenamtlicher Arbeit geforscht. Nachdem der Band »Nach der ›Stunde Null‹. Stadt und Landkreis Dachau 1945 bis 1949« (München 2008) bereits einen Überblick über die Dachauer Nachkriegsgeschichte geboten hat, beleuchtet dieser Folgeband der »Dachauer Diskurse« nun erstmals detailliert die Situation in allen Teilgemeinden des Landkreises.

Da die Aufsätze vorwiegend die ländliche Erfahrungswelt aus der Perspektive der einheimischen Bevölkerung widerspiegeln, werden manche wichtige Themen der Nachkriegsgeschichte nur am Rande beleuchtet. Die Entnazifizierung ist noch immer ein verschwiegenes Thema, das nicht immer mit aller Offenheit behandelt werden konnte, wenn man das gewonnene Vertrauen der Zeitzeugen nicht verlieren und den Zugang zu weiteren Forschungen behalten möchte. Im ersten Band »Nach der ›Stunde Null‹« wurden jedoch die Entnazifizierung und andere Themen, die hier weniger zur Sprache kommen, ausführlich bearbeitet. Kriegsverbrechen der US-Armee oder Racheakte von ehemaligen Zwangsarbeitern wurden vor allem dann thematisiert, wenn Archivmaterial dazu vorhanden war. In den Erzählungen der Zeitzeugen standen diese nicht im Fokus, weil sie vor allem über ihr eigenes Erleben berichteten. Dennoch wird gerade dort, wo darüber geredet wird, eine Nähe zu den erschreckenden Ereignissen hergestellt, die man in Archiven kaum findet, so zum Beispiel, wenn Zeitzeugen über den Todesmarsch, das herannahende »merkwürdige« Geräusch der Holzschuhe und das Entsetzen beim Anblick der »völlig entkräfteten Häftlinge in KZ-Kleidung« erzählen.

Wir danken allen, die uns bei dieser Arbeit unterstützt haben. Dazu gehören die Archiv-Mitarbeiter, ganz besonders Andreas Bräunling vom Stadtarchiv Dachau. Auch den Mitarbeitern des »Dachauer Forums e. V.«, allen voran Annerose Stanglmayr, sei herzlich gedankt für die viele Arbeit, die weit über das Organisatorische hinausging und auch das letzte Korrekturlesen, zusammen mit Anton Jais, beinhaltete. Dass die Geschichtswerkstatt entstanden ist und das Buchprojekt realisiert werden konnte, ist vor allem dem Dachauer Forum zu verdanken. Ganz besonders danken wir Nina Ritz, Bernhard Schoßig und Robert Sigel für die Aufnahme dieses Aufsatzbandes in der Reihe »Dachauer Diskurse«. Auch unseren finanziellen Förderern und Ursula Kohn für ihre Initiative danken wir herzlich. Sie werden im Anhang aufgeführt. Gerne würden wir alle Menschen, die zum Gelingen des Buches beigetragen haben, namentlich nennen, aber das würde – angesichts der vielen Autoren – den Rahmen sprengen. Der größte Dank gilt den Zeitzeugen, die bereitwillig und offen über ihr Leben in der Nachkriegszeit erzählt haben. Ohne sie wäre dieses Buch nicht zustande gekommen, – oder es hätte ihm viel an Lebendigkeit gefehlt.

Die Herausgeber
Annegret Braun und Norbert Göttler

Von Feuerwehrmädchen, Persilscheinen und einer Sauna – Schlaglichter aus der Nachkriegsgeschichte von Sulzemoos[1]

Annegret Braun

Kriegsende

Dass der Krieg nun endlich ein Ende haben würde, hörten die Dorfbewohner in Sulzemoos am Sonntagvormittag des 29. April 1945, als laute Schüsse aus Richtung Odelzhausen donnerten. Kurz darauf schossen die Amerikaner von der Autobahn aus über Wiedenzhausen in den dahinter liegenden Wald, um zu überprüfen, ob Widerstand zu erwarten war.[2]

Die Bewohner von Sulzemoos waren vom Krieg weniger stark betroffen als andere Dörfer und Städte. Bei Kriegsbeginn wurden wenig Soldaten einberufen, »was auf die Fürbitten des Herrn N. N. [Name wurde nicht genannt, Anm. der Verf.] zurückzuführen ist und auf die Schlossgutspächterfamilie, die für ihre ausgedehnten Gründe an Wald, Wiesen und Äckern viel durch Reklamationen erreichten.«[3]

Die nationalsozialistische Ideologie fiel jedoch auch in Sulzemoos auf fruchtbaren Boden. Pfarrer Paul Müller berichtet von drei fanatischen jungen Kindergärtnerinnen des NSV-Kindergartens (Nationalsozialistische Volkswohlfahrt).[4] Diese drei Mädchen warben im Dorf mit Feuereifer für den BDM (Bund deutscher Mädel) und übten großen Druck aus, indem sie schon bei kleinen Vergehen drohten: »Das wird gemeldet.«[5] Diese Radikalität ging den Sulzemoosern zu weit, so dass man die drei Kindergärtnerinnen versetzen ließ. Dennoch gab es auch unter den Bürgern einige nationalsozialistische Anhänger, die ihre Macht ausspielten. Mehrere Zeitzeugen berichten von einem Sulzemooser, der sich in einer Gastwirtschaft gegen die Nationalsozialisten geäußert hatte. »Der is sofort nach Dachau kommen«, erzählt Michael Sedlmeier. Als er nach einigen Tagen wieder zurückkehrte, schwieg er über das, was ihm geschehen war. »Der hot nie mehr was gsagt.«[6] Auch die anderen Sulzemooser trauten sich kaum, offen zu reden. Dieser Vorfall war einschüchternd genug. »Do hot a jeder vorm Nachbar Angst ghabt«, erzählt ein Zeitzeuge, der mit seinem Bruder oftmals heimlich den »Feindsender« im Radio angehört hatte.[7] Eine Zeitzeugin erzählt, dass ihr Vater dem Konzentrationslager nur knapp entging. Er hatte ebenfalls eine negative Bemerkung gegen die Nationalsozialisten fallen lassen. Der damalige Lehrer, Herr Reiniger, versuchte, das zu verhindern: »Und der is zu meim Vader ganga – i siech ihn heut no steh in unserer Stubn [...]. Dann sagt er: ›Gehns naus zum Herrn [...] und dengans Abbitte leisten. Duans Eahna Muatter z'liab. Sie hot schon a Sohn im KZ. Und sie kommen hundertprozentig au nei.‹ Und mei Vader hot immer gsagt: ›Des mach i ned, des mach i ned.‹ Dann hot er gsagt: ›Tuns doch Ihrer Mutter z'lieb.‹ Und dann is mei Vader naus ganga, hot Abbitte gleistet.«

Von Kriegsschäden blieb der Gemeindebereich Sulzemoos weitgehend verschont. In Einsbach waren keine Schäden von Fliegerangriffen zu verzeichnen, schreibt Pfarrer Anton Straßmair in seinem Pfarrbericht.[8] Und in Wiedenzhausen waren ungefähr 100 kleine Bomben mit Splitterwirkung abgeworfen worden. Sie fielen fast alle auf die Felder und verursachten deshalb nur kleine Schäden an einigen Häusern am Ortsrand.[9] Am Waldrand von Sulzemoos beim Grubhof stürzte 1944 ein angeschossenes Flugzeug ab, das brennend über Sulzemoos geflogen war. Den Dorfbewohnern, die an die Unglücksstelle kamen, bot sich ein schreckliches Bild: »Do hot ma dann Arme liegn sehn und Füße. Die waren alle tot«, erzählt Anna Schindler.[10] »Do war a Loch drin, dass d'a Haus hättst neischdoin kenna.«, erinnert sich Hans Werthmüller.[11]

Auch der Kirchturm von Sulzemoos wurde angeschossen.[12] Wie es dazu kam, berichtet Jakob Brunner, der bei diesem Angriff um ein Haar selbst ums Leben gekommen wäre. Der damals achtjährige Junge war an diesem klaren Januarvormittag mit anderen Dorfkindern beim Skifahren am Mühlberg, als ein amerikanisches Flugzeug abstürzte, das von Deutschen abgeschossen worden war. Die größeren Buben eilten zur Absturzstelle und weil Jakob Brunner mit den Großen nicht mithalten konnte, kehrte er um und fragte seinen Bruder: »›Hans, do drunt is a Flugzeug runter. Geh ma nunter?‹ ›Ja.‹ Sam mia aa nunter gfahrn, nix mehr gseng. No hob i unten umkehrt im Holz drunt, Gemeindeholz nach Machtenstein, samma wieder raufgfahrn. Komm ma vom Woid raus, do seh ma obn, hams an Deutschen abgschossn ghabt; im Fallschirm [rettete sich der Pilot aus dem Flugzeug]. [...] Mir san raus, ham zuagschaut, wie der [Amerikaner] auf den gschossen hot. Und der is immer weiter runter kemma. Jetzt, so 20 Meter weg, hot er zu uns gsagt, mir soin uns hileng. Mir hom uns natürlich higlegt und er is runter. Und do war eine Rübenschanze [Rübenlager auf dem freien Feld] und do is er glei nei mim Fallschirm. Und währenddessen is der Flieger [ins Dorf] neiflong und hot in Kirchenturm neigschossn. Der is fünfmoi auf und ab.« Ein Schuss traf direkt in den Skistiefel von Jakob Brunner. Sein Glück war, dass er die Schuhe seines Bruders tragen musste, die ihm noch zu groß waren.»Der [Schuss] is ned durchn Schuah alloa, der ganze Ski war kaputt, de Ski warn ois derfetzt. Des hob i gemerkt, hob i zum Bruader gsagt: ›Hans‹ – der war weiter weg – ›jetzt hams ma in Schuah neigschossn.‹ Des hob i gemerkt. Und da war im Einschuss so a kloans Loch. Und der Ausschuss war in der Sohle so a groß Loch. No wo der abflong is, is der Fallschirmjäger glei raus – der Deutsche war a Kerl mit 25 Joahr, der Deutsche do – der is glei zu mir her: ›Mei‹, sogt er, ›Bua, lebst Du no.‹ Des woaß i no so guat. Der hot des mitkriagt. I bin jo nimmer raus ... i wollt ja scho immer aufsteh, aber bis i gschaugt hob, war er wieder do, der Fliager. Weil i bin mit de Ski so dringhängt. Vui Schnee hots ghobt. Des hot ja gstaubt, wenn der gschossn hot.«

Die Bedrohung durch Tieffliegerangriffe war bei Kriegsende allgegenwärtig, so dass sich die Bauern kaum noch aufs Feld wagten, wie Anna Schindler erzählt, die mit ihrer Familie selbst einen Angriff auf freiem Feld erlebte:»I konn mi no guad erinnern, mir warn a aufm Acker. No samma unterm Wagen nei, weil die auf uns gschossen ham. [...] De ham auf ois gschossen. Die ham auf einen Lastwagen [auf der Autobahn] in Sulzemoos geschossen. Die warn aa alle tot.«

EINMARSCH DER AMERIKANER

Die Amerikaner kamen von drei Seiten: von Bogenried, von Wiedenzhausen und von der Autobahn, erinnert sich Michael Sedlmeier. Viele Dorfbewohner mussten ihre Häuser räumen, weil sich dort die Amerikaner einquartierten. »Do hots ghoaßen: ›In fünf Minuten Haus verlassen!‹«, berichtet die Gastwirtstochter Anna Prachhart, geborene Baumgartner.[13] Die Soldaten kamen in die Wirtschaft, als die Familie beim Kaffeetrinken zusammen saß, um den Geburtstag ihrer Schwester zu feiern. Den Geburtstagkuchen verspeisten die Amerikaner.

Die Dorfbewohner mussten das Haus verlassen und durften meistens nichts mitnehmen. Michael Sedlmeier musste mit seinen Eltern und seiner Schwester für einige Nächte ins Lagerhaus ziehen.[14] Familie Hartmann (Soller) musste das Haus komplett leer räumen, weil die Amerikaner dort das Hauptquartier einrichteten. Anna Schindler nahm ein bisschen mehr mit als sie durfte: »Do hob i an Fotoapparat ghabt vo meim Onkel und ma hot ja ois abliefern miassn, Fotoapparat, Gewehre. Mei Vadder hot a Gwehr im Garten vergrom, weil er Angst ghot hot und i woid hoit unbedingt den Fotoapparat raushoin. Na hat mei Muatter gsagt: ›Nimm'n ned mit. Des is doch ned wert. Wenns de derwischen!‹ Und i hob'n rausgschmuggelt!«

Die Unterbringung war notdürftig und beengt. »Mir san oisam neipfercht gwen im Feuerwehrhaisl.«, erzählt Hans Werthmüller, der mit mehreren Familien dort unterkam. Ganz anders erlebte es Anna Prachhart. Sie übernachtete mit ihrer Familie im Stall: »Im Stroh hom ma gschlafa. Des war schee. Mir hams ja warm ghabt.« Auch der Pfarrer musste das Pfarrhaus verlassen und richtete sich darauf ein, mit seiner Schwester in der Sakristei zu übernachten.[15] Beide kamen aber schließlich im Schloss unter und schliefen im Empfangsraum auf Matratzen. Am nächsten Tag konnten sie schon wieder in den Pfarrhof zurück. Die Gutspächterfamilie und Schlossbediensteten kamen gleich mit, denn sie mussten ebenfalls ihre Räume verlassen, weil eine nachkommende amerikanische Truppe drei Tage lang das ganze Schloss belegte.[16]

Nachdem die Amerikaner abgezogen waren und die Bewohner wieder in ihre Häuser zurückkehrten, fanden sie eine ziemliche Verwüstung vor. Die Schwester des Pfarrers holte sich gleich drei Hilfskräfte, um aufzuräumen.[17] Und die Gastwirtstochter Anna Prachhart erzählt, dass das ganze Geschirr, auch das Hochzeitsservice, benutzt war: »Mir ham koa Gschirr nimmer ghobt. Der ganze Saal, – überall warn die Teller! Ja, da hots ausgschaugt!«[18] Auch im Haus der Familie Hartmann herrschte ein Chaos: »Und dann wias wegzong san, i sag Eahna, unser Haus hot ausgschaugt: alles voller Kabel!«[19]

Im Schloss haben die Amerikaner zudem noch geplündert. »Am 1. Mai konnte man kurz in das Schloß: Es bot einen trostlosen Anblick: eine Plünderung sondergleichen« schrieb Pfarrer Paul Müller.[20] Er selbst beklagte, dass sich die Amerikaner über seinen Meßwein hergemacht hatten. In der Sakristei war eine Flasche Meßwein geöffnet, aber nicht leer. Er hatte den Amerikanern offenbar nicht sonderlich gut geschmeckt.[21] Sie hofften wohl, dass der Pfarrer seinen guten Wein im Keller des Pfarrhofes lagerte, denn von dort nahmen sie ungefähr 15 Flaschen mit. Offensichtlich hatte der Pfarrer einen reichen Vorrat an Meßwein. Es war aber noch lange nicht alles. Der Pfarrer berichtet, dass er noch einige Flaschen vor dem Einmarsch in Sicherheit gebracht hatte.[22]

Ein Phänomen, das in den Erinnerungen der Zeitzeugen sehr häufig auftaucht, ist der Heißhunger der Amerikaner auf Eier. Der Grund, so wird häufig erklärt, lag darin, dass die Amerikaner befürchteten, von den Deutschen vergiftet zu werden. Auch in Sulzemoos plünderten die Soldaten die Hühnerställe: »In Hühnerstoi sans nauf. Ja, de Henna hom gar ned Eier gnua leng kenna!«[23], erzählt Anna Prachhart. Auch Hans Steiner, der als Vertriebener mit seinen Geschwistern nach Sulzemoos kam, erzählt von einem eindrücklichen Erlebnis, als die Amerikaner mit ihren Panzern und Jeeps in Langenpettenbach einfuhren: »Auf einmal bleibt der Panzer stehen und a Neger springt runter und kommt zu uns daher und tut sein Stahlhelm runter, hält den Stahlhelm her und verlangt was von uns. Und hat ihn niemand verstanden. Auf amoi hat er's gackern angfangen. No hot die Bäuerin gsagt: ›Ah, der möcht a Oar!‹ hat sie gsagt. Dann lauft sie rein, – früher haben die Bäuerinnen einen Schurz ghabt – hat do ihre Eier drin ghabt und hat dann die Eier in den Stahlhelm reiglegt. Er ist dann auf sein Panzer, hot sich do naufgschwunga, hat sich freundlich bedankt und dann sans weitergfahren.«[24]

ENTNAZIFIZIERUNG UND REEDUCATION

Vom 17. Juni bis 2. August 1945 trafen sich die Alliierten in Potsdam, um sich auf das weitere Vorgehen im Nachkriegsdeutschland zu einigen. Deutschland sollte nicht vernichtet, sondern auf der Grundlage demokratischer Politik wieder aufgebaut werden. Als unerlässliche Vorbedingung dafür galt die Entmilitarisierung und Entnazifizierung.[25] Das Gesetz zur Befreiung von Nationalsozialismus und Militarismus wurde am 5. März 1946 unterzeichnet.[26] Mittels Fragebogen mussten die früheren NSDAP-Mitglieder über ihre Beteiligung am Nationalsozialismus Rechenschaft ablegen. Von entscheidender Bedeutung waren dabei die Beurteilungen von Opfern und Gegnern des NS-Regimes. Positive Gutachten – auch »Persilscheine« genannt – konnten die Betroffenen »reinwaschen«. Nach Prüfung des Fragenbogens und des Entlastungsmaterials wurden sie eine der folgenden Gruppen zugeordnet: 1. Hauptschuldige, 2. Belastete, 3. Minderbelastete, 4. Mitläufer und 5. Entlastete.[27] Die Sühnemaßnahmen waren unterschiedlich. Mitläufer mussten einen Beitrag zu einem Wiedergutmachungsfond leisten, Minderbelastete durften zudem kein öffentliches Amt begleiten und Belastete kamen in ein Internierungslager und verloren neben anderen Beschränkungen auch das Wahlrecht.[28]

Das Entnazifizierungsverfahren verlief keineswegs im Verborgenen. Im Gegenteil, die Ergebnisse wurden in der Zeitung veröffentlicht. Im Amtsblatt

Dachau gab die Militärregierung regelmäßig bekannt: »Die Fragebogen folgender Personen wurden von der Militärregierung geprüft und es bestehen keine Bedenken, diese Leute einzustellen oder sie in ihren Stellungen zu belassen.«[29] Dann erfolgte eine lange Liste mit Namen und genauem Wohnort. Man konnte im Amtsblatt auch nachlesen, wer aufgrund seiner nationalsozialistischen Vergangenheit entlassen wurde.

Die Entnazifizierung war und ist nicht nur in der Öffentlichkeit umstritten, sondern auch in der Wissenschaft.[30] Das sehr weit gestreute Entnazifizierungsverfahren führte zu Ungerechtigkeiten, so dass sich die Bevölkerung mit den Betroffenen solidarisierte. Zudem wurden viele »Persilscheine« aus Gefälligkeit oder aufgrund von Abhängigkeiten ausgestellt. Als problematisch wird gesehen, dass die aktiven Nationalsozialisten häufig mit einer geringen Strafe davon kamen und bald wieder in Amt und Würden waren, während andere als Mitläufer zu sühnen hatten, obwohl sie nur formal – und nicht selten unter Druck – Parteimitglied waren, um ihre Existenzgrundlage nicht zu verlieren.

Auch in den Spruchkammerakten von Bewohnern aus den Dörfern im Gemeindebereich Sulzemoos finden sich Hinweise auf Ungerechtigkeiten und Abhängigkeiten. Ein in der Partei aktiver Nationalsozialist war mehr als zweieinhalb Jahre im Internierungslager in Moosburg.[31] Er galt aufgrund seiner NS-Funktion als Belasteter und wurde deshalb in der Klageschrift der Gruppe 2 zugeordnet. Die Spruchkammer wies ihn jedoch der Gruppe 3 der Minderbelasteten zu. Dagegen legten beide Seiten Berufung ein: der öffentliche Kläger, weil die Einstufung zu niedrig war und der Betroffene, weil er die Einstufung zu streng fand. Der Betroffene beantragte, als Mitläufer herabgestuft zu werden, um seinen Beruf weiterhin ausüben zu können. Mehrere Bürgermeister – der seines Dorfes und einige Kollegen der umliegenden Gemeinden – setzten sich für ihn ein und schrieben an die Spruchkammer, dass er sich in seinem öffentlichen Amt als Nationalsozialist stets korrekt verhalten habe. Er sei zu Unrecht denunziert worden. Man möge doch das Verfahren beschleunigen und ihn freisprechen, denn er würde aufgrund seiner handwerklichen Fähigkeiten von den Bauern gebraucht werden. Das Verfahren endete damit, dass die Spruchkammer den Betroffenen nun zum Mitläufer herabstufte. Als Begründung wurde seine lange Internierung und die Arbeit genannt, die er dort freiwillig ableistete. War das tatsächlich der Grund oder hatten die vielen Fürsprecher seine Herabstufung bewirkt? Das kann aus heutiger Sicht kaum mehr beurteilt werden.

Auch ein anderer aktiver Nationalsozialist aus dem Gemeindebereich Sulzemoos wurde vom Minderbelasteten zum Mitläufer herabgestuft. Zu seiner Verteidigung hatte er angeführt, dass er den Feindsender gehört habe und sonntags regelmäßig in die Kirche ging. Auch er fühlte sich ungerecht behandelt und schrieb im April 1949 handschriftlich an die Spruchkammer: »Ich als kleiner Pg. [Parteigenosse] sollte einen Wiedergutmachungsfond von 250 DM leisten, das ist heute ein Vermögen. Wo sollte ich das Geld hernehmen, die Arbeit ist ja ganz wenig. Kaum dass es zum Leben reicht. Das Sprichwort heist [sic], die kleinen Pg. werden bestraft und die großen lässt man laufen. Ich kann die Summe nicht bezahlen.«[32]

Auch hier muss offen bleiben, wie gerechtfertigt der Sühnebescheid der Spruchkammer war. Dass die Entnazifizierung nicht wirklich sinnvoll umgesetzt wurde, zeigt sich auch daran, dass andere Dorfbewohner, die von mehreren Zeitzeugen ebenfalls als aktive Nazis bezeichnet wurden, offensichtlich ungeschoren davonkamen. Es finden sich zumindest keine Hinweise in den Spruchkammerakten und auch Zeitzeugen erinnern sich nicht, dass diese Personen zur Rechenschaft gezogen worden wären.

Auch das Entnazifizierungsverfahren des Limonadenfabrikanten Gasteiger zeigt, wie unklar die Kriterien waren, nach denen die Betroffenen in die Gruppen eingeordnet wurden. Simon Gasteiger wurde als Mitläufer eingestuft, obwohl er seit 1934 nicht mehr der Partei angehörte. Er musste 1933 als Gemeinderatsmitglied in die Partei eintreten, doch bereits ein Jahr später wurde er aus der Partei und dem Gemeinderat als »Stänkerer und Meckerer« entlassen.[33] Der Grund war, dass Simon Gasteiger sich gegen die Verhaftung von zwei Sulzemoosern gewandt hatte sowie gegen weitere geplante Verhaftungen. Durch sein Einschreiten konnte er die vorgesehenen Festnahmen verhindern. Ihm selbst wurde die Einweisung ins Konzentrationslager Dachau angedroht. Laut verschiedener Zeugenaussagen habe er sich auch danach immer wieder gegen die Nationalsozialisten geäußert. Das bestätigte auch der Staatsminister Dr. Joseph Baumgartner.[34] Auch wenn schwer zu sagen ist, wie glaubhaft die Zeugenaussagen sind, so spricht doch vieles für die Richtigkeit, denn so schnell entließen die Nationalsozialisten niemand aus ihrer Partei.

Auch der Lehrer S. in Sulzemoos wurde als Mitläufer eingestuft.[35] Er war jedoch ein eifriger Verfechter des Nationalsozialismus, wie verschiedene Zeitzeugen erzählen. Zwar hatte er sich aus der Politik herausgehalten, wie ihm der Bürgermeister bescheinigte, aber als Lehrer hatte er einen enormen Einfluss auf die Kinder und zudem alle Handlungsfreiheiten. Hier stellt sich die Frage, ob Lehrer nicht viel mehr Schuld auf sich geladen haben als andere Mitläufer. Die Amerikaner haben dies so beurteilt, als sie bei ihrem Einmarsch die Lehrer entließen, wie im Abschnitt »Aufbau von Schule, Kirche und Politik« gezeigt wird. Die Ungerechtigkeit der Entnazifizierung zeigt sich daran, dass sowohl Simon Gasteiger als auch der Lehrer in der gleichen Gruppe der Mitläufer eingestuft waren, obwohl sie eine unterschiedliche Gesinnung und ein unterschiedliches Verhalten während des Nationalsozialismus an den Tag legten.

Auch andere Personen, die in keiner Weise als Nationalsozialisten in Erscheinung getreten waren, mussten sich einem Entnazifizierungsverfahren stellen, wie zum Beispiel die beiden Ärzte Dr. Hans Früchte und Dr. Hermann Hertkorn. Sie waren in der SA (Sturmabteilung), um ihr Medizinstudium absolvieren zu können. Beide versuchten, sich möglichst wenig zu beteiligen und sich vor den Appellen zu drücken. Hermann Hertkorn wurde deshalb mit »unehrenhafter Entlassung aus der SA« gedroht, was auch seine geschiedene Ehefrau Diana, eine Engländerin, bezeugte. [36] Wie viele SA-Mitglieder wurde Hermann Hertkorn nach fünf Jahren automatisch Mitgliedsanwärter der NSDAP, ohne dass er einen Antrag gestellt hatte. Für ihn entlastend war auch ein Gutachten der in Leningrad geborenen Diana Jan-Sün, Tochter eines chinesischen Arztes. 1941 fiel sie als 14-jährige mit ihrem jüngeren Bruder in die Hände der deutschen Wehrmacht, so erklärt sie in einem Schreiben an die Spruchkammer. [37] Sie war dem Hungertod nahe, kam in ein Lazarett und arbeitete anschließend als Dolmetscherin und Pflegerin. Dr. Hertkorn, der 1942 zu dieser Einheit stieß, habe sich um die russischen Kriegsgefangen und die verletzte Zivilbevölkerung, aber auch um sie und ihren Bruder in besonderer Weise gekümmert. Auch eine Jüdin habe er gerettet, indem er angab, dass sie Russin sei. Unter Einsatz seines Lebens brachte Dr. Hertkorn Diana Jan-Sün nach Deutschland, so erklärte sie. Aufgrund dieser Gutachten wurde Dr. Hertkorn als Mitläufer eingestuft.

Dr. Hans Früchte hingegen wurde – als einer der Wenigen – in die Gruppe der Entlasteten eingestuft und freigesprochen, was auch bedeutete, dass die Kosten des Verfahrens von der Staatskasse übernommen wurden. [38] Die Spruchkammer sah es als erwiesen an, dass Dr. Früchte kein Nationalsozialist gewesen war, sondern dem Verein nur auf äußeren Druck beigetreten war, um Medizin studieren zu können. Auch er blieb den NS-Veranstaltungen fern. In der Begründung erklärt die Spruchkammer, dass Dr. Früchte sich in vielerlei Weise dem Nationalsozialismus widersetzte. Er habe versucht, möglichst viele

Soldaten vor der dem Krieg zu bewahren, indem er sie als wehruntauglich einstufte. Außerdem hatte er etlichen russischen Kriegsgefangenen und Juden das Leben gerettet, indem er ihnen zur Flucht verhalf. Die Juden rettete er zudem mit einer außergewöhnlichen Operation, wie der polnische Jude Henryk Schechter in einer eidesstattlichen Erklärung schreibt:»Mir selbst verschaffte Dr. Früchte zur rechten Zeit falsche Papiere und die Gelegenheit zur Flucht. Damit ich nicht durch meine Beschneidung als Jude erkannt würde, hat mir Dr. Früchte durch eine Operation die Beschneidungsnarbe so geändert, dass ich sie als Narbe nach einer Phimosenoperation ausgeben konnte. Nur dadurch rettet[e] ich später mein Leben, denn da ich weder die deutsche noch die russische Sprache ganz beherrsche, sondern nur hebräisch und polnisch, machte ich mich verdächtig, konnte aber bei der körperlichen Untersuchung stets meine ›nichtjüdische Abstammung‹ nachweisen.«[39]

In den Wirren der Nachkriegszeit

In der unmittelbaren Nachkriegszeit herrschte ein großes Durcheinander. Die amerikanische Militärregierung entließ Bürgermeister, Lehrer und andere Parteimitglieder aus ihren Ämtern. Die KZ-Häftlinge wurden befreit, die Zwangsarbeiter gingen in ihre Länder zurück, soweit es möglich war. Menschen aus südosteuropäischen Ländern blieb der Weg in ihre Heimat oft versperrt. Soldaten, SS-Leute und ehemalige Häftlinge versuchten, an Zivilkleidung zu gelangen. Hinzu kamen die vielen Flüchtlinge und Vertriebenen, die eine Unterkunft benötigten. Es waren viele Menschen unterwegs. Viktoria Baumgartner, geborene Huber erzählt, dass in den ersten Wochen viele Menschen bei ihnen auf dem Lederhof vorbeikamen, um einige Zeit Unterschlupf zu finden. »A Bekannter is komma und über Nacht blim. Den ham se umzong, der hot um an Anzug bettelt. [...] Und vom KZ san oa herkemma. [...] Oaner is von Köln gwen, a junger Kerl. Der hot bloss no Haut und Knocha ghot. [...] Der is no a Zeitlang doblim. Und der hot dann mitn Essen..., er hot do glei Mongweah [Magenschmerzen] kriagt, weil der Mong war so eingschlupft. Der is a Zeitlang doblim bis er besser beinand war. No is er hoam. Mir hom des ganze Haus voi ghot. Dann warn a paar Feldwebel [...] bis die ihre Familien ghobt ham. [...] No war oaner vom Schwarzwald [aus dem KZ] dabei. Der is bloß a paar Tag doblim. No is er wieder weiter marschiert. Er hot gsagt, a Nachbar hot ihn wegen Schwarzhören ozeigt.« Es war eine

Zeit voller Ängste und Unsicherheiten, zwischen einer schweren, belasteten Vergangenheit und einer ungewissen Zukunft.

Auch die Ernährungssituation war äußerst schwierig. Hamsterer aus München kamen aufs Land und baten um Eier oder Kartoffeln. Die Städter gingen vor allem in die Dörfer, die an den Bahnlinien lagen. Nach Sulzemoos kamen weniger, nach Einsbach aufgrund der Bahnstation in Maisach schon mehr. Manchmal entstand ein reger Tauschhandel. Eine Zeitzeugin berichtet, dass ihre Mutter durch den Tauschhandel die Tisch- und Bettwäsche für die Aussteuer ihrer Töchter zusammen sammelte. Doch die meisten Hamsterer hatten nichts zum Eintauschen, aber die Dorfbewohner gaben dennoch, was sie abgeben konnten. Hunger musste die Landbevölkerung nicht leiden. »Eier, Fett und Milch und Mehl hamma ja doch ghabt. Aber Zucker, des war scho a Rarität. […] Von de Zuckerruam hot ma dann an Sirup kocht«, erzählt eine Zeitzeugin aus Einsbach.

Um die Ernährung der Bevölkerung zu sichern, waren die Bauern strengen Abgabevorschriften unterworfen. Der aus Sulzemoos stammende Landwirtschaftsminister Dr. Joseph Baumgartner drohte mit einer harten Bestrafung für diejenigen, die sich nicht daran hielten.[40] Dennoch wurde überall schwarzgeschlachtet und schwarzgebuttert. Ganz verheimlichen konnte man das nicht, aber niemand verriet den anderen, weil jeder zu seinem Fleisch kommen wollte. Nicht alle konnten selbst schlachten. Eine Zeitzeugin erzählt: »Da Vader, der hot soiber ned schlachta kenna. Do hot er ned umgeh kenna, mitm Schlachten. Nachha hätt ma owei an Metzger braucht und wen nimmt man do? Und des war jo gfährlich. S'hot sich jo ned glei oaner bereit erklärt, dass er für'n andern a Sau schlacht. Mir ham oamoi a Sau gschlacht. Do hamma no scho an Schein ghabt [Schlachtmarke] […]. No hot mei Vader gsagt, mir schlachten de kleana [Sau] und hot de größer gschlacht. So genau ist do a ned nachgschaut worn. Aber do hamma sunst da ganze Summer koa Fleischmarkn kriagt. Ma hot da bloß amoi a Greicherts [Geräuchertes] ghabt. Des is oan do scho aa drom nausgwachsn.« Zwischendurch hat man ein Huhn geschlachtet. Das konnte man leichter an den Kontrollen vorbeischleusen. »Mit de Henna hams ned so leicht doa min Zoin [mit dem Zählen].«

Auch gebuttert wurde heimlich. Zwar hatte man die Zentrifugen abgeben müssen, so dass man nur noch das äußere Butterfass besaß, aber meist wusste man sich zu helfen. Manche hatten noch eine alte defekte Zentrifuge auf dem Speicher und gaben diese dem Kontrolleur ab anstelle der funktionierenden. Oder man ließ sich vom Schmied heimlich das fehlende Teil anfertigen. Oder aber man teilte die Zentrifuge mit den Nachbarn.»I woaß, mir ham mim Nachbar des oiwei hin und her trong«, so erzählt eine Zeitzeugin lachend.

Auch Bier und Limonade wurden sehr vermisst. Das zeigt ein Brief von Pfarrer Müller, den er an die Spruchkammer schrieb, um den Limonadenfabrikanten Simon Gasteiger zu entlasten:»Es wäre von grösstem Nachteil, wenn die Limonadenfabrikation irgendwie gehemmt würde; die ganze Umgebung benötigt die Limonaden und die letzte Vergangenheit mit ihrer Bierknappheit hat den eklatanten Beweis geliefert, dass die ländliche Bevölkerung, wenn dann auch keine Limonaden zu haben sind, eben zur Milch im Hause als Getränk greift, was gerade jetzt ein furchtbarer Verlust an Milch und Fett für das Volk wäre. Das Privatunternehmen des H. Gasteiger ist, social [sic] gesehen, von grösster Wichtigkeit. Die Limonaden kann man auch als das Getränk der ›Armen‹ bezeichnen, wie die Erfahrung der letzten Jahre gezeigt hat.«[41] Der Pfarrer, so scheint es, sorgte sich in seinem Schreiben vor allem um die Limonadenherstellung. Bemerkenswert ist, dass er Limonade als »das Getränk der Armen« bezeichnete, weil sie sich kein Bier leisten konnten. Tatsächlich zeigen Aussagen von Zeitzeugen aber, dass »Arme«, wie beispielsweise Flüchtlinge, Wasser tranken, wenn es kein Bier gab. Limonade als Bier-Ersatz konnten sich wahrscheinlich nur Bessergestellte leisten, zu denen auch der Pfarrer gehörte. Bier gab es in der unmittelbaren Nachkriegszeit wenig. Im Juni 1945 hatte die Militärregierung ein Mälz- und Sudverbot erlassen, weil das ganze Getreide zum Brotbacken gebraucht wurde. Das nahmen die Bayern jedoch nicht so einfach hin. Die Behörden erklärten der Militärregierung immer wieder, daß Bier in Bayern kein Genussmittel sei, sondern ein wichtiges Nahrungsmittel.[42]

Die unmittelbare Nachkriegszeit war auch eine gefährliche Zeit. Kinder und Jugendliche suchten Abenteuer und spielten mit Waffen und Munitionen, die in den Wäldern und Flüssen versteckt waren oder manchmal ganz offen herum lagen. Immer wieder passierten tragische Unglücksfälle. Von Sulzemoos sind keine Unfälle bekannt.

Gefährliche Situationen entstanden auch durch die vielen Plünderungen. In manchen Orten wurden die Bewohner bei solchen Raubzügen ermordet. Einödhöfe waren von Überfällen besonders betroffen. Die Plünderer – häufig waren es laut Zeitzeugenaussagen ehemalige Häftlinge und Zwangsarbeiter aus Osteuropa – nahmen Kleidung, Fahrräder, Lebensmittel, Hühner, lebende Schweine und einmal sogar eine trächtige Zuchtsau mit, was für den Bauern ein schwerer Verlust war.[43] Als der Bauer, ein Vater von 15 Kindern bat, man möge ihm wenigstens ein Fahrrad lassen, drohten ihm die Plünderer mit Erhängen.

Diebstähle geschahen am hellichten Tag. Eine Bäuerin aus Wiedenzhausen erzählt:»I woaß, zu uns is amoi oaner rei kemma, do ham ma unsern ersten Radio ghabt. […] Wo ma Abend gessen ham, kimmt a Pole rei, schaugt umanand, hot gsen, dass a Radio drom steht auf'm Kasten, nimmt den runter und weg is er.«

Auch in der Limonadenfabrik Gasteiger wurde mehrmals eingebrochen und Zucker, Schuhe, Wäsche, Fleisch, ein Motorrad und Schnapsdestilat gestohlen.[44] Pfarrer Paul Müller schrieb am 30. Juli 1945:»Die Plünderer waren wohl Polen, auch wenn sie zum Teil amerikanische Uniformen trugen.«[45] Ob diese Vermutung zutrifft, dass es ausschließlich Polen waren, ist fraglich, denn die Amerikaner schenkten jungen Mädchen Spitzenwäsche, die ein Münchner Unternehmen bei Simon Gasteiger gelagert hatte. »Da war beim Gasteiger drübn a großes Wäschelager. Und die Amerikaner ham meiner Schwester, und a Dirn [Magd] ham ma ghabt, – dene hom se Unterwäsche brocht und Seidenstrümpf. Mir hom des ned gwusst, dass do a Lager drübn is.«[46]

Vieles lief in der Nachkriegszeit ungeordnet ab, weil die Informationsvermittlung schwierig war. Nachrichten wurden häufig über den Rundfunk gesendet, weil es wegen Papiermangel kaum Zeitungen gab. Die erste Ausgabe des »Amtsblatt für die Stadt und den Landkreis Dachau« erschien am 27. Juni 1947. Wie wenig planbar und voraussagbar die Entwicklungen waren, wird daran deutlich, dass in dieser ersten Ausgabe steht:»erscheint voraussichtlich jede Woche«[47].

FLÜCHTLINGE, HEIMATVERTRIEBENE UND EINE SAUNA

1946 befanden sich in der Gemeinde Sulzemoos 200 Flüchtlinge und 10 Evakuierte.[48] Die Bevölkerung war in Sulzemoos von 398 Einwohnern (1938) auf 626 (1946) angewachsen, in Einsbach von 239 auf 342 und in Wiedenzhausen von 423 auf 574.[49] Die Bürgermeister hatten die äußerst schwierige Aufgabe, die Vertriebenen und Flüchtlinge irgendwo unterzubringen. Jeder freie Raum wurde beschlagnahmt und wenn er noch so klein war. Eine Zeitzeugin aus Einsbach erzählt, dass sie mit ihrer Familie in einem kleinen, alten Haus wohnte, in dem kein Zimmer frei war. »Bloß a ganz a elendigs Loch. Do war bloss so a Fensterl drinna und des war wirklich nix Schönes.« Dort wurden zwei Mädchen im Schulalter untergebracht, die Eltern und Geschwister der Mädchen in den Nachbarhäusern. Auch in die prachtvollen Räume wurden Flüchtlinge einquartiert. Im Bauernhaus der Familie Sitti in Wiedenzhausen gab es eine »schöne Kammer«, die nur für ganz besondere Gelegenheiten genutzt wurde. Kindern war das Betreten dieses Zimmers verboten. Dieser große, mit Stuck und Leuchter ausgestattete Raum wurde ebenfalls mit Heimatvertriebenen und Flüchtlingen belegt. Die damals 20-jährige Tochter hat die einquartierten Familien in guter Erinnerung.[50]

Auch im Gasthaus Baumgartner kamen heimatlose Menschen unter. Das Zusammenleben gestaltete sich sehr unterschiedlich. Die einen hatten viele Kinder und galten als verwahrlost, so dass später das Fürsorgeamt einschritt, wie im Abschnitt Normalisierung und Integration gezeigt wird. Die anderen hingegen waren »feine« Leute. »Da war eine dabei, die hot so schee sticken kenna. Mei Schwester hot a Kleid kriagt, do hots obn alles gstickt.« Diese Stickarbeiten tauschte die Flüchtlingsfrau gegen Nahrungsmittel und andere Dinge ein.

Die Flüchtlinge wurden am Anfang nicht mit offenen Armen aufgenommen. Daran erinnern sich die einheimischen Zeitzeugen kaum mehr, was ein Zeichen dafür ist, wie gut die Integration gelungen ist. Die Vertriebenen und Flüchtlinge erinnern sich jedoch noch gut an die Anfangsschwierigkeiten: »Sie [die Einheimischen] haben dann gefragt: ›Was mechts ihr Zigeuner, warum seid ihr ned daheim blieben‹«, erzählt ein Zeitzeuge. Aber auch von guten Erfahrungen wird berichtet. Theresa Baumgartner, die Mutter des Staatsministers Joseph Baumgartner, war eine herzensgute Frau und steckte den Flüchtlingen heimlich immer etwas zum Essen zu, was ihre Familie nicht gern sah. Auch vom Lederhof berichten Flüchtlinge Positives. Sie wurden freundlich behandelt, bekamen genug zu essen und sogar ein Stück Garten zur Verfügung gestellt, in dem sie Gemüse anbauen konnten. Als eine ungarische Flüchtlingsfrau ihren mitgebrachten Paprika- und Tomatensamen säte, beobachtete die alte Lederhof-Bäuerin staunend dieses unbekannte Gewächs und meinte fast ehrfurchtsvoll: »Ja was unser Herrgott ois wachsen lasst!«

Durch die vielen Flüchtlinge und Vertriebenen war das Zusammenleben beengt. Die hygienischen Verhältnisse waren schlecht, weil es an Waschgelegenheiten fehlte. Der Sulzemooser Arzt Dr. Hertkorn hatte eine Lösung für dieses Problem: Er wollte eine Sauna bauen. Während des Krieges hatte er als Soldat in Nordrussland Saunahütten gesehen und eigene Pläne für eine

Sauna in Sulzemoos 1948

Finnische Sauna entwickelt. Im August 1946 stellte er einen Bauantrag an den Landrat.[51] Darin betonte er, dass die Sauna vor allem ein Gewinn für die Flüchtlinge sei. »Bei meiner ärztlichen Tätigkeit in Sulzemoos hatte ich die Gelegenheit, zu beobachten, dass der weitaus größte Teil aller Flüchtlinge keine Gelegenheit hat, den Körper einer gründlichen Reinigung durch ein warmes Bad zu unterziehen. In vielen Fällen besteht nicht einmal die Möglichkeit einer gründlichen Abwaschung. Hautkrankheiten, wie z.b. Krätze gehören deshalb zum täglichen Bild der Landpraxis. Auch unter der einheimischen Bevölkerung macht sich eine Zunahme von Hauterkrankungen bemerkbar, wofür die Ursache sicher in dem engen, durch die Wohnungsverhältnisse bedingten Kontakt mit den Flüchtlingen, zu suchen ist.«[52] Besonders die Kinder hätten darunter zu leiden. Auch andere Infektionskrankheiten würden sich durch das beengte Zusammenleben verbreiten. Dem könne man mit der Errichtung einer Sauna abhelfen. Dr.Hertkorn plädierte dafür, dass in jeder größeren Stadt, in der sich viele Flüchtlinge befinden, eine Finnische Sauna eingerichtet werden sollte. Um dies zu ermöglichen, sei es zweckmäßig eine »Mustersauna« zu errichten, die bereits in Betrieb ist, und zwar in Sulzemoos. Das Gesundheitsamt, das den Antrag begutachten sollte, stand dieser Idee skeptisch gegenüber.[53] Der Amtsarzt Dr. Nagel argumentierte, dass eine Sauna nur wenig zur Verbesserung der hygienischen und medizinischen Verhältnisse von Flüchtlingen beitragen würde, zumal Seife, Waschmittel und Brennmaterial zum Heizen fehlten. Zudem würde die Landbevölkerung einer Sauna voraussichtlich eher ablehnend gegenüber stehen und sie nicht nutzen. (Darin irrte sich Dr. Nagel gewaltig, wie weiter unten gezeigt wird.) Auch ein Zulauf von zahlungskräftigen Patienten »wie dies Dr. H. vielleicht erwarten möchte«[54], sei trotz Autobahnnähe nicht zu erwarten. Dennoch kam Dr. Nagel schließlich zu dem Schluss: »Wenn die vorerwähnten Voraussetzungen, nämlich ärztliche Überwachung und Auswahl der Badenden sowie gewissenhafte Beaufsichtigung erfüllt sind, muss ich die Errichtung einer Sauna wie von Dr. H. vorgeschlagen, ärztlich befürworten.«[55]

Am 26. September 1946 erhielt Dr. Hertkorn jedoch einen ablehnenden Bescheid vom Bauamt: »Bei der derzeitigen Baustoffnot ist es leider nicht möglich, hierfür Baustoffe freizumachen.«[56]

Zwei Jahre später wurde die Sauna gebaut. Es war die erste Sauna mit gleichzeitiger Heilbehandlung in Deutschland.[57] Über dieses Ereignis berichtete auch die Presse ausführlich: »Unser Besuch bei der Eröffnung am letzten Freitag überrascht den jungen Arzt mitten in den letzten Vorbereitungsarbeiten. Eine Hitzewelle schlägt uns aus dem Innern des Bades entgegen, schnell werden noch Fußbodenroste verlegt, Ruhebänke zurecht gerückt, dann ist es so weit. Der Eröffnungstag bleibt den Frauen vorbehalten. Die ersten sechs Mädchen stehen schon lachend vor der Hütte und blicken erwartungsvoll hinter die Kulissen dieser für sie neuartigen Einrichtung. Manche werden vielleicht anfangs ein bißchen enttäuscht sein. Aber unser Doktor hat bewusst auf jeden Komfort verzichtet und eine Originalsauna […] bauen lassen.«.[58] Zusätzlich gab es eine »Warm- und Kaltwasserduschanlage«.[59] Die Sauna war gut besucht, wie die Presse in einem späteren Artikel berichtete: »Die neuerrichtete Sauna erfreut sich regen Zuspruchs. Während die ersten drei Wochentage in der Hauptsache für Patienten freigehalten werden, stehen die übrigen Wochennachmittage nach vorheriger Anmeldung der Allgemeinheit zur Verfügung.«[60] Die Prognose des städtischen Amtsarztes, dass die Landbevölkerung der Sauna ablehnend gegenüber stehen würde, erwies sich als falsch. »Mir Junge – jeder! – warn jo neigierig! A jeder woid jo des erlem [erleben]«, erzählt ein Zeitzeuge. Ganze Schulklassen gingen hin, vor allem im Winter: »Do hots ghoaßen, heit geh ma in d'Sauna. Statt am Sport, samma in d'Sauna ganga. War recht guad«, erinnert sich Jakob Brunner. Ungefähr 25

Schüler auf einmal hatten Platz. »Mir san dromghockt wie die Hühner, mir Buam alle. Mädel ned. D'Mädel sind, glaub i, extra ganga.«[61] In der Sauna gab es Umkleideräume und Duschen. Ein anderer Zeitzeuge erzählt:»I woaß bloß den Raum, wo ma dringhockt san, auf so na Bank und s'Wasser neigschitt und dann is der Dampf hochganga. Dann war des richtig warm. Host natürle sauber gschwitzt, host ois rausgschwitzt, weils so hoaß war drin und hernoch host de abduschn kenna und wieder oziang.« Ein Flüchtling betreute die Sauna, heizte und schüttete das Wasser nach. Seine Tochter, so erzählt Anna Prachhart, klatschte die Saunabesucher mit Zweigen ab. Daran erinnern sich die beiden männlichen Zeitzeugen jedoch nicht. Doch nicht alle haben diese Hitze vertragen, wie Zeitzeugen erzählen. »I war bloß a paarmals drin. Weil mir war des zvui. I hob des ned derpackt.«

Doch das Saunavergnügen war für die Sulzemooser bald wieder vorbei. Als Dr. Hertkorn nach ungefähr zwei Jahren wegzog, baute er seine Sauna ab und nahm sie mit.

Aufbau von Schule, Kirche und Politik

Die erste Maßnahme, die die Amerikaner nach ihrem Einmarsch durchführten, war die Neubesetzung von Lehrern und Bürgermeistern. In Sulzemoos wurde Simon Baumgartner Bürgermeister, in Einsbach Ludwig Huber und in Wiedenzhausen Matthias Huber.[62]

Der Lehrer S. in Sulzemoos wurde abgesetzt. Er war nicht nur Parteimitglied, sondern auch ein Anhänger des Nationalsozialismus. Eine Zeitzeugin erinnert sich: »In der Schui is Kreiz wegkemma. Do is der Hitler hikemma.« Dass dies nicht nur aus politischem Druck geschah, sondern aus eigener Überzeugung, lässt die Aussage einer anderen Zeitzeugin vermuten, die 1938 aus der Schule kam: »Mir hom koane Volkslieder mehr glernt, lauter so Hitlerlieder hom ma glernt.« Der Lehrer war zudem für seine Härte und strenge Bestrafung bekannt.

Nach seiner Entlassung durch die Amerikaner musste er im Wald arbeiten. »Der is abgholt worn und hot nimmer Lehrer sei derfa. Der hot in d'Oarbat geh miassn. Beim Baron is er ins Holz ganga«, so erzählt Hans Werthmüller. Dafür unterrichtete die Ehefrau des Lehrers 1945 in der Schule, die ebenfalls Lehrerin war und von den Amerikanern im Amt belassen wurde.[63]

Dann kam Reinhold Brosamler als Lehrer an die Schule. Ein Flüchtling.

Aber was noch schlimmer war: ein Protestant! Die Eltern weigerten sich, ihre katholischen Kinder von einem evangelischen Lehrer unterrichten zu lassen und verboten ihren Kindern, in die Schule zu gehen. »Do ham ma ned geh derfa, in d'Schui, von Haus aus, vo de Eltern aus. Do waren bloß viere do, die warn evangelisch, protestantisch, de san in d'Schui ganga bei dem.«[64] Man kann sich vorstellen, dass die Kinder dem Verbot ihrer Eltern freudig folgten. Offensichtlich geschah dies im Einverständnis des Pfarrers und des Bürgermeisters. Doch nach einer Woche Unterrichtsverweigerung trat das Schulamt in Aktion und ordnete den Schulbesuch für alle Kinder an, mit der Aussicht, dass der Einsatz von Herrn Brosamler nur vorübergehend sei. Zudem würde von Herrn Brosamler als Protestant keine Gefahr auf die die christliche Erziehung der katholischen Kinder ausgehen: »Die Schulleitung wird angewiesen, Herrn Brosamler die Oberklasse der Schule zu übergeben. Ausserdem soll die Schulleitung aufklärend auf die Erziehungsberechtigten, auf den Bürgermeister, auf den Ortspfarrer in dem Sinne einwirken, daß Herr Brosamler ja nicht für dauernd, sondern nur wegen eines Notstandes vorübergehend in Sulzemoos verwendet wird. Schon das hohe Alter des Genannten verbietet eine Annahme, daß Herr Konrektor Brosamler noch für längere Zeit aktiv als Lehrer wirken wird. Dagegen muß ihm, der als Flüchtling alles verloren hat, und der über 40 Jahre als Lehrer im Schuldienst wirkt, selbstverständlich so lange geholfen werden, bis seine Pensionierungsfrage gehaltlich geregelt ist. [...] Außerdem darf mit Sicherheit angenommen werden, daß ein so christlich eingestellter Mann wie Brosamler sich niemals dazu herbeiläßt, die Belange der kath. Kirche und der kath. Jugenderziehung durch einseitige Einstellung seiner Person zu gefährden. Ich bitte die Schulleitung, das Gemeindeamt sowie das Pfarramt durch Vorlage dieser Erklärung zu informieren und zu bitten, beruhigend auf die Elternschaft einzuwirken.«[65] Reinhold Brosamler, der damals bereits über 70 Jahre alt war, wird von Zeitzeugen als ein »ganz heller Kopf« beschrieben. Doch er konnte sich bei den Schülern und Schülerinnen nicht durchsetzen. Sie tanzten ihm auf der Nase herum. Möglicherweise lag es auch daran, weil ihm der Rückhalt durch die Eltern und dem Pfarrer fehlte. 1949 starb der 76-jährige Reinhold Brosamler an einem Schlaganfall.

Weil durch die vielen Entlassungen Lehrermangel an den Schulen herrschte, wurden vielerorts Schnellkurse zur Ausbildung für Lehrkräfte angeboten, auch in Dachau.[66] In der Schule musste nun auch wegen der Flüchtlingskinder evangelischer Religionsunterricht erteilt werden. In Sulzemoos unterrichtete 1946 die Hilfskatechetin Marie Uszczak evangelische Religion.[67]

Während der abgesetzte Lehrer im Wald arbeitete, lief sein Entnazifizierungsverfahren. Er hatte einflussreiche Fürsprecher. So lobte Pfarrer Müller die strengen Erziehungsmaßnahmen des Lehrers: »Viele von zu Hause mangelhaft erzogene Kinder von Sulzemoos bedürfen einer strammen Disciplin [sic].«[68] Auch der Bürgermeister Simon Baumgartner stellte ihm ein gutes Zeugnis aus. Sogar eine Unterschriftenliste der Eltern liegt der Spruchkammerakte bei, auf der sie sich dafür einsetzten, dass er wieder als Lehrer in Sulzemoos unterrichten durfte.[69] Es stellt sich die Frage, wie freiwillig diese Liste zustande gekommen ist. Wie ein Zeitzeuge erzählt, ging der Lehrer persönlich zu den Eltern, um die Unterschriften zu sammeln. Da die Liste eine Ja- und eine Nein-Spalte aufweist, kann man sich leicht vorstellen, dass sich kaum jemand getraut hätte, so öffentlich unter Nennung des Namens ein »Nein« einzutragen. Diese Liste, die ausschließlich »Ja«-Stimmen enthält, ergibt ein trügerisches Bild, auch wenn die »Richtigkeit der Unterschriften« von Bürgermeister Baumgartner bestätigt wurde. Dennoch muss auch in Erwägung gezogen werden, dass die »Ja«-Stimmen aus Überzeugung gegeben wurden. Es fehlte an Lehrern und vielleicht erschien den Eltern ein zu strenger Lehrer als das kleinere Übel gegenüber dem evangelischen Lehrer.

Die Sulzemooser Schule bekam ihren Lehrer wieder. Er führte sein Regiment mit der gewohnten Härte weiter. Jakob Brunner berichtet, dass er vor Angst nicht schlafen konnte, weil der Lehrer schon bei einer falschen Antwort zuschlug, selbst auf offener Straße, als der Bub ihn nur mit »Grüß Gott, Herr S.« grüßte anstatt mit »Grüß Gott, Herr Lehrer S.«. Als Jakob Brunner einmal mit einer Verletzung am Hinterkopf von der Schule nach Hause kam, ging sein Vater in die Schule und verbot dem Lehrer, seinen Sohn weiterhin zu schlagen. Auch ein anderer Vater wehrte sich gegen die Brutalität und zeigte den Lehrer an.

In Einsbach gab es ebenfalls Ärger mit dem Oberlehrer. Er wurde entlassen, wie das Amtsblatt bekanntgab,[70] bemühte sich jedoch um eine Wiedereinstellung. Doch das lehnte der Gemeinderat wegen »unüberbrückbarer Differenzen« zwischen dem Lehrer, den Eltern und dem Pfarrer ab.[71] Die Einsbacher wünschten sich eine neue Lehrkraft und bekamen sie auch. Der Lehrer machte seiner Nachfolgerin indessen das Leben schwer. Sie bekam nicht die ihr zustehende Dienstwohnung im Lehrerhaus, sondern nur ein Zimmer. Als der ehemalige Oberlehrer sie immer mehr schikanierte und sie schließlich als »unverschämte Person« und »Erzlügnerin« beschimpfte, zeigte sie ihn wegen Beleidigung an.[72] Auch eine andere Klage wurde gegen ihn erhoben, weil er Anfang 1945 unerlaubterweise Brennmaterial, das nach dem Krieg ohnehin knapp war, aus dem Schulgebäude mitgehen ließ, um seine Wohnung einzuheizen. Das bezeugte eine 15-jährige Schülerin vor dem Bürgermeister:»Ich kam anfangs Dezember 1945 an einem Wochentage an der Schule in Einsbach vorbei. Es war vormittags, und in der Schule wurde Unterricht abgehalten. Als ich in der Höhe des Schuleingangs war, sah ich Herrn Oberlehrer [...] aus dem Schulgebäude herauskommen. Er trug unter dem Arm, wie ich deutlich erkennen konnte, Brennreisig und ging damit in sein Wohngrundstück. Ich habe die Beobachtung gleich darauf meiner Mutter erzählt.«[73] Die Mutter bestätigte es und fügte hinzu:»Ich wusste, dass Herr [...] kein Recht mehr hatte, Brennmaterial aus dem Schulgebäude zu entnehmen und habe den Vorgang deshalb der Lehrerin [...] gemeldet.«[74]

In der Kirche hingegen ging es weniger turbulent zu. Es gab keinen Personalwechsel und auch sonst kaum Änderungen. In diesen Zeiten des Zusammenbruchs war die Kirche die einzige Institution, die eine gesellschaftliche Kontinuität gewährleisten konnte.[75] Die Pfarrer nahmen schnell wieder die kirchlichen Feste auf und knüpften an vertraute Traditionen an. Die eingeschmolzenen Glocken im Gemeindebereich Sulzemoos wurden neu gegossen und 1950 in einer feierlichen Zeremonie eingeweiht.[76] Zur Glockenweihe in Sulzemoos kam auch der Staatsminister Baumgartner. Für viele Menschen war die Kirche der erste Zufluchtsort bei Kriegsende. Ein SS-Angehöriger ging in Wiedenzhausen kurz vor dem Einmarsch der Amerikaner gleich zum Beichten, weil er befürchtete, von den Amerikanern erschossen zu werden. Und auch der Sulzemooser Pfarrer berichtet von einem Soldaten, der am Morgen des Einmarsches zum Sakramentsempfang in die Kirche kam.[77] Ansonsten waren die Pfarrer der Nachkriegszeit damit beschäftigt,»Persilscheine« für ihre parteizugehörigen Gemeindemitglieder auszustellen. Darauf lassen zumindest die vielen Gutachten der Pfarrer in den Spruchkammerakten schließen.

Politisch gab es in der Nachkriegszeit durch die Neubesetzung einschneidende Änderungen. Der neue Bürgermeister von Sulzemoos war Simon Baumgartner. Er war der Bruder von Dr. Joseph Baumgartner, der als Landwirtschaftsminister und Leitfigur der Bayernpartei weit über Bayern hinaus Berühmtheit erlangte. Beide sind in Sulzemoos aufgewachsen, jedoch nicht mit den Wirtsleuten Baumgartner verwandt. Der Vater Simon hatte ein kleines Anwesen, »das winzigste Anwesen in der Gemeindeflur von Sulzemoos«[78] und arbeitete auf dem Schlossgut des Barons Sigfried Freiherr von Schaetzler. Die Mutter Therese war Hebamme.[79] Von ihren sechs Kindern fiel der 1904 geborene Joseph Baumgartner durch seine schnelle Auffassungsgabe auf. Der Lehrer Gutter und Pfarrer Kainz setzten sich dafür ein, dass er nach Scheyern in die Klosterschule der Benediktiner kam. »Der Mutter Therese ging ein Herzenswunsch in Erfüllung. Einer ihrer Söhne würde als Priester am Altare Gottes stehen«, schreibt sein Biograph Georg Lohmeier.[80] Doch es kam anders. Joseph Baumgartner studierte Nationalökonomie und schlug einen politischen Weg ein, – später als Professor in Weihenstephan auch einen wissenschaftlichen. Er heiratete Lilly, die Tochter eines Münchner Polizei-Obermeisters. 1942 kam sein Sohn Wolfgang zur Welt. Der politische Aufstieg von Joseph Baumgartner begann 1945 als Mitbegründer der CSU und des Bayerischen Bauernverbands. Als Gegner des Nationalsozialismus – wegen dieser Haltung wurde er mehrere Wochen von der Gestapo gefangen gehalten und verhört – standen ihm alle Türen offen. 1945 wurde er der erste bayerische Landwirtschaftsminister und hatte damit das wichtigste Amt der Nachkriegszeit inne. Mit großem Engagement setzte er sich für die Verbesserung der schwierigen Ernährungssituation ein. Am 15. Januar 1948 trat er jedoch aus der CSU aus und wechselte in die noch unbedeutende Bayernpartei. Ein halbes Jahr später hatte Joseph Baumgartner bereits die Parteiführung inne.[81] Dort, so hoffte er, würde er sich mehr für die Interessen Bayerns einsetzen können. Joseph Baumgartner war ein mitreißender Redner. »Der hot se alle begeistert, der Baumgartner mit seiner Bayernpartei.«[82] Bei der Wahl zum ersten Deutschen Bundestag am 14. August 1949 verlor die CSU viele Wähler an die Bayernpartei. Konnte die CSU 1946 noch 52,3% der Stimmen gewinnen, waren es 1949 nur noch 29,2%; 20,9% fielen an die Bayernpartei.[83] Auch die SPD wurde durch die Flüchtlinge und Vertriebenen mit 22,7% zu einer starken Partei in Bayern. In Sulzemoos gab es zwar einige Sozialdemokraten,[84] zur Gründung eines Ortsverbandes, wie in manch anderen Gemeinden, reichte es jedoch nicht.

Die katholisch-konservative und föderalistische Politik der Bayernpartei mit dem Wahlslogan »Bayern muss Bayern bleiben« stieß allerdings auch auf Ablehnung, vor allem bei den Vertriebenen und Flüchtlingen.[85] Auch die berühmte Rede Baumgartners »Warum sagen wir Nein zu Bonn? – Freies Bayern oder preußische Provinz?«[86] provozierte und spaltete die Wähler.

Joseph Baumgartner (Foto: Schraudenbach/ Süddeutsche Zeitung Photo)

Während Joseph Baumgartner auf der großen politischen Bühne auftrat, führte sein Bruder Simon als Bürgermeister von Sulzemoos ein zurückhaltendes politisches Leben. Die öffentlichen Auseinandersetzungen seines rebellischen Bruders waren Simon sichtlich unangenehm. Therese Baumgartner ermahnte 1951 ihren hitzigen Sohn in einem Brief: »Ja, lieber Joseph, mit Friede und Sanftmut geht alles besser in Ruhe. Versöhne Dich auch mit unserem Herrn Landrat wieder! Es ist dem Simon arg peinlich, weil er so viel mit dem Landrat umgehen muß«.[87] Überhaupt war Therese Baumgartner ziemlich unglücklich über die vielen Schlagzeilen. Bei einem Besuch in Sulzemoos – so schreibt Georg Lohmeier – zeigte sie ihrem Sohn die Zeitungsberichte, die sie ausgeschnitten hatte und meinte: »›Mei Sepp, waarst halt doch a Pfarrer wordn, na waarst ebbas Gscheits!‹ Da tröstet er sie mit einem eben aus Rom mitgebrachten Rosenkranz. ›Na, paß auf, Muatter, i war neulings beim Papst in Castel Gandolfo – in Sonderaudienz – 45 Minuten lang, alloan hab i bei Seiner Heiligkeit bleibn derfn! Dös hätt i als Pfarrer gar nia net. Net amal als Stadtpfarrer von Dachau«.[88] Damals war Joseph Baumgartner auf dem Höhepunkt seiner Karriere. Den dramatischen Abstieg erlebte seine Mutter nicht mehr. Die berüchtigte »Spielbankenaffäre« Ende der 50er Jahre, bei der es zuging wie bei der »sizilianischen Mafia«[89], brachte Joseph Baumgartner ins Gefängnis. Eine unklare Aussage unter Eid wurde zur Anklage wegen Meineid. Dahinter standen Machenschaften, die der Spiegel später als »Bruderkampf« bezeichnete: »Die Bayernpartei, so sahen es jedenfalls die Unionschristen, war Fleisch vom Fleische der CSU. Kehrt heim oder ihr werdet vernichtet – vor diese Alternative stellte die CSU die Abtrünnigen von der Bayernpartei. CSU-Funktionär Zimmermann setzte dabei eher auf Vernichtung.«[90] Die Inhaftierung von Joseph Baumgartner war für seine Sulzemooser Verwandtschaft eine Schmach. »Des hot dam Bürgermeister so zugsetzt. […] Der is so mager worn. Er hot se hoit gschamt, für'n Bruder«, erzählt eine Zeitzeugin.[91] Aber auch Joseph Baumgartner selbst hat dieses Ende nie verwunden. Er lebte »als Zuchthäusler verfemt und gemieden von den meisten seiner ehemaligen Bekannten«.[92] Am 21. Januar 1964 starb er an einem Schlaganfall. Seine Beerdigung in Sulzemoos löste einen Tumult aus, weil auch Alois Hundhammer erschien, der an seinem Sturz maßgeblich beteiligt war. Als auch noch der Sarg senkrecht in das Grab fiel, hörte man: »Dös hat was zum bedeutn, Mannder! Der is no net tout [tot].«[93]

FRAUEN UND FAMILIE

Viele Männer waren im Krieg oder in Kriegsgefangenschaft. Deshalb mussten Frauen viele ihrer Aufgaben übernehmen. Die Feuerwehr nahm junge Frauen auf. In Wiedenzhausen bildete der Kommandant Johann Käppler die Frauen aus.[94] Auch in Sulzemoos bestand die Feuerwehr hauptsächlich aus Frauen. Mit dabei waren »die Dinkl-Hanni, Ecker Rosi, die Englmann Leni von Wiedenzhausen – die war in Sulzemoos in Stellung – dann die Werthmüller Ottilie, die Brunner Kreszenz und ich«, erzählt Anna Schindler (Soller Anni). Als die Männer nach dem Krieg zurückkamen, wurden die Frauen wieder aus der Feuerwehr ausgeschlossen. Es sollte Jahrzehnte dauern bis ihnen die Türen wieder geöffnet wurden.

In der Landwirtschaft ersetzten die Frauen ebenfalls die Männer. Während des Krieges und in der unmittelbaren Nachkriegszeit lag die Hauptlast bei ihnen, auch wenn ihnen Zwangsarbeiter zur Seite gestellt wurden. Sie mussten die ganze Feld- und Stallarbeit organisieren und koordinieren, diese Arbeit zum Großteil auch noch selbst erledigen, dazu den Haushalt versorgen mit putzen, waschen, kochen, einmachen und sich um die Kinder kümmern. Der Vater von Jakob Brunner war im Krieg; die Mutter versorgte deshalb den Hof alleine mit einem Franzosen und hatte dabei noch ihre Kinder zu erziehen.

Auch auf dem Sitti Anwesen in Wiedenzhausen wurde die große Landwirtschaft hauptsächlich von Frauen betrieben. Die Tochter Magdalena hatte zwei Brüder, die aus dem Krieg nicht mehr zurückkamen. Einer war gefallen, der andere vermisst und – wie sich später herausstellte – in russischer Gefangenschaft gestorben. Es waren also vor allem Frauen auf dem Hof: Magdalena

Feuerwehrmädchen in Sulzemoos 1945 (von links nach rechts)
Johann Kastl, Maria Gasteiger, Anni Hartman, Hanni Dinkl, Leni Englmann, Ottilie
Werthmüller, Gretel Kastl, Kreszenz Brunner, Rosi Seldmeier, Anna Dinkl

Niedermair, die bei Kriegsende 20 Jahre alt war, drei Schwestern und zwei
ledige Tanten. Die Mutter war bereits gestorben. Die einzigen Männer in der
Landwirtschaft waren der über 60-jährige Vater und ein Knecht. Die Frauen
arbeiteten im Haushalt, auf dem Feld und im Stall, überall, – nur nicht bei
den Pferden. Die standen unter dem besonderen Schutz des Knechts:»Wenn
i Hei für d'Kaibl ghoit hob, is er mir mit der Gobei [Gabel] noche [nach]. Der
hätt ois für d'Ross [gegeben]. Des war a so a Rossnarr! Und mei Vader war da
gleiche Rossnarr. De zwoa ham zampasst.«[95] Für den Traktor, der Anfang der
50er Jahre aufkam, konnte sich der Vater nicht begeistern. Den hätte er am
liebsten »nausghaut«.

Als der Hof 1947 abbrannte – als Ursache wurde Brandstiftung vermutet –
wollte ihr Vater den Hof nicht mehr aufbauen, zumal er unter dem Tod seiner
Söhne litt und keinen Hofnachfolger mehr hatte. Doch seine Tochter Magdalena drängte ihn, den Hof wieder aufzubauen. Sie heiratete später einen
Landwirt und übernahm den Bauernhof.

Auch sonst zeigten die Frauen Stärke. So erwiesen sie Zivilcourage, als
das Ende des Krieges nahte. Die SS aus Dachau hatten in Sulzemoos Panzersperren aufgebaut.»Etwa um halb 8 oder 8 Uhr waren die SS und eine

Wehrmachts-Fahrradtruppe verschwunden. Sofort sägten beherzte Mädchen und Frauen und einige Männer die 3 Panzersperren um; (wären SS zurückgekommen, dann hätte das eine furchtbare Katastrophe geben können)«, schreibt Pfarrer Müller in seinem Bericht. Tatsächlich haben solche Aktionen, die dem »Feind« in die Hände spielten, Menschen in anderen Orten das Leben gekostet. Auch eine weiße Fahne zu hissen, war lebensgefährlich. Wenige Kilometer von Sulzemoos entfernt, in Ober- und Unterlappach, drohte die SS mit Erschießung, sollte es jemand wagen, die weiße Fahne zu hissen. Überall bestand diese Gefahr. Eine junge Frau aus Sulzemoos, Theresa Puidokas, geb. Pfaffenzeller, später Treiterer (Fischer Res), schreckte davor nicht zurück. Sie schnappte sich ein weißes Tuch, stieg den Kirchturm hoch und hängte es weithin sichtbar auf,[96] und das, ohne den Pfarrer zu fragen oder zu verständigen, wie dieser etwas empört in seinem Bericht vermerkte.

Als die Amerikaner einmarschierten, sorgten sich die Eltern um ihre Töchter. Anna Schindler erzählt, wie sie versteckt wurden, als die Amerikaner die Familie ausquartierten:»Und do samma dann zum Gasteiger [dem Bruder des Limonadenfabrikanten] nauf. Do hamma raus miassn und de hom uns aufgnommn ghabt. Und dann samma in da Nacht... und mir warn 20 Joahr oid, – der ihre Tochter [Tochter der Gasteigers] war zwoa Joahr oider wie i […]. Und die ham a Falltür ghabt in Keller nunter. Und da hams uns zwoa nunter. Mei, mir warn junge Madl damals. Und de ham a Couch drüber gstellt, dass ned so aufgfoin is. […] Gschlafn ham ma keine Minutn! Und in der Nacht hots gschossn. Und dann hat d'Marie gsagt: ›Jetzt hams unsere Eltern daschossn.‹ Mir hom uns gar nimmer nauf traut in der Früh.« Der Schuss, den Anna und Marie gehört hatten, war ein Warnschuss der Amerikaner, weil Annas Vater die Tür nicht schnell genug öffnete, als die Amerikaner an die Tür klopften.

Immer wieder gab es brenzlige Situationen für die jungen Mädchen. Anna Schindler erzählt:»Und do hob i hinten Holz holn miassn und do is mir der [Amerikaner] nach. Hot immer gsagt: ›Come on, come on.‹ Kennas eahna vorstoin, wos i Angst ghabt hob! […] I bin schnoi ins Haus reiglaffa. Und dann is er mir doch nimmer nach.«

Auch eine andere Situation hat Anna Schindler in Erinnerung: Ihre Eltern waren im Wald und sie war wegen ihres verletzten Fußes mit ihrem zehnjährigen Bruder und einer Flakhelferin zuhause geblieben:»Und dann bumperts an der Haustür. Es waren Amerikaner und de woidn Eier. […] Und dann hob i Eier ghoit, hobs eahna hi und bin abghaut zum Kneidl nüber, neben uns. […]

Und de oide Frau Keller, de hot dann gsagt: ›D'Anni hot nimmer gmerkt, dass an wehn Fuaß hot.‹ I bin do nüber grennt! Und jetzt hams [die Amerikaner] mi dann gsuacht. […] Und dann san die nüber zum Kneidl und ham beim Kneidl an Tür highaut, ob i do waar. Und de Frau Kneidl hot gsagt, na, i bin ned do. I war aber do. Mei, i hob hoit immer Angst ghobt vo de Amerikaner!«

Diese Angst der jungen Mädchen vor den Amerikanern war nicht unberechtigt. Anne Schindler erzählt von einem Ereignis aus der Nachbarschaft, als die Amerikaner eine junge Frau belästigten. Der Vater wollte seine Tochter schützen und sperrte sie in ein Zimmer ein. Mit dem Schlüssel flüchtete der Vater zu den Nachbarn, ein Amerikaner folgte ihm. »Des woaß i no guad, wie er immer s'Gwehr auf den oiden Mo zielt hot. Der war natürlich leichenblass. I hob eine Angst ghabt! Gut, dass do an Pole do war bei de Amerikaner. Der hot Englisch kenna. Und der hots dann soweit bracht, dass se'n ned daschossen hom.«[97]

Die Anordnungen der Militärregierung wurden befolgt, aber nicht immer. Anna Schindler erzählt, als sich die jungen Mädchen mit einigen Burschen trotz der Sperrstunde im Garten aufhielten: »Do war ich bei meine Eltern hinten draußn. […] Und do war der Schuster, mei Bruader, der Thomas, und die Fischer Res und Ottili und ich. Und mir ham do eine Gaudi ghobt, da hinten draußn! Und jetzt ham ma ghört, dass die Amerikaner kemma. Jetzt sam ma nei ins Haus! Ois zugsperrt. Aber die Resi is beim Keller hinten – do war no des Wegerl nauf hinten zum Hartmann – do is die nauf. Mir ham Angst ghobt. Wenns die derwischen! Aber die is durchkommen. Des war a Couragierte.«[98]

Während Anna Schindler sich vor den Amerikanern fürchtete, gab es einige Mädchen, die den Kontakt zu ihnen suchten. »Mir ham a Flakhelferin do ghabt. Die is scho am ersten Tag naus auf d'Autobahn. Die hat dann Schoklad …, was die ois obracht hot! I hab Angst ghobt, die ned.«[99]

Auch die Fischer Res knüpfte schon bald Beziehungen zu den Soldaten und hatte einen amerikanischen Freund. An ein Ereignis erinnert sich Anna Schindler noch heute. »Der war wieder zu Bsuach bei der Resi und die hotn hoit mitbrocht zum Tanzn. Und dann hots'n hoit nimmer ham woin, weil er scho a bissel otrunken war. Hots gsagt: ›Und du gehst jetzt hoam!‹ Hot'n hoamgführt. […] Hot ned lang dauert, kommt er wieder in da Unterhosn.« Kurzerhand schnappte ihn die Fischer Res und brachte ihn wieder nach Hause.

Die guten Beziehungen der Fischer Res kamen auch dem Sportverein zugute. Sie besorgte kleine Rasenmäher von den Amerikanern, mit denen die Sportler ihren Fußballplatz mähen konnten, erzählt ein Zeitzeuge.

Später brannte die Fischer Res mit ihrem amerikanischen Freund durch. Während ihre Mutter auf dem Feld auf ihre Tochter wartete, war sie bereits auf dem Weg in die USA.[100] Als ihre Mutter nach Hause kam, fand sie die Nachricht auf dem Küchentisch. Die Fischer Res heiratete ihren Amerikaner, kam jedoch einige Jahre später wieder nach Sulzemoos zurück, als ihre Ehe in Brüche ging.

Liebesbeziehungen zwischen Amerikanern und deutschen Mädchen waren keine Seltenheit, obwohl die amerikanischen Soldaten als Siegermacht zur gesamten Bevölkerung Abstand halten sollten, wie es das Fraternisierungs-verbot vorsah.[101] Als »Fräuleinwunder« bezeichneten die Amerikaner die hübschen deutschen Mädchen,[102] »Ami-Flitscherl« sagte man hier.

Im Gasthaus Baumgartner hatte ein Amerikaner seine deutsche Freundin einquartiert »Des war a kloans Bummerl. Und ogstricha [geschminkt] war's. A netts Gsicht hats ghabt, d'Emmi. Emmi hots ghoaßen«, erinnert sich die Gastwirtstochter Anna Prachhart. Ungefähr ein Jahr lang lebte sie dort. Dass sie in irgendeiner Weise Ablehnung erlebt hätte, ist nicht bekannt. Das lag möglicherweise daran, weil sie aus München kam und nicht in den dörflichen Strukturen eingebunden war. Der Amerikaner verwöhnte seine Freundin mit Geschenken: »Mei, was die Sach kriagt hot: Schuha und Hüte und Zeig [Zeug] hat de drom ghabt.«[103] Aber auch die Gastwirtsleute bedachte er: »Und der hot oiwei guads Bier brocht, der Amerikaner.«[104] Dieses Bier – es war Stark-bier – wurde dann an die Stammgäste ausgeschenkt. Die Münchnerin besaß einen großen Hund, der mit ihr im Zimmer wohnte. Mit ihm ging sie viel spazieren, – mit Hut und Stöckelschuhen. »Schöne Klapperl hots ghobt.«[105] Der Amerikaner war tagsüber in München und kam abends nach Sulzemoos. Manchmal nahm er sie auch mit in die Stadt. »S'war a netta Amerikaner. Aber mit hot er's ned.« Als er in die USA zurückging, versprach er seiner Freundin, dass er sie nachholen würde. Das tat er jedoch nicht, denn er hatte bereits eine Frau in den USA. Für die Münchnerin war es eine große Enttäuschung, wie sie bei einem späteren Besuch in der Gastwirtschaft erzählte.

Normalisierung und Integration

Nach den ersten Nachkriegswirren kehrte langsam wieder Normalität im Dorfleben ein, auch wenn die Wohnungssituation noch lange angespannt blieb. Die Plünderungen waren vorbei, die Kriegsgefangenen kehrten nach Hause und die Flüchtlinge fanden hier langsam eine neue Heimat. Auch die Markenwirtschaft hatte mit der Währungsreform am 20. Juni 1948 ein Ende.[106] Über Nacht waren die Läden mit den gehorteten Waren gefüllt. »Ja, do is dann scho besser worn und aufwärts ganga. Do hamma 40 Mark ghobt. Aber es war wenigstens a Goid, des an Wert ghabt hot. In de Läden waren wieder Stoffe drin und Sachan, des woaß i, mir ham glei was zum Oziang [Anziehen] kafft. An Stoff, a Woin [Wolle], man hot ja wirklich ois zamflicka miassn, weil in der Landwirtschaft [...] hot ma vui Verschleiß ghabt, mit de Strümpf und überoi«, erzählt eine Zeitzeugin aus Einsbach. Viktoria Baumgartner erinnert sich, dass sie sich nach der Währungsreform die lange entbehrten Seidenstrümpfe gekauft hatte. Und man hat sich wieder schön gemacht. Alte Zöpfe wurden im wahrsten Sinne des Wortes abgeschnitten. »Zum Friseur ist man gefahren. Ham ma d'Hoar schneiden lassen. Und do

Sonntagsspaziergang zur Autobahn, ca. 1950

41

hots die Dauerwelle gem, mit de Klammern, wo hoaß worn san, wo d'Hoar boid verbrennt worn san.«[107]

Auch der Fortschritt hielt Einzug. Josephine Huber, die aus einem großen Bauernhof bei Landsberg am Lech in den Lederhof einheiratete, bekam zu ihrer Hochzeit von ihrem Vater ein Auto geschenkt. »Weil mir ham dahoam scho a Auto ghabt. Hot er gsagt, des geht ned, wennsch du kei Auto it hoscht, des geht ned, hot mei Vater gsagt.«[108] Josephine Huber hatte schon 1932 im Alter von 19 Jahren ihren Führerschein gemacht und war eine begeisterte Autofahrerin. »Ich bin gern gfahren. Gern. Bulldog – gern. Bloss san Männer do gwen, die auch lieber Bulldog gfahrn san. Man is ned so dazukemma. A Frau ghört in d'Küch hams oiwei gsagt.«[109]

Zur Normalisierung haben auch die Feste beigetragen. Es gab Tanzfeste und Bälle, vor allem in Sulzemoos und Einsbach, weil dort die Wirtshäuser einen großen Saal hatten. Sehr tanzfreudig waren die Flüchtlinge, die gerne feierten und oft auch ein Musikinstrument spielen konnten. Sie brachten Schwung ins Dorfleben, das ansonsten häufig von der Arbeit bestimmt war. »Des war so schee wie die do warn, de Karlsbader«, erzählt die Gastwirtstochter Anna Prachhart, »ja mir ham ja Bälle ghabt!« Im Gasthof Baumgartner gab es den Altbürgerball, den Neubürgerball, den Sportlerball, den Musikerball oder den Hausball, je nachdem, wer das Fest veranstaltete. Zu diesen Festen kamen aber alle, die Einheimischen und die Flüchtlinge. Eröffnet wurden die Bälle vom Ballkönig und der Ballkönigin.

Zwischen den Dörfern in der Gemeinde Sulzemoos herrschte ein reger Austausch. Eine Zeitzeugin aus Einsbach erzählt, dass sie oft nach Sulzemoos zum Tanzen gegangen sei. »Da bin i gern nüber ganga. Sulzemoos war ma ollwei und aa de Poiser [Palser] ham do oiwei gspuit. War a guate Band. Zwoa waren vom Schuster raus. [...] Mehra Einsbacher san do nüberganga und auch die Sulzemooser san rüber, wenn bei uns was war. In Einsbach hot der Schwarzmüller gspuit. Warn aa gute Musiker, hom aa a guade Band ghabt.«

Bei diesen Festen kamen sich die Flüchtlinge und Einheimischen näher. Oftmals näher als es den Eltern lieb war, vor allem wenn sich daraus Liebschaften und Ehen entwickelten. War wenig Besitz im Spiel, so war die Akzeptanz größer, doch Bauern- und Wirtssöhne hatten mit heftigen Wiederständen zu kämpfen. Sie mussten mit Enterbung rechnen. Auch beim Gastwirt Baumgartner wurde die Nachfolge von der »richtigen« Heirat bestimmt. Der älteste Sohn war im Krieg gefallen und der zweite Sohn, der daraufhin als Wirt vorgesehen war, heiratete ein Flüchtlingsmädchen. Deshalb hätte der dritte Sohn die Wirtschaft übernehmen sollen, aber auch dieser brachte ein Flüchtlingsmädchen an. So erbte schließlich der vierte Sohn die Gastwirtschaft, der eine bayerische Frau heiratete.

Manche einheimische Familien wurden durch die Heiraten regelrecht multikulturell. Anna Schindler heiratete einen Sudetendeutschen, ihr Bruder Hans eine Frau aus der Batschka und als Frieda ihren Vater fragte:»Pap, derf i aa oan bringa«, fragte dieser resigniert: ›Jo, wo is no der her?‹« Der war aus Ungarn.

Die Tanzvergnügungen waren vielen ein Dorn im Auge. Besonders die Pfarrer prangerten an, dass gefeiert wurde, während viele Soldaten noch in Kriegsgefangenschaft waren. Auch Magdalena Niedermair aus Wiedenzhausen durfte nicht zum Tanzen, weil ein Bruder gefallen und der andere in Kriegsgefangenschaft in Sibirien vermutete wurde, aber tatsächlich schon tot war. »Do is danzt worn und mir ham dahoam bleim miassn. ›Ihr bleibs dahoam‹, hots ghoaßen. [...] I woaß no amoi, do wollt i aa so gern zum Huberwirt nauf zum Tanzen. Do bin i a ganga. Aber do hot mei Tante so gschimpft. No hob i gwoant und bin ins Bett ganga. No hob i bleckt.«[110]

Dafür durfte sie zu den Passionsspielen, ein Ausflug, den wohl Pfarrer Sturm organisiert hatte. »Nachm Kriag samma nach Oberammergau zu den Passionsspielen mit'm Lieferwagen. Mei, des war für uns a Weltreise. I und mei Schwester san do mitgfahrn. Samma hinten drom ghockt auf so Holzbänk bis Oberammergau rauf do. Miad [müde] war ma, wo man rauf kemma san, – weiß Gott wia! Freili, mir ham ned vui gsehn von dem Spiel, weil mir ham uns mittag noglegt irgendwo und ham gschlofa.«[111]

Weitere Vergnügungen kamen auf: Kinofilme. Der Lichtspielunternehmer Merk von Taxa bekam 1949 die Genehmigung, »regelmäßig« einmal wöchentlich in der Gastwirtschaft Baumgartner Filme vorzuführen.[112] Dafür musste er Vergnügungssteuer in die Gemeindekasse bezahlen. Zur gleichen Zeit wurde auch dem Odelzhausener Lichtspielunternehmer Pinser erlaubt, im Gasthof Huber in Wiedenzhausen Filme zu zeigen.[113] Bis dahin wurden nur in Einsbach, im Gasthaus Seidl, Filme vorgeführt.

Eine wichtige Rolle für das Dorfleben spielten die Vereine. 1946 gründete die Ortsjugend in Einsbach den »Einsbacher Ochsenzuchtverband«.[114] Sie gingen auf die »Rennbahn« und veranstalteten jedes Jahr ein Ochsenrennen. Außerdem organisierten sie alljährlich einen Abend mit Theaterstücken und

Volksmusik. Obwohl die Veranstaltungen sehr beliebt waren, schlief der Verein Mitte der 50er Jahre ein und wurde in den 60er Jahren als Burschenverein wieder belebt.

Auch der Maibaum wurde bald wieder aufgestellt. In Wiedenzhausen erwarb der katholische Burschenverein 1948 die Zunftzeichen für den Maibaum, die auch heute noch am Maibaum angebracht sind.[115]

Manche Vereine wurden erst in den 50er Jahren von der amerikanischen Militärregierung genehmigt, weil sie zu militaristisch waren, so zum Beispiel die Veteranen- und Schützenvereine. Der Veteranenverein in Sulzemoos nahm seine Vereinstätigkeit 1950 wieder auf.[116] Auch die Schützenvereine in Einsbach, Sulzemoos und Wiedenzhausen wurden um diese Zeit wieder aktiv. In Wiedenzhausen holten die Vereinsmitglieder die Schützenkette wieder aus ihrem sicheren Aufbewahrungsort. Sie hatten ihre Schützenkette der Muttergottes umgehängt. Dort blieb sie von den Amerikanern unentdeckt bis der Verein 1952 seine Tätigkeit wieder aufnahm.[117] Bei der Muttergottes auf dem Hochaltar der Kirche genoss dieses wertvolle Stück offensichtlich einen besonderen Schutz.

Für die Integration der Flüchtlinge und Vertriebene war der Fußballsport von großer Bedeutung. In Sulzemoos waren die Flüchtlinge maßgeblich an der Gründung des Sportvereins beteiligt. An einem Samstagabend im August 1947 trafen sich 48 Sportinteressierte im Gasthaus Baumgartner, sowohl Altbürger als auch Neubürger.[118] Die Flüchtlinge hatten schon in ihrem Heimatort einen Fußballverein und nahmen die Vereinsgründung in die Hand. Die Sulzemooser griffen die Idee dankbar auf. Geleitet wurde die Versammlung von Heinrich Fritschka; Wenzl Mörtl wurde zum ersten Vorsitzenden gewählt, Heinrich Eckstein zum Stellvertreter. Baron Sigfried Freiherr von Schaetzler stellte den Fußballspielern ein Grundstück zur Verfügung. Der Platz hatte nur einen Haken: In der Mitte stand ein Strommast, um den man herum spielen musste. Mit einiger Hartnäckigkeit erreichte der Sportverein, dass die Amperwerke den Mast entfernten. Der Fußball brachte Einheimische und Flüchtlinge einander näher. Gute Fußballspieler hatten es mit der Integration leicht. Diese Erfahrung machte auch der Flüchtling Hans Steiner, der ein begeisterter Fußballspieler war.[119]

Viele Flüchtlinge bauten sich mit viel Fleiß eine neue Existenz auf. Weil sie ihre Heimat und ihren ganzen Besitz verloren hatten, setzten sie nun auf Bildung. Ihre Kinder bekamen deshalb häufig eine höhere Schulbildung. Auch wenn man sich an die Flüchtlinge gewöhnte, mit ihnen tanzte und Fußball spielte, gab es dennoch Vorbehalte. Der Baron, Sigfried Freiherr von Schaetzler, wollte Grund zur Verfügung stellen, um für die Flüchtlinge in Sulzemoos eine Wohnsiedlung zu bauen. Doch der Gemeinderat, dem auch Baron von Schaetzler angehörte, stimmte dagegen.[120] Soweit ging die Akzeptanz nun doch nicht, zumindest nicht bei den gesetzteren Herren, die im Gemeinderat saßen. Die jüngeren schienen den Flüchtlingen gegenüber aufgeschlossener gewesen zu sein. Etliche Flüchtlinge zogen im Laufe der Zeit weg, nach Dachau oder Karlsfeld, dorthin wo es Arbeit gab.

Nicht allen Flüchtlingen gelang es, sich eine neue Existenz aufzubauen. Manche lebten weiterhin in schwierigen sozialen Verhältnissen, auch in Sulzemoos. Das Amtsgericht Dachau entschied, zwei Mädchen und zwei Jungen der »Landarbeiterseheleute« in ein Kinderheim zu geben, um ihnen eine bessere Erziehung zukommen zu lassen. Im Beschluss des Fürsorgeamtes von 1950 werden die Zustände geschildert: »Die Familie [...] ist im Gemeindehaus Sulzemoos in 2 Räumen unzureichend untergebracht. Nach Angaben des Vaters [...] schlafen die beiden Mädchen im Schlafzimmer der Eltern, sind also räumlich noch am besten untergebracht; denn der andere Raum ist von 11 Personen bewohnt. Diese Verhältnisse bergen eine sittliche Gefahr für die beiden Mädchen in sich, der so bald als irgend möglich vorgebeugt werden muß, um die drohende Verwahrlosung hintanzuhalten, und zu verhüten. Gefahr in Verzug ist hier gegeben. Auch das sonstige Verhalten der Familie (mangelnder Arbeitswille, Eingriffe in fremdes Eigentum) bildet eine Gefahr für die noch als brav geschilderten Mädchen. [...] Weniger günstig stehen die Verhältnisse bei Stefan und Franz. Fremdes Eigentum ist nicht vor ihnen sicher, die ganze Nachbarschaft klagt über die Familie. Stefan und Franz wurden schon wiederholt beim Holzdiebstahl erwischt, werden auch regelmäßig zum Betteln geschickt. In der Schule sind die Leistungen gering, dafür das Verhalten roh und herausfordernd. Arbeitsplätze, und zwar nicht die schlechtesten, werden nach kurzer Zeit unter allen möglichen Vorwänden verlassen, lieber streunen sie nichtstuend umher. [...] Gefahr in Verzug ist auch hier gegeben, ebenso die Aussicht auf Erfolg.«[121]

Dieser Brief endet mit einer optimistischen Haltung. Darin spiegelt sich die allgemeine Stimmung der Nachkriegszeit wider. Mit großer Tatkraft stellte man sich den Schwierigkeiten und richtete seinen Blick in eine hoffnungsvolle Zukunft. Tatsächlich gelang der Bevölkerung eine enorme Integrationsleistung. Auch die anderen Mühen der Wiederaufbaujahre zeigten Erfolg. Die

Wirtschaft boomte und ging als Wirtschaftswunder in die Geschichte ein. Erst Jahrzehnte später wagte man den Blick zurück und war bereit, sich mit der Vergangenheit auseinanderzusetzen.

1 Danken möchte ich Edeltraud Daurer, die mir das Privatarchiv ihres verstorbenen Mannes Manfred Daurer zur Verfügung gestellt hat und Reinhard Freudenthaler für seine Unterstützung bei der Archivarbeit. Vor allem danke ich meinen Interviewpartnern und -partnerinnen, die mir als Zeitzeugen einen wichtigen Einblick in die Nachkriegszeit gegeben haben.

2 Pfarrbericht von Pfarrer Otto Sturm am 23. Juli 1945 über die Pfarrei Ebertshausen, zu der Wiedenzhausen gehörte. In: Peter Pfister (Hg.): Das Ende des Zweiten Weltkriegs im Erzbistum München und Freising, Teil I (Schriften des Archivs des Erzbistums München und Freising, Band 8), Regensburg 2005, S. 596

3 Pfarrbericht von Paul Müller am 30. Juli 1945. In: Peter Pfister (Hg.): Das Ende des Zweiten Weltkriegs im Erzbistum München und Freising, Teil I (Schriften des Archivs des Erzbistums München und Freising, Band 8), Regensburg 2005, S. 612

4 Der Kindergarten befand sich im Forsthaus auf dem Anwesen des Freiherrn Sigfried von Schaetzler.

5 Wie Anm. 3

6 Interview mit Michael Sedlmeier, Jahrgang 1929, am 9. Dezember 2011

7 Interview mit Jakob Brunner, Jahrgang 1936 am 18. Mai 1913

8 Pfarrbericht von Anton Straßmair am 25. Juli 1945. In: Peter Pfister (Hg.): Das Ende des Zweiten Weltkriegs im Erzbistum München und Freising, Teil I (Schriften des Archivs des Erzbistums München und Freising, Band 8), Regensburg 2005, S. S. 599

9 Pfarrbericht von Pfarrer Sturm, S. 596, wie Anm. 2

10 Interview mit Anna Schindler geb. Hartmann, Jahrgang 1925, am 26. Februar 2013

11 Interview mit Hans Werthmüller, Jahrgang 1931, am 30. November 2011

12 Pfarrbericht von Paul Müller, S. 613, wie Anm. 3

13 Interview mit Anna Prachhardt, geb. Baumgartner Jahrgang 1931, am 25. Juni 1931

14 Wie Anm. 6

15 Pfarrbericht von Paul Müller, S. 614, wie Anm. 3

16 Ebd.

17 Ebd.

18 Interview mit Anna Prachhart, wie Anm. 13

19 Interview mit Anna Schindler, wie Anm. 10

20 Pfarrbericht von Paul Müller, S. 615, wie Anm. 3

21 Ebd.

22 Ebd.

23 Interview mit Anna Prachhart, wie Anm. 13

24 Interview mit Hans Steiner, aus Szomor (Ungarn), Jahrgang 1933, am 20. April 2013

25 Erich Schullze (Hg): Gesetz zur Befreiung von Nationalismus und Militarismus vom 5. März 1946 mit den Ausführungsvorschriften und Formularen. München 1946.

26 Boris Meissner: Die Potsdamer Konferenz. In: Boris Meissner, Dieter Blumenwitz und Gilbert Gorning (Hg.): Das Potsdamer Abkommen, 3. Teil: Rückblick nach 50 Jahren. (Völkerrechtliche Abhandlungen, Bd.4). Wien 1996, S.11–31.

27 Erich Schullze, wie Anm.25

28 Paul Hoser: Entnazifizierung in der Stadt Dachau. In: Norbert Göttler (Hg.):»Nach der Stunde Null«. Stadt und Landkreis 1945–1949. (Dachauer Diskurs, Bd. 2). München 2008, S.194f

29 Amtsblatt Dachau

30 Dierk Hoffmann: Nachkriegszeit. Deutschland 1945–1949. Darmstadt 2012, S.8

31 Spruchkammerakte K 3555, Staatsarchiv München

32 Spruchkammerakte K 3587, Staatsarchiv München

33 Spruchkammerakte K 3558, Simon Gasteiger, Staatsarchiv München

34 Schreiben von Dr.Joseph Baumgartner an die Spruchkammer am 4. März 1947, wie Anm.33

35 Sühnebescheid vom 14. März 1948, Spruchkammerakte K3587

36 Schreiben von Diana Hertkorn an die Spruchkammer am 17. April 1946. Spruchkammerakte K 3562, Hertkorn Hermann, Staatsarchiv München

37 Schreiben von Diana Jan-Sün an die Spruchkammer, wie Anm.36

38 Spruchkammerakte K 3554, Früchte Hans, Staatsarchiv München

39 Eidesstattliche Erklärung von Henryk Schechter vom 23. Oktober 1945, wie Anm.38

40 Schreiben von Dr.Joseph Baumgartner im Namen des Bayerischen Staatsministeriums für Ernährung, Landwirtschaft und Forsten an die Leiter der Ernährungsämter vom 8. Juli 1946, Staatsarchiv, BezA/LRA 130853

41 Schreiben von Pfarrer Paul Müller am 26. Februar 1947 an die Spruchkammer am 4. März 1947, wie Anm.33

42 Annegret Braun, Frauenalltag und Emanzipation. Der Frauenfunk des Bayerischen Rundfunks in kulturwissenschaftlicher Perspektive 1945–1968. (Münchner Beiträge zur Volkskunde; 34). Münster u.a. 2005, S.88

43 Pfarrbericht von Paul Müller, S.616, wie Anm.3

44 Ebd.

45 Ebd.

46 Interview mit Anna Prachhart, wie Anm.13

47 Amtsblatt für die Stadt und den Landkreis Dachau 1. Jg. 1945, 1. Ausgabe

48 Manfred Daurer: Unveröffentlichte Ortchronik von Sulzemoos

49 Bayerisches Statistisches Landesamt (Hg.): Historisches Gemeindeverzeichnis. Die Einwohnerzahlen der Gemeinde Bayerns in der Zeit von 1840 bis 1952. München 1954 (Beiträge zur Statistik Bayerns, Heft 192), S.20f

50 Interview mit Magdalena Niedermair, geb. Sitti, Jahrgang 1924 vom 5. März 2012

51 Bauantrag einer Sauna am 2. August 1946, BezA/LRA 130170, Staatsarchiv München. Leider ist der Bauantrag in den Akten des Staatsarchivs nur unvollständig erhalten.

52 Ebd.

53 Vgl. Amtsärztliche Stellungnahme zur Errichtung einer Sauna vom 22. August 1946, wie Anm.51

54 Ebd.

55 Ebd.

56 Bescheinigung an Herrn Hertkorn zum beantragten Saunabau 26. September 1946, BezA/LRA 130170, Staatsarchiv München

57 Vgl. Die Sauna von Sulzemoos. In: Münchner Merkur, 29. November 1948

58 Ebd.

59 Ebd.

60 Münchner Merkur – Aus dem Landkreis, 10. Dezember 1948

61 Interview mit Jakob Brunner, wie Anm. 7

62 Andreas R. Bräunling: Wiederaufbau der Verwaltung in Stadt und Landkreis Dachau. In: Norbert Göttler (Hg.): »Nach der Stunde Null«. Stadt und Landkreis 1945–1949. (Dachauer Diskurs, Bd. 2). München 2008, S. 299 ff

63 Amtsblatt für die Stadt und den Landkreis Dachau, 7. August 1945

64 Interview mit Jakob Brunner, wie Anm. 7

65 Schreiben des Bezirksschulamts an die Schulleitung Sulzemoos vom 29. Oktober 1946, Schularchiv Sulzemoos

66 Amtsblatt Nr. 19 vom 10. November 1945

67 Erwin Müller und Hans Joachim Reichelt: Nachkriegsgeschichte der evangelischen Kirchengemeinde in Stadt und Landkreis Dachau. In: Norbert Göttler (Hg.): »Nach der Stunde Null«. Stadt und Landkreis 1945–1949. (Dachauer Diskurs, Bd. 2). München 2008, S. 326

68 Pfarramtliches Gutachten über die Weiterverwendung des Lehrer S., Spruchkammerakte K 3587, Staatsarchiv München

69 Unterschriftenliste zur Wiedereinstellung des Lehrers S., wie Anm. 68

70 Amtsblatt für die Stadt und den Landkreis Dachau vom 6. Oktober 1945

71 Beschluss vom 18. November 1946, Gemeinderats-Beschlussbuch, Archiv-Nr. E-10/10, Gemeidearchiv Odelzhausen

72 Strafantrag vom 11. März 1946, Archivnr. E-2/8 (10–102): Sühneversuche 1906–1967, Gemeindearchiv Odelzhausen

73 Ebd.

74 Ebd.

75 Norbert Göttler: Die katholische Kirche des Landkreises nach der »Stunde Null«. In: Ders. (Hg.): »Nach der Stunde Null«. Stadt und Landkreis 1945–1949. (Dachauer Diskurs, Bd. 2). München 2008, S. 314

76 Festschrift Freiwillige Feuerwehr 1996 und Festschrift 100 Jahre Schützenverein Sulzemoos 2005

77 Pfarrbericht von Paul Müller, wie Anm. 3

78 Georg Lohmeier: Joseph Baumgartner. Ein bayerischer Patriot. München 1974, S. 13

79 Ebd., S. 13 f

80 Ebd., S. 19

81 Ebd., S. 116

82 Interview mit Hans Werthmüller, wie Anm. 11

83 Wilhelm Liebhart: »Wiederaufbau unseres Heimatlandes« – Zusammenbruch, Neubeginn und Wiederaufbau in Bayern. In: Norbert Göttler (Hg.): »Nach der Stunde Null«. Stadt und Landkreis 1945–1949. (Dachauer Diskurs, Bd. 2). München 2008, S. 21

84 Immerhin gab es in Sulzemoos bereits 1946 beachtliche 16 Stimmen für die SPD (Amtsblatt für die Stadt und den Landkreis Dachau, 8. Mai 1946)

85 Wie Anm. 83

86 Lohmeier, S. 116f, wie Anm. 78

87 Zitiert in Lohmeier, ebd., S. 131

88 Ebd., S. 131

89 Gehandelt wie die sizilianische Mafia. In: Der Spiegel 33 (1988), S. 59–63

90 Ebd., S. 60

91 Interview mit Anna Prachhart, wie Anm. 13

92 Lohmeier, S. 131, wie Anm. 78

93 Ebd., S. 156

94 Festschrift Freiwillige Feuerwehr Wiedenzhausen zum 100-jährigen Gründungsfest 1896–1996, S. 35

95 Interview mit Magdalena Niedermair, wie Anm. 50

96 Aussage eines Zeitzeugen

97 Interview mit Anna Schindler, wie Anm. 10

98 Ebd.

99 Ebd.

100 Interview mit Anna Schindler, wie Anm. 10

101 Joachim Käppler: Verbündete und Sieger. In: Joachim Käppner und Robert Probst: Befreit. Besetzt. Geteilt. Deutschland 1945–1949. München 2006, S. 104

102 Ebd.

103 Interview mit Anna Prachhart, wie Anm. 13

104 Ebd.

105 Ebd.

106 Dierk Hoffmann, S. 96, wie Anm. 30

107 Interview mit Viktoria Baumgartner, geb. Huber, Jahrgang 1925 am 27. April 2013

108 Interview Josephine Huber, Jahrgang 1921 am 27. April 2013

109 Ebd.

110 Interview mit Magdalena Niedermair, wie Anm. 50

111 Ebd.

112 Gemeinderats-Beschlussbuch Sulzemoos 1948–1951, Niederschrift vom 25. Februar 1949, Archiv-Nr. S-1/17, Gemeindearchiv Odelzhausen

113 Gemeinderatsbeschlussbuch Wiedenzhausen, Niederschrift vom 26. Februar 1949, Archiv-Nr. W-1/4

114 Festschrift 100 Jahre Burschenverein Einsbach 2008, S. 23

115 1200 Jahre Wiedenzhausen, hrsg. v. Verein 1200 Jahre Wiedenzhausen e.V. [2005,], S. 15

116 Festschrift des Krieger- und Veteranenvereins, Sulzemoos 2002

117 1200 Jahre Wiedenzhausen, S. 72, wie Anm. 113

118 30 Jahre SV Sulzemoos. Jubiläumsschrift des Sportvereins Sulzemoos 1977

119 Interview mit Hans Steiner, wie Anm. 24

120 Interview mit Jakob Brunner, wie Anm. 7 und Wahlniederschrift am 30. März 1952, Bürgermeister- und Gemeinderatswahlen, Archiv-Nr. S-1/16 (02–024)

121 Beschluss des Amtgerichts Dachau vom 7. August 1950, Archiv-Nr. S-3/13, Gemeindearchiv Odelzhausen

KRIEGSENDE – ERINNERUNGEN EINES ZEITZEUGEN AUS SULZEMOOS

Manfred Daurer[1]

Deutschland 1945 – Das »tausendjährige« Nazi-Reich versank in einem Meer aus Blut und Tränen. Als am 8. Mai 1945 die Waffen endlich schwiegen, waren mehr als 50 Millionen Menschen tot. Gefallen an der Front, verbrannt in Bombennächten, gestorben an Hunger, Kälte und Gewalt auf der großen Flucht. Als die Welt erfuhr, was in deutschem Namen nicht nur in den Lagern des Regimes geschehen war, kehrte sich der Zorn der Völker gegen Hitlers ganzes Volk. Die Bilanz des Zweiten Weltkrieges ist erschütternd: Über 50 Millionen Menschen starben, mehr als sechs Millionen europäische Juden wurden ermordet. Tausende Sinti und Roma, Menschen mit Behinderung, politisch Andersdenkende und Homosexuelle wurden verfolgt und getötet. Weite Teile Europas waren zerstört. Nach dem Ende der Kämpfe begann die Rache der Sieger – Rache für millionenfaches Leid, das von Deutschen angerichtet worden war. 14 Millionen Deutsche wurden vertrieben. Es waren vor allem die Frauen, die für Hitlers Krieg bezahlen mussten: Vergewaltigungen, Plünderungen und Morde waren an der Tagesordnung.

Jeder gesellschaftliche Bereich wurde in Mitleidenschaft gezogen, furchtbare Verbrechen begangen. Die Welt war nach dem Krieg nicht wieder zu erkennen. Dieses Ereignis ist nicht mit einer Aufzählung von Schlachten, mit der technischen Analyse von Waffengerät oder die Würdigung des Genies der Generäle zu erfassen. Dieser Krieg schuf neue Gesellschaften, er war Voraussetzung für einen andern, den Kalten Krieg. Er verursachte Hunger und unvorstellbares Leid. Der Holocaust konnte nur unter den Bedingungen des Krieges vollstreckt werden. Der Zweite Weltkrieg nahm tatsächlich globale Ausmaße an. Nicht nur in Europa wurde gekämpft, auch im Pazifik und in Afrika. Erst die Kapitulation Japans nach dem Abwurf zweier Atombomben über Hiroshima und Nagasaki brachten den endgültigen Sieg der Alliierten. Trotzdem muss ein besonderes Augenmerk Deutschland gelten. Deutschland hat den Zweiten Weltkrieg entfesselt und hat ihn, zumal an der Ostfront, verbrecherisch geführt. Auch die Wehrmacht beging furchtbarste Verbrechen. »Zig Millionen« sowjetische Bürger sollten im Feldzug gegen die UdSSR verhungern, so die Rechnung deutscher Militärs. Im Zuge des Angriffs auf die Sowjetunion wurde die so genannte »Endlösung« beschlossen. Millionen Juden ermordete man in den von Deutschland eroberten Gebieten. Das gehört auch zur Geschichte des Zweiten Weltkriegs.

2005: 60 Jahre nach dem Kriegsende scheint eine zeitliche und emotionale Distanz zum Jahr 1945 erreicht und ein intensiver Rückblick auf die Ereignisse möglich. Die Präsenz des Jahrestages in den Medien war ein idealer Anlass, Erinnerungen zu reflektieren und auf Spurensuche in der eigenen Region, im eigenen Heimatort zu gehen.

Wie erinnern sich Zeitzeugen an die Zeit des Kriegsendes in meiner Heimat Sulzemoos, die auch 20 Gefallene und Vermisste im Zweiten Weltkrieg zu beklagen hat. Viele Zeitzeugen sind inzwischen verzogen oder leben nicht mehr. Männer waren noch im Krieg oder befanden sich in Gefangenschaft. Es gibt sie aber doch noch, wenn auch nur wenige, die von den Ereignissen in der Zeit vom 27. bis 29. Mai 1945 erzählen könnten, aber nur ein Mitbürger vom Ort war zu einer Tonaufzeichnung bereit. Es war jedoch höchste Eisenbahn, diese Lücke in der Heimatgeschichte von Sulzemoos zu schließen und zumindest einen Zeitzeugen zu Wort kommen zu lassen, um die damaligen dramatischen Ereignisse in einer wichtigen und beeindruckenden Dokumentation in Form einer Tonaufnahme der Nachwelt überliefern zu können.

JOHANN STROBL, ALTBÜRGERMEISTER, GEB. 1931 ERZÄHLT

Wenn man einmal scharf zurück denkt: Acht Tage vor Kriegsende waren noch laufend Fliegerangriffe und Tieffliegerangriffe in Richtung München und es hat auch noch viele Tote auf der Autobahn gegeben. Acht Tage vor Kriegsende ist auch noch das deutsche Militär massenweise in Kolonnen marschiert, im Glauben den Krieg noch zu gewinnen. Auch mit Lastwagen als »Rotes Kreuz« getarnt. Ich weiß, dass da gar keine Verletzte drinnen lagen, sind die noch die ganze Nacht hindurch marschiert. Sie sind aber wahrscheinlich eher von den nachrückenden Amerikanern abgehauen. Die Lastwagen hatten hinten Zwillingsreifen drauf, oft war nur noch ein Reifen zu sehen und da hat nur noch die Leinwand rausgeschaut. So sah der deutsche Rückmarsch aus.

Mein Vater war als Soldat im Krieg und wir hatten zu Hause einen untergebrachten Franzosen. Mit diesem Franzosen hatte ich jeden Tag Radio gehört. Der deutsche Sender hat gebracht, dass über den Rhein noch schwer, schwer

gekämpft wird. Dem Franzosen haben wir aber ausländische Sender eingestellt und dann hat er auf einmal zu mir gesagt: Hans, heute Amis schon in
Stuttgart in Richtung Ulm. Und alles hat von diesem Sender genau gestimmt
gehabt, nur die Deutschen nutzten den Hitlerempfänger ausschließlich für
Propagandazwecke.

Am 29. April 1945, es war an einem Sonntag, in der Früh, waren wir gerade beim Kaffee trinken, da hat es plötzlich unwahrscheinlich laut gekracht.
Es ist von Richtung Odelzhausen hergekommen. Da haben die Amis schon
in den Ort rein geschossen. Gesagt wurde zwar immer, die SS hätte hinausge-
schossen, das stimmte jedoch überhaupt nicht wie man später erfahren hat.
Es war auf alle Fälle ein Riesenkrach in unserer Gegend. Da hat unser Franzose gesagt: Oh, jetzt kommen sie (die Amis). Er ist natürlich sofort in das
Gefangenenlager, das in Sulzemoos beim Gasthaus Brummer untergebracht
war, gelaufen, wo sich dort bereits mehrere Franzosen aufhielten. Dann hat es
nicht lange gedauert, da passierte Folgendes: Bei uns da gegenüber am Berg
droben ist ein Haus gestanden, die vermietete Villa von der Getränkefabrik
Simon Gasteiger, da hat ein stationierter Vermessungsbeamter, der Name ist
mir inzwischen entfallen, auf dem Dach der Villa eine lange Stange mit einer
weißen Fahne hinausgeschoben. Der Beamte war schon im Ersten Weltkrieg
als aktiver Soldat auf dem Schlachtfeld und wusste bestens über solche Dinge
Bescheid. Man hat die Amerikaner inzwischen von Richtung Odelzhausen
aus dem Wald kommen gesehen. Sie sind mit vier Panzern nebeneinander auf
der Autobahn in Kolonnen gefahren.

Bei uns im Ort sind noch so versprengte einzelne Barrasler gewesen und
da weiß ich noch genau, dass so fünf oder sechs deutsche Soldaten nach
Norden in Richtung Staatswald stiften gegangen und geflohen sind. Die GIs
haben lange nachgeschossen aber keinen getroffen.

In der Ortschaft drinnen haben die Frauen, in dem Moment wo die
Amerikaner gekommen sind, die drei Panzersperren, die im Ort angebracht
waren, abgeschnitten. Eine Panzersperre war bei der Kirche, eine bei uns in
der Nähe und eine beim Hartmann zum Heinzinger hinüber. Die Bäume, die
quer hineingekommen wären, die haben die Leute alle zum Teil mit ihren
Ochsengespannen entfernt und verzogen. Der alte Eggervater, das weiß ich
noch genau, ist bei uns vorbeigefahren mit einem Baum hinten dran, den er
heimgezogen hat, obwohl auf der Autobahn die Amerikaner schon mit den
Panzern immer näher angerückt sind.

Bis Mittag hat sich an dem besagten Tag eigentlich sonst gar nichts mehr gerührt. Dann passierte auf einmal Folgendes: Beim Baumgartner-Wirt hielten sich in der Gaststube zwei Tische deutsche Soldaten auf und plötzlich fuhr ein amerikanischer Jeep in den Wirtshof. Wir haben natürlich alle sehr interessiert den Jeep angeschaut, er war auch mit Funk ausgerüstet, für uns Buben etwas ganz besonderes. Der Jeep hat uns natürlich massiv fasziniert, weil das für uns ein unwahrscheinliches Fahrzeug war. Der amerikanische Soldat ist in die Gaststube gegangen und hat sich ein Bier bestellt. Als er die deutschen Soldaten dort sitzen sah, zog er gleich seinen Colt, er hat ihn aber nicht gebraucht, denn die Deutschen hatten sich ja alle ergeben. Er hat die Soldaten auch nicht mitgenommen oder verhaftet, sie durften drinnen sitzen bleiben und auch er trank noch ein kühles Bier. Die Gewehre nahm er dann allerdings alle mit und warf sie hinten in den Jeep. Sonst hat er den deutschen Soldaten eigentlich nichts gewollt.

Erst am Nachmittag so gegen 14 Uhr sind dann die ersten Alliierten in großer Anzahl in die Ortschaft Sulzemoos hineingezogen. Überall standen Panzer herum. Uns Buben wurde das jedoch allmählich doch zu langweilig. Wir sind am Nachmittag zur Autobahn gegangen, um etwas zu erleben. Da haben die Amis mit den Geschützen in Richtung Pasing und Aubing hineingeschossen. Wir fürchteten uns schon gar nicht mehr. Wir waren ja schließlich noch vor acht, vierzehn Tagen mit der SS und mit dem deutschen Barras zusammen und jetzt halt mit den Amerikanern. Bloß ist es uns bei den Amerikanern viel besser gegangen als bei den deutschen Soldaten. Die Amerikaner haben uns mit Süßigkeiten wie zum Beispiel Schokolade gerade so überhäuft. Es hat ja damals von uns keiner eine »Coca Cola« gekannt. Da hat uns einer von den Siegermächten davon trinken lassen und das hat uns auch noch sehr gut gemundet, weil es ziemlich süß schmeckte.

Später haben die Amerikaner im nahe gelegenen Kappelhof einen Sanitätsplatz errichtet. Der Boden wurde mit etwa 10 Zentimeter starken Läden ausgelegt und es wurden mehrere Zelte aufgeschlagen. Verunglückte und Kranke waren dort untergebracht und ein Fieseler-Storch (Fi156 Kurzstartflugzeug) hatte für Nachschub an Essen und Medikamenten gesorgt. Wenn uns einer von den Kranken einen Einkaufszettel geschrieben hatte, sind wir schnell zum Einkaufsladen um die Ecke gelaufen und haben die aufgeschriebene Ware abgeholt. Da ist es uns natürlich sehr gut gegangen, weil die Verletzten und Kranken ja auch für uns einige Schmankerl aufgeschrieben hatten. Schokolade habe ich damals von der Früh bis in die Nacht gegessen, so viel wie in meinem ganzen Leben nicht mehr.

Der Zivilbevölkerung von Sulzemoos haben die Amerikaner überhaupt nichts getan. Allerdings am ersten Tag gleich, als sie gekommen sind, mussten viele Leute aus ihren Häusern raus und ausziehen. Teilweise übernachteten sie dann in den Ställen oder anderswo. Wir selber haben ehrlich Glück gehabt und durften uns weiterhin im eigenen Haus aufhalten. Natürlich sind auch noch andere Einwohner zu uns gekommen und dann war auf einmal das ganze Haus voll belegt.

Die Amerikaner hatten alles im Überfluss und in Hülle und Fülle. Sie füllten den Benzin in die Tanks ihrer Fahrzeuge und warfen die Kanister, auch wenn sie noch halb voll waren, einfach weg. Wir haben dann das Benzin als Buben zusammengeschachert und als mein Vater vom Krieg heimgekommen ist, hatte ich bereits 20 Kanister Treibstoff beisammen.

Der ganze Ort war verkabelt für Benachrichtigungen. Auch diese Kabel haben die Amis nicht mehr abmontiert und mitgenommen. Die Kabel wurden dann später für andere Zwecke hergenommen. Und dann hatten die Amis so große, etwa 20 bis 25 Zentimeter lange und vielleicht 10 Zentimeter breite Packungen für Essens-Tagesrationen. Auch solche bekamen wir massenweise geschenkt. Die Packungen waren mit Wachs umhüllt. Man hätte sie auch ohne weiteres ins Wasser werfen können, so dicht waren diese durch das Wachs geworden. Da war alles Mögliche an Proviant eingepackt, angefangen von Zahnpasta, Süßigkeiten, Kaffee, Keks und Wurst, einfach alles was man zum Leben so braucht.

Die Amerikaner haben von uns Bürgern eigentlich gar nichts gewollt, weder Fleisch noch Wurst, rein gar nichts. Als einziges waren sie aber auf frisch gelegte Hühnereier scharf. Auf den Hühnerstall sind sie losgestürmt wie die Verrückten und haben alle Frischeier eingesammelt. Bei uns in der Küche haben sie dann so zirka 50 Eier in einer großen Kupferpfanne eingeschlagen und gebraten. Das Schmalz hat natürlich sofort zu kochen angefangen. Meine Mutter sagte zu ihnen: So wird es nichts und hat ihnen gezeigt wie man Spiegeleier besser zubereitet. Den Amis hat es aber dann auch sehr gut geschmeckt. Sie putzten die ganze Pfanne weg.

Bei den Hausdurchsuchungen haben die GIs eigentlich nach nichts Bestimmtem gesucht, höchstens vielleicht nach Uhren oder Schmuck. Zum Teil haben sie diese kostbaren Funde einfach mitgenommen und entwendet. Waffen fanden sie nicht, denn die waren, falls vorhanden, alle sehr gut versteckt und somit nicht auffindbar.

In Sulzemoos war ein paar Tage vor Kriegsende und auch noch am letzten

Tag bis zum Zeitpunkt des Einmarsches der Amerikaner noch eine SS-Einheit da. Alle waren komplett eingekleidet worden und haben lauter neue Uniformen und Schuhe (Bergschuhe mit großen Nägel außen rum) bekommen. Bei uns sind mindestens 25 Paar solcher Schuhe in der Wohnung herumgestanden, die haben sie einfach liegen lassen, ebenso die Uniformen. Meine Mutter hatte den Kachelofen angezündet und hat alles wo ein »SS-Zeichen« drauf war, verbrannt bis der Ofen heiß glühte. Die Kleidung war jedoch noch einwandfrei und man hätte sie noch ohne weiteres lange tragen können, schade.

Wir Jungen haben das Kriegsende 1945 bei uns in Sulzemoos eigentlich als ganz etwas Wunderbares erlebt. An folgende nette Anekdote kann ich mich auch noch gut erinnern: Alle Männer die bei uns in Sulzemoos einen Hitlerbart trugen, so einen Schnauzer wie ihn der Führer Adolf Hitler trug, die wurden von den Amerikanern immer wieder an den Bärten gezogen. Dann haben sich die Männer alle den Schnauzer abrasiert und sind ohne Bart herumgerannt. Vorne, wo der Schnauzer dran war, da war plötzlich nur noch so ein weißer Fleck zu sehen, sozusagen ein weißes Bärtchen, einfach nett anzusehen.

Soweit ich mich noch erinnern kann, ist bei uns überhaupt nicht geschossen worden, kein einziger Schuss fiel hinaus und keiner kam herein, da war gar nichts los im Busch. Ich weiß auch keinen einzigen, der nach der Befreiung dem deutschen Militarismus nachgejammert hat, höchstens ein paar ganz fanatische Nazis. Aber die haben es sich ja nicht mehr zu sagen getraut.

Es wurde auch bekannt gegeben, dass alle im Besitz befindlichen Schusswaffen abgegeben werden müssen und es sind auch tatsächlich einige abgeliefert worden. Die Amerikaner haben diese Waffen dann vernichtet und alle abgeschlagen oder total verbogen.

Zwei Wochen nach dem Einmarsch in Sulzemoos haben die Amerikaner im Garten des Getränkefabrikanten Simon Gasteiger im Garten eine Orts-Kommandantur eingerichtet, so eine Art amerikanische Verwaltung. Eines Tages kam ein so richtig angetrunkener Amerikaner vom Unterdorf herauf und trug einen Radio bei sich. Den haben sie natürlich erwischt und ihm sofort das Radio abgenommen. Man wollte bestimmt nicht, dass im Ort geplündert und gestohlen wird. Die ersten vierzehn Tage nach dem Einmarsch war dies jedoch nicht so der Fall. Jetzt konnte man sich als Bürger sogar bei der Kommandantur über besondere Vorkommnisse beschweren.

Einmal sind einige Polen gekommen, sie wollten beim Simon Gasteiger (Limonadenfabrik) Zucker stehlen und haben bereits einen Teil transportfähig gemacht. Sie kannten sich besonders gut aus und wussten, wo der Zucker gelagert war, weil bei der Getränkefabrik Gasteiger ein Pole beschäftigt war, der den Lagerplatz des Zuckers ausplauderte. Ein Gesandter namens Fischer eilte sofort zur Autobahn hinaus und hielt ein paar vorbeifahrende Amerikaner auf. Die kamen dann eiligst ins Dorf, haben ein paar Mal geschossen und nahmen den Dieben ihr Diebesgut wieder ab. Diese hauten dann unverrichteter Dinge fluchtartig ab. Die Polen haben sich teilweise mit amerikanischer Uniform bekleidet und gingen so getarnt auf Diebestouren. Daraufhin wurden ihre Uniformen umgefärbt damit man sie von den amerikanischen unterscheiden konnte.

Ich habe die erste Zeit, so drei bis vier Wochen, auch keinen einzigen Neger gesehen. Doch dann tauchte einer auf, ein Schwarzer, auf der Autobahn in einem Transportfahrzeug. Wieder ein besonderes Ereignis, einen schwarzen Mann vor Gesicht zu bekommen.

Wir haben natürlich unwahrscheinlich viele Schusswaffen gefunden, hauptsächlich in den umliegenden Wäldern. Überall waren dort Gewehre herumgelegen. Geschossen haben wir mit dem MG und mit dem Karabiner natürlich auch. Wir schossen so richtig scharf. Mit dem MG haben wir einmal im Gemeindeholz solange auf einen Baum mit etwa 25 Zentimeter Durchmesser hin geschossen bis er umgefallen ist. Aber wenn wir es zu bunt getrieben haben, war es auch ganz schön gefährlich und immer wieder flog ein Fieseler-Storch über das Gelände um zu sehen ob alles in Ordnung ist. Mit den Gewehren haben wir schon gut schießen können, das haben uns ja die SS-ler schon alles gezeigt, wenn sie Übungen abhielten. Wenn die SS-ler zum Scharfschießen abmarschierten, waren wir auch mit dabei. Wir waren sozusagen international. Wir haben mit der SS, mit der deutschen Wehrmacht und mit den Amerikanern ein und dasselbe gemacht. Da hat es für uns Buben fast gar keinen großen Unterschied gegeben.

Man könnte noch vieles mehr erzählen vom Kriegsende, aber so im Groben habe ich eigentlich das Wichtigste aus der damaligen Zeit, wovon ich noch weiß, zu Wort gebracht.

---

1 Dieser Beitrag verfasste Manfred Daurer 2005 kurz vor seinem Tod als Zertifikatsprüfung zum Heimatforscher. Das Interview mit Hans Strobl fand am 30. Mai 2005 statt.

Als die Amerikaner und die Flüchtlinge kamen ...
Zur Alltagsgeschichte in Schwabhausen in der Nachkriegszeit

Helmut Beilner und Ernst Spiegel

Der vorliegende Beitrag ist weitgehend das Ergebnis der Arbeit der Geschichtswerkstatt Schwabhausen.[1] Er bezieht neben dem Hauptort Schwabhausen auch die heutigen Gemeindeteile Arnbach, Rumeltshausen, Puchschlagen und Oberroth, die bis zur Gebietsreform 1972 noch selbständige Gemeinden waren, mit ein, ebenso die Ortschaft Machtenstein, die zu Kreuzholzhausen gehörte. Seine Quellenbasis sind zu einem großen Teil Zeitzeugenberichte[2] und Tagebuchnotizen der beiden Schwabhausener Pfarrherren Otto Mayer und Johannes Huber[3], die so weit wie möglich an Quellen und anderer Literatur überprüft worden sind.

Dem Ende des Krieges entgegen – Luftkämpfe

Der Zusammenbruch der 6. Armee in Stalingrad und die Niederlage des Afrikakorps im Jahr 1943 wurde bei vielen Menschen, die sich nicht von der nationalsozialistischen Propaganda hatten beeinflussen lassen, als deutliches Zeichen des kommenden Endes wahrgenommen. Darüber hinaus gab es auch viele andere Ereignisse, welche die Niederlage ankündigten. So wurden die Bürger im Umfeld von Schwabhausen in den nächsten beiden Jahren immer wieder auf die drohenden Gefahren hingewiesen. Alliierte Bomberflotten zerstörten Augsburger Industrieanlagen und flogen Richtung München. Der Lichtschein der brennenden Städte war nachts zu sehen. Deutsche und amerikanische Jagdflugzeuge lieferten sich Luftkämpfe über Schwabhausener Gebiet. Tiefflieger beschossen Menschen und Gebäude. Ein weiteres wichtiges Zeichen, dass der Krieg schon mitten in der Heimat angekommen war, zeigten mehrere Flugzeugabstürze, so z.B. bei Puchschlagen, Grubhof sowie über Schwabhausener und Bacherner Flur.

Kampfhandlungen in der Luft bedrohten auch unmittelbar Menschenleben auf dem Boden. Am 9. April 1944 fand ein Luftkampf über Schwabhausen statt, bei dem ein Geschoss ein Haus beschädigte und Menschenleben gefährdete. Pfarrer Otto Mayer hielt in seinem Tagebuch fest:

»Ein Amerikaner war von seinem Rudel abgekommen und wurde von zwei deutschen Jägern gerade über unserer Gegend gejagt. Auf der Straße beim Gasteiger standen eine Menge Leute beisammen, um das Schauspiel zu beobachten. Plötzlich ein Zischen und darauf eine Detonation. Die Leute stoben natürlich nach allen Seiten auseinander, aber das wäre längst zu spät gewesen, wenn das Geschoß auf der Straße krepiert wäre. So aber traf es die Hausmauer des Anwesens von Roth Nikolaus (›Trapp‹ Nr. 2), schlug hier ein fenstergroßes Loch hinein und überschüttete das ganze Zimmer mit Schutt [...] Im Gasteiger-Anwesen (gegenüber) warf der Luftdruck 2 Kinder vom Fenster weg in die Stube, die Fenster waren natürlich zersplittert, erst später entdeckte man beim Gasteiger, dass ein Geschoßsplitter beim Fenster herein-geflogen war und einen Hafen auf dem Herd durchschlagen hatte. Wie leicht hätte er eines der beiden Kinder töten können.«[4]

Am 12. Juli 1944 luden 12 amerikanische Bomber vom Typ B-24, die vom englischen Militärflugplatz Chelveston gestartet waren, ihre Fracht zwischen Oberroth und Kreuzholzhausen ab. Sie hatten den Auftrag, die Bayerischen Motorenwerke (BMW) in Allach und Milbertshofen zu bombardieren. Of-fenbar wegen eines Navigationsfehlers – sie verwechselten die Amper mit der Isar – trafen 3 Bomben die Anwesen der Familien Niedermair und Hartl in Machtenstein. Dabei starben 5 Menschen, darunter auch ein Kriegsgefange-ner aus Russland, mehrere Personen wurden verletzt und durch die Druck-welle mehrere Häuser beschädigt. Es wurden insgesamt 53 Bombentrichter gezählt.[5]

Es gibt eine große Fülle von Augenzeugenberichten über Tieffliegeran-griffe. So wurde der Zug Altomünster-Dachau mehrfach von Tieffliegern beschossen. Am 24. April 1945 griffen bei der Einfahrt in die Station Arnbach vier Jagdbomber vom Typ P-47 Thunderbold den Zug an. Am Bäckerholz hielt der Zugführer an, und die Reisenden konnten sich in den Wald retten. Bei dem erneuten Beschuss wurde die Lokomotive zerstört.[6] Nach einem Be-richt von Pfarrer Mayer kam auch eine Person ums Leben.

Am 26. April wurde der nördlich der Hochstraße in Schwabhausen auf-gestellte und von sogenannten »Blitzmädeln« bediente Flakscheinwerfer angegriffen, den man abzuschalten vergessen hatte. Dabei trafen Geschosse mehrere bäuerliche Anwesen. In dem Haus der Familie Blimmel rissen sie große Löcher in das Dach und in die Wohnstube. Im Schlafzimmer waren

12. Juli 1944: Bombentrichter um Machtenstein. Zwei Anwesen werden getroffen, beim »Baurn« und beim »Maurer«, fünf Menschen sterben: Josef Niedermair, Gottfried Ullerich, Georg Blank, Georg Sturm und Nikolai Glebow (russischer Gefangener).

die Fenster zertrümmert und zwischen den Betten lagen Patronen, Personen wurden allerdings nicht verletzt.[7] Weitere Berichte über Tieffliegerangriffe gibt es von Edenholzhausen, Oberroth und Stetten/Rumeltshausen.[8]

Sehr eindringlich schildert ein Schüler einen Tieffliegerangriff bei Machtenstein:

»Unser Pfarrer Herr Furtner und der Hauptlehrer Andrä waren Imker. Wir mussten einen verzinkten Wachskessel von Kreuzholzhausen mit dem Handkarren nach Machtenstein transportieren. Ein im Luftraum befindlicher Jagdflieger musste das bemerkt haben. Der Pilot hat sofort sein Maschinengewehr betätigt. Wir ließen alles stehen und flüchteten in die Böschung des Rothgrabens. Als wir dachten, alles sei vorbei und wir den Transport fortsetzten, wiederholte sich der Beschuss. Wir suchten ein zweites Mal Schutz, diesmal am Rothdurchlass beim Feldkreuz. Wir waren völlig eingeschüchtert. Mein Vater holte uns später mit dem Fahrrad ab und begleitete uns nach Hause.«[9]

Da es bei diesen Tiefliegerangriffen auf Zivilisten zum Glück relativ wenige Tote gab – das gilt auch für andere Orte im Landkreis –, lässt sich vermuten, dass die Piloten die Personen oft absichtlich verfehlten und ihr Angriff hauptsächlich das Ziel hatte, Einschüchterung und Terror als Vorbereitung auf die bevorstehende Invasion zu verbreiten.

Evakuierte, Flüchtlinge und Auflösungserscheinungen

Dass es dem Kriegsende zuging, zeigten seit 1943 auch die vielen Evakuierten aus München. Auch kamen schon ab dem Jahr 1944 die ersten Flüchtlinge aus Ostpreußen, Rumänien und Jugoslawien (Banat und Batschka), die vor der »Roten Armee« fliehen mussten. Auch die immer wieder durchziehenden Wehrmachtsteile und SS-Einheiten zeigten, dass die Widerstandskraft der deutschen Truppen gebrochen war. Daran hätten auch die hastig aufgebauten »Panzersperren« aus Baumstämmen zwischen dem »Gasthof zur Post« und dem Loderanwesen nichts ändern können. Sie waren leere Demonstrationen von scheinbar noch vorhandener Verteidigungskraft des »Volkssturms«, eines letzten Aufgebots von Jugendlichen, Alten und Kriegsverletzten unter der Führung von Lorenz Scherer. Sie hätten keinen Panzer aufgehalten und wurden am 28. April 1945 von beherzten Schwabhausener Frauen (u.a. Maria Fischer, Rosi Göttler und Maria Weihrich) kurz vor dem Einmarsch der amerikanischen Truppen – übrigens auch mit Zustimmung des örtlichen Volkssturmführers – abgebaut.[10] Auch an der Glonnbrücke in Arnbach wurde so eine sinnlose Sperre errichtet. Außerdem waren in den Tagen vor dem

Einmarsch der Amerikaner immer wieder Teile der deutschen Wehrmacht und SS-Abteilungen durch Schwabhausen und die Nachbargemeinden gezogen, um sich dann an mehreren Orten zu verstecken oder aufzulösen. Auch wird von SS-Einheiten berichtet, die auf der Suche nach »Fahnenflüchtigen« waren. So genannte »Muss-SSler«, zwangsrekrutierte junge Soldaten, wurden offenbar mit SS-Truppen bei Rumeltshausen in Kämpfe verwickelt. Johann Zotz berichtet über den Tag unmittelbar vor dem Einmarsch der Amerikaner: »Sie sind über die Wiesen vom Wald her nach Stetten heraufgelaufen, eigene Leute, wahrscheinlich fanatisch überzeugte, haben ihnen nachgeschossen. Sie sind zum Zotz gekommen und haben ihre Uniformen dort in den Ofen gesteckt. Dann sind sie den vorrückenden Amerikanern Richtung Dachau nachgelaufen. […] Zwei Deutsche sind im Rumeltshausener Wald gefallen – Viktor Lux und Heinrich Wagner. Beide wurden im Rumeltshausener Friedhof begraben und später umgebettet.«[11]

Angesichts dieser chaotischen Auflösungserscheinungen war es wohl bei den meisten Schwabhausenern zur Gewissheit geworden, dass das Ende des Krieges nahe war.

Die Amerikaner kommen – Einmarschvorgänge

Schon im März 1945 hatten die Alliierten den Rhein überquert. Die amerikanische Truppen waren für die Eroberung Süddeutschlands zuständig. Die Angehörigen der 3. und 4. Armee eroberten Bayern von Franken her und überschritten die Donau am 26. April zwischen Donauwörth und Kehlheim. Dabei kam es noch zu vereinzelter Gegenwehr von Wehrmachtsteilen, aber ansonsten ging der Vormarsch in Richtung der vermeintlich so bedeutsamen »Alpenfestung« auf dem Obersalzberg zügig voran. Am 6. Mai kam es dann zur »bayerischen Kapitulation« in Berchtesgaden, zwei Tage vor der deutschen Kapitulation in Karlshort und Reims. Unterstützt wurden die amerikanischen Truppen durch französische Einheiten, die von Schwaben über den Ammersee und Fürstenfeldbruck bis Traunstein vordrangen.[12]

Über den Einmarsch der Amerikaner in den Gemeinden des Erzbistums München-Freising forderte das Ordinariat von den einzelnen Pfarrherrn Berichte.[13] So sind wir über die einzelnen Verläufe gut unterrichtet. Der Einmarsch verlief in den meisten Gemeinden in folgenden Phasen: Die Armeekontingente postierten sich für kurze Zeit vor den Ortschaften. Sie gaben

Warnschüsse über die Dächer hinweg, um zu überprüfen ob noch Gegenwehr von Wehrmachtsteilen oder versprengten SS-Truppen kam. Auf Erkundungsfahrten durch die Dorfstraßen durchsuchten sie Scheunen nach eventuell noch vorhandenen deutschen Truppen und nahmen sie gegebenenfalls gefangen. Desgleichen suchten sie nach Flakstellungen und anderen Waffen. Sie errichteten Stützpunkte bzw. Funkstationen, beschlagnahmten Häuser und plünderten Speisekammern. In einigen Orten kam es auch zu Vergewaltigungen und Erschießungen.[14]

General Linden erkundigt sich am 29. April 1945 bei einer Frau nach dem Weg Richtung Dachau. Foto: John H. Linden Collection, Hoover Institution Archives

Für Schwabhausen und auch andere Orte existiert aus bisher ungeklärten Gründen kein publizierter Einmarschbericht an das Ordinariat. Allerdings lassen sich die Vorgänge im heutigen Gemeindebereich aus Augenzeugenberichten und Fragmenten von Aufzeichnungen von Pfarrer Otto Mayer, die offenbar als Entwurf für einen späteren Bericht an das Ordinariat darstellen, recht gut rekonstruieren. Demnach kamen die Amerikaner am Sonntag, den 29. April 1945 um die Mittagszeit aus Richtung Erdweg, Hirtlbach und Indersdorf in endlosen Kolonnen aus Jeeps, Lastwagen und Panzern in das Schwabhausener Gebiet.

So schreibt z. B. Pfarrer Otto Mayer in seinem Berichtsentwurf:

»Beim Einmarsch der Amerikaner am 29. April, mittags 12 Uhr befanden sich noch einige SS-Schützen im Ort, die es nicht unterlassen konnten, auf die heranfahrenden Panzer sinnlose Schüsse abzugeben und dadurch den ganzen Ort in Gefahr zu bringen. Großzügigerweise ließen es die Amerikaner mit einigen Maschinengewehrgarben auf die Schützen bewenden, die dann de- und wehmütig die Arme hoben. Verletzt oder getötet wurde niemand, abgesehen von zwei unmündigen Kindern, die beim Spielen mit Handgranaten ums Leben kamen.«[15]

Sehr konkret schildert Anni Göttler die Ankunft der Amerikaner:

»Bei uns waren ein Panzer und zwei Jeeps im Hof (beim Blimmel), eine Telefonstation wurde eingerichtet und zwei Zimmer im Haus belegt. Das ganze Geräucherte haben die Amis aufgegessen, Eier gekocht und die Küche total besetzt. Als unsere Mutter meinte, sie sollen uns doch etwas Essbares übrig lassen, haben sie unseren Vater bedroht, worauf wir in den Pfarrgarten flüchteten. Ein Soldat ist dann später nachgekommen und hat uns erklärt, wir brauchen keine Angst zu haben, seine Mutter sei eine Deutsche und stammt aus Köln.«[16]

Der Gutsbesitzer Josef Loock erlebte den Einmarsch auf seinem Hof folgendermaßen:

»Da bin ich dann zum Rothhof – das ist der Nachbarshof - und von da aus konnte man auf die Hauptstraße sehen. Und von da aus konnte man alles sehr gut beobachten. Da sind die Amis durch Schwabhausen gefahren, Richtung Dachau und München. Und als ich zurückkam, war dann schon in der halben Stunde, in der ich weg war, eine kleine amerikanische Einheit bei uns gewesen. […] Das war so eine Beobachtungseinheit, die hat ein Flugzeug gehabt, und die sind dann da oben gelandet (auf den Ackerflächen im SO des Gutes). Sie haben sich hier breit gemacht – aber ansonsten waren das sehr nette Leute. Die haben ein Bodenpersonal gehabt, und das war dann hier […]. Und als ich dann von meinem Spaziergang nach Hause kam, waren die Amerikaner da und haben das Haus besetzt, und die Einwohner haben dann in der Kirche (Hofkapelle) übernachtet. Da haben wir dann 14 Tage drin gelebt. Ja, das war keine große G'schicht, das war zum Teil a Gaudi … Die Einheit, die bei uns war, die war ja nicht in Dachau gewesen. Und später sind sie dann doch nach Dachau und da hat der Offizier auch das KZ in Dachau gesehen und der kam dann mit sehr schlechter Laune zurück. Das kann man sich vorstellen.«

In Oberroth erfolgte der Einmarsch mit Panzern und vielen Kraftfahrzeugen von Augsburg und der Autobahn her. Die weißen Fahnen signalisierten, dass kein Widerstand geleistet werden würde. Die Kinder erwarteten die Fahrzeuge neugierig beim heutigen Wirtshaus Haagen und bekamen Schokolade geschenkt. Die Soldaten quartierten sich zum Teil beim damaligen Wirt Burg-mayr und im Pfarrhof ein. Für andere Soldaten wurden Zelte auf der Wiese beim Scheuböckhof und am Wald bei Lindach aufgeschlagen. Wie in anderen Orten verlangten sie vor allem Eier, Milch und andere Nahrungsmittel.[17]

Ähnlich groß scheint der Hunger der Soldaten auch in Machtenstein ge-wesen zu sein. Sie verbrieten und verkochten im Wirtshaus Haas alle vorhan-denen Lebensmittel vom Geräucherten über die Eier bis zu den Nudeln. Dazu vertranken sie alle Biervorräte mit entsprechenden Folgen. Auch in Grubhof wurde ein ähnliches Gelage veranstaltet und an die Kinder viel Schokolade verschenkt.[18]

In Stetten verlief der Einmarsch viel bedrohlicher. Die Amerikaner bau-ten südlich der Dorfstraße eine Geschützbatterie auf und schossen Richtung Dachau, weil sie offenbar einen Gegenangriff von SS-Truppen aus dem KZ befürchteten. Alle Einwohner wurden gezwungen, ihre Häuser zu verlassen und sich auf andere Häuser zu verteilen. Die Familie Forstner, eine Witwe mit vier noch unmündigen Kindern, musste mit dem Notwendigsten auf einem Leiterwagen nach Schwabhausen aufbrechen und fand im Weberanwesen neben der Kirche ein Quartier. Bei der Evakuierung wurde ihr ein Laib Brot, den sie noch schnell auf den Wagen gelegt hatte, von einem amerikanischen Soldaten weggenommen.[19] Erst nach 5 bis 7 Tagen konnten die Familien wie-der in ihre Häuser zurückkehren.

Der Puchschlagener Volkssturm wollte noch eine Panzersperre bei Kreuz-holzhausen bauen, als die Amerikaner schon in Machtenstein waren. Dazu kam es nicht mehr. Der Einmarsch erfolgte ohne Gegenwehr, und die Ame-rikaner errichteten ihren Stützpunkt im Anwesen von Familie Böswirth. Die Bewohner mussten auch hier das Haus verlassen, sonst gab es keine weiteren Schikanen.

Von SS-Angehörigen aus dem Wachpersonal im KZ Dachau wohnten ei-nige – wohl aus Platzmangel in den SS-Wohnungen in Dachau – mit ihren Fa-milien in umliegenden Ortschaften u.a. auch in Puchschlagen. Der SS-Mann Müller, dessen Familie aus Aachen stammte, hatte sich nach dem Einmarsch der Amerikaner bei seiner Familie versteckt. Angeblich durch einen Polen verraten, wurde er an den Ortsrand geführt und dort erschossen. Die Ameri-kaner blieben bis zum 1. Mai 1945 in Puchschlagen.[20]

Nach Arnbach kamen die amerikanischen Truppen von Hirtlbach her. Die vom Volkssturm an der Glonnbrücke errichtete Panzersperre konnte sie natürlich nicht aufhalten. Nach den üblichen Warnschüssen fuhren sie ohne

Widerstand durch das Dorf. Eine Verpflegungseinheit der deutschen Wehrmacht, die im Wirtshof stationiert war, hatte die Flucht in Richtung Weyhern ergriffen. Dabei war ein Wagen in die Versitzgrube eingebrochen und liegen geblieben, woraus sich später ein willkommenes Lebensmitteldepot für die Einwohner von Arnbach ergab. Amerikanische Soldaten beschenkten Kinder mit Schokolade und Kaugummis. Andererseits durchsuchten sie, wie auch in den meisten anderen Orten, die Häuser nach Brot, Eiern und Speck. Offenbar litten sie großen Hunger, weil der Nachschub an Lebensmitteln nicht pünktlich nachkam. Da viele Amerikaner sich vor Vergiftungen fürchteten, waren Eier und Speck jene Lebensmittel, bei denen diese Gefahr am wenigsten bestand.

In einer Sandgrube am Vogelberg (dem heutigen Sportgelände) waren Sprengkörper und Waffen der deutschen Wehrmacht weggeworfen worden. Beim Spielen mit einer versehentlich scharf gemachten Granate wurden mehrere Buben am 6. Mai 1945 schwer verletzt. Obwohl sie schnell in das Lazarett in Schönbrunn gebracht worden waren, erlag einer der Jugendlichen, der landwirtschaftliche Lehrling Dieter Rommelt, den schweren Verletzungen.[21]

Nach dem Abzug der Amerikaner – Allgemeine Notlage

Spätestens nach einer Woche waren die amerikanischen Truppen aus dem Gemeindegebiet bis auf einige Posten abgezogen. Die besetzten Häuser waren wieder geräumt, allerdings auch die Speisekammern. Pfarrer Mayer berichtet von einem sonst schon bekannten Phänomen: »Geradezu komisch war die Gier nach Eiern, von denen in jedem Haus der gesamte Vorrat mitgenommen wurde, nach vorsichtiger Schätzung (pro Haus 100 Stück) mindestens 10 000 Stück! Zu ›ham and eggs‹ gehört auch Fett und Geräuchertes, also wanderten auch sämtliche Schmalzhäfen und Speckseiten mit! (Soweit sie nicht vorher vergraben waren.)«[22]

Auch sonstige Gegenstände wurden geplündert wie z. B. Wertsachen, Uhren, Armbänder, Mäntel, Anzüge und Wäsche. Sinnlos wurden Möbel, andere Einrichtungsgegenstände und Hausgeräte zerstört. Vor weiteren Kriegsschäden oder gar Personenverlusten blieb Schwabhausen jedoch verschont.

Die Nahrungsmittelversorgung war in den überwiegend von Landwirtschaft lebenden Orten einigermaßen gesichert. So fanden z. B. immer wieder Schwarzschlachtungen statt, die von der Militärregierung strengstens untersagt waren, aber nicht immer entdeckt wurden. Im Zotzstadel wurde an einem Sonntag eine Sau geschlachtet, aber bereits am Montag in der Früh um 7 Uhr, war die Polizei da und nahm alles Verwertbare mit. Angeblich wurden die Teile beim Postwirt in Schwabhausen auf Lebensmittelkarten ausgegeben. Gerade in Stetten, wo ein Großteil der Bevölkerung in Handwerksbetrieben arbeitete und kaum auf einen landwirtschaftlichen Rückhalt bauen konnte, kam es zu Nahrungsengpässen und Notsituationen.

Diese Notsituation wurde aber vor allem sichtbar durch die vielen Städter, die als »Hamsterer« mit der Lokalbahn in die Dörfer des Dachauer Hinterlandes kamen, um für oft sehr wertvolle Gegenstände wie Teppiche, Grammophone oder Bücher ein wenig Brot oder Schinken einzutauschen oder auf zweifelhafte Weise zu »organisieren«. Anschauliche Beispiele für den damaligen Mangel am Allernotwendigsten werden aus Rumeltshausen berichtet:

»Eine alte Frau aus München ist nach dem Krieg im Winter mit dem Zug gekommen und hat von den Schneezeichen (Stangen am Straßenrand zur Markierung derselben) die verbliebenen Zweigerl abgebrochen, um etwas Brennholz zu bekommen […] Hamsterer haben im Längenmoos gedroschen. Sie haben ein Fahrrad auf den Kopf gestellt, ein Betttuch untergelegt, zwei Mann drehten an den Pedalen, die anderen haben die Büschel mit den Ähren in die Speichen gehalten. Als der Hofbauer dazu kam kriegte er Schläg' (wurde verhauen).«[23]

Gefangene, Zwangsarbeiter und heimatlose Ausländer

Ein weiteres mehrschichtiges Problem stellten die ehemaligen kriegsgefangenen Zwangsarbeiter verschiedener Nationalitäten dar, die in großer Zahl auf den Bauernhöfen und in Betrieben eingesetzt waren. Zu einem Teil hatten sie sich, obwohl sie abgesondert im alten Poststadel übernachten mussten, schon ein wenig mit ihrer traurigen Situation abgefunden. Nach etwas unsicheren Recherchen müssen im Bereich Schwabhausen, Rumeltshausen, Puchschlagen und Arnbach ca. 50 gefangene Ausländer gearbeitet haben. In den Berichten ist immer wieder von allmählich geknüpften Freundschaften und sogar Liebschaften die Rede.

Gefangene Zwangsarbeiter aus West- und Südeuropa kehrten bald wieder in ihre Heimatländer zurück. Gefangene aus Polen und Russland waren jedoch der Gefahr ausgesetzt, von den neuen Regimes als Kollaborateure

Kriegsgefangene vor dem Blimmelanwesen HsNr. 22, jetzt Herbststr. 3

verfolgt oder gar getötet zu werden. Viele blieben deshalb in Deutschland.[24] Dasselbe galt für Zwangsarbeiter aus dem KZ Dachau. Zusammen bildeten beide Gruppen eine große Zahl von heimatlosen Ausländern (displaced persons, DPs), die auch weiterhin versorgt werden mussten. Sie wurden in den vorhandenen Lagerbaracken z. B. in Wagenried, Rothschwaige, Karlsfeld, Ludwigsfeld und Schleißheim-Frauenholz untergebracht, litten vielfach an Hunger und lebten unter schlechten Lebensbedingungen. Es bildeten sich bewaffnete Gruppen heraus, die plündernd durch das Land zogen. Von den Taten, die von ihnen überliefert sind, lassen sich viele als reiner Mundraub, andere als persönliche Racheakte bewerten. Auch bewaffnete Raubzüge mit krimineller Gewalt bis hin zu Morden waren zu verzeichnen. So wurden z. B. beim Hofbauer in Rumeltshausen in die Tür geschossen und beim Überreiter zwei Kühe aus dem verriegelten Stall gestohlen. In Zillhofen bei Langenpettenbach und am Gramlhof bei Ainhofen wurden zwei Menschen ermordet. Der aus Senkenschlag stammende spätere Schulleiter in Schwabhausen, Josef Obesser, berichtet, dass er sich vor marodierenden DPs nur in einem Versteck im Misthaufen des elterlichen Anwesens retten konnte.[25] Pfarrer Otto Mayer erhebt bittere Klage über die Aktionen dieser Gruppen:

»Zu einer wahren Landplage wurden die frei umherschweifenden – und wenigstens anfangs – von den Amerikanern sehr begünstigten Fremdarbeiter und K.Z.- Insassen [...]. Am hellen Tag und erst recht in den Nächten kamen sie rudelweise per Auto (bei uns haben nicht einmal die Ärzte genug Benzin), mit Revolvern ausgestattet (die deutsche Gendarmerie hat keine Schusswaffen mehr!) und überfallen Bauernhäuser im Ort und noch öfter in den Einöden, auch Krämereien, überhaupt alles, was an Wert zu holen ist.«[26]

Die Zahl der »displaced persons« blieb im Landkreis Dachau bis 1948 relativ konstant und belief sich auf 1500 bis 1900 Personen. Später erhielten viele die Möglichkeit nach Israel und in überseeische Länder auszuwandern. Von den Zwangsarbeitern, die am Loock-Hof eingesetzt waren, heirateten drei ebenfalls gefangene Ukrainerinnen und bauten sich in Amerika bzw. Australien neue Existenzen auf. Ein kroatischer Gefangener heiratete eine Lehrerstochter aus Oberbachern, zog nach Amerika und kam mehrmals wieder zurück.[27] Ausländische Frauen blieben oft nach der Heirat mit Deutschen hier, wie z.B. die ehemalige ukrainische Zwangsarbeiterin Frau Helene Rascher.

Die pauschale Erinnerung an die DPs als »Landplage«, wie z.B. bei Pfarrer Mayer, oder als »G'schwerl« und »Gesindel« bei anderen Berichtenden, wirkt aus heutiger Sicht trotz der unverzeihlichen Mordtaten zu undifferenziert und überzogen. Natürlich lebte die einheimische Bevölkerung in Angst vor Überfällen. Aber die damalige Bewertung wurde zumindest teilweise genährt aus dem Nachwirken rassistischer NS-Propaganda gegen die angeblich »minderwertigen« Ostvölker. Auch mag die Vermengung mit Straftaten reiner Versorgungskriminalität, wie sie in der damaligen Notsituation tagtäglich auch von »Hamsterern« und Flüchtlingen begangen wurden, eine Rolle gespielt haben. Der Gedanke daran, dass es sich bei KZ-Befreiten und ehemaligen Zwangsarbeitern um unmittelbare Opfer der NS-Herrschaft handelte, wurde dabei oft völlig außer Acht gelassen oder verdrängt.

Evakuierte und Bombenopfer

Eine weitere wichtige Ursache für die schlechte Versorgungslage, vor allem für die Versorgung mit Wohnraum in den ersten Jahren nach dem Krieg, blieben aber die Evakuierten und Ausgebombten, die auch nach dem Zusammenbruch lange noch keine festen Wohnungen besaßen. Bereits seit 1942 hatten die Amerikaner und Briten Angriffe auf deutsche Großstädte, in unserer Region auf München, Augsburg und Ingolstadt, geflogen. Zunächst suchten vor allem Mütter mit ihren Kindern und ältere Menschen Schutz bei ihren Verwandten auf dem Land. Schon Ende 1943 evakuierten die Behörden Bewohner der großen Industriezentren vorsorglich in ländliche Gebiete. Hinzu kam die wachsende Zahl jener Städter, die durch die sich steigernden Bombenangriffe ihre Wohnungen verloren hatten und gerade noch mit dem Leben davongekommen waren. So hatte München schon am 29. August 1942 den ersten schweren Bombenangriff erlebt, dem bis zum 26. April 1945 73 weitere folgten. Dabei wurden die Altstadt zu 90% und die gesamte Stadt zu 50% zerstört. 265000 Münchener, wurden obdachlos, 6600 Menschen starben und 15800 wurden verwundet.[28] Die Partei-Kommissare mussten in den Dörfern und Landstädten permanent weitere nutzbare Zimmer, Wohnungen und Krankenräume belegen und sie den Opfern zuweisen. Diese Maßnahmen wurden in Schwabhausen noch mit Verständnis aufgenommen. Man war ja überzeugt, dass die Großstädter nur kurzzeitig hier bleiben würden.[29]

FLÜCHTLINGE UND VERTRIEBENE[30]

Das ganz überwiegende Elendspotenzial der unmittelbaren Nachkriegszeit stellten jedoch die vielen Flüchtlinge und Vertriebenen aus den deutschen Ostgebieten und aus deutschen Siedlungsgebieten in anderen europäischen Ländern dar. Dabei wird oft zwischen »Flüchtlingen« und »Vertriebenen« unterschieden. Unter Flüchtlingen im engeren Sinn versteht man alle Menschen, die schon in den letzten Kriegsjahren vor der anrückenden »Roten Armee« oder vor den Verfolgungen durch die Bevölkerung der Gastländer Richtung Westen geflohen oder von deutschen Behörden in Sicherheit gebracht worden waren. Als Vertriebene bezeichnet man all jene Deutschen, die nach Kriegsende noch in der Heimat geblieben waren und erst nach den Beschlüssen der Alliierten auf der Konferenz von Potsdam vom 17. Juli bis 2. August 1945 in systematischer Weise aus der Tschechoslowakei, Polen und Ungarn vertrieben – in der Sprache der Siegermächte »überführt«, »transferiert«, »abgeschoben« – wurden. In der Alltagssprache bürgerte sich für beide Gruppen häufig die Sammelbezeichnung »Flüchtlinge« ein.

Nach Schwabhausen und die Nachbarorte kamen Flüchtlinge und Vertriebene nahezu aller Gruppen und aus allen betroffenen Gebieten. Hier sollen exemplarisch nur einige Familien und Personen erwähnt werden, über die gesicherte Unterlagen vorliegen.

Erste Flüchtlinge

Die ersten Flüchtlinge in Schwabhausen waren deutschstämmige Familien aus dem rumänischen Banat. Ihre Vorfahren waren im 18. Jahrhundert unter Habsburger Herrschern als Kolonisten ins Land geholt worden. Sie kamen bereits im Oktober 1944 in großen Transporten in das Dorf. Pfarrer Josef Mayer hat ihre Ankunft miterlebt:

»Es war ein Bild des Jammers. Die Leute hatten nur das Notwendigste bei sich, in Tücher gepackt. Sie waren Knall auf Fall bei der Annäherung der Russen fortgeschickt worden mit dem Bedeuten, es sei nur auf zwei Stunden, dann könnten sie wieder zurückkehren. Stattdessen ging die Flucht immer weiter zurück, bis Salzburg mussten die meisten zu Fuß wandern, erst dann bekamen sie Züge. Und nun sind sie hier, in der Mitte des hoch gelobten Dritten Reiches, von dem man ihnen Wunderdinge versprochen haben muss, denn sie können es gar nicht fassen, dass bei uns die Not herrscht.«[31]

Ein großer Teil dieser etwa 170 Flüchtlinge wurde in die bereits bestehenden beiden Baracken an der Lindenstraße einquartiert. Joschi Krebs erinnert sich:

»Das Lager wurde von einem SS-Unterscharführer geleitet. Für die ärztliche Versorgung waren zwei Krankenschwestern zuständig. Lebensmittel wurden gestellt. Gekocht wurde von den Bewohnern gemeinsam in einer Küche. Diese mussten auch die Menschen in den Baracken von Webling mit warmem Essen versorgen. [...] Die Flüchtlinge wurden von der Bevölkerung nicht sehr nett aufgenommen.«[32]

Dazu gehörten die Familien Finster, Friedrich, Fries, Kleemann, Krebs, Milita, Schragner und viele andere. Sie waren Deutsche, aber doch Fremde. Das Lager war bereits jetzt überbelegt, so versuchten manche auch in anderen Ortschaften oder Weilern unterzukommen.

Auch in den Nachbarorten strandeten Flüchtlingen aus dem Banat, so u.a. die Familie Strecker in Oberroth, die Familie Nuber in Puchschlagen und die Familie Hallabrin in Machtenstein. Aus Siebenbürgen, das am Ende des Krieges zu Rumänien gehörte, kam die Familie Olbrich nach Oberroth.

Ein anderer Flüchtlingsstrom erreichte Bayern aus dem Norden Jugos-

Baracken in der Lindenstraße. Erste Unterkunft der Flüchtlinge aus dem Banat 1944

lawiens, aus der von Deutschen besiedelten Batschka. Auch ihnen wurden Grund und Boden genommen. Sie flohen bereits 1944 aus ihrer Heimat, ohne zu wissen wohin. Das Kriegsende im Mai 1945 erlebte ein Teil von ihnen in Marienbad in der Tschechoslowakei. Von dort wurden sie nach Bayern weitertransportiert und kamen schließlich Ende 1945 in das Durchgangslager (DULAG) Rothschwaige bei Karlsfeld. Diese Flüchtlinge aus der Batschka atmeten auf, als sie Anfang 1946 erfuhren, dass sie nicht in das Lager auf dem Gelände des ehemaligen Konzentrationslagers weitergeleitet werden, sondern in Dörfern des Dachauer Hinterlandes eine Unterkunft finden sollten. Für Schwabhausen wurden u.a. die Familien Becker, Blumenschein, Potwen, Schepp und Seibert ausgewählt.

Die Einheimischen gewöhnten sich nur zögerlich an die Neuankömmlinge aus dem Banat und der Batschka. Am 27. Februar 1945 brachte erneut einen Flüchtlingstransport, diesmal Volksdeutsche aus Ungarn, nach Schwabhausen. Ihr erstes Quartier fanden die Familien Gubitza, Hajdu, Konyar und andere in der Schule. An einen geordneten Unterricht war in dieser Phase des Krieges ohnehin nicht mehr zu denken. Im Dorf wurden die Fremden misstrauisch beäugt und als Zigeuner beschimpft. Es begann ein Bitten und Betteln um eine Kammer, um einen bewohnbaren Raum – kurz um ein Dach über dem Kopf. Eigentlich waren all diese Flüchtlingsgruppen auch »Vertriebene«, weil die jeweiligen Umstände in ihrer alten Heimat sie vertrieben hatten. So besitzt die spätere begriffliche Unterscheidung von Flüchtlingen und »eigentlichen« Vertriebenen wenig Trennschärfe.

VERTRIEBENENTRANSPORTE

Von den »eigentlichen« Vertriebenen nach dem Potsdamer Abkommen kam der größte Schub erst im Laufe des Jahres 1946. Die meisten, die der amerikanischen Zone in Bayern zugewiesen wurden, stammten aus den Sudetenländern. Das sind die seit Jahrhunderten deutsch besiedelten tschechischen Randgebiete von Böhmen und Mähren. Dazu kamen noch die sogenannten »Donauschwaben« aus Ungarn sowie Oberschlesier und Ostpreußen aus nach 1945 polnisch bzw. russisch besetzten Gebieten. Für das Dachauer Land und insbesondere für Schwabhausen stellten die Sudetendeutschen und »Donauschwaben« die größten Gruppen dar.

SUDETENDEUTSCHE VERTRIEBENE

Zu den Sudetendeutschen, die aus ihrer Heimat vertrieben wurden, gehörten u. a. die Egerländer aus dem böhmisch-bayerischen Grenzgebiet. So wurden die deutschen Familien aus der Umgebung von Karlsbad Mitte Mai 1946 mit einem amtlichen Schreiben aufgefordert, ihre Wohnungen zu putzen, alle Wertgegenstände zurückzulassen und die Schlüssel im Gemeindeamt abzugeben. Dort mussten sie sich auch sammeln für den Abtransport ins Lager Meierhöfen, einem Vorort von Karlsbad. Sie durften 50 kg Gepäck, etwas Bargeld und eventuell ein Sparbuch mitnehmen. Eine Woche etwa mussten sie dort warten, dann stand der Güterzug für die »Zwangs-Überführung« bereit. Etwa vierzig Personen wurden in jeden Waggon verfrachtet, dann die Türen geschlossen. Am 28. Mai begann die Fahrt ins Unbekannte. Nachts stand der Zug irgendwo. Die Türen wurden geöffnet, Verstorbene hinausgebracht. Nur Gerüchte verbreiteten sich von Waggon zu Waggon. Bei Tag ging es weiter. Wie die Menschen diese Fahrt in das Unbekannte erlebten, zeigt eine Begebenheit über die Frau Stab, die später in Schwabhausen eine neue Heimat fand, berichtet. Bei einem erneuten Halt in einer der folgenden Nächte fragte sie einen Bahnarbeiter, wo sie denn wären. Der antwortete kurz: »In Minga!«

Die Frau wusste soviel wie vorher. Für viele Menschen des Transportes war dann der Bahnhof Dachau bzw. das Durchgangslager (DULAG) Rothschwaige die Endstation. Nach einer weiteren Nacht auf einem Abstellgleis wurden sie auf die umliegenden Ortschaften verteilt.

Etwa vierzig von ihnen, so die Familien Stab, Dengler, Egerer, Glöckner, Grund, Rau, Schloßbauer, Turba und andere, wurden von dem Milchhändler Alois Jörg, genannt der »Käser Lois« mit dessen Holzgaser nach Schwabhausen gebracht. Die damals sechsjährige Renate Glöckner, verheiratete Göttler, erinnert sich:

»Für mich war alles schlimm und unverständlich, aber das Schlimmste, an was ich mich erinnere, war der Hunger. Wenn man Nächte weint um ein Stück Brot und die Mutter sagt immer, schlaf schön, morgen haben wir bestimmt etwas zu essen. Leider ging das über Wochen und Monate so, bis meine Mutter und ich endlich in Bayern gelandet sind.«[33]

Der Juni 1946 war bereits angebrochen. Bürgermeister Georg Reisinger und der Postwirt wollten die Vertriebenen im alten Poststadel unterbringen. Nach einem Protest der erschöpften Menschen einigte man sich auf den Postsaal. Mit Kreidestrichen wurde der Platz für die einzelnen Familien am Boden markiert. Sie wurden aufgefordert, sich selber eine Bleibe im Dorf zu suchen. Nicht alle Einheimischen hatten Verständnis für das Leid dieser Menschen. Manchmal jagte man sie mit unfreundlichen Worten oder gar mit Hunden vom Grundstück. Es gab aber auch viel Hilfsbereitschaft vor allem den Kindern gegenüber.[34] Pfarrer Johannes Huber, der am 15. April 1946 auf die Pfarrei investiert worden war, vermerkt dazu in seinem Tagebuch:

»Trotz längst beschlagnahmter Zimmer will niemand sie aufnehmen. Am Samstag sind noch alle im Saal. Die ersten zwei Nächte mussten sie im Gastzimmer übernachten, weil der Saal voll belegt war mit Möbeln Ausgebombter aus München. [...] Erst nach einer Woche sind die Menschen einigermaßen untergebracht.«[35]

Inzwischen kam ein weiterer Transport mit sudetendeutschen Vertriebenen aus der Gegend um Znaim, einer Kreisstadt in Süd-Mähren nicht weit von der österreichischen Grenze. Nachdem die meisten bereits ihre Anwesen verlassen hatten, war die endgültige Ausweisung nur eine Frage der Zeit. Lois Boder, damals 13 Jahre, erinnert sich:

»An einem Tag im Mai 1946 verkündet der Gemeindediener als Ausrufer, dass wir uns am nächsten Tag vor dem Gemeindeamt einzufinden haben. Mit den erlaubten 50 kg Gepäck wurden wir mit Pferdefuhrwerken in ein Lager nach Znaim gebracht. Drei Wochen sollte es noch dauern, bis unser Transport mit 40 Güterwagen bereit stand. In jedem Waggon mussten 40 Personen Platz finden. Am 1. Juni setzte sich der Zug in Bewegung und fuhr mit vielen Unterbrechungen über Prag–Pilsen–Furth im Wald direkt nach Dachau. Zwanzig Güterwagen wurden nach Württemberg weitergeschickt und wir waggonweise in die umliegenden Dörfer eingeteilt.«[36]

Nach ein paar Tagen packte der »Käser Lois« wieder seinen Lastwagen voll und brachte am 10. Juni 1946 weitere 40 Vertriebene nach Schwabhausen. Zunächst wurden ihnen wenige Quadratmeter im Postsaal zugewiesen. Der Saal war noch von einigen anderen Familien aus dem Sudetenland belegt.

So beklagt der neue Pfarrer in seinem Tagebuch die Situation der Vertriebenen und zeigt gleichzeitig Verständnis für die Einheimischen:

»Es ist schon ein Elend, diese Menschen mit dem Rest ihrer Habe im Garten der Post [Gasthof Zur Post] liegen zu sehen. Und was für Elend ist es erst für diese selbst! Ohne Habe, ohne Heimat, ohne zu wissen, wohin, liegen sie da im Freien. Niemand hat Lust, sie aufzunehmen [...]. Gar so sehr ist es der Bevölkerung freilich auch nicht zu verargen, wenn trotz allen Mitleids niemand so recht heran will. Es wird auf lange Zeit niemand mehr Herr sein im eigenen Haus.«[37]

In den folgenden Wochen gelang es mit Hilfe der Behörden und dem guten Willen der gemeindlichen Wohnungskommission, die Vertriebenen in Schwabhausen unterzubringen. Viele Familiennamen, wie Bendl, Bischl, Buchat, Hanschk, Horra, Richter, Wenisch und andere sind heute noch bekannt, weil sie hier heimisch geworden sind. Frau Wenisch mit ihren fünf Kindern wurde damals z.B. von Frau Loder aufgenommen und in einem Zimmer im Erdgeschoss untergebracht.[38]

Auch in den Nachbargemeinden und heutigen Ortsteilen von Schwabhausen fanden viele sudetendeutsche Vertriebene eine neue Heimat, so die Familien Hauke, John und Kohl in Oberroth, die Familien Böhnisch, Bradler und Greil in Arnbach oder die Familien Patzelt, Tschöp und Ostertag in Puchschlagen.[39]

1946 fuhren allein aus den Sudetengebieten 764 organisierter Eisenbahntransporte, im Durchschnitt mit 1 000 Personen besetzt, in Richtung Westen.

UNGARNDEUTSCHE – »DONAUSCHWABEN«

Zur Gruppe der vertriebenen »Donauschwaben« gehörte u. a. fast ein ganzes Dorf ca. 100 Kilometer südlich von Budapest namens Dunakömlöd. Deren Vorfahren waren 1785 durch den Habsburgerkaiser Josef II. ins Land gerufen worden und lebten dort seit vielen Generationen. Die deutschen Familien wurden 1946 nach Deutschland ausgewiesen. Allein 19 Familien mit ca. 70 Personen fanden in Arnbach eine neue Heimat, darunter die Familien Baldauf, Käfig, Gazdag, Weigerding und andere. Weitere Familiengruppen aus Dunakömlöd kamen nach Haimhausen und in weitere Dörfer in der Gegend von Ingolstadt.[40]

Die Dunakömlöder »Donauschwaben« in Arnbach vor dem gemeinschaftlich gebauten Haus der Familie Käfig am Bäckerholz

Einige junge Bewohner von Dunakömlöd erlitten allerdings schon vor dieser Ausweisung ein schlimmes Schicksal. Die schon Anfang 1945 einrückende »Rote Armee« deportierte sie in Arbeitslager in der Ukraine, und sie mussten einen fast fünfjährigen Leidensweg durchlaufen, falls sie ihn überlebten. Maria Käfig, die mit ihrer Schwester verschleppt worden war, hat darüber einen erschütternden Bericht verfasst. Hier ein kurzer Ausschnitt:
»Endlich, nach drei Wochen, war die Fahrt zu Ende. Wir wussten, dass

wir irgendwo in Russland sein mussten, aber wo? [...] Wie sich später heraus stellte, waren wir in eine Kohlengrube bei Dombas in der Ukraine gebracht worden [...]. Im Stollen wurde gerade gesprengt. Aus der Öffnung stieg beißender Rauch und Qualm. Man bekam buchstäblich keine Luft. Die würden uns doch da nicht hinunter schicken! Die würden doch keine Frauen da hinein schicken! Da sollten wir uns aber gewaltig täuschen. [...] Zu zweit mussten wir die mit Kohlen voll beladenen Wagen auf Schienen an einem schweren Seil nach oben ziehen. Das war schwere Knochenarbeit und schon bald schmerzten die Arme und der Rücken. Aber es gab keine Pause zum Erholen, nicht einmal zum Essen war Zeit. Dazu kam der viele Staub in der Luft, der sich in allen Poren festsetzte und uns die Luft zum Atmen nahm.«[41]

Nach kurzer Rückkehr ins Heimatdorf wurde sie Anfang 1950 nach Deutschland ausgewiesen und fand dann ihren Freund und künftigen Mann Franz in Arnbach wieder.

ÄUSSERE INTEGRATIONSSCHWIERIGKEITEN – DAS PROBLEM DER GROSSEN ZAHL

Die Integration wurde zunächst schon rein äußerlich durch die vielen Menschen, die innerhalb einer relativ kurzen Zeitspanne hier ankamen, erschwert. Vielen, und das gilt hinauf bis in die höchsten Kreise von Politik und Kirche, erschien sie gar als unmöglich und man erwog Auswanderungspläne. Zusammen mit den schon erwähnten immer noch anwesenden Evakuierten und Bombenopfern und sonstigen heimatlos gewordenen Menschen stieg die Bevölkerungszahl im Schwabhausener Umfeld fast auf das Doppelte an. Gesicherte Zahlen gibt es für Schwabhausen, wo die Bevölkerungszahl bis 1950 von 443 auf 885 wuchs, das bedeutete eine Steigerung von 100%, desgleichen für die Gemeinden Arnbach und Oberroth, wo die Einwohnerzahl sich von 325 auf 595 bzw. von 234 auf 413, d.h. um 83% bzw. um 75% erhöhte. Für die damals ebenfalls selbständigen Gemeinden Rumeltshausen und Puchschlagen sowie für die zu Kreuzholzhausen gehörige Ortschaft Machtenstein liegen keine genauen Zahlen vor. In der Stadt Dachau betrug der Anteil der Flüchtlinge und Vertriebenen 29,1%, im Landkreis Dachau 31% und auf ganz Bayern bezogen ca. 21%.[42]

WOHNUNGSMANGEL

Das erste Problem war die Unterbringung der vielen Flüchtlinge und Vertriebenen in Räumen mit wenigstens einem Dach über dem Kopf. Falls vorhanden, wurden Baracken, die noch von der deutschen Wehrmacht stammten oder als Unterkünfte für ehemalige Zwangsarbeiter und KZ-Gefangenen in Außenlagern gebaut worden waren, dazu genutzt. Dazu gehörten z. B. die Baracken in der Lindenstraße in Schwabhausen oder am Ortsausgang von Stetten Richtung Puchschlagen. Sie waren jedoch zahlenmäßig gering und räumlich sehr begrenzt. Allenfalls in Dachau, Karlsfeld und Luwigsfeld gab es größere Kapazitäten, die jedoch noch gleichzeitig von den verbliebenen ausländischen Zwangsarbeitern genutzt wurden. Erst der Umbau des ehemaligen Konzentrationslagers zur Wohnsiedlung Dachau-Ost für ca. 2000 Personen brachten ab Ende 1948 zumindest für den engeren Dachauer Raum etwas Entlastung. Auf dem Land blieben lange Zeit Säle von Gasthäusern und Schulen erste Anlaufstellen. Hier wurden Familien auf eng begrenzten Flächen ohne jegliche Intimsphäre Zufluchtsräume zugewiesen. Die späte-

Erstes aus Lehmziegeln gebautes Haus der Egerländer Familie Grund in der Römerstraße in Schwabhausen

re Einweisung in Privathäuser, zumeist Bauernhöfe, musste oft durch den Flüchtlingskommissar und die Militärregierung erzwungen werden. Erst mit dem Bau von kommunalen Wohnblöcken und von ersten Eigenheimen entspannte sich die Situation allmählich.

Bereits am 22. Juli 1949 wurde auf einer öffentlichen Gemeinderatssitzung in Schwabhausen nach dem Konzept des Baumeisters Josef Baumgartner der Bau der Wohnanlage an der Hardtstraße in die Wege geleitet. 1952 errichtete der aus Karlsbad vertriebene Tapeziererermeister Josef Grund ein erstes Behelfsheim für seine Familie an der Römerstraße. Später folgten noch weitere Vertriebenenhäuser z.B. in der Hardtstraße und in der Lindenstraße. Die meisten sind noch heute an ihrem Spitzgiebel zu erkennen.

ARBEITSSUCHE

Ein weiteres schwieriges Problem bestand im Mangel an Arbeitsplätzen. In einem überwiegend durch die Landwirtschaft geprägten Dorf wie Schwabhausen, waren die meisten Vertriebenen, die überwiegend aus Städten und aus anderen Berufen stammten, ökonomisch deplatziert. Nach anfänglicher Mitarbeit in bäuerlichen Betrieben, fanden einige Arbeit in den örtlichen Baubetrieben Baumgartner und Lachner. Dank der Stadtnähe gab es noch Arbeitsplätze z.B. in der Papierfabrik MD in Dachau oder im Ausbesserungswerk der amerikanischen Armee bzw. in den Bayerischen Motorenwerken in Ludwigsfeld und Allach. Einige Vertriebene versuchten, eigene Handwerksbetriebe zu gründen. Dazu gehörte Josef Grund, der auf dem Areal der Baracken an der Lindenstraße seine erste Werkstatt errichtete und zu einem erfolgreichen Raumausstattungsunternehmen ausbaute. Auch Peter Hochstrasser aus Rumänien mit seiner Schusterei in der Hardtstraße sowie die beiden Sudetendeutschen Werner Peter mit einem Gemischwarengeschäft auf dem Anwesen von Bürgermeister Georg Reisinger und Theobald Glöckner mit seinem Frisörsalon auf dem Anwesen von Walburga Kronschnabel in der Augsburger Straße wären hier zu nennen. Viele fanden jedoch in den Anfangsjahren keine Arbeit oder nur minder bezahlte Stellen. So war 1947 bayernweit noch ein Drittel der Flüchtlinge und Vertriebenen mit ihrer Arbeitsstelle unzufrieden. Dies änderte sich jedoch rasch in den nächsten Jahren, in denen sie auf Grund ihrer Kompetenzen und ihres Arbeitswillens ganz wesentlich zum »Wirtschaftswunder« und der Entfaltung Bayerns zu einem Technologiestandort beitrugen. [43]

Die Schule platzt aus allen Nähten[44]

Der gewaltige Bevölkerungszuwachs breitete neben dem gravierenden Mangel an Wohnungen und Arbeitsplätzen auch im Schulbetrieb große Probleme. Es fehlte an Schulsälen und Lehrkräften. Krieg und Entnazifizierung hatten große Lücken in die Lehrerschaft gerissen, und erst allmählich konnten Aushilfslehrkräfte und vertriebene Lehrer den Mangel mindern.[45]

Auch in Schwabhausen hatte lange nicht jede Klasse eine Lehrkraft. Außerdem mussten 14 evangelische Schüler einen eigenen Religionsunterricht erhalten. Der aus dem Sudetenland vertriebene Schulleiter Alfred Schreiber schildert auf drastische Weise die schlimme Situation sogar noch im Jahre 1948:

»Sprunghaft stiegen die Schülerzahlen; 1942/43 […] 134 Schüler, 1948 verdoppelt auf 272 Schüler! Die Raumnot wird katastrophal. Wohnungsnot – Schulraumnot – Beheizungsnot – Lehr- und Lernmittelnot – Verständnisnot! […] 6 Klassen (Abteilungen) werden in zwei Lehrsälen in Kurzunterricht notdürftig unterrichtet – Beheizung 0,0! Der Schulzaun wird verheizt, die Kinder bringen Holz mit in die Schule […] Lehrmittel sind keine vorhanden, Hefte nicht erhältlich – das gegenseitige Verstehen ist mangelhaft; es gilt, die Kluft zwischen Einheimischen und Ausgewiesenen (Flüchtlingen) zu überbrücken.«[46]

Erst zum Schuljahresbeginn 1949/50 wurde auf Vorschlag des Schwabhausener Bürgermeisters Josef Huber der alte »Schulstadel«, die kleine Turnhalle, zu einem weiteren Klassenzimmer umgebaut, was den Mangel an Schulsälen für die inzwischen 5 Klassen nur ein wenig milderte. Das Ganze wurde möglich durch eine viel beachtete Zusammenarbeit zwischen Einheimischen und Vertriebenen. Die »Dachauer Nachrichten« brachten am 27. Juli 1949 zu diesem Anlass folgenden Artikel:

»Vorbildliche Gemeinschaftsleistung in Schwabhausen […] – Wenn (aber) der Bürgermeister eines Dorfes in schlichter Arbeitskluft zusammen mit dem Flüchtlingsschulleiter, anderen Heimatvertriebenen und Einheimischen einträchtig nebeneinander […] an einem gemeinnützigen Bau arbeiten, und dies noch ohne jedes Entgelt, dann könnte man fast von einer Sensation des Guten

Das alte Schulhaus in Schwabhausen, dahinter der »Schulstadel«, der nach 1945 als Tanzsaal dient und 1949 zu einem Klassenzimmer umgebaut wird – heute Jugendzentrum

Klassenfoto der 5. Klasse von Oktober 1948 mit dem aus dem Sudetenland stammenden Schulleiter Alfred Schreiber

sprechen. Bürgermeister und Lehrer haben mit den anderen selbst das Fundament betoniert, Flüchtlinge als Hilfsarbeiter tatkräftig und unentgeltlich mitgeholfen, die Bauern leisteten bereitwillig Gespanndienst«[47].

Wenn die Schulgemeinschaft von sich aus schon ein wichtiger Ort vor allem für die Integration der Kinder war, so konnte sich im Verlauf solcher Gemeinschaftsaktivitäten auch ein wichtiger Schritt zu einer vertieften Annäherung zwischen einheimischen und vertriebenen Erwachsenen vollziehen.

PROBLEME IN DER KIRCHENGEMEINDE

Der bisherige Pfarrer Otto Mayer, der sich auch während der NS-Herrschaft in seinem Tagebuch sehr kritisch mit dem Gewaltregime auseinandergesetzt hatte, verließ Schwabhausen 1946. In seinem Bericht an das Ordinariat vom August 1945 versucht er eine Charakteristik der Schwabhausener Pfarrangehörigen über ihre Einstellung zu Nationalsozialismus und Christentum in der vorausgegangenen Zeit, die wohl ein weitgehend übertragbares Spiegelbild der bayerischen Gesellschaft abgibt. Er teilt seine »Schäflein« in drei Gruppen:
»1. Jene Überzeugungsfesten, die sich nie vor dem braunen Baale beugten. Sie haben sich den Verstand nicht umnebeln lassen [...] die sich keinen Augenblick im Unklaren waren, dass auf himmelschreiendes Unrecht kein tausendjähriges Reich aufgebaut werden könne [...].

Die 2. Gruppe ist grösser: Sie umfasst die Zweischulterträger, die Januskopfe, die Kompromissler, die trotz Paulus sehr wohl Christus und Belial, Recht und Unrecht, Lüge und Wahrheit zusammenzureimen wussten [...].

Die 3. Gruppe: Die ›150 Prozentigen‹, denen der Staat der präsente Gott auf Erden und Hitler sein Prophet war – und heute noch ist [...] Gott sei Dank ist diese Gruppe hier nur in wenigen Exemplaren vertreten, aber sie ist da!«[48]

Dem auf ihn folgenden Pfarrer Johannes Huber beunruhigten zunächst einmal die nach dem Krieg stark angewachsene Zahl der Gläubigen. Die Pfarrei Schwabhausen, zu der auch Rumeltshausen und Puchschlagen gehörten, hatte jetzt etwa doppelt so viele Gläubige wie bisher, was natürlich auch zu vielschichtigen Schwierigkeiten führen konnte.[49]

Pfarrer Huber stellt im Juni 1946 fest:
»Nun haben wir also in der Pfarrei, außer den schon länger Anwesenden, den Evakuierten des Krieges, an 170 Leute aus dem Banat und 154 aus dem

Karlsbader Gebiet und aus Mähren. Die Pfarrei zählt jetzt über 1000 Seelen. Ausgeschrieben war sie mit 535 Seelen.«[50]

Das bedeutete natürlich für den Pfarrherrn eine große Menge Mehrarbeit. Weitere Probleme bereiteten vielen Ortsgeistlichen und auch manchen Pfarrangehörigen die etwas liberalere Lebenseinstellung oder auch die oft andere politische Ausrichtung vieler Vertriebener. An einigen Orten Bayerns wurde ihnen sogar das Begräbnis innerhalb des Friedhofs verwehrt, so dass von Regierungsseite eingegriffen werden musste. Von Schwabhausen ist bekannt, dass Vertriebene anfangs nicht in die Kirchenbänke gelassen wurden und hinten bei der Tür stehen mussten. Auch hatte es der oberschlesische Hauptlehrer Leo Ottich zunächst sehr schwer, die Leitung des Kirchenchors zu erhalten. Offenbar sträubten sich anfangs einige Kirchenverwaltungs- und Kirchenchormitglieder aus nicht klar nachvollziehbaren Gründen gegen den neumodischen »Flüchtlingsdirigenten«. Seine große Kompetenz überzeugte dann schließlich doch. 1947 schrieb Pfarrer Johannes Huber in seinem Tagebuch:

»So schwer der Kampf um die Übernahme der Chorleiterstelle durch Herrn Ottich gewesen ist, so gut hat sich's rentiert. Der Chor ist mit Feuereifer bei der Sache. Er zählt 22 Mitglieder [...]. Der Chorleiter geht dabei dem Seelsorger mit über alles Lob erhabenem Eifer zur Hand.«[51]

Bald erzielte der Chor einen sehr guten Ruf in Schwabhausen und Umgebung. Eine von Leo Ottich aus dem Gedächtnis aufgeschriebene Weihnachtsmesse aus seiner Heimat wurde von Anfang an besonders gern gesungen und bis in die 1980er Jahre regelmäßig zu den Festtagen aufgeführt. Auch ein Stück nachhaltiger Integration!

Über konkrete Konflikte bzw. Anfeindungen zwischen Schwabhausener Pfarrherrn und Heimatvertriebenen ist nichts bekannt. Sogar das oftmals gespannte Verhältnis zu evangelischen Christen scheint es in Schwabhausen nicht gegeben zu haben. Obwohl Protestanten nicht immer als gleichwertige Christen angesehen wurden, fand die kleine evangelische Gemeinde wechselnde Räumlichkeiten für ihre Gottesdienste, unter denen sich dann im späteren Verlauf die Hofkapelle der Familie Loock in Sickertshofen als fester Standort herausbildete. Frau Käthe Loock ist Protestantin und wirkt bis zur Gegenwart in der evangelischen Pfarrgemeinde mit.[52]

Das von der Soldaten- und Reservistenkameradschaft gestaltete Flüchtlingsgrab im katholischen Friedhof zeugt von einer festen Tradition in Schwab-

Hauptlehrer Leo Ottich aus Oberschlesien ist seit 1946 Organist und leitet den Schwabhausener Kirchenchor

hausen, gefallene Vertriebene, gleich welcher Konfession – hier im Sinne des Totengedenkens – von Anfang an gleichberechtigt mit einzubeziehen.[53]

Einheimische und Vertriebene

Wenn das Verhältnis von Einheimischen und Flüchtlingen diskutiert wird, bleiben oft wichtige Aspekte außer Acht. Natürlich waren die Flüchtlinge und Vertriebenen die durch den Krieg weitaus mehr Geschädigten. Sie hatten ihre Heimat, ihr Vermögen, oft auch ihre sozialen Verbindungen verloren. Darüber hinaus waren viele von ihnen durch die erlittenen Gräuel bei Flucht und Vertreibung nachhaltig traumatisiert und hatten durch den Krieg auch Männer und Söhne verloren. Da alles musste erst einmal verarbeitet werden und wurde dann häufig Ursache für Verbitterung und Neid auf alle, die scheinbar von allem verschont geblieben waren.[54]

Doch auch auf Seiten der Einheimischen hatte der Krieg Wunden geschlagen. In vielen Städten waren Häuser zerstört, Bombenopfer zu beklagen. Die zahlreichen Benachrichtigungen über gefallene Väter und Söhne mussten auch bei Einheimischen verkraftet werden. Die Gefallenennamen auf den

Kriegerdenkmälern der einstigen Teilgemeinden sprechen hier eine deutliche Sprache. Frauen mussten oft aus dem Stand heraus und mit zum Teil noch unmündigen Kindern den Hof allein weiterführen.

Diese Gefühlslagen auf beiden Seiten machen so manche Empfindlichkeiten und Überreaktionen verständlich, sei es bei der Verweigerung von Hilfe und im Prozess des Zusammenwachsens allgemein. Mancher ließ keinen Flüchtling oder Vertriebenen über seine Türschwelle, der Neid auf angeblich zu hohe Lastenausgleichszahlungen erwachte, und bei einigen verfestigte sich die Haltung einer pauschalen und totalen Ablehnung der »Fremden« als Schmarotzer.[55]

Dennoch war der Integrationsprozess letztlich erfolgreich. Das notwendige Zusammenrücken hat dann oft gezeigt, dass die jeweils anderen doch gar nicht so schlimm waren. Viele Flüchtlingsfamilien knüpften mit ihren Quartiergebern freundschaftliche Beziehungen, und es gab Tränen, als sie dann doch einmal auszogen. Bei Kindern, die in Schule und Nachbarschaft ständig Kontakte hatten, richteten sich Sympathie und Abneigung ohnehin nicht nach der Herkunft. Ebenso war es natürlich bei jungen Leuten, die sich verliebten. Dazu boten u.a. die vielen Tanzveranstaltungen im alten Schulstadel oder Feste im Garten des »Gasthauses zur Post« viele Gelegenheiten. Der Ortspfarrer Johannes Huber konstatierte bereits im Sommer 1946, dass in Schwabhausen zu viel getanzt wurde, und forderte in einem Brief vom 24. Juni sogar ein Eingreifen der Behörde. An Pfingsten vermerkt er in seinem Tagebuch:

»Die Tanzwut des Volkes, die ja auch nach dem letzten Weltkrieg 1914/18 festzustellen war, ist nun nicht mehr zu überbieten. Der Sportverein, der außer mit Fußball-Manie noch mehr mit einer Tanzmanie befallen ist und letzten Endes nichts mehr ist als eine wild gewordene Tanzgesellschaft, hat für Pfingsten ein Gartenfest im Garten der Post angesetzt. Von Samstag angefangen bis Montag nachts wurde ab Nachmittag bis über Mitternacht unaufhörlich getanzt [...] es mutet äußerst merkwürdig an, dass in Tagen, da neben dem allgemeinen Kriegsleid Hunderte von armen Flüchtlingen in der Gemeinde angekommen sind, die voller tiefen Elends sind, man sich so aufführen kann.« [56]

Dass bei Einheimischen wie bei Vertriebenen ein großes Bedürfnis bestand, wieder einmal an andere Dinge als an Krieg und Not zu denken und lange Entbehrtes und Versäumtes nachzuholen, konnte der Pfarrer wohl nicht nachvollziehen.

Natürlich blieben bei solchen Veranstaltung auch engere Liebesbeziehungen zwischen Einheimischen und Vertriebenen nicht aus, die in manchen Fällen auch zu Ehen führten. Zwar gab es in den einheimischen Familien oft erhebliche Widerstände gegen solche »Mischehen«. Auch Anfeindungen innerhalb der Dorfgemeinschaft waren zu überstehen. Aber davon ließen sich Liebende nicht abschrecken.[57] Und so heiratete z. B. Rosi Göttler den aus dem Banat stammenden Georg Schragner und Georg Schuster die Oberschlesierin Rosmarie Scholz.

Überhaupt spielten bei der allmählichen Integration der Flüchtlinge und Vertriebenen die Vereine eine zentrale Rolle. In Schwabhausen besaß der Turn- und Sportverein (TSV) schon immer eine große Bedeutung. Vor allem die Fußballmannschaften standen im Blickpunkt weiter Kreise der Bevölkerung. Mehrere damals junge Fußballer berichteten übereinstimmend, dass es keine Schwierigkeiten gab, als Vertriebener in die Mannschaften zu kommen, zumal wenn man Geschick in dieser Sportart besaß oder gar zu einem »Torjäger« avancierte. Von Arnbach ist bekannt, dass vor allem die Egerländer sogar eine führende Rolle bei der Weiterentwicklung des Vereinslebens einnahmen. Adolf Greil war treibende Kraft bei der Gründung des dortigen TSV, und weitere Egerländer übernahmen Übungsleiteraufgaben in Turngruppen

Die Theatergruppe des TSV Schwabhausen mit dem Stück »Christl vom Tannhof« (1952).
Von links: Hans Andrä, Rosa Sonnenberger, Alois Boder, Resi Andrä, Adolf Forstner, Leni
Burgmair, Rosi Gasteiger, Sepp Köttich, Liesl Forstner, Willi Scherer, Willi Schröppl. Alois
Boder und Sepp Köttich sind Heimatvertriebene.

und organisierten Nikolausfeiern, Tanzveranstaltungen und Waldfeste.[58] Ein alteingesessener Arnbacher fasste diese Entwicklung in die Worte: »Die (Flüchtlinge) haben uns ganz schön aufgemischt!«

Eine ähnlich integrierende Wirkung erzielte in Schwabhausen auch die Theatergruppe, die seit 1949 wieder spielte und in der bald mehrere Vertriebene mitwirkten. Natürlich wurde auch der Schützenverein ein wirksames Bindeglied zwischen Einheimischen und Vertriebenen.

Fazit

Betrachtet man die ersten Nachkriegsjahre als Ganzes, so illustrieren die Ereignisse und Gegebenheiten in Schwabhausen und den Nachbargemeinden auf oft sehr anschauliche Art und Weise den Einschnitt und die nachhaltigen Veränderungen die mit dem Kriegsende, dem Einmarsch der Amerikaner und der Ankunft der vielen Flüchtlinge und Vertriebenen erfolgt waren. Dass ein verhängnisvoller Abschnitt der deutschen Geschichte zu Ende gegangen war und dass ein Neubeginn nur auf veränderten Grundlagen erfolgen konnte, das wurde schon bald den meisten Menschen klar. Der Einbruch so vieler durch Heimatverlust geschädigter Fremder mit anderen Dialekten, Lebensvorstellungen, Religionen und Mentalitäten in vor 1945 noch überschaubare und geschlossene Dorfgemeinschaften mit überwiegend konservativ-katholisch geprägten Milieus hat auf beiden Seiten eine hohe geistig-seelische Beweglichkeit erfordert. Wenn heute das Begriffspaar »Einheimische– Flüchtlinge« im Bewusstsein der jüngeren Generationen allenfalls in blassen Schemen inhaltlich vorhanden ist und im Alltag keine Unterscheidung mehr getroffen wird, so kann das auch als ein Indiz dafür gelten, dass der gewaltige gesellschaftliche Umbruch und Neubeginn in den Nachkriegsjahren letztlich eine große deutsche Erfolgsgeschichte war.

1 Mitglieder der Geschichtswerkstatt Schwabhausen: Helmut Beilner, Adolf Breitenberger, Klaus Burgermeister, Horst Güntner, Hans Hartl, Heinrich Loderer, Anton Roth, Ernst Spiegel, Erna Westenrieder.

2 Die befragten Personen sind: Maria Altmann, Anton Baldauf, Anni Blimmel, Alois Boder, Lisa Böswirth, Hermann Forstner, Karl-Heinz Greil, Franz Käfig, Margit Kraus, Josef Krebs, Josef Loock, Alois Mittermüller, Josef Obesser, Max Patzelt, Rosi Schragner, Jakob Schwarz, Hans Seidenberger, Michael Strasser, Albert Winkler, Kathi Zitzelsberger, Johann Zotz.

3 Die Tagebucheinträge sind im Besitz von Erna Westenrieder.

4 Pfarrer Otto Mayer,Tagebuch

5 Vgl. Permooser, Irmgard: Der Luftkrieg über München 1942–1945. Oberhaching 1996, S. 255f. und Ortschronik. 900 Jahre Machtenstein 1083–1983. Hrsg. Dorf Machtenstein. Fürstenfeldbruck 1983, S. 137–140.

6 Mayr, Anton/Breitenberger, Adolf: Arnbach. Einst und heute. Hrsg. vom Verein »Dorfchronik Arnbach e. V.« Weichs 2004, S. 92.

7 Anni Blimmel, geb. Göttler

8 Hermann Forstner, Johann Zotz

9 Vinzenz Ullerich

10 Rosi Schragner, geb. Göttler

11 Johann Zotz

12 Brückner, Joachim: Kriegsende in Bayern. Der Wehrkreis VII und die Kämpfe zwischen Donau und Alpen. Freiburg i. Br. 1987, passim.

13 Pfister, Peter (Hrsg.): Das Ende des Zweiten Weltkriegs im Erzbistum München und Freising. Die Kriegs- und Einmarschberichte im Archiv des Erzbistums München und Freising. Teil 1 und Teil 2. Regensburg 2005.

14 Vgl. hierzu auch: Eckhardt, Günther: Die Besetzung der Gemeinden des Landkreises Dachau durch die US-Armee. In: Göttler, Norbert (Hrsg.): Nach der »Stunde Null«. Stadt und Landkreis Dachau 1945 bis 1949. München 2008, S. 39–67.

15 Pfarrer Otto Mayer, Berichtsentwurf

16 Anni Göttler, geb. Blimmel

17 Kathi Zitzelsberger, Hans Seidenberger

18 Ortschronik Machtenstein (s. Anm. 5), S. 142f.

19 Hermann Forstner, Johann Zotz

20 Lisa Böswirth, Jakob Schwarz

21 Arnbach einst und heute (s. Anm. 6), S. 92–95.

22 Pfarrer Otto Mayer, Berichtsentwurf

23 Johann Zotz

24 Stegherr, Marc: Die »Repatriierung« der osteuropäischen Häftlinge, Kriegsgefangenen und Zwangsarbeiter nach der Befreiung des Konzentrationslagers Dachau. In: Göttler, Norbert (Hrsg.): Nach der »Stunde Null«. Stadt und Landkreis Dachau 1945 bis 1949. München 2008, S. 164–177, hier: S. 168.

25 Johann Zotz, Josef Obesser

26 Pfarrer Otto Mayer, Berichtsentwurf

27 Josef Loock

28 Richardi, Hans-Günter: Bomben über München. Der Luftkrieg 1939 bis 1945. München 1992, S. 46 und passim.

29 Schwabhausen. Von der Poststation zur Großgemeinde. Chronik eines Dorfes. Projektleitung Anton Roth und Ernst Spiegel. Landshut 2005, S. 76. (künftig zit. Schwabhausen, Chronik)

30 Zum Problem Evakuierte, Ausgebombte, Flüchtlinge, Vertriebene findet sich eine gute Zusammenstellung in Spiegel, Ernst: Streiflichter aus zwei Jahrhunderten 1818–1972. In: Schwabhausen, Chronik (s. Anm. 29), S. 76–78.

31 Pfarrer Otto Mayer, Tagebuch

32 Josef Krebs

33 Renate Göttler, geb. Glöckner

34 Schwabhausen, Chronik (s. Anm.29), S.77.

35 Johannes Huber, Tagebuch

36 Lois Boder

37 Pfarrer Johannes Huber, Tagebuch

38 Schwabhausen, Chronik (s. Anm.29), S.77.

39 Hans Hartl, Max Patzelt

40 Arnbach einst und jetzt (s. Anm.6), S.96–100.

41 Maria Käfig, Erinnerungen

42 Vgl. Fox, Angelika: Dachau – Stadt der Vertriebenen und Flüchtlinge. Zur Integration der Flüchtlinge und Vertriebenen in Stadt und Landkreis Dachau. In: Amperland 41 (2005), S.192.

43 Lanzinner, Maximilian: Zwischen Sternenbanner und Bundesadler. Bayern im Wiederaufbau 1945–1958. Regensburg 1996, S.266–272.

44 Vgl. hierzu auch die Plakatkonzeption zur Ausstellung »Kriegsende und Nachkriegszeit im Landkreis Dachau 1945–1949« ab Januar 2013; hier Ortsteil Schwabhausen »Schulentwicklung von Schwabhausen« gestaltet von Horst Güntner.

45 Fenn, Monika/Körner, Hans-Michael: Das Schulwesen. In: Spindler. Handbuch der bayerischen Geschichte. Bd. IV, 2, München 2007, S.423f.

46 Zit. n. Güntner, Schulgeschichte Schwabhausen. In: Schwabhausen, Chronik (s. Anm.29), S.188.

47 Vgl. auch Beilner, Thomas: Die Ansiedlung von Heimatvertriebenen im Landkreis Dachau. Facharbeit Josef-Effner-Gymnasium Dachau 1989, S.12.

48 Beilner, Helmut: Entwicklung Schwabhausens bis zur Gegenwart. In: 50 Jahre Kirchenerweiterungsbau St. Michael Schwabhausen. Hrsg. vom Pfarramt Schwabhausen. Dachau 1984, S.21.

49 Vgl. hierzu auch die Plakatkonzeption zur Ausstellung »Kriegsende und Nachkriegszeit im Landkreis Dachau 1949–1949« ab Januar 2013; hier; Ortsteil Schwabhausen »Kirche und Pfarrer in schwieriger Zeit« gestaltet von Anton Roth sowie Roth, Anton: Die Pfarrei und ihre Seelsorger. In: Schwabhausen, Chronik (s. Anm.29), S.156–157.

50 Zit. n. Roth, Kirche und Pfarrer (s. Anm.49)

51 Zit. n. Roth, Kirche und Pfarrer (s. Anm.49)

52 Loock, Käthe/Steinhardt, Gabriele: Evangelische Gemeinde Schwabhausen. In: Schwabhausen Chronik (s. Anm.29), S.181.

53 Albert Winkler

54 Vgl. Spranger, Helga: Die Überlebenden und ihre Erinnerungen. Verarbeitung der Traumata des Zweiten Weltkriegs. In: Flucht und Vertreibung. Europa zwischen 1939 und 1948. G+J Redaktion GEO. Hamburg 2004, S.232–243.

55 Vgl. Kossert, Andreas: Kalte Heimat. Die Geschichte der deutschen Vertriebenen nach 1945. München 2008, passim.

56 Pfarrer Johannes Huber, Tagebuch

57 Rosi Schragner, geb. Göttler

58 Arnbach einst und jetzt (s. Anm. 6), S. 103.

Die Zeit 1945–1950 in Feldgeding – Ein geschichtlicher Streifzug

Inge Bortenschlager

Die ersten Flüchtlinge

Am Ostermontag 1945, dem 2. April, wurde Herr Hans Past, Heigg von Feldgeding, von der Gemeinde beauftragt, mit dem genossenschaftseigenen Bulldogg samt Anhänger (beides diente damals zum Transport der Milchkannen zur Dachauer Molkerei) nach Dachau zum Bahnhof zu fahren. Sein Beifahrer war Herr August Fuchsbichler, Lampl von Feldgeding. Es galt, die ersten Flüchtlinge aus den äußersten Ostgebieten Oberschlesiens abzuholen. Die meisten kamen aus Leobschütz, einer damals 18 000 Einwohner zählenden Kleinstadt. Die restlichen Flüchtlinge kamen aus Oberschlesien und aus Jugoslawien.

Die erste Unterbringung erfolgte im Saal der Gastwirtschaft Westenrieder, wo von der Gemeinde Notbetten aufgestellt wurden. Diesen Menschen wurden dann bei den einheimischen Familien »freie« Zimmer zugewiesen. Die Zwangseinweisungen führten beiderseits zu großen Einschränkungen. Die Bauernhäuser waren ja alle als Einfamilienhäuser gebaut. Das heißt: eine Küche, keine Heizung, keine Waschküche, kein Bad und kein WC im Haus, je ein Pumpbrunnen in Haus und Stall. Mitunter waren bis zu sieben Personen in einem Raum untergebracht. Dass es da zu Reibereien und Streitereien kam, ergab sich durch das enge Zusammenleben.

Zeitzeuge Hubert Juraschek aus Leobschütz (Jahrgang 1921) schildert den folgenden Zeitablauf in einem Brief:

»Am zweiten Osterfeiertag 1945 wurden wir gegen 16 Uhr am Güterbahnhof in Dachau von dem Bauern Heigg [Hans Past] mit dem Traktor und Anhänger abgeholt. Ich kann nicht genau sagen, aber es waren bestimmt 30 Personen. Wir kamen nach dem Eintreffen in Feldgeding gleich in das Gasthaus Westenrieder. Im ersten Stock wurden wir dann einquartiert. Es standen da schon Stockbetten bereit. Einzelne Bauern waren am Anfang nicht gleich einverstanden, so schnell diese vielen Flüchtlinge aufzunehmen. Kann mich noch gut erinnern, dass die Frau Neumeier und ein Mann von der Partei aus Dachau alle Hände voll zu tun hatten, bis die Bauern einverstanden waren.

Auch der damalige Bürgermeister Wallner war damals geteilter Meinung. Da wir im Gasthaus Westenrieder nicht lange bleiben konnten, wurden die ersten Flüchtlinge an die Bauern verteilt. Ich landete mit meinen beiden Schwestern beim Kiening. Da konnten wir aber nur zwei Tage bleiben, da das Zimmer mit 8 qm zu klein war. Von da an ging es zur Frau Lang [Lies] gegenüber der Gastwirtschaft Westenrieder in ein etwas größeres Zimmer. Auf dem Herd von Frau Lang war auch die Möglichkeit zu kochen. Noch im gleichen Monat konnte ich das Amt als Milchmesser übernehmen.«

Zeitzeuge Günther Sylvester (Jahrgang 1933) aus Gleiwitz erinnert sich an Folgendes:

»Im zeitigen Frühjahr 1945 war mein Vater aus Rußland durchgebrannt und auf sein Anraten mussten wir schnellstens vor den anrückenden Russen abhauen. Bei Schnee mit einem Schlitten und zu Fuß ging's nach Breslau, dann mit dem Zug weiter. Wo wir überall waren, weiß ich nicht mehr. Durch des ganze Durcheinander hamma dann unsern Vadda irgendwo in der Nähe von Landshut verlor'n. Er hat uns drei Jahr lang g'sucht, bis er uns g'funden hat. Irgendwann die letzten Kriegstage, ich glaub acht Tage vor d'Ami kemma san, san mir in Dachau okemma. Dort warteten mehrere Bauern mit de Pferdl am Bahnhof, mit de Anhänger, und mir wurden verteilt. Mir ham ja net g'wußt, wo's higeht, so san mir nach Feldgeding kemma. Zerscht war ma beim Wirt im Saal, dann san mir zum Maurer [Taferner Franz] naufkema, da hamma dann gwohnt so 14 Tag lang. Und hernach war'n ma dann ganz lang beim Heislmo [Past Nikolaus]. Des Kriegsende ham mir beim Maurer [Franz Taferner] erlebt.«

Zeitzeugin Sigrid Kürzinger (geb. Betzl, Jahrgang 1935 aus Königsberg) schildert in einem langen Interview die letzten Tage in Königsberg, die Flucht übers Haff, die Flucht über die Ostsee bis nach Dänemark, wo sie und ihre Familie (ihre Mutter, ihre ältere Schwester und ihr jüngerer Bruder) bis Dezember 1948 in einem Flüchtlingslager untergebracht waren. Dann durften sie durch Intervention des Bruders ihrer Mutter, der in Walpertshofen im Gasthaus Herzog wohnte und als Stellwerkmeister bei der Bahn arbeitete, mit dem Zug ausreisen. Sie erinnert sich:

»Meiner Mutti ihr Bruder wohnte in Walpertshofen und arbeitete bei der Bahn. Der holte uns aus Dänemark raus. Wir sind mit dem Zug im Dezember 1948 bis nach Dachau gekommen. Und dann hätten wir in Dachau ins Dulag sollen. Da hat der Onkel Fritz gesagt: ›Da geht ihr mir nicht hin.‹ Der hatte Bedenken, weil wir ja schon so lange in Dänemark im Lager waren. Dann kamen wir nach Feldgeding in den Gasthof Westenrieder. Da waren wir ca. ein Jahr. Da waren wir dann auch 13 bis 15 Leute zusammen. Da waren Holzpritschen, Feldbetten, einer am anderen, ein Strohsack drauf und eine Decke. Es gab einen Ofen, und da hat jeder für sich selbst gekocht. Waschen konnte man sich in einem Schüsselchen vor allen. Meine Mutti hat als Kriegerwitwe 50 D-Mark Rente bekommen für uns viere. Da konnte nur das Nötigste gekauft werden. So nach und nach kaufte Mutti 4 Tassen, 4 Teller und das Besteck dazu. Anfang 1950 sind die Mutti, die Gerda und der Manfred nach Wagenried [großes Flüchtlingslager] gekommen, wo sie ein kleines Zimmer bekommen haben. Ich bin nicht mit, ich habe auf dich [Inge Bortenschlager, Interviewerin, Jahrgang 1948] aufpassen dürfen. Ich hab im Schlafzimmer bei deinen Eltern geschlafen. Neben deinem Kinderbettchen war ne Couch, da hab ich geschlafen. [Das Huberschneider-Anwesen beherbergte damals mehrere Flüchtlinge]. Mein Bruder und ich sind in Bergkirchen in die Schule gegangen bis 1949. Da wurde ich konfirmiert. Da musste ich jeden Sonntag nach Dachau in die Kirche gehen. Ich machte dann in Dachau eine Lehre als Drogistin und wohnte in dieser Zeit bei meinem Onkel in der Augustenfelder Str. Ich verdiente 27 D-Mark, die hab ich aber der Mutti abgeben müssen. Gerda fand in Wagenried keine Arbeit und kam so nach Dachau. Sie arbeitete als Putzfrau im Camp und heiratete schon sehr früh.«

Zeitzeugin Lina Haag (geb. Kratz, Flüchtling aus der Batschka, südlich von Belgrad, die mit ihrer Mutter, ihrer Schwester und den Tanten geflüchtet ist) erinnert sich:

»I bin eigentlich no Jugoslawien, richtig Batschka. I kimm aus ara groß'n Ortschaft, da waren vier oder fünf Kirchen und a Gymnasium. Mir warn koa deutscher Ort, mir warn international. Mir san ja vui eher rauskemma. Mir san richtig g'flücht. Mir san von da deutschen Wehrmacht mit Lastwäng abghoit worn, weil ja unsere Männer alle beim Heer warn, bei der deutschen Wehrmacht. Dann san mir in Viehwaggons ei'glon worn und über Österreich nach Deitschland kemma. I konn mi erinnern, dass da in da Nacht a Stadt mit vui Liachta auftaucht is, da hat's g'hoassn, dass des Wien is. Dann san mir bis Bamberg naufkemma. Und san in a kloans Schlösserl kemma, des war voller Flüchtling, des war 1944. Dann is gredt worn: da kemma d'Russn her. Da bleima net. Und dann hat se da a so a Gruppn von 25 oder 30 Leit z'sammdo, des war oa Mo und sonst lauter Frauen und Kinda, und mir san dann z'Fuaß Richtung Süden ganga, weils ghoassn hat: da kimmt koa Russ. Mir ham heud gmoant, mir weichan am Russ aus. De erste Zeit san mir beim Tog ganga und bei da Nacht hamma g'schlaffa. Und dann ham uns ameu de Tiaffliaga ogriffa beim Tog, und dann hamma beim Tog gschlaffa und san dann in da Nacht ganga, so vui mir heud kenna ham, ganz Kloane warn aa dabei. Und dann san mia bei Nürnberg g'wesen, und da war ja no Kriag, da san de Deitschen von da Wehrmacht mit den Motorradl und de Beiwong umeinandergfahrn. Da hat oana g'sagt: Ihr brauchts gar nimma weida, da Kriag is ja beud gaar. Und dann samma bliem und zu am Bauern kemma, so zwischen Nürnberg und Fürth. Wia da Kriag aus war, san ja ganze Menschenmassen unterwegs gwesn, wer woaß, wo de überall herkemma san. Und mir san dann nach Dachau kemma. Da war unser Vadda im Lager, da wo jetzt de BePo drin is. Dann san mir nach Feugading [Feldgding] kemma zum Wirt in Seu [Saal] nauf. Da warn mir bestimmt a heuwads [halbes] Jahr drom und san dann zum Hermann naufkemma, bis da Traunfeuda baut hat [Anfang der 50er Jahre in der neuen Siedlung], dann san mir da om neizong.«

DER DURCHZUG DER KZ-HÄFTLINGE

Als im Frühjahr 1945 der Krieg endgültig verloren schien, auch die Führung nicht mehr an einen Endsieg glaubte und die deutsche Wehrmacht mehr und mehr aus den Schlachtfeldern zurückgedrängt wurde, begann man, die Konzentrationslager aufzulösen. Alle Häftlinge wurden wie Vieh von und zu verschiedenen Lagern getrieben. Auch Feldgeding, das damals an einer Kreisstraße lag, wurde als Durchzugsort gewählt. Es gab mehrere zeitverschobene Durchzüge. Wie von Einheimischen berichtet, kamen die Gefangenen von Kaufering. Vor Kriegsende räumten SS-Männer das Lager und trieben fast verhungerte und erschöpfte Juden teils ins Konzentrationslager Dachau, teils in das Außenlager Allach. Über diese Tage berichten unsere Zeitzeugen:

Zeitzeugin Anna Buban (geb. Betz, Wagner Anne, Jahrgang 1933, damals wohnhaft Ortsmitte an der Hauptstraße) schreibt:

»Es war irgendwann Ende April, da hörte man vom Westen her ein merkwürdiges Geräusch, das zunehmend lauter wurde und offensichtlich näher kam. Wir wurden neugierig und sahen mit Entsetzen eine Kolonne völlig entkräfteter Häftlinge in KZ-Kleidung. Wir waren erschüttert. Es war das Geräusch von Holzschuhen. Auf den mitgeführten zweirädrigen Holzpritschenwagen lagen die Gehunfähigen oder Tote. Die Karren wurden mit Zugschnüren oder Riemen von Mithäftlingen gezogen und geschoben. Wir

Kinder pumpten Wasser, um deren Durst zu löschen, aber der Begleiter verjagte uns, sonst könnten wir gleich in der Kolonne mitziehen. Er fragte meinen Vater, wie weit es noch bis Dachau wäre, er muss die zweitausend Mann noch bis dahin bringen. Da kam uns das Entsetzen, denn das war allen klar, dass das Kriegsende ganz nahe ist und diese Elendsgestalten es kaum überleben würden.«

Zeitzeugin Magdalena Brummer (Wanne Lene, Jahrgang 1930, damals und heute wohnhaft Graßlfinger Straße) erzählt:

»I woaß no, wias am Schluß no KZ'ler durchtriem ham, de san vo drom vo da Autobahn runter kema, i glaab vo Landsberg, des war a große Kolonne, de Wachposten danem her mitm Gwehr, de hams bei uns da naustriem, de oan ham scho gar nimma kenna. Da is bei uns da haraussn oana davo, da nauf zu unsere Wiesn, a d'Wühr nauf is a, und dem hams nachgschossn und nach a Zeitlang hams den in am Schubkarrn wieder brocht, der hat nimmer geh kenna, mitm Schubkarrn hamsn nachgfahrn, und dann hamsn auf an Wong naufgschmissn. De ham an Wong dabei ghabt, da warn de drom, de nimmer geh ham kenna, und aa so sans weiter. Des war verheerend. De ham teilweise, glaab i, net ameu Schuach oghabt. Mir ham des bloß von da Weitn gseng, mir ham uns net weiter zum Zaun hitraut, mir ham ja fürchterlich Angst ghabt. Bei dene Wachpostn mitm Gwehr, da hättst da nix erlaum derfa, de hättn die glatt niedergschossn. De hättn de aa eus Kind niedergschossen. Bei uns haraussn hams as bloß oameu durchtriem. Doch des bleibt da in Erinnerung.«

Zeitzeugin Anna Bals (Lies Anne, Jahrgang 1920, damals und heute wohnhaft an der Hauptstrasse im Oberdorf) weiß zu berichten:

»Wia de bei uns durchs Darf durchdriem worn san, sans zu uns an Schdeu [Stall] nei und hom se de zsammgschdessna Kartoffe, de mir fir d'Sau hergricht hom, gschdoin. De homs scho mit'm Gwehrkoim naufghaut und wieder naustriem. Da Boschdn is voroo ganga, dann san wieder a Schwung KZ'ler kemma und immer wieder dazwischn a Postn. De KZI'er warn ja fast olle scho kaputt. Dene eanare Hoizschuach ham vielleicht gscheppert, furchtbar. De hat ma ja scho bis vo da Autobahn roo ghert. I kann da song, furchtbar, wia de ausgschaugt hom. Des vogißt ma net. Oa homs a Dacha neidriem, und oa da aa d' Amper naus nach Allach nei zum Vogasn. Des hat scho gar wern derfa.«

Zeitzeuge Adolf Neumeier (Solla Ade, Jahrgang 1936, Unterdorf) erinnert sich:

»De san oft durch, mir san do draußn am Zaun gloant und hom gseng, in vierer Reihen warns do. Dann is oana zum Heislmo [Past Nikolaus] reiganga, da war a so a gloans Kartoffeheifal, und da is a nei und hat Kartoffe ghoit, dann is der hi min Gwehr und hatn a so schlong mitm Gwehrkoim, dass er glei bruid hot. Und dann warns ameu da drunt und ham gschlaffa da beim Gide seiner Wiesn drunt [östlicher Dorfeingang zwischen Dorfstraße und B 471] Da hams des Groos [Gras] gfressn, des woaß i no. Des warn Tausende, so in Viererreihen, de san drunt [östl. Dorfeingang zwischen Dorfstrasse und B 471] nausmarschiert, do san de andern no beim Hermann drom gwen [westl. Dorfeingang]. Des war da Wahnsinn«.

Rückzug der deutschen Wehrmacht

Als die Amerikaner bei Kriegsende im Vormarsch waren, zog sich die deutsche Wehrmacht zurück. Zeitzeugin Therese Brummer (Wanne Resi, verh. Huber, Jahrgang 1928) schreibt:

»Die Amerikaner standen kurz vor Dachau. Ein bekannter Bürger von Dachau hängte die weiße Fahne zum Fenster hinaus. Aber das war zu früh. Von der SS war die Parole ausgegeben: sofort erschießen. Der Bürger war der Reichl Michi. Er floh im Dickicht der Amperufer-Böschung bei Nacht bis zur Feldgedinger Amperbrücke und suchte Zuflucht beim Wanne. [Beide kannten sich durch den Trachtenverein d'Ampertaler]. Vater versteckte ihn im Stadel auf dem Heustock, der um diese Jahreszeit schon sehr klein war. An der Giebel-Nordseite wühlte er sich hinunter bis zum Boden. So gegen 15 Uhr am anderen Nachmittag rückte der Generalstab einer SS Division an und bezog Quartier im Haus. Es war sofort beschlagnahmt. Einige hundert Soldaten mit allen Fahrzeugen nahmen Hof, Stall und Scheune in Beschlag. Geistesgegenwärtig nahm zu dem Zeitpunkt Vater die Leiter und trug sie beim hinteren Scheunentor hinaus und warf sie ins Gras. Reichl Michi bedeckte sich mit Heu und getraute sich kaum mehr zu atmen. Ein hoher Offizier wollte wissen, warum Vater denn nicht beim Volkssturm sei und kämpfe. Vaters Antwort war: Volkssturm ist aufgelöst. Ungefähr zwei Wochen vorher wurde er zum Volkssturm eingezogen. Die Uniform war ähnlich wie die der Organisation Todt. Es kam zu einem Wortgefecht, die Worte Fahnenflucht und Befehlsverweigerung. Jäh unterbrochen wurde das Gespräch, es muß gegen drei oder vier Uhr gewesen sein, durch einen Funkspruch. So schnell wie sie gekommen waren, so zogen sie ab in Richtung Amperbrücke. Mit einem Zeitzünder flog die Brücke in die Luft. 2 Felder waren gesprengt. Ein paar

Nächte schliefen wir Kinder beim Fuchsbichler [Buachat] im Kartoffelkeller. Ungefähr eine Woche später erfuhr man von einem Übergriff auf ein Mädchen. Meine Eltern waren in großer Sorge um uns. Von dem Zeitpunkt an schliefen wir längere Zeit im Stall bei den Kühen. Die Türen waren von innen mit Balken verrammelt.«

Übergriffe bei Kriegsende

Auch Feldgeding war von Übergriffen in den letzten Kriegstagen nicht verschont geblieben. In dieser Zeit waren viele Wehrmachtsangehörige, auch Aufsichtsposten vom KZ Dachau, auf der Flucht vor den Amerikanern und hielten sich teilweise in den Amperauen oder im Moos versteckt. Davongelaufene Kriegsgefangene oder entflohene KZ-Häftlinge, die noch einigermaßen bei Kräften waren, versuchten sich nach Hause durchzuschlagen und nutzten ebenfalls die Amperauen als Unterschlupf. Sie sannen vor allem auf Rache an ihren Peinigern. Aus diesem Grund ereigneten sich in Feldgeding einige Übergriffe.

Zeitzeugin Magdalena Brummer (Wanne Lene, Jahrgang 1930) sagt:

»Wias dann 's KZ aufgmacht ham, san ja vui scho davo, da san ja aa zu uns oa kemma. Ma hat ja Angscht ghabt, wos de euss orichtn. De ham bei uns an da Haustür pumpert, Stuckara viere oder fünfe warns. Mei Vadda hat se scho an Prigl hergricht, des warn ja unsichere Zeitn, und er hat gsagt, de kemma ma net rei. Aber dann hot der doch aufgmacht oder hams Tür eighaut, des woaß i nimmer so genau, olles hams durchgsuacht, alle Zimmer und a im Speicher drom, mir ham ja Zimmer drom ghabt. De ham alles ausgsuacht. Dann sans zum Vadda ins Schlafzimmer nei und oana hat eam mit am Messer an da Gurgl rumgfahrn. Da Vadda is kaasweiß worn, des hab i mir gmerkt. Wenn a aa bisserl odupft hätt, hätt er eahm an Heus [Hals] durchgschnien. De ham wahrscheinlich nach Waffen gsuacht. Mir ham aber nix ghabt. Dann sans wieder abghaut. Und mir ham bloß no Angst ghabt.«

Am 29. April 1945 griffen amerikanische Soldaten in den Amperauen zwei SS-Wachposten aus dem KZ Dachau auf. Sie fuhren beide auf ihrem Jeep ins Dorf und übergaben sie den kriegsdienstverpflichteten Franzosen. Bei den zwei Soldaten der SS handelte es sich um Gottlieb Geiselmann aus Baden Württemberg und um Franz Unger aus der Steiermark. Beide wurden gefoltert und erschlagen. Johann Moosreiner, der damals Parteimitglied war, und

Josef Fuchsbichler aus Feldgeding, Nachbar des Moosreiner Johann, mußten die beiden ohne Sarg, nur in Decken gehüllt, im aufgelassenen Feldgedinger Friedhof verscharren. 1961 wurden beide durch den VdK in den Waldfriedhof in München umgebettet.

Das Grab der von den französischen Kriegsgefangenen erschlagenen SS-Soldaten und KZ-Aufseher

Zeitzeugin Anna Buban (geb. Betz, Wonga Anne, Jahrgang 1933) schreibt in ihrem Bericht: »Gotthilf Geiselmann, SS-Oberscharführer 1. SS – T Stuba Kl. Dachau, und Franz Unger, SS Unterscharführer in Dachau, [er war erst seit 22. Januar 1945 in Dachau] waren Aufseher im KZ Dachau. Sie versuchten sich, wie viele in den letzten Kriegstagen und Nachkriegstagen, auf der Flucht vor den Amerikanern in den Amperauen auf den Heimweg zu machen. Sie wurden jedoch von den Amis aufgegriffen, auf den Kühler eines Jeep gesetzt, in den Ort Feldgeding gefahren und beim ehemaligen Feuerwehrhaus den gefangenen Franzosen übergeben. [Es war spät nachmittags]. Sie verhandelten im benachbarten Greierhof der Familie Lang über deren Schicksal. Die Greierin ahnte nichts Gutes und bettelte, sie mögen ihre Hofstelle verlassen. Darauf trieben sie die beiden die Fürstenfelderstrasse entlang. Im Anwesen des Kiening Josef wurden sie fürchterlich bis zum Tode gefoltert. Am nächsten Tag wurden sie in Decken gewickelt [es gab keine Särge], auf einem zweirädrigen Karren des Georg Neumeier durch den Ort zum aufgelassenen Feldgedinger Friedhof gefahren und dort beerdigt. Laut Todesurkunde wurden sie von den Amerikanern erschossen. In einem Hinterhof wurden Schüsse gehört. Eventuell Freuden- oder Gnadenschüsse der Amerikaner. Ein Zeuge [Fuchsbichler Josef, schon verstorben] sagte, er habe in den zwei Weltkriegen teilgenommen, aber nicht solch entsetzlich zugerichtete Leichen gesehen. Mein Vater war in Feldgeding Mesner, deshalb haben wir das Grab, das einzige im Feldgedinger Kirchhof, in Ordnung gehalten. Von beiden haben jeweils einmal die Ehefrauen das Grab besucht. In Feldgeding war ursprünglich wegen des hohen Grundwassers kein Friedhof.«

Anna Buban berichtet weiter: »Eine Vorgeschichte: In den letzten Kriegstagen wurden Kolonnen von KZ Häftlingen von Landsberg und Kaufering kommend durch den Ort nach Dachau und Allach getrieben. Dabei wollte ein Häftling beim Kiening flüchten. Er wurde erwischt und fürchterlich verprügelt. Diese Leidenszüge haben natürlich auch die Franzosen gesehen. Eventuell war das Massaker beim Kiening dann die Rache. Die Franzosen trafen sich nach Kriegsende auch in Frankreich, aber zu den beiden Folterern war jedoch kein Kontakt mehr. Die beiden Folterer waren Gilbert Toussaint und Rene Joubert.« Am Ende ihres Berichtes schreibt Anna Buban: »Das ist Krieg! Wie Du mir, so ich Dir, oder noch schlimmer.«

Von weiteren Übergriffen erzählt der Zeitzeuge Adolf Neumeier (Jahrgang 1936):

»Eus d'Ame kemma san, hom mir zum Fensta nausgschaugt. Do san do oa reikemma, Bollakn warns, des woaß i no, de warn auf und auf tätowiert. Dann san s' rei und ham mein Pap g'schlong. Mir ham bruid wia bläd und dann homsn stehlassn. [Die Einquartierte Maria Saytz aus Gleiwitz sprach polnisch und verständigte sich mit den Übeltätern.] Dann sans zum Huawaschneider [Brummer Josef, Nachbar] nüber, homman as Schdolldor hi, homan aber net daschossn, aber recht gschlong homsn, der hot koane Zähn mehr ghabt.

Josef Brummer und Georg Neumeier waren beim Volkssturm. Brummer Josef war über Nacht ergraut. Adolf Neumeier weiter: »Da warn zwoa bei uns, im Keller sans gwen, de hom dann von uns an eudn Frack kriagt, de ham ja eana KZ-ler Gwand oghabt. Obs weida kemma san, des woaß i nimma.«

DIE AMERIKANER KOMMEN

Im Frühjahr 1945 war das Tausendjährige Reich im Begriff sich aufzulösen. Die Bevölkerung war durch amerikanische Tiefflieger und Überflüge der Bomber Augsburg-München stark beunruhigt und in ständiger Gefahr. Man hörte aus der Ferne zunehmend Schüsse, angeblich Übungen. Ängste machten sich breit, was wohl auf die Einwohner Feldgedings zukam.

Zeitzeugin Helene Moosreiner (geb. Grohmann, gebürtig 1921 in Falkenau/Kittlitz, heutiges Nordtschechien, verstorben 2009) war Flak-Mädchen in Feldgeding und erinnert sich:

»Wir [Flak-Mädchen] wurden von unseren zwei Wehrmachtssoldaten aufgefordert abzuhauen, da der Ami bereits im Anmarsch ist. Zwei Mädchen haben sich beim Winkler draußen [armseliges Einzelgehöft ca. 100 Meter von der Baracke entfernt] versteckt, die anderen haben versucht, sich in die Heimat durchzuschlagen, ins Rheinland, nach Baden, nach Rothenburg und was weiß ich, wo die her waren. Nur die Hermine, die ja aus Mähren stammte, und ich konnten nicht mehr heim, da ja bei uns bereits der Russe war. Vor dem haben wir Angst gehabt und sind dann dageblieben. Wir wollten nicht mehr in die Tschechei. Wir sind nach Dachau geflohen und sind in der Bäckerei Zehrer in der Friedenstrasse untergekommen. Die gute Frau Zehrer hat uns versteckt, wir hatten ja nur unsere Flak-Uniform zum Anziehen. Wenn uns so der Amerikaner erwischt hätte, weiß Gott, was uns da passiert wäre. Sie hat uns eingekleidet und uns in der Backstube beschäftigt. Wir bekamen auch einen Arbeitsvertrag rückwirkend datiert, der uns später bei der Kontrolle durch die Amerikaner das Leben rettete. Eine russische Kriegsgefangene, die in Feldgeding eingesetzt war, hatte uns bei den Amerikanern hingehängt. Die zwei Mädchen, die beim Winkler waren, haben ein Verhältnis mit den Amerikanern angefangen, mehr weiß ich nicht. Die Baracke wurde vom Bauer Drey [späterer Bürgermeister von Graßlfing] zusammenghaut. Als die Amerikaner gekommen sein, war nix mehr da. Die beiden Scheinwerfer lagen tagelang im Acker und wurden dann abgeholt. Einen holte sich der Hartl [Mayr Leonhard] als Dachrinnenauffangwanne, der andere war beim Huberschneider [Brummer Josef] als Wasserloch für seine Enten. So war das damals.«

Zeitzeuge Albert Doll (Obergürg von Feldgeding, Jahrgang 1932) schreibt: »Ich erlebte das Kriegsende im Alter von 12½ Jahren, am Sonntag, dem 28. April 1945. Die Wochen vor dem Ende waren schon mit Angst und Bangen erfüllt, einerseits wurde uns von Seiten des Lehrers und der Propaganda der Führung der Endsieg versprochen. Von Seiten der erwachsenen Angehörigen wurde mehr oder weniger hinter vorgehaltener Hand über den Verlust und dem Ende des grausamen Krieges gesprochen. Die Gefühle, die durch die Aussagen der beiden Erziehungsberechtigten entstanden sind, waren dann für uns Kinder schon sehr zwiespältig. Als aber die Fronten des Krieges immer näher rückten, bekam bei uns die Angst die Oberhand. Man hörte von Gräueltaten der vorrückenden feindlichen Truppen, Plünderungen, Vergewaltigungen und Mord. Als dann am 28. April die Amerikaner bei uns einfuhren und an allen Häusern weiße Fahnen ausgehängt wurden und sich die deutschen Truppen in der Auflösung befanden, verlief die Einnahme unseres Ortes zu unserer Erleichterung sehr ruhig. Was die Ängste über Raub und Diebstahl betrifft, hatten diese für uns persönlich keine schwerwiegenden Folgen. Nach einer relativ kurzen Zeit, als sich die Besatzungstruppen eher als Beschützer vor anderen Unwesen treibendem Gesindel erwiesen, war das eine große Erleichterung. Als nach einigen Wochen wieder die Schule begann, war für uns diese Zeit der Ängste und des Zweifels vorbei.«

Zeitzeugin Maria Wild (geb. Traunfelder, Schuster Mare, Jahrgang 1921), damals Gemeindedienerin unter Bürgermeister Wallner, erinnert sich an das Kriegsende:

»Ende Aprui, oan Tag vor d'Ame kemma san, ist da Weuna [Bürgermeister Wallner] zu mir nauskemma, hat am ganzn Leib zittert und hat gsagt, daaß i im ganzn Dorf einsong muaß, daaß d'Ame da san. I bin mit meim Radl klingelnd ins Dorf nei und hab jedm gsagt, dass s' in eanare Heisa bleim miassn und nix zuasperrn derfa. Beim Wirt und beim Obergürg war bereits da ganze Hof voller Panzer. I hab zwar a mulmigs Gfui ghabt, aber net panische Angst.«

Auf der Suche nach versteckten SS Leuten oder deutschen Soldaten und Waffen wurden alle Häuser durchsucht und Uhren und Schmuck, aber auch Essbares, wenn nicht vorher versteckt oder vergraben, mitgenommen. Maria Wild erinnert sich weiter:

»Bei uns warn zwar koane Amerikaner eiquartiert, aber viere von dene hom unsern Keller durchsuacht und scheene laare Bierflaschen mitgnomma, um bei de Bauern a Mille zu hoin. Mir hom da drunt aa unser Uhr vosteckt und zwoa Dauerwürscht von da Seuvermoser Zenz [Salvermoser, Nachbarin, die die letzten Kriegstage mit ihren beiden Mädchen im Nachbarhaus übernachtete, ihr Mann war im Krieg], wos ja ganz wos bsonders war in dera Zeit. D'Uhr homs liegn lassen, aber de zwoa Würscht hams mitgehlassn. Zenz hat gsagt: ›De Schtier hom do tatsächle de guadn Würscht mitgnomma!‹ Und dann sans aa no in ihran Henaschdeu nei und hom de ganzn Oar mitgnomma. Bei uns hams no unsare Zahnbürschtl zoit [gezählt] in da Kuche. D'Muadda is mitm Heinz, der war ja doo erscht a paar Monat eud, hintghockt und da Bua hot blärrt, wos er kenna hot, da is a Ame higanga und hot gfragt: ›Baby krank? Ich auch zwei!‹ und hot eana an Schogalad gem. De Ame ham bei mir koan schlechtn Eindruck hintalassn.«

Auch die Zeitzeugin Anna Buban (geb. Betz, Wagner Anne, Jahrgang 1933) hat die Amerikaner nicht in schlechter Erinnerung. Sie schreibt:

»Als die Amerikaner einrückten, waren wir natürlich erschrocken, denn wir hatten ja noch keine Neger gesehen. Und die schwerbewaffnet. In meinem

Elternhaus wurden sie ohne Absicht besonders freundlich empfangen. Mein Vater hatte zu unserer Versorgung noch schnell ein Spanferkel geschlachtet. Als die Amis ins Haus kamen, rochen sie schon den fertigen Braten und machten sich sogleich ans Speisen, und wir hatten das Nachsehen. Sie beschenkten uns Kinder dafür mit Schokolade und Kaugummis. Das war aufregend.«

Zeitzeugin Juliane Kiening (gebürtig in Schwaben, Jahrgang 1910, wohnhaft im Oberdorf an der Hauptstraße) heiratete 1938 nach Feldgeding ins neu erbaute Haus, in dem auch die Frau des SS-Mannes Salfrank mit ihrer Tochter und seiner Mutter wohnte. Sie erinnert sich:

»Beim Einmarsch der Amerikaner vom Westen her san mir am Balkon gstanda, und henn a weiße Fahna nausghengt. Die Ame san aa ins Haus rei, da hat ja da SS-Mann gwohnt. De henn uns ganz schee durchsuacht, henn aber nix gfunda. Und dene Weiwa hams nix doi. Doch am Guscht [Ehemann], der war ja scho vom Kriag dahoim, den henns ganz schee dings, weil a Foto daa waar vom Militär. Und da herinn henns gwohnt, mir henn in Kella miassa. Daa henns a Büro eigricht. Zirka 8 bis 14 Taag saans dablieba. De henn an Guscht nach am SS-Zeicha und nachara Waffe gsuacht, de hat er Gottseidank kurz vorher in d'Amper gschmissa. Dann henns amerikanische Briaf gfunda. Zwoi Briada vom Guscht san ja in de zwanzger Jaahr nach Amerika ausgwandert, und dann henns uns in Ruah lassa. Nachdem d' Ame abzoga san, hamma mir s'ganze Haus voller Flüchtling g'hett. Aber Übergriffe henn mir von koina Seitn ghabt, nur Angst, riesagroaße Angst«.

Zeitzeugin Frau Anna Köglsperger (geb. Brummer, Huberschneider Anne, Jahrgang 1921), Nachbarin des damaligen Bürgermeisters Wallner (Kramer von Feldgeding), weiß zu berichten:

»De letztn Kriagstag saan scho verstärkt d' Amerikaner von Bergkircha her über unser Ortschaft gflong, dann san Panza kemma. Da hat da Vadda gsagt: ›So, jetzt schaung ma sauber aus!‹ Und Tieffliaga hom auf euss gschossn, was g'seng ham. Mir hom no Kia drauß ghabt hinterm Streisslacka, und i bin dann nausgrumpet und woitt de Kia reitreim. Du, soichane Trümmer Granatsplitter san do um mi rumgflong, der hat direkt auf mi nunter gschossn, aber Gottseidank hat er mi net troffa. I hab unsere ganzn Kia no an Schdeu neibracht. Und oan Tag vor d' Ame kemma san is a Vorhut in am Jeep mit am Dolmetscher beim Kramer [Nachbar Bürgermeister Wallner] in Hof neigfahrn und angeordnet, daß ab moing friah sämtliche Türn vom Haus und Schdeu offn sei miassn. Mir ham im Haus drinbleim derfa, es hat aber jeds Schloß offensei miassn. Des hat der Burgermoasta durch sei Gmoadeanaren, d' Schuaster [Traunfelder] Mare, eisong lassn. Dann sans kemma mitm ganzn Lastwong voller Soldaten von Bruck runter und übereu sans rausgstieng. Bei uns im Unterdorf is a Neger ausgstieng, i hab den gseng und hob bloß so bläckt. De san dann, viere glaab i warns, zu uns rei, warn aber alle mitanand ganz anständig. Bloß ausgsuacht hams euss, aufghabt hamma euss, bloß net an Hennaschdeu, den hamms dann aufgstemmt und d'Oar ghoit. De ham sa se dann bei uns in da Küch drin gmacht und gessen, a Broot hamm sa se heut gnomma. Des meiste zum Essn hams ja seuwa dabeighabt. Bei uns in da Stuum drin hams an Vadda sei Quetschn gfundn [Brummer Josef war jahrzehntelang Vereinsmusiker von den Ampertalern]. Und der hat scho Angst ghabt, daaß as eahm mitnehma oder kaputtmacha. Aber er hat eahna dann was vorspuin miassn und des hat eahna so guat gfeun, und dann hammsn nimmer auslassn, dann hat er Zigaretten kriagt und alles mögliche hams daherzong, und an ganzn Tag ham sa se dann bei uns amüsiert. Und am nächstn Tog hättst d'Leid z'Feugading hern soin, wia de gschimpft hom, weil mir mit allem möglichen Zeig beschenkt worn san. Mei Vadda hat ja net freiwillig gschpuit, er hat ja schpuin miassn und mir ham heud was gkriagt, mir hams ja net bettelt. D' Ame warn nur oan ganzn Tag da, dann sans bloß no jedn Tag durchgfahrn und ham kontrolliert, de warn net bäs.«

Zeitzeuge Hubert Juraschek (einer der ersten Flüchtlinge aus Leobschütz, Jahrgang 1921, damals wohnhaft Oberdorf, Hauptstraße) schreibt in seinem Bericht:

»Am Sonntag früh so gegen neun oder zehn Uhr kamen die ersten Amerikaner und Neger aus Richtung Augsburg nach Feldgeding. Zuerst kamen einige Panzer. Da ich bei Frau Lang gleich gegenüber vom Gasthaus Westenrieder am Fenster stand, konnte ich gut erkennen, daß ein Amerikaner und ein Neger gleich geschossen haben und zwar auf ein Faß Bier und die Kannen Milch, die von der Molkerei Dachau zurück kamen. Der Abstellplatz war am Gartenzaun von Westenrieder, da dort, wo die Milchkannen in der Früh zur Abholung bereit standen. Die Amerikaner fuhren in Richtung Dachau und ein Kommando kontrollierte die einzelnen Bauernhöfe. In den kommenden Tagen wurde im Anwesen Mayr-Schmiede eine Kontrollstation eingerichtet. Wie lange diese Kontrolle gedauert hat, weiß ich heute nicht mehr. Nicht vergessen möchte ich noch, daß in Feldgeding nach dem Einmarsch der Amerikaner und der Auflösung des KZ Dachau alle Ausländer 3 Tage Plünderungsrecht hatten. Auch da wurden einige Bauern in Feldgeding beraubt. Nicht vergessen möchte ich auch, daß nach dem Einmarsch der Amerikaner einige Männer am kommenden Tag nach Geiselbullach oder Graßlfing [Richtigstellung der Autorin: das war Emmering!] in ein Gefangenenlager abtransportiert wurden. Auf einem großen Feld wurde Stacheldraht gezogen und die Panzer standen zur Bewachung Tag und Nacht bereit. Ich selbst war auch dabei und wurde am dritten Tag entlassen, da ich 60% kriegsbeschädigt war. Der Bürgermeister Wallner mußte gehen und Bürgermeister wurde Herr Johann Brummer [Huberbauer], der es vor dem Krieg auch schon war, und ich konnte als Gemeindeschreiber anfangen.«

Ein weiterer Zeitzeuge ist Günther Sylvester (aus Gleiwitz, auch einer der ersten Heimatvertriebenen, Jahrgang 1933, bereits verstorben, Ende des Krieges einquartiert mit seiner Mutter und seinem jüngeren Bruder bei Familie Franz Taferner, Hausname Maurer, Oberdorf Hauptstraße). Er erinnert sich:

»Wia mir ghert ham, daß die Amerikaner kommen, hamm mir oft in Keller nunter miassn. Da ham mir halt beim Kellerfenster nausgeschaut. Des Haus war ja ganz an der Straßn und war 's vorletzte Haus Richtung Fürstenfeldbruck. Da ham mir ja no bis auf d'Autobahn naufgseng. Wia d' Amerikaner dann da warn, ham mir vom Kellerfenster aus naufgschaugt und gseng, wies in Zweierreihen mit de MP durch Feldgeding durchmarschiert san, de san von obn von da Autobahn runterkemma, oana hinterm andern. Wie viel des warn, woaß i nimmer ganz genau, an Hauffa heud. Mir waarn gern nausganga, aber mir ham alle an Keller nunter miassen, es hat ja ghoaßn: drinblein, bloß ja drinbleim, versteckts eich! Mir warn im Keller drunt und ham bloß Angst ghabt. Obwohl i immer scho a neugieriger Stier war, da hats bloß ghoaßn, wennsd nausgehst, dann werst daschossen. Und des wollt i ja doch net. Sie ham halt alles durchsucht und woittn bloß Oar. De ham uns nix do, nur gfragt: ›Wo is Frau, wo is Frau‹, und ›fuck, fuck‹ homs allwei gsagt, aber mir ham doch alle net gwußt, wos de da moana. De ham aber neamd ogriat. Zu uns Kinder warns immer ganz nett und ham uns aa was geschenkt, an Kaugummi und an Schoklad. De warn alle ganz nett.«

Zeitzeugin Magdalena Brummer (Wanne Lene, geb.1930) weiß noch:

»A paar Tag, vor de Ame kema san, is zu uns in Hof a riesengroßer Bus reigfahrn mit Leid vom Gereralstab der SS, glaab i, san zu uns in Kuche rei und ham aufm Tisch aa Generalstabskartn ausbroat und ham do no Punkte gsetzt, de wolltn da noch was retten, was woaß i. De warn dann no oa Nacht da. Und wenn de dann net glei wieder weider waarn, ham d'Leid gsagt, wenn d'Amerikaner de bei uns im Hof gseng hättn, waar von uns nix mehr übrig bliem. Aber de san Gott sei Dank Richtung Minga, da ins Gebirg nei. Mir warn vielleicht froh, daß de weg warn. Man hat ja ghört, daß d'Amerikaner kemma. Für uns Kinder war des ja interessant, des war ganz was Neus. De san von Wiedenzhausen runterkemma. Mi und mei ältere Schwester ham unsere Eltern zum Buachatn [Fuchsbichler Josef] neigeschickt, der hat ja eus oanziga an Gewölbekeller ghabt. Da warn mir Madln wenigstens in Sicherheit. Ma hat ja net gwußt, was alles kimmt. Da Vadda hat gmoant, daß ma ja net alles alloalassn kenna, s'Viech braucht versorgn. Und so san d'Muadda und da Vadda dahoam bliem und san auf Gedeih und Verderb natürlich de Amerikaner ausgliefert gwen. Aber de hamm nix do. Und so warn mir beud wieder dahoam. De wolltn nur Oar. Aus da Speis hams uns a Greichats gschtoin und mitgnomma. Des werns scho zsammgessn ham. Aber sonst warns ganz anständig.«

Zeitzeugin Rosina Schuster (geb. Mayr, Hartl Rose von Feldgeding, damals wohnhaft Graßlfinger Straße, Jahrgang 1921) sagt aus:

»Am Ofang homa ja bloß Angschd g'hot, wo mir ghert hom, d'Ame kema, dann aber war ma bloß no froa, daß der Krieg endle vorbei is. Wenns de verhungertn KZler gseng hättst, des kurz vorher durchtriem ham, hast da bloß denkt, ja so konns doch nimmer weitergeh. D'Ame san am Sonntag in da Fria kemma. Beim Hermann damm [erstes Anwesen von Fürstenfeldbruck her] war a Lazarettwong, den hom d' Ame mitgfihrt, wenn von eana jemand verwundt worn waar. De ham ja aa mit Widerstand rechnen miassn. Bei uns dahoam warns aa, mir ham aber net nausgmiaßt ausm Haus. De san dann zwar über d' Stiang nauf und oana hat zu meiner Schwester Lene, de ja mit drei kloane Kinder no bei uns dahoam gwohnt hat, da Mo is ja vermißt, gsagt: ›SS Blut!‹ De woittn was wissn über de zwoa daschlonga SS Soldatn. Eus er dann a Buidl gseng hat von ihra mit de 3 kloan Kinder, hat er bloß gfragt: ›Mann SS?‹ Und mei Schwester hat bloß gsagt: ›Naa nix SS, i woaß nix von meim Mo, der es vermißt.‹ Dann homs nimmer gsuacht. Und i hab mi ozong wiara euds Wei und hab mi ins Eck neighockt, dann hat mi der Ame gseng, auf mi deit und mein Schwester gfragt: ›Sie dumm?‹ Und mei Schwester hat gsagt: ›Ja, sie viel dumm!‹ Dann hat er mi no mitleidig ogschaug und is d'Stiang wieda no. Kurz drauf is a wieda kema und hat an Zenterling Greichats bracht, wer woaß, wo er den mitgeh hot lassn. [Jetzt, bei unserer Zeitzeugenbefragung, hat es sich herausgestellt, dass besagter Zenterling vom Nachbarn Brummer Ludwig [Wanne] war, was dieser damals aber nicht wusste]. Da warn scho ganz humane Leid dabei. Man hat nia ghert, daß's jemand was do hom. Und beim Moosreiner dent [Nachbar über der Straße] warns aa.

S'Moosreiners ham rausmiassn. Dann homs an Hans as Ottoman numghockt und links und rechts hams vorbeigschossn. Der is ja sowieso bloß mit oam Fuaß mehr vom Kriag hoamkemma. Aber da eude Moosreiner war heud bei da Partei. Des war zwar da Harmlosere, aber der is entnazifiziert worn und war in Moosburg. Und mir ham d'Ame eigentli nur eus Befreier gseng.«

Zeitzeugin Anna Bals (geb. Lang, Jahrgang 1920) hat erlebt:

»D' Amerikaner san mit de Panzer kemma, mit solchane Trimma scho, von drom runter, von da Autobahn. Am Wirt sei ganza Hof is voller Panzer gstandn. De san net zum Wirt nei, weil da ganze Seu [Saal] voller Flichtling war. De ham se bei uns eiquartiert und warn ja a paar Monat da. Warum grad bei uns? Da hams genau von unserm frühern Stubnfensta in Wirt sein Hof neigseng. Von koana Stoi aus hätt ma so an guatn Überblick ghabt. In dem Zimma warn zuerscht de Jurascheks aus Leobschütz, de ham dann d'Ame ins hintere Zimmer do. In da Nacht homs Wache ghabt, es war ja Ausgehverbot ab neine auf d' Nacht bis in da Fria. Am Tog hams nix do, de san bloß umanandergstandn oder rumghockt und ham umanandergschossn. De ham uns den ganzn Gartenzaun higmacht und ham damit a Feier gmacht, des warn doch so verfrorne Hund, do seu wars ja no a bisserl keud. Kocht hams nia, de ham eana Essn von de andern Ame gkriagt. De warn ja eigentli alle ganz nett, bloß oana war dabei, dem war net zum Traun. Von uns zwoa Malen is nia oane alloa an Schdeu numganga, mir warn immer zu zwoat. Der Stier hat uns allerweil d'Oar von da Henaschdeing raus, des war a ganza große festa Mo mit rothaarige gschncklte Hoor, heid daat ma song a Bulle. Oana war dabei a ganz a netta, der hat so guat deutsch kenna, dem sei Muatta war da Deutsche, hat er gsagt. Der hat so gern bei uns a Mille meng, dafür hat er uns dann wieda an Bohnakaffe gem und an Zwieback. Der hat dafür unsa Brot meng. Da homma immer tauscht mit dem. Mir ham d'Ame eus Befreier gseng.«

Zeitzeugin Therese Siegwarth (geb. Neumeier, Jahrgang 1940) weiß noch:

»Bei uns warn aa Amerikaner. D' Mamme hot eana aa poor Oar gmacht, dann hom sa se higlegt. Am Kannapee is oana dromgleng und hat gschlaffa. I war ja no a Madal. Es war da Sonntog und i hob weiße Kniastrimpf oghabt. Da homs ma ogschafft, i soi den bei da Nosn bagga, und des hob i do. Der war ma aber net bäs, i hob an Schoggaladd kriagt. An Schoggaladd, des war wos Guads.«

Unglücksfälle zum Kriegsende

Am Kriegsende ereigneten sich zwei entsetzliche Unglücksfälle. Beim ersten ließen deutsche Landser, die auf der Flucht waren, im Krautgarten ein Geschütz mit Munition zurück. Spielende Kinder entdeckten es und verunglückten dabei. Zeitzeuge Albert Doll (Obergürg, Jahrgang 1932, verstorben 2012) erinnert sich:

»Eus d' Ame bereits da warn, hat da Wirts Gloos [Westenrieder Nikolaus] Hei gmaat, da wo jetzt de Gastwirtschaft zur Weide stäht. Da waar a kloans Wasserloch. Da Wirts Gloos hat aa Drumm in seiner Wiesn gfundn und hots an Wiesnrand higlegt. A paar Flüchtlingsbuam ham des gseng, san naus, hom des Drumm gnomma, homs ozundn, und dann hats heud kracht. Oana war glei tot [Bernhard Dvouzet], den hats an Bauch aufgrissen, da anda war voller Splitta, den hams no ins Krangahaus.«

Zeitzeugin Anna Buban (geb. Betz, Wagner Anne, Jahrgang 1933) weiß: »Im Krautgarten ließen SS-Leute oder deutsche Landser auf dem Rückzug durch das Dorf eine Munition zurück. Auf der Suche nach Brauchbarem verunglückte daran ein Flüchtlingsbub tödlich und sein Bruder verlor dabei einen Arm. Da die Häuser überfüllt waren, wurde für diesen Fall ein Teil des Feuerwehrhauses als Leichenhaus genützt. Die Flüchtlingsfrau Dwutzek, mit eine der ersten Flüchtlinge, kam mit fünf oder sechs Buben beim Schuster unter. Der verstorbene Sohn Bernhard ist auch im Grab der Familie Schuster beerdigt. Frau Dwutzek ging nach dem Krieg wieder zurück in ihre oberschlesische Heimat.«

Beim zweiten Unglücksfall handelt es sich um eine Explosion einer Handgranate mit tödlichem Ausgang. Dabei kamen der Erwachsene Josef Taferner und der Bub Hansi Westenrieder ums Leben. Zeitzeugin Anna Köglsperger (geb. Brummer, Huberschneider Anne, Jahrgang 1921, verstorben 2009, damals Rotkreuzschwester) erzählt:

»Wo d'Amerikaner da warn, hams beim Taferner, wos's Haus durchsuacht ham, a Handgranatn liegn lassn in da Stuum, de hams sicher net mit Absicht liegn lassn, sondern vergessen, und abends, als ghoaßn hat, jetzt san d'Amerikaner furt, dann war an Konrad seiner, da Gräßa, da Hanse, beim Braan Sepp [Taferner Josef], und hot gsagt zu eahm: ›Schaug, da hams a Schnapsflaschn liegn lassn.‹ Und da Braan Sepp hat gmoant: ›I sog Herrgott Sakrament, geh weida Hanse, machs auf, de sauf ma glei aus, vor s'as wieder hoin.‹ Da Hanse machts auf und alle zwoa sans in d'Luft ganga in da Stuum drin. Des hat recht gschebbert, aber tot warns net glei. Dann bin i mit meiner Rotkreuztaschn naus und nauf zu eahm [2 Häuser weiter]. Da Raach is eahna von de Fiaß raus. Da sans dagstandn alle zwoa und da hat da Braan Sepp [zu sich selbst] gsagt: ›I sag Herrgott Sakrament, Braan Sepp, du bist schuid!‹ Da Hanse hat blärrt: ›Du bist schuid, du soist glei varecka!‹ So hams no gschtrien. So viu Kraft hams no ghabt, daß reen hom kenna. Durch den Krach san glei zwoa Amerikaner kemma und hams mitgnomma. Erstversorgt sans alle zwoa beim Wonga [Nachbar] in da Werkstatt drin worn, de san verbundn worn, d' Fiaß und d' Händ hats greisle dawischt, an Hanse hats im Gsicht ganz sche dawischt, der hat a schwarz verbrennte Nasn ghabt, de zwoa hats scho bääs zuagricht. D'Ame homs dann ins Feldlazarett zum Hermann nauf, von dort nach Donauwörth, wos glei drauf gschtorm san. Alle zwoa sans in Monheim eigrom [beerdigt].«

Zeitzeugin Anna Buban (geb. Betz, Wagner Anne, Jahrgang 1933, damals Nachbarin von Josef Taferner) schreibt dazu in ihren Erinnerungen:

»Ein Bub aus der Nebenstraße, der Konrad Hanse [Westenrieder Hansi] kam zum Braan Sepp [Taferner Josef] und fand auf dem Fensterbrett etwas Zurückgelassenes. Es schaute aus wie ein Steingutflascherl. In der Annahme, es sei eine Schnapsflasche, wollte man diese wegen ihres kostbaren Inhalts öffnen. Da der Bügelverschluß schwer zu öffnen war, sollte der Wörl Gustav, der damals als 10-Jähriger mit im Haus wohnte, eine Zange zum Öffnen holen. Er kam nicht mehr dazu. Mit lautem Knall explodierte dieser Gegenstand. Er beinhaltete leider Phosphor. Die Explosion verletzte den Hausbesitzer tödlich und auch der Bub erlitt so schwere Verletzungen, daß er drei Tage später daran verstarb. Durch den Krach sind wir natürlich gleich aus dem Haus und haben gesehen, daß der Braan Sepp am Straßenrand kniete und fürchterlich schrie. Mein Vater hat sofort in seiner Werkstatt zwei Zimmererschragen aufgestellt, die Werkstattinnentüre ausgehängt, draufgelegt und den Schwerverletzten Braan hinaufgehoben. Die Huberschneider Anni, damals Rotkreuzschwester, hat ihm noch sein Hemd aufgemacht und da sahen wir, daß er aus allen Öffnungen, ob Augen, Ohren, Mund rauchte. Sogar von den Füssen und aus dem Bauch stieg Rauch auf. Durch den Knall wurden die Amerikaner aufmerksam und holten ihn zur Erstversorgung in ihr mobiles Feldlazarett, das beim Hermann im Hof stand. Der Konrad Hanse ist über die Straße gelaufen, beim Minikus durch den Hof und über den Zaun zu seinem elterlichen Anwesen. Daheim hat er fürchterlich angefangen zu schreien. Von dort holten ihn dann die Amerikaner ab und brachten ihn ebenfalls ins

Feldlazarett zur Erstversorgung. Als die Angehörigen kurz drauf nach ihren Schwerverletzten sehen wollten, waren beide nicht mehr da. Man konnte sich auch nicht verständigen, so wurden beide Familien im Unklaren gelassen, wo man beide hinbrachte. Sie wurden von den Amerikanern in ihr Militärhospital nach Donauwörth gefahren, wo sie verstarben. Beide sind in Monheim begraben. Von uns aus sahen wir noch lange Zeit die Stubenwände in phosphoriszierendem Licht ganz grün leuchten.«

Hansi Westenrieder und Josef Taferner wurden später in den Soldatenfriedhof in Ulm umgebettet und liegen nebeneinander. Die Angehörigen erfuhren erst Jahre später über den Verbleib der beiden.

Die Heimatvertriebenen kommen

Im Jahr 1946 wurden viele Deutschstämmige aus dem Süd-Ost-Europäischen Raum aus ihrer Heimat vertrieben. Einen kleinen Teil der neuen Feldgedinger »Einwanderer« bildeten die Heimatvertriebenen aus dem Banat und der Batschka, den größten Teil die Ungarndeutschen. Ein ganzer Zugwaggon kam aus Dunakömlöd, Kreis Paks in Ungarn. Diese Ortschaft war eine rein deutsche Siedlung und liegt ca. 100 km südlich von Budapest. Die Bewohner arbeiteten zum Großteil als Handwerker auf dem Bau, ob als Maurer oder Zimmermann. In Dunakömlöd war der Krieg bereits 1944 zu Ende, nachdem die russische Armee dieses Gebiet besetzte, die hiesige Bevölkerung zur Zwangsarbeit verdonnerte und die jungen Frauen und Mädchen nach Russland zur Zwangsarbeit deportierte. Ihre Männer bzw. Söhne waren teils noch in russischer Kriegsgefangenschaft. Durch die Vergabe des Besitzes der Deutschen an ungarische Familien kam es zum Zusammenstoß, und man beschloss, die Deutschen auszuweisen. Ende Mai 1946 war es dann so weit. Die »Sippe Haag« kam mit dem zweiten Transport, der einige Tage später dem ersten folgte, nach Dachau (der erste war am 28. Mai 1946 und fuhr nach Baden). Endstation dieser »Reise« war dann Feldgeding Mitte Juni 1946.

Zeitzeuge Josef Haag (Jahrgang 1928, aus Dunakömlöd in Ungarn) erinnert sich:

»Vierzehn Tag vor mir wegmiassn ham, is des bekannt gem worn. Mir ham scho gwußt, dass mir rausmiassn, bloß net wann und wohi. Es hat nur ghoassn: ihr werds ausgwiesn. Es is nur 's Gwicht festglegt worn. Mir hom 20 Kilo Gepäck mitnehma derfa. Mir ham unsere Federbetten mitgnomma, 's ganze Fleisch, Schinken, Greicherts, Meu [Mehl], einfach euss. De Leid, de zsammsei woitn, ham se zsamm do. Des war erlaubt. In oam Waggon warn 32 Personen zsammpfercht [daher der Spitzname ›Waggonflüchtling‹]. Des war unser ganze Verwandtschaft. Da warn oa, de ham dahoam de ganze Nacht an Backofen ghoazt und alles verbrennt, de ham se gsagt: de andern kriangs aa net. Von Dunakömlöd aus san mir mitm Wong gfahrn worn und mit de Roß zum Bahnhof. Da war Endstation in Paks. Dann san mir in Viehwaggons reikemma. Mir san dann bei Haag und bei Unterwinden 14 Tog gstandn. Da hams uns bei da Nacht de Lok gnomma, de hams woanders braucht. Und da is dann der ganze Zug gstandn am Gleis. Euso mir warn heud 14 Tog am Bahnhof in Unterwinden gstandn, da hams uns ja de Lok gnomma, weils wahrscheinlich z'wenig warn und nemdro warn a ganza Zug aus Jugoslawien, dene hams aa de Lok gnomma. De da drent [im Zug aus Jugoslawien] ham gmoant, sie miassn wieder zruck. Und dann bei da Nacht ham mir gspürt, wia d'Lok ogsessn hat. In dera Zeit ham mir am Bahndamm a Loch ausgrom, mit Pflasterstoana ausglegt und Brot bacha. Mir san aa zum Bäcker ganga und ham s Meu für a Brot umtauscht. In Piding an der deutsch-österreichischen Grenze san mir dann alle entlaust worn mit so am Staubding da, obwoi mir gar net verlaust warn. Mir san aa registriert worn. Dann san mir wieder in Waggon neikemma und es hat ghoaßn: Ihr kemmts nach Dacha. Des ham mir ja da net gwusst. Von Dacha ham mir scho was ghert, da is uns scho da Arsch ganga. De ersten 15 Waggon san abghengt worn und ins Lager nuntergschom worn. Oa Nacht warn mir dann in dem Lager, wo jetzt des Quetschwerk drunten is, bei der Dulag im Durchgangslager, und dann sein mir ausanander kemma. Mir san nach Feugading, de andern nach Weichs, Arnbach, Aufhausen. Mit unsere Federbettn und den restlichen Sachen san mir auf'n Anhänger, und mit'm Roß sein mir zum Wirt [frühere Gastwirtschaft Westenrieder] in Stodl neikemma. Da ham mir alle oa Nacht im Stroh gschlaffa, d'Mäus san über uns drüber. Am nächsten Tag san mir verteilt worn. Mir warn 4 Personen: Mei Vadda, d'Muadda, mei jüngerer Bruada da Hans und i. Mei oiddara Bruada, da Jak, war ja scho verheirat [Maria Domjan], der hat no in Ungarn g'heirat. Mir san zum Greier [Josef Lang] in de Roßsteukammer neikemma und warn do bis ma seuwa baut hom, 1951. Da Hans, mei Bruada [Jahrgang 1930] hat dann beim Keaning Gust [Schreinerei in Feldgeding] des Lerna ogfangt und hat bei eahm a Zimmer kriagt. Da hab i aa schlaffa kenna. In da Roßsteukammer ham mir Bettgstella kriagt, de warn vui z'lang, de hamma abgschnittn, dann ham heud d'Fiass rausgschaugt. Unsere Lebensmittl warn jetzt aufbraucht, da ham mir vom Huawa [Bürgermeister Brummer Johann] an Weckn Brot kriagt.«

Da der Erwerb von Lebensmitteln Vorrang hatte, suchten sich die Männer irgendwie eine Arbeit. Josef Haag weiter:

»Mir san herkemma und dann san mir 14 Tog oder 3 Wocha zu Fuaß ins Lager nunter, da hamma Tomaten brocka miassn in der Gärtnerei am Kreiddagartn, des war Sommer. Da Katt Päda [Gradl Peter aus Feldgeding] war dort Verweudda. Den ganzn Toog ham mir nur Tomatn gessn, mir ham ja sunst nix ghabt. Da hast ja net ameu a Brot ghabt. Mir warn ja olle Maura. Dann ham mir in Gröbnzell bei da Firma Böhmer a Arwat kriagt und was zum Essn. Da hamma am Mittag a Suppn kriagt und auf d' Nacht hamma am Boon gschlaffa, nix Strohsack, koane Deckn. Des war a großa Hof, da ham mir an Sausteu baut. Dann san mir in d' Stood neikemma, in Hauptbahnhof und Starnberger Bahnhof. Da san de Kriagsschäden beseitigt worn. Da ham mir de Fenster freigmacht, de warn zuag'mauert, bombensicher. Dann hommas Verputzn ogfanga. Mit da Bahn samma dann auf Langwied nausgfahrn, da hot d'Bahn a Lager ghabt, do hamma gschlaffa und uns seuwa wos kocha kenna. Do hots dann scho Lebensmittlmarkn gem. Da homma auf d'Nacht Kartoffe mit Zuggaruam kocht, ohne Fett, und am nächstn Toog in da Friah hommas keud gessn. In da Arwat hots dann an Kaffä gem für alle, a schwarz Wasser heud, a Spiawassa. Für uns Handwerka hats dann um neine a Suppn gem. Mir warn alle ganz aufgschwemmt vor lauter Suppn. Mei Vadda und mei Bruada san zum Langenecker nach Mitterndorf ganga, de hamm bei de Bauern Steu baut und a Brotzeit kriagt, a Greichats. Do bin i dann aa hi. An Scharl in Bibereck [großer Bauer] hom mir an Steu baut vor da Währungsreform für seine vuin Viecha. Dafür ham mir jede Woch a Pfund Budda und an Woaz kriagt. Danach hob i no 12 Jahr beim Langenecker garwat, dann hamma uns mei Vadda, da Jack und i 1960 selbstständig g'macht. Unser erster Bau war in Feugading de Halle und des Wohnhaus vom Sandmeier.«

Dann ging es mit der eigenen Baufirma Haag bergauf.

Mit den Flüchtlingen kamen auch neue Geschäfte nach Feldgeding. Ein Frisörgeschäft gab es in Feldgeding damals nicht. Man schnitt sich die Haare selber, die Frauen hatten Zöpfe, die sie aufsteckten und brauchten daher keinen Frisör. Dann, 1946, kam die Familie Domjan als Heimatvertriebene aus Dunakömlöd in Ungarn nach Feldgeding. Sie war beim Wanne (Brummer Ludwig) einquartiert.

Der 74-jährige Opa Wilhelm Domjan war noch ein echter »Boda«, das heißt, er schnitt nicht nur Haare, sondern zog auch Zähne, schnitt Furunkel auf, nahm Blut ab und noch vieles mehr. Sogar Brüche hat er in seiner Heimat behandelt, erzählte sein Enkel Josef. Diese medizinischen Tätigkeiten übte er in Feldgeding nicht mehr aus, denn in Bergkirchen im Gasthaus Groß, im Saal, ließ sich Dr. Heinz Pöhlmann als erster praktizierender Hausarzt von Bergkirchen nieder. Die Familie Domjan bewohnte ein Zimmer, in dem gekocht, geschlafen und Haare geschnitten wurde. In der warmen Jahreszeit verlegte man das Haareschneiden ins Freie.

Domjan Josef rasiert den Haag Johann, daneben stehend Haag Josef

Da die Bauern wochentags keine Zeit hatten, zum Bader zu gehen, musste der »Baderwaschl« am Sonntag nach der Messe und dem anschließenden Frühschoppen seine Arbeit verrichten. Freilich wurde damals nicht mit Geld bezahlt, für einen Haarschnitt gab es einmal drei Eier, ein andermal ein wenig Speck oder ein Stück Butter. Die günstige Zeit nutzen die Dachauer Geschäfts-leute und kamen in Scharen am Sonntag nach Feldgeding. Im neu erbauten Haus in der alten Siedlung anfangs der 1950er Jahre wurde im Wohnzimmer frisiert. Später baute Josef Domjan, der Enkel, neben seinem Haus statt einer Garage einen Friseursalon, in dem er bis einen Tag vor seinem Tod 2012 als über 80-jähriger noch seine Kunden bediente. So endete die Friseur-Dynastie Domjan. Der letzte Domjan war wahrscheinlich der einzige, der am Sonntag seinen Frisiersalon geöffnet haben durfte. Seine Frisierstube gleicht einem Museum. Die Werkzeuge des Großvaters bzw. seines Vaters sind liebevoll an einer Tafel verewigt. Sogar eine Zange, mit der Enkel Josef beim Wirt in Feldgeding einem Bauern einen Zahn gezogen hat, ist zu sehen. Der Zahn wurde als Beweismittel an die Zange festgeklebt.

Im Nachhinein kann man sagen: Die Heimatvertriebenen und die Flüchtlinge haben sich gesellschaftlich und politisch voll in unsere Ortschaft integriert.

KRIEGSHEIMKEHRER

Der Krieg war zu Ende. Viele Soldaten waren zu dieser Zeit oder kurz danach wieder zu Hause.

Entlassungsschein von Georg Moosreiner aus russischer Gefangenschaft

Einige aber kehrten später gesundheitlich angeschlagen aus russischer Gefangenschaft oder gar nicht mehr heim. Für die Gefallenen wurde eine Hl. Messe gelesen. Der Kirchenchor sang das Lied »Schlaf wohl Kamerad«. Ein

Kranz mit einem Birkenkreuz lag im Altarraum und kam anschließend auf das Elterngrab. Diese Gräber wurden Heldengräber genannt.

Heimkehrer Josef Gradl (Jahrgang 1924) erinnert sich:

»Eus i Ende 45 als abgmagerter Soidat hoamkemma bin, woit mi mei Vadda glei wieder weidaschicka, weil bei eahm sowieso scho so vui Leid wohnan. Eus i dann g'sagt hab: ›Ja Vadda, kennst mi denn nimmer?‹ hom mir alle zwoa zum Woana ogfanga. Des war des einzige Meu, daas i mein Vadde so bitterlich hob woana gseng.«

Spätheimkehrer Georg Moosreiner (Jahrgang 1925) erzählt:

»Im Mai 1943 hob i mit 18 Johr eirucka miassn, bin in Frankreich zur Ausbildung kemma und dann ins Baltikum. Im August 1944 bin i in d' Gfangaschaft ganga. Nach drei Johr homs me in a Straflager, a Kohlebergwerk, ins Donezbecken. Da war i no oa Johr. Dann san ma in an Zug nei kemma Richtung Heimat. In Hof hast a Fahrkartn kriagt und host hoamfahrn kenna. Im Hauptbahnhof in Minga hot mir oane a Wurstbroot gem. Von Dacha aus bin i dann z' Fuaß hoamganga. Dahoam homs ja a Nachricht kriagt, daaß i vermißt bin. Hoamschreim host ja net kenna.«»Mit 18e bin i furt, mit 19e in Gfangaschaft und mit 24e bin i hoamkemma.«

Zerlumpt und abgemagert kam er im August 1948 heim. Viele brauchten lange, bis sie diese Erlebnisse verarbeitet hatten. »Des hab i euss hinter mir lassn, weil i mir g'sagt hab, i hab nix dafür kenna. Ja. Glück host scho braucht, dass du da durchkemma bist.«

Die beiden letzten einheimischen Kriegsgefangenen waren Josef Past, Jahrgang 1914, er kam am 20. Oktober 1949 aus russischer Gefangenschaft, und Josef Fuchsbichler, Jahrgang 1924, er kam am 24. Dezember 1949 ebenfalls aus russischer Gefangenschaft. Ebenfalls aus russischer Kriegsgefangenschaft kam am 21. Juni 1952 der aus Jugoslawien stammende Peter Martin, Jahrgang 1913. Seine Familie lebte bereits in Feldgeding.

Die Landwirtschaft in der Nachkriegszeit

Auch für die Landwirtschaft brachten die Kriegs- und Nachkriegsjahre erhebliche Einbußen. Man wurde zur Abgabe von Lebensmitteln verpflichtet. Frau Jex, das »Oarweib«, kam regelmäßig, um die Eier abzuholen und deren Anzahl in einer Liste einzutragen. Auch Getreide, Feldfrüchte und Milch musste abgeliefert werden. Wochen vor dem Zusammenbruch konnte man die Milch nicht mehr zur Molkerei nach Dachau schicken, man gab sie den Flüchtlingen oder verfütterte sie, wie Rosina Schuster berichtet.

Zeitzeuge Albert Doll (Jahrgang 1932, verstorben 2012) schreibt in einem Aufsatz über die ›Landwirtschaft in Feldgeding 1900 bis 2000‹:

»Wurden vor dem Krieg bereits Schlepper und Genossenschaftsmaschinen angeschafft, ist die Entwicklung der Mechanisierung durch Kriegsausbruch unterbrochen worden. Die Materialien Stahl, Gummi, Treibstoff und vieles mehr wurden für die Kriegsmaschinerie gebraucht. Sowohl während, als auch in der Nachkriegszeit, durften die Erträge aus Ackerbau und Tierhaltung nicht mehr frei verkauft werden. Es wurde sogar vorgeschrieben, was für den Eigenbedarf einbehalten werden darf. Wenn man eine Hausschlachtung machten wollte, musste man sich einen Schlachtschein besorgen. Man durfte keinen freien Einkauf mehr tätigen. Diese Situation wurde noch verschärft durch Schwarzhandel und Hortung von Waren bis zur Währungsreform. Als dann 1948 die Währungsreform kam, konnte man schlagartig wieder frei einkaufen und handeln. Nur einen Haken hatte das Ganze: Es fehlte das Geld. Nach der Währungsreform kam der große Aufschwung, in der Gesamtwirtschaft sowie auch in der Landwirtschaft. Die Erzeugung landwirtschaftlicher Produkte konnte durch den Einsatz von mineralischen Düngemitteln

Dreschtag ca. 1948

gesteigert werden. Die Böden waren durch die jahrelange Unterversorgung mit Nährstoffen ausgelaugt. Ein großes Problem nach dem wirtschaftlichen Aufschwung war der Arbeitskräftemangel. Die Arbeitskräfte, die bisher in der Landwirtschaft tätig waren, fanden in der Industrie und Bauwirtschaft ihr Einkommen. So musste gar mancher Betrieb, der früher mit mehreren Arbeitskräften bewirtschaftet wurde, von zwei Personen bei unzureichender Mechanisierung bewältigt werden.«

Eine große Einschränkung brachte die Versorgung mit Strom. Die Anwesen mit der geraden Hausnummer durften nur am Montag, Dienstag und Mittwoch ihr Getreide dreschen, die Anwesen mit den ungeraden Zahlen die restlichen Tage. Albert Doll weiter:

»Nach der Währungsreform setzte sich die durch den Krieg unterbrochene Mechanisierung wieder fort. Es wurden Ackerschlepper angeschafft, die ersten brauchbaren Melkmaschinen kamen auf den Markt. Die Mechanisierung konnte aber nur durch die gute wirtschaftliche Lage und gesteigerten Erträge bewältigt werden. Es wurde in Gebäude, Stallungen und Wohnhäuser investiert. Zur guten wirtschaftlichen Lage trugen nicht nur Düngung und Mechanisierung, sondern auch die Neustrukturierung der Flur bei.«

Die Arrondierung fand 1949 bis 1952 in Feldgeding statt. Kleine Äcker und Wiesen wurden zusammengelegt und neu vermessen. Es gab manchen Streit: »An guatn Acker hob i g'habt und a Glump hob i kriagt«.

Eine gute Berufsausbildung war äußerst wichtig. Mehrere Hoferben kamen vom Krieg nicht mehr heim. Der nachgeborene Sohn oder Schwiegersohn besuchte ab 1946 die Landwirtschaftsschule in Dachau, um die neueste erlernte Technik im elterlichen Betrieb einzuführen und anzuwenden, was mancher Vater mit Kopfschütteln und Ablehnung zur Kenntnis nahm.

Ein zweites Standbein für die Bauern war die Torferzeugung. Nach dem Zweiten Weltkrieg lieferten die Feldgedinger Bauern verstärkt Brennmaterial auch für Dachauer und Münchner Hausbesitzer. Zeitzeugin Maria Gradl (geb. Fuchsbichler, Buachatn Mare, Jahrgang 1929) erzählt:

»Des war vielleicht a Schinderei, zerscht des Stecha mit'm Torfeisn, dann des Wegfahrn, und nacha des Aufkaschdln. Im Sommer hom uns d' Fliang und de Stanzn ganz schee dadanglt. Wenn er drugge war, hom man in d Torfhüttn neigschom«.

Torf verkauft wurde noch bis Mitte der 50er Jahre, danach verwendete man ihn nur noch für die eigene Wärmeerzeugung.[1]

Feldgeding liegt teils am Ausläufer des Dachauer Mooses, teils in der

Münchner Schotterebene. Feldgeding war »steinreich«. Mehrere Gemeinden besaßen auf Feldgedinger Flur Kiesgruben, um ihre lehmigen Straßen im Frühjahr auszubessern und aufzukiesen. Da durch Feldgeding die Kreisstraße von Dachau nach Fürstenfeldbruck ging, die Amerikaner täglich vom Lager in Dachau zum Flughafen in Fürstenfeldbruck mit ihren LKWs fuhren, wurde unsere Dorfstraße noch Ende der 1940er Jahre geteert.

Kirchliches Leben

Kirchenglocken

Anfang des Krieges wurden die nicht ganz so wertvollen Glocken abgenommen und zum Einschmelzen für Munition gebraucht. In Feldgeding geschah das laut Nikolaus Past (Jahrgang 1936) in einer »Nacht-und Nebelaktion«. »Da hat koana wos gwußt, de Leid warn einfach da und hom de Glockn ro do.« Es war die kleine Sterbeglocke, die abgehängt wurde. Sie wurde 1950 neu gegossen und in einer feierlichen Weihe durch Prälat Pfanzelt aus Dachau am 18. Februar 1950 wieder im Glockenstuhl verankert und ihrer Bestimmung übergeben.

Kommunion

Die Kommunionkleidung der Kinder nach dem Krieg waren meist schon vorher von den älteren Geschwistern getragene Anzüge oder Kleider. Hatte man das nicht, lieh man es sich aus oder tauschte gegen Lebensmittel den Stoff ein und die Näherin zauberte das schönste Kleid. Therese Neumeier (verh. Siegwart, Jahrgang 1940) weiß noch:

»Ich hab 1949 Kommunion g'habt. Mir hom ja net vui g'habt. (Vater, selbstständiger Sattlermeister, verstarb 1946). D' Mamme hot an so grauer Nesselstoff gega an weißn eidauscht und d' Nahterin hat mir a wunderschens Gwand gnaht. Des war eus Kind mei schensta Tog. I hob a ganz a scheene Kerzn ghabt. Vom Katt (Gradl Georg und Josef waren Bäcker) hot d'Mamme an Kuacha macha lassn, und da hob i mei erste Schlagsahne gessn.«

Firmung

Die Firmung der Nachkriegszeit verlief sehr dürftig. Die erste fand 1946 in Dachau St. Jakob statt. Man feierte in den eigenen vier Wänden, an ein Fortfahren an die bayerischen Seen, wie es später üblich war, war nicht zu denken. Es gab ja nichts zu kaufen. Eine Firmungsuhr konnte nur mit Lebensmitteln auf dem Schwarzmarkt erstanden werden. Anni Buban erhielt eine Vorkriegsuhr, auf die sie sehr stolz war und diese heute noch in Ehren hält. Adolf Neumeier (Jahrgang 1936) erinnert sich:
»I hob vor da Währungsreform 1948 Firmung g'habt. Mei Firmpat war da Kramer Hans (Johann Wallner). Nach da Kircha warn mir bei seiner Tante am Karlsberg zum Mittagessen. Da hom ma a Bixnfleisch ghabt, a seuwa eigmachts. Dann hob i a Uhr kriagt. Des war a Freid. De Uhr hob i scho a paar Johr ghabt. Aufm Dachauer Voiksfest hamma grafft, dann war de Uhr furt. Beim Fotografiern war ma aa, beim Hofmann. Dann hot der Kramer Hans gfragt, ob er gleich zeun soi oder hernach. Dann hot er glei zeud, und bis er de Buidl ghoit hat, war scho d Währung.«

Hochzeit

Die erste Hochzeit nach dem Krieg fand im September 1945 statt. Der »große« Bauernsohn Anton Brummer heiratete die »große« Bauerntochter Maria Gradl, ebenfalls aus Feldgeding. Endlich wieder einmal eine richtige, große Hochzeit. Die letzte fand vor dem Krieg statt. Mit dem Auto, für die damalige Zeit etwas Außergewöhnliches, fuhr das Ehepaar nach Bergkirchen zur Trauung. Beim Wirt in Feldgeding fand die weltliche Feier statt. Von jedem Anwesen ging einer »auf d' Hochzeit«. Die nicht nah Verwandten mussten Mahlgeld bezahlen. Dies wurde von den einzelnen Geladenen mit Lebensmittelmarken verrechnet. Die Patin oder der Pate schenkten ein Kalb oder ein »schwarz« geschlachtetes Schwein. Ebenfalls nach dem Krieg heirateten Josef Schuster und Rosina Mayr, die als noch lebende Zeitzeugin mit vielen wertvollen Erinnerungen an diese Zeit wesentliche mündliche Beiträge zur Nachkriegszeit lieferte. »Ohne die Schuster-Oma geht gar nichts«.

Politik und Verwaltung

Feldgeding war seit 1818 selbständige Gemeinde. Sie gehörte kirchlich und schulisch nach Bergkirchen. Ab 1937 und während des Krieges war Josef Wallner erster Bürgermeister. Er wurde 1945 von der amerikanischen Militärregierung abgesetzt und der 73-jährige Altbürgermeister Johann Brummer eingesetzt. Im Beschlussbuch der Gemeinde Feldgeding, das im Gemeindearchiv in Bergkirchen zu finden ist, sind Gemeinderatsbeschlüsse bis 1952 eingetragen, die Grundlage dieses Kapitels sind.[2] Die folgenden Abschnitte zeigen Auszüge aus diesem Beschlussbuch.

Im Jahr 1946 leitete in einer Übergangsregierung Karl Bickl als erster und Augustin Fuchsbichler als zweiter Bürgermeister die Geschicke der Gemeinde.

Bei der allgemeinen Gemeinderatswahl 1948 gingen August Riedl als erster und Anton Brummer als zweiter Bürgermeister hervor, Schriftführer war der Flüchtling Hubert Jurascheck. Als Gemeinderäte wurden bestellt: Fuchsbichler Josef, Salvermoser Josef, Lang Josef, Moosreiner Johann jun. Da die Flüchtlinge und Heimatvertriebenen eigene Vertreter in der Gemeinde haben wollten, trat Johann Moosreiner jun. zurück und Lehmeier Thomas und Ernst Fritsch kamen neu dazu. Herr Lehmeier zog 1949 wieder weg und Johann Moosreiner jun. wurde als Gemeinderat vereidigt.

Der Bürgermeister hatte es nicht leicht, mussten doch gewaltige Aufgaben bewältigt werden: Die Wohnraumbeschaffung der ankommenden Flüchtlinge und Heimatvertriebenen brachte manchen Streit mit den Einheimischen. In sein Tätigkeitsfeld fiel die Lebensmittelmarkenausgabe und die Herstellung der Ordnung. Es mussten Kosten für die Flüchtlingsbetreuung, die Schulkinderspeisung und den Fürsorgeverein beigebracht werden. Bei Härtefällen gab es Holz aus dem gemeindeeigenen Wald. Zu den Aufgaben gehörte auch die An- und Abmeldung der zu- bzw. weggezogenen neuen Mitbürger. Sie benötigten einen westdeutschen Pass der amerikanischen Besatzungszone, damit man für Lebensmittelmarken und sonstige Bezugsscheine berechtigt war.

Die Einwohnerzahlen stiegen rasant, unser kleines Dorf platzte auf einmal aus allen Nähten: Die Einwohnerzahlen Feldgedings waren: 234 (1944), 369 (1946), 420 (1948), 410 (1949) und 395 (1950).

Von den »Neubürgern« verließen nach einigen Jahren viele den ihnen zugewiesenen »Wohnraum«. Bis 1954 verließen alle Oberschlesier das Dorf. Da kaum Arbeitsmöglichkeiten vorhanden waren, und teils auch wegen Familienzusammenführung, zogen mehrere ins Ruhrgebiet, ins Rheinland und nach Württemberg. Die einzige »Sippe«, die sich in Feldgeding völlig integriert hatte, war die Familie Haag, genannt die »Waggonflüchtlinge«. Die große Familie kam in einem Waggon aus Dunakömlöd in Ungarn nach Dachau und wurde gesamt nach Feldgeding gebracht. Da die Hoffnung auf eine Rückkehr schwand, tauschte die Gemeinde mit Josef Fuchsbichler einen Acker im Norden der Ortschaft und verkaufte einzelne Parzellen an Heimatvertriebene und Interessenten. Durch unendlichen Fleiß und gute Zusammenarbeit entstand die alte Siedlung.

Nach der kommunalen Neuwahl 1948 kamen das Gemeindesiegel, Standesamtsregister und andere Unterlagen in das Wohnhaus des neu gewählten Bürgermeistern Riedl. Die Gemeindekanzlei war kurzzeitig nach dem Abzug der französischen Kriegsgefangenen in deren früheren Schlafraum im Feuerwehrhaus untergebracht. Nach einer bescheidenen Renovierung eröffnete Hubert Jurascheck dort eine Krämerei.

Zu Anschaffung für eine Kirchenglocke, die während des Krieges abgehängt wurde, leistete die Gemeinde im April 1948 einen Zuschuss von 450 RM. Sie wurde in der Glockengießerei Erding gefertigt und mit einem Fuhrwerk geholt. Prälat Pfanzelt weihte sie, und Mitglieder der Kirchenverwaltung zogen die »kleine« Glocke mit einem Seil in den Glockenstuhl.

Ab 1949 mussten laut Anordnung vom Landratsamt bei jeder öffentlichen Veranstaltung ein Notgroschen von 10 Pfennig zur Eintrittskarte erhoben werden, das dem Kreiswohnbauwerk zu Gute kam. Im gleichen Jahr erfüllte die Gemeinde ihr Getreide-Ablieferungs-Soll, das diesbezüglich prozentual auf die einzelnen Betriebe aufgeteilt werden musste: Betriebe unter 30 Tagwerk Grund hatten ein Ablieferungssoll von 8 dz pro Hektar, Betriebe über 30 Tagwerk Grund ein Soll von 9,12 dz pro Hektar.[3]

Ab 1950 ging es auch für die Gemeinden bergauf: Die Einnahmen vermehrten sich, man konnte wieder in die Zukunft planen. 1950 wies unsere Gemeindeflur große Dürreschäden auf. Ein Zuschuss des Landkreises in Höhe von 800 DM wurde auf die Geschädigten ausbezahlt. Für Bedürftige erfolgte 1950 eine Weihnachtsbescherung.

Durch Steigerung der Preise und erhöhte Lasten wurden 1950 die Unterhaltskosten für den Gemeinde-Eber auf jährlich 500 DM und den Gemeinde-Zuchtbullen auf 450 DM erhöht. Ebenfalls erhöht wurden die Deckkosten, um den Überschuss bei einem späteren Neuankauf zu verwenden.

Die Landtagswahl am 26. November 1950 mit 90%iger Wahlbeteiligung brachte für Feldgeding folgendes Ergebnis:[4]

	Stimmkreis	Wahlkreis	gesamt
CSU	29	28	57
SPD	29	37	66
WAV	9	11	20
FDP	3	4	7
BP	104	99	203
WPE	3	3	6
BHE	26	24	50
WKHE	10	9	19

Die Gemeinde Feldgeding blieb bis zur Gebietsreform 1972 eigenständig und wurde dann Ortsteil der Großgemeinde Bergkirchen.

Versorgung der Bevölkerung

Wie allgemein bekannt, gab es ab 1939 Lebensmittelmarken. Die bäuerliche Bevölkerung war gezwungen, Nahrungsmittel abzuliefern. Die Versorgung der Bevölkerung mit Gütern des täglichen Lebens ließ zu wünschen übrig, für alle Lebensbereiche gab es Bezugscheine. Diese wurden beim Bürgermeister ausgegeben. Für die Vertriebenen und Flüchtlinge waren gültige Papiere Voraussetzung für ihre Versorgung. Zuschläge gab es für stillende Mütter, Abschläge für Selbstversorger.

Wie meist überall auf dem Land, war auch in Feldgeding die Versorgung mit Nahrungsmitteln besser als in den Städten. Man versorgte sich größtenteils selber. Zeitzeugin Anna Buban (Wonger Anne, Jahrgang 1933) schreibt: »Zu jedem Anwesen gehörten ein Garten, Äcker und Wiesen. Kühe, Kälber, eine Geiß, Schweine, Hühner, evtl. Hasen wurden gefüttert und waren teils zur Milchversorgung oder zum Verzehr bestimmt. Die alltägliche Kost war nicht sehr abwechslungsreich. Am Sonntag gab es bei den Bauern einen Schweinsbraten mit Semmelknödel (Knödelbrot aus Ofennudeln) und Kartoffelsalat, Rahnen oder Kraut. Wochentags waren überwiegend Mehl- oder Kartoffelspeisen auf dem Tisch. Den Weizen fuhr man zum Müller nach Günding oder Eisolzried und brachte die entsprechende Menge Mehl zurück. Eier, Schweineschmalz oder Butterschmalz und Milch hatte man immer zur Verfügung. Im Herbst wurden die Früchte des Gartens eingekocht oder gedörrt für einen ›Zwetschgen- oder Birndauch‹. Beim Schlachten kam das

Fleisch in Dosen, wurde in Gläser eingeweckt oder geräuchert. Es gab ja keine Kühlmöglichkeiten. Wer hatte schon einen Kühlschrank oder eine Gefriertruhe? Im Herbst kam der Krautschneider. Die Einquartierten konnten es gar nicht verstehen, dass die gekochten Kartoffeln für die Schweine bestimmt waren, wo sie doch selber nicht genug zu essen hatten.« Viele von ihnen wurden von den Bauern mit Lebensmitteln unterstützt.

Nach dem Umsturz blühte der Tauschhandel. Die »Hamsterer« kamen aufs Land und tauschten persönliche Dinge gegen Lebensmittel. Manchmal bekamen sie ein Ei, Schmalz, Milch oder etwas Mehl. In manchem Feldgedinger Haushalt befindet sich noch ein Löffel, ein Handtuch oder eine Tischdecke aus dieser Zeit. Mancher Handwerker wurde für seine Arbeit mit Essbarem bezahlt. Zeitzeuge Adolf Neumeier erinnert sich:

»Mei Vadda war ja Solla (Sattler) und hat ameu a Roßgschirr gmacht für wen, dafür ham mir a Sau kriagt. De hat dann da Konrad (Westenrieder Johann) g'schlacht. Des war scho ameu was. Des war super. Da is koa Fleischbeschauer kemma.«

In den Handwerksbetrieben blühte auch teilweise der Schwarzhandel. Zeitzeuge Franz Sandmeier, Geselle in der Schmiede Mayr, erzählt:

»In Dacha warn ja de Amerikaner als Besatzer in de ehemaligen SS-Kasernen unterbracht, und a Großteil war im Flugplotz in Bruck beschäftigt. Und da war ununterbrocha Shuttleverkehr. Jedn Tog sans hin- und hergfahrn. Da warn ja in da Regl koane amerikanischen Fahrer, sondern deitsche. Und da hat dann ameu oana gheudn und g'fragt, ob i a Benzin brauch. Und da hamm mir dann an ausgedehnten Schwarzhandel mit Benzin ogfangt. Des hob i dann scho auf mei eigne Rechnung g'macht. De Leid hom ja des Benzin ausgrafft. Des is bis zur Währungsreform ganga. Mit dem Handel hob i dann scho im September a Auto ghabt, an Opel Kadett. Mit dem hob i dann sämtliche schwangernen Frauen von Feugading ins Krangahaus gfahrn. Und da Pfarrer wenn hoin hot braucha, hob i den aa ghoit und wieder hoamgfahrn. Da war i dann mehr oder weniger 's Ortstaxi.«

Bei der Währungsreform am 20. Juni 1948 verlor die Reichsmark ihren Wert. Die D-Mark war geboren. Jeder Volljährige erhielt 40 Deutsche Mark Startkapital. Die Läden füllten sich über Nacht mit allen möglichen Waren. Man konnte wieder geregelt einkaufen. Es ging aufwärts. Die ersten Autos bzw. Motorräder konnten erstanden werden. Baumaterialien konnten geliefert werden. Das »Wirtschaftswunder« begann.

Das Wirtschaftswunder ein wenig gedämpfter erlebte die Kriegerwitwe

Magdalena Fottner mit ihren drei unmündigen Kindern. Sie lebte in ihrem Elternhaus. Nachdem dort 1947 eingeheiratet wurde, bemühte sie sich um eine eigene Bleibe. Vor dem Krieg erwarb sie mit ihrem Mann ein Grundstück, das später ihre Heimat werden sollte. Leider fiel ihr Mann. Ihr Schwager half beim Hausbau. 1949 wurde der Keller von beiden mit der Hand ausgegraben, was bei unserem Feldgedinger Kiesboden nicht leicht war. Die Bausteine waren teils vom gegenüberliegenden, vom Einfall bedrohten gemeindeeigenen Hüthaus. Restliche Steine erwarb man beim Socher im Lus, der aus alten Schuttsteinen aus München Hohlblocksteine fertigte. Zeitzeugin Tochter Gertraud Springer (geb. Fottner, Jahrgang 1938) berichtet:

»Mei Muadda hot wochentags bei den Bauern im Dorf und beim Wirt g'arwat. Und so hats des Geud für des Baumaterial und a Gefährt zum Abhoin da Stoana z'sammakriagt. Der Bau hat über Winter austrocknet, und so san ma Pfingsten 1950 eizong. Drei Henna hat d'Muadda kaaft. War des aa Freid, wia d'Henna des erste Oar glegt hat.«

Es war eine schwierige Zeit.

DAS VEREINSLEBEN DER NACHKRIEGSZEIT

Der katholische Burschenverein

Dieser Verein, der seit ca. 1920 existierte, bildete sich bald nach Kriegsende wieder neu. Man wollte in fröhlicher Gemeinschaft den Krieg vergessen und die Bräuche der Vorkriegszeit wieder aufleben lassen. So gehörte das Maibaumaufstellen, das Osterfeuer, der Maitanz, der Kirtatanz, der Bettltanz und der Burschenball zu den Feiern, auf die man sich freute. Im Vereinsbuch wurde u. a. vermerkt: »Der wahrscheinlich zwingendste Ausflug war 1948. Unter der Währungsreform hat ma natürlich des ganze Geld noch irgendwie unter die Leut bringen müssen. Auf [einem] kurzfristig hin angelegten Ausflug wurde dann ›as ganze Geld rausgehaut [das war ein Massenbesäufnis!]. Nach der Währungsreform is dann wieder mit null Mark angefangen worden, aber des hams a ganz gut gschafft. No was, für die heutige Zeit bemerkenswertes ham de Burschen gmacht. Sie ham damals alle Jahr a Engelamt für die gefallenen Kameraden halten lassen. Auch hat der Katholische Burschenverein damals mehr für de Kirche und an Pfarrer übrig gehabt. Damals hat da Pfarrer Albert des Kassenbuch von de Burschen kontrolliert.«[5]

Der erste Burschenball nach dem Krieg fand im Jahr 1949 statt und wurde im Gasthaus Westenrieder abgehalten. Es waren noch viele Flüchtlinge in dieser Zeit im Saal untergebracht. Diese wurden kurzerhand für eine Nacht »umgesiedelt«.

Nach der Währungsreform holte man die im Pfarrhofspeicher versteckten Theater-Kulissen zurück und begann mit dem Theaterspielen. Die Vorstellungen brachten eine vergnügliche Abwechslung in den arbeitsreichen Alltag.

Krieger- und Soldatenverein Bergkirchen – Feldgeding

Der Verein wurde 1874 gegründet. Während des Krieges wurden laut Kassenbuch nur Ausgaben für Kränze und Seelenmessen für verstorbene Soldaten aufgeführt. Mit 5 Reichsmark Überschuss enden die Einträge 1945 mit dem Vermerk: »Dem Verein von den Besatzungsmächten jegliche Tätigkeit untersagt«. Erst in den 50er Jahren des vorigen Jahrhunderts formierte sich der Verein neu.

Schützenverein Hubertus Feldgeding

Der Verein wurde 1895 gegründet. Von 1945 bis 1950 ruhte die Vereinstätigkeit. Der Besitz von Gewehren bzw. Schusswaffen war von der amerikanischen Besatzungsmacht streng verboten. So konnten keine Schießabende stattfinden. Erst 1951, nach Lockerung des Schießverbotes, erfolgte die Wiedergründung.

Obst- und Gartenbauverein Bergkirchen-Feldgeding

Der Verein wurde laut Protokollbuch, verfasst von August Kiening, im Jahr 1906 durch Josef Hartlmeier ins Leben gerufen. Er wusste als Lehrer, wie schlecht es mit der Vitaminzufuhr seiner Schüler stand. Es ist vermerkt, dass Josef Groß auf einem eigenen Grundstück einen Obstgarten anlegte. Zu den Aufgaben dieses Vereins zählte in erster Linie die Pflanzung von Obstbäumen und deren Pflege. Jährliche Baumschneidekurse wurden angeboten. Während des Krieges und in der Nachkriegszeit ruhte die Vereinsaktivität. Erst in den späteren 1950er Jahren lebte der Verein wieder auf. Im Jahr 1979 spaltete sich der Verein in den Obst- und Gartenbauverein Bergkirchen und den Obst- und Gartenbauverein Feldgeding.

QUELLEN:

Interviewpartner und -partnerinnen:

Betzl Sigrid verh. Kürzinger, Jahrgang 1935

Brummer Anna verh. Köglsperger, Jahrgang 1921

Brummer Magdalena, Jahrgang 1930

Betz Anna verh. Buban, Jahrgang 1933

Doll Albert, Jahrgang 1932

Fottner Gertraud verh. Springer, Jahrgang 1938

Fuchsbichler Maria verh. Gradl, Jahrgang 1929

Gradl Josef, Jahrgang 1924

Grohmann Helene verh. Moosreiner, Jahrgang 1921

Haag Josef, Jahrgang 1928

Kiening Juliane, Jahrgang 1910

Kratz Lina verh. Haag, Jahrgang 1936

Lang Anna verh. Bals, Jahrgang 1920

Mayr Rosina verh. Schuster, Jahrgang 1921

Moosreiner Georg, Jahrgang 1925

Neumeier Adolf, Jahrgang 1936

Neumeier Therese verh. Siegwarth, Jahrgang 1940

Past Josef, Jahrgang 1914

Past Nikolaus, Jahrgang 1936

Sandmeier Franz, Jahrgang 1927

Sylvester Günther, Jahrgang 1933

Traunfelder Maria verh. Wild, Jahrgang 1921

UNVERÖFFENTLICHTE NIEDERSCHRIFTEN FÜR DIE HEIMATFORSCHUNG FELDGEDING AUS DEN JAHREN 2005 BIS 2009:

Doll Albert, Jahrgang 1932

Betz Anna verh. Buban, Jahrgang 1933

Brummer Therese verh. Huber, Jahrgang 1928

Jurascheck Hubert, Jahrgang 1921

WEITERE QUELLEN:

Vereinsbuch des Kath. Burschenvereins Feldgeding

Kassenbuch des Krieger- und Soldatenvereins Feldgeding

Protokollbuch des Obst- und Gartenbauvereins Feldgeding

Beschlussbuch 1934–1952 der Gemeinde Feldgeding im Gemeindearchiv Bergkirchen F-1/12

1 Hubert Westenrieder wurde von einem Team aus Gröbenzell bei der Torferzeugung gefilmt. Diese Aufzeichnung ist im Heimatmuseum in Gröbenzell zu besichtigen. Der letzte Torfstecher in Feldgeding war Josef Schuster. Seit Ende der 1990er Jahre darf im Moos aus Naturschutzgründen kein Torf mehr gestochen werden.

2 Gemeindearchiv Bergkirchen F 1/12: Beschlussbuch der Gemeinde Feldgeding 1934–1952

3 Gemeindearchiv Bergkirchen F 1/12: Beschlussbuch der Gemeinde Feldgeding 1934–1952

4 Gemeindearchiv Bergkirchen F 1/12: Beschlussbuch der Gemeinde Feldgeding 1934–1952

5 Veinsbuch des Katholischen Burschenvereins (Da die Chronik des Burschenvereins Feldgeding verschwunden ist, wurde nachträglich in den 1980er Jahren ein Heft angelegt und die Ereignisse ab der Gründung ohne Seitenzahl handschriftlich, teils im Dialekt, niedergeschrieben.)

DAS MUSIKLEBEN IM DACHAU DER NACHKRIEGSZEIT

Cornelia Reim

In einem Artikel der Süddeutschen Zeitung vom September 1990 über den Dachauer Komponisten und Pianisten August Peter Waldenmaier[1] erfährt der Leser, dass es bereits im Mai des Jahres 1945, also unmittelbar nach dem Ende des Zweiten Weltkrieges, in der Stadt Dachau öffentliche Musikveranstaltungen gab. Das ist erstaunlich, wenn man bedenkt, dass in Dachau, wie auch im übrigen Deutschland, die Diktatur des nationalsozialistischen Regimes und die Kriegsjahre tiefe Spuren hinterlassen hatten, und die Menschen vorrangig damit beschäftigt waren, sich ihr Leben im harten Nachkriegsalltag mühsam einzurichten.

Die Entwicklung des örtlichen Musiklebens stellt einen interessanten Teilbereich bei der Erforschung der Nachkriegsgeschichte in Stadt und Landkreis Dachau dar. Welche Aktivitäten gab es hier, an welche Traditionen und Gegebenheiten konnte angeknüpft werden, was ist ganz neu entstanden? Die Bandbreite der musikalischen Vielfalt in der Stadt war groß und reichte von klassischen Konzerten, Opern, Operetten und Kirchenmusik über weltlichen und geistlichen Chorgesang bis zur Volks- und Unterhaltungsmusik. Es gab zahlreiche Vereine, Gruppen und Persönlichkeiten, die sich an verschiedenen Proben- und Veranstaltungsorten musikalisch betätigten. Auch Medien, Instrumentenbau, Notendruck und Musikausbildung spielten in Dachau eine Rolle.

Für Dachau und den Landkreis waren Krieg und Drittes Reich am 29. April 1945 mit der Einnahme der Stadt durch die 7. US-Armee zu Ende. Schon den ganzen Tag über war in der Ferne Geschützlärm zu hören gewesen, dann kamen die Truppen über Webling in die Stadt, wo die Panzerfahrzeuge durch die Straßen rollten. Leonore Kiener (geb. Schleich), deren Eltern eine Metzgerei in der Freisinger Straße besaßen, kann sich noch gut an die Angst erinnern, die sie an diesem Tag ausgestanden hat: Die Familie hatte sich im Keller des Hauses in der Oberen Stadt versteckt, als plötzlich ein amerikanischer Soldat mit einem Maschinengewehr in der Hand dort auftauchte, der aber zum Glück gleich wieder verschwand.[2] Gertraud Müller konnte von ihrem Elternhaus aus, der Gaststätte »Drei Rosen« in der Münchner Straße, als Augenzeugin zunächst die Sprengung der Amperbrücke durch Angehörige der Wehrmacht am 28. April beobachten. Am nächsten Tag sah sie dann einen amerikanischen Panzer vor der zerstörten Brücke stehen. Leider hatten sich kurz vorher SS-Leute in die Wirtschaft der Familie geflüchtet, deshalb gab es plötzlichen einen lauten Knall, der Panzer hatte ins Haus gefeuert, das anschließend von amerikanischen Soldaten besetzt wurde.[3] Eine weitere Zeitzeugin, Maria Stangl, die damals als Schneiderin im SS-Bekleidungswerk beschäftigt war und in der Ostenstraße wohnte, erlebte den Einmarsch der Amerikaner sehr positiv. Als die amerikanischen Soldaten durch die Ostenstraße marschierten, bekam die junge Frau wegen einer Kette mit Kreuzanhänger, den sie um den Hals hängen hatte und die einem Soldaten auffiel, Schokolade geschenkt. Die Häuser wurden nicht durchsucht, lediglich in die gegenüberliegende Gaststätte Amperlust quartierten sich die Besatzer ein.[4]

Die Dachauer Bevölkerung befand sich in der Nachkriegszeit in einer schwierigen Situation. Es war für die Menschen nicht einfach, wieder in ein normales Alltagsleben zurückzufinden, es ging zunächst ausschließlich um das tägliche Überleben. Lebensmittel und Bedarfsgüter waren knapp und weiterhin nur mit Lebensmittelmarken und Bezugsscheinen zu erhalten. Die Mutter von Leonore Kiener arbeitete damals im »Ernährungsamt« und war unter anderem für die Zuteilung dieser Marken zuständig. Auch an das ehemalige Konzentrationslager waren Lebensmittelmarken geliefert worden, weshalb viele Dachauer glaubten, dass die Häftlinge dort nicht hungern mussten.[5] Durch den Zustrom von Flüchtlingen und Vertriebenen herrschte eine große Wohnungsnot, auch entlassene Häftlinge und Zwangsarbeiter drängten in die Stadt. Die Straßen waren unsicher wegen Plünderungen und Überfällen. Viele Familien hatten den Verlust von Angehörigen im Krieg zu bewältigen, oder Schwierigkeiten durch die Rückkehr der oft traumatisierten Männer von der Front oder aus der Gefangenschaft. In vielen Häusern wurden amerikanische Soldaten einquartiert, die Bürger mussten in diesem Fall meist ihr Zuhause verlassen. Zerstörungen durch Fliegerangriffe gab es in Dachau, bis auf eine einzige Bombe, die auf ein Gebäude in der Brunngartenstraße fiel, glücklicherweise keine. Der junge Friseurlehrling Max Baumüller entkam damals nur zufällig knapp dem Tod, weil er sich nicht im dortigen, dann vollständig zerstörten Luftschutzraum eingefunden hatte.[6] Leonore Kiener erzählt, dass die Kampfflugzeuge der Alliierten Dachau gewöhnlich nur überflogen, um nach München zu gelangen und sich dabei angeblich am Turm der Stadtpfarrkirche als Wegweiser orientierten. Vom Schlossberg aus konnte man dann das brennende München sehen.[7] Die amerikanischen Besatzer setzten eine Militärregierung mit dem Stadtkommandanten Captain Vendig an der Spitze ein, der den neuen Bürgermeister, zunächst Dr. Josef Linmaier, dann Dr. Josef Schwalber, später Landrat und Mitglied des Bayerischen Landtags, bestimmte. Zweiter Bürgermeister war bis Januar 1946 Georg Scherer, ehemaliger Lagerältester des Konzentrationslagers und Mitglied des Dachauer Aufstands vom 28. April 1945. Maria Stangl arbeitete inzwischen in der Stadtschneiderei im Birgmann-Saal, die später von Georg Scherer erworben und zur Kleiderfabrik Bardtke & Scherer ausgebaut wurde. Dort gefiel es ihr gut: »Das war so interessant, weil man da immer so schön rausschauen konnte. Da hat man immer die Amis beobachten können, die da spazieren [gegangen] sind.«[8]

MUSIK IN DACHAU – DIE ANFÄNGE NACH DEM KRIEG 1945–1947
DAS KULTUR- UND MUSIKLEBEN NACH DER STUNDE NULL

Das gesamte kulturelle Leben in Dachau, einschließlich der musikalischen Aktivitäten, befand sich bei Kriegsende auf einem Tiefpunkt. Das Musikleben war während der Kriegsjahre fast zum Stillstand gekommen, da sich viele Musiker an der Front befanden und an ein regelmäßiges Proben und Musizieren nicht zu denken war. Die Gleichschaltungspolitik im Kulturbereich durch die Nationalsozialisten hatte die Weiterentwicklung und freie Entfaltung des Musiklebens stark eingeschränkt. Viele Vereine hatten sich aufgelöst oder sich, zumindest nach außen, den neuen Ideologien angepasst, um zu überleben. Überall in Deutschland befanden sich die Menschen nach der »Stunde Null« in einem Ausnahmezustand und waren damit beschäftigt, wieder zu einem normalen Alltagsleben zurückzufinden. Dachau sah sich aber noch zusätzlich mit einer ganz besonderen Situation konfrontiert. Der Name der Stadt sollte nämlich auch zukünftig untrennbar mit der Tatsache verbunden sein, dass es hier ein Konzentrationslager gegeben hatte. Das machte es für die Einwohner nicht gerade leicht, mit den Themen Kultur und Musik so unbeschwert umzugehen wie in anderen Orten. Ebenso wie in der Politik, gab es durch Krieg und NS-Diktatur auch in der Musik eine Zäsur und einen dadurch notwendigen Neuanfang.

Wie sich zeigen sollte, erholte sich das Musikleben, im Gegensatz zu anderen

Bereichen, dennoch am schnellsten von den Nachwirkungen der NS-Zeit und des Krieges. Die Bevölkerung Dachaus konnte hier ziemlich schnell einen Neubeginn oder ein Anknüpfen an alte Traditionen bewerkstelligen und so wieder ein vielfältiges musikalisches Leben in ihrer Stadt etablieren. Den Menschen, die damit beschäftigt waren, mit dem harten und tristen Nachkriegsalltag zurechtzukommen, bot die Musik willkommene Abwechslung, Trost und die Möglichkeit, für eine gewisse Zeit ihren Sorgen zu entfliehen.

MUSIKALISCHE AKTIVITÄTEN IM JAHR 1945

Bereits im Mai 1945 organisierte der eben erst aus dem Krieg heimgekehrte Komponist August Peter Waldenmaier ein Konzert mit der Opernsängerin Anny van Kryswyk in Dachau. Auch in der Folgezeit gelang es ihm, aufgrund seiner Verbindungen zur Oper in Dresden, verschiedene Interpreten in die Stadt zu holen.[9] Im Sommer 1945 begann Waldenmaier damit, im Dachauer Schloss Konzerte zu veranstalten. Nachdem Theo de Maal im November 1945 das »Theater im Schloß« gegründet hatte, gab es oft auch gemeinsame Veranstaltungen. Auf dem Spielplan standen zumeist Operetten, Opern, Liederabende und Märchenaufführungen. Die Szenenbilder wurden von Dachauer Malern gestaltet. Zu diesen Veranstaltungen kam auch Publikum aus München, da dort viele Konzertsäle in Trümmern lagen, und die Leute aus der Großstadt mit ihren Schuttbergen das festliche Ambiente des Schloss-Saales zu schätzen wussten. Für diese Anlässe wurde ein Omnibus zur Verfügung gestellt, der die Konzertbesucher vom Stachus aus bis zum Dachauer Schlossplatz transportierte. Alle Konzerte mussten von der US-amerikanischen Information Control Division genehmigt werden, die jeweils eine Lizenz erteilte.[10] Im Oktober 1945 gelang es Waldenmaier, ein Konzert der Münchner Philharmoniker in Dachau zu organisieren, und 1946 gründete er sogar eine Opernbühne im Schloss. Einige Künstler aus München, die wegen der im Krieg beschädigten Theater kein Engagement hatten, waren froh, in Dachau Auftrittsmöglichkeiten zu erhalten.[11] Auch ehemalige KZ-Häftlinge und Vertriebene wirkten bei Veranstaltungen mit.

Dem Programmheft des Schlosskonzertes vom 2. September 1945, gedruckt vom Zauner-Verlag, ist zu entnehmen, dass ein »Lieder- und Arien-Abend« mit dem Tenor Lorenz Fehenberger gegeben wurde, am Flügel begleitete Wal-

Programmblatt des Schlosskonzertes vom 2. September 1945 (Stadtarchiv Dachau)

denmaier.[12] Am 10. März 1946 wurde laut Information im »Dachauer Anzeiger« ein großes Operettenkonzert mit dem Titel »Ein Abend um Lehar« aufgeführt, bei dem »das verstärkte Schloß-Orchester« unter der Leitung von Kapellmeister Waldenmaier spielte. Diese Veranstaltung lief unter der »Information Control Licence Nr. 1165«.[13] In den bei dieser Gelegenheit gehaltenen Reden des Dachauer Landrats und des Stadtkommandanten der Militärregierung, wurde von der Chance gesprochen, dem Ort durch die Musik seine Seele wieder zu geben, und das schlechte Image Dachaus durch das einer Kunststadt zu ersetzen.[14] Man wollte anknüpfen an das musikalische und künstlerische Leben der Vorkriegszeit, wieder ein kulturelles Leben am Ort aufbauen. Die Menschen nahmen die Angebote dankbar an und freuten sich darüber, in den Veranstaltungen Vergnügen und Zerstreuung zu finden. Auch Leonore Kiener, die bereits als junges Mädchen eine eifrige Konzertbesucherin war, erinnert sich gerne an diese Aufführungen, bei denen auch einmal eine Freundin die Begleitung auf dem Klavier übernahm. Sie bemerkte dazu im Gespräch: »Fehenberger war mein Opernschwarm, der hat ja auch im Prinzregententheater gesungen«. Als begeisterte Opernliebhaberin leistete sich Frau Kiener von ihrem kargen Taschengeld einmal im Monat einen Besuch im Prinzregentheater oder in der Großen Aula der Ludwig-Maximilians-Universität in München, den einzigen Münchner Konzertsälen, die nach den Bombenangriffen noch bespielbar waren. Dabei erinnert sie sich noch an eine nette Begebenheit: Einmal, als sie nach einer Aufführung von Verdis »Aida« am Münchner Hauptbahnhof auf den Zug nach Dachau wartete, begegnete sie dort dem Solotrompeter des Orchesters, den sie gerade im Konzert gehört hatte, und der ebenfalls auf der Heimfahrt war.[15]

Es fanden aber nicht nur Konzerte zur Erbauung und Zerstreuung statt, auch an das Leid der Verfolgten in der NS-Zeit wurde erinnert. So hielt Prälat Pfanzelt am 27. Mai 1945 in der Stadtpfarrkirche Sankt Jakob einen Dankgottesdienst ab, bei dem ehemalige Häftlinge des Konzentrationslagers und Dachauer Bürger zusammenkamen. Das feierliche Amt wurde vom Kirchenchor musikalisch gestaltet.[16] Am 9. November 1945 fand im Schlosssaal eine Gedenkfeier für die Opfer des Konzentrationslagers Dachau statt, bei der auch Angehörige der US-Armee anwesend waren. Der Augsburger Oratorienverein brachte das Deutsche Requiem von Brahms zur Aufführung, die Chorpartie übernahm ein großer amerikanischer Soldatenchor. Diese Gedenkfeier wurde durch den Rundfunk in viele Länder übertragen und später auch als Schallplatte herausgebracht.[17] Insgesamt spielte die Musik, besonders in der Nachkriegszeit, eine wichtige Rolle bei der Vermittlung zwischen Menschen und Kulturen, Tätern und Opfern. Sie hatte die Zerstörungen des Krieges und die Diktatur der NS-Zeit als Kulturgut überdauert und ermöglichte eine Verständigung auch ohne Worte.

Neben Konzerten, Theateraufführungen und Gedenkfeiern wurde das Musikleben der Stadt auch bald durch die Vereine bereichert, die ihre Tätigkeit wieder aufnahmen. Der Volkschor Dachau, bereits im Jahr 1910 als »Arbeiter-Gesangsverein Dachau« entstanden, gründete sich 1945 neu. Dieser Chor war, weil er der Arbeiterbewegung angehörte, im Dritten Reich verboten worden. Bis zum Ende des Zweiten Weltkrieges schlossen sich die ausschließlich männlichen Mitglieder deshalb der Liedertafel Dachau an. Am 25. November 1945 fand die Wiedergründung des Vereins im Gasthaus Kochwirt statt. Chordirektor wurde Alois Ritthaler, der Organist der Stadtpfarrkirche Sankt Jakob.[18] Im Amtsblatt für Stadt- und Landkreis Dachau erschien dazu am 5. Dezember 1945 in deutscher und englischer Sprache eine Mitteilung des Chores, in der dieser die Öffentlichkeit darauf aufmerksam machte, dass man sich ab jetzt vom ehemaligen Arbeiter-Gesangs-Verein abgrenzen und als Volkschor Dachau weiterbestehen wolle.[19] Auch die beiden Brauchtums- und Trachtenvereine D'Ampertaler und D'Schlossbergler, deren Mitglieder größtenteils bei der Wehrmacht gewesen waren, versuchten, ihre während des Krieges unterbrochenen Aktivitäten wieder aufleben zu lassen. Die Ampertaler trugen insofern zum Dachauer Musikleben bei, als dem Verein auch eine Volkstanzgruppe angegliedert war, die bei Veranstaltungen von Musikvereinen wie etwa dem Volkschor oder dem Zitherclub mitwirkte. Sie mussten sich allerdings zunächst »Kostümclub« nennen, da sich die Amerikaner unter einem Trachtenverein nichts vorstellen konnten.[20] Die Schlossbergler, zu deren Zielen es auch gehörte, alte Volkslieder und Tänze zu erhalten, versammelten sich bereits im Dezember 1945 zum ersten Mal wieder. Sie bekamen ebenfalls die erforderliche Genehmigung von der amerikanischen Militärregierung und veranstalteten 1946 einen ersten Heimatabend im Dachauer Schloss.

Auch im Internierungslager für ehemalige SS-Angehörige und Kriegsverbrecher, das die amerikanische Militärregierung nach der Befreiung des Konzentrationslagers auf dem Gelände eingerichtet hatte, gab es verschiedene kulturelle Aktivitäten. Im Juni 1945 eröffnete mit Erlaubnis und Unterstützung der amerikanischen Lagerleitung zunächst ein Theater, später gab es dann ein Internierten-Orchester und mehrere Chöre wie etwa den Bachchor. Es wurden auch Konzerte im früheren Häftlingsbad veranstaltet.[21] Der ehemalige KZ-Häftling Pater Roth, der die Seelsorge der einstigen SS-Leute übernahm, errichtete 1945 zusammen mit diesen als Wiedergutmachung die Barackenkirche Heilig Kreuz.[22] Dort spielte man zur Einweihung, die Kardinal Faulhaber vornahm, in Ermangelung einer Orgel auf dem Harmonium und hielt in der Folgezeit immer wieder Gottesdienste und Abendandachten ab, bei denen auch gemeinschaftlich gesungen wurde.[23] Schon im ehemaligen Konzentrationslager hatte es Häftlinge gegeben, die im Chor sangen oder auf Instrumenten spielten. Leider wurde die Musik dort vom Wachpersonal oft für Marschmusik bei Arbeitseinsätzen oder Musikbeschallung bei Appellen zweckentfremdet. Im Lager entstanden Werke wie etwa das »Dachau-Lied«, das Herbert Zipper 1938 komponierte, und das »Ostertrio« von Pater Gregor Schwake. Die Uraufführung dieser Phantasie für Streichinstrumente fand an Ostern 1945, kurz vor der Befreiung des KZ Dachau, statt. Es gab auch Musik über das Lager, so entstand 1945 unter dem Eindruck des Todesmarsches der Häftlinge eine Klaviersonate von Karl Amadeus Hartmann.[24] Dieser gründete im gleichen Jahr die »Musica Viva«, eine Münchner Konzertreihe für Neue Musik, die seit 1948 vom Bayerischen Rundfunk organisiert wird. Bis heute gehört diese Veranstaltung auch international zu den bedeutendsten der zeitgenössischen Musik. Zu erwähnen ist hier ebenfalls die Gründung des »Symphonie-Orchester-Graunke« in München, der späteren Münchner Symphoniker, bei dem auch vereinzelt Dachauer Musiker mitspielten, so etwa Stefan Schwarz, der spätere Chorleiter der Chorgemeinschaft Dachau.[25]

Die Entwicklung der örtlichen Musik in der Zeit von 1946–1947

Der Komponist A. P. Waldenmaier initiierte nicht nur die Dachauer Schloss-konzerte, er etablierte im Jahr 1946 auch regelmäßige Opern- und Operetten-aufführungen im Schloss. So findet sich im »Dachauer Anzeiger« vom 5. Januar 1946 die Ankündigung einer Aufführung der Märchenoper »Hänsel und Gretel«, bei der auch ein Kinderchor mitwirkte. Dazu wurde der Hinweis gegeben: »Vorverkauf im Theaterbüro im Landratsamt Zimmer 9 oder bei Lina Hölzl.«[26] Lina Hölzl, »ein zigarrerauchendes Dachauer Original« [27], hatte ein »Geschäft für Mode- und Putzwaren« neben der Pfarrkirche St. Jakob, dort, wo sich heute das städtische Kulturamt befindet. [28] Ihr wird von einigen Dachauern Bürgern ein nie bewiesenes Verhältnis mit Stadtpfarrer Pfanzelt nachgesagt. In der gleichen Ausgabe des »Dachauer Anzeiger« gab es verschiedene Veranstaltungshinweise, etwa auf das Konzert »Aus heiteren Opern« am 27. Januar 1946 mit Waldenmaier am Flügel, auf Tanzabende im Schlosstheater Dachau, Kabarett im Saal der Gaststätte Hörhammer und Tanz im Café Ludwig Thoma: »Täglich abend Tanz. Es spielt die Kap[elle] Erich Seidl«.[29]

Das Café Ludwig Thoma in der Münchner Straße war vor allem bei der Dachauer Jugend sehr beliebt. Musikkapellen spielten dort konventionelle Tanzmusik, und seit das Café ein amerikanischer Club geworden war, auch Jazz, Swing, Blues und Dixieland. Für Leonore Kiener waren im Café Thoma »die fortschrittlichsten Musiker Dachaus« zu hören.[30] Auch im Tanzlokal von Florian Kramer in der Altstadt spielten immer wieder Jazzkapellen, zu deren Rhythmen gerne getanzt wurde. Die Musik der amerikanischen Besatzungssoldaten kam bei den jungen Leuten sehr gut an, nach dem militärisch durchorganisiertem Leben in der NS-Zeit bedeutete sie Freiheit und Lebensfreude. Außerdem hatten die Menschen aufgrund der Verbote und der Abschottung gegenüber ausländischen Einflüssen in der NS-Zeit einen großen Nachholbedarf an verpassten Bewegungen. Jazzmusik war bei den Nationalsozialisten besonders verpönt gewesen. Man bezeichnete sie als »Negermusik«, da sie ursprünglich aus dem Blues der Schwarzen entstanden war. Jetzt konnte die Dachauer Jugend endlich begeistert die »neumodische Musik« hören, beispielsweise am Radioapparat den Soldatensender AFN.[31] Die Bevölkerung verband diese Art der Musik auch vielfach mit den Werten der amerikanischen Befreier, dadurch entstand eine positive Verbindung zwischen den Kulturen. Allerdings waren nicht alle dem Jazz gegenüber aufgeschlossen, die Prägung durch die Ideologie und das festgefügte Weltbild der NS-Zeit ließen sich nicht so einfach mit dem Kriegsende abstreifen.

Für die Menschen im Nachkriegsdeutschland und auch in Dachau war das Radio sehr wichtig, oft hörte man die Sendungen im Kreis der Familie. Nicht alle konnten es sich leisten, öffentliche Musikveranstaltungen zu besuchen. Der Sender »Radio München«, von der US-amerikanischen Besatzungsmacht gegründet, startete im Mai 1945 mit seiner ersten Übertragung. Im Januar 1949 wurde er in deutsche Hände übergeben und als »Bayerischer Rundfunk« eine Anstalt des öffentlichen Rechts. Im gleichen Jahr sendete man das Programm erstmals über UKW, 1950 fand die Gründung der ARD in München statt. Im Rundfunk wurden zahlreiche Musiksendungen ausgestrahlt, die sowohl klassische Musik, als auch Volks- und Unterhaltungsmusik zum Thema hatten. Vorher hatten die nationalsozialistischen Machthaber den Rundfunk ganz unter staatliche Kontrolle gestellt und für ihre Propagandazwecke eingesetzt. Durch die Verbreitung des »Volksempfängers« wurde das Radio zum Massenmedium. In der Nachkriegszeit galt endlich die freie Auswahl aller, auch ausländischer, Sender. Die Rundfunkanstalten engagierten sich nun vor allem auch als Förderer von Literatur und klassischer Musik.[32] Besonders beliebt war bei vielen Hörern, auch in Dachau, die ab November 1946 von »Radio München« jeden Mittwoch ausgestrahlte Sendung »Wunschkonzert«, ab 1947 mit Moderator Fred Rauch. Dort wurden die unterschiedlichsten Musikwünsche erfüllt, ein breites Spektrum, das von Opernmusik bis zu Titeln aus der Hitparade reichte, für jedes Alter und für jeden Geschmack war etwas dabei. In den schweren Nachkriegsjahren konnte man so die Sorgen und Nöte des Alltags für einige Stunden vergessen. Der junge Vermessungsbeamte Michael Kiener, der damals noch nicht in Dachau wohnte, hier aber seine spätere Ehefrau kennenlernte, denkt heute noch gerne an diese Zeit zurück: Er und seine Dachauer Bekannte machten aus, sich jeweils am Mittwochabend, jeder bei sich zuhause, das »Wunschkonzert« im Radio anzuhören und sich beim nächsten Treffen dann darüber auszutauschen. Moderator Fred Rauch, der die Sendung immer mit kleinen Geschichten, Witzen und Anekdoten auflockerte, hatte es Michael Kiener dabei besonders angetan.[33]

Die Deutschen hatten viel aufzuholen, von der internationalen Entwicklung der Musik und Literatur waren sie lange abgeschnitten gewesen, viele Künstler hatten dem Verbot ihrer Tätigkeit die Flucht ins Exil vorgezogen. Zu den Schattenseiten des nationalsozialistischen Regimes hatte es gehört, etwas so Selbstverständliches und ursprünglich Menschliches wie die Musik ideologisch zu instrumentalisieren. Mit dem Neuanfang nach dem Krieg gestaltete sich das Musikleben wieder vielschichtiger, Künstler, die während des Dritten Reiches verfemt waren, wurden wieder gespielt. Als Beispiele sind hier Felix Mendelssohn-Bartholdy, Gustav Mahler, Paul Hindemith, Arnold Schönberg und Igor Strawinsky zu nennen.

In Dachau erfreuten sich die Veranstaltungen im Schloss nach wie vor großer Beliebtheit. Im August 1946 gründete der ehemalige KZ-Häftling Hellmut Breiding das »Kleine Theater Dachau«. Im Programmheft für eine Aufführung des musikalischen Lustspiels »Das Bezaubernde Fräulein« des Komponisten Ralf Benatzky schreibt Breiding im Geleitwort: »Mitten hinein in eine Welt der politischen und wirtschaftl[ichen] Unsicherheit [...] habe ich mich entschlossen, das KLEINE THEATER DACHAU zu stellen.« Er bedankt sich bei Landrat Junker, den Bürgermeistern Deichl und Böck, sowie dem Kulturreferenten Ludwig Ernst für deren Unterstützung. Aus den Werbeanzeigen im Heft kann man ersehen, dass das Schloss-Café damals bereits existierte, und dass die Requisiten für das Theaterstück aus dem Kaufhaus Lina Hölzl und der Schneiderei Bardtke & Scherer stammten.[34] Am 10. März 1946 fand im Schlosssaal eine »Gedächtnisfeier für die Opfer des Faschismus« statt, bei der das Schlossorchester mit Dirigent Waldenmaier und der Volkschor Dachau unter der Leitung von Xaver Winter spielten und sangen. Der Eintritt betrug drei Reichsmark[35] es war noch vor der Währungsreform. In der Stadtpfarrkirche Sankt Jakob wurde am 8. Dezember 1946 »nachm[ittags] ½3 Uhr« eine »kirchenmusikalische Weihestun-

Kirchenmusikalische Weihestunde in St. Jakob (Stadtarchiv Dachau)

de« abgehalten. Mitwirkende waren der »Städtische Volkschor Dachau«, der Kirchenchor St. Jakob, Mitglieder des Bayerischen Staatsorchesters und Solisten wie beispielsweise der Bass Ernst Ade. Die Leitung hatte Chordirektor A. Ritthaler. Zur Aufführung kam das Oratorium »Christus am Ölberg« von Ludwig van Beethoven.[36]

Neben dem Volkschor nahm auch die Liedertafel Dachau, die schon seit 1879 existierte, ihre Vereinstätigkeit wieder auf. Diesem Chor hatten schon viele bekannte Persönlichkeiten wie etwa Hermann Stockmann, August Pfaltz, Ludwig Thoma, Walter von Ruckteschell und Dr. Josef Schwalber angehört. Im Dritten Reich hatte der Chor Schwierigkeiten, seine Unabhängigkeit zu bewahren. Man akzeptierte damals zwar die Umbenennung des Vereinsvorstandes in »Vereinsführer«, konnte sich aber glücklicherweise der Umbildung in eine nationalsozialistische Singgemeinschaft mit einer Mitgliedschaft im KdF-Ring entziehen. Die politische Organisation »Kraft durch Freude« hatte während der NS-Zeit die Aufgabe, die Freizeit der Bevölkerung zu überwachen und gleichzuschalten. Nach Kriegsende bekam der Verein zunächst keine Genehmigung von der amerikanischen Militärregierung und schloss sich deshalb 1946 mit dem wieder gegründeten Volkschor zusammen.[37]

Im amerikanischen Internierungslager für ehemalige NS-Angehörige wurde nach der Errichtung der Lagerkirche nun auch eine Orgel installiert, die sogenannte »Blechbüchsenorgel« des im Lager inhaftierten Orgelbauers Paul Spranger.[38] Schon 1945 hatte Spranger mit der Anfertigung von Orgelpfeifen aus ausgewalzten Konservendosen, Benzinkanistern und von den Amerikanern zur Verfügung gestelltem Zinkblech begonnen. Im Oktober 1946 war die Orgel fertiggestellt und erklang erstmals bei einer Abendandacht in der Kirche.

Im August 1946 fand zum ersten Mal nach dem Krieg wieder das Dachauer Volksfest auf der Thomawiese statt. Im Festzelt gab es natürlich auch Musik, oftmals spielte dort die Blaskapelle von Leo Flierl, der früher den SA-Musikzug geleitet hatte. Die Schausteller versuchten mit Sprüchen wie »Schlager aus den USA« die Besucher zu ihren Fahrgeschäften zu locken.[39] Auch Franz Eder, ein bekannter Dachauer Experte für Brauchtum und Tracht, war von der Musik begeistert, die von den »Befreiern« aus Amerika mitgebracht worden war: »Der Blacksmith Blues war damals richtig toll, den haben wir sogar auf dem Volksfest gehört«, berichtet er in einem Gespräch mit dem Münchner Merkur.[40]

Außer dem Rundfunk waren auch Schallplatten ein wichtiges Medium zur Verbreitung von Musik. Die Schallplattenfabriken nahmen, soweit unzerstört geblieben, ihre Arbeit kurz nach dem Krieg wieder auf. Es waren zu dieser Zeit vor allem Schellack-Platten, die den Bedarf an Musik deckten, ab 1948 wurden sie dann zunehmend durch Vinyl-Platten ersetzt. Man hörte Klassische Musik, Swing, Jazz und Schlager, beliebt waren damals zum Beispiel Benni Goodman, Bill Ramsey, Bing Crosby, Glenn Miller, Frank Sinatra, Margot Hielscher, Theo Lingen, Hildegard Knef, Edith Piaf, Marlene Dietrich, die Comedian Harmonists, Rudi Schuricke, Fred Bertelmann, Rudolf Schock und Anneliese Rothenberger. Auch die Jukeboxen waren wichtige Tonträger, sie standen oft in Eisdielen, in denen sich die jungen Leute gerne trafen.[41]

Im Jahr 1946 gab es auch zum ersten Mal wieder freie Wahlen in Dachau, am 27. Januar für den Stadtrat, der dann am 1. Februar Dr. Josef Schwalber zum 1. Bürgermeister und Ludwig Ernst zu seinem Stellvertreter wählte. Maria Stangl war damals Wahlhelferin im Wahllokal in der Gaststätte »Amperlust«. Außerdem schneiderte sie 1947 für Heinrich Junker als Gesellenstück dessen Anzug für seine Amtseinführung als Landrat.[42] Erwähnt werden soll hier wegen der Bedeutung auch für das Musikleben noch die Verabschiedung der Bayerischen Verfassung am 8. Dezember 1946. Darin ist ausdrücklich festgeschrieben, dass Bayern ein Kulturstaat ist, was bedeutet, dass Kunst und Wissenschaft, kulturelle Einrichtungen und Künstler vom Staat besonders gefördert werden.

DAS STÄDTISCHE MUSIKLEBEN 1948 BIS ZU BEGINN DER 1950ER JAHRE
MUSIKALISCHE AKTIVITÄTEN 1948/49

Nachdem 1948 die freigewordenen Baracken des Internierungslagers umgebaut worden waren, konnten die zahlreichen Flüchtlinge und Heimatvertriebenen, die sich bis dahin in Durchgangslagern befunden hatten, dort einziehen. Im Wohnlager Dachau Ost entwickelte sich bald ein reges musikalisches Leben, das sich sehr vielfältig gestaltete, da die verschiedenen Landsmannschaften die Traditionen und Bräuche ihrer Herkunftsgebiete fortführten.[43]

Es wurde auch eine zweite Barackenkirche errichtet, die unter der Verwaltung der Pfarrei St. Jakob stand. Seit 1949 gab es einen Frauenchor, den der Komponist und Dirigent Hans Albert Mattausch leitete, sowie den Kirchenchor der ehemals bei den Regensburger Domspatzen tätigen Musiklehrerin und Pianistin Gunda Heigl, in dem ausdrücklich keine Nichtgläubigen zugelassen waren.[44] Mattausch gründete im Jahr 1949 außerdem die »Kulturgemeinschaft Dachau Ost« mit einem eigenen Chor, die zusammen mit der »Orchestervereinigung des Turn- und Sportvereins Dachau 1865 e.V.« zahlreiche Veranstaltungen auf die Beine stellte. Auf dem Programmblatt für ein Konzert am 8. Oktober 1949 wird ein Musikabend »Klingendes, singendes Wien« mit der Sopranistin Anna Auer im Dachauer Schloss beschrieben. Auch Kompositionen von Mattausch selbst, der das Konzert leitete, wurden bei dieser Gelegenheit aufgeführt.[45] Interessant ist in diesem Zusammenhang ein Schreiben der GEMA wegen »volkstümliches Konzert im Schloss«, in dem das Ausfüllen eines Formulars mit der Musikfolge des Konzertes verlangt wurde.[46] An der Antwort des damaligen Stadtrats und Kulturreferenten Ludwig Ernst vom 16. November 1949 kann man erkennen, dass es schon damals Ärger mit dieser Institution gab. Ernst teilt mit, dass ihm nicht mehr alle Stücke des Konzertes bekannt seien »[...] außerdem gelangten 4 Kompositionen zur Uraufführung. Vielleicht lassen Sie sich von Ihrem Spitzel näher darüber unterrichten [...]«[47] Ebenfalls 1949, am 30. Oktober wurde der Verein »Freunde der Musik und Literatur« aufgebaut, den Frau Gunda Heigl-Winter leitete.[48] Frau Heigl, die auch privaten Klavierunterricht erteilte, hatte später noch einen Kinderchor in der kleinen Filialkirche St. Johann, die bis 1959 zur Pfarrei St. Jakob gehörte. Neben ihrem Wohnhaus in der Gröbenrieder Straße wohnte übrigens der Geiger, Komponist und Musikpädagoge Anton Goldhofer, der als Berufsmusiker im Bayerischen Staatsorchester spielte und Lehrer am Ignaz-Taschner-Gymnasium war. Dieser komponierte insbesondere Stücke für Kirchenmusik, so die »Missa brevis in C-Dur«, die bis heute immer wieder in St. Jakob aufgeführt wird.

Die Stadtpfarrkirche St. Jakob war nach wie vor das Zentrum der Kirchenmusik in Dachau und zählte schon immer zu den bedeutenden Kulturträgern am Ort. Organisten, Chöre, Instrumentalmusik und Notendrucke waren ebenso von Bedeutung wie Orgelbau, Glockengießer und Kirchenmalerei. Außerdem gab es in der Kirche immer schon Gelegenheit zum Singen auch für musikalische Laien. Der Kirchenchor von St. Jakob gestaltet bis heute Gottesdienste und Veranstaltungen in der Pfarrkirche. Zudem bereicherten zahlreiche Feste und Bräuche, die mit Musik und Gesang verbunden waren, das Kirchenjahr.[49] Als Beispiele sind zu nennen: Ostern, Maiandachten, Pfingsten, Fronleichnams-Prozessionen, Kirchweih, Martinsfeste mit Laternenumzügen, Weihnachten und der Brauch des Sternsingens. Auch weltliche Feste wie Maitanz und Sonnwendfeier waren wichtige Traditionen im Jahreslauf. Maria Stangl, die Mitglied bei der katholischen Jugend und im Kirchenchor war, erinnert sich gerne an den Maitanz und die Johannifeiern zur Sonnenwende, die von der katholischen Jugend am Petersberg veranstaltet wurden, sowie an das Tanzen im Fasching.[50] Oft fanden zudem Tanzveranstaltungen im Saal des Birgmannbräu statt.

Auch Hausmusik spielte damals eine wichtige Rolle, in vielen Familien wurde regelmäßig Musik gemacht und gesungen. Man spielte vor allem auf Klavier, Zither, Gitarre, Blockflöte oder Ziehharmonika und sang Volkslieder und Lieder an Weihnachten. Außerhalb des häuslichen Umfeldes war der unbeschwerte Umgang mit dem deutschen Volkslied, das seinen Ursprung in altgermanischen Gesangsüberlieferungen und dem mittelalterlichen Minnesang hatte, allerdings oft schwierig. Die Nationalsozialisten hatten die Volkslieder ideologisch instrumentalisiert, und die seit der Romantik aufgekommenen Singbewegungen zu nationalsozialistischen Organisationen gleichgeschaltet. Nach 1945 gab es deshalb einerseits eine Bevorzugung ausländischer Volkslieder, andererseits eine Rückbesinnung auf die Liedtradition vor 1933. Leonore Kiener wollte schon immer gerne Klavierspielen lernen, das war aber zur damaligen Zeit eigentlich nur für »höhere Töchtern aus besseren Bürgerfamilien« üblich. Als sie nach München ins Internat ging, wurde deshalb sofort die Gelegenheit genutzt und Klavierunterricht genommen. Diesen führte sie später in Dachau beim Musiklehrer Hablitzl, dem Leiter des Kirchenchors, weiter. Das Klavier, »es war ein typisches Schwarzmarktgerät«, wurde vom Vater, der Metzgermeister war, im Tausch gegen Fleisch und Wurst bei einem Münchner Künstler erworben.[51] Außer bei Herrn Hablitzl gab es in Dachau unter anderem noch Musikunterricht bei Frau Heigl, Alois Ritthaler, Peter Paul Winkler, Frau Balling, Frau Kallert und Herrn Berkau. An die Klavierstunden bei der Frau des Dachauer Malers Kallert denkt Max Baumüller nur ungern zurück: »Das war so eine strenge Frau, ein Ton daneben, wusch hats getan … die haben damals alle noch eine lockere Handschrift gehabt«. Glücklicherweise musste er nicht nur zum ungeliebten Klavierunterricht gehen, er

war, ebenso wie sein Vater, Mitglied beim Volkschor Dachau. Dieser sang alljährlich bei der Weihnachtsfeier im Wohnlager Dachau Ost. Das war aber erst
der Anfang von Baumüllers musikalischer Karriere. Außer auf dem Klavier,
brachte er sich das Spielen auf allen Instrumenten, die er in Zukunft beherrschen sollte, das waren Gitarre, Kontrabass, diatonisches Akkordeon, Zither
und Hackbrett, autodidaktisch bei. In der Nachkriegszeit spielte er zunächst
Unterhaltungsmusik auf Klavier und Akkordeon.[52]

Nach dem Inkrafttreten des Marshallplans und den Auswirkungen der Währungsreform 1948, hatten sich die Lebensbedingungen der Bevölkerung
inzwischen merklich verbessert. Die schlimme Zeit der Trümmerjahre war
vorbei, der Wiederaufbau in vollem Gange. Schon 1949 hatte Bayern den
durch den Krieg entstandenen Wirtschaftsrückstand aufgeholt und befand
sich im Wandel vom Agrar- zum Industriestaat. Das Leben normalisierte
sich immer mehr, die Menschen hatten endlich mehr Zeit für unbeschwerte
Vergnügungen wie Tanzen gehen, Musikveranstaltungen besuchen, Filme im
Kino ansehen, sich in Gaststätten oder Cafés zu treffen, Ausflüge und kleinere Reisen zu unternehmen. Hans Albert Mattausch hatte im Jahr 1949 noch
eine weitere musikalische Institution ins Leben gerufen, die »Kammeroper
Dachau«. Am Samstag, den 15. April 1950 fand ein »Großer Opern- und
Operettenabend« in der Ziegler-Veranda statt. Aus dem Bereich Oper gab es
etwa Ausschnitte aus »Tosca«, »Carmen« und »Troubadour«, aus der Operette
Szenen aus »Land des Lächelns« und »Paganini«.[53] Auch die »Kulturgemeinschaft Dachau Ost« und die »Orchestervereinigung TSV Dachau 1865 e.V.«
waren inzwischen wieder mit einem Musikabend in Erscheinung getreten.
Am 29. Januar 1950 wurde unter der Leitung von Mattausch das Chorwerk
»Der Rose Pilgerfahrt« von Robert Schumann mit einem »Frauenchor, Soli,
Rezitation und Klavier« in der Ziegler-Veranda aufgeführt.[54] Außerdem gab
der Verein »Freunde der Musik und Literatur« von Gunda Heigl am 10. Dezember 1950 im Kraisy-Saal Dachau sein 3. Konzert.[55]

Auch der »Zitherclub Dachau«, bereits im Jahr 1890 gegründet, begann sich
wieder im Dachauer Vereinsleben zu etablieren. Ursprünglich war die Zither
ein alpenländisches Volksmusikinstrument, sie hielt allerdings gegen Ende
des 19. Jahrhunderts Einzug in höfische Kreise und angesehene Bürgerfamilien. Noch der Mutter von Leonore Kiener wurde es in den Zwanzigerjahren
verwehrt, Mitglied im Zitherclub zu werden, da sie aus einem Arbeiterhaus-

halt stammte.[56] Im Mai 1949 begann man unter einem provisorischen Vereinsausschuss mit Ludwig Posch und dem Dirigenten Hans Götz wieder regelmäßig im Vereinslokal Kochwirt zu proben. Schon am 22. und 23. Oktober 1949 wirkte der Zitherclub bei den Heimatabenden des Volkschores mit. Das erste öffentliche Konzert nach dem Krieg fand dann am 29. April 1950 im Saal der Gaststätte Hörhammer statt. Das Programm beinhaltete die traditionelle Salonmusik mit Märschen, Walzern, Charakterstücken und Schrammelquartetten.[57] Mit dieser Veranstaltung konnte der Zitherclub schnell wieder an seine alte Beliebtheit in Dachau anknüpfen.

Probe des Zitherclubs 1949 im Vereinslokal Kochwirt (Stadtarchiv Dachau)

Musik in der Stadt Dachau zu Beginn der 1950er Jahre

Auch der Bayerische Rundfunk wurde, wie schon vor Hitlers Machtergreifung, erneut auf den Zitherclub aufmerksam. In einem Artikel in den »Dachauer Nachrichten« vom 21. September 1950 mit der Überschrift »Zitherclub unter der Lupe«, wurde über den Besuch eines Experten des bayerischen Fachverbandes für Volksmusik und eines Zithervirtuosen vom Rundfunk beim Verein informiert. Diese sollten überprüfen, ob der Zitherclub »[...] den hohen Anforderungen, die bei Bandaufnahmen gestellt werden müssen [...]« entspricht.[58] Es blieb allerdings nicht bei der Darbietung der herkömmlichen Musikstücke, vielmehr machte sich der Zitherclub in den folgenden Jahren besonders verdient um die Wiederbelebung und Pflege von Volksmusik und Brauchtum nach alpenländischem Vorbild. Den Anstoß gaben der Musikant und Volksliedsammler Kiem Pauli, der ein Freund von Ludwig Thoma war, der Direktor der Dachauer Berufsschule Heinrich Neumaier und der Studienrat Walter Habersetzer.

Zunächst wurde das traditionelle Dachauer »Hutsingen«, das während der NS-Herrschaft abgelehnt worden war, da die Sänger auch zeitkritische Inhalte zum Besten gegeben hatten, wieder eingeführt. Das erste Hutsingen nach dem Krieg fand am 3. Dezember 1950 unter der Schirmherrschaft von Landrat Heinrich Junker im Hörhammer-Saal statt. Der Tag begann zunächst mit einer Veranstaltung des Zitherclubs in der Pfarrkirche St. Jakob, bei der die »Bauernmesse« von Anette Thoma mit den Riederinger Sängern aufgeführt wurde. Am Nachmittag folgten Hutsingen und alpenländisches Singen, unter Anwesenheit des Landrats und des Dachauer Resident Officer Mr. Frankl, bei dem die Blaskapelle Leo Flierl und der Zitherclub aufspielten.[59] Auch einige bekannte Persönlichkeiten wie Prinz Albrecht von Bayern, der Fürst von Donnersmarck und sein Bruder Graf Kraft Henkel von Donnersmarck waren zu Gast. Es traten außerdem ein »Dirndlgesang von den Dachauer Naturfreunden« die Trachtenvereine »D'Ampertaler« und »D' Schlossbergler«, sowie ein unbekannter Sänger auf, der das »Kneißl Lied« sang. Unentbehrliche Requisiten wie schwarze Amtsroben mit weißen Halskrausen für die »Ratsherren« wurden von Amtsrichter Bruckmayer zur Verfügung gestellt; Prälat Pfanzelt steuerte außerdem schwarze Tücher aus Kirchenbeständen bei. Die Liedtexte wurden von Sekretärinnen der Berufsschule mitstenographiert, Lina Hölzl stiftete aus ihrem Laden einen Filzhut. Margarethe Kron, die Tochter von Bürgermeister und Druckereibesitzer Zauner, genannt »Zauner Maus«, übernahm die Werbung, das Dachauer Geschäft »Radio Richter« versuchte, die Veranstaltung auf Tonband aufzunehmen. Da damals kaum jemand ein Auto besaß, stellte Landrat Junker seinen Wagen für die Beförderung der Sänger zur Verfügung.[60] Das Hutsingen, das mit dem spätmittelalterlichen Meistergesang verwandt ist, und dessen Ablauf genauen Regeln untersteht, fand auch zukünftig große Resonanz bei der Bevölkerung.[61] Noch heute findet dieser Sängerwettstreit mit vierzeiligen Gstanzln in der Dachauer Gegend vereinzelt statt.

Im Bereich Kirchenmusik und Chorgesang begannen sich in der Stadtpfarrei

Sankt Jakob im Jahr 1950 ebenfalls neue musikalische Aktivitäten zu entwickeln. Es wurde eine Singgruppe gegründet, die spätere Chorgemeinschaft Dachau. Schon länger gab es die »Katholische Jugend«, die während der NS-Zeit von den Machthabern zwar geduldet, aber nicht gerne gesehen wurde, so wie die Katholische Kirche insgesamt unter der antiklerikalen Propaganda zu leiden hatte. Die Jugendlichen trafen sich deshalb mehr oder weniger heimlich in der Krypta der Kirche. Leonore Kiener erinnert sich daran, dass ihre Mutter Angst hatte, weil sie sich nicht davon abbringen ließ, der Pfarrjugend beizutreten, obwohl das angeblich »gefährlich« war, und dass der zuständige Kaplan Schels dazu riet, es »niemandem zu erzählen«.[62] Auch die zu St. Jakob gehörende Kolpingfamilie, ehemals entstanden als katholischer Gesellenverein, spielte nach dem Krieg im gesellschaftlichen Leben von Dachau eine wichtige Rolle. Als man nun 1950 auf Anregung des Jugendseelsorgers Kaplan Josef Kölbl Sänger für eine Singgruppe suchte, wurde diese aus Mitgliedern von Katholischer Jugend und Kolpingverein unter der Leitung von Kaplan Paul Fischer, der »eine wunderbare Bass Stimme« besaß, gebildet. Im Januar 1951 begann der Singkreis, zu dem damals Leonore Schleich, Erwin Deffner, Traudl Auer, Rudolf Meister, Maria Stangl und drei weitere junge Leute gehörten, im Pfarrhof mit den Proben.[63] Es wurden zunächst »Liedblätter aus dem Bärenreiterverlag« verwendet. Im Lauf des Jahres stieg die Zahl der Mitglieder bereits auf 35, deshalb wurde für die »Singstunden«, die jeden Freitag stattfanden, ein größerer Probenraum mit Klavier benötigt, den die »Armen Schulschwestern« in der Klosterschule zur Verfügung stellten.

Aus der Chorchronik ist zu entnehmen, dass die ersten öffentlichen Auftritte der Singgemeinschaft, die zweimalige Aufführung des Weihnachtsspiels der Kolpingfamilie im Saal des Dachauer Schlosses im Jahr 1951 »ein großer ideeller Erfolg trotz des finanziellen Misserfolges« waren. Der Komponist dieses Singspiels »Von der Heiligen Nacht«, der spätere Begründer der Knabenkapelle Dachau, Peter Paul Winkler, studierte den Chor ein: »Es war keine leichte Aufgabe, zumal die Musik von P. P. Winkler einen auch für geschulte Chöre großen Schwierigkeitsgrad aufwies«, schreibt die Chronistin Traudl Deffner. Die nächste Herausforderung für den Chor, der seine Proben inzwischen im »Veteranenstüberl« des Birgmannbräu abhielt, war die Vorbereitung für eine Teilnahme am Landesjugendsingen des Bayerischen Jugendringes.[64] Zuvor errang die Singgemeinschaft noch den ersten Platz beim Sängerwettstreit des Kreisjugendringes in Vierkirchen, wo sie 10,- DM für die Beschaffung von Noten gewann. Beim Ausscheidungssingen im Saal des Ratshauses

Die Singgemeinschaft 1951 bei einem Auftritt (Chronik Chorgemeinschaft Dachau)

von Wasserburg wurde die Dachauer Singgruppe dann immerhin der viert-
beste Jugendchor Oberbayerns.[65]

Auch im überfüllten Wohnlager Dachau Ost, das inzwischen durch den Bau
von Häusern in der neu als Bauland ausgewiesenen Friedlandsiedlung allmählich entlastet wurde, entstand ein gemischter Chor für die Kinder der
Vertriebenen. Außerdem gab es einen »Spielmannszug mit 17 Buben«. Der
Musiklehrer, Kapellmeister und Komponist Peter Paul Winkler erteilte Musikunterricht[66], war ab 1952 Leiter der Dachauer Liedertafel und gründete 1953
die auch heute noch weit über ihren Heimatort hinaus bekannte »Knabenkapelle Dachau«. Winkler bewarb sich, ebenso wie Leo Flierl mit seiner Kapelle,
mehrmals um den Titel »Stadtkapelle«, beide waren mit ihrem Anliegen aber
nicht erfolgreich.

Der Volkschor Dachau, der 1950 sein 40-jähriges Gründungsfest feierte, gab
ein vielbeachtetes Konzert in der ASV-Halle. Auch der dem Verein zugehö-
rige Jugendchor unter Helmut Hofner, sowie die Theatergruppe trugen dazu
bei, die Bekanntheit des Chores beim Dachauer Publikum zu steigern. 1951
übernahm H. A. Mattausch die Leitung des Chores, der 1953 im Schlosssaal

das Oratorium »Lied von der Glocke« aufführte, und in den folgenden Jahren unter dem Dirigenten A.P. Waldenmaier durch einige große Konzerte mit Orchester zur Vielfalt des Dachauer Musiklebens beitrug.[67]

Auf den Programmen der Opernhäuser und Konzertsäle des Landes standen nach dem Krieg einerseits traditionelle und von der nationalsozialistischen Ideologie unbelastete Werke, andererseits Kompositionen der Moderne, von in der NS-Zeit verbotenen, als »entartet« bezeichneten, jüdischen und ausländischen Künstlern. Das Stück »Ein Überlebender aus Warschau« von Arnold Schönberg thematisierte die musikalische Auseinandersetzung mit dem Holocaust. Die Dachauer Bürger nahmen durchaus ebenfalls Anteil an diesem Geschehen, da man sich in der Stadt immer schon am Kultur- und Musikleben des benachbarten München orientiert hatte. Die Nähe zur Großstadt brachte es mit sich, dass auch die Dachauer deren Veranstaltungen, Gerichtsbarkeit, Verwaltungseinrichtungen, Schulen, Universität und Gesundheitswesen nutzen konnten. Die Musikausübung am Ort stellte eine »interessante Mischung« sowohl aus modernen und städtischen Elementen, als auch aus überlieferten ländlichen Traditionen dar.[68] Gerne nahm die Dachauer Bevölkerung die Gelegenheit wahr, Musikveranstaltungen in München zu besuchen, da es dort eine größere Auswahl gab als in der Kleinstadt, und die teilweise im Krieg zerstörten Münchner Konzertsäle zwischenzeitlich wieder bespielbar waren.

In der Unterhaltungsmusik gewannen die Schlager und ihre Stars, die die Stimmung einer heilen Welt verbreiteten und das Fernweh stillten, zu Beginn der 50er Jahre immer mehr an Bedeutung. Die Menschen, auch in Dachau, hörten auf Schallplatten und im Radio Seemannslieder von Freddie Quinn, italienische Schnulzen wie »Marina« oder »Santa Maria«, Countrymusik und deutsche Schlager wie »Capri Fischer«, »Pack die Badehose ein«, »Der Mann am Klavier« oder »So ein Tag, so wunderschön wie heute«. Auch der Kino-Besuch war in den 50er Jahren eine der beliebtesten Freizeitbeschäftigungen. Die speziell zu den Filmen komponierte Musik wurde dabei immer wichtiger.

Zum Dachauer Musikleben gehörten auch das Musikverlagswesen, die Gestaltung von Liederbüchern durch Künstler und der Verkauf von Musikalien. Die Dachauer Druck- und Verlagsanstalt »Bayerland« verlegte außer dem Anzeigenblatt »Amperbote« in ihrer Bavarica- Abteilung vereinzelt auch Musikbücher, in der angeschlossenen Buchhandlung wurden Noten, Musikzeit-schriften und Bücher verkauft. Auch Druckerei und Verlag Zauner brachten teilweise Bücher und Zeitschriften zum Thema Musik heraus. Der Dachauer Maler Tony Binder gestaltete Illustrationen für Notenhefte, so etwa für das im Schott-Verlag erschienene Liederbuch für Klavier »Deutsche Heimat, die schönsten Volks-, Wander- und Studentenlieder«, von dem es bis heute zahl-reiche Nachdrucke gibt.[69]

Die Liedertafel Dachau, deren Mitglieder sich direkt nach dem Krieg dem Volkschor angeschlossen hatten, versuchte im Juni 1951 unter dem Dirigen-ten Hans Haegler eine Wiederbelebung des Vereins. Das Repertoire wurde kontinuierlich erweitert und seit 1952 gab es auch einen Kammerchor, der anspruchsvolle Chorliteratur einstudierte. Ebenfalls im Jahr 1952 übernahm Chorleiter Peter Paul Winkler den reinen Männerchor, der sich erst unter der Leitung von Martin Gerer 1966 als Chor mit gemischter Besetzung etablier-te.[70] Das Programmblatt eines Festkonzertes der Liedertafel am 5. Juli 1954 verzeichnet verschiedene musikalische Darbietungen, so auch »Massenchöre bei [der] Stadtlinde«[71] am heutigen Widerstandsplatz.

Auch der Zitherclub hatte sich inzwischen wieder fest im Dachauer Mu-sikleben verankert. Seit 1951 war Heinrich Neumaier Dirigent, ihm lag vor allem die Pflege des alpenländischen Singens und Musizierens am Herzen, das er im Verein besonders förderte. Manchmal fanden die Proben im Haus der Bäckerei Bielmann satt, dort gab es dann für alle frische Brezen, was zur damaligen Zeit eine eher seltene Delikatesse war.[72] Das Jahr 1951 war für den Zitherclub sehr ereignisreich, er wirkte bei zahlreichen Veranstaltungen mit: Am 21. und 22. April 1951 bei den Heimatabenden des städtischen Volkscho-res, am 2. Juni beim großen Volksmusikabend in der ASV-Halle, am 22. Juni bei der Sonnwendfeier der Naturfreunde und am 21. November bei der Lud-wig-Thoma-Gedenkfeier im Hörhammersaal.[73] Zur Abrundung der Musik mit Saiteninstrumenten, das waren gewöhnlich Zither, Hackbrett, Gitarre, Kontrabass und Harfe, fehlte jetzt noch der Gesang. Deshalb bildeten die drei jungen Sänger Max Baumüller, Josef Vierthaler und Richard Lechner ein Gesangstrio, das Heinrich Neumaier bei einem ihrer Auftritte so begeister-te, dass er den dreistimmigen Gesang weiter fördern wollte. Es entstand der »Dachauer Dreigesang«, der mit seinen Darbietungen fortan die Konzerte des Zitherclubs und andere Veranstaltungen bereicherte. Max Baumüller erinnert sich gern an die Proben, die anfangs meist in der Wohnung von Neumaier stattfanden, der auch auf dem Klavier begleitete. Wenn wieder ein neues Lied einstudiert wurde, fuhr die Gruppe oftmals zum Kiem Pauli nach Wildbad Kreuth, sang ihm vor und holte sich Tipps. Baumüller war zudem Mitglied im Zitherclub und erlebte dort unmittelbar die Umstellung des musikalischen Programms auf das Spielen alpenländischer Volksmusik: »Neumaier wollte in Dachau die Volksmusik überhaupt erst mal einführen, es gab nämlich noch keine. Der Zitherclub hat damals keine Volksmusik gespielt, sondern Märsche und solche Sachen. Volksmusik war damals nicht üblich bei einem Zitherclub.« Anstelle von Josef Vierthaler wirkte später Alfred Guha beim Dachauer Dreigesang mit, der sich seit 1954 manchmal mit Heinrich Neumaier zum Viergesang erweiterte. Max Baumüller erzählte in diesem Zusammenhang auch von einem Geburtstagsständchen der Gesangsgruppe bei Stadtpfarrer Pfanzelt, der ein großer Anhänger des Dachauer Dreigesangs war und vom Besuch überrascht wurde. Der sonst so strenge Prälat war über die Darbietung vor seinem Amtszimmer im Pfarrhof so gerührt, dass ihm anschließend die Tränen in den Augen standen.[74]

Auch im Jahr 1952 erfreute der Zitherclub die Liebhaber der Volksmusik mit einigen Veranstaltungen. So gab es ein Faschingskränzchen im Vereinslokal Kochwirt, ein großes Zitherkonzert im Münchner Salvatorkeller, sowie im Dachauer Schlosssaal unter dem Motto »Es singt und klingt im Mai«, bei dem auch der Dachauer Dreigesang mitwirkte. Dirigent war Heinrich Neumaier, außerdem nahm der Bayerische Rundfunk das Konzert auf und sendete es später. Ebenfalls im Mai wurde in St. Jakob wieder die Bauermesse von Anette Thoma mit den Riederinger Sängern aufgeführt. Die dabei anwesende Komponistin, die sich besonders um die Pflege des geistlichen Volksliedes verdient gemacht hat, äußerte dazu in ihrem Buch »Das Volkslied in Altbayern und seine Sänger«: »Umso begrüßenswerter sind die Bemühungen, welche seit Kriegsende im Gange sind, um Dachau im Sinne seiner altbayerischen Wesensart wieder Klang und Namen zu verschaffen.«[75] Im Oktober fand eine »Wochenend-Singetagung« mit dem Thema Volksmusik und Brauchtum in der Ziegler-Villa statt, im Anschluss daran ein Heimatabend im Schloss mit Zitherclub und Dreigesang.[76]

Auch die Erneuerung der Dachauer Tracht zu einer leichteren und besser tragbaren Form war zu dieser Zeit ein Thema. Ludwig Thoma schrieb dazu bereits 1897: »Das Kleid des Weibes besteht in übereinandergelegten Säcken und lässt über die Schönheit der Körperbildung im Unklaren.«[77] Max Baumüller erzählt, dass er einmal einen damals nur schwer zu beschaffenden Trachtenstoff von Österreich aus über die Grenze nach Dachau schmuggelte. Daraus nähte dann seine Frau, die Schneiderin war, die beiden ersten Modelle der »erneuerten Dachauer Tracht«. Außerdem wurde 1952 das von Tobi Reiser entworfene Salzburger Hackbrett in Dachau eingeführt und Bestandteil der Volksmusikgruppen. Max Baumüller war einer der Ersten, der auf diesem Instrument spielte und es später auch, nachdem er sich die notwendigen Kenntnisse dazu autodidaktisch angeeignet hatte, selbst herstellte.[78]

Im Jahr 1952 tat sich auch im Bereich Kirchen- und Chormusik einiges. Auf Anraten des Kaplans Josef Kölbl von der Pfarrei St. Jakob übernahm Helmut Hofner, bis dahin zuständig für den Jugendchor des Volkschores, vom bisherigen Leiter Rudi Meister den Kirchenchor der Filialkirche Sankt Johannes. Anfangs probte der Chor im Gasthaus »Münchner Kindl«, dem jetzigen Hotel Central, später dann im neugebauten Jugendheim an der Gröbenrieder Straße. Bald kam dann auch ein kleines Orchester unter dem Dirigat von Paul Thalwitzer dazu. Der Chor, der später zur Pfarrei Mariä Himmelfahrt gehörte, sang 1954 bei der Grundsteinlegung für die neue Kirche in Dachau Süd, die 1956 eingeweiht und 1959 zur selbständigen Pfarrei erhoben wurde.[79]

Die inzwischen auf etwa 40 Mitglieder angewachsene Singgemeinschaft von St. Jakob unter der Leitung von Kaplan Paul Fischer hatte 1952 ebenfalls ein ereignisreiches Jahr vor sich. Die Veranstaltungen, bei denen der Chor mitwirkte, waren das Stiftungsfest »90 Jahre Kolpingfamilie Dachau« und die zweimalige Aufführung des Weihnachtsoratoriums von Rheinberger im Kraisy-Saal. Zu den Gesangssolisten gehörten unter anderem Richard Huber, Marianne Forche und Anni Auer. Wie aus der Chorchronik zu erfahren ist, schlossen sich die Chormitglieder wenige Wochen danach im Jahr 1953 zu einem Verein unter dem Namen »Singgemeinschaft Kolpingfamilie – Katholische Jugend« mit dem ersten Vorsitzenden Erwin Deffner zusammen. Am Karfreitag 1954 führte die Singgemeinschaft mit dem Kinderchor der Klosterschule Dachau in St. Jakob die Passion von Friedrich Seitz auf. Die Stadtverwaltung stiftete zu diesem Zweck 75,– DM aus dem Kulturfonds. Weitere Höhepunkte des Jahres waren im September die Gestaltung einer Primizfeier im Münchner Liebfrauendom, die Teilnahme am Diözesantag der Katholischen Jugend im Dantestadion, sowie im Oktober die Mitwirkung bei der »Jahrhundertfeier des treuen Wirkens der Armen Schulschwestern in unserem Dachau« im Schloss-Saal. Die Chronistin schreibt dazu: »Der Saal war brechend voll und hohe Gäste gaben den Schwestern die Ehre. So Kultusminister Dr. Jos. Schwalber mit Frau Gemahlin, Landrat MdL Heinrich Junker, Bürgermeister Zauner […] Man kann wohl sagen, daß dieser Abend der Höhepunkt unserer bisherigen Chortätigkeit war.« Im Münchner Merkur war über den Chor zu lesen: »Ausgezeichnet wie immer war die Singgemeinschaft. Unter der unermüdlichen Arbeit von Kaplan Fischer ist hier ein Chor herangewachsen, der aus dem Dachauer Musikleben nicht mehr wegzudenken ist.« Über die Messe in der Münchner Frauenkirche schrieb der Merkur unter der Überschrift »Dachauer Jugendchor begeistert Münchner«: »Getragen von der Feierlichkeit der Stunde sangen die Dachauer wie die Engel«.[80]

Konzert der Singgemeinschaft 1954 im Dachauer Schloss
(Chronik Chorgemeinschaft Dachau)

Die Singgemeinschaft nahm in Zukunft regelmäßig an den Weihnachtsfeiern der Kolpingfamilie und den Faschingsfeiern im katholischen Jugendheim teil, gestaltete eigene »Weihnachtssingen« und sang Ständchen bei Hochzeiten.[81] Auch am Vortag der Hochzeit von Leonore Kiener, die Mitglied im Chor war, brachte die Singgemeinschaft im August 1954 dem jungen Paar auf der Straße vor deren Haus ein Ständchen, unter anderem das Lied »fein sein, beinander bleibn«, woran sich Frau Kiener noch heute gerne erinnert.[82] 1957 übernahm

Stefan Schwarz, ehemals Mitglied des Symphonie-Orchester-Graunke und Korrepetitor beim Bayerischen Rundfunkorchester[83], die Singgemeinschaft, die sich 1962 schließlich in »Chorgemeinschaft Dachau« umbenannte. Rudi Forche, Musikpädagoge und Sänger, der den Chor nach dem Ausscheiden von Stefan Schwarz 1978 eigentlich nur vorrübergehend übernehmen wollte, ist nunmehr seit 35 Jahren Leiter der Chorgemeinschaft.[84]

Es lässt sich feststellen, dass das Musikleben bei der Erforschung der Regionalgeschichte von Stadt und Landkreis Dachau in der Nachkriegszeit einen wichtigen Platz einnimmt. Die musikalischen Aktivitäten zahlreicher Personen, Gruppen, Vereine und Institutionen trugen entscheidend zum Neuanfang und gesellschaftlichen Wiederaufbau bei und unterstützten die Menschen bei der Rückkehr zur Normalität. Nach der Zäsur durch nationalsozialistische Diktatur und Krieg leistete die Musik einen wesentlichen Beitrag zur Verbesserung der Lebensbedingungen und war eine bedeutende Komponente im Gesellschaftsleben der Stadt. Vielen Menschen bot die eigene Musikausübung oder der Besuch von musikalischen Veranstaltungen eine erfreuliche Abwechslung, Trost und die Gelegenheit, den harten und entbehrungsreichen Alltag für einige Stunden zu vergessen. Das Musikleben spielte auch eine zentrale Rolle bei der Annäherung von Bevölkerung und amerikanischen Besatzern, der Versöhnung zwischen Tätern und Opfern, der Verständigung der Kulturen und der Integration der Flüchtlinge und Vertriebenen in der Stadt Dachau. Außerdem war das musikalische und kulturelle Leben in der Nachkriegszeit ein elementarer Baustein bei der Wiederherstellung der Bedeutung von Dachau als Künstlerort.

---

1 Gottwald, Adolf Karl: Er gründete eine Dachauer Opernbühne. Süddeutsche Zeitung/ Dachauer Neueste vom 29. September 1990

2 Zeitzeugenbericht Leonore Kiener vom 2. März 2011

3 Zeitzeugenbericht Gertraud Müller vom 4. August 2011

4 Zeitzeugenbericht Maria Stangl vom 3. Juni 2011

5 Leonore Kiener, wie Anm. 2

6 Zeitzeugenbericht Max Baumüller vom 5. Dezember 2012

7 Leonore Kiener, wie Anm. 2

8 Maria Stangl, wie Anm. 4

9 Gottwald, wie Anm. 1

10 Stunz, Reiner Holger, Rehabilitation durch kulturelle Leistungen und das Verwischen des traurigen Weltrufs. Theater und Musik in Dachau 1945–1950, S. 3ff.

11 Gottwald, wie Anm. 1

12 Stadtarchiv Dachau (StadtADAH), Programmheft Schlosskonzert vom 2. September 1945

13 StadtADAH, Programmheft Schlosskonzert vom 10. März 1946

14 Stunz, wie Anmerkung 10, S. 6ff.

15 Leonore Kiener, wie Anm. 2

16 Richardi, Hans-Günther, Dachauer Zeitgeschichtsführer, Hrsg. Stadt Dachau, Dachau 2001, S. 202

17 Hanke, Gerhard u. a.: Geschichte des Marktes und der Stadt Dachau. Kulturgeschichte des Dachauer Landes Bd. 3, Dachau 2000, S. 201

18 Volkschor Dachau: Chorgeschichte seit 1910. Dachau, 2011. Online im Internet unter: http://www.volkschor-dachau.de/index.php/de/der-chor/geschichte, abgerufen am 13. Dezember 2012

19 Amtsblatt für Stadt- und Landkreis Dachau vom 5. Dezember 1945

20 D'Ampertaler Dachau: So fing alles an. Eine kleine Zeitreise durch 100 Jahre Vereinsgeschichte. Dachau 2012. Online im Internet unter: http://www.ampertaler.de/3.html, abgerufen am 20. Januar 2013

21 Hammermann, Gabriele: Das Internierungslager Dachau 1945–1948. In: Dachauer Hefte 19. Zwischen Befreiung und Verdrängung, Dachau 2003, S. 67

22 Göttler, Norbert: Die katholische Kirche des Landkreises nach der Stunde Null. In: Göttler, Norbert, Nach der Stunde Null, München 2008, S. 317

23 Müller, Erwin, Reichelt, Hans Joachim: Nachkriegsgeschichte der evangelischen Kirchengemeinde in Stadt und Landkreis Dachau. In: Göttler, Nach der Stunde Null, S. 328

24 Focht, Josef, Nauderer Ursula K. (Hrsg.): Musik in Dachau, Ausstellungskatalog, Zweckverband Dachauer Galerien und Museen, Dachau 2002, S. 70

25 Herterich, Paul: Die Chorgemeinschaft war sein Leben. Münchner Merkur/Dachauer Nachrichten vom 3. Juli 1978

26 Dachauer Anzeiger vom 5. Januar 1946

27 Heres, Hedi: Die Anfänge der Volksmusikpflege im Dachauer Land. In: Focht/Nauderer, Musik in Dachau, S. 142, Dachau 2002

28 Richardi, wie Anm. 16, S. 208

29 Dachauer Anzeiger, wie Anm. 26

30 Leonore Kiener, wie Anm. 2

31 Dingemann, Rüdiger, Lüdde, Renate: 60 Jahre Deutschland – Musik – Schlager, Pop und Rock 1949–2009. München 2009, S. 9ff.

32 Gorse, Christiane, Schneider, Daniel: Geschichte des Radios. Planet Wissen. WDR, SWR, BR Alpha, Köln 2012. Online im Internet unter: http://www.planet-wissen.de/kultur_medien/radio, abgerufen am 23. Januar 2013

33 Zeitzeugenbericht Michael Kiener vom 1. Februar 2011

34 StadtADAH, Programmheft für »Bezauberndes Fräulein«, musikalisches Lustspiel, von 1946

35 StadtADAH, Programm für die Gedächtnisfeier für die Opfer des Faschismus, vom 10. März 1946

36 StadtADAH, Programm für die kirchenmusikalische Weihestunde in St. Jakob, vom 8. Dezember 1946

37 Lazik, Herbert: Liedertafel Dachau e. V. 1879–1979, Festschrift, Dachau 1979

38 Göttler, wie Anm. 22, S. 317

39 Dingemann, wie Anm. 30, S. 14

40 Er gab den Ampertalern ihr unverwechselbares Profil – Franz Josef Eder. Münchner Merkur/Dachauer Nachrichten vom 15. August 2008. Online im Internet unter: http:// www.merkur-online.de/lokales/landkreis-dachau/ampertalern-unverwechselbares-profil-293797.html, abgerufen am 14. Dezember 2012

41 Dingemann, wie Anm. 31, S. 9

42 Maria Stangl, wie Anm. 4

43 Es handelte sich um Personen aus Schlesien, Sudetenland, Ost-und Westpreußen, Pommern, Polen, Jugoslawien, Ungarn und Rumänien.

44 Richardi, Hans-Günther: Vom Lager zum Stadtteil. Die Entstehung von Dachau Ost. Dachauer Dokumente Bd. 7, Dachau 2006, S. 52

45 StadtADAH, Programmblatt des Musikabends der Kulturgemeinschaft Dachau Ost und der Orchestervereinigung des TSV Dachau 1865 vom 8. Oktober 1949

46 StadtADAH, Schreiben der GEMA vom 9. November 1949

47 StadtADAH, Antwortschreiben von Ludwig Ernst an die GEMA vom 16. November 1949

48 StadtADAH, Vereinsunterlagen des Vereins »Freunde der Musik und Literatur«, gegründet am 30. Oktober 1949

49 Focht, Josef: Die Kirchenmusik. In: Focht/Nauderer, Musik in Dachau, Dachau 2001, S. 15

50 Maria Stangl, wie Anm. 4

51 Leonore Kiener, wie Anm. 2

52 Max Baumüller, wie Anm. 6

53 StadtADAH, Programm des Opern- und Operettenabends der Kammeroper Dachau vom 15. April 1950

54 StadtADAH, Programm des Musikabends der Kulturgemeinschaft Dachau Ost vom 29. Januar 1950

55 StadtADAH, Programmheft zum 3.Konzert des Vereins »Freunde der Musik und Literatur« vom 10. Dezember 1950

56 Leonore Kiener, wie Anm. 2

57 Heres, Hedi, wie Anm. 27, S. 136 f.

58 Münchner Merkur/Dachauer Nachrichten vom 21. September 1950

59 Breckle, Wolfram, Müller, Horst, Heres, Hedi:»Gut Klang. 100 Jahre Zitherclub Dachau.« Dachauer Museumsschriften Band 14, Dachau 1986

60 Heres, Hedi, wie Anm. 27, S. 139 ff.

61 Posch, Ludwig: Achtzig Jahre Zitherclub Dachau. Festschrift, Hrsg. Zitherclub Dachau 1970. Darin wird auch der Ablauf eines Hutsingens genauer beschrieben

62 Leonore Kiener, wie Anm. 2

63 Ebd.

64 Chorgemeinschaft Dachau, Chorchronik Bd.1., Januar 1951–Dezember 1987. Überblick von Deffner, Traudl, Dachau 1954. Vorbereitet wurden folgende Stücke: »Echo« von Orlando di Lasso, »Komm zurück Herzallerliebste mein«, »Der Mond ist aufgegangen«

65 Ebd.

66 Nauderer, Ursula, K.: Die Anfänge der musikalischen Vereine in Dachau. In: Focht/Nauderer, Musik in Dachau, Dachau 2002, S.134

67 Volkschor Dachau: Chorgeschichte seit 1910. Dachau, 2011. Online im Internet unter: http://www.volkschor-dachau.de/index.php/de/der-chor/geschichte, abgerufen am 13. Dezember 2012

68 Scheck, Wolfi, Schusser, Ernst: Überlieferte Volksmusik aus Stadt und Landkreis Dachau. Dokumente aus 180 Jahren. Oberbayerische Kulturtage in Stadt und Landkreis Dachau 30. September–15. Oktober 1989. München 1989, S.4

69 Focht, Josef: Die bürgerliche Musikkultur. In: Focht/Nauderer, Musik in Dachau, Dachau 2002, S.62

70 Zellner Ingrid, Rückblick auf 125 Jahre Liedertafel Dachau. Festschrift Liedertafel Dachau 1879–2004, Dachau 2004

71 StadtADAH, Programmblatt zum Konzert der Liedertafel Dachau am 5. Juli 1954

72 Heres, wie Anmerkung 27, S.145

73 Posch, wie Anm.61

74 Max Baumüller, wie Anm.6

75 Posch, wie Anm.61

76 Heres, wie Anm.27, S.149f.

77 Böck, Robert: Dachauer Tracht. Kulturgeschichte des Dachauer Landes, Bd. 10, Dachau 1994, S.125

78 Max Baumüller, wie Anm.6

79 Hofner, Helmut: 50 Jahre Kirchenchor Maria Himmelfahrt. Pfarrbrief vom Advent 2001. Online im Internet unter: http://www.pv-dachau-st-jakob.de/images/content/mhimmelfahrt/kirchenmusik/ abgerufen am 11. Januar 2013

80 Chorgemeinschaft Dachau, wie Anm.64

81 Ebd.

82 Leonore Kiener, wie Anm.2

83 Herterich, wie Anm.25

84 Chorgemeinschaft Dachau, Chorchronik Bd.1., Januar 1951–Dezember 1987. Chronist: Kraut, Vitus

Kindheitserinnerungen an die Nachkriegsjahre in Grossberghofen

Blasius Thätter

Grossberghofen wird beschossen

Bis zur letzten Aprilwoche 1945 war das Leben im Dorf noch recht ruhig verlaufen. Auch wenn in Erdweg eine Gruppe von SS-Leuten in Stellung gegangen war, um beim Anrücken des Feindes einzugreifen, auch wenn eine ganze Kompanie deutscher Soldaten auf dem Rückzug in Großberghofen Quartier bezogen hatte und dadurch nahezu in jedem Haus Soldaten untergebracht waren, auch wenn in diesen Tagen schon ständig ferner Geschützdonner zu hören war, bis zum 25. April wurden immer noch wie seit einem Dreivierteljahr circa einhundertzwanzig Häftlinge mit Bussen aus dem Konzentrationslager Dachau zur Arbeit an die Baustelle am Vollerholz herausgefahren.

Am folgenden Tag, es war der Donnerstag, blieben die Häftlinge erstmals aus. Es kam eine eigenartige Stille über das Land, Angst und bange Erwartung ergriffen die Leute. Unsere Soldaten im Dorf packten ihre Sachen und ihr Gerät zusammen. Sie wollten weg; denn es sickerte die Nachricht durch, dass die feindliche Armee sich bereits auf dem Anmarsch nach Aichach befinde. Sie mussten aber noch bleiben. Die Straße nach München war voll. Tausende von deutschen Soldaten waren auf der Flucht vor dem übermächtigen Feind, um die nahe Landeshauptstadt zu erreichen. Dort sollte noch einmal eine neue Verteidigungslinie aufgebaut werden.

In diesen Plan waren die Sprengung der Brücken über die Glonn und die Verteidigung von Erdweg einbezogen, um die Feinde etwas aufzuhalten.

Es kam der Samstag. Ein trüber, nasskalter Tag. Als es hell wurde, sahen wir, dass die Soldaten immer noch zu Fuß, auf Lastwagen, mit Pferdegespannen und auch auf Fahrrädern den rettenden Weg Richtung Stadt suchten. Am Nachmittag verbreitete sich das Gerücht, dass die Amerikaner schon fast Kleinberghofen erreicht hätten.

Wir Kinder standen stundenlang am Zaun und sahen zu. Irgendwann froren wir und die Mutter holte uns ins Haus. Dort saßen wir in der Küche und löffelten eine warme Suppe. Während wir aßen, ertönte plötzlich ein lauter, berstender Knall. Alle liefen hinaus. Vor der Haustüre stand der Vater.

Er scheuchte uns sofort weg. »Schnell, schnell, in den Keller. Das Dorf wird beschossen. Es sind amerikanische Panzer, die hereinfeuern.«

Während er noch redete, ertönte die nächste Explosion. Und so ging es eine Zeit lang fort. Dann wurde es wieder ruhig. Der Vater lief ins Dorf, um zu schauen, ob Hilfe gebraucht werde. Bürgermeister Göttler sagte ihm, dass vor gut einer Stunde am Höhenrücken bei Hirtlbach feindliche Panzer aufgetaucht seien und von dort aus Großberghofen beschossen hätten. Sie hätten ungefähr dreißig Schüsse abgefeuert. Anschließend seien sie wieder verschwunden. Bis jetzt sei kein größerer Schaden bekannt. Allerdings sei der Kirchturm getroffen worden, er habe auf halber Höhe ein Loch. Wahrscheinlich hätten die Amerikaner geschossen, weil sie bemerkt hätten, dass das Dorf noch voller Soldaten sei. Er habe aber die Zusage des Kommandeurs, dass alles zum Abzug vorbereitet sei. Bis jetzt aber sei die Straße noch nicht frei.

Erst in den folgenden Tagen wurde bekannt, wo die Panzergranaten eingeschlagen hatten. Am Kirchturm war am Achteck auf der Seite zum Burgstaller ein Stück weggesprengt worden. Das Geschoss war abgeprallt und hatte im Langhaus die Decke durchschlagen. Beim Nachbarn Feicht war eine Granate direkt vor dem Wagenhaus explodiert. Die Splitter hatten aus dem Holztor ein Sieb gemacht und auch ein Heuwagen war zerstört worden.

Beim Mesneranwesen vorn an der Straße hatten mehrere Granaten eingeschlagen. Eine hatte Teile des Gartenzauns vernichtet und eine andere hatte vier Teile einer Esche, die kurz vorher umgesägt worden war, in kleine Stücke zersplittert.

Beim Haubn war ein Treffer in die Versenkung des Stadels gekracht, hatte auch die Vorderseite des Gebäudes durchschlagen und war dann in der Mauer des Eiskellers steckengeblieben.

Im Gasthaus Wagner hatte ein Schuss im ersten Stock drei aufeinander gestülpte Hüte durchlöchert und war dann in der Außenwand hängengeblieben.

Während der Beschießung war ein deutscher Militärlastwagen von Erdweg Richtung Großberghofen unterwegs. Oberhalb des Vollerholzes beim Feichtkreuz war dieser Wagen in Beschuss genommen worden. Er hatte angehalten, zwei Soldaten waren herausgesprungen und im Straßengraben in Deckung gegangen. Als das Schießen aufgehört hatte, hatten sie weitergewollt. Der Motor aber war nicht mehr in Gang zu bringen. Sie hatten aufgegeben und waren zu Fuß weitergelaufen. Der Lastwagen stand dort unten am Rande der Straße, bis ihn nach Kriegsende der Schneiderbauer auf seinen Hof schleppte.

Die Panzer hatten auch noch mehrere Schüsse auf das Gelände am Haumberg nordöstlich von Großberghofen gefeuert. Dort hatten etliche halbwüchsige Buben aus dem Dorf weggeworfene Patronen aufgesammelt, das Pulver herausgeholt und dann entzündet. Das Aufblitzen des Pulvers hatte die Panzerschützen veranlasst, den Haumberg unter Feuer zu nehmen. Auch dort ist niemand getroffen worden.

Als die Schießerei geendet hatte, richteten sich die Berghofer auf eine unruhige Nacht ein. Viele schliefen in den Kellern und erwarteten voller Sorge den kommenden Tag. In der Früh waren die deutschen Soldaten verschwunden. Auch sie hatten sich in der Nacht Richtung München abgesetzt.

Kriegsgefangene, Zwangsarbeiter und Plünderer

Der 29. April 1945 war ein sonniger Frühlingssonntag, an dem die amerikanische Armee auf der Landstraße durch Großberghofen gezogen war. Und am 8. Mai war in Reims die bedingungslose Kapitulation unterzeichnet worden. Das tausendjährige Reich war nach nur zwölf Jahren elend zugrunde gegangen. Es ging zwar ein Aufatmen durch das Land, aber der Tag des Kriegsendes war nur ein Datum. Viele neue Probleme entstanden, deren Bewältigung viele Monate und Jahre erforderte.

Mit ähnlichen Worten beginnt Simon Hutter, der Begründer des Dorfmuseums, seinen Bericht über das Ende des Krieges. Er war damals fast achtzig Jahre alt, hat aber die Ereignisse dieser Zeit aufmerksam verfolgt und auch Aufzeichnungen darüber gemacht. Teile daraus werde ich zur Ergänzung meiner eigenen Erinnerungen verwenden.

Da bereits am Tag vor dem Einmarsch das Dorf Großberghofen am späten Nachmittag von amerikanischen Panzern beschossen worden war, herrschte in der Nacht zum Sonntag überall große Sorge. Es war eine lange Nacht. Viele saßen in den Kellern und waren in ängstlicher Erwartung, was der nächste Tag bringen werde. Der Sonntagsgottesdienst in der Früh fiel aus. Die Menschen blieben in ihren Häusern.

Mitten am Vormittag rollten dann die Amerikaner an. Wagen an Wagen ohne Unterbrechung bis zum nächsten Vormittag. Nach anfänglicher Angst und Zurückhaltung waren die Leute aus dem Dorf an die Straße gekommen und hatten dem Durchzug zugeschaut. Als sie die Masse an Panzern, Kanonen und Lastwagen sahen, als ihnen lachende Soldaten Schokolade und Kaugummi zuwarfen, da spürten sie, dass wohl alles bald ein Ende haben werde. Mit Wehmut dachten sie an die ausgemergelten und erschöpften deutschen Soldaten in ihren abgetragenen Uniformen, die am Tage zuvor auf der gleichen Straße dahin getrottet waren.

Am Sonntagabend rief dann der Expositus Steigenberger doch noch zum Gottesdienst. In seiner Predigt dankte er Gott für den guten Ausgang dieser schweren Tage. Anschließend machte Bürgermeister Göttler einige Bekanntmachungen. Die Amerikaner hatten angeordnet, dass sich von sechs Uhr abends bis sieben Uhr in der Früh niemand außerhalb der Häuser aufhalten dürfe. Ebenso war es in der ersten Zeit streng verboten, das Dorf auch untertags zu verlassen.

Überall in den Wäldern hielten sich noch deutsche Soldaten versteckt, die versuchten, die Gefangenschaft zu umgehen und auf Schleichwegen die Heimat zu erreichen. In das Kötzerholz zwischen Arnbach und Großberghofen, hatte sich eine ganze Einheit zurückgezogen. Dabei war sie von den Amerikanern durch den schnellen Vormarsch überrollt worden. Die Sieger griffen den Wald nicht an, sie warteten einige Tage. Dann wurde verhandelt und schließlich marschierten die Deutschen in einem langen Zug, der von der Grotte bis zum Wirt reichte, zur Mühle nach Erdweg in die Gefangenschaft.

Wir Buben hatten in Erfahrung gebracht, dass in den Wäldern viel an Waffen und Munition herumlag. Deshalb wollten wir schon nach ein paar Tagen in das Westerholz bei Kappelhof hinüber. Als wir aus dem Dorf heraus waren und auf dem freien Feld dahinliefen, hielten an der Landstraße mehrere amerikanische Militärfahrzeuge an. Wir sahen deutlich, dass die Soldaten zu uns herüber deuteten und ihre Ferngläser auf uns gerichtet hatten. Schnell kehrten wir um und liefen ins Dorf zurück. Die Fahrzeuge fuhren weiter.

Für die Menschen in den einzelnen Orten waren die ersten Tage und Wochen nach Kriegsende schwierig. Durch Kriegseinwirkung war das Stromnetz an vielen Stellen beschädigt worden. Auch das Dorf Großberghofen hatte vierzehn Tage lang keinen elektrischen Strom. Die Häuser blieben ohne Beleuchtung und die Radiogeräte stumm. Bekanntmachungen und Nachrichten konnten nur mündlich weiter gegeben werden.

Damals war Großberghofen ein Dorf von Landwirten und jeder hatte Kühe und Kälber im Stall, dazu wurden Schweine gefüttert und Hühner gehalten. Die Brunnen aber gaben kein Wasser, weil die elektrischen Pumpen nicht liefen. Viele der Anwesen aber hatten noch einen Gumper, der auf die Brunnenabdeckung montiert war. Mit dieser Handpumpe konnte das Wasser aus der Tiefe nach oben gepumpt werden. Einige allerdings mussten das nötige Wasser für das Vieh aus den Weihern heranschaffen.

Ebenso konnte kein Gsott geschnitten werden, weil auch die Gsottmaschine ohne Strom nicht laufen konnte. Also musste das eingelagerte Heu verfüttert werden.

Noch im Winter 1946 war der Stromverbrauch rationiert. Da wurde die elektrische Kraft nur stundenweise abgegeben, um die Versorgung überhaupt sicherstellen zu können.

Nach Kriegsende waren die Kriegsgefangenen und die ausländischen Zwangsarbeiter alle noch im Dorf. Die Amerikaner gaben bekannt, dass sie frei seien und nicht mehr zu arbeiten brauchten, bis sie zum Transport in die Heimat aufgerufen würden.

Das traf die landwirtschaftlichen Anwesen hart, die Arbeit auf dem Feld und im Stall konnte fast nicht bewältigt werden. Denn es waren kaum Männer im Dorf. In dem langen Krieg waren alle Wehrfähigen eingezogen worden, sie waren gefallen, vermisst oder in Gefangenschaft geraten.

Während der Kriegsjahre waren auf den großen Höfen überall französische Kriegsgefangene beschäftigt gewesen. Wir Kinder kannten sie alle und wir kamen gut miteinander zurecht.

Damals war ich einmal beim Hacker über den Hof gelaufen, um den Weg zum Kramer abzukürzen. Da saß der Franzose Albert vor dem Rossstall auf der Sonnenbank und las einen Brief. Neben sich hatte er ein geöffnetes Paket liegen. Als er mich sah, langte er in die Schachtel und schenkte mir ein Stück Schokolade. Ich trug das Geschenk den ganzen Tag in der Hosentasche herum, weil es so wertvoll war.

Im September 1943 brannten beim Schneiderbauern der große Stadel und der Kuhstall ab. Es konnte nur mühsam gelöscht werden, weil das Wasser ausging. Da versuchten die drei französischen Kriegsgefangenen, die beim Schneiderbauern arbeiteten, unter Einsatz ihres Lebens das Vieh und die Maschinen zu retten.

Diese Fremdarbeiter waren bei uns von den Bauern wie Dienstboten behandelt worden. Jetzt nach Kriegsende zahlte sich aus, dass man gut mit ihnen umgegangen war. Einige von Ihnen gingen sogar weiterhin ihrer Arbeit nach. Zudem waren die Franzosen mit Gewehren bewaffnet, die deutsche Soldaten weggeworfen hatten. Sie ließen keine Übergriffe zu, sondern versuchten, die Dorfbewohner zu schützen. Als sie am 19. Mai von den Amerikanern abgeholt wurden, um in die Heimat zurückzukehren, lief das ganze Dorf zusammen. Es gab rührende Abschiedsszenen.

Auch beim Hutter waren seit Juli 1944 zwei Franzosen einquartiert. Beide arbeiteten bei den Bayrischen Motorenwerken. Als die Amerikaner immer näher rückten, vergruben sie einen vollen Koffer im Stroh des Stadels. Nachdem die gefährlichen Tage vorbei waren und die Franzosen sich zur Heimreise rüsteten, holten sie den Koffer aus dem Stroh und teilten den Inhalt mit dem Hutter.

In diesem Stadel war auch ein Auto versteckt, das dem Gastwirt Wagner gehörte. Die beiden Franzosen hatten schon lange befürchtet, dass mit dem Auto etwas passieren könne. Deshalb hatten sie den Anlasser ausgebaut. Aber schon am achten Mai kamen drei Amerikaner und wollten den Wagen. Der Motor sprang aber nicht an. Über zwei Stunden arbeiteten die Soldaten herum, dann lief der Motor und sie fuhren mit dem Auto davon.

Bei meinem Vater arbeiteten in den letzten Jahren des Krieges zwei polnische Zimmerer. Für Wasil und Dimitri war der Hühnerstall umgebaut und wohnlich gemacht worden. In den ersten Wochen nach Kriegsende wurde dieser Raum ein Treffpunkt für junge Polinnen und Polen, die in der Umgebung gearbeitet hatten.

Meine Schwester und ich waren oft bei ihnen, weil sie lustig waren und schöne Lieder gesungen haben. Manchmal lagen sie auf den Betten herum und hingen aneinander. Dann mussten wir Kinder verschwinden. Deshalb formte eines der Mädchen aus Zeitungspapier eine kleine, spitze Papiertüte und schüttete etwas Zucker hinein. Mit dem kostbaren Geschenk in den Händen gingen wir gern.

Nicht nur bei uns lebten zwei Polen. In allen Dörfern waren Russen, Ukrainer und Polen. Sie waren in einer schwierigen Situation. Eigentlich sollten sie in die Heimat zurück, hatten aber Angst vor denen, die jetzt dort das Sagen hatten. Deshalb zögerten sie. Sie wollten aber weg aus den Dörfern, wollten in die Stadt. Auch Wasil und Dimitri gingen nach München. Eines Tages kam Dimitri zurück und weinte. Sein Freund Wasil war von der amerikanischen Militärpolizei erschossen worden, als sie ihn beim Plündern erwischt hatten.

Als die Franzosen weg waren, nahmen die Überfälle in der ganzen Gegend zu. Personen, die mit dem Fahrrad unterwegs waren, wurden angehalten und die Fahrräder geraubt. Auch Autos wurden gestohlen und dann für die Fahrten zum Plündern und Stehlen benutzt. Vor allem einsam gelegene Höfe und Anwesen waren das Ziel von Übergriffen. Dabei gab es manchmal reiche Beute, weil auf dem Land viel Hausrat von Leuten aus der nahen Großstadt eingelagert war. Die Besitzer hatten ihr Eigentum vor der Zerstörung durch die Luftangriffe bewahren wollen.

Monate nach dem Kriegsende wurde ein Landwirt in Rienshofen überfallen. Der Bauer und seine Frau wurden schwer misshandelt, die Möbel in den Wohnräumen zertrümmert und alles, was Gefallen fand, einfach mitgenommen.

Die Überfallenen konnten sich nicht wehren; denn schon zwei Tage nach dem Einrücken der Amerikaner war der Befehl erlassen worden, dass die Deutschen alle vorhandenen Waffen abzuliefern hatten. Die folgende Zeit war schwierig. Es gab keine Verwaltung und keine Polizei. Der einzelne konnte sich kaum schützen. Erst als die Vorfälle immer häufiger wurden, griffen die Amerikaner ein.

Großberghofen selbst blieb weitgehend verschont. Einmal fuhren Russen mit Autos vor, um das Dorf auszurauben. Da waren aber gerade amerikanische Soldaten im Ort, die sie gefangen setzten und mitnahmen.

Das folgende Jahr 1946 brachte keine Erleichterungen. Der Krieg war zwar längst zu Ende, aber das Elend wurde fast noch größer. Das Geld hatte keinen Wert mehr und zudem mussten Millionen von Flüchtlingen und Vertriebenen aufgenommen werden. Erst als das neue Geld kam, wurde alles besser.

Simon Hutter stellt in seinen Aufzeichnungen deutlich heraus, wer an dieser einmaligen Katastrophe die Schuld trägt. Ein paar Sätze daraus machen deutlich, dass auch einfache Menschen in den Dörfern fähig waren, die Nationalsozialisten richtig einzuschätzen. Der alte Huttervater schreibt:

»Dieser große Nazi- und Parteischwindelkrieg, der die ganze Welt in den großen Strudel hineinriss, der auf den Kriegsschauplätzen und in den Konzentrationslagern sechszehn Millionen oder noch mehr Menschen das Leben kostete, ist vorüber.«

»Elend, Not und Verwüstung aller Art, alles was mit Hilfe dieser Teufel in Menschengestalt angerichtet wurde, hat sein Ende erreicht. Alle die mit Stimmzettel, Propaganda, Reden, in Versammlungen, am Biertisch, auch durch Geldspenden geholfen haben, sind an diesem großen Elende und Massenmord mitschuldig.«

AMERIKANER

Unser Wohnhaus in Großberghofen, das der Vater 1935 gebaut hatte, war ein Haus für eine Familie. Im Erdgeschoss befanden sich die Küche mit Speis, das Wohnzimmer, das Büro und ein Abort. Im Obergeschoss waren das Schlafzimmer der Eltern, zwei Kinderzimmer und das Bad untergebracht.

Während des Zweiten Weltkriegs war unser Handwerksbetrieb recht klein geworden. Aber die Arbeit war kriegswichtig. Der Vater übernahm viele Aufträge der Bayrischen Motorenwerke. Dabei lernte er im Laufe des Jahres 1942 den Ingenieur Hartmann kennen. Herr Hartmann war um die vierzig Jahre alt und hatte im Maschinenbau einen guten Namen. Auch die Frauen mochten ihn, wie ich aus Bemerkungen meines Vaters mithören konnte. Als wir ihn kennen lernten, hatte er gerade das dritte Mal geheiratet. Seine Frau war neunzehn Jahre alt, von zarter Gestalt und bemerkenswert schön. Sie war in Salem am Bodensee zur Welt gekommen.

Diese Frau hatte ein unschönes Erlebnis hinter sich. Sie war ohne ihren Mann im Keller gesessen, als die Amerikaner das Haus zerbombten. Mit zitternden Knien war sie unter wildfremden Menschen eingekeilt gewesen, als das Gebäude über ihnen zusammenbrach. Seitdem steckte die Angst in ihr, sie wollte weg aus der Stadt.

Herr Hartmann sprach meinen Vater an, fragte ihn nach einer brauchbaren Wohnung auf dem Lande, um dem Terror aus der Luft zu entgehen, um ruhiger leben zu können. Der Vater suchte, fand aber nichts. Schließlich machte er den Vorschlag, die Hartmanns sollten bei uns in den ersten Stock ziehen. Allerdings müsse dazu das Haus etwas umgestaltet werden, weil er für die eigene Familie auch noch Räume brauche.

Es war Krieg und das nötige Material für den Umbau musste genehmigt werden. Da Herr Hartmann bei BMW was zu sagen hatte, stimmten die Behörden dem Vorhaben zu. In wenigen Wochen wurden zwei Zimmer dazu gebaut. Wir richteten uns im Erdgeschoss ein und das Paar aus München bezog das obere Stockwerk.

Alle mochten die Frau Hartmann, meine Eltern, die Leute im Dorf und vor allem wir Kinder. Die junge Frau blühte richtig auf. Man konnte bei uns die feindlichen Flugzeuge zwar sehen, wenn sie die Dörfer überflogen und der Stadt zustrebten, aber die Bombenangriffe selbst waren weit weg. Herrn Hartmann lernten wir kaum näher kennen, er war nur während der Nacht oder an Sonntagen bei uns.

Als der Krieg selbst immer näher rückte, reiste Frau Hartmann zu ihren Eltern nach Salem und blieb dort, bis die Zeiten wieder ruhiger wurden. Auch von ihrem Mann hörten wir nach Kriegsende viele Monate nichts. Die voll eingerichtete Wohnung aber blieb bestehen.

Nach der Besetzung Bayerns richtete sich im Mai 1945 eine amerikanische Einheit im Schloss in Weikertshofen für einen längeren Aufenthalt ein. Bald darauf bekamen das auch wir zu spüren. Eines Tages fuhr ein Jeep bei uns auf den Hof. Ein hoher Offizier und ein Dolmetscher kamen ins Haus, während der Fahrer im Wagen sitzen blieb. Der Dolmetscher erklärte dem Vater, dass sie die Wohnung im ersten Stock besichtigen wollten. Als sie im Wohnzimmer von Hartmann standen, erklärten sie, dass die Wohnung beschlagnahmt sei. Der Vater solle sofort den Wohnungsschlüssel und einen Hausschlüssel aushändigen.

Wir hatten damals nur einen Hausschlüssel. Der zweite Schlüssel war verloren gegangen. Es sollte auch wieder ein neuer Schlüssel angeschafft werden, da aber war das Kriegsende dazwischen gekommen. Der Vater wagte aber nicht das anzusprechen, er übergab den wertvollen Hausschlüssel und die Amerikaner fuhren wieder weg.

Die Mutter war zornig. »Wie soll das gehen? Ohne Hausschlüssel. Untertags macht es nicht viel. Da haben wir bisher auch nie zugesperrt. Aber in der Nacht! In dieser Zeit. Wo sich so viel Gesindel herumtreibt. Wir können da doch nicht einfach unsere Haustüre offen lassen.«

Der Vater hatte wohl ähnliche Gedanken. Er ging zum Lagerplatz. Kurze Zeit später kam er mit einem dicken Holzladen und einer Säge zurück. Wir Kinder schauten ihm gespannt zu. Zuerst nahm er seinen Meterstab aus der Seitentasche und holte sich das genaue Maß zwischen der Klinke der Haustüre und dem Sockel der Mauer, die gegenüber lag. Dann schnitt er den Laden zurecht und schob ihn an der Türe unter die Türklinke. Auf der anderen Seite drückte er ihn an die Kante zwischen der Mauer und dem Boden. Der Laden verlief von der Türe schräg nach unten zur Mauer und war fest eingeklemmt.

Jetzt drehte sich der Vater um und sagte: »Bub, geh zur Türe und versuche sie zu öffnen!« Ich lief hin und drückte die Türklinke nach unten, die Türe selbst aber war nicht zu bewegen.

»Siehst du Bub, jetzt sind wir wieder sicher. Während des Tages legen wir den Laden an den Kellerabgang, damit wir nicht selber eingesperrt sind, aber in der Nacht sperren wir damit das Haus ab.«

In den folgenden Monaten bekamen wir immer wieder Besuch aus Weikertshofen. Meistens kamen zwei oder drei Soldaten mit schneidigen Uniformen und hohen Abzeichen. Sie blieben dann für eine bis zwei Stunden, dann verschwanden sie wieder. Ein paarmal kam auch der junge Kommandant allein. Dann hatte er eine Frau dabei, aber nicht immer die gleiche. Während er nach oben ging, versuchte die Begleiterin schnell und unbemerkt zu folgen. Wahrscheinlich wollte sie nicht gesehen oder gar erkannt werden.

Ein einziges Mal erschien der Mann spät am Abend und wollte in die Wohnung. Der Vater aber hatte den Laden schon eingeklemmt. Der Ankömmling setzte immer wieder den Schlüssel an, er konnte aber nicht ins Haus. Schließlich schlug er mit der Faust gegen die Türe. Wir wachten alle auf und liefen in den Flur. Da sahen wir, wie der Vater gerade den Laden wegnahm und die Tür öffnete. Im Nachthemd und mit offenem Mund standen wir Kinder da, als der Soldat grollend hereinkam und mit seiner Freundin über die Treppe nach oben verschwand.

Wenn die Offiziere untertags ihren Besuch machten, wurden sie gefahren. Der junge Soldat hatte dann beim Jeep zu warten, bis sie wieder aus dem Haus kamen. Mit der Zeit kannten wir uns und er machte auch bei unseren Spielen mit. Das Fangsterln gewann er fast immer, weil er so schnell laufen konnte. Beim Versteckspielen aber verlor er öfter, weil wir noch klein waren und uns leichter verbergen konnten.

Im Spätsommer war er einmal dabei, als wir uns am Zaun zum Nachbarn an die Himbeerstauden des Schreinermeisters Huber heranmachten. Wir zeigten ihm, wie man sich verstecken musste, um an die saftigen Beeren heranzukommen. Zuerst drohte er uns mit dem Finger, dann aber lächelte er und war dann ebenso mit dem Verzehr der Beeren beschäftigt.

Als der Soldat wieder einmal mit seinem Jeep vorfuhr, musste ich gerade im Garten das Gemüse gießen. Er kam herein und half mir die Gießkanne tragen. Während des Gießens fragte er nach den deutschen Bezeichnungen verschiedener Gemüsearten. Ich nannte ihm die Bohnen, den Salat, das Blaukraut, das Weißkraut, die gelben Rüben und was sonst noch am Wachsen war. Er sprach die Wörter mehrmals laut nach.

Als ich aber Kohlrabi sagte, schaute er mich seltsam an. Ich wiederholte: »Das ist ein Kohlrabi.« Er schüttelte den Kopf und glaubte wohl nicht, dass ein deutsches Wort mit »i« enden konnte.

Es wurde Spätherbst und der Winter stand vor der Tür. Unser amerikanischer Gast erschien ein letztes Mal. Er hatte eine große Tüte unter dem Arm, die er dem Vater gab. Sie war gefüllt mit Schokolade und Früchten für uns Kinder und dazu noch Zigaretten für den Vater. Dann verabschiedete er sich mit einem Händedruck von den Eltern. Es war erstmals, dass ich ihn lächeln sah. Als der Jeep losfuhr, hob der Fahrer grüßend die Hand und wir Kinder winkten ihm zu.

DAS GELD GEHT KAPUTT

Als ich in die Schule kam, war schon Krieg. Die Zeiten wurden immer schlechter. Am schlimmsten waren das Kriegsende und die ersten Jahre danach. Damals mussten wir in der kalten Jahreszeit alle paar Tage ein Holzscheit in die Schule mitbringen, weil das Brennmaterial sehr knapp geworden war und für Geld kaum noch was gekauft werden konnte.

Lebensmittel gab es nur auf Lebensmittelmarken und diese Rationen waren so knapp bemessen, dass die Leute gerade noch davon leben konnten. Bei uns auf dem Dorf war es etwas leichter. Gemüse und Obst wuchsen nahezu in jedem Garten. Mit einem Sack Getreide, mit Kartoffeln, Rüben oder Kraut wurde entlohnt, wenn einer bei der Ernte ausgeholfen hatte.

Alle Landwirte hatten Kühe im Stall. Da konnten Nachbarn Milch für den täglichen Gebrauch holen. Unsere Mutter schöpfte den Rahm ab und lagerte ihn in einem Weidling. Wenn genügend Rahm gesammelt war, wurde gebuttert. Für das Buttern hatte der Vater ein schlankes Gefäß aus Holz hergestellt, das circa sechzig Zentimeter hoch war. Der Deckel hatte ein Loch, aus dem der Stiel eines Stampfers ragte. Der Stampfer konnte durch den Stiel auf und ab bewegt werden. Wenn der Rahm in den Behälter geschüttet war, setzte die Mutter den Deckel drauf und nahm das Gefäß zwischen die Beine. Dann drückte sie den Stampfer nach unten und zog ihn wieder nach oben, so lange, bis aus dem Rahm Butter geworden war. Das war nicht immer einfach, weil manchmal die Butter nicht fest wurde, weil sie nicht zusammenging, wie die

Mutter sagte. Wenn die Mutter viel Arbeit hatte, musste auch ich buttern. Ich tat mich noch schwerer als die Mutter. Unsere Butter hatte einen eigenen, etwas säuerlichen Geschmack. Das kam wohl daher, dass der Rahm über eine geraume Zeit gesammelt worden war.

Über viele Monate gab es in den Geschäften keinen Zucker, auch nicht mit den Marken. Deshalb hat wohl die Mutter im Garten Zuckerrüben angebaut. Nach der Ernte wurden sie im Keller im Waschkessel gekocht. Ich war damals überzeugt, es laufe weißer Zucker aus dem Hahn des Kessels, wenn das Kochen beendet sei. Deshalb war ich enttäuscht, als ein brauner Sirup in Gläser gefüllt wurde und wir Kinder dann mit Broten, die mit Sirup bestrichen waren, in die Schule geschickt wurden.

Alle im Dorf hatten Hühner und die legten Eier. Gerade Eier wurden ein beliebtes Zahlungsmittel, weil man sich für Geld fast nichts mehr kaufen konnte. Die Menschen aus der Stadt fuhren aufs Land und boten wertvolle Gegenstände aus ihrem Besitz an, um dafür Lebensmittel einzutauschen. Auf diese Weise ist ein großes Lexikon aus dem Jahr 1896 mit sechzehn dicken Bänden in den Bücherschrank meines Vaters gelangt.

Lange nach dem Krieg kaufte ich einem Landwirt ein Ölgemälde eines Dachauer Künstlers ab. Als wir den Preis aushandelten, wusste er noch ganz genau, wie viele Eier er damals dem Maler gegeben hatte. Danach berechnete er auch die Zahlung für mich, die ich jetzt in Geld leisten konnte und die sehr günstig war.

Wenn ich kurz nach dem Krieg mit dem Vater nach München fahren und ihn bei Geschäftsgängen begleiten durfte, da kehrten wir mehrmals beim Matthäser ein. Viel war von den Bierhallen nicht mehr übrig geblieben. Nur noch ein Saal stand einsam auf dem eingeebneten Ruinengelände. Auch er war beschädigt, aber er war in Betrieb. Es saßen viele Leute an den Tischen und Bänken und es war sehr laut. Die Besucher tranken etwas, viele verzehrten eine mitgebrachte Brotzeit. Auch der Vater bestellte ein Dünnbier und ein Kracherl.

Nach einiger Zeit erschien ein Mann am Tisch und sprach leise mit dem Vater, ich verstand nichts davon. Dann zahlten wir und suchten noch das Pissoir auf. Der Mann begleitete uns. Dort holte er mit der einen Hand zwei Schachteln Zigaretten aus dem Mantel hervor und schob sie dem Vater in die Tasche, während dieser ihm mehrere große Geldscheine in die andere

Hand drückte. Schnell entfernten wir uns. Beim Gang zum Bahnhof fragte ich: »Wie viel Geld hast du ihm geben müssen?« »Einen Haufen, 150 Mark. Dafür hätte einer mindestens drei Wochen arbeiten müssen. Aber jetzt ist es nichts mehr wert.«

Wie wertvoll Lebensmittel waren, spürte ich bei einem anderen Vorfall. Unser Lastwagen war bei Kriegsbeginn eingezogen worden und in Russland geblieben. Als nach dem Krieg allmählich wieder Arbeit am Bau möglich wurde, fehlte der Lastwagen sehr. Für jeden Transport wurde fremde Hilfe gebraucht.

Da schien sich eine Gelegenheit aufzutun. Mein Vater hatte einen Mann kennengelernt, der eingesperrt gewesen war und jetzt als Händler und Schieber sein Brot verdiente. Dieser bot ihm eines Tages für zwei Doppelzentner Mehl einen Lastwagen an. Der Vater überlegte lange. Er hätte das Mehl schon hergebracht. Schließlich aber verzichtete er. Solche Geschäfte waren nicht seine Art.

Als ich dann im Herbst 1947 mit elf Jahren in die Klosterschule nach Schäftlarn wechselte und Gymnasiast wurde, war die Lage nicht viel besser geworden. Es waren sogar unterdessen noch Millionen Menschen deutscher Abkunft aus den Ländern im Osten vertrieben worden. Sie konnten kaum untergebracht werden und mussten um das Nötigste kämpfen.

Im Kloster war vieles anders. Die Mönche betrieben verschiedene Handwerksbetriebe wie eine Mühle, ein Sägewerk, eine Schreinerei und eine Brauerei. Sie schlachteten auch selbst und der Klosterbäcker versorgte alle mit Brot und Semmeln. Was dazu benötigt wurde, stammte aus der großen Landwirtschaft, die zum Kloster gehörte. So wurden auch wir Schüler durch die klösterlichen Felder und Stallungen versorgt. Wir wurden satt, während die Welt um uns hungerte.

Erst später habe ich begriffen, warum damals eine so große Anzahl von Kindern aus München in dieses Internat geschickt worden war, obwohl sie doch in der Stadt auch solche Schulen hatten. Die Eltern wussten, dass die Buben im Kloster gut aufgehoben waren.

Nach Ostern 1948 wurde ich schwer krank und verbrachte fast vier Monate im Krankenhaus in Wolfratshausen. Als ich wieder auf die Beine kam und schon wartete, endlich wieder in die Schule oder nach Hause zu dürfen, wurde auch ich mit meinen zwölf Jahren von der Entwertung des Geldes getroffen.

Anfang Juni hatte mich mein Vater noch einmal besucht und davon gesprochen, wenn ich wieder gesund sei, dann werde er mit mir zusammen zu den Tanten nach Garmisch fahren und wir würden es uns dort richtig gut gehen lassen. Dann hatte er mir noch hundert Mark in die Hand gedrückt und gesagt, das solle ich bald verbrauchen. Dieses Geld werde wohl bald völlig wertlos sein.

Ich hatte noch nie so viel Geld bei mir gehabt. Zu der Zeit durfte ich schon an Nachmittagen das Krankenhaus verlassen und in der Stadt herumlaufen. Dabei suchte ich nach einer Möglichkeit, das Geld auszugeben. Schließlich kaufte ich in einem Papiergeschäft etliche Tüten mit alten Briefmarken, für die ich achtzig Mark bezahlte. Später musste ich feststellen, dass der Wert der Marken unbedeutend war.

Am 20. Juni wurde dann das neue Geld, die Deutsche Mark, über Nacht eingeführt. Simon Hutter aus Großberghofen, der Begründer des Huttermuseums, war damals einundachtzig Jahre alt. Dieser Mann hat nicht nur alte Sachen gesammelt, sondern auch über lange Jahre geschichtliche Ereignisse und Begebenheiten in seinem Umfeld aufgezeichnet und sich seine Gedanken gemacht. Auch die Umstellung des Geldes hat er kommentiert:

»Endlich nun ist sie gekommen, die so lang ersehnte und gewünschte Währungsreform, welche wochenlange schon die Gemüter aufregte. Es wird schwer sein und viele wird es hart ankommen, besonders Schieber, Schwarzhändler und andere Dunkelmänner, die nach jahrelangem Nichtstun sich nun wieder an die Arbeit heran machen müssen, um ihr Leben fristen zu können.«

Ich musste nach dem Währungssonntag noch eine Woche im Krankenhaus verbringen. Dann wurde ich vom Großvater mit dem Sanitätswagen abgeholt, der meinen Vater, welcher einen Herzinfarkt erlitten hatte, ins Sanatorium nach Ebenhausen gebracht hatte. Bevor wir abfuhren, musste ich noch ins Verwaltungszimmer. Dort händigte mir eine Angestellte zweiundzwanzig Deutsche Mark aus. Sie sagte, das sei der Rest von den vierzig Mark, die jeder im Land bekommen habe. Sie hätten die letzten Tage meines Aufenthalts im Krankenhaus mit dem neuen Geld abgerechnet und die Summe abgezogen.

Simon Hutter schreibt:

»Samstag 19. Juni 1948 wurde durch Radio die Währungsreform verkündet, dass am Sonntag, 20. Juni 1948 die Reichsmark entwertet und eine Mark, ›Deutsche Mark‹, die Reichsmark ablösen wird. Jedem Deutschen Reichsangehörigen werden unter Abgabe von 60 Reichspapiermark 40 neue Deutsche Mark ausbezahlt. Alle Großberghofer waren an diesem Tage gleich reich oder gleich arm. Jeder hatte einen Geldbarbestand von 40 deutsche Mark. Überall im Deutschen Reich war es so, der Großkapitalist, Großhändler, oder wer sonst war, jeder seine 40 M, Deutsches Geld.«

Als ich zu Hause das Geld ablieferte, musste ich der Mutter erklären, warum ich nur einen Teil des Geldes mitgebracht hatte. Sie war nicht gerade begeistert. Dann erzählte sie mir, dass die ganze vergangene Woche Leute gekommen seien, um ihre Schulden bei uns zu begleichen. Ein paar Mal hatten sie sogar vor dem Haus anstehen müssen, weil so viele gleichzeitig gekommen waren. Diesen oft kleinen Beträgen hatte der Vater ewig hinterher laufen müssen, sie wurden jetzt plötzlich bezahlt, weil keiner seine Schuld ins neue Geld hinüber schleppen wollte.

Auch dazu schreibt Simon Hutter:

»Alle, die vielen hunderte und hunderttausende von Reichsmark waren wertlos geworden in den Geldschränken und den vielen verschiedenen Aufbewahrungsorten. Bis 26. Juni mussten alle diese wertlos gewordenen Reichsmarkscheine abgeliefert wegen Aufwertung, ohne Ablieferung keine Aufwertung. Die Aufwertung soll für 100 M Reichsmark 10 Deutsche Mark sein.«»Ob es auch wahr werden wird?«

Simon Hutter glaubt offensichtlich noch nicht so recht an das neue Geld. Ob es eine solide Währung werden würde, die den echten Gegenwert für geleistete Arbeit bietet, die einen gerechten Sachwert für alle Waren widerspiegelt, die aber ebenso dem einzelnen Sicherheit gibt in seinem Tun und Planen? So wie es früher über Jahrhunderte gewesen war.

Er konnte freilich nicht mehr miterleben, dass es wahr geworden ist, dass dieses Deutschland mit dieser Währung einen Aufschwung ohnegleichen genommen hat.

Und er hat auch nicht mehr miterlebt, wie sehr sich dieses Land verändert hat. In der Folgezeit sind über Jahrhunderte gewachsene Strukturen zerbrochen und althergebrachte Bezüge aufgelöst worden. Könnte er heute in unsere Welt hineinsehen, er würde fassungslos den Kopf schütteln.

Der Simon Hutter hat sich damals auch geärgert. Der einfache Mann prangert die an, welche die Not der Zeit für sich genutzt und die Mitmenschen in ihrer Hilflosigkeit benutzt haben. Er nennt nicht nur die Schwarzhändler und Schieber, er nennt auch die, welche die Waren gehortet haben und sie erst wieder anboten, als das Geld wieder einen Wert hatte. Der Simon bezeichnet das als großen Schwindel:

»Vorher, vor der Währungsreform gab es viel Geld, aber nichts zu kaufen.

Hernach, jetzt gibt es alles zu kaufen, aber niemand hat Geld. Übernacht war alles gekommen. Großer bodenloser Schwindel.«

Unser Vater blieb lange krank. Das Leben wurde eng bei uns, oft wusste die Mutter nicht mehr, wie sie die Familie über die Runden bringen sollte. Weitere Ereignisse kamen erschwerend dazu. Zuerst wurde der Vater entnazifiziert und die Strafe musste mit neuem Geld beglichen werden. Dann hat er in München einen großen Auftrag übernommen. Ein ausgebombtes sechsstöckiges Haus wurde vollkommen erneuert und wieder bewohnbar gemacht. Der Bauherr aber wurde zahlungsunfähig. Mein Vater verlor dabei viel Geld.

Damals hat das Kloster Schäftlarn meine schulische Laufbahn gerettet. Meine Eltern durften zwei Jahre lang nur die Hälfte der üblichen Monatsrate für Unterkunft, Kost und Schule zahlen. Vielleicht glaubte Abt Sigisbert, ich würde später im Kloster bleiben und ein Pater werden, weil ich damals noch ein recht ruhiger und fleißiger Schüler war.

Markt Indersdorf in der »Stunde Null«
und bis 1949

Hans Kornprobst

Vorboten der US-Armee

Seit März 1945 hatte die Eroberung Bayerns durch die 3. und 7. US-Armee von Unterfranken aus begonnen. Die Indersdorfer bekamen jedoch schon vor deren Einmarsch ihre Macht unmittelbar zu spüren. Am 12. Juli 1944 wurde Indersdorf von amerikanischen Flugzeugen bombardiert.[1] Der Kaufmann und spätere Bürgermeister Johann Holdenried verzeichnete 22 Häuser, die abbrannten oder beschädigt wurden.[2] Zum Glück gab es keinen Verlust von Menschenleben. Man schrieb dies auch der von Pfarrer Balthasar Ranner zum Schutz vor Kriegsgefahr monatlich angesetzten Andacht mit Predigt zu.[3] Der Gemeindebeamte Xaver Bader zeichnete die 14 Anwesen auf, die aufgrund Abwurfs von Brandbomben völlig zerstört wurden.[4] Auch Sprengbomben fielen.[5]

Einen detaillierten Bericht über den Bombenabwurf gibt uns der Indersdorfer Kooperator Otto Praunseys, er schreibt an seine ehemalige Pfarrhaushälterin Maria Rieder: »Gott sei Dank sind wir hier in Indersdorf bisher ohne Menschenverluste durchgekommen. Während bis zum 12. Juli die feindlichen Flugzeuge nur immer Indersdorf in Massen überflogen haben, warf ein Teil der Staffeln (etwa 50 Flugzeuge) am 12. Juli ihre Bombenlast direkt auf Indersdorf ab. Zum Glück gingen die 78 Sprengbomben meist auf die Felder und Wiesen nieder. Aber die Brandbomben (ca. 1 800 wurden amtlich gezählt) richteten große Schäden an. Es entstanden etwa 18 große Brände, meist Bauernhäuser nebst Stadel und Scheunen. Besonders Markt Indersdorf wurde arg mitgenommen (Hamberger, Hillreiner, Baldauf, Hechtl neben Baldauf, Schneiter, Maier, Lechner, Hechtl beim Rathaus, Reischl = sämtliche Ökonomiegebäude die Herrn Bürgermeister gehören, Weigmann) brannten total nieder. In Karpfhofen (Mall Oekonnomiegebäude, Seldmeier neben Mall total, an der Bahn in einer Holzbaracke ein Reservelager aus München: Schreibmaschinen, Büromöbel etc., Oekonomiegebäude von beiden Trinkl in Karpfhofen (das sind die letzten Häuser auf der Straße nach Niederroth von der Pfarrei Indersdorf). Eine Holzschupfe von Widmann an der Dachauerstraße ungefähr da, wo die Bahnhofstraße nach Bahnhof Indersdorf abzweigt bei Ostermeier. In Kloster Indersdorf brannten nieder die Stallgebäude und Metzgerei von Pächter Prummer (also von der Klosterwirtschaft, die Fuchsbüchler gehört). Außerdem der große Fuchsbüchlersaal (Theatersaal, wo wir im Burschenverein unsere Vorstellungen immer gehalten haben). Dieser Saal war ganz vollgepfropft von Stoffen und Pelzmänteln für Offiziere. Es war ein ungeheures Stofflager. Und dieses brannte ganz nieder ohne daß etwas gerettet werden konnte. Der Schaden ist ungeheuer für das Militär. Einige Brandbomben fielen auf den Friedhof hier und brannten aus ohne Schaden zu machen. Vor der Haustüre des Pfarrhofes fiel auch eine Stabbombe nieder, die nicht zündete. Eine Brandbombe war, während wir im Luftschutzkeller waren im Pfarrhof (der linke Keller, wenn man die Treppe hinuntergeht bekam eine Stützmauer, so daß er nicht so leicht einstürzen kann), auf dem Dach über dem Schlafzimmer von Herrn Pfarrer (wo auch Herr Pfarrer Eckel früher geschlafen hat), an einem Dachbalken oder Querleiste abgeprallt und in den Garten gefallen. So kamen wir ohne jeglichen Schaden davon. Als wir den Keller verließen, ging ich gleich auf den Speicher um zu sehen, ob es brenne. Ich sah nur das meterlange Loch, das die Brandbombe geschlagen, aber die Bombe fand ich nicht. Erst später entdeckten wir sie im Garten. Der Fuchsbüchlersaal stand schon in hellen Flammen und vom Markt kam es ganz schwarz voll Rauch herüber, daß man meinte, es brenne der ganze untere Markt Indersdorf. Bei Plabst in Markt Indersdorf (letztes Haus nach Westerholzhausen) fiel eine Sprengbombe in den Garten, die nicht losging. Ich sah sie an und sagte Herrn Mesner Seitz vom Markt, er solle es gleich dem Luftschutzwart melden und keine Kinder mehr an die Einschlagstelle gehen lassen. Der Luftschutzwart erklärte, es sei ein sogenannter Ausbläser. Ich glaubte es nicht und sagte den Kindern noch mal, sie sollten ja nicht mehr zu dem schmalen Bombenloch hingehen, ich glaube nicht, dass die Bombe schon losgegangen sei. Am fünften Tag abends 8 Uhr stieg ein gefangener Serbe hinab und beleuchtete die Bombe mit Licht, um zu sehen, was es eigentlich mit dieser Bombe sei. Zwei Stunden später genau um 10 Uhr explodierte die Bombe und riss einen ungeheuren Trichter in den Garten von großer Tiefe. Die Straße nach Westerholzhausen war zum Teil verschüttet. Gott sei Dank war niemand mehr am Bodenloch. Der ganze Angriff auf Indersdorf hat kein einziges Menschenleben gekostet […]. Gleich hinter dem Pfarrhofgarten wurde eine große Holzbaracke gebaut: ›Ostarbeiterkinderheim‹. Am 20. September 44 taufte ich die ersten 10 Russen- und Polenkinder bis zu einem Alter von ¾ Jahren. Fünf Kinder sind aber jetzt schon von diesen 10 Getauften gestorben. Es sind meist uneheliche Kinder. Die Väter sind fast immer Kriegsgefangene, wenn man den Vater überhaupt feststellen kann. (Oben habe ich vergessen zu schreiben, daß in der Marktkirche in Indersdorf alle Fenster durch den Luftdruck zerstört wurden). Seit 1. Februar haben wir kein Dienstmädchen mehr. Das Arbeitsamt hat es uns genommen. Was das heißt für Frl. Theres die ganze Arbeit allein zu tun im großen Pfarrhof, das verstehen Sie, da Sie selber hier waren [...]. In Markt Indersdorf haben wir jetzt auch eine große Sirene bekommen, nachdem wir bisher nur eine Handsirene hatten.«[6]

Centa Petz, Ludwig-Thoma-Str. 30 berichtet: »Nachts sahen wir die Bombenabwürfe über München von Indersdorf aus. Wir hatten immer Angst. In Indersdorf war der Bombenabwurf am 12. Juli 1944 um ca. 13:00 Uhr bis 13:30 Uhr. [Wir haben gerade gewaschen, gingen nicht in den uns zugewiesenen Luftschutzkeller in der Mesnerwohnung gegenüber, da trotz der vielen Bombenalarme noch wie etwas passiert war. Ergänzung von Johanna Leitenstorfer]. Stattdessen haben wir uns auf den Boden geworfen. Eine Brandbombe schlug auf dem Dach unseres Hauses auf, prallte jedoch ab und fackelte die Hecke unseres Nachbarn, der Gastwirtschaft Funk ab.«[7]

KRIEGSENDE UND EINMARSCH DER US-ARMEE IN MARKT INDERSDORF

Der Einmarsch der Amerikaner erfolgte in Markt Indersdorf am Samstag den 28. April 1945 am späten Nachmittag. Als in der Umgebung die ersten Schüsse gefallen waren, floh die Bevölkerung in die Keller. Der erste amerikanische Panzer am Marktplatz gab einen Schuss in die Luft, so dass die Gebäude erzitterten.[8] Daraufhin kam der 73-jährige Bürgermeister Michael Steiger mit einer weißen Fahne aus dem Rathaus, und übergab den Ort kampflos. Angeblich waren hinter dem Rathaus einige SS-Leute zur Übergabe bereit gestanden.[9] Häuser wurden nicht zerstört. Jedoch wurde der Torbogen des Schneiderturms beim Einmarsch erheblich durch amerikanische Fahrzeuge beschädigt. Vom Mauerbogen wurde bis zum beidseitigen Gewölbeansatz ein großes Mauerstück herausgerissen.[10] Im Haus Holdenried, Marktplatz 12 sowie bei Schuster Vogl, Freisinger Str. 7, plünderten die Amerikaner den Laden.[11] Holdenried beziffert die Schäden welche in seinem Haus von den Amerikanern verursacht wurden: Plünderungsschaden 2400 RM, beschlagnahmte Munition: 322 RM, außerordentliche Abnutzung des Hauses und der

Zimmer infolge von fast einjähriger Belegung durch die Amerikaner: 835 RM, Verlust an Privateigentum 950 RM.[12] Unter anderem wurde auch der Schreibtisch geplündert und sämtliche Urkunden über Militärauszeichnungen entwendet, die dazugehörigen Orden hatten die Amerikaner dagelassen. Neben mehreren Häusern wurden auch 15 Zimmer des Holdenriedhauses beschlagnahmt. Die Amerikaner brachten in diesem Haus ihre Verwaltung unter und wohnten auch darin bis März 1946. Die Familie Holdenried zog sich in die Dachzimmer, die Lagerräume und in den offenen Dachboden zurück. Dort schlug sie während der Sommermonate ihr Nachtlager auf.[13] Die Feldküche der Amerikaner war beim Oberen Wirt, heute Marktplatz 2 stationiert.[14] Auch das DIOVA-Gebäude musste zur Unterbringung der amerikanischen Soldaten geräumt werden, die darin unter anderem auch für ihre Einheit ein Kino errichteten.[15] Der Inhalt des DIOVA-Gebäudes, in dem Heereseigentum wie z. B. Stoffe eingelagert waren, wurde durch die Indersdorfer Bevölkerung geplündert.[16] Als eine der ersten öffentlichen Zusammenkünfte wurde die Fronleichnamsprozession wieder genehmigt. Der damalige 2. Bürgermeister Johann Holdenried stellte am 28. Mai 1945 den Antrag:

»An den Kommandanten der Amerikanischen Panzer Truppe Markt Indersdorf. Zufolge Bekanntmachung in Rundfunk hat die Alliierte Militärregierung die Fronleichnamsprozession in Bayern wieder gestattet. Um evtl. Unklarheiten vorzubeugen, erlaube ich mir die ergebenste Bitte, die am Donnerstag den 31. Mai und am Sonntag den 2. Juni 1945 jeweils 8 Uhr stattfindenden Prozession in der Marktgemeinde Indersdorf gestatten zu wollen.[17]«

Die Amerikaner drehten sogar einen Film von dieser Prozession.[18]

Zeitzeugenberichte

Johanna Leitenstorfer, geb. Petz, Jahrgang 1926 wohnte damals im Wohn- und Geschäftshaus Kloster Indersdorf, Ludwig-Thoma-Str. 30 mit ihrer Mutter Centa Petz Jahrgang 1896 und ihrer Schwester Elisabeth Petz, Jahrgang 1932. Sie berichtet: »Die SS-Leute, die im Gasthof Funk einquartiert waren, zogen, glaube ich, am 27. April 1945 ab. Sie kamen gelegentlich zu uns, um zu telefonieren, da der Gasthof kein Telefon hatte. Am 28. April 1945, nachdem wir zwischen 5 und 6 Uhr nachmittags Schüsse gehört hatten, sperrten wir den Laden zu – es hieß, die Amerikaner sind schon im Markt –, hängten ein weißes Betttuch ans Fenster – über das Fensterbrett – und gingen hinüber in die Mesnerwohnung in den Gang der an der Treppe endete. Dieser diente uns auch vorher schon als Luftschutzkeller. Wir nahmen einen Koffer mit, in dem wir das Wichtigste eingepackt hatten wie Geld, Sparbücher, Notarurkunden, Zahnbürsten. Einen Zimmerstutzen und Salz versteckten wir im Fehlboden unseres Stallgebäudes. An der Rothbrücke waren primitive Panzersperren aus Baustämmen errichtet. Viele deutsche Soldaten, viel mehr als in den Tagen davor, zogen mittlerweile mit ihren Pferden durch den Schneiderturm Richtung Röhrmoos. Kurz nachdem die müden deutschen Soldaten durch waren, fuhren schon die Amerikaner durch den Turm. Bald darauf gingen wir wieder in unser Haus hinüber, weil es geheißen hat, die Amis wollen in die Häuser. Und schon kamen sie auch. Sie gingen in die Speisekammer, nahmen aber nur die Eier, weil sie Angst hatten, das andere Essen könnte vergiftet sein. Im Laden rührten sie nichts an. Sie hatten Kaffee dabei, den sie zubereiteten, und auch uns dazu einluden. Als sie tags drauf wieder abzogen, schenkten sie uns ihren übrigen Kaffee. Ein Soldat hatte fünf Armbanduhren am Arm. Fünf amerikanische Soldaten übernachteten bei uns, einer konnte deutsch. Sie belegten zwei Zimmer, die wir für die Nacht für sie herrichteten. Wir schliefen zu dritt in Mamas Schlafzimmer im Doppelbett. Da wir müde waren konnten wir auch schlafen, trotz der Soldaten im Haus. Immerhin war es ja der Feind. Mama hatte meine 13-jährige Schwester schon vorher ins Bett geschickt. Sie hatte Angst, und konnte deshalb nicht schlafen und weinte. Ich ging zu ihr, und versuchte sie zu beruhigen, denn die Soldaten waren anständig und taten uns nichts. Nachdem es im Haus trotz der Amis sehr ruhig war, glaubte sie, wir hätten sie alleine zurückgelassen. Das erzählte ich meiner Mutter. Dieses Gespräch hörte auch der deutsch sprechende amerikanische Soldat. Er fragte, wo meine Schwester sei, ging zu ihr und beruhigte sie, indem er sagte: ›Du brauchst keine Angst zu haben, wir beschützen Dich.‹ Am Tag darauf fuhren die Amerikaner Richtung Röhrmoos. Zwei bis drei Wochen später kamen französische Soldaten. Abends läutete es an der hinteren Türe am Kirchweg. Nachdem wir aufgesperrt hatten, bedrohten sie uns mit dem Gewehr und fragten: ›Wo Auto?‹ Daraufhin gingen sie durch die hintere Haustüre in den Hof, schossen in das Türschloss des Holzschuppens und schauten hinein. Ich sperrte die Garage auf, und zeigte ihnen unseren Opel. Da jedoch keine Reifen daran waren, zogen die Franzosen wieder unverrichteter Dinge ab. Auf Anraten des Kaplans Steigenberger hatten wir nämlich die Reifen schon Monate vorher abmontiert und auf dem Heuboden unter dem Heu versteckt. Den Opel hatten wir aufgebockt. Zwei Wochen später musste jeder sein Radio

(Volksempfänger) abliefern. Weinend fuhren wir das Radio auf unser Heuwagerl gepackt, zur Sammelstelle zum Marktplatz. Würden wir je wieder ein Radio haben dürfen? Wir wussten ja nicht was die Zeit bringen würde. Nachdem wir wieder daheim waren, fuhr der Lastwagen mit den eingesammelten Radios auf der Straße vor unserem Haus vorbei, und hielt zufällig an. Wir sahen unser Radio auf dem Lastwagen. Weinend erbettelten wir es vom Fahrer. Er hatte Mitleid und gab es uns wieder. Von einer Feiertagsstimmung beim Einmarsch der Amerikaner und von Jubel wie andere berichten,[19] konnte keine Rede sein. Wir waren nur froh und erleichtert, dass alles vorbei war, und dass wir das Kriegsende sowie den Einmarsch der Amerikaner unversehrt überstanden hatten.«[20]

Centa Petz, Jahrgang 1896, berichtet in einem Interview im Frühjahr 1984: »Kurz bevor der Krieg aus war, sind ganze Scharen von Fliegern über den heutigen Klosterring und noch weiter glonnabwärts geflogen. Im April 1945 kam der Krieg immer näher, in Indersdorf hörten wir Schüsse des Kampfes an der Donau. Am Samstag den 28. April sind zuerst sind die Deutschen durch den Schneiderturm gezogen, und ließen vor dem Pfarrhof einen Wagen und ein am Fuß angeschossenes Pferd zurück. Danach kamen die Amerikaner. Es sind auch Schwarze durch, von einer Batterie bei Arnzell. Die Amis saßen auf ihren Panzern und lachten und mir war zum Weinen. Sie schauten auch in das Lehrerhaus [Augustiner-Chorherren-Museum], ob sich dort Soldaten versteckt hielten. Am Kirchweg hinter dem Haus Kaltner wurden drei deutsche Soldaten gefangen. Bei uns haben fünf Amerikaner für eine Nacht Quartier gemacht. Sie fragten uns, ob wir etwas versteckt hätten, und ob ein Mann da sei; wir verneinten, der sei schon drei Jahre tot. Dann ließen sie uns in Ruhe. Sie schauten in alle Häuser. In vielen Häusern wurden die Leute in dieser Nacht in die Keller getrieben [z. B. Kollmannsberger Maroldstr. 29, Loderer Strassbach]. Bei Familie Kollmannsberger sahen sie das Soldatenbild von Bartholomäus Kollmansberger an der Wand und so mussten die drei Bewohnerinnen Oma Kollmannsberger, Katharina Kollmannsberger Jahrgang 1904, und die Tochter Katharina Ehrenleitener, geb. Kollmannsberger, Jahrgang 1936, in den Keller. Wir hatten jedoch Glück und durften in unserem Schafzimmer übernachten. Die Amis schliefen in zwei anderen Zimmern. Tags drauf verließen uns die fünf Amerikaner wieder und hinterließen einen Saustall in der Küche. Einen Tag nach dem Einmarsch, am Sonntag konnte man wieder auf die Straße gehen. Ich ging in die Frühmesse, es war aber noch sehr wenig los. Als die Amis länger da waren, besuchten auch sie in die Messe.

Pfarrer Ranner versuchte langsam zu sprechen und wies auch meine Tochter Elisabeth an, die Lektorin war, dies zu tun, damit die Amis die Sprache besser verstehen konnten.«[21]

Anton Haschner, Jahrgang 1934, beim Einmarsch 11 Jahre alt, berichtet:[22] Der Volkssturm [Der Volkssturmmann Anton Hechtl aus Schönberg, heute Gemeinde Markt Indersdorf, wurde von der SS noch am 28. April 1945 in Dachau erschossen[23]], der auch in Indersdorf zur Unterstützung der Wehrmacht aus Kindern ab vierzehn Jahren und Männern bis zum 60. Lebensjahr gebildet wurde, hat bis zuletzt Gräben ausheben und eine Panzersperre aus Baumstämmen an der Freisinger Straße errichten müssen. Im Tagebuch von Johann Holdenried steht unter dem 26. April: »Zum Volkssturm nach Dachau einberufen; beinahe von der SS erschossen.« Schon Tage vor dem Einmarsch der Amerikaner sind Tausende deutsche Soldaten, von Langenpettenbach kommend, durch Indersdorf zu Fuß, mit Pferdewagen oder mit Lastern durchgezogen. Am 28. April sind nur noch Hunderte durch den Ort gekommen. Und bereits eine halbe Stunde nach dem Durchmarsch sind schon die amerikanischen Truppen in Indersdorf einmarschiert. Nach dem Einmarsch sind die Amerikaner umjubelt worden. Jeder war froh, dass der Krieg vorbei war. Die amerikanische Verwaltung ist im Holdenriedhaus für ungefähr ein Jahr stationiert gewesen. Die Feldküche war beim Oberwirt.[24] Einige Häuser

Buben beim Baden mit amerikanischen Soldaten an der Glonn am Indersdorfer Wehr, im Vordergrund Gerhard Seemüller

sind im Ortszentrum für die Unterbringung der amerikanischen Soldaten beschlagnahmt worden.

»Nur gute Erfahrungen habe ich mit den Besatzungstruppen als Kind gemacht. Im Elternhaus, ein Lebensmittelgeschäft, heute Marktplatz 8, waren fünf Soldaten untergebracht. Sie haben uns Schokolade, Kaugummi und Lebensmittelbüchsen geschenkt, die unten einen eingebauten Kocher drin hatten. Ein Soldat hat mir sogar beim Durchmarsch sein Taschenmesser geschenkt.«[25] Nachdem sich die Indersdorfer ruhig verhielten, verlief die Machtübernahme ohne größere Zwischenfälle. Nur einmal haben amerikanische Soldaten deutsche Soldaten erschossen: Einen Tag nach der Übernahme haben vier bis fünf deutsche Soldaten aus einer Scheune in Wöhr geschossen. Die Amerikaner haben diese standrechtlich erschossen. Es wurden etwa 200 deutsche Soldaten gefangen, am Unteren Markt gesammelt und in LKWs abtransportiert.

Der Indersdorfer Kooperator Otto Praunseys schreibt am 5. April 1945 an seine ehemalige Pfarrhaushälterin Maria Rieder: »In Aichach und Altomünster errichtet man schon Panzersperren. Auch in Indersdorf wurden gestern schon Alleebäume durch den Volkssturm umgelegt. Auch wurden gestern schon dicke Baumstämme vor den Pfarrhof gefahren, um damit die Strasse im Stroblturm[26] zu sperren, wenn die Anglo-Amerikaner kommen. München, Augsburg, Ingolstadt, Dachau sollen als Festungen erklärt werden, nicht als offene Orte und Städte, wenn ich richtig unterrichtet bin. Man sagt ja jetzt allerlei und man darf nicht alles gleich glauben […]. An der Strasse nach Indersdorf und nach Dachau und anderen Plätzen sind schon Splittergräben ausgegraben worden zum Unterstehen bei Tieffliegerangriffen. Es haben immer zwei Personen Platz. In manchen steht schon Wasser vom Regen. Im Schulhaus sind Ungarn und Russen (Flüchtlinge) untergebracht. Auch Schlesier sollen noch kommen. Die Schule wird jetzt für die Marktkinder in drei Wirtshäusern gehalten; Religionsstunden zum Teil in den Kirchen von Kloster und Markt Indersdorf. Am 25. Februar flogen über Indersdorf zwei Prozessionen amerikanische Flugzeuge. Es wurden 1 080 Maschinen gezählt. Da sie nicht direkt über das Kloster flogen, konnten wir sie zum Teil sehr schön sehen. Nun Gottes Schutz für die kommenden Wochen, dass Sie alles gut überstehen ohne Schaden.«[27]

Ein weiterer Brief an Maria Rieder datiert vom 15. Oktober 1945: »In den ersten Wochen des April kamen SS aus München und richteten in Indersdorf die Strassensperren her zur Verteidigung an den Glonn-Brücken und an den

Strassen. Dann zogen sie ab um wahrscheinlich andere Orte mit ihrer Anwesenheit zu beglücken. Am […] 25. April kam der Stab, der die Armee von Ulm bis Regensburg befehligte nach Indersdorf und die umliegenden Orte. Auch neue Flugzeuge (kleine Fiselerstörche), die senkrecht aufsteigen konnten, landeten vor dem Walde nach Pasenbach, wo sie an den Waldrand gezogen und mit Fichtenästen getarnt wurden. Der Stab blieb bis Freitag abends 9 Uhr hier, worauf er dann mit allem nach Moosen abzog. Am Donnerstag kamen wieder die gleichen SS, um den Widerstand Indersdorfs zu organisieren, da die Front immer näherrückte. Sollte Indersdorf wirklich ein Trümmerhaufen werden. Es schien so, nachdem die SS schon geäussert hatte: Dem schwarzen Indersdorf brocken wir eine Suppe ein. Doch Gott sei Dank, kam es anders. Unsere Rettung war der Stab. Ein Major, der im Pfarrhof einquartiert war, sah, wie die SS gerade die Glonnbrücke zur Sprengung herrichteten. Sofort ging er zu den SS hin und sagte: ›Diese Panzersperren und dergleichen haben zu verschwinden; denn sie hindern nur den deutschen Rückzug.‹ Dann begab er sich gleich zum General, der in Arnbach logierte und erzählte ihm von den Vorbereitungen der SS in Indersdorf. Der General gab ihm sofort den schriftlichen Befehl an die SS: ›Die SS geht heute Abend noch ab an die Front.‹ Dieses Schreiben hielt der Major dann den SS in Indersdorf unter die Nase. Das war am 27. April nachmittags. Wir atmeten auf, als wir das erfuhren. Aber bald erfuhren wir auch vom Major, dass der Stab am gleichen Tag Indersdorf verlasse und nach Moosen gehe. Ich dachte, hoffentlich erfahren das die SS nicht; denn sonst wäre Gefahr, dass sie wieder umkehren und nach Indersdorf zurückgehen. In Wirklichkeit kamen sie nun nicht mehr. Der Major sagte: Das ganze linke Isarufer werde kampflos geräumt; doch sei es nicht ganz ausgeschlossen, dass in Indersdorf Nachhutgefechte stattfinden. Um das Kloster zu retten, hatte man sich selber angeboten in der Marienanstalt ein deutsches Lazarett aufzunehmen und man hatte Glück. Der Vorschlag wurde angenommen. So waren wir doch sicher, dass im Umkreis von 500 Metern des Klosters und der Kirche jedenfalls keine Bombe falle und die Artillerie nicht herschiessen dürfe. Am Samstag kamen die Autos des Roten Kreuzes an. Es war Vormittag. In ununterbrochener Kette hatte schon der Rückzug durch Indersdorf stattgefunden, als es um 4 Uhr hieß, in zwei Stunden sind die Amerikaner da. Wir waren überrascht, da uns der Major erklärt hatte, nach ihren Erfahrungen wird es 2 bis 3 Tage dauern, bis die Amerikaner kommen. Um 6 h abends hörten wir nun die ersten Schüsse, wahrscheinlich Warnungsschüsse der Panzer. Wir gingen in den Keller. Indersdorf wurde kampflos übergeben von kleinen Maschinengewehrnestern abgesehen, die bald erledigt waren. Im ganzen gab es 9 Tote, meist SS, die scheinbar auf eigene Faust Krieg führten. Wir atmeten auf, als wir nach ¼ Stunde schon den Keller verlassen konnten. Indersdorf war gerettet.[...] Im Jugendheim sind seit Juli wieder Barmherzige Schwestern (jetzt sind es schon acht geworden). Die bisherigen Kinder kamen alle weg. Es sind nun Auslandskinder von 2 bis 26 Jahren untergebracht (Knaben und Mädchen); meist aus Polen und Ungarn und zwar solche, von denen man die Eltern nicht weiss. Auch Juden sind darunter. Wie lange diese dableiben, steht noch nicht fest. Vielleicht ein Jahr. Dann können die Schwestern die Anstalt wieder führen wie vor der Nazi-Herrschaft. Ein Polen-Geistlicher hält den katholischen Kindern Religionsunterricht. Derselbe wurde auch im Konzentrationslager befreit von den Amerikanern. Von 2500 Priestern sind 1750 polnische Geistliche in Dachau ums Leben gekommen. Gott sei Dank wurde den Nazi-Verbrechern nun das Handwerk gelegt. Sonst wären wir auch noch drangekommen. Von der Lehrkräften wurden hier alle abgebaut bis auf einen Lehrer, der Schulrat wurde; und eine verheiratete Lehrerin. Beide kennen Sie aber nicht mehr. Herr Kommissär Bauer von der Gendarmerie wollte in Ruhestand gehen, durfte aber nicht, weil er der einzige Wachtmeister ist im Dachauer-Bezirk, der nicht bei der Partei war. Vorige Woche mussten alle Angestellten bei der Post ihren Fragebogen abgeben. Es sind alle bei der Partei nur Herr Deichl von Ried nicht. Herrn Dr. Bärmann wurde die Krankenkassenlizenz entzogen. Herr Dr. Feulner und sein Schwiegersohn Dr. Roeder haben dieselbe. Dr. Roeder hat auch das Krankenhaus hier für die Praxis erhalten. Ich habe mich leicht getan bei Ausfüllung meines Fragebogens. Da gab es nur lauter: ›Nein‹; kein einziges ›Ja‹. Der Schwager von Herrn Cooperator Stadler, Mesner in Tölz, der schon 25 Monate als vermisst galt, kam von Russland heim. Vielleicht auch noch Cooperator Neumeier[28] und Cooperator Stadler heim. Einen neuen Benefiziaten haben wir noch nicht bis heute. Herr Pfarrer Schmid ist ja gestorben, wie Sie wohl im Amtsblatt lasen. Im hiesigen Krankenhause waren 35 Typhuskranke von Dachau untergebracht. Darum wurden auch wir im Pfarrhof dreimal an der Brust gegen Typhus geimpft (2½ Spritzen). Eine leichte Temperaturerhöhung für einen Tag war bei mir die Folge jedesmal. Jetzt sind alle Typhuskranken wieder fort. Unter den Schwestern in der Anstalt ist auch die letzte Oberin wieder hier und Schwester Adelgunde; die Sie beide noch kennen dürften, und noch eine Schwester, eine ältere, deren Namen ich selber nicht weiß. Beim Holdenried und Schuster Vogl im Markt wurde beim Umsturz der ganze Laden geplündert. Herr Fuchsbüchler ist jetzt Bürgermeister. In Glonn ist Bürgermeister Herr Dallmeier; in Ried wieder Herr Aschbichler, von den ein Sohn (Theologe) gefallen ist. Frl. Kugler, die bei der Frauenschaft war, hofft wieder in den Schuldienst aufgenommen zu werden. Bin neugierig.[29] Herr Dr. Feulner musste schon zweimal für die Besatzung sein Haus räumen. Wir hatten schon 300 Mann im Kloster und Markt Indersdorf. Gegenwärtig dürften es etwa 50 ungefähr sein.«

KOOPERATOR OTTO PRAUNSEYS

Otto Praunseys[30] hat ab 1. Februar 1933 als Kooperator[31] in der Pfarrei Indersdorf gewirkt. Ab 1. August 1950 bis kurz vor seinem Tod war er Missarius[32] bei den barmherzigen Schwestern im Kloster Indersdorf. Aufgrund einer Krankheit hatte er eine schwache Stimme und bekam deshalb keine eigene Pfarrei übertragen. Wir verdanken im aufgrund seiner Aufzeichnungen eine genaue Schilderung der Gegebenheiten im Jahr 1945. Er gehörte zu den Regimekritikern. Bereits 1933 gleich nach der Machtübernahme wurde er mit Pfarrer Eckl, Benefiziat Leitner und Cooperator Neumeier polizeilich verhört wegen »anstößigen Verhaltens« bei der Wahl.[33] Ein weiteres Verhör und Vorladung durch den Landrat im Rathaus Markt Indersdorf wegen Äußerungen im Religionsunterricht folgten, sowie wiederholte Verhöre durch die Polizei im Pfarrhof und im Kloster wegen Abonnement katholischer Auslandszeitungen (Neue Züricher Nachrichten und Basler Volksblatt) und des in Holland erschienenen katholischen Mitteilungsblattes »Der deutsche Weg«.[34] Auch sein Pfarrherr Balthasar Ranner (Pfarrer in Indersdorf v. 1936 bis 1948) bekam eine Verwarnung durch die Gendarmerie wegen Unterlassung der Beflaggung.[35] Schon unter Pfarrer Eckl am 2. Dezember 1933 erhielten die Geistlichen im Pfarrhof Indersdorf eine anonyme Postkarte, auf der ein Lastwagen mit SA-Leuten und Pfarrern abgebildet war mit der Aufschrift »Auf nach Dachau«.[36] In seinen langen Predigten gegen das Naziregime redete sich Otto Praunseys förmlich in Rage. »Er konnte sich nicht beherrschen, und war nicht mehr still.«[37] Zum Glück saßen keine Denunzianten in den Kirchenbänken. Um ihn vor sich selbst zu schützen, d. h. vor Abholung durch die SS bzw. Gestapo und Einlieferung ins KZ Dachau, erteilte ihm sein Pfarrherr Balthasar Ranner Predigtverbot.[38] Nach dem Zusammenbruch erklärte er in einer Predigt, dass es gut sei, dass Deutschland den Krieg verloren hätte. Daraufhin verließen einige Kriegsheimkehrer die Kirche. Er schildert seine

Grundhaltung während des dritten Reiches und gibt Antwort auf das Verlassen der Messe in einer Predigt am 25. November 1945:

»Meine Teuren! Aus verschiedenen Gründen drängt es mich heute, zu Euch über meine persönliche religiös-politische Grundhaltung zu sprechen [...] und fühle in mir den Drang, Euch allen herzlichst zu danken, die Ihr mit mir so mutig und tapfer, wie es wahren deutschen Menschen geziemt, gegen das Hitlerregime mit seinen ungeheuren, ja unglaublichen Verbrechen, wie sie noch nie ein Volk über sich ergehen lassen musste, gekämpft und der Kirche die Treue gehalten habt. Und endlich möchte ich mich rechtfertigen gegen die gänzlich unbegründeten Anschuldigungen, die gegen mich von einigen erhoben wurden, und von denen ich auf offener Strasse Kunde erhielt von solchen, die nicht gegen mich eingestellt sind. [...] Ich konnte und durfte nicht schweigen als Priester des Herrn, der die Pflicht hatte gegen die Entchristlichung des Volkes Stellung zu nehmen. Ich konnte und durfte nicht schweigen als Deutscher, der nicht ruhig zusehen konnte wie sein Volk terrorisiert und dem Untergang entgegengeführt wurde. Ich konnte und durfte nicht schweigen, um so weniger, da ich von verschiedener Seite genauestens unterrichtet war über den Kampf gegen die Kirche und auch über die Verbrechen, die in den Konzentrationslagern geschahen. Und das wussten auch die Nationalsozialisten. Deswegen wurde ich ja von der Gestapo überwacht und sogar unter Briefzensur gestellt, sodass alle Postsachen, die an mich adressiert waren oder die ich fortsandte, von der Gestapo überwacht und zensuriert wurden. Wiederholt wurde ich sonst angezeigt und polizeilich und von höherer Seite verhört und zu Protokoll genommen. Aber nie konnte man mich einer Schuld überführen, sodass ich jedes Mal straffrei ausging. In ihrem Ärger darüber wussten die Nazis nichts anderes zu sagen als. ›Jetzt ärgern wir sie solange, bis sie doch einmal was sagen und wir sie dann packen können.‹ Sie meinten damit auch Herrn Pfarrer Eckel und Cooperator Neumeier. Aber die Füchse waren in dem Fall schlauer als die Schlingenleger. In Dachau wartete man mit Ungeduld auf unsere Einlieferung und auf die Anfrage von dort, warum man uns nicht bringe, mussten unsere ›Freunde‹ gestehen: ›Die Herren verhalten sich so korrekt, dass man gegen sie nichts unternehmen kann.‹ Und weil man so auf ›legale‹ Weise nicht zum Zuge kam, griff man zu dem undeutschen Mittel der Verleumdung und falschen Verdächtigung. So sagte man z.B. einmal in München in einer Versammlung: ›Der Cooperator von Indersdorf ist mit einer Lehrersfrau durchgebrannt!‹ Ein andermal klagte man mich an, ich hätte den Eindruck erweckt, als ob der Staat beabsichtigte ein Gesetz zu erlassen, wonach den Kindern verboten werden sollte, an Sonntagen die hl. Messe zu besuchen. Zu dieser Anklage möchte ich nur sagen, was ich natürlich damals im Protokoll und in meiner Verteidigungsschrift nicht sagen durfte: Dieser Gedanke, dass ein solches Verbot von Seiten des nationalsozialistischen Staates erlassen werden könnte, ist mir nicht einmal im Schlafe gekommen: denn ich wusste ja nur zu gut, dass die Nationalsozialisten sich immer fest bemühten ›den Sack gut zuzubinden‹, damit ja die ›Katze‹ nicht herauskonnte. [...] Ihr alle wisst es, dass ich mit meiner ganzen Kraft gegen das Dritte Reich kämpfte [...] darum musste ich auch soviel erdulden in diesen Schreckensjahren. Man hat vor mir auf offener Straße ausgespuckt, mich auf offener Straße ›Schlawiner‹ beschimpft, mich wiederholt ostentativ mit ›Heil Hitler‹ gegrüßt um mich zu ärgern. Zudem musste ich ständig gegenwärtig sein, eines Tages nach Dachau abgeführt zu werden, was ja gleich zu Beginn des Dritten Reiches eine Karte in verschlossenem Brief uns Priestern von Indersdorf angedroht hatte [...]. Ich war auf alles gefasst [...]. Und trotzdem musste ich es erleben, jetzt nachdem wir wieder freie Deutsche geworden sind, dass einige es wagten mich anzuklagen wegen einer angeblich undeutschen Haltung, weil man mit ein Wort der Predigt falsch ausgelegt hatte. [...] Ich möchte meine Ankläger nur an ein Wort des Führers erinnern, das gemeinste das er je gesprochen hat [...]. Es war, soweit ich mich erinnere, die letzte Rede, die er im Rundfunk an das deutsche Volk hielt, wo er erklärte: ›Wenn dieser Krieg verloren geht, weine ich dem deutschen Volke keine Träne nach.‹ [...] Ist das nicht die gemeinste Beleidigung für das gesamte deutsche Volk, das er in den Krieg gestürzt hat und dem er das bitterste Leid zugefügt hat durch seine verbrecherische Politik? [...] O mein lieber Ankläger. Ich frage Dich: Wo war da Dein Protest gegen diese Beschimpfung des deutschen Volkes und Deiner Kameraden? [...] Du hast da geschwiegen. [...]. Doch mein lieber Freund. Ich will nun nicht Gleiches mit Gleichem vergelten und darum reiche ich Dir im Geiste die Hand zur Versöhnung [...]. Ich verzeihe allen, wie auch ich von Gott Verzeihung meiner Sünden erwarte. Darum habe ich auch keinen einzigen von denen, die mir bös gesinnt waren, der Militärregierung gemeldet, obwohl man mir dazu geraten hatte, denn das ist die Grundhaltung meinen Feinden gegenüber: Von mir aus soll keinem Schlimmes geschehen. Ja, sollte es je vorkommen, dass sich jemand an mir tatsächlich vergreife oder mich gar martere und töte, so sag ich jetzt schon zu Gott: Herr, für meinen Feind, für meinen Peiniger, für meinen Mörder opfere ich mein Leben, damit du doch noch seine Seele rettest für den Himmel. Amen.«

Wie im ganzen Deutschen Reich, so wurden auch in Strassbach die Glocken zum Einschmelzen vom Kirchturm geholt. Mutige Straßbacher Bürger verstecken diese jedoch vor dem Abtransport in der Scheune beim Schmidbauernhof. Nach dem Umsturz verfasste Otto Praunseys im Sommer 1945 darüber ein Gedicht mit dem Titel »Das Herz-Jesu Glöcklein in Strassbach«.[39] Ein weiteres Gedicht verfasste er ebenfalls im Sommer 1945 über Georg Krimmer aus Ottmarshart, der während des Dritten Reiches einen »Nazi-Minister« geohrfeigt hatte.[40]

KLOSTERGEBÄUDE

Am 15. Juli 1938 mussten die Barmherzigen Schwestern, die in den Klostergebäuden unter dem Namen Marienanstalt (im Volksmund Marienheim genannt), eine Kinderbewahranstalt, eine 8. Volksschulklasse, eine Nähschule sowie eine Haushaltungsschule betrieben, die Anstalt schweren Herzens verlassen. Die NS Volkswohlfahrt hatte auf Befehl der NSDAP-Gauleitung die Anstalt übernommen und sie als NSV-Jugendheimstätte weitergeführt.[41] In der Gemeinderatssitzung von 23. Juli 1938 wurde auf Druck des NSDAP-Kreisleiters beschlossen, »die Ortsbezeichnung Kloster Indersdorf aufzuheben, da nach Weggang der Schwestern die Bezeichnung Kloster nicht mehr zutreffe«[42]. Die Jugenderziehungsanstalt wurde im Sinne der NSDAP umgeformt. 1939 übernahm der Landesverband für Wander- und Heimatdienst (LVW) das Kloster, betrieb die Jugenderziehungsanstalt weiter und eine Schule für Haus- und Landwirtschaft.[43] Die Gebäude wurden von den Amerikanern beim Einmarsch beschlagnahmt und die Anstalt aufgelöst. Am 7. Juli 1945 bezog die UNRRA (United Nations Relief and Rehabilitation Administration), ein Hilfswerk der Vereinten Nationen, zur Betreuung sogenannter DPs (Displaced Persons), die Klostergebäude.[44] Es handelte sich meist um elternlose Kinder und Jugendliche zwischen zwei Monaten und 24 Jahren, die den Holocaust und Zwangsarbeit überlebt hatten und teilweise umher irrten sowie um Kinder von Zwangsarbeiterinnen und Kinder aus Lebensborn-Kinderheimen. Die Betreuung war eine äußerst schwierige Aufgabe, da die Kinder und Jugendlichen durch ihr Schicksal meist psychisch und physisch schwerst geschädigt waren. Auf Anordnung der Amerikaner machten sich am 11. Juli 1945 fünf barmherzige Schwestern auf den Weg zur Betreuung der Kinder und zur Unterstützung der Mitarbeiter der UNRRA auf nach Indersdorf. Fünf weitere sollten in Kürze folgen. Sie wurden von der Indersdorfern freudig begrüßt: »Mei Schwestern, weilds no wieder do seits«[45]. Die Ordensfrauen kamen zwar mit ihren Vorgesetzten von der UNRRA gut zurecht, konnten sich aber mit dem Mangel an Ordnung und Erziehung der Kinder nur schwer identifizieren. Bereits am 24. Juli 1945 fasste der Gemeinderat den Beschluss, an den Ministerpräsidenten Högner einen Antrag zu stellen, auf Wiedererrichtung der Marienanstalt als katholisches deutsches Kinderheim unter Regie der barmherzigen Schwestern.[46] Man wollte so schnell wie möglich den Orden mit der Marienanstalt wieder am Ort haben. Im Juli 1946 verlegte die UNRRA ihren Sitz nach Prien am Chiemsee. Den Schwestern wurde gekündigt, sie kehrten nach München ins Mutterhaus zurück. Daraufhin richtete die Marktgemeinde erneut ein Schreiben an Landrat Dr. Kneuer, mit der Bitte um Intervention beim Ministerpräsidenten Högner, den Schwestern wieder die Marienanstalt zu übertragen: »Die Marienanstalt stand weit und breit in bestem Rufe. […] Die Marktgemeinde verlangt deshalb, daß die politisch verfolgten Barmherzigen Schwestern wieder in ihre Rechte eingesetzt werden und in der Marienanstalt wieder, wie einst, katholische deutsche Kinder betreuen dürfen, auf Grund der Wiedergutmachung politisch Verfolgter«. In die Klostergebäude zog jedoch die IRO (International Refugée Organisation), eine weitere Flüchtlingsorganisation der UNO (im Bewusstsein der Indersdorfer Bevölkerung blieb jedoch nur der Name UNRRA weiter verankert). Diese betreute ausschließlich Jugendliche und junge Erwachsene zwischen 16 und 26 Jahren. Es handelte sich um Vollwaisen, die während des Dritten Reiches Furchtbares erlebt hatten. Nicht wenige hatten die Ermordung ihrer Eltern mit ansehen müssen und selbst nur überlebt, weil ihre Arbeitskraft noch ausgebeutet werden sollte. Ihren Hass auf alles Deutsche ließen sie am Inventar des Klosters aus, in der irrigen Annahme, es handle sich um ehemaliges NS-Eigentum. Das Betreuungsteam war dem zunehmenden Chaos nicht mehr gewachsen. Die IRO löste das Zentrum am 18. August 1948 auf. Als im Oktober 1948 zwei Barmherzige Schwestern zur Bestandaufnahme nach Indersdorf kamen fanden sie eine unbeschreibliche Verwüstung des Inventars vor. Alle 960 Fensterscheiben waren zerschlagen. In einem Raum stand in hebräischer Schrift ein Spruch aus dem Buch Deuteronomium[47]: »Denke daran, was die Amalekiter Dir [unterwegs bei Deinem Auszug aus Ägypten] angetan

Kloster Indersdorf, Oktober 1948: Sommerrefektorium, heute Hauskapelle

Kloster Indersdorf, Oktober 1948: Mit hebräischer Schrift an der Wand

haben« (Deut 25,17). Weiter steht in der Bibel »vernichte das Andenken der Amalekiter unter dem Himmel; vergiss es nicht!«. Hier wurde versucht dieser Weisung Folge zu leisten.

Bereits am 12. Juli 1945 beschlagnahmte die UNRRA zur Unterbringung ihrer Mitarbeiter im Ort fünf Häuser, darunter die beiden Villen an der Glonn (damalige Eigentümer Lorenz und Katharina Gschwendtner und der Veterinär Dr. Herder), heute Sportplatzweg 11 und Franz Fischer Weg.[48] Die Bewohner der beschlagnahmten fünf Häuser, insgesamt acht Familien, mussten ausziehen und sich andere Unterkünfte suchen. Dr. Hederer z. B. zog in das heute abgerissene Haus Marktplatz 11. Sowohl die Mitarbeiter der UNRRA als auch die der IRO gingen nicht besonders pfleglich mit der Einrichtung um, teilweise wurde das Inventar schwer beschädigt. Im Haus von Lorenz und Katharina Gschwendtner stand monatelang das Abwasser im Keller.[49] Die Ecke des Hauses der Familie Rabl (Marktplatz 9) wurde von abbiegenden Pritschenwägen der UNRRA Mitarbeiter insgesamt dreimal schwer beschädigt. Die Reparaturkosten wurden jedoch nicht übernommen. Auch zwischen der Indersdorfer Bevölkerung und den neuen Bewohnern der Klostergebäude gab es Probleme. Die fremden Kinder und Jugendlichen waren aufgrund ihrer schlimmen Erlebnisse zum Teil stark traumatisiert und verständlicherweise sehr verhaltensauffällig. Erwachsene wurden von den neuen Klosterinsassen auf der Straße bespuckt. Immer wieder kam es zu argen Rauferein mit den Indersdorfer Altersgenossen. Die Jugendlichen provozierten auf offener Straße. Eine erwachsene Indersdorferin berichtet, dass sie daraufhin die Beherrschung verloren habe und einem Buben eine Ohrfeige erteilte. Sofort bereute sie es, da sie Angst hatte, von den Amerikanern Tags darauf abgestraft zu werden. Es kam jedoch niemand. Auch während des Gottesdienstes in der Klosterkirche kam es zu Ruhestörungen durch die neuen Klosterbewohner. Die Klostergebäude und die Kirche bilden eine bauliche Einheit. Einige Fenster und Türen des Klosters münden direkt in die Kirche. Von dort aus konnten sie leicht allein durch Geschrei für Störungen sorgen. Man wagte es nicht, dagegen vorzugehen. Auch von Diebstählen wird berichtet. In der Dunkelheit trauten sich viele Indersdorfer nicht, an den Klostergebäuden vorbei zu gehen. Ein Hausmädchen der Bäckerei Pest, das in Karpfhofen wohnte, ließ sich täglich nach ihrem Dienst in männlicher Begleitung nach Hause führen, um sich vor schweren Belästigungen durch die Jugendlichen des Klosters zu schützen.[50] Auch die Einwohner der umliegenden Gemeinden mieden sogar tagsüber die Durchfahrt durch das Kloster. Natürlich wollten sich die Indersdorfer diese Provokationen nicht immer gefallen lassen, jedoch konnte man nicht viel dagegen ausrichten, und so kam zur Angst vor der SS bis Kriegsende nun die Angst vor der amerikanischen Besatzungsmacht als Schutzmacht von UNRRA und IRO; man fügte sich.

Seit längerem hatte sich der Orden bemüht, die Klostergebäude vom Freistaat Bayern käuflich zu erwerben, bis 1938 hatte man nur einen Pachtvertrag. Nach zähen, langwierigen Verhandlungen gelang es schließlich dem neuen Superior der Barmherzigen Schwestern Prälat Karl Nißl, einem gebürtigen Indersdorfer, das Kloster zu kaufen. Am 1. August 1949 ging es in deren Besitz über. Bereits im November 1949 konnte ein Kindergarten eröffnet werden, sowie der erste Winterkurs für Landfrauen seit Kriegsende.[51]

Flüchtlinge

Im Landkreis Dachau (ohne Stadt) nahm die Bevölkerung aufgrund von Evakuierten aus Bayern und den anderen Besatzungszonen und der Vertriebenen aus den ehemaligen deutschen Ostgebieten, Polen, den Sudetenland und Südosteuropa von 1939 bis Oktober 1948 um 43 Prozent auf 58233 zu. Der Anteil allein der Vertrieben lag im Landkreis bei 31 Prozent. Bayernweit belief sich der Durchschnitt auf 20 Prozent.[52] Für den Landkreis Dachau war damit der Vertriebenenanteil unverhältnismäßig hoch. In der Gemeinde Markt Indersdorf mit den Ortsteilen Kloster, Markt, Engelbrechtsmühle, Siechhäusern und Wöhr lag der Anteil der Vertriebenen (ohne UNRRA und Krankenhaus) im August 1946 bei rund 26 Prozent. Vergleicht man die Zahl der Einheimischen mit der Zahl aller Fremden im Ort im Oktober 1946, so ergibt sich ein Fremdenanteil von 37%.[53] Aus Sicht der Pfarrei[54] betrachtet ergeben sich folgende Zahlen: Im Oktober 1946 standen den 1600 einheimischen Seelen 900 Evakuierte und Flüchtlinge (ohne UNRRA) gegenüber.[55]

Die Unterbringung der Flüchtlinge stellte die Gemeinde Indersdorf vor schier unüberwindbare Probleme. Bevor die Einweisung in die einzelnen Häuser erfolgte, wurden die Flüchtlinge untergebracht in der Volksschule heute Ludwig-Thoma-Str. 31,[56] im DIOVA-Gebäude heute Haus für Kinder Kellerstr. 22[57] und in den Sälen der Gasthäuser Steidle, Wöhrer Str. 3, Oberwirt Anton Gschwendtner, Marktplatz 2 und Unterwirt Gasthaus Wackerl, Marktplatz 5.[58] Der Unterricht der Volksschule wurde einstweilen in sogenannten Notschulräumen unter anderem im Gasthaus Funk Ludwig-Thoma-Str. 32[59] und im Gasthaus Steidle im Schützenzimmer[60] abgehalten. Die Versorgung der Flüchtlinge in den Sälen mit Nahrung (Margarine, Butter, Kaffee, Gries, Teigwaren, Erbsen, Fleisch, Schwarzbrot, Weißbrot, entrahmte Frischmilch, Vollmilch) erfolgte auf Kosten der Gemeinde, geschah auf schriftliche Anweisung[61] und war streng auf das Gramm rationiert: »Herrn Karl Pest/Anweisung/Sie werden hiermit angewiesen für die 102 Flüchtlinge vorerst für zwei Tage liefern zu wollen: 58,5 kg Schwarzbrot, 6 kg Weißbrot (Zur Verteilung an Gastwirt Wackerl und Steidle). Markt Indersdorf, 13. April 1946. Der Bürgermeister«.

Johanna Leitenstorfer berichtet: »In unserem Haus waren in einem Zimmer für einige Monate 5 Personen einquartiert. In diesem Zimmer standen zwei Betten. Es diente ihnen auch als Küche. Während des Krieges hatten wir in diesem Zimmer noch den Boden erneuert. Dieser war natürlich beim Auszug der Flüchtlinge hinüber. Die Einquartierung war für beide Seiten mit Angst verbunden. Wir wussten nicht, wie es weiter gehen wird, wie lange uns unser Haus noch gehören würde, und auch die Flüchtlinge, die ja vor dem Nichts standen, wussten nicht was die Zukunft bringen würde. Langsam haben sie sich eingelebt, und gründeten eigene Vereine, wie z. B. die Naturfreunde, oder einen eigenen Gesangsverein, obwohl wir ja in Indersdorf einen rührigen Gesangsverein hatten. Sie haben auch eigens Theater gespielt. Die Veranstaltungen haben wir gerne besucht, sie belebten das Gemeindeleben.[62]

Vorrangig zuständig für die Verteilung der Flüchtlinge in Privathäuser war der Bürgermeister und Kaufmann Johann Holdenried. Seine schriftlichen Hilferufe[63] an den Landrat Dr. Karl Kneuer schildern eindrucksvoll die Situation der Flüchtlinge, die Situation der Gemeinde sowie seine eigene, die dazu führte, seinen Rücktritt einzureichen, der ihm jedoch nicht gestattet wurde: »Markt Indersdorf, 12. Mai 1946/Hochverehrter Herr Landrat!/Die Flüchtlingszuteilung hat die Gemeinde Indersdorf in größte Aufregung gebracht. Daß die Unterbringung der Flüchtlinge große Schwierigkeiten und Feindseligkeiten verursachen wird, war mir von vornherein klar. Am 13. April 1946 nachmittags – der letzte Wagen 10 Uhr abends – traf der erste Flüchtlingstransport hier ein. Die Flüchtlinge wurden einstweilen in Sälen untergebracht. Im Laufe der Woche brachte ich einen Teil der Ankömmlinge mit vieler Mühe in Einzelquartiere unter. Doch war es mir unmöglich mit guten Worten den Großteil zu versorgen, da sich die Inhaber der beschlagnahmten und auch anderer Wohnungen aus verschiedenen Gründen – keine Kochgelegenheit, kein Kaminanschluß, keine Möbel etc. – weigerten Flüchtlinge aufnehmen zu können. Am 4. Mai 1946 erschien unerwartet ein weiterer Transport von 198 Ausgewiesenen, welche ebenfalls vorläufig in drei Sälen verteilt wurden. Herrn Heinze[64] gelang es inzwischen durch rücksichtsloses Vorgehen die Verstoßenen von zwei Sälen in Einzelzimmer zu verlegen. Wie mir mitgeteilt wurde, ist mit einer weiteren Zuteilung zu rechnen. Wenn Indersdorf prozentual auch noch nicht so stark wie vorgesehen, belegt ist, so halte ich eine weitere Belastung der Gemeinde für untragbar und unverantwortlich. Es fehlt in der Regel nicht am guten Willen, den Pflichten der Nächstenliebe nachzukommen, sondern vielfach an geeigneten Räumen etc. Die bauliche Beschaffenheit der hiesigen Wohnungen ist für eine derartige Masseneinquartierung nicht geeignet und nicht mit Fremdenorten und Mehrfamilienhäuser zu vergleichen, in welchen die Hauseinteilung viel günstiger ist. Vorübergehend kann ein Haus wohl vollgepfropft werden, aber für die Dauer wäre dies unerträglich. Wenn die Flüchtlinge dauerhaft seßhaft gemacht werden sollen, will jeder Haushalt seinen eigenen Herd, wenn es nicht täglich zu Zank und Streit, Mord und Totschlag kommen soll. Ganz besonders fehlt es dann am nötigen Brennmaterial, Küchen- und Haushaltgerät. Auch in sittlicher Hinsicht ergeben sich schwere Bedenken. So bedauerlich die Ausweisung der Deutschen – vom Säugling bis zu Greise – ist, so ist es andersseits auch begreiflich, wenn die Bevölkerung über diese Masseneinquartierung in Aufregung gebracht ist. Unbegreiflich ist jedoch mir, daß man mich als Bürgermeister hierfür verantwortlich macht und mich mit Vorwürfen überschüttet. Ja es wird sogar behauptet, daß ich den Antrag gestellt hätte, daß in die Marktgemeinde Indersdorf 85% Flüchtlinge kommen sollen. Andere begründen ihre Beschwerde damit, daß ich gegen diesen Massenzuzug nicht entschieden rechtzeitig Einspruch erhoben hätte. Eine andere Gruppe stellte fest, daß die zweite größere Zuteilung deshalb erfolgt sei, weil ich die ersten 87 Flüchtlinge nicht alle in Einzelquartiere untergebracht habe. Tatsache ist, daß ich bereits vor Eintreffen der Ausgewiesenen Herrn Haberl mündlich und telefonisch erklärt habe, daß eine derartige Belastung für Indersdorf untragbar wäre. Angesichts dieser Beschuldigungen sehe ich mich veranlasst zu Herrn Landrat die ergebenste Bitte zu richten um gütige Veranlassung, daß von einer weiteren Zuteilung Abstand genommen werden wolle.«

Und am 15. Juni 1946 schreibt Johann Holdenried: »Hochverehrter Herr Landrat!/Wie mir am 12. Juni 1946 von Herrn Wohnungs- und Flüchtlingskommisär Leibl mitgeteilt wurde, soll nun der Bürgermeister bzw. der hiesige Wohnungsausschuß die noch in Sälen untergebrachten ca. 100 Flüchtlinge in

Einzelquartiere unterbringen. Weitere Flüchtlinge seien zu erwarten. [...] Für mich als Bürgermeister, wie für den Wohnungsausschuß – ist bereits zurückgetreten – ist es wegen der schwierigen Verhältnisse nun unmöglich, alle noch in Sälen befindlichen Ausgewiesenen und etwa noch eintreffende Transporte in Einzelquartiere unterzubringen, da die Gemeinde bereits beängstigend belegt ist. [...] Die in Sälen untergebrachten Flüchtlinge wollen und sollen begreiflicherweise in Einzelquartiere verlegt werden, haben diese aber Einzelzimmer erhalten, dann beginnen die Klagen von neuem. Den einen ist der zugewiesene Raum zu klein, zu feucht oder zu unbequem, den anderen fehlt die Kochgelegenheit, finden nicht die geeigneten oder nicht genügend Möbel und Einrichtungsgegenstände vor, die allermeisten haben kein Brennmaterial. Tag für Tag und Stunde für Stunde kommen die Flüchtlinge in die Gemeinde-Kanzlei und stellen derartige Wünsche und Anträge, nicht selten in grober, je beleidigender Form, wodurch es mir fast unmöglich wird, die laufenden gemeindlichen Arbeiten und Termine rechtzeitig und ordnungsgemäß zu erledigen. [...] Die in den letzten Tagen gegen mich erhobenen unberechtigten Beschuldigungen und die Hetze, die scheinbar von einigen Flüchtlingen gegen mich betrieben wird, durch die ich mich bedroht fühle, veranlassen mich, erneut an Sie, hochverehrter Herr Landrat, die ergebenste Bitte zu richten, mich als Bürgermeister entheben zu wollen. Es liegt mir ferne, mich von der Arbeit zu drücken, davon dürfen Sie, Herr Landrat, überzeugt sein, doch unter solch erschwerten Verhältnissen weiterzuarbeiten, gehört kaltes und gesünderes Blut. Mit vorzüglicher Hochachtung! Bürgermeister.«

Im September 1946 musste Bürgermeister Holdenried sich gegen eine Beschwerde einer Wally Fleischer wehren, er schrieb an den Flüchtlingskommissär: »Bezüglich der weiteren Beschwerde, daß ich Äusserung gebraucht hätte, ich habe es nur noch mit einer Flüchtlingsbande zu tun, erkläre ich, daß diese Behauptung nicht der Wahrheit entspricht und darum zurückweisen muß. Dafür habe ich Zeugen. Eine derartige Beschimpfung wäre mit meinem mitleidsvollen Verhalten zu den Flüchtlingen gar nicht vereinbar. Ich habe Flüchtlingen gegenüber schon oft mein Bedauern zum Ausdruck gebracht, daß sie ein so schweres Los getroffen hat und komme diesen freundlich entgegen. Auch dafür habe ich Zeugen. Ein weiterer Beweis ist, daß ich 100 Flüchtlinge des nach Indersdorf gekommenen 1. Transportes 4 Tage kostenlos aus meiner Tasche verpflegte. Ein mittelloses Ehepaar habe ich wiederholt finanziell unterstützt«.[65]

Für die Flüchtlinge war der Bürgermeister, der Flüchtlingskommissär des

Landkreises sowie der Wohnungsausschuss der Gemeinde zuständig. In der ersten Gemeinderatssitzung nach der Stunde Null am 12. September 1945 wurden Josef Gailer und Josef Nißl dazu bestimmt.[66] Am 16. Februar 1946 wurden Franz Fuchsbüchler und Josef Böck in den Wohnungsausschuss bestellt.[67] Nachdem der Wohnungsausschuss aufgrund der anhaltenden Schwierigkeiten zurückgetreten war, musste am 27. September 1947 aufgrund des bayerischen Wohnungsgesetzes zur Koordinierung der Wohnungsnot ein neuer Wohnungsausschuss gebildet werden, der durch den Gemeinderat bestimmt wurde.[68]

Seit Eintreffen der Flüchtlinge bis in die 1950er Jahre hinein gab es Wohnungseinweisungen bzw. Wohnungsbeschlagnahmen durch die Wohnungsbeauftragten der Gemeinde bzw. das Landratsamt. So waren z. B. im September 1948 im Wohn- und Geschäftshaus der Familie Holdenried insgesamt 22 Personen untergebracht. Die Waschküche wurde von 14 Familien benutzt.[69] War eine Familie ausgezogen, wurde die Nächste eingewiesen. Die Einweisung geschah durch schriftlichen Bescheid der Marktgemeinde.

Als Notunterkünfte wurden ab 1944 östlich des DIOVA-Gebäudes einige kleine Häuschen, sogenannte Behelfsheime errichtet, die jedoch die Wohnungsnot nicht merklich lindern konnten. Bereits am 22. September 1945 beschloss der Gemeinderat für diese Behelfsheime einen Wasser- und Stromanschluss zu errichten. Vier Häuschen waren im Besitz der Gemeinde. Die monatliche Miete betrug je nach Größe 25 RM, 35 RM oder 50 RM. Insgesamt wurden zum Bau von 1944 bis 1948 11 802 Reichsmark durch die Gemeinde aufgewendet.[70]

DIE POLITISCHE GEMEINDE

Die Akten aus der Zeit vor und nach dem Einmarsch wurden größtenteils vernichtet. Lediglich ein Beschlussbuch des Gemeinderats ist noch vorhanden, worauf die folgenden Angaben fußen. Bereits am 15. Mai 1945 wurden schon die ersten Bürgermeister in den Landgemeinden eingesetzt. Sie waren vom Landrat vorgeschlagen, und von der Militärregierung kommissarisch ernannt worden.[71] Für Markt Indersdorf war dies der Klosterbräu Franz Fuchsbüchler und der Kaufmann Johann Holdenried als 2. Bürgermeister. In der ersten Gemeinderatssitzung nach dem Umsturz am 12. September 1945 wurde der Gemeinderat durch Landrat Dr. Heinrich Kneuer eingesetzt:[72] Rabl

Simon, Moser Jakob, Bieringer Georg, Lachner Ludwig, Isemann Severin, Gailer Josef, Vogl Georg, Nißl Josef. Bald darauf befahl die amerikanische Militärregierung in ihrer Besatzungszone die Durchführung der Gemeindewahlen am 27. Januar 1946.[73] Erster Bürgermeister wurde Johann Holdenried, zweiter Bürgermeister der Bäckermeister Johann Pest. Gemeinderäte waren: Schulmayr Hans, Böck Johann, Fuchsbüchler Franz, Kammerloher Korbinian, Mertl Johann, Lachner, Isemann Johann, Gschwendtner Josef.[74] Aus der Kommunalwahl im Frühjahr 1948 ging der Schmiedemeister Simon Rabl als Bürgermeister hervor, er sollte es bis 1. Juli 1972 bleiben. 2. Bürgermeister blieb Johann Pest. Gemeinderäte waren: Fuchsbüchler Franz, Schrodt Johann, Kammerloher Korbinian, Gschwendtner Josef, Blank Georg, Hamberger Georg und 3 Gemeinderäte aus den Reihen der Flüchtlinge: Kieswetter Karl, Lang Franz und Peschek Gustav.[75] Ausdrücklich sprach der neue Gemeinderat dem scheidenden Bürgermeister Johann Holdenried »für seine aufopfernde und uneigennütziger Arbeit den wärmsten Dank aus. Die Gewissheit, daß Sie durch gewissenhafte und unparteiische Führung Ihres Amtes in der schwersten Zeit einen wesentlichen Beitrag zum Wiederaufbau der Gemeinde geleistet haben, wird Ihnen in der Geschichte der Gemeinde eine bleibende Anerkennung sein.«[76] Insbesondere hatte sich Holdenried um die Betreuung der Flüchtlinge verdient gemacht, in einer Zeit wo man nicht mehr wusste, was an Recht und Gesetz noch galt.

Entnazifizierung

Grundlage für die politische Säuberung in Bayern war die Direktive des US-Generalstabs Nr. JCS 1967. Darin wurde verfügt, dass alle mehr als nominellen Mitglieder der NSDAP und ihrer Untergliederungen, sowie alle aktiven Anhänger des Nationalsozialismus, die im öffentlichen Dienst beschäftigt waren, entlassen werden mussten.[77] In Indersdorf bekamen dies allen voran die Schulkinder zu spüren. Nachdem alle Lehrer zwangsläufig als Beamte der Partei beigetreten waren, wurden sie ihres Dienstes enthoben und durch Nichtparteimitglieder ersetzt. Oft fehlte diesen aber die nötige Ausbildung und pädagogische Befähigung. Die Leidtragenden waren die Schüler.

Mit Gesetz vom 5. März 1946 ging die Aufgabe der Entnazifizierung in der amerikanischen Besatzungszone in deutsche Hände über. Es verlangte die Registrierung der früheren Mitglieder der NSDAP und deren Gliederungen mit Hilfe von Meldebögen. Der Kreis der Betroffenen war damit viel zu weit gespannt.[78] Viele waren aufgrund ihrer beruflichen Stellung (z.B. Beamte, Lehrer), ihrer politischen Stellung (z.b. Bürgermeister) oder aus geschäftlichen Gründen (Handwerker und Kaufleute) gezwungen, der Partei beizutreten, um nicht die eigene Existenzgrundlage zu verlieren. Sie traten parteipolitisch öffentlich nicht in Erscheinung. Hierzu gibt es in Markt Indersdorf viele Beispiele. Aufgrund der Angaben in den Meldebögen wurden die verschiedensten Kontaktpersonen der Gemeldeten wie z.B. Bürgermeister, Pfarrer, Untergebene, Kollegen und Vorgesetzte, von der Spruchkammer aufgefordert, ihre Stellungnahme zur Person des Befragten abzugeben. Dabei waren die Kontaktpersonen selten bereit, über z.B. ihre Kollegen auszusagen. Ebenso in kleinen Orten, wo man sich gegenseitig kannte und sich täglich auf der Straße begegnete.

Für die Marktgemeinde Indersdorf fiel Bürgermeister Holdenried die heikle Aufgabe zu, die Beurteilungen für die Spruchkammer[79] abzugeben. Über die beiden übelsten Nationalsozialisten in der Marktgemeinde – es waren zwei Lehrer – gab er folgende, sehr kurze, und genau betrachtet, vorsichtige Erklärungen ab: »An den öffentlichen Kläger bei der Spruchkammer [...] 5. April 1948. Max Merkl überwachte das ganze Tun und Treiben in der Gemeinde – insbesonders in politischer Hinsicht – weshalb er gefürchtet war. Gewalttätiges Verhalten kann nicht festgestellt werden«.

»An den Bezirksschulrat Hr. Josef Vogel, Dachau, [...] 13.September 1946 [...] Der Gemeinderat beurteilt Hobelsberger wie folgt: [...] war angeblich Ortsgruppenleiter, ein begeisterter, gefürchteter Nazi, der andere zum Eintritt in die Partei und Organisationen veranlasst und gedrängt und zahlreich Reden gehalten haben soll. Über sein Verhalten zur Kirche, zu den Geistlichen und im Schuldienst dürfte das Pfarramt eine sachdienliche Auskunft geben können.«

Der bürokratische Aufwand der Entnazifizierung war immens. Einige weitere Beispiele sollen verdeutlichen, dass sogar für die harmlosesten Personen Stellungnahmen abgegeben werden mussten. Bei anderen Mitbürgern versuchte man bestimmte Tatsachen abzumildern. Uns liegen neben den Stellungnahmen des Bürgermeisters Johann Holdenried teilweise auch die des Indersdorfer Pfarrers Balthasar Ranner vor.[80]

Bürgermeister: »Die Volksschullehrerin Fräulein Therese Kugler, Kloster Indersdorf ist seit 1917 an der Marktschule in der Gemeinde Indersdorf tätig. Ihr besonderes Bestreben war den guten Stand und Ruf der Schule vor 1933 aufrecht zu erhalten. Von einer aktiven Betätigung bei der Partei ist mir nichts bekannt. Im Interesse einer erfolgreichen Erziehungs- u. Unterrichtstätigkeit muß ich die Wiedereinstellung von Fräulein Kugler dringend befürworten. Markt Indersdorf, 29. September 1946.«

Pfarrer: »Frl. Theres Kugler, Lehrerin in Indersdorf, kann ich aus neunjähriger Bekanntschaft mit ihr bezeugen, dass sie durchaus antinationalsozialistisch eingestellt war, entsprechend ihrer nie aufgegebenen, streng katholischen Haltung. Sie verweigerte die Unterschrift, als die Ablehnung des katholischen Religionsunterrichts verlangt wurde. 1938 wurde sie vom damaligen Schulleiter wegen ihrer katholischen, antinationalsozialistischen Haltung mit Entlassung bedroht und beriet mit mir, was sie dann tun könne. Sie war bestrebt ihre Schüler mit katholischem Geist zu erfüllen und gab ungeachtet der Drohungen weiterhin katholischen Religionsunterricht für längere Zeit bei Erkrankungen der Geistlichen ohne sich vor allenfallsigen, daraus entspringenden Nachteilen zu fürchten. Ausserdem kenne ich ihre antinationalsozialistische Einstellung aus zahlreichen Gesprächen während der letzten neun Jahre.«

Bürgermeister: »Fräulein Maria Würf, Markt Indersdorf war seit 1925 beim Postamt Indersdorf als Postverwalterin angestellt. Frl. Würf hat mich stets freundlich und aufmerksam bedient. Entgegen der Vorschrift hat sie mich stets mit dem alten bayerischen Gruß ›Grüß Gott‹ gegrüßt und dadurch bekundet, daß sie sich nicht zu Hitler bekennt. Im Verkehr mit ihr habe ich nie den Eindruck gehabt, daß sie Mitglied der NSDAP gewesen wäre, weshalb ich überrascht war, nach Kriegsende zu erfahren, daß sie Parteimitglied war. Sie war nach meiner Ansicht keine überzeugte Nationalsozialistin sondern eben auch ein Opfer der nationalsozialistischen Gewaltherrschaft. Mir ist nichts bekannt, daß Frl. Würf jemand denunziert oder wegen seiner politischen Einstellung benachteiligt hätte. Nachdem ich Frl. Würf als gewissenhafte Beamtin kennengelernt habe, befürworte ich deren Wiedereinstellung in den Postdienst. Markt Indersdorf, 3. Dezember 1946«.

Bürgermeister: »Herr F. A. [...] war wie mir bestätigt wurde, seit ungefähr 20 Jahren bei [...] angestellt. Dadurch kam ich oft mit ihm zusammen. Den Hitlergruß habe ich von ihm in meinem Hause nicht gehört. Sein Beitritt in die Partei dürfte – wie bei vielen Beamten – nur erzwungen gewesen sein. Schließlich hatte er für den Unterhalt seiner Familie zu sorgen [...] 2. Dezember 1946.«

Die Stellungnahme von Pfarrer Balthasar Ranner fiel etwas ausführlicher aus: »[...] ist nach seinen Angaben im Jahre 1933 der NSDAP sowie der SA beigetreten. Dazu veranlasste ihn mangelnde Einsicht in die weiteren Ziele der Partei und ihrer Gliederung, die er für vaterländisch und auf dem Recht aufgebaut ansah, wie auch die Sorge für die 1932 gegründete Familie, in deren Interesse er vorwärts kommen wollte. Ein späterer Austritt, als ihm das Gebaren der Partei verdächtig erschien, hätte ihm seine Stellung bei der [...] gekostet. Diese Angaben halte ich für durchaus glaubwürdig. Ich kenne Herrn A. seit Beginn meiner hiesigen Amtstätigkeit im Jahre 1936. Ein aktives Eintreten für die Partei und ihre Ziele habe ich bei ihm seit dieser Zeit nicht bemerkt und von einem solchen auch nie gehört. Ich zähle Hr. A. unter die Klasse der Mitläufer und glaube, mit Recht. Kloster Indersdorf, den 31. Mai 1946.«

Wie schnell ein Bürgermeister aufgrund seiner Stellungnahmen selbst in Schwierigkeiten kommen konnte zeigt folgendes Beispiel: Über Anton Gschwendtner, Oberer Wirt von Indersdorf, musste eine Stellungnahme abgegeben werden, da er Parteimitglied war, und sein Gasthaus auch als Parteilokal diente. So schreibt Bürgermeister Holdenried im März 1947 an die Spruchkammer Dachau: »Gschwendtner hat durch die Folgen der Belegung seines Hauses durch Ausländer, Besatzungstruppen u. Flüchtlinge einen derart großen Schaden gehabt, dass sein Beitritt zur Partei gesühnt sein dürfte. In seinem Hause befand sich das Parteilokal. Er war Mitglied des Gemeinderats, ist aber im übrigen politisch nicht hervorgetreten.« Postwendend kam die Antwort der Spruchkammer Dachau am 13. März 1947: »Ihnen wurde von mir das Arbeitsblatt [...] übersandt, um laut Vorschrift die Vollständigkeit und Richtigkeit der aus Spalte 1 ersichtlichen, dem Oeffentlichen Kläger gekannten Daten nachzuprüfen und binnen 24 Stunden in die vorgeschriebene Spalte Ihre Eintragungen zu machen, bezw. Berichtigungen vorzunehmen und eventuell Ihnen bekannte Tatsachen aus dem politischen Leben des Betroffenen während der nationalsozialistischen Regierungszeit zu vermerken, die geeignet sind, hinsichtlich der Eingruppierung des Betroffenen und Festsetzung von Sühnemassnahmen dem Oeffentlichen Kläger und der Kammer zur gerechten Beurteilung zu dienen. Stattdessen geben Sie als Bürgermeister des heutigen Staates über einen Altparteigenossen ein Urteil ab, mit welchem sie dem Betroffenen bestätigen, der als Parteigenosse gerechterweise in erster Linie eine Besetzung seines Hauses durch die Besatzung, Ausländer und Flüchtlinge auf sich zu nehmen hatte, dass er hierdurch einen derart grossen Schaden erlitten habe, der seinen Beitritt zur Partei reichlich sühne. Ich werde

Ihre künftigen Beurteilungen von Betroffenen in Arbeitsblättern besonders beachten und im Wiederholungsfalle solcher Auffassungen Sie dem Herrn Minister für Sonderaufgaben als ungeeignet für einen Posten im öffentlichen Leben melden. Ein neues Arbeitsblatt zwecks ordentlicher Ausführung füge ich bei. Der öffentliche Kläger Claussen.«

Bürgermeister Holdenried ließ sich jedoch nicht einschüchtern und antwortete:»Die […] Angaben erachte ich, wie 2. Bürgermeister Johann Pest aus nachfolgenden Gründen für gerechtfertigt: G. hat das Anwesen in Markt Indersdorf im Jahre 1926 zum Preise von Mk. 19000,– erworben. Die Schulden betragen nach seinen Angaben Mk. 18000,–. Hiezu ist noch der Verdienstausfall seit Kriegsende, ferner die von ihm zu tragenden Kosten für Reparaturen und Neuanschaffungen für abhandengekommene Gegenstände zu rechnen, die nach seinen Angaben ca. 10000,– bis 11000,– betragen sollen. G. steht mittellos da. Aus dieser Erwägung heraus erfolgte die Eintragung im Arbeitsblatt denn er ist unter diesen Umständen aus eigenen Mitteln kaum imstande zur Leistung einer finanziellen Buße. Bei Kenntnis dessen wirtschaftlichen Lage dürfte der Eintrag wohl berechtigt gewesen sein. Es lag uns ferne damit dessen Zugehörigkeit zur Partei zu beschönigen.« Dass Gschwendtner, obwohl er Parteigenosse war, es nicht einfach hatte, zeigt folgende Bekanntmachung im Dachauer Volksblatt vom 15. Oktober 1936: »Mitteilungen der NSDAP Kreis Dachau, Anordnung der Kreisleitung. Die Gastwirtschaft Gschwendtner, Indersdorf (Parteilokal), hat am Erntedankfest durch zu hohe Preise bewiesen, daß sie die Bezeichnung Parteilokal nicht verdient. Diese Bezeichnung wird daher zukünftig untersagt und den Parteigenossen wird auf die Dauer eines Monats […] das Betreten dieses Lokals verboten. Kreisleitung Dachau-Aichach. Friederichs, Kreisleiter.[81]

Die Rolle des Bürgermeisters Michael Steiger

Ökonomierat Michael Steiger, ehemaliger Steigerbräu und Gutsbesitzer, war von 1911 bis 1919 und von 1930 bis 15. Mai 1945 Bürgermeister von Markt Indersdorf. Er war damit während des gesamten Dritten Reichs im Amt. Steiger verteidigte stets die Bürgerinteressen gegenüber der Partei. Am 17. Mai 1933 kam es zur ersten Gemeinderatssitzung seit der Machtergreifung. Neben Bürgermeister Steiger erschienen von zehn Gemeinderäten nur noch drei. Dies sollte sich bis 1939 so fortsetzten. Die beiden 2. Bürgermeister traten zurück, und überließen Michael Steiger die heikle Verantwortung allein. Seine antinationalsozialistische Haltung zeigt sich in keinen Dingen: Erst sehr spät wurde auf Drängen der Kreisleitung eine Hakenkreuzfahne angeschafft. Für eine Adolf-Hitler-Spende der Deutschen Wirtschaft wurden gerade einmal 5 RM bewilligt. Bei einem Darlehen zur Anschaffung von SA-Mänteln achtete Steiger darauf, dass dieses auf Mark und Pfennig zurückbezahlt wurde. 1935 wurde ihm ein politischer Leiter aus dem Gemeinderat beigestellt.

Als die Amerikaner am 28. April 1945 einrückten stand der 73-jährige mit einer weißen Fahne vor dem Rathaus.[82] Dementsprechend fiel auch die Beurteilung durch Johann Holdenried für die Spruchkammer aus: »[…] hat in guten und schlechten Jahren mit großen Wissen und Verständnis zum Wohle der Mitbürger gewirkt. Wenn ihm die Führung auch während des 3. Reiches oblag, so war dies der Wille der weitaus größten Mehrzahl der Einwohner, da diese überzeugt waren, daß unter seiner Leitung und seiner Unantastbarkeit die Geschicke der Marktgemeinde in bester Hand liegen werden und insbesondere wussten, daß er die Zügel auch gegenüber den Naziherrschaften, die gewiß nicht zu seinen Freunden zählten, fest in der Hand behalten wird. Die Parteizugehörigkeit wurde ihm gegen seinen Willen serviert. Den Hitlergruß habe ich von ihm selten gehört und gesehen und war nur sehr oberflächlich und kaum hörbar, aus dem deutlich seine ablehnende Haltung gegen den Nationalsozialismus erkennbar war. Auch aus seinen abfälligen Bemerkungen mir gegenüber, hatte ich diesen Eindruck gewonnen. Herr Steiger verstand es, die Gegensätze zwischen den Naziforderungen und dem wirklichen Wohle der Gemeinde auszugleichen. Der katholischen Kirche blieb er nach wie vor treu. Entlastend für ihn, daß er durch sein kaltblütiges Eingreifen bei Herannahen der Amerikaner, der geplanten Verteidigung Indersdorf widersetzend, den Ort mit der weissen Fahne in der Hand kampflos übergab und so die Gemeinde vor großem Unheil bewahrte. Dafür ist die Marktgemeinde Indersdorf Herrn Steiger zu ganz besonderem Dank verpflichtet […] 10. September 1946«.

Ähnlich urteilt Pfarrer Balthasar Ranner: »Herr Michael Steiger war von 1911 bis 1919 und wieder von 1930 bis 1945 Bürgermeister der Marktgemeinde Indersdorf. Er wurde zu diesem Ehrenamt durch das einmütige Vertauen seiner Mitbürger berufen. Es wird ihm auch das einmütige Zeugnis der ganzen Gemeinde ausgestellt, dass er sein Amt in vorbildlich uneigennütziger Weise, nur auf das Wohl der Gesamtheit bedacht, geführt hat. Er liess sich auch nur in Rücksicht auf das Gemeinwohl dazu bewegen sein Amt unter der Herrschaft des Nationalsozialismus weiterzuführen und trat nur aus diesen Gründen der Partei bei. Beides unterschreibe auch ich persönlich. Während des Krieges wurde er zur Führung der Geschäfte der Ortsgruppe bestimmt. Wie lästig ihm das war, weiss ich aus mehreren Unterhaltungen. Aber seit der Uebernahme der Geschäftsführung der Ortsgruppe durch ihn herrschte in Indersdorf Ruhe. Denn er trieb keine politische Propaganda für den Nationalsozialismus, dem er innerlich ferne stand und ferne blieb, wie ich wiederum aus mehreren Unterredungen positiv weiss. Er erklärte mir vor mehreren Jahren schon: Erst kommt die Gemeinde und alles was damit zusammenhängt, wenn dann noch Zeit bleibt, die Ortsgruppe, und wenn keine Zeit bleibt, dann bleibt sie eben liegen und meist ist keine Zeit mehr. Wiederum weiss ich aus Gesprächen in früherer Zeit, dass er wiederholt das Amt des Bürgermeisters und Geschäftsführung der Ortsgruppe zur Verfügung stellte; die Kreisleitung zwang zur Weiterführung mit der Drohung ihn im Weigerungsfall unter Anklage der Sabotage zu stellen. So muss es ihm die Gemeinde danken, dass er die undankbaren Aemter so selbstlos weitergeführt hat. Dem katholischen Pfarramt und mir persönlich gegenüber zeigte er unentwegt das grösste Entgegenkommen; um amtliche oder persönliche Angelegenheiten zu besprechen kam er immer wieder mitten am Tage zu mir ins Pfarrhaus, auch zu der Zeit, als sich viele untertags der Partei wegen nicht mehr zu kommen trauten, als der Geistliche verfemt war. Als der Druck, aus der Kirche auszutreten sich verstärkte, erklärte er mir spontan: Das kommt für mich nicht in Frage. Und den Ernst und die Ehrlichkeit des Entschlusses konnte ich aus seinen Zügen lesen. Höchst dankenswert war sein Verhalten in den letzten Tagen vor dem Einmarsch der Amerikaner. Von der Kreisleitung mit Verhaftung bedroht richtete er sein ganzes Augenmerk darauf seine Heimatgemeinde unbeschädigt zu erhalten, floh nicht vor der Drohung, sondern übte sein Amt weiter, traf Anordnungen in aller Oeffentlichkeit persönlich, bis er die Gemeinde übergeben konnte, ohne dass ein Bewohner der Gemeinde oder ein amerikanischer Soldat eine Schädigung erlitt. Steiger war kein Aktivist, er arbeitete nicht zum Vorteil der Partei, sondern der Gemeinde, er ist persönlich makellos, zog keinen Vorteil aus seinem Amt oder seiner Tätigkeit, geniesst überall das größte Ansehen und hat meine volle Hochachtung und Wertschätzung. Er bewahrte sich auch der Propaganda und der Partei gegenüber sein gesundes Urteil und trat zur Partei zwar in ein äusseres, aber kein inneres Verhältnis. Ich könnte es nicht verstehen, wenn man ihn als Aktivisten oder minder belastet einreihen würde.«

Raubmorde an der Zivilbevölkerung auf dem Gebiet der heutigen Grossgemeinde

Ab 15. Mai 1945 wurden ehemalige polnische Zwangsarbeiter im Lager Wagenried einquartiert. Ungefähr ab Mitte Juni 1945 setzten ständige Plünderungen oft unter Gewalt- und Todesandrohungen (z. B. an den Bürgermeister von Ainhofen) durch diese ehemaligen Zwangsarbeiter ein. Es wurden sogar Raubmorde verübt. Erst als Ende August 1945 die Polen abzogen, kehrte wieder Ruhe ein.[83]

Raubmord in Grainhof

Am Abend des 6. Juli 1945 wurde der Hof der Familie Gottschalk in Grainhof überfallen. Die Täter, vermutlich aus dem Lager Wagenried, kamen per Fahrrad, rissen an der Rückseite des Wohnhauses einen Fensterstock heraus und drangen in das Haus ein. Nachdem noch kein elektrisches Licht vorhanden war, wurde das ganze Haus mit Kerzen ausgeleuchtet. Danach drangen die Täter in das Schlafzimmer des erst seit 6 Wochen verheirateten Paares Anton und Cäcilia Gottschalk ein und ermordeten Anton Gottschalk durch einen Schuss in die Halsschlagader. Er verblutete in kürzester Zeit. Cäcilia Gottschalk musste unter das Bett kriechen, ebenso die Schwiegereltern. Die Täter raubten die gesamte Aussteuer der jungen Bäuerin angefangen bei den Vorhängen, Kleider, Bettzeug und sogar die Unterröcke. Den Bruder des Bauern, Michael Gottschalk fand man am nächsten Tag tot am Haus, er hatte einen Kopfschuss.[84]

Raubmord in Aberl

Vermutlich auch auf das Konto der Polen aus dem Lager Wagenried ging der Raubmord in Aberl. Am 21. Juni 1945 wurde bei einem Überfall auf ihrem Anwesen die Bäuerin und fünffache Mutter Amalie Geißler durch einen Bauchschuss ermordet. Ihr Ehegatte Georg Geißler wurde dabei zum Krüppel geschossen und starb an den Folgen am 18. Juli 1948.

Raubmord im Glonner Holz

An der Straße von Glonn nach Ainhofen im Wald steht ein Bildstock mit der Aufschrift: »Hier Wanderer stehe still und bete für unsere liebe Tochter und Schwester Jungfrau Franziska Nagl aus Schernberg[85] welche hier in diesem Walde am 24. August 1945 im Blütenalter von 16 Jahren ermordet wurde. Gott wird abwischen alle Tränen aus ihren Augen und Leid wird nicht mehr sein.«

Franziska Nagl aus Schernberg war am 24. August 1945 unterwegs um für verkauftes Vieh beim Metzger Lorenz Gschwendtner das Geld einzukassieren. Auf ihrem Heimweg Richtung Ainhofen wurde sie von Polen aus dem Lager Wagenried überfallen und ermordet. Als sie nicht nach Hause kam wurden Suchtrupps aus den Gemeinden Glonn und Ainhofen ausgehoben. Diese fanden Franziska Nagl an der Stelle wo heute der Bildstock steht.[86]

1 Vgl. auch: Cornelia Hartmut: »Indersdorf total fliegergeschädigt« In: Süddeutsche Zeitung 12. Juli 1994

2 Archiv Heimatverein Indersdorf: Nachlass Holdenried: Haut, Hillreiner, Hechtl, Hamberger, Schneiter, Mayr, Baldauf, Spicker, Steiger, Holdenried (Holzhütte, Pulverlager, Wohnhaus, Dachraum), Hechtl HsNr. 11, Märkl (Lehrer), Ebermeier, Reischl, Lechner, Weigmann, Wackerl (Unterwirt), Fuchsbüchler (Saal), Reichsbahnlager, Brettmeister Karpfhofen, Zotz Karpfhofen, Sedlmeier Karpfhofen

3 Zeitzeugenbericht von Johanna Leitenstorfer, Jahrgang 1926

4 Alois Angerpointner: Kriegsgeschehnisse in Machtenstein und Markt Indersdorf im Jahre 1944. In: Amperland 29 (1984) S. 635

5 Sprengbomben fielen bei Wagenried auf freies Feld; zwischen Westerholzhausen und Markt Indersdorf auf freies Feld; hinter dem Anwesen Moosrainer, Dachauer Straße 3, ortsnah auf eine Streuobstwiese; zwischen Markt Indersdorf und Bahnhof Indersdorf auf freies Feld; zwischen Karpfhofen und Ried auf freies Feld; zwischen Wöhr und Markt Indersdorf auf freies Feld. Weiter wurden unzählige Stabbrandbomben mit einer Länge von 60–80 cm auf den Feldern gefunden.

6 Archiv Heimatverein Indersdorf: Schreiben von Otto Praunseys vom 3. Oktober 1944

7 Zeitzeugenbericht vom Frühjahr 1984 von Centa Petz, Jahrgang 1896, Ludwig-Thoma-Str. 30

8 Süddeutsche Zeitung v. 28. April 1995: Cornelia Hartmut: Indersdorf 28. April 1945: Dem Bangen folgt Festtagsstimmung.

9 Extrablatt Glonntalbote: 100 Jahre Marktrecht, Markt Indersdorf 1982.

10 Stefan Nadler u. Maria Hildebrand: Dokumentation zur Bau-, Ausstattungs- und Restaurierungsgeschichte Pfarrhof, Mesnerhaus und Schneiderturm, März 2001. Seite 124 aus: StAM Landbauämter 3398.

11 Archiv Heimatverein Indersdorf: Schreiben von Otto Praunseys vom 15. Oktober 1945

12 Nachlass Holdenried, wie Anm. 2, Zusammenstellung der Kriegsschäden

13 Nachlass Holdenried, wie Anm. 2, Schreiben v. 24. März 1950 an die Reg. von Obb. und Schreiben vom 25. Januar 1946 an den Landrat von Dachau

14 Marktplatz 2

15 Vgl. Hans Kornprobst: Der Steigerbräu. In: Braukunst und Brauereien im Dachauer Land. Museumsverein Dachau 2009. S. 271

16 Zeitzeugenbericht von Centa Petz vom Frühjahr 1984

17 Nachlass Holdenried, wie Anm. 2, Schreiben vom 28. Mai 1945

18 Der Film ist seit dem Tod von Anton Haschner (verstorben am 27. Mai 2007) verschollen.

19 Süddeutsche Zeitung v. 28. April 1995: Cornelia Hartmut: Indersdorf 28. April 1945: Dem Bangen folgt Festtagsstimmung.

20 Johanna Leitenstorfer, Röhrmoos, wohnte damals im Haus Ludwig-Thoma-Str. 30 in Kloster Indersdorf. Zeitzeugengespräch vom 7. Oktober 11

21 Zeitzeugenbericht von Centa Petz, vom Frühjahr 1984

22 Entnommnen aus: Cornelia Hartmut, wie Anm. 19

23 Ausführlich: Hans Holzhaider: Die Sechs vom Rathausplatz. 2. Auflage. München 1995. S. 21 ff, S. 52

24 Marktplatz 2.

25 Entnommnen aus: Cornelia Hartmut, wie Anm. 19

26 Heute Schneiderturm genannt.

27 Archiv Heimatverein Indersdorf: Unterlagen Otto Praunseys

28 Er kam nicht mehr heim, galt als vermisst. Vgl. Georg Schwaiger: Das Erzbistum München u. Freising in der Zeit der nationalsozialistischen Herrschaft Band 1, München Zürich 1984, S. 359

29 Frl. Kugler wurde wieder eingestellt

30 Vgl. auch Vortrag von Eleonore Philipp, gehalten beim Heimatverein Indersdorf e. V. im Dez. 2000 sowie von ihr zusammengestellte Unterlagen im Archiv des Heimatvereins

31 Alte Bezeichnung für Kaplan

32 Hausgeistlicher

33 Pfarrarchiv Indersdorf: Schreiben vom Pfarrer Eckl v. 9. Januar 1934 an die Polit. Polizei München

34 Georg Schwaiger, wie Anm. 27, S. 466–467. Und: Heimatverein Indersdorf: Aufzeichnungen von Eleonore Philipp

35 Georg Schwaiger, wie Anm. 27, S. 468

36 Pfarrarchiv Indersdorf

37 Johanna Leitenstorfer, wie Anm. 20

38 Zeitzeugenbericht von Elisabeth Kornprobst, Jahrgang 1932, Kloster Indersdorf

39 Sammlung Hans Kornprobst

40 Das berichteten mehrere Zeitzeugen

41 Realschule Vinzenz von Paul: Jahresbericht 1994/95

42 Gemeindearchiv Markt Indersdorf: Gemeinderats-Beschlussbuch 1938–1950. 02–0241 I-2/2. Gemeinderatssitzung vom 23. Juli 1938

43 Kongregation der Barmherzigen Schwestern von hl. Vinzenz von Paul Mutterhaus München. Hildegard Zellinger-Kratzl: 175 Jahre Barmherzige Schwestern in Bayern, 1832–2007.München 2007, S. 186

44 Vgl. hierzu: Anna Andlauer: Zurück ins Leben. Das internationale Kinderzentrum Kloster Indersdorf 1945–46. Nürnberg 2011

45 Kongregation der Barmherzigen Schwestern, wie Anm. 43, S. 222

46 Gemeindearchiv Markt Indersdorf: Gemeinderats-Beschlussbuch 1938–1950. 02–0241 I-2/2. Gemeinderatssitzung vom 24. Juli 1945.

47 Realschule Vinzenz von Paul: Jahresbericht 1994/95

48 Zeitzeugenbericht von Herbert Rabl

49 Nachlass Johann Holdenried, wie Anm. 2, Erklärung von Kathi Gschwendner vom 8. September 1947

50 Zeitzeugengespräche im Jahr 2011. Leider stimmten die Zeitzeugen einer Veröffentlichung ihrer Namen nicht zu.

51 Kongregation der Barmherzigen Schwestern, wie Anm., S. 222

52 Dr. Angelika Fox: Dachau – Stadt der Vertriebenen und Flüchtlinge. In Amperland 41 (2005) S. 190–201

53 Genauere Zahlen stammen aus dem Privatnachlass des Bürgermeisters Johann Holdenried; Archiv Heimatverein Indersdorf: »Einwohnerzahl 15. August 46: Flüchtlinge aus anderen Zonen: 21 (britische Zone: 2; französische Zone: 10; russische Zone: 9); Flüchtlinge östlich der Oder/Neisse: 16; Flüchtlinge aus Ungarn: 1; Flüchtlinge aus der Tschechoslowakei: 348; Ausländer: 10 (Amerika: 1; Osten: 3; Rumänien: 4; Jugoslawien: 2); Einheimische Zivilbevölkerung: 1025; Insgesamt: 1420. – Einwohnerzahl am 29. Oktober 46: männlich: 691; weiblich: 942; insgesamt im Ort: 1633; UNNRA: 373; insgesamt: 2005.« – Der Blick ins Gemeindearchiv ist mehr als dürftig. Für die Altgemeinde Markt Indersdorf sind keine Unterlagen vorhanden. Lediglich für die Altgemeinde Ried mit den Ortsteilen Ottmarshart, Karpfhofen, Untermoosmühle, Obermoosmühle und Ried konnte im Gemeindearchiv ein Flüchtlingsverzeichnis ausgemacht werden. Durchforstet wurde das Gemeindearchiv nur für die Altgemeinden Indersdorf und Ried. Darin sind für 1952 insgesamt 138 Flüchtlinge verzeichnet davon 13 Schlesier, 116 Sudetenländer und 4 Ungarn.

54 Zum Pfarrsprengel gehörten die Orte Albersbach, Engelbrechtsmühle, Glonn, Häusern, Karpfhofen, Kloster Indersdorf, Markt Indersdorf, Obermoosmühle, Ottmarshart, Siechhäusern, Strassbach, Untermoosmühle, Wildmoos und Wöhr.

55 Archiv Heimatverein Indersdorf: Brief von Kooperator Otto Praunseys vom 29. Oktober 1946 an Maria Rieder

56 Johanna Leitenstorfer, wie Anm. 20

57 Vgl. Hans Kornprobst: Der Steigerbräu. In: Braukunst und Brauereien im Dachauer Land. Museumsverein Dachau 2009. S. 271

58 Nachlass Johann Holdenried, wie Anm. 2

59 Gemeindearchiv Markt Indersdorf: Gemeinderats-Beschlussbuch 1938–1950. 02–0241 I-2/2. Gemeinderatssitzung vom 6. April 1946

60 Gemeindearchiv Markt Indersdorf: Gemeinderats-Beschlussbuch 1938–1950. 02–0241 I-2/2. Gemeinderatssitzung vom 20. November 1946

61 Nachlass Johann Holdenried, wie Anm. 2

62 Johanna Leitenstorfer, wie Anm. 20

63 Nachlass Johann Holdenried, wie Anm. 2

64 Flüchtlingskommissär von Dachau

65 Nachlass Johann Holdenried, wie Anm. 2, Schreiben vom 11. September 1946

66 Gemeindearchiv Markt Indersdorf: Gemeinderats-Beschlussbuch 1938–1950. 02-0241 I-2/2. Gemeinderatssitzung v. 12. September 1945

67 Gemeindearchiv Markt Indersdorf: Gemeinderats-Beschlussbuch 1938–1950. 02-0241 I-2/2. Gemeinderatssitzung v. 16. Februar 1946

68 Gemeindearchiv Markt Indersdorf: Gemeinderats-Beschlussbuch 1938–1950. 02-0241 I-2/2. Gemeinderatssitzung vom 27. September 1947

69 Nachlass Johann Holdenried, wie Anm. 2, Schreiben an das Kreiswohnungsamt v. 1. September 1948

70 Gemeindearchiv Markt Indersdorf: Gemeinderats-Beschlussbuch 1938–1950. 02-0241 I-2/2

71 Dr. Josef Schwalber: Dachau in der Stunde Null. In: Amperland 4 (1968), S. 83–87

72 Gemeindearchiv Markt Indersdorf: Gemeinderats-Beschlussbuch 1938–1950. 02-0241 I-2/2. Gemeinderatssitzung v. 12. September 1945

73 Max Spindler: Handbuch der bayerischen Geschichte, Vierter Band: Das neue Bayern: Erster Teilband: Die politische Entwicklung Bayerns (1945–1972) S. 573

74 Gemeindearchiv Markt Indersdorf: Gemeinderats-Beschlussbuch 1938–1950. 02-0241 I-2/2. Gemeinderatssitzung v. 16. Februar 1946

75 Gemeindearchiv Markt Indersdorf: Gemeinderats-Beschlussbuch 1938–1950. 02-0241 I-2/2. Gemeinderatssitzung v. 28. Mai 1948

76 Nachlass Johann Holdenried, wie Anm. 2

77 Max Spindler, wie Anm. 74, S. 195

78 Vgl. hierzu: Paul Hoser: Entnazifizierung in der Stadt Dachau in: Norbert Göttler (Hg.): Nach der Stunde Null Stadt und Landkreis Dachau 1945 bis 1949. München 2008, S. 194 ff

79 Die Beurteilungen stammen aus dem Nachlass von Johann Holdenried, wie Anm. 2

80 Pfarrarchiv Kath. Pfarrkirchenstiftung Kloster Indersdorf

81 Heimatverein Indersdorf, Abschrift aus dem Volksblatt: Eleonore Philipp, Niederroth

82 Vgl. hierzu: Hans Kornprobst, wie Anm. 58, S. 268–269

83 Vgl. hierzu: Bericht von Pfarrer Georg Wüst, Langenpettenbach v. 28. August 1945 in: Peter Pfister: Das Ende des Zweiten Weltkriegs im Erzbistum München und Freising Teil I S. 441 ff. Regensburg 2005 und Hans Steiner u. Leni Fornfischer: Damit es nicht vergessen wird: Lager Wagenried. keine Seitennummerierung. Altomünster 2004

84 Hans Steiner u. Leni Fornfischer, wie Anm. 84

85 Gemeinde Jetzendorf

86 Zeitzeugenbericht von Maria Dallmayr, Glonn und Käthi Kettl, Glonn

Schulverhältnisse nach der »Stunde Null« in Vierkirchen
Neubeginn des Unterrichts nach dem Zweiten Weltkrieg 1945 bis 1950

Helmut Größ

Der Krieg war vorbei, die Besatzungsmächte übernahmen die Staatsgewalt. Im Potsdamer Abkommen der drei Siegerstaaten Sowjetunion, Großbritannien und den USA wurde unter Punkt 7 am 2. August 1945 festgelegt: »Das Erziehungswesen in Deutschland muss so überwacht werden, dass die nazistischen und militaristischen Lehren völlig entfernt werden und eine erfolgreiche Entwicklung der demokratischen Ideen möglich gemacht wird.«

Zunächst wurden alle Schulen, die die Kriegsjahre überstanden hatten, geschlossen. Vorrangiges Ziel war gemäß dem Potsdamer Abkommen die Entnazifizierung des Lehrpersonals, der Unterrichtsinhalte und der Schulbücher.[1] In den Übergangsrichtlinien für die bayerischen Volksschulen heißt es: »Der Wiederbeginn unserer Volksschulen stellt die Lehrerschaft vor eine schwere Aufgabe, den Neuaufbau unseres Volksschulwesens. Die äußeren Schwierigkeiten beruhen auf dem Mangel an Schulräumen und Schuleinrichtungen, an geeigneten Lehrkräften, sowie an Lehr- und Lernmitteln.«[2]

Die unter der Naziherrschaft eingeführte Volks- bzw. Gemeinschaftsschule anstelle der bisherigen Bekenntnisschule war in Vierkirchen im Juni 1937 nur eine kleine Notiz im Protokollbuch der Gemeinde.[3] Da praktisch alle Kinder katholisch waren und sich aus Sicht des Pfarrers keine Änderungen im Religionsunterricht ergaben, war der Schulbetrieb nicht betroffen.[4] Nach dem Krieg änderte sich das mit dem Zuzug evangelischer Flüchtlingsfamilien, worauf später noch eingegangen wird.

Das Schulhaus

Seit dem Jahre 1758 ist in Vierkirchen ein Schulhaus nachgewiesen. Der damalige Pfarrer und Erbauer der heutigen Kirche, Johann Georg Gröbmair, stiftete ein »Schulgütl« für den Unterricht und als Wohnung für den Lehrer.[5]

Nachdem das »Schulhaltersgütl« bereits 1815 in sehr schlechtem Zustand war, wurde ein Neubau erwogen, der aber erst 1834 ausgeführt wurde. Noch im gleichen Jahr brannte das Schulhaus nieder, das dann 1835 wieder neu errichtet wurde. Das Baumaterial war jedoch schlecht und die Schule klein. Erst 1866 konnte eine Erweiterung verwirklicht werden. In die Schule gingen Kinder aus Biberbach, den Wiedenhöfen, Pasenbach, Daxberg, Jedenhofen, Ramelsbach, Rettenbach und Esterhofen.[6] Wie viele Kinder das waren, ist nicht vermerkt.

Luftaufnahme (Ausschnitt) um 1956. Links unten das alte,
ganz rechts das »neue« Schulhaus. Foto H. Eichinger

Es gab zwei Schulräume und zwei Lehrerwohnungen. Dieses Gebäude von 1866! bestand bis 1980 als Schulhaus und wurde erst 1990 abgebrochen. Heute befindet sich an dieser Stelle Vierkirchens Rathaus.

Das Schulhausgebäude in Vierkirchen hatte die letzten Kriegstage trotz Zweckentfremdung als Verbandsplatz relativ gut überstanden. Im Krieg hatte ein Raum als Haftzelle für unbotmäßige ausländische Zwangsarbeiter gedient. Einige Sommer hindurch befand sich in ein paar Räumen der Kindergarten. Auch die Heimabende von Hitlerjugend, BDM und Jungvolk fanden dort statt. Schließlich war vorübergehend eine Flüchtlingsfamilie in einem Raum. Im Frühjahr 1946 wurde die Gemeindekanzlei wieder im Schulhaus eingerichtet. Drei Räume wurden als Wohnung für die in Ausbildung stehende Lehrerin Margarete Blößner und ihre Mutter hergerichtet.

Die Schulsituation nach Kriegsende

In der Schulchronik[7] von Vierkirchen ist die Zeit der NS-Herrschaft in kurzen Abschnitten festgehalten. Es verwundert nicht, dass einige Seiten dieser Chronik entfernt worden waren, vermutlich um Einträge zu vernichten, die Lehrerpersonal belastet haben könnten. Was darin stand, wird nie mehr an die Öffentlichkeit kommen. Die damals amtierende Lehrkraft Helene Einhorn hatte die letzten Wochen und Tage des Schulbetriebes festgehalten. Hauptlehrer Dapfer, der zugleich Ortsgruppenleiter in der Gemeinde war, war zum Volkssturm eingezogen worden. Überdies war ja längst kein geordneter Unterricht mehr möglich. Der Mangel an Heizmaterial, Fliegeralarme, Wehrmachtsrückzug und vorrückende Einheiten der Amerikaner zwangen die Schulkinder daheim zu bleiben. Wenn die Luftschutzsirenen heulten, mussten Vierkirchner Schüler die weiter entfernt wohnenden Kinder mit nach Hause nehmen; die Schule hatte keinen Keller oder Schutzraum. Das Schulgebäude war in den allerletzten Kriegstagen zum Lazarett umfunktioniert worden.[8]

In Vierkirchen gab es neben der Volksschule mit acht Klassen auch die Landwirtschaftliche Berufsschule oder auch »Sonntagsschule« genannt mit dreijähriger Ausbildung für Landwirtschaft und Haushalt, welche Bauernkinder aus Vierkirchen und der näheren Umgebung besuchten.

Anfang Mai ist in einem knappen Satz das Ende der Nationalsozialistischen Epoche in der Schulchronik festgehalten: »NS-Schriften u. Anschauungsmaterial der Schule werden vernichtet.« Unter dem Datum vom 8. Mai steht weiter: »Deutschland kapituliert. Die Schulen werden geschlossen, sämtliche Lehrkräfte vorläufig ihres Dienstes enthoben. Der Dachauer Militär-Gouverneur Vendig möchte keine einzige Lehrperson, die während des Hitler-Regimes tätig war (auch klösterliche!) wieder verwenden. Die Dienstenthebung beschränkt sich dann aber doch auf jene, die der NS-Partei in irgendeiner Form angehörten. An hiesiger Schule sind davon betroffen Hauptlehrer Dapfer, L. A. A. [Anm. d. Autors: Lehramtsanwärterin] Frl. Mayrhofer, Schulhelfer Hang, Handarbeitslehrerin Frl. Reisenegger.«

Während der Hauptlehrer Johann Dapfer von den in Vierkirchen eingerückten Amerikanern verhaftet und sodann erniedrigend auf der Motorhaube eines Jeeps durch das Dorf gefahren wurde, kam die jetzige Hauptlehrerin Einhorn ungeschoren davon.

Der Neubeginn eines regulären Schulbetriebes schien in den wirren Monaten nach Kriegsende in weite Ferne gerückt zu sein. Der damalige Pfarrer Andreas Brädl schilderte die Situation dazu in der Pfarrchronik: »Nachdem seit langem in der Schule nichts mehr zusammengekommen war, wurde dieselbe Mitte April bis ›Kriegsende‹ geschlossen. Der Unterricht im nationalsozialistischen Geiste hatte die Hauptfächer verkümmern lassen. Der oftmalige Fliegeralarm verursachte ständige Kürzungen und Ausfälle des Unterrichts. Nach dem Einmarsch der Amerikaner war an ein Wiederaufnehmen des Unterrichts überhaupt nicht zu denken, wurde auch verboten, weil die nationalsozialistischen Bücher völlig ausgeschaltet und bei den Lehrkräften eine Säuberung von nationalsozialistischen Elementen durchgeführt werden sollte. Der Schulleiter von Vierkirchen, Hauptlehrer Dapfer wurde auch tatsächlich Mitte Mai verhaftet, im Laufe des Sommers zwar freigelassen, aber nach Sturz der Regierung Schäffer [28. Sept. 1945] wieder fortgeholt. Der Religionsunterricht wurde während der Sommermonate in der Kirche erteilt.«[9]

Die Lehrerin Helene Einhorn wurde nach einer Mitteilung im Amtsblatt für Stadt und Landkreis Dachau am 11. August 1945 als einzige Lehrkraft in Vierkirchen im Dienst belassen.[10] Sie erhielt schriftlich eine Anstellung, bescheinigt vom damaligen Schulrat Vogel aus Dachau. Ihr fiel damit die Aufgabe zu, den Schulunterricht wieder aufzubauen.

Im September 1945 heißt es in der Schulchronik: »Auf Weisung der Militär-Regierung muß jede Änderung in der definitiven Stellenbesetzung vorerst unterbleiben. Lehrfreudige aller Berufe sollen die entlassenen Lehrer ersetzen (Kurz-Lehrgang nötig).«

Diesem Auftrag für »Fräulein«[11] Einhorn standen 199 Schüler und 26 landwirtschaftliche Berufsschüler in nur zwei Schulräumen gegenüber, wie der Chronik am 1. Oktober zu entnehmen ist. Der Unterricht sollte nun in Schichten in vier Abteilungen abgehalten werden. Dabei hatte jede Abteilung jeden zweiten Tag einen halben Tag Unterricht. Die I. Abteilung bestand aus 42 Schülern der 1. Klasse. Die 2. und 3. Klasse in der II. Abteilung umfasste 56 Schüler, 52 Kinder der Klassen 4 und 5 bildeten die III. Abteilung und die letzte Abteilung der Klassen 6, 7 und 8 hatte 49 Schüler.

In der Chronik heißt es weiter: »Nach fast ¾ jähriger Unterrichtspause sind die Lücken in den Kenntnissen u. Fähigkeiten weitaus größer als befürchtet u. es ist nötig, die Anforderungen an die Schj. 1–2 Jahre zurückzuschrauben. Dazu kommt der völlige Mangel an jeglichem Schulbedarf. Die Mil.Reg. verbietet selbstverständlich die Verwendung aller aus der Nazi-Zeit stammenden Schulbücher u. stellt neue in Aussicht. Der Unterricht muß begonnen werden ohne jedes Hilfsmittel; es gibt ja in dieser Zeit weder Heft noch Tafel, nicht einmal Papier oder Griffel zu kaufen. In der Schule findet sich fast nichts mehr vor. Durch die Wirren der Nachkriegszeit kam alles was nicht niet- u. nagelfest war abhanden. Die noch im Jahr 1934 über 100 Bände zählende Schüler- u. Lehrerbibliothek war auf einen kleinen ziemlich wertlosen Rest zusammengeschmolzen; Veranschaulichungsmaterial, Turngeräte, Inventar – auch der Stuhl für die Lehrkraft! – usw. usw. waren verschwunden.«[12]

Das »Verschwinden« der Schulmaterialien hatte als Gründe zum einen sicherlich Diebstahl und Plünderung und zum anderen die panische Vernichtung aller NS-verdächtigen Objekte wie Bücher, Landkarten, Schriftgut oder Formulare. Nur Schulbänke und Tafeln waren noch vorhanden.[13]

Über den Schulbeginn berichtet am 10. Oktober 1945 die Schulchronik: »Das Staatsministerium für U. u K. [Anm. d. Autors: Unterricht und Kultus] gibt neue Richtlinien für die bayer. Volksschulen heraus, nach denen für das Schj. 1945/46 die Lehrordnung v. 15. XII. 1926[14] als Grundlage für die Arbeit bestimmt wird, u. vom Leistungsstand der Schüler auszugehen ist. In allen Jahrgängen ist die Sicherung der Elementarkenntnisse des Lesens, Schreibens u. Rechnens vordringlichste Aufgabe.«

Da die Unterrichtung von fast 200 Schülern für eine Person nicht tragbar war, musste personelle Abhilfe geschaffen werden. Die 8. Schulklasse war sowieso bis 19. November beurlaubt, auch die Berufsschule begann erst wieder im November. Vierkirchens Pfarrer Brädl berichtet dazu: »Anfangs November durfte Frl. Moritz, eine in Ingolstadt ausgebombte Kusine von Frl. Einhorn, nach einem bestandenen Schnellkurs mit dem Unterricht beginnen. Sie hatte in der Jugend eine höhere Mädchenschule besucht. Bald kam ein drittes Fräulein Blößner, auch Absolventin einer höheren Lehranstalt, so dass die vor ein paar Jahren genehmigte 3. Lehrkraft, die bisher nur ganz kurz in Wirklichkeit tätig war, jetzt Tatsache wurde.«

Eine sonst übliche Benotung der Schüler nach Halbjahresende wurde nicht vorgenommen.

Die Hauptlehrerin Einhorn war von der neuen Administration nicht begeistert. Am 9. März 1946 schrieb sie in die Schulchronik: »Nach Anordnung des Reg. Präs. hat am 9. März 1946 eine Gedenkfeier zur Ehrung der Opfer des Faschismus stattzufinden. Die Schulleitungen sind für die Durchführung verantwortlich! – Die armen Opfer! Wenn ihrer nur an ›angeordneten‹ Tagen gedacht wird – die arme Demokratie, wenn man schon wieder politisch ›anordnet‹ u. ›Verantwortliche‹ dafür aufstellt. – –«

Nachdem das erste Nachkriegsschuljahr mit vielen Einschränkungen bewältigt war, begann auch das nächste wieder mit Verzögerung. Der Beginn des neuen Schuljahres war amtlich für den 8. Sept. festgesetzt. Dazu verzeichnet die Schulchronik: »Hierorts werden noch Kartoffelferien gehalten, sodaß die Schule erst am 23.9. anfängt. Schülerstand 268 Volks-, 27 Berufsschüler. (Davon 97 Ortsfremde /23 Nichtkatholische).«

Man sieht, dass der Nahrungsversorgung der Vorzug vor der behördlichen Schulpflicht gegeben wurde. Auch die Nichtkatholischen Schüler wurden erwähnt. Diese mussten den Religionsunterricht des Pfarrers vor Beginn der Stunde verlassen, ein eigener Unterricht für sie fand nicht statt. Dem erzkonservativen Pfarrer waren diese »Ungläubigen« immer ein Dorn im Auge. Als er einmal einem evangelischen Buben, den man zu spät aus der Klasse geschickt hatte, auf der Treppe im Schulhaus begegnete, herrschte er ihn an mit den Worten: »Geh mir aus dem Weg du Satan«.[15]

Die Lehrkräfte der »ersten Stunde«

Helene Einhorn war also die einzige verbliebene Lehrkraft, erhielt jedoch bald Unterstützung. Frl. Herta Moritz war, wie erwähnt, keine Lehrerin, sie hatte lediglich gewisse Vorkenntnisse durch ihre Schulbildung. In einem wenige Wochen dauernden Kurzlehrgang wurde sie als Hilfslehrerin ausgebildet und am 29. Oktober 1945 in die Schule eingewiesen. Sicherlich wurde sie dabei von ihrer Tante Helene Einhorn gefördert. Sie entsprach der Forderung der »Lehrfreudigen aller Berufe«, wie oben bereits angeführt.

Eine turbulente Zeit hatte die neue Hilfslehrerin Margarete Blößner hinter sich. Sie stammte aus Weiden in der Oberpfalz und kam nach Besuch der Volksschule, Gymnasium und Abitur 1937 nach Sarvàr in Ungarn, wo sie für den Wittelsbacher Prinzen Rasso als Hauslehrerin wirkte. Dessen Eltern [Anm.: Franz und Isabella von Bayern] waren vor den Nazis nach Ungarn geflohen und kamen 1945 von dort vor der einmarschierenden russischen Armee zurück nach Bayern. Margarete Blössner verließ Ungarn bereits im September 1942 und kam über Umwege im November 1945 nach Vierkirchen. Sie wurde am 4. November 1945 mit dem Unterricht in der ersten Klasse betraut. Zuerst wohnte sie beim Bauern Bertold (Reindl), im April 1946 bezog sie mit ihrer Mutter eine Notwohnung im Schulhaus. Sie besuchte ab

*Margarete Blößner um 1980,
Foto: H. Demelmeier*

Juni 1946 zur weiteren Ausbildung die »Hans Schemm Lehrerbildungsanstalt« in Pasing. Dort machte sie 1947 ihre Abschlussprüfung und wurde 1950 offiziell zur Lehrerin ernannt.

Aushilfsweise wurde Herr Helmut Schurek an Stelle von Frl. Blößner eingesetzt. Auch seine Seminarausbildung war noch nicht abgeschlossen aber er war immerhin der erste Mann im Lehrpersonal, ein noch junger, sudetendeutscher Lehrer, der nun als dritte Lehrkraft bis Ende des Jahres tätig war. Er hatte im Hause des Brauereibesitzers Hilg eine notdürftige Unterkunft. Im Herbst erkrankte er, wie auch die Lehrerin Einhorn. Damit war die Hilfslehrerin Moritz allein mit den vielen Schülern. Zwei Tage in der Woche half die Lehrerin Eleonore Winkler aus Kollbach, eine »Flüchtlingslehrerin« aus dem Sudetenland, im Unterricht mit. Vermutlich musste sie zu Fuß oder per Fahrrad die drei Kilometer anreisen.

Ein weiterer Hilfslehrer, Herr Werner Kostroun, brachte ab Februar 1947 Unruhe in den Schulbetrieb. Er kam aus Pettau in Böhmen[16] und kümmerte sich sehr um die sportliche Betätigung der Kinder. Doch Lehrerin Einhorn und Pfarrer Brädl setzten sich energisch für seine Entlassung ein, was letzterer wie folgt in der Pfarrchronik notierte: »Als 3. Lehrkraft wurde vom Schulrat Vogel ein junger preußi-

W. Kostroun, Foto: E. Kostroun

scher Flüchtling geschickt, ein Protestant. Frl. Einhorn erzählte dem Schulrat, dass dies nicht gehe, worauf der Schulrat nur einen beruhigenden Brief schrieb und mitteilte, dass die Anstellung nur vorübergehend sei. Es zeigte sich sehr bald, dass der junge Mann, von dessen Vorleben man gar nichts wusste, nicht in eine oberbayrische katholische Schule passte. Er erlaubte sich manches, was man nicht billigen konnte und erschien ganz als Typ eines HJ-Fähnleinführers. Da aber ein Fräulein aus München als Rednerin im kath. Frauenbund erschienen war, wurde durch letztere auch das erzbischöfliche Ordinariat für die Sache interessiert und es wurde von derselben mitgeteilt, dass die Entlassung protestantischer Lehrer aus kath. Konfessionsschulen angestrebt werde. Der Berichterstatter machte sich nun in einem Schreiben an den neuen Schulrat Hägler in Dachau. Anfangs Juni wurde der protestantische Lehrer Kostoun aushilfsweise und nach Schluß des Schuljahres endgültig wegversetzt.«[17] Werner Kostroun kam nach Indersdorf, wohin er täglich zu Fuß gehen musste, weil er nach wie vor in Vierkirchen wohnte.

Helene Einhorn (* 1896 in München, † 13. August 1951 in München) war die Tochter von August und Karoline Einhorn. Der Vater war praktischer Arzt in München Pasing. Er starb bereits 1898. Helene hatte eine Schwester und zwei Brüder, einer fiel im Ersten Weltkrieg.[18]

Sie kam im Oktober 1928 von Peutenhausen bei Schrobenhausen nach Vierkirchen und wohnte damals im Hs. Nr. 55 bei Familie Wildmoser.

Helene Einhorn um 1920,
Foto: Axel Schamfuß

In dieser Wohnung lebte sie 1945 zusammen mit ihrer Cousine Herta Moritz und deren 79-jähriger Mutter Centa, die beide in Ingolstadt »ausgebombt« waren.[19] Das Haus, heute Indersdorfer Str. 20, wurde 2011 abgebrochen.

Helene Einhorn war mit der ihr übertragenen Aufgabe aus vielerlei Gründen überfordert. Nach Aussage von Zeitzeugen war sie wohl in Vierkirchen nicht sonderlich beliebt, vielleicht weil sie keine »Einheimische« war. Man sagte ihr auch einen

Hang zu Klatsch und Intrige nach, wie aus einem anonymen Schmähbrief hervorgeht. Allerdings wurde ihr auch zum Teil übel mitgespielt, weil der so genannte »Wohnungserheber«, der 1946 für die vielen Flüchtlinge Wohnraum schaffen musste, sie aus ihrem Zuhause bei Wildmoser in die feuchten, unbewohnbaren Räume der ehemaligen Lehrerwohnung im Schulhaus umquartieren wollte. Dagegen wehrte sie sich mit aller Kraft. Eine der beiden Lehrerwohnungen war bereits seit Jahren belegt (Georg und Therese Pechler). In der Pfarrchronik berichtet dazu Pfarrer Brädl: »Die Unterbringung von Flüchtlingen in den übrigen drei Räumen [Anm.: des Schulhauses] stieß nun auf heftigen Widerstand bei den Lehrerinnen [Anm.: Einhorn und Blößner], welche eine Störung im Unterricht und andere Unzuträglichkeiten fürchteten. Auch erklärten sie, die Räume sollten für Schulzwecke in Verwendung kommen. Bei den Auseinandersetzungen fühlte sich der Wohnungserheber beleidigt und verfügte die Umquartierung der Schulleiterin Einhorn mit Kusine und deren Mutter aus ihrer Wohnung in das Schulhaus und die Belegung ihrer Wohnung mit Flüchtlingen. Der Flüchtlingskommissar sanktionierte diese Verfügung und der Gemeinderat gab in Verkennung der wirklichen Lage der Verhältnisse seine Zustimmung zu diesem offenkundigen Unrecht gegenüber der seit 18 Jahren hier tätigen Lehrerin. Das Mobiliar v. Frl. Einhorn wurde zwangsweise ins Schulhaus transferiert. Sie selbst weigerte sich dorthin zu gehen und erhielt mit ihrer Kusine bei Bäcker Schmid Schlafgelegenheit in einem Kämmerlein; die alte Mutter wurde bei anderen guten Leuten notdürftig untergebracht. Frl. Einhorn bemühte sich fortlaufend bei allen möglichen Behörden und Stellen wieder in ihre Wohnung zu kommen. Sie erwirkte lediglich die Regierungsentschließung, dass die Ausquartierung keine Rechtsgrundlage habe. Da die Möbel in den feuchten Kammern des Schulhauses zugrundzugehen drohten, wurden sie in den Speicher der früheren Wohnung gebracht. Die so ungerecht behandelte Lehrerin und die anderen 2 Frauen aber konnten bis zum Ende des Berichtsjahres [1946], also nach 7 Monaten noch nicht in ihre rechtmäßige Wohnung zurückkehren. Dass unter solchen Umständen der Schulunterricht bedeutend litt, ist klar. Von Pfingsten bis zu den großen Ferien erteilte Frl. Einhorn keinen Unterricht mehr, weil sie ständig auf dem Weg zu allerlei Stellen war, wo sie ihr Recht zu erlangen hoffte. Die großen Ferien wurden stark verlängert. Als im Herbst die Schule begonnen hatte, wurde Frl. Einhorn leidend und konnte wieder nicht unterrichten. Bald darauf erkrankte auch der junge Lehrer Schurek. So war die Aushilfslehrerin allein. Aushilfsweise kam öfters eine Lehrerin von Kollbach herüber. So der Stand vom Ende des Berichtsjahres. Traurig genug!«

Wie sehr sich die Lehrerin für ihre private Sache einsetzte und dadurch die schulischen Belange vernachlässigte, ist im Einzelnen nicht bekannt. Ein Vorfall jedoch scheint ihre Entschlossenheit zu ihrem Recht zu kommen, zu verdeutlichen. Am 9. Juli 1946 abends wurde sie in ihrer Wohnung bei Wildmoser von der Landpolizei verhaftet. Der Grund dafür war laut Amtsgerichtsdokument der Besitz einer Pistole [in posession of Pistol].[20]

Im Dez. 1945 wurde Frl. Reisenegger von der Militärregierung wieder als Handarbeitslehrerin genehmigt. Sie war auch die Organistin in der Pfarrkirche. Der Hauptlehrer Dapfer hatte sie bei Kriegsbeginn, als Ersatz nach seinem Rücktritt von diesem Amt, angelernt.[21]

Nach vielen Ausfällen des Lehrpersonals durch Kurse und Krankheit gab es zu Beginn des Schuljahres 1947 wieder Neuzugänge. Die Chroniknotiz lautet: »Am 1. Sept. 1947 wird dem Angestellten a. Dr. [vermutlich Abkürzung von ›auf Dauer‹] Lehrer Rudolf Neukirch die Aushilfe an der Volksschule Vierk. übertragen, u. wird der Lehramts Ang. Georg Sigl in den oberbay. Schuldienst übernommen u. ihm eine Schulstelle in V. aushilfsweise übergeben.«

Rudolf Neukirch war Flüchtling aus Schlesien, wo er bereits als Lehrer tätig gewesen war. Es hatte ihn und seine Familie nach Glonnbercha verschlagen, von wo aus er nach einer nahe gelegenen Anstellung als Lehrer suchte. In Vierkirchen war er willkommen und fand auch bald durch Wohnungstausch eine Bleibe beim »Zinsbauer« Johann Ziegler.

Die Lehrkräfte Therese Reisenegger, Rudolf Neukirch, Karl Hang und Georg Sigl.
Fotos: Privat

Georg Sigl hatte nach seinem Kriegsdienst ein Studium in der Lehrerbildungsanstalt in Freising begonnen und 1947 abgeschlossen. Anfangs fuhr er täglich mit dem Fahrrad 15 Kilometer nach Freising. Da er bei seinen Eltern in Ramelsbach wohnte, war eine Empfehlung für die Stelle in Vierkirchen gegeben.

Ab 26. Mai 1948 praktizierte, »nach Beendigung seines Lehrgangs, der Lehrer im Probedienst Karl Hang an hiesiger Schule. Sie wird ihm als Stammschule zugeteilt.«[22] Allerdings wurde er bereits zwei Wochen später aushilfsweise nach Dachau versetzt und kam erst wieder im Herbst an die Vierkirchner Schule. Karl Hang war der Sohn der Posthalterfamilie Hang, die 1928 in Vierkirchen ein Haus errichtet hatte, damals das letzte Haus westlich von Vierkirchen, in dem sich auch bis Anfang der Fünfzigerjahre die Poststelle befand.[23] Er war seit 1942 Soldat und kam erst nach Kriegsende nach Hause.

WOHNVERHÄLTNISSE

Die »Wohnungsbeschaffer« für die vielen Flüchtlinge führten ein strenges, autoritäres Regiment. In Vierkirchen gab es keinen noch so kleinen oder schlechten Wohnraum, der nicht beschlagnahmt und mit Flüchtlingen oder Vertriebenen belegt wurde. Private oder auf langjährige Rechte basierende Argumente wurden ignoriert.

Unter den beengten Wohnverhältnissen litten natürlich auch die Schulkinder. Da gab es kaum Platz für die Hausaufgaben oder die Schulutensilien. Letztere waren sowieso Mangelwaren, denn Bücher oder Hefte gab es kaum, ein Kinderzimmer wie heute war undenkbar.

Der Zustrom von Familien in die Gemeinden Vierkirchen und Pasenbach war enorm. Die Schulaufzeichnungen berichten dazu: »November 1945: Über 100 volksdeutsche Flüchtlinge aus Jugoslawien werden im Schulsprengel eingewiesen. Von den Schulpflichtigen besuchen nur 6 die Schule (Gesetzl. Schulpflicht dort unbekannt!). Ihre Einteilung ist schwierig: Durch wiederholte Staatenwechsel ihrer Heimat wechselte auch ihr Unterricht von Deutsch auf Ungarisch u. Serbisch u. unterblieb während der Flucht überhaupt.«

Vor allem aus der Batschka kamen viele Flüchtlinge nach Vierkirchen,[24] aber auch aus Böhmen und Mähren und dem Sudetenland. Zum Teil waren auch noch »Ausgebombte« aus München in der Gemeinde untergebracht.

Auf dem Platz ihrer Wohnbaracken auf dem nördlichen Schulhofgelände sollte wenige Jahre später ein neues Schulhaus entstehen.

Der Wohnungsmangel galt natürlich auch für die Lehrer. Die Schulchronik vermerkt dazu am

28. Dez. 1945: »Die Anweisung des Sch.A., [Schulamt] Dienstwohnung betreffend, kommt hier nicht in Frage, da keine vorhanden ist. Gleichwohl hat die Schulleitung im Benehmen mit dem damaligen Bürgermstr. Müller das Möglichste getan, die im Schulhaus durch Fremde belegten Räume wenigstens als Notunterkunft für neue Lehrpersonen freizubekommen.«

Soziale Verhältnisse der Schulkinder

So wie sich die vielen Flüchtlingsfamilien mit sehr beengten Wohnverhältnissen abfinden mussten, war natürlich auch krasser Mangel an täglichem Bedarf wie Kleidung, Nahrung, Brennstoff zum Kochen und Heizen und Gesundheitsfürsorge. In der warmen Jahreszeit kamen viele Kinder barfuss in die Schule, aber dass es Flüchtlingskinder gab, die keine richtigen Schuhe hatten, war natürlich im Winter nicht tragbar. So steht in der Schulchronik im Januar 1947, nachdem wegen Brennstoffmangel der Unterricht eingestellt werden musste: »Während dieser Kälteferien kommen die einzelnen Abteilungen nur wöchentlich einmal zur Entgegennahme von Hausaufgaben in die Schule. Bei schlechtem Wetter kann sie von der Mehrzahl der Flüchtlingskinder überhaupt nicht besucht werden; ihr Schuhwerk ist katastrophal! Anerkennenswerter Weise verteilt die Schuhmacher-Innung des Landkreises Dachau an besonders bedürftige Kinder unentgeltlich Schuhe. Von Vierk. können zwei Schüler vorgeschlagen werden – ein Tropfen auf einen heissen Stein, wenn man bedenkt wie abgerissen die Ausgewiesenen meist hier ankamen u. <u>wie</u> aussichtslos es ist, ohne ›Gegenwerte‹ (Naturalien) irgendetwas, auch nur eine Sicherheitsnadel aufzutreiben.«

Bei Mangel an Hygiene – es gab kaum passable Waschgelegenheit für Körper und Kleidung – war es kein Wunder, dass sich Ungeziefer ausbreiten konnte. Eine Schülerin erzählt: »Einmal musste ich ›Eckestehen‹, weil ich gelacht hatte. Der Grund war folgender: Das Mädchen, das in der Bank vor mir saß, hatte lange Zöpfe, die bis auf meine Schulbank hingen. An diesen Zöpfen marschierten einige Kopfläuse auf und nieder bis auf meine Bank.

Das fand ich besonders lustig und interessant. Zu jener Zeit genügte schon so ein kleiner Anlass für eine Bestrafung.«[25] Die Lehrerin Margarete Blößner erinnert sich, dass im Schulzimmer Mäuse auf dem Boden nach Krümeln von Pausebroten suchten.[26]

Ein Eintrag in der Schulchronik lautet am 21. Juli 1946: »Alle Schulkinder von 6–16 Jahren sollen monatl. gemessen u. gewogen werden. Wiegelisten sind zu führen.«

Und weiter am 1. Juli 1947: »Nach M.E. [Ministererlass][27] vom 9. Juni 1947 wird die Schulspeisung auch auf dem Land eingeführt. Sie läuft bei uns am 1. Juli 1947 an u. wird an 40 bedürftige ~~Kinder~~ Schüler, hauptsächlich Flüchtlinge, verabreicht. Mit der Durchführung dieser Aufgabe wird Frl. Blößner betraut.«

Die Schulspeisung wurde im nahen Gasthaus »Zum Bräu« von der Wirtin Juliane Bücherl zubereitet und in einem großen Henkeltopf von zwei kräftigen Schülern zur Schule gebracht und dort an die bedürftigen Kinder verteilt, die dafür eigenes Blechgeschirr bereit hielten. Noch im Januar 1948 heißt es dazu: »Ab 5. Januar 48 können 60 Schulkinder an der Schulspeisung teilnehmen.«

Aber auch ungewöhnliche Aktionen milderten gelegentlich die Not der Kinder, wie die Chronik im Dezember 1947 vermerkt: »Die Militär Regierung stiftet für die 305 Volks- u. Berufsschüler zu Weihnachten Süßigkeiten gegen einen Unkostenbeitrag von –.50 RM. Was das in dieser Zeit des Hungerns u. der Entbehrung bedeutet (z.B. 75 g Fettzuteilung im Monat!) kann man sich in normalen Zeiten nicht mehr vorstellen.«

Natürlich waren die Kinder aus den landwirtschaftlichen Betrieben wenig von der Knappheit von Lebensmitteln betroffen. Umso mehr die Schüler aus den Flüchtlingsfamilien, die meist voll von der Zuteilung der Lebensmittelmarken abhängig waren.

All diese Mängel und die schwierigen gesellschaftlichen Verhältnisse führten nicht selten zu Aggressionen der Kinder, aber auch der Lehrkräfte. Es wird sogar von Raufereien von renitenten Schülern mit den Lehrern berichtet. »Ohrfeigen« und »Tatzen« waren damals keine Seltenheit. Ein bemerkenswerter Eintrag in der Schulchronik im Mai 1947 lautet: »Auf Veranlassung des Herrn Kultusministers fand heute eine Elternbefragung über körperliche Züchtigung statt. Das Ergebnis an hiesiger Schule: Gesamtschülerzahl: 260, abgegebene Stimmen 235, für Verbot d. körperl. Strafe 34, für Anwendung 201, Stimmenthaltung 25.« Dabei ging die Bestrafung von Schülern oft über ein zumutbares Maß hinaus.

Aus »Das große Wilhelm Busch Album, Ebeling Verlag 1983, S. 326 (Plisch und Plum)
Repro: Autor

Als willkommene Neuerung sollte Anfang 1947 der Schulfunk eingeführt werden. Jedoch erst im Oktober 1947 steht dazu in der Schulchronik: »Das 8. Schj. hört sich mit geliehenem Rundfunkapparat die Sendungen des Schulfunks an, mit bemerkenswertem Interesse die Naturkunde.«

Bei der stark gestiegenen Schülerzahl war ein Unterricht in den beiden einzigen Schulräumen allein nicht mehr möglich. Durch Anmieten von Sälen wie im Wirtshaus Grieser oder auch bei Großmann in Esterhofen sollte dem Raummangel vorübergehend abgeholfen werden.

MANGEL AN BÜCHERN UND PAPIER

Das fehlende Arbeitsmaterial der Schüler war ein großes Problem. Für die erste Klasse konnte noch auf Schiefertafeln und Griffel aus den Gebrauchtbeständen zurückgegriffen werden, neue Griffel und Tafeln jedoch gab es nicht. Vor allem Schreibhefte waren nicht zu bekommen, Papier war äußerst knapp. Man beschrieb alles, was noch irgendwie verwendbar war wie z. B. die Rückseiten von Kalenderblättern, kleinen Notizzetteln oder Formularen. Noch im März 1947 schildert die Schulchronik diesen Mangel: »Dank unermüdlicher Bemühungen ist es Lehrer Kostroun gelungen, von der Dachauer Papierfabrik 53 kg Papier zu erhalten. Es wird an der Schule geschnitten u. zu

Heften verarbeitet. Ein Erfolg, der unbedingt vermerkt werden muß.« Und am 17. Oktober 1947 notiert die Schulchronik, dass unter Leitung von Frl. Blößner die Kinder sechs Zentner Kartoffeln gesammelt und zur Schule gebracht haben, um diese gegen Hefte einzutauschen.

Zwei Beispiele aus dem Deutschunterricht, wo die Kinder mangels Papier ihren Aufsatz auf Kalenderzettel oder andere verfügbare Papierschnitzel schrieben. (Freundliche Information aus dem Archiv von Frau Berberich aus Kollbach)

Genauso war es mit Schulbüchern. Alle Schulbücher aus der NS-Zeit waren vernichtet worden. Im Januar 1946 heißt es: »Die Mil. Reg. gibt eine Liste genehmigter Schulbücher bekannt, die aber nirgends zu bekommen sind.«[28] Und einen Monat später steht in der Chronik der Satz: »Die ersten Lesebücher kommen heraus! [Notausgabe]. Allerdings in so geringen Mengen, dass sich 4–5 Kinder in 1 Buch teilen müssen. – Aber immer noch nichts für die Unterklassen.« Wieder ein Monat später, im März 1946, berichten die Aufzeichnungen Helene Einhorns: »Die Münchner Stadtschulbehörde gibt als Notbehelf ein liebes Kinderbilderbuch heraus: Der Gugelhupf.[29] Interessierte Landschulen werden damit versorgt. Wir bekommen 100 St. u. haben endlich etwas für das 1. u. 2. Schj.«

Diese ersten Schulbücher mussten von der Militärregierung erlaubt werden und trugen innen den Vermerk: »Genehmigt für den Gebrauch in Schulen durch Education and Religious Affairs Brunch, Office of Military Government for Germany (US) am 25.IX.46, file no. GE-1A 350.01 (Germany).«

Anfangsseiten »Der Gugelhupf« Repro: Autor

Im Mai 1946 vermerkt die Schulchronik: »Naturkundebücher in mehreren Heftausgaben sowie Geschichtsbücher kommen zur Verteilung. Letztere können nicht verwendet werden, da der G. Unterr. [Geschichtsunterricht] noch verboten ist.«

Erst im Oktober 1946 wird dieser begonnen für alle 6. bis 8. Klassen mit Thema: Aus der Geschichte des Heimatortes. Für 7. u. 8. Schuljahr sollte eine Wochenstunde der Besprechung des Zeitgeschehens gehören. Dabei sollte als Wahlfach auch Englisch unterrichtet werden, wozu die Lehrerin aber anmerkt: »Englisch ist als Wahlfach ab 5. Schj. einzuführen. Hier Fehlanzeige.«[30] Wie schwer sich die Schulämter mit dem Thema »Geschichte« taten, zeigt die Bemerkung über Geschichtsbücher und –unterricht in der Schulchronik.

Im »Lehrplan für den 3. 4. 5. Schülerjahrgang für das Schuljahr 1947/48« heißt es: [31]

Gegenstand des eigentl. Heimatkundeunterrichtes

»Im 3. Schj. ist der Heimatort, im 4. die Heimatlandschaft.

Im 3. Schj. sind folgende Planskizzen anzufertigen:

1.) Grundriß des Schulzimmers

2.) Plan vom Schulhaus

3.) das Schulhaus und seine nähere Umgebung

4.) Plan des Heimatortes

5.) der Gemeindeort u. seine nähere Umgebung.

Im 4. Schj. wird die stücklich erwanderte Heimat kartographisch skizziert; das ist der Weg zur Heimatkarte.«

Vorwort·

1. Das vorliegende Buch gehört zu einer Reihe von Schulbüchern, die auf Anordnung des Obersten Befehlshabers der Alliierten Streitkräfte veröffentlicht werden. Es dient zum Behilfsgebrauch in den deutschen Schulen, die sich in dem von seinen Truppen besetzten Gebiet befinden.

2. Dieses Buch wurde gewählt nach gründlicher Untersuchung vieler Schulbücher, die in Deutschland vor der Machtübernahme durch den National-

sozialismus in Gebrauch waren. Es ist von Deutschen geschrieben und wird hiermit ohne jedwede Textänderung neugedruckt.

3. Die Tatsache des Neudruds bedeutet nicht, daß dieses Buch vom erzieherischen oder anderen Gesichtspunkt aus völlig einwandfrei ist. Aber unter den gegebenen Umständen ist es das geeignetste Buch, und es ist zu benutzen, bis Deutschland selbst bessere Schulbücher hervorbringt.

Als Geschichtsbuch sollte auch eine »Notausgabe« für das 5. und 6. Schuljahr dienen mit der Eingangsseite (in Englisch und Deutsch):[32]

DAS NEUE SCHULHAUS

Die Währungsreform trat am 20. Juni 1948 in den drei westlichen Besatzungszonen Deutschlands in Kraft, ab 21. Juni gab es die Deutsche Mark. Erleichtert notierte Frl. Einhorn dazu in der Chronik:»Nachdem inzwischen die Währungsumstellung von Reichsmark auf Deutsche Mark im Verhältnis 10:1 durchgeführt wurde, ist das Geld knapp, aber kaufkräftig geworden. Die Kinder kommen im allgemeinen mit dem notwendigsten Schulmaterial zum Unterricht. Es ist auch von oben her das Erscheinen neuer Schulbücher in Aussicht gestellt. Die Gemeinde mietet nun doch den Gasthaussaal Grieser f. Unterrichtszwecke.«

Im Herbst 1948 begann der Unterricht wieder mit einer großen Zahl von Schülern. Man hatte beschlossen, einen dritten Schulraum im Schulhaus einzurichten. Da sich jedoch die Ausbauarbeiten verzögerten, begann die Schule erst am 9. September mit 266 Schülern. Dazu kamen noch 29 männliche und 27 weibliche Besucher der landwirtschaftlichen Berufsschule. Diese wurden jeweils an zwei Nachmittagen der Woche vom Berufsschullehrer Müller, sowie von Lehrer Neukirch und Frl. Einhorn unterrichtet.

Im Nov. 1948 vermerkt die Schulchronik: »Am 12. X. 48 haben 2 Landpolizisten von Petershausen ein Mädchen der Oberkl. während der Schulzeit einvernommen. Grund hiefür wahrscheinlich: Das Mädchen sei Opfer eines Sittlichkeitsverbrechens. Auf den beschwerdeführenden Bericht der Schulleitung beim Sch. A. Dachau kam unterm 29. X. 48. die Antwort: Der Dachauer Polizeimeister Herr Lipsky versicherte mir, dass die Vernehmung sittlich gesunkener Mädchen nur durch eine Mchner. Polizeibeamtin vorgenommen werden würde, männliche Polizisten erhielten nie einen derartigen Auftrag. Die Vernehmung hat aber tatsächlich durch männliche Polizisten stattgefunden.« Welcher Art das bezeichnete »Sittlichkeitsverbrechen« war, wird nicht näher beschrieben.

Anfang 1949 wird die permanente Raumnot in der Schulchronik wieder erwähnt: »Es wird viel gesprochen von einem Schulhausneubau bzw. Umbau der auf dem Schulgelände stehenden Baracken. Eine Besprechung mit der Schulleitung wird nicht für nötig erachtet, sodaß schulische Erfahrungen unberücksichtigt bleiben.« Tatsächlich wird im Gemeinderat diskutiert, an Stelle der für Evakuierte aus München errichteten Baracken auf dem Turnge-

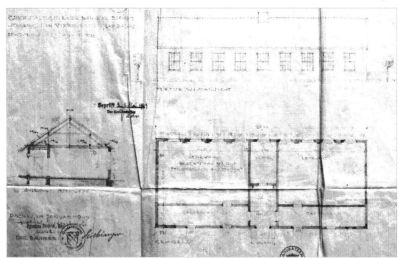

Tekturplan des Schulhaus-Neubaus vom Jan. 1949. Repro aus Bauamt Vierkirchen

lände eine neue Schule zu bauen. Wegen der klammen Gemeindkasse ist der Widerstand jedoch sehr groß.«

Im Juli wird in Dachau ein Kreissportfest abgehalten, an dem 12 Mädchen und 12 Buben teilnehmen. Besondere Erfolge erzielt dabei die Schülerin Maria Seethaler.

Der letzte Eintrag in der Schulchronik durch Helene Einhorn lautet: »Der 1945 durch die Mil. Reg. dienstenthobene Lehrer Johann Dapfer wird ~~wieder~~ als Lehrer a. Dr. wieder in den Schuldienst, u. zwar in Vierk. eingesetzt. Antragsgemäß wird ihm mit Wirkung vom 1. September 1949 auch die Schulleitung übertragen.« Mit ihrer Unterschrift beendet sie damit ihre Berichterstattung zur Schulgeschichte.

Eine neue Handschrift erscheint in den Aufzeichnungen, nämlich die des ehemaligen Hauptlehrers Johann Dapfer. Sein erster Vermerk am 1. Sept. 1949 lautet: »Die Gemeinde Vierkirchen begrüßte dankbarst, dass Lehrer Dapfer wieder die Leitung der Schule übernommen hat, weil sie hofft, damit in ein gedeihliches Zusammenarbeiten zwischen Elternhaus u. Schule zu kommen.«

Dapfer hatte eine schlimme Zeit hinter sich. Nach seiner Verhaftung kam er Anfang 1947 in Lagerhaft in Moosburg und wurde am 23. Februar 1948 im Spruchkammerverfahren als Belasteter eingestuft, was für ihn das berufliche und wirtschaftliche Aus bedeutet hätte.[33] Seine Berufungsverhandlung im Januar 1949 brachte ihm dank Einlenkens des Pfarrers, der ihn vorher stark belastet hatte, die Rückstufung als Mitläufer und den Wiedereintritt in den Schuldienst.

Die Spruchkammerverfahren für NS-Belastete aus Vierkirchen waren, wie wohl die meisten, von Emotionen begleitet. Oft wurden NS-Belastete mit Hilfe so genannter »Persilscheine« oder aufgrund ihrer Beziehungen in die Reihen der »Mitläufer« eingestuft. Teilweise standen sie aber auch unter dem Eindruck von Rache und persönlicher Abrechnung. Ein anonymer Brief an verschiedene Bürger vom Mai 1948 beginnt in Gedichtform mit den Worten:

»Nachklang zur Bürgermeisterwahl in Vierkirchen.

Eichenhorn [gemeint ist Frl. Einhorn] was spuckst Du so um Dich voll Zorn

Bürgermeister ist trotzdem der alte wieder worn. [geworden]

Was nützt Deine ohnmächtige Wut.

Du bist ja nur ein alter Hut. [...]«

Auch ein handschriftlich verfasstes Pamphlet in der Form eines Spruchkammerurteils gegen einen hiesigen Bürger, der Mitglied der NSDAP war,

Johann Dapfer, 1949, mit Schülern des Jahrgangs 1939, die 1945 eingeschult worden waren.
Foto K. Bestle

strotzt vor Rachsucht und Vergeltung. Wahrscheinlich entstand es nach Ende des offiziellen Verfahrens, bei dem der Beschuldigte 1945 als Mitläufer mit einer Geldstrafe glimpflich davonkam:

Ausschnitt aus einer Schmähschrift »Spruchkammerverfahren« aus Privatsammlung
Dr. Anton Roth

Transkribiert heißt das:

	Mitglied der NSdAP	
Artikel I.	… seit 1933	50facher Beitrag seiner gesamten Beitragszahlungen zur NSdAP
Artikel II	förderalist der NSDAP	drei Jahre Arbeitslager mit Pickel u. Schaufel zur Gesundung seines Verstandes gegenüber der praktischen Arbeit
Artikel III.	Gestapospitzel	20000 RM Geldstrafe als Buße zur (…)

Laut Aussage vieler Zeitzeugen war Vierkirchen sowieso alles andere als eine »Hochburg« der Nationalsozialisten.

Bereits Anfang Oktober konnte Dapfer als großen Erfolg vermelden: »Einweihung des neuen <u>Schulhauses</u>. Mit einem Kostenaufwand von 45000 DM hat der Schulsprengel Vierkirchen Pasenbach auf dem bisherigen Turnplatz ein neues Schulhaus mit 2 Lehrsälen errichtet. Es war in der Gemeinde ein gewaltiges Für- und Wider entstanden aber der <u>I. Bürgermeister Johann Eichinger</u> und die Mitglieder des Gemeinderates ließen sich nicht mehr von dem gesteckten Ziele abbringen. Für die große Mühe, die zur kraftvollen Durchführung des Planes von Seiten des I. Bürgermeisters aufgewendet wurde, schuldet die Schulgemeinde Dank und Anerkennung.«[34]

Die Einweihung durch Pfarrer Brädl unter Teilnahme eines großen Teils der Elternschaft, des Gemeinderats und des Landrats Junker v. Dachau war eine große Aktion. Am 12. November 1949 steht in der Schulchronik: »Der Baumeister der Regierung von Oberbayern in Begleitung der Herrn: Re. Schulrat Ammer u. Reg. Schulrat Feistle, besichtigen das neue Schulhaus.

Alle Herren sprechen sich anerkennend über die Zweckmäßigkeit des Baues u. die Gediegenheit der Ausführung aus. Für die Schülerbibliothek ließ Herr Ammer als Geschenk der Regierung 100 Bücher überreichen. Schulleiter Dapfer dankt dem Herrn der Regierung aufs herzlichste.«

Im Januar 1950 erkrankte die Lehrerin Helene Einhorn und wurde durch die Lehramtsanwärterin Maria Polten vertreten. Gut ein Jahr später sah sich Schulleiter Dapfer zu einer Richtigstellung in der Schulchronik veranlasst. Unter der Überschrift »Berichtigung« steht: »Der unterzeichnete Schullei-

Schulhaus in Vierkirchen eingeweiht

Am Sonntag begingen die Gemeinden V i e r - k i r c h e n und P a s e n b a c h , die einen Schulsprengel bilden, die feierliche Einweihung eines neuen Schulhauses in Vierkirchen. Im Anschluß an einen Gottesdienst in der Pfarrkirche begaben sich die Einwohner beider Ortschaften in einem langen Zug, an der Spitze die Schuljugend, zum neuen Schulgebäude. Pfarrer B r ä d l segnete die neue Schule ein und betrat dann das Innere, um die im Gotteshaus geweihten Kreuze in den Klassenzimmern aufzuhängen, während Buben und Mädchen dabei das Kirchenlied „Sei heiliges Kreuz gegrüßt" anstimmten.

In bewegten Worten sprach der Pfarrer danach zu der versammelten Schuljugend und Elternschaft. Sein besonderer Dank galt der Schulpflegschaft, die um die Einweihung dieser bedeutungsvollen Stätte durch die Kirche gebeten habe. Dieses Werk von zwei Gemeinden, das als Tat wahrer christlicher Sozialpolitik anzusehen sei, gereiche zum Wohle der heranwachsenden Jugend wie auch der Gemeinden. Die Schulkinder mögen in diesen Räumen eine Erziehung des Herzens und Geistes genießen, die sie späterhin zur Bewältigung der großen Aufgaben im Leben befähigt. Landrat J u n k e r überbrachte die Grüße des Landkreises und führte u. a. aus, über dem so schwierigen Wohnungsproblem stehe noch die Erziehung der Jugend, der jede nur erdenkliche Hilfe der verantwortlichen Stellen zukommen müsse. Ein erfolgversprechender Unterricht sei nur unter geeigneten Raumverhältnissen gewährleistet. Worte des Dankes richtete er an die Bürgermeister E i c h i n g e r von Vierkirchen und Z e i n e r von Pasenbach, die sich an der Spitze ihrer Gemeinden zusammen mit der Schulpflegschaft intensiv der Lösung dieser überaus wichtigen Aufgabe gewidmet hätten. Wenn auch der Staat einen finanziellen Zuschuß gewährt habe, so hätten die beiden Gemeinden doch den Hauptanteil an den Aufwendungen getragen, und ihnen gebühre daher Lob und Anerkennung des Bezirksschulamtes.

Es folgte ein Rundgang durch das Schulhaus, dessen zwei Klassenräume nach modernsten Gesichtspunkten eingerichtet sind. In jedem Unterrichtsraum sind Sitzgelegenheiten für etwa 60 Schüler vorhanden. Ein Zimmer dient Lehrern und der Schulpflegschaft für ihre Konferenzen. Schulleiter T a p f e r brachte zum Ausdruck, daß mit dem Bau der Schule ein langersehnter Wunsch in Erfüllung gegangen sei. Ein großer Teil der Bauarbeiten, so vor allem die Hand- und Spanndienste, sei in Gemeinschaftsarbeit erledigt worden. Nun ließe sich nach seiner Ansicht ein geregelter Unterricht und eine angemessene Aufteilung der 260 Schulkinder auf insgesamt vier Klassenzimmer durchführen.

*

Dachauer Nachrichten vom 11.10.1949

Zeitungsberichte aus den Dachauer Nachrichten vom 11. Oktober 1949. Repro: Autor

ter J. Dapfer sieht sich veranlasst, die Eintragung der Lehrerin H. Einhorn in dieses Schulgeschichtsbuch am April 1945 richtig zu stellen. Wenn auch dieses Buch keinen urkundlichen Charakter trägt, so ist doch unerlässlich notwendig, sollten die Eintragungen nicht jeden schulgeschichtlichen Wert verlieren, dass sie den Tatsachen entsprechen, und nicht durch eine persönliche Einstellung zu Ortseinwohnern veranlasst, unrichtig geschildert werden.«

Er weist die Unterstellungen, er hätte beigetragen, entlang der Glonn eine »Verteidigungslinie« aufzubauen mit »Panzerfallen« an den Dorfausgängen, entschieden zurück. Auch die Anschuldigung an den »Propagandaleiter Hilg«, er hätte zu Führers Geburtstag am 20. April 1945 die feierliche Übernahme des Jungvolkes in die Hitlerjugend im Schulhaus angeordnet, entspräche keineswegs den Tatsachen. Er schrieb: »Das Gegenteil war zutreffend; gerade durch das Eingreifen v. Herrn Hilg wurde Vierkirchen das Schicksal des

Zum Gedenken
im Gebete
an

Fräulein

Helene Einhorn

Hauptlehrerin

geb. 21. Sept. 1896
gest. 13. Aug. 1951

*

In Liebe wirktest Du!
Im Glauben starbst Du!
In Frieden ruhest Du!

*

O Herr gib ihr die ewige Ruhe!
Vater unser - Ave Maria

Buchdruckerei Sommer, Nördlingen, Bes. 211

Todesanzeige

Nachbardorfes Biberbach erspart. Herr Hilg hat stets als weitsichtiger Förderer der schulischen Belange der Volksschule Vierkirchen bewiesen, dass er ein würdiger Nachfolger der Brauereifamilie Mayr ist, die, laut Ortsgeschichte, schon vor 100 u. 150 Jahren als opferbereite Förderer der Volksschule Vierkirchen die öffentliche Belobigung der Bayerischen Regierung fand.«

Dapfers getrübtes Verhältnis zur ehemaligen Lehrerin endet mit dem Eintrag in der Schulchronik:

»13. August 1951. Die Lehrerin Helene Einhorn, seit 23 Jahren an der hiesigen Volks- u. Berufsschule tätig, ist am 13. August 1951 in der Mediz. Klinik in München verstorben. Die Beerdigung fand auf Wunsch in aller Stille statt.«

Helene Einhorn, die sich aus unbekannten Gründen auf eigenen Wunsch 1928 nach Vierkirchen versetzen ließ und die für den Neubeginn der Schule nach 1945 gegen viele Widerstände viel geleistet hat, fand ihre letzte Ruhe im Grab ihrer Eltern im Ostfriedhof in München.

LITERATUR, QUELLEN:

Max Liedtke (Hrsg.): Handbuch der Geschichte des Bayerischen Bildungswesens, Band III: Von 1918 bis 1990

Maximilian Lanzinner: Zwischen Sternenbanner und Bundesadler. Bayern im Wiederaufbau 1945–1958, Regensburg 1996

Maximilian Lanzinner, Schulpolitik in Bayern nach 1945. Eine Neuerscheinung und die Kritik eines Zeitzeugen, in: Zeitschrift für bayerische Landesgeschichte 59 (1996), 965–978.

Winfried Müller, Schulpolitik in Bayern im Spannungsfeld von Kultusbürokratie und Besatzungsmacht 1945–1949 (Quellen und Darstellungen zur Zeitgeschichte 36), München 1995.

Jana Richter: Eine Schule für Bayern. Die schulpolitischen Auseinandersetzungen um die Einführung der Christlichen Gemeinschaftsschule in Bayern 1945. München 1997

Josef Schläger: Die Volksschulen im Landkreis Dachau 1998. Dachau 1998

Für die Hinweise und Zeitzeugenaussagen sowie für die Ansicht oder Überlassung von Zeitdokumenten bedanke ich mich bei allen Informanten und besonders bei:

Frau Renate Berberich, Kollbach
Fam. Karl Bestle, Vierkirchen
Herrn Helmut Demmelmair, Vierkirchen
Prof. Dr. Hans Kohmann, Esterhofen
Frau Elisabeth Kostroun, Dachau
Herrn Siegfried Kuchta, Vierkirchen
Herrn Leonhard Märkl, Vierkirchen
Herrn Alfred Rapf, Vierkirchen
Herrn Hans Riedl, Vierkirchen
Herrn Axel Schamfuß, Nürnberg
Fam. Wolfgang Scherf, Esterhofen
Herrn Georg Sigl, Vierkirchen
Frau Anna Stichlmeyr, Pasenbach

1 Aus: www.Geschichtsforum.de, Bildungspoltitik in der BRD nach dem Zweiten Weltkrieg

2 Übergangsrichtlinien für die bayerischen Volksschulen. In: Dokumente zur Schulreform in Bayern. Herausgegeben vom Bayerischen Staatsministerium für Unterricht und Kultus, München 1952, S. 23–27. Aus: Comenius-Projekt. Onlinesammlung bayerischer Lehrpläne. URL: http://www.comenius.gwi.uni-muenchen.de/index.php/Bayern: Übergangsrichtlinien für Volksschulen 1945.

3 Gemeindearchiv (GA) V-1/15, Beschlussbuch

4 Siehe Artikel 135 der Bayer. Verfassung von 1946: Bekenntnisschule als Regelschule.

5 Hofm. Kammerberg B 52, S. 54 Kaufbrief vom 22. Juni 1758

6 Statistik der Deutschen Volksschulen im Regierungsbezirk Oberbayern, München 1885, S. 162–163

7 GemArchiv, SV-7/20, 3220, Schulgeschichtliche Aufzeichnungen 1913 – 1969

8 Siehe auch: www.virtuellegrundschule.de/nachkriegskinder.html

9 Pfarrchronik Vierkirchen, S. 183 ff und Heimatzeitschrift »Haus, Hof und Heimat« Heft 3-2006 »Kriegsende in Vierkirchen«.

10 Stadtarchiv Dachau, Amtsblatt Nr. 6

11 Lehrerinnen traf früher der sog. »Lehrerinnenzölibat«. 1880 wurde der Lehrerinnenzölibat im Deutschen Reich per Ministererlass eingeführt. Es untersagte Lehrerinnen zu heiraten; auf eine Missachtung folgte die Kündigung. Ausnahmen gab es während des Krieges, wegen Heirat entlassene Lehrerinnen wurden wieder eingestellt, weil die Männer an der Front waren. In Artikel 128 II der Weimarer Reichsverfassung 1919 wurde der

Lehrerinnenzölibat auf Antrag der SPD mit Zustimmung von DDP, DVP und USPD abgeschafft: »Alle Ausnahmebestimmungen gegen weibliche Beamte werden beseitigt.« Schon im Oktober 1923 wurde es aus arbeitsmarktpolitischen Gründen wieder eingeführt: Die »Personalabbauverordnung« erlaubte die Entlassung verheirateter Beamtinnen, um in wirtschaftlich schwierigen Zeiten Stellen für Männer zu sichern. Unverheiratete Lehrerinnen mussten eine »Ledigensteuer« – einen zehnprozentigen Lohnsteueraufschlag – bezahlen. Da sie auch weniger verdienten als gleichrangige männliche Lehrer, konnte eine Heirat schon aus finanziellen Gründen eventuell als erstrebenswert erscheinen. Die Personalabbauverordnung galt bis 1951 (außer in der DDR); erst dann konnten Lehrerinnen eine Familie gründen und weiterhin beruflich tätig sein. Aus: wikipedia.org/wiki/Lehrerinnenzölibat.

12 Wie Anmerkung 7

13 Aus den »Schulgeschichtlichen Aufzeichnungen« sind die Seiten zwischen 1939 und 1945 entfernt worden.

14 Siehe Anmerkung 2

15 Aussage eines Zeitzeugen

16 Siehe Biografie in »Vom Lager zum Stadtteil«, Dachauer Dokumente Bd. 7, Dachau 2006

17 Wie Anmerkung 8, S. 212

18 Freundliche Auskunft von H. Axel Schamfuß

19 Freundliche Auskunft von H. Klügl, Stadtarchiv Ingolstadt

20 StAM, Amtsgerichtsakten Dachau, AG 41153

21 Wie Anmerkung 9

22 Wie Anmerkung 7

23 Siehe hierzu auch Haus, Hof und Heimat (HHH), Heft 5–2007, »Die Post in Vierkirchen«.

24 Siehe hierzu auch HHH Heft 3–2006, »Von Tscheb nach Vierkirchen«.

25 Freundl. Mitteilung von Frau Nefzger, Pasenbach

26 Dachauer Nachrichten vom Jan. 1990

27 Richtlinien für die Durchführung der Schulspeisung in Bayern vom 17. 4. 1947 legten fest: »Zum empfangsberechtigten Personenkreis zählen alle schulpflichtigen Kinder im Alter von 6 bis 18 Jahren […] nach ärztlichem Gutachten. Kinder von Selbstversorgern sind nicht teilnahmeberechtigt.«

28 Wie Anmerkung 7

29 B. Schuberth, Brigitte Ludszuweit: Der Gugelhupf. Auf dem Einband: Liebe Kinder, kommt und seht, wie ein Gugelhupf entsteht. Hrsg. vom Stadtschulamt München. (BSB München, Sign. 47.337)

30 Wie Anmerkung 6

31 Lehrplan für den 3.4.5. Schülerjahrgang Knab. u. Mädch. der Volksschule in Kollbach vom 29. Oktober 1947, Unterschrift: Haegler (Schulrat), freundliche Bereitstellung von Frau Renate Berberich, Kollbach.

32 Freundliche Bereitstellung von Frau Berberich

33 StAM Spruchkammerakten Karton 3547

34 Wie Anmerkung 7

Wie Kriegsheimkehrer Kriegsende und Nachkriegszeit in Bergkirchen erlebten

Josef Haas und Hubert Eberl

Der folgende Beitrag basiert auf biographischen Interviews, die von uns durchgeführt und zusammengestellt wurden. Aus diesen lebensgeschichtlichen Interviews haben wir die Abschnitte ausgewählt, in denen die Zeitzeugen über das Kriegsende und die Nachkriegszeit erzählen. Die Erinnerungen von Michael Krotzer basieren auf seinen eigenen Aufzeichnungen.

»Später hab ich erfahren, dass ich steckbrieflich gesucht worden bin« (Georg Schwarz)

Georg Schwarz wurde am 23. Mai 1926 in Facha/Bergkirchen geboren und mit 18 Jahren zur Wehrmacht eingezogen. Seine Einheit war eine Gebirgsjägerbatterie für Licht- und Schallaufklärung an vorderster Front. Ab 1950 war Georg Schwarz als freier Handels-Vertreter für Mineralöle bis zur Rente tätig. Ehrenamtlich war er als Feuerwehrkommandant und Vorstand beim Krieger-und Soldatenverein tätig.

Georg Schwarz, Jahrgang 1926 erzählt:

1943 bin ich zum RAD (Reichsarbeitsdienst) mit 17 Jahren eingerückt nach Neuburg an der Donau. Dort war ich vom Oktober 43 bis Januar 44. Dann war ich 8 Tage daheim und dann bin ich nach München eingerückt in die »Schwere-Reiter-Kaserne« zum Militär. Die Ausbildung war da drin in der »Schwere-Reiter-Kaserne«, bevor sie ausgebombt worden sind. Wir sind dann nach Freising marschiert. Dort haben wir unsere Ausbildung dann fertig gemacht. Dann sind wir zu einer Übung nach Wildbad Kreuth rein als Gebirgsjäger. Von da aus sind wir dann zum Tegernsee nach Rottach-Egern und von dort aus mit dem Zug in das slowakische Erzgebirge – im Januar 1945!

Da waren wir dann im Krieg, bis dann der Rückzug gekommen ist. Da hab ich dann als vorgeschobener Beobachter am Funkgerät gehört, dass die Amerikaner schon in Augsburg sind. Dann sind auch schon die Russen dahergekommen und da hat es geheißen: Abhauen! Kugeln haben herumgepfiffen – aber getroffen hat keine. Dann haben wir tatsächlich noch unsere

Einheit getroffen. Dann hat es geheißen: Fertig machen zum Gegenstoß! Da wo wir uns getroffen haben, habe ich meinen Karabiner liegen gelassen und gesagt, ich muss meinen Karabiner noch holen und bin davon. Das war im slowakischen Erzgebirge bei »Ungarisch Radisch«. Von da aus bin ich dann Richtung Prag und von Prag aus bin ich dann noch drei Stationen Richtung Pisek und von da aus bin ich dann zu Fuß heimgegangen. In Passau sind mir dann schon die Amerikaner entgegengekommen.

Am 26. April war es, als ich abgehaun bin – am 10. Mai war ich daheim. Also ich bin dann abgehaun und bin dann zuerst bei den Tschechen in ein Haus rein und da hab ich mir dann noch eine Karte von ihnen, weiß ich nicht mehr genau, meine eiserne Ration habe ich dabei gehabt – für alle Fälle, was man eben beim Militär immer dabei gehabt hat. Und dann hab ich eine kleine Landkarte von denen bekommen. Dann habe ich gewusst, wo hinten und vorn ist. Kartenlesen hat man ja gelernt gehabt. Ich wär ja von hier aus Richtung Wien – München gegangen. Aber von da aus waren schon die Russen von Österreich hergekommen. Also bleibt nichts anderes übrig als bis nach Prag raufzugehen. Da könnte ich noch lange erzählen drüber.

Drei Tage lang habe ich meine Uniform angehabt. Dann nach drei Tagen, das war ein Sonntag, da bin ich auf einem Berg oben gewesen. Da waren tschechische Kinder oben und haben nach Brandbomben gesucht. Mit denen hab ich mich ein wenig unterhalten. Ein wenig Tschechisch habe ich können. Die sind dann mit mir in die Ortschaft runter und da war von einem Kind der Vater erst kürzlich von Berlin heimgekommen, wo der gearbeitet hatte. Bei denen hab ich dann eine Hose bekommen und einen Frack und einen Hut. So bin ich dann – fast in zivil – weitergegangen.

Wenn es dann Nacht geworden ist, bin ich in die nächste Ortschaft gegangen. Dort war ein geschlossener Hof und hab ich dann gefragt, ob ich hier eine Nacht schlafen kann. Dann haben die schon so verlegen geschaut. Ich bin halt dann weitergegangen in der Küche. Auf einmal sehe ich im Eck drin einen ganzen Tisch voll SS sitzen. Die haben dann meine Bergschuh gesehen und dann war natürlich der Teufel los. Raus bei der Tür und nachlaufen hat mir keiner brauchen. Schießen mit dem Revolver – das hat dann nichts mehr bedeutet. Später erst habe ich erfahren, dass ich bereits steckbrieflich gesucht worden bin, weil ich nicht mehr da war. Seinerzeit war es so, wenn sie einen erwischt haben, dann ist der gleich aufgehängt worden – ganz klar.

In dieser Nacht bin ich dann durchgegangen bis 4 Uhr in der Früh. Ich bin dann auf einem Hof in den Kuhstall rein und hab mich ein paar Stunden hingelegt, bis die Leute zum Stallarbeiten gekommen sind. Dann bin ich wieder weitergegangen. Ich habe alle Mögliche gemacht, damit ich nicht verdächtig war, z.B. eine Schaufel auf dem Buckel getragen. Dann bin ich bis nach Prag gekommen. Da habe ich dann schon mal Hunger gehabt. Da waren dann schon Flüchtlinge da. Da ist ein jeder angestanden. Da hat jeder sein »Wapperl« gehabt und was zu Essen. Da war halt bei mir nichts zu wollen. Dann bin ich bei einer Tschechischen Familie über Nacht geblieben – in der Speis bei denen. In der Früh sind diese alten Leute dann gekommen – ich soll sofort abhaun, ihr Sohn ist in die Ortskommandantur und meldet, dass hier ein Deutscher da ist. Da bin ich raus beim Fenster »und zum Teufel«. Bei Collin bin ich in den Zug rein, sitz da drin und seh, dass in den Abteilen alles voller SS war. Ich hab einen Hut gehabt und meinen Kopf eingezogen. Da hab ich schon »Federn« gehabt, dass die mich anreden, schon wegen meiner Bergschuhe. Auf jeden Fall ist mir da nichts passiert.

Ich bin weiter gefahren bis nach Pissek und da bin ich dann wieder ausgestiegen und bin Richtung Winterberg gegangen. Vor Winterberg war halt seinerzeit die Grenze und ja – wie kommst du jetzt über die Grenze rüber. Vor der Grenze waren dann schon Kühe draußen. Da hab ich dann eine Zeitlang Kühe gehütet. Wie es dann Mittag geworden war, dann habe ich mir gedacht, da könnten doch die Kühe eingetrieben werden. Da habe ich dann »Hoho« gemacht. Da hat der seinen Grenzverschlag aufgemacht und ich hab die Kühe durchgetrieben. Dann war ich über die Grenze mit meinen Kühen in der Ortschaft. Dann bin ich weitergegangen. Ich bin dann noch eine Nacht weitergegangen.

Dann ist mir das passiert mit denen von der SS, die eine Panzersperre zugemacht haben. Die haben mich dann erwischt. Vielleicht hat mein Barrashemd rausgeschaut oder waren es meine Bergschuhe. Dann bin ich mit denen eine Zeitlang gegangen. Bevor das Holz gar geworden ist, habe ich es riskiert, bin auf die andere Straßenseite ins Holz und zum Teufel. Dann bin ich noch ein paar Stunden gegangen. Dann war ich schon bei den Amerikanern. Ich hab noch aus dem Holz rausgeschaut, ob da noch Deutsche sind oder Russen oder Amerikaner.

Dann kam eine Ortschaft mit lauter weißen Fetzen draußen, geregnet hat es. Ich dachte, spinnen die, bei dem Wetter die Wäsche raushängen. Ich habe mich dann in das Dorf reingeschlichen, gleich in das erste Häusl, hab die Haustür aufgemacht, und erst einmal gehorcht, was da los ist. Dann ist einmal ein Madl rausgekommen aus der Küche. Die ist erschrocken, als ich die Tür aufgemacht habe. »Sind da Deutsche oder Russen da?« Nein – Amerikaner – »sigst ja, wir haben die Fahne draußen«. »Des weiß ich nicht, dass man da die Fahne raustut.« Ich hab mich dann bei denen ein wenig aufgehalten. Einen Tomatenknödel haben sie mir gegeben.

Dann bin ich wieder weitergegangen. Da haben dann links und rechts von den Häusern die Ami schon immer rausgeschaut, halb besoffen, mit denen bin ich leicht fertig geworden. Dann bin ich heimgegangen Richtung Passau. Vor Passau bin ich noch über Nacht geblieben bei einer Familie. Da war auch der Vater und der Bub noch nicht da. Die haben mir dann ein »Gwandl« gegeben. Ich hab dann mein Zeug ausgezogen. Mein Hemd war voller Läuse.

Am anderen Tag, es war ein Sonntag, bin ich Richtung Passau gegangen. In Passau war ein Steg. Da waren die Amerikaner und haben jeden kontrolliert, der da rüber geht. Die hätten mich von hier den Russen ausgeliefert. Dann bin ich von da aufwärts gegangen und bin über das »Kachlet« rüber, ein Wehr. Dann bin ich noch bis kurz vor Erding gekommen. Ich habe nicht gewusst, dass nach 7 Uhr niemand mehr draußen sein durfte. In einem Hof, weiter weg von der Straße, waren Amerikaner. Die hatten auf ihrem Jeep ein MG und die haben mich draußen gehen sehen und gekracht hats auch gleich. Ich hab geplärrt, bin über die Straße gekugelt und liegen geblieben. Dann sind sie gekommen, haben geschaut – der rührt sich nimmer – sind weitergefahren. Als sie nicht mehr da waren, bin ich aufgestanden und weitergegangen.

In Freising – da ist die Amper oder die Isar – da haben die Amerikaner bei einem Steg kontrolliert. Jeder, der drüber gegangen ist, ist kontrolliert worden. Ich hab aufgepasst und mich hinter einer Kontrolle vorbeigeschlichen. Von der anderen Seite ist ein Madl gekommen. Ich hab gewusst: Die Amerikaner sind »weiberdamisch«. Und die haben sich dann mit dem Madl abgetan. Dann bin ich da drüber gekommen, ohne dass ich kontrolliert worden bin. Von Freising bin ich dann nach Weng bei Jarzt. Da war ja mein Bruder. Der war aber natürlich auch nicht da. Der war mit Ross und Wagen in den Bergen, wie es halt seinerzeit war. Meine Schwägerin hat mir dann noch ein Radl gegeben. Die letzte Strecke von Jarzt bis nach Facha bin ich mit dem Radl gefahren. In Etzenhausen beim Leitenberg, da kommt daher: der Hacker Sepp. Da hab ich mir gedacht, es ist Himmelfahrtstag, da fahren die immer noch mit den »Heitern« umeinander. Ist da noch kein Feiertag. Er hat Leichen ausladen müssen. 30 glaube ich sinds gewesen. Das waren »KZ'ler«, wo's in Dachau am Bahnhof ausgeladen haben. Die sind mit einem Wagon irgendwoher gekommen und auf den Leitenberg gefahren worden. Droben war eine Grube aufgemacht und dort sind sie rein gekommen. Hinten ist dann der Kreuzschuster noch dahergekommen. Da haben die Leute fahren müssen, die Parteimitglieder waren. Die Leichen waren schon lange gelegen. Sie waren schon halb verwest. Das war der erste Eindruck, wie ich heimgekommen bin. Dann wär ich noch zum Gasteiger rein, zu meiner Cousine. Da ist die Tochter raus und sagt: »Mama ein Pollak – mach zu!« Weil ich natürlich dementsprechend ausgeschaut hab. Das war der zweite Eindruck. Dann bin ich heim.

Daheim natürlich eine Mordsfreude, weil natürlich kein Mensch mehr gewusst hat, ob ich noch lebe. Die hatten ja schon lang nichts mehr gehört von mir. Die Mutter ist dann gleich zum Mang rüber, um ein »Pfannkuchen-pfandl«, weil die anderen die Amerikaner mitgenommen hatten. Da hab ich dann gleich einen Pfannkuchen bekommen. Das war gut und am anderen Tag bin ich gleich in die »Wikikn« raus zum Kartoffelaufackern. Dann kam die Sopie daher, eine Schwester von mir, die war noch nicht verheiratet und sagt: »Du Girgl, komm gleich heim, Polaken sind da, der Schweizer hätte schon einen Stier auslassen, aber die ›scheißen‹ sich nichts! Die sind schon im Haus drin.« Da bin ich. Einer war schon im Keller drunten. Der andere wär grad runtergegangen. Der hat mich gesehen und kommt gleich rauf. Ich dachte mir, der kommt mir grad recht, weil mit dem, was man alles erlebt hat, wird man radikal. Alle zwei sind aber dann abgehaun.

1945 war der Krieg vorbei – 1946 hab ich dann irgendwo in Indersdorf ein Theater gesehen, »Das Glück vom Riedhof«. Das hat mir so gut gefallen, dass wir das dann 1947 gleich selber gespielt haben. Es ist dann mit Theaterspielen losgegangen die ersten Jahre. Meisten zweimal im Jahr und auch mit dem Sportverein, weil die meisten waren gefallen und Fußballzeug war auch nicht mehr da. Aber das Interesse war halt wieder da zum Fußballspielen und der Hartl Schorsch von Feldgeding, der Schmid Schorsch und ich haben dann an-gefangen mit dem Sportverein. Jetzt brauchen wir erst einmal Fußballschuhe, Dressen usw. Wo das dann alles hergekommen ist, das kann ich heute nicht mehr sagen. Auf alle Fälle ist es seinerzeit losgegangen. Viele waren ja noch in Gefangenschaft. Die waren noch nicht da. Da ist es mit dem Sportverein losgegangen und mit Theaterspielen.

Und mit der Landjugend, mit der Katholischen Landjugend ist seinerzeit angefangen worden. Da hat man dann auch eine Blaskapelle angefangen in Bergkirchen. Da war dann der Schmid Anderl, der Schuster Sepp, der Schus-ter Jack von Feldgeding, der Seiler Sepp, ich und der Mesmer Vit und der

Mesmer Hans und der Leirer Hans dabei. Der Leirer Hans hat es dann bald mit der Lunge bekommen. Dann hat der Wagner Hans von Feldgeding den Bass gemacht. Da haben wir vom Balser das Spielen gelernt. Beim Schreiner war unser Proberaum. Nach einem Jahr haben wir schon ganz schön gespielt. Dann war aber seinerzeit das Interesse nicht mehr so für eine Blasmusik. Da war dann nicht mehr viel los. Und dann hat man das aufgehört. Zu fünft haben wir dann noch eine Tanzkapelle gemacht – mit Saxophon – wie es halt seinerzeit war, mit Schlagzeug, Trompete und der Schuster Jackl hat »Quetschn« gemacht. Das ist dann eine Zeitlang gegangen, bis dann die Herren geheiratet haben. Dann war es bei denen mit dem Musikspielen aus. Dann hat es sich mit dem Musikspielen aufgehört und ich und der Vit sind dann übrig geblieben von der ganzen Musik und spielen heute noch.

»Für mich war halt kein Platz mehr.« (Josef Zacherl)

Josef Zacherl am 8.März 1923 in Bergkirchen geboren. Seine Lebenserinnerungen umfassen 35 Seiten. Als Kriegsfreiwilliger am 1. April 1941 eingezogen, machte er den gesamten Rußlandfeldzug bei der Erdkampfgruppe Immelmann mit. In Stalingrad schwer verwundet, wurde Zacherl am Flugplatz »Pitomnik« von einen bekannten Piloten unter tausenden Schwerverwundeten erkannt und trotz des überladenen Flugzeuges noch mitgenommen. Josef Zacherl hatte einen florierenden Motorrad-und Fahrradhandel mit Werkstatt. Dann ging er in die MAN. Dort arbeitete noch über 20 Jahre als Mechanikermeister.

Josef Zacherl, Jahrgang 1923 berichtet, wie er das Kriegsende erlebte. Ein Soldat aus seiner Kompanie schlug ihm vor: »Haun wir ab.« Doch das lehnte er ab. Er erzählt:

Ich wollte aber von der Kompanie nicht weg. Das Sicherste ist immer noch, wenn man bei der Kompanie ist. Der Huber Sepp ist abgehaun. Wir sind von Graz bis Lienz. In Lienz hat die Enz Hochwasser gehabt. Auf unserer Seite waren die Russen, auf der anderen Seite die Amerikaner. Es hat dann geheißen, alles, was auf russischer Seite ist, kommt in russische Gefangenschaft, alles was drüben ist, in amerikanische. Viele sind dann reingesprungen und auch ersoffen. Die Enz hat ja Hochwasser gehabt. Der Himmler [Hans Himmler, der Neffe von Heinrich Himmler; Josef Zacherl war zeitweise der Fahrer von

Hans Himmler] hat dann gesagt – er war ein alter Gebirgler, das hab ich alles nicht gewusst: »Wir müssen jetzt weiter runter, vielleicht 6 oder 7 Kilometer, da ist irgendwo eine Furt. Wenn die Enz normal ist, kann man dort mit den Schuhen drüber gehen. Da kann es nicht so tief sein.« Zwei Tage sind wir dort gefahren, bis wir angekommen sind. Mit sechs LKW sind wir gefahren und dem Werkstattwagen. Den Werkstattwagen hätte der Himmler gerne heimgebracht. Dann ist die Furt gekommen. Zuerst haben wir probiert mit Stangen, wie es ausschaut. Dann haben wir von den sechs Lastwägen die Türen raus. Schlosser waren ja dabei. Dann die Ansaugstutzen verlängert bis übers Dach. Anschließend haben wir uns ausgezogen und sind mit den sechs Lastwägen durch die Enz durchgekommen.

Drüben haben wir uns dann gefreut, dass wir endlich drüben waren, weg von den Russen. Wir hatten uns gerade alle umgezogen, wir waren wieder aus den Badehosen draußen. Dann sind die Amerikaner mit dem Jeep gekommen. Sie hatten uns schon gesehen. Wir sind dann angetreten. Der Kleinste war immer ich. Ich hab dann schon gesehen, wie der Ami die Ehrenzeichen runterholt, Uhren weg. Im Brotbeutel hatte ich drei Büchsen drin. Zwei volle, eine halb leer. Dann hab ich schnell die Uhrenbänder von der Uhr weggerissen und hab sie da rein gesteckt. Er hat dann gefragt: »Wo Uhr?« Ich hab gesagt: »Drüben bei Russe.« Dann hat er den Brotbeutel aufgemacht. Die zwei vollen Büchsen hat er rausgeschmissen. Die halbe hat er mir gelassen. Da war ich froh. Da war meine Uhr drin. Unsere Fahrzeuge haben wir dann alle stehen lassen müssen. Die Amerikaner haben uns mit ihren Jeep da rauf. In Lienz war ein riesiger Zaun. Eine riesige Weide war eingezäunt mit Drahtzaun. Da war schon alles voll. Da sind wir auch reingekommen.

Vier Wochen waren wir da drin. Vier Wochen hat es geregnet. Vier Wochen haben wir uns nicht hinsetzen können. Vier Wochen waren wir Buckel an Buckel gestanden. Zu essen haben wir auch nicht viel bekommen. Ein paar Mal Keks und so was. Vorne haben sie dann Wagon aufgebaut, sieben Eisenbahnwagons. Da haben wir nacheinander rein müssen. Da sind wir dann ausgefragt worden. Wie ich reingekommen bin, haben sie mich gleich gefragt – gewusst haben die alles – ich bin der Fahrer vom Himmler. [...] Die anderen sind alle nach Frankreich zum Minenräumen gekommen. Der Himmler nicht und ich auch nicht. Er hat mich dann ausgefragt über die Hitlerjugend und dann von Stalingrad. Ich habe ihnen lange erzählen müssen. Die Amis wollten alles wissen. Er wollte auch wissen, ob wir bei der Hitlerjugend auch schon mit dem Gewehr geschossen hätten und ob uns das gefallen hat. »Ja freilich hat uns das gefallen.« Er hat dann gesagt: »Na, das ist ein ganz ehrlicher.« Die haben mich eigentlich mögen.

Acht Tage später, geregnet hat es immer noch, da hat dann in der Früh auf einmal die Sonne gescheint. Sie haben dann vorne einen Turm aufgebaut. Dann ist der Ami – so ein Packerl Papiere hat er gehabt – rauf. Der Zacherl Josef war der erste, der dran gekommen ist. Ich bin »vorgeschossen« – ich hab nicht mehr links und rechts geschaut. Wie ich rausgegangen bin – was glaubst du, wer reingeht – der Huber Hans, der aus Graz abgehaun ist, der kommt rein. Einen Rechen hat er in der Hand gehabt. Ein »Goaßhütl« hat er aufgehabt. Er hatte aber keine komplette Uniform. Diejenigen, die keine Uniform hatten, die sind nicht entlassen worden. Die haben nach Frankreich zum Mienenräumen müssen. Er hat dann zu mir gesagt, wenn ich heimkomme, soll ich zu seinen Eltern hingehen. Das habe ich dann auch gemacht. Ich bin dann auch zu seinen Leuten hin und hab gesagt, dass, wie ich raus bin, der Hans reingekommen ist. Ich habe aber nicht gewusst, dass er zum Mienenräumen kommt. Zwei Monate später ist er dann aus Frankreich heimgekommen.

Ich bin aber in der Zwischenzeit raus und hab zunächst gar nicht gewusst, wo ich bin. Ich habe dann irgendwo ein Auto gehört. Das war die Autobahn. Da bin ich dann rübergegangen. Wie ich dort hinkomme, steht eine ganze Kolonne »Neger« dort, lauter »Neger«. Ich habe dann meine Papiere vorgezeigt. Dann hat der gesehen, dass ich entlassen bin. Wo ich hin will, wollte der wissen. »Nach München«, hab ich gesagt. »Aha, München!« Die haben mich dann hinten raufgehockt und haben mich mitgenommen. In München haben sie dann gehalten. Dass dort Ausgangssperre herrschte, das hab ich nicht gewusst. Ich bin halt durch die Stadt durchgegangen. Aus jedem dritten Haus ist ein Ami raus und hat mich kontrolliert. Ich habe dann meine Papiere gezeigt und ich durfte wieder gehen. Früh um 4 Uhr bin ich dann am Hauptbahnhof angekommen. Am Hauptbahnhof hab ich dann gefragt, ob da ein Zug nach Dachau geht. »Nach Dachau geht keiner, aber nach Olching, das ist aber kein Zug, sondern nur ein Pritschenwagen und vorne eine kleine Lok. Wenn du mitfahren willst, kannst du dich hinten raufhocken«, hat einer gesagt. Dann bin ich halt früh um 4 Uhr nach Olching rausgefahren. Wie ich von Olching runtergegangen bin, hat der Boder Toni da droben gerade Klee gemäht. Dann hab ich mich beim Boder Toni hinten auf den Wagen gehockt und bin heimgefahren.

Ich bin dann heimgekommen. Unser Haus war aber voll. Für mich war kein Platz. Bei unserem Garten droben hatten wir einen kleinen alten Keller.

Ich hab mir dort ein kleines Lager aufgebaut mit einer Rossdecke. Drei Wochen lang hab ich dann da oben geschlafen. Daheim war die Schwester mit einem Kind, die Irmgard war da. Von der hab ich auch nicht gewusst, dass es sie gibt. Kleine Kinder und drei Frauen von Breslau waren drin. Für mich war halt kein Platz mehr. Deshalb hab ich drei Wochen da droben geschlafen. Eine von denen hat es mit einem Ami gehabt. […]. Die waren immer hinten draußen auf der Waschbank, das habe ich gesehen. Ich bin dann auch Kammerfensterln gegangen zum Hutter hinter. Die Ami haben immer zu zweit ihre Runden gemacht. Ich hab immer geschaut, wenn nur einer gekommen ist und mich gefragt, warum da nur einer kommt. Ich bin dann über den Friedhof gegangen. Ich hab dann über den Friedhof runtergeschaut. Dann hat der die drunten schon wieder auf der Bank gehabt. Seinen Gurt und seine Pistole hatte er auf der Stiege liegen gehabt. Ich bin dann die Stiege runter. Er hatte eine 7,65 mm (Pistole) drin, aber eine deutsche. Ich hab dann die Pistole rausgetan und hab sie bei uns im Grab versteckt. Dann bin ich drüber über die Stiege, heim und wieder in meinen Keller. In Verdacht hatten sie mich schon, aber nachweisen konnten sie mir nichts.

Nach drei Wochen mussten die Frauen aus Breslau ausziehen. Dann konnte ich daheim wieder richtig schlafen. Dann bin ich nach Dachau und zum Huber und habe denen das gesagt. Mein Vater hat gleich gesagt, dass ich mir wieder einen Bauern suchen muss. Ich hab mir gedacht: »Zum Bauern geh ich nicht mehr, weil sie mir während der ganzen Militärzeit immer gesagt haben: Bub, dass du nix gelernt hast.« Ich bin dann zum Huber und habe denen das gesagt. Ich habe mir dann gedacht: »Ich fahre jetzt zum Kraus [Kraus-Maffei], weil der Kramer Schorsch, wir zwei waren ja Ministranten, der war beim Kraus, weil seine Brüder ja gefallen waren.« Ich dachte, ich fahr da mal rein und frag einfach, ob ich da nicht eine Arbeit kriegen könnte. Ich bin zum Huber und das mein Rad eingestellt. Der Huber hat gefragt, wo ich hin will. Ich hab gesagt: »Zum Kraus möchte ich reinfahren, weil ich eine Arbeit suche.« Der hat dann gesagt: »Da brauchst nicht reinfahren, da kannst bei mir auch dableiben.« Ich bin dann gleich beim Huber geblieben und hab gesagt: »Wenn ich lernen kann, dann tät ich auch gleich noch lernen.« Dann hab ich halt beim Huber gelernt.

Drei Monate war ich schon beim Huber, dann ist der Hans gekommen. Der war ja noch in Frankreich beim Mienenräumen. Da hab ich dann meine Lehrzeit gemacht. Da ist es dann angegangen nach dem Krieg. Der Huber, das war eine Werkstatt, da ist alles gemacht worden, was es gegeben hat. Der hat

Wasserpumpen gemacht. Wir haben die ganzen Autos vom Bezirk gemacht, die ganzen Autos von den Doktoren, die ganzen Autos von der Stadt Dachau. Die Bauern haben alles Mögliche gebracht. Der hat auch Schnapskessel gemacht, das hab ich dann auch gesehen. Hinter Facha war ein viermotoriges amerikanisches Flugzeug, das abgestürzt war. Das war dahinten. Da bin ich halt auch immer hinter. In dem Flugzeug war alles Mögliche. Das haben wir da rausgebaut. Viel hat man auch nicht gebrauchen können. Der Tank war ein echter Rohgummitank. Aus dem Rohgummi haben wir »Radlpapp« gemacht. Das war der beste »Radlpapp« aller Zeiten.

Weil ich damals Werkzeug mit nach Hause gebracht hatte, hatten wir jetzt zuhause Werkzeug. Da haben wir dann aus drei Fahrradschläuchen einen gemacht, aus zwei Radmäntel einen. Das haben wir alles mit der Gummilösung von dem Tank gemacht. Die haben wir aufgelöst, angezündet und dann zusammengepappt. Die hat man nicht mehr auseinandergebracht. Da haben wir dann für die Flüchtlinge – jeder hat was gebracht, der eine ein Rad, der andere einen Rahmen – daheim alle Tage gebastelt. Da waren wir oft zu zehnt oder zu zwölft. Am Anfang sind wir mit Wasserschläuchen um die Reifen rum in die Arbeit gefahren. Dann waren wir schon modern. Im Flugzeug war noch ein schöner emaillierter Tank drin, vielleicht 80 cm lang und 60 cm hoch, 40 cm breit, sauber emailliert, ein sauberer Deckel zum Schließen. Den hab ich dann auch ausgebaut. Mit dem Tank haben wir dann Schnaps gebrannt. In der Arbeit habe ich immer gesehen, wie die Bauern das immer gemacht haben. Ich habe das halt dann nachgemacht. Die Buben haben mir dann von daheim Zuckerrüben gebracht. Mit der Rübenmaschine haben wir sie dann durchgetrieben. Bei der Drogerie Teufel hab ich dann – für den Huber hab ich sie auch holen müssen – eine Klärhefe geholt. Von dem Teufel hab ich auch Klärhefe gekriegt. Dann haben wir bei uns im Keller draußen die Maische mit den Zuckerrüben angesetzt. Wir hatten einen alten Plattofen. Unser Vater hätte nichts merken dürfen. Wir durften ja nichts Unrechtes machen. Im Keller draußen haben wir dann – dort war ein alter Backofen – dort haben wir Schnaps gebrannt. So hat das funktioniert.

Hinten in der alten Mühle, das war ein Lagerhaus, aber leer. Die jungen haben da hinten alle das Tanzen gelernt. Alle Tage war da hinten Tanz. Ich bin nie da hinter. Ich hatte ja nie Zeit. Ich hab ja gelernt und wenn ich einmal daheim war, dann hab ich für sie Schnaps gebrannt. Aber – den Schnaps haben uns auch die Ami abgekauft. Da hast du 1000 Mark für eine Flasche Schnaps gekriegt. Beim Teufel haben wir auch die Essenz gekriegt. Wir haben da natürlich einen guten Schnaps gemacht. Alle möglichen Schnaps haben wir gemacht. In Dachau, beim Birgmann, hat ein großer Radhändler ausgelagert gehabt, auch versteckt, wie es halt während des Krieges war. Der ist auch zum Huber gekommen. Für den haben wir auch was machen müssen. Der Huber hat dann gesagt: »Bubn, von dem bekommen wir nicht viel Geld.« Er hat aber auch gesagt: »Die zwei Buben kriegen dann einmal ein paar Radmäntel und Schläuche.« Die haben wir dann gekriegt. Die haben dann auch Schnaps wollen. Wir haben ihnen dann den Schnaps probieren lassen. Dann habe ich schon Speichen bekommen. Wir haben dann schön langsam unsere Räder modernisiert. So bin ich eigentlich »Radlmacher« geworden.

Aber das allein war es nicht nach dem Krieg. Ich bin dann einmal von der Arbeit nachhause gefahren mit dem Rad. Über Feldgeding bin ich da gefahren. In Günding musste man über die Amperbrücke fahren. Dann hab ich gesehen, dass dahinten eine Flak steht. Es war eine 10,5-Flak, alles elektrisch. Ich bin dann hinter gegangen und hab mir das angeschaut. Das kann man sich nicht vorstellen. 12 Geschütze. In jedem Geschütz drei Motoren. Die Motoren an der Seite waren leicht zum Abbauen. Der stärkere, die einen waren 1,5, die anderen hatten 2,5, war im Geschützrohr drin. Alle Tage bin ich dann da abends vorbei. Alle Tage habe ich einen Motor ausgebaut. Schlüssel hatte ich ja. Die habe ich immer drunten gelassen und dort versteckt. Mein Vater hat das nicht sehen dürfen. Die habe ich dann im Keller, da konnte man auf der einen Seite rein und auf der anderen raus, von den Bauern hatte er Bretter bekommen. Damit ist dann eingeschalt worden. Keiner mehr ist aber jetzt da reingegangen. Jeden Motor habe ich dahinter getragen und versteckt. So hab ich über 36 Motoren zusammengebracht.

Beim Huber ist alles gemacht worden. Oft war bei den Bauern die Wasserpumpe oder der Motor kaputt. Da habe ich meinem Meister wieder einen Motor gegeben. Ich habe ihn ja gehabt. Die Werkstatt war ja in sehr gutem Zustand. Die Dachauer sind durch das KZ alle reich geworden. Die haben alle nichts Gescheites gehabt. Die beste Werkstatt war die vom Huber. Wir haben für den Nikolaus gearbeitet. Wir haben für den Reischl gearbeitet. Wir haben für Opel gearbeitet, für den Adler droben in der Brucker Straße. Wenn da was war, wir haben Kolbenringe gemacht. Wir haben die ganzen Autos gelagert. Die sind ausgegossen und ausgeschabt worden. Der Mann hat einfach alles gekonnt. Wenn er einen Motor gebraucht hat, dann hat er von mir immer wieder einen Motor bekommen. Da haben sie dann das Lager [gemeint ist das Lager vom KZ] aufgelöst. Mein Meister hat die modernste Drehbank, die man sich vorstellen kann, bekommen. […] Ich habe dann von meinem Meister die kleine Drehbank bekommen. Mit der großen hätte ich ja nichts anfangen können. Dann habe ich natürlich auch schon eine Drehbank gehabt. Dann bin ich auch schon etwas moderner gewesen. Einer hat mir dann gesagt, dass die Amerikaner alles von der BMW in den Feldmochinger See geschmissen hätten. Ich bin dann an einem Sonntag dahin gefahren. Der ganze Strand war voller Schneideisen und Zeug. Die hab ich heute noch. Die hab ich rausge-klaubt, alle Sorten. Da waren auch kleine Tischbohr-maschinen. Die waren nicht ganz. Überall ein »Trumm« – aus denen habe ich auch eine Tischbohr-maschine zusammengebracht. Ich bin halt immer moderner geworden. So hat sich das halt alles aufgebaut.

»Abgehaun? Geht das so einfach?« (Korbinian Eder)

Korbinian Eder wurde am 8. Oktober 1925 in Bergkirchen geboren und am 26. August 1943 zum Wehrdienst eingezogen. Eder war in Lappland und Norwegen eingesetzt. Nach dem Krieg hat er die väterliche Landwirtschaft übernommen. Eder war beim TSV-Bergkirchen lange Jahre sportlich und ehrenamtlich sehr aktiv. Er ist am 7. Februar 2013 im Alter von 88 Jahren verstorben.

Korbinian Eder war bei Kriegsende als Soldat in Norwegen. Er erzählt:

Eines Tages hat es geheißen, wir fahren in die Heimat. Dann sind wir drei oder vier Tage durch Fjorde gefahren, runter, bis wir zum Einschiffen gekommen sind. Wir sind dann eingeschifft worden und sind in Bremerhafen wieder aus-geladen worden. Da haben uns dann die Engländer übernommen. Die haben gesagt: »In 36 Stunden seid ihr bei der Mutti!« Leider war's dann nicht so. Die haben uns dann auf die Bahn verladen und dann sind wir halt nicht zu der Mutti gekommen, sondern haben uns an die Franzosen übergeben. Da waren wir erst einmal so richtig Gefangene. In der Gefangenschaft, in Bingen war das, am Rhein draußen, da sind wir in ein Lager gekommen mit 100 000 Leu-ten – und keine Unterkunft. 14 Tage lang hat es geregnet, was runtergegangen ist. Alle sind unter Bäumen gestanden und haben sich zusammengelehnt und jeden Tag haben sie die Toten rausgetragen.

Dann hat es geheißen, sie brauchen welche zum Minenräumen. Ja gut, da war ich auch wieder dabei. Sieben Mann haben sie da rausgesucht zum

Minenräumen. Dann sind wir los. Wir sind nach Greislach und weiter ins Saargebiet. Da sind wir dann nicht zum Minenräumen. Wir sind dann zu Landwirten gekommen. Dort haben wir bei der Ernte geholfen. Das war uns dann schon wesentlich lieber. Bei den Minenräumern, den sieben Mann, die haben acht Tage räumen müssen und wer da durchgekommen ist, der hat heim dürfen. Aber meistens sind vier oder fünf dabei gestorben. Ja, dann hab ich bei dem Bauern gearbeitet, ungefähr sechs Wochen lang. Das war eigentlich schön. Auf einmal sind Franzosen rausgekommen und haben uns alle wieder eingefangen. Da haben wir zum Bürgermeister müssen, mit Handtuch und mit Seife, was wir gehabt haben.

Dann haben sie uns nach Saarbrücken in ein Lager mit 1000 Mann. Da hat es mich leider wieder erwischt. Da haben sie unter den 1000 Mann 16 herausgesucht. Denen haben sie die Haare runtergehaut. Da war ich dabei. Angeblich wegen Fluchtgefahr. Na ja, die Haare sind wieder nachgewachsen. Da war es nicht schön. Die haben uns wirklich »g'hundst« wie es gegangen ist. Ich habe neue Bergschuhe gehabt. Da haben sie einen in der Mitte gehabt, die Posten. Dann hab ich gedacht, schaust eini, was die wollen. Dann haben sie meine Schuhe gesehen. »Kommens mit!« Dann bin ich mit, hab meine Schuhe ausziehen müssen. Latschen, bei denen die Sohle unten weg war, die haben sie mir dann gegeben und ein bisserl Tabak. Das war alles.

Von da haben sie uns in die Nähe von Trier, nach Schwaich. Da ist ein Bahntunnel gesprengt worden. Das war ein Riesentrichter. Da haben wir von oben her die Erde runterarbeiten müssen. Das war keine schöne Arbeit. Das Arbeiten hat mir gleich gar nicht gefallen. Dann hab ich zu wenig getan und sie haben schon immer gedroht. Da haben sie mich herausgeholt. Dann habe ich Steine klopfen müssen. Das war auch nicht schön. Aber nach ein paar Tagen haben sie in der Küche ein paar gebraucht. Dann haben sie mich von den Steinklopfern weggeholt. Ich habe dann bei den Franzosen in der Küche gearbeitet. Da hat es wieder hingehauen. Dort hab ich das erste Mal das »Weinsaufen« gelernt. Jeden Tag haben wir da vom Fassl abzapfen müssen mit einem Schlauch. Da ist schon viel durch meine Gurgl auch gelaufen. Dann hab ich einmal gesagt, jetzt mag ich nimmer.

Dann bin ich abgehaun. Ich bin durch den Stacheldraht durch mit einem Spezl. Dann sind wir einfach stiften gegangen. Der Spezl war bei der Marine. Aber hat den Fehler gehabt, dass er nicht gut laufen konnte. Dann sind wir in die Weinberge rein. Da hat uns dann ein Bauer gefunden und gesagt: »Bleibst einmal da, ich bring euch was anderes zum Anziehen.« Er hat uns so »Arbeiterblusn« gebracht und wir sind losgestiefelt. Dann sind wir halt wieder in die Nähe von Saarlouis gekommen. Da hat uns dann ein Holzgaser mitgenommen. Bis auf ein paarhundert Meter bin ich mit dem zu den Leuten hingefahren, wo ich hin wollte.

Nach acht Tagen hat die Nachbarsfrau – ich hab ja wieder einmal weg müssen – gesagt, sie fährt zum »Hamstern« nach Würzburg und sie hilft mir soweit es geht. Dann sind wir los, in den Zug eingestiegen nach Saarbrücken und von Saarbrücken sind wir dann nach Frankfurt. Solange wir beim Franzosen waren, war keine Kontrolle. Aber jetzt ist die Grenze gekommen. Das war an einem Sonntag um 12 Uhr, als wir hingekommen waren und abends gegen 9 Uhr ist erst der nächste Zug nach München gegangen. Da hat man eine Genehmigung gebraucht. Die hast du ohne Papiere aber nicht gekriegt. Ich hab ja nichts gehabt. Dann hat die Frau gesagt: Du hältst dich mit meinen Kind jetzt in der Bahnhofsmission auf und ich schau, dass ich irgendein Papier herbring.« Die war dann schwer raffiniert. Die hat dann rumgefragt bei den Leuten. Da hat eine gesagt, sie hätte schon eine Karte nach Fulda. Sie braucht sie nicht. Sie fährt da nicht hin. Da hat sie gesagt: »Die gibst du mir.« Da hat sie Fulda durchgestrichen und München reingeschrieben. Tatsächlich sind wir um halb 9 Uhr in den Zug gestiegen. Es dauert nicht lang. Da kamen die Amerikaner: »Pass! Pass!« Ich hab ja keinen Pass gehabt. Da hab ich geschaut, dass ich vorne rausgekommen bin. Als sie durch waren, bin ich hinten wieder eingestiegen. Kurz vor 9 Uhr sind sie wiedergekommen. Allerdings waren sie dann schon ein wenig besoffen »die Hund«: »Pass!« »Pass!« Da bin ich nicht mehr rausgekommen. Da hat mir die Frau ihr Kind in den Arm gedrückt. Das hat geschlafen und gesagt: »Psst! Baby schläft!« »Baby, Baby, Baby!« – Und schon sind wir nach München gefahren. Dann war die Sache einfach.

Dann bin ich heimgekommen. Aber wie ich daheim vom »Wagner« runter gekommen bin – meine Eltern sind auf dem Hof draußen gestanden – komm ich mit einem Kind daher und mit einer Frau. Denen ist gleich die Farbe hochgeschossen, bis ich ihnen die ganze Sache erzählt hatte, wie sie war. Die Frau haben sie dann noch acht Tage bei uns gehabt. Sie hat dann Eier, Butter und Zeug mitbekommen. Dann ist sie wieder glücklich heimgefahren. Ich war daheim, habe keine Papiere gehabt.

Dann hab ich noch mal fort müssen. Dann bin ich nach Bad Aibling in ein Lager, ein Entlassungslager. Da haben sie mich dann wieder 16 Tage lang eingesperrt. Dann hab ich zum CIC müssen, so hat das damals geheißen. Dann hat er meine Papiere gebracht. Ich hatte ja nichts. Sofort haben sie mich in einen Raum eingesperrt. Dann musste ich nach einer Stunde zu einem Offizier. Er hat nach mir gefragt und ich hab ihm gesagt, dass ich vom Bürgermeister ein Schreiben hätte, dass mich meine Leute zu Hause bräuchten, meine Eltern sind nicht mehr so und jung und können die Landwirtschaft nicht mehr machen. Ja, sagte er, das ist okay. Aber wo waren sie bisher. Ich sagte ihm, so wie es war, ich war in französischer Kriegsgefangenschaft und da bin ich abgehaun. »Was?«, hat er gesagt, »Abgehaun? Geht das so einfach?« Ich sagte ihm, dass ich keine andere Möglichkeit gesehen hätte. »Okay.«, sagte er. Dann habe ich Papiere bekommen und bin dann heim.

Wie ich dann daheim war – wir hatten ja ein kleines Häusl, die Räumlichkeiten waren wirklich nicht groß – da waren in dem kleinen Häusl 16 Leute. Flüchtlinge haben wir drin gehabt. Von Bibereck war noch der Rieger Sepp bei uns mit seiner Frau und mittlerweile zwei Kindern. Man kann sich vorstellen, wie es bei uns ausgeschaut hat. Trotzdem – wir waren lustig und waren an jedem Abend zusammengesessen. Wir haben »Blinde Kuh« gespielt und alles Mögliche haben wir gemacht. So ist es halt weitergegangen.

»Als ich mein Schlafzimmer betrat, lag noch ein Soldat in meinem Bett.« (Michael Krotzer)

Michael Krotzer wurde am 7. August in Schwemmberg geboren. Am 20. Januar 1939 kam er als Geschäftsführer zur Raiffeisenkasse nach Bergkirchen. Januar 1941 erfolgte die Einberufung zur Wehrmacht. Beim Russlandfeldzug war er Soldat in der 212. Inf.-Division. Nach dem Krieg arbeitete er wieder als Geschäftsführer in der Raiffeisenkasse mit angeschlossenem Lagerhaus. Krotzer war in vielen Bereichen der Gemeinde ehrenamtlich tätig. Seine teils sehr persönlichen Lebenserinnerungen sind eine wertvolle Quelle der Ortsgeschichte. Er starb am 19. April 2000 im Alter von 87 Jahren.

Michael Krotzer, Jahrgang 1913, schreibt in seinen Lebenserinnerungen
Die Auflösungstendenz der Truppen hatte seit dem Rheinübergang zugenommen. Jeder Soldat, der auf 50–70 km in Heimatnähe kam, war über Nacht abgehauen. […] Ich selbst machte meinen Tornister-Gepäckrucksack ebenfalls fertig, brachte meine Habseligkeiten mit dem Dienstrad in das ein Kilometer östlich gelegene Waldstück, errechnete auf der Landkarte die Kilometerzahl und Marschroute nach Bergkirchen, noch 35 km. Um 7.30

Uhr kamen die ersten Panzer der Amerikaner aus Richtung Aichach. Eine Werferbatterie, die bei Allenberg in Stellung war, eröffnete das Feuer auf die Amerikaner, mehrere Anwesen gingen in Flammen auf. Es erging der allgemeine Befehl, sich nach Richtung Indersdorf abzusetzen. Ich eilte mit Gepäck zu meinem abgestellten Dienstrad und setzte mich auf eigene Faust ab. Die Witterung: Regen mit Schnee vermischt. Quer durchs Gelände ging es in Richtung Aufhausen-Ansbach auf der Kreisstraße weiter nach Pipinsried, Langenpettenbach-Indersdorf. Hier war alles verstopft mit Fahrzeugen. Im Gasthaus Gschwendtner war bereits die Vorhut meiner Einheit per Auto eingetroffen. Ich kam hinzu. Es gab noch eine kurze Lagebesprechung. Nächster Treffpunkt war Röhrmoos. Weiter gings durch Indersdorf. Anstatt dass ich vor Kloster-Indersdorf rechts in Richtung Niederroth abgebogen wäre, schob ich mich mit dem Fahrrad durch das Gedränge, das vor dem Krankenhaus so dicht wurde, dass es fast kein Durchkommen mehr gab. Da öffnete sich im Haus gegenüber dem Krankenhaus ein Fenster. Eine bekannte Stimme rief meinen Namen. Es war mein Fouier, Kögelmeier Toni, der in Trier verwundet worden war und als Ambulantverwundeter schon zu Hause war. Ich sollte mich bei ihm umziehen. Ich aber gab ihm zu verstehen, dass ich heute noch Bergkirchen erreichen möchte. Es war bereits 6.00 Uhr abends. Da machten die Amerikaner meistens schon Feierabend mit ihrem Vormarsch. Er wies mir den Weg nach Niederroth und wenn alles vorbei wäre, sollte ich zu Besuch kommen, was ich auch später getan habe. Einen Schwerpunkt gab es bei der Straßenkreuzung in Stetten-Schwabhausen zu überwinden. Hier stand noch die SS und kontrollierte, was Soldat war. Mein Dauerausweis als Vorkommando-Angehöriger meiner Einheit überwand auch diese Hürde.

So kam ich gegen 8.00 Uhr abends glücklich nach Bergkirchen. Samstag, 28. April 1945, über 2500 km Rückzug vom Ladogasee bis Ostpreußen und von Luxemburg bis Bergkirchen waren zu Ende. Für mich war der unselige Krieg aus. Das nördlichste Anwesen ist der Plabsthof im Ortsteil Facha. Da erkundigst du dich, wie es im Dorf aussieht, dachte ich mir und klopfte an die Tür. Der Bauer, Simon Schwarz, öffnete mir, schaute mich so an, wie ich in voller Kriegsbemalung und unrasiert da stand. Bist doch der Krotzer, war seine Frage. Ja, der bin ich, war meine Antwort. Dann komm rein, wirst wohl Hunger haben. Dann bekam ich Schweinernes mit Kraut und Kartoffel. Da waren natürlich die Strapazen des Tages vergessen.

Nachdem im Dorf noch eine deutsche Einheit einquartiert war, konnte ich meine Wohnung nicht ohne Risiko aufsuchen, um mich als Zivilisten einzukleiden. »Bleib bei uns über Nacht. Kannst in der großen Stubn oben schlafen. Denn wir schlafen im Keller.« So schlief ich den Schlaf des Gerechten bis in den Sonntagvormittag hinein. Die Kirchgänger kamen vom Sonntagsgottesdienst zurück. Die Jagdbomber-Aufklärer zogen ihre Kreise und der Kanonendonner kam immer näher. Ein Zeichen, dass die Amerikaner das Gebiet um Dachau überrollen werden.

Ich hielt die Zeit für gekommen, meine Wohnung im Hause Englmann aufzusuchen, um mich endgültig zu entmilitarisieren. Mit blauem Arbeitsanzug von der Tochter Kathi Schwarz über die Uniform gezogen, marschierte ich ins Dorf. Als ich beim Kramer Probst den Fußweg hinab ging, schlugen mehrere Panzergranaten in unmittelbarer Nähe von mir im Wirtsgarten ein, sodass ich 50 Meter vor meiner Wohnung nochmals volle Deckung nehmen musste. Im Hause Englmann waren Tür und Tor offen. Niemand war zu sehen. Als ich mein Schlafzimmer betrat, lag noch ein Soldat in meinem Bett. Ein Blick auf seinen Uniformrock, der über dem Stuhl hing: ein Leutnant. Wo ich herkomme, war seine Frage. Ich sagte ihm, dass ich hier zuhause sei und für ihn sei es Zeit, abzuhauen. Die Amerikaner sind im Anmarsch auf Bergkirchen. Er zog sich eilends an und ging.

Bald darauf gab es eine Detonation. Die abziehende Einheit hatte die Maisachbrücke gesprengt. Ich selbst machte mich zum Zivilisten, versteckte meine Uniform und Pistole im Lagerhaus und marschierte wieder nach Facha zum Plabst, wo ich ein Mittagessen bekam. Dort wartete ich auf die Ankunft der Amerikaner. Gegen 14.00 Uhr kamen sie mit mehreren Panzerspähwagen, gefolgt von einer Infanterieeinheit aus Richtung Eisolzried. Ohne einen Schuss wurde Bergkirchen erobert.

Getarnt als Stallhelfer beschäftigte ich mich im Kuhstall, als ein Jeep-Geländefahrzeug mit vier Soldaten in den Hof einfuhr, um alles zu kontrollieren, was da war. »Ich nix Soldat. Für Landwirtschaftsbetrieb benötigt.« So überstand ich die Kontrolle, ohne mitgenommen zu werden. Als ich gegen Abend meine Wohnung aufsuchen wollte, musste ich feststellen, dass sich die Amerikaner eingenistet hatten und ich das Haus nicht betreten durfte. Mit mehreren Nachbarn übernachteten wir beim Mülleranwesen im Kuhstall. Am nächsten Tag bauten die Amerikaner entlang der Kreisstraße eine Artilleriestellung zur Belagerung von München auf, das aber am 30. April bzw. 1. Mai ohne größere Kampfhandlungen an den Feind übergeben worden war.

Nach drei Tagen zogen die Amerikaner aus Bergkirchen ab. Die Wohnungen, in denen sie gehaust hatten, glichen mehr einem Saustall. In unserer

Wohnküche lagen die Eierschalen zu Hunderten umher. Ebenso alles Geschirr. Die Daunendecken von den Ehebetten hatten sie mitgenommen. Die drei Stück 20-Goldmarkstücke, die wir am Hochzeitstag von der Geyermutter erhalten hatten und im Nähkasten versteckt waren, wurden eine Kriegsbeute der Amerikaner. Von den Amerikanern verhaftet und mitgenommen wurden drei Bürger von Bergkirchen. Frank Marzell jun., der mit seinem Jagdgewehr einen deutschen Soldaten angeschossen hatte, SA-Führer Johann Gerstlacher und Hauptlehrer Johann Ritter. Sie wurden nach drei Tagen wieder freigelassen. Ortsgruppenleiter, Johann Englmann wurde am 1. Mai von den eingesetzten Antifa-Verhaftungskommandos (Amerikaner und ehemalige KZ-Insassen) aus seinem Versteck im Luftschutzkeller vom Zacherl herausgeholt und mitgenommen. Auch Kreisbauernführer Johann Deininger aus Eisolzried, wurde verhaftet. Beide erhielten drei Jahre Internierungshaft, die sie in verschiedenen Lagern verbringen mussten. Im März 1948 wurden sie entlassen.

Gastwirt Josef Groß hielt sich an verschiedenen Orten versteckt, bis die Luft wieder rein war und entging somit der Internierungshaft. Wenn ihn die Polen erwischt hätten, wäre es ihm schlimm ergangen. Die im Raum Dachau gefangen genommenen Soldaten kamen ins Flughafengelände nach Maisach und von dort nach Frankreich. Wer Angehöriger der SS war, kam ins Lager nach Dachau oder Moosburg. Für die mehreren Tausend deutschen Soldaten im Lager Maisach hatten die Amerikaner Verpflegungsengpässe. Tagelang erhielten die Gefangenen kein Essen, sodass Rotes Kreuz und Kirche an die Landbevölkerung appellierten, die Gefangenen mit Lebensmitteln und Decken zu versorgen. Mit Bauernfahrzeugen belieferte man das Lager Maisach mit dem Lebensnotwendigen und rettete somit vielen Soldaten das Leben.

Auf dem Bahnhof in Dachau stand ein Transportgüterzug mit Hunderten von toten KZ-Häftlingen, die von anderen Lagern zum Lager Dachau transportiert worden waren und in den geschlossenen Waggons verhungert waren. Ihre Leichen waren bereits in Verwesung übergegangen. Auf Anordnung der Militärregierung mussten die Gemeinden der näheren Umgebung von Dachau Arbeitskräfte und Fuhrwerke stellen, um die toten KZ-Häftlinge zu entladen und auf dem unterhalb von Etzenhausen gelegenen Leitenberg in einem Massengrab zu beerdigen. Nachdem ich als Heimkehrer noch nicht angemeldet war, entkam ich dieser entsetzlichen Sträflingsarbeit.

Die weiteren Anordnungen der Militärregierung: Ausgangssperre von 20.00 Uhr abends bis 6.00 Uhr früh. Ablieferung aller Waffen, Verbot öffentlicher Zusammenkünfte und Versammlungen. Alle Mitglieder der Partei, NSDAP, SA und sonstiger Organisationen wurden ihrer öffentlichen Ämter enthoben, auch der Verwaltungsrat (Vorstand und Aufsichtsrat) der Raiffeisenkasse. Ich selbst war ebenfalls von dieser Anordnung betroffen. Trotzdem übernahm ich am 1. Juni 1945 wieder die Geschäftsführung der Genossenschaft. Auch beim Verband in München herrschte ein heilloses Durcheinander. Niemand fühlte sich für die Amtsführung zuständig. Fast alle Betriebe, auch landwirtschaftliche Großbetriebe, erhielten von der Militärregierung einen Treuhänder. Meistens ehemalige Antifaschisten. Das führte so manchen Betrieb in den Ruin. Leitende Arbeiter und Angestellte benötigten eine Sondergenehmigung der Militärregierung zur Arbeitserlaubnis. Ich selbst erhielt sie erstmals am 19. September 1945 und zum zweiten Mal am 4. März 1946 beim amerikanischen Kommandanten im Dachauer Rathaus.

Mitte Juni 1945 eröffneten die Amerikaner auf dem Flughafengelände in Maisach ein Entlassungslager für die ohne Gefangenschaft heimgekehrten deutschen Soldaten. Zunächst traute keiner dieser Parole. Aber als bekannt wurde, dass Entlassungen durchgeführt werden, entschloss auch ich mich am 4. Juli per Fahrrad nach Maisach zu fahren. Mehr als tausend ehemalige Soldaten waren bereits auf dem Gelände, als ich um 8.00 Uhr früh ankam. Nach zwei Stunden wurde bekannt gegeben, dass die Entlassungsstelle nach Emmering verlegt wird, da der Flughafen für den Flugzeugbetrieb instand gesetzt werden muss. Somit stürmten alle nach Emmering. Hier wurde bekannt gegeben, dass die Dienstgrade Unteroffizier und Feldwebel Hundertschaften zusammenstellen müssen. Erforderlich dabei seien Namen, ehemalige Einheit und sonstiges. Am nächsten Tag stellten Gerhard Philipp (ehemaliger Feldwebel aus Leobschütz, Schlesien, er war kurz vor der Flucht aus dem Lazarett entlassen worden und wohnte nun mit seiner Mutter im Hutter Anwesen) eine Hundertschaft zusammen und machten unsere Meldung beim Entlassungsoffizier. Als dritte Hundertschaft wurden wir am 6. Juli 1945 entlassen und radelten am Nachmittag, von einer Sorge befreit, gemeinsam nach Bergkirchen.

Nochmals zurück zum Einmarsch der Amerikaner und zum Kriegsende: Die Übergabe der Stadt Dachau erfolgte ebenfalls ohne größere Kampfhandlungen am 29./30. April 1945. Die KZ-Häftlinge wurden befreit. Gleichzeitig erhielten die Kriegsgefangenen Franzosen, Jugoslawen, Polen, Russen und die anderen ausländischen Arbeitskräfte, die zwangsweise ins Land geholt worden waren, ihre Freiheit. Während die Franzosen sofort in ihre Heimat zurückkehrten, schlossen sich andere dieser Gruppen zusammen und bildeten mit Duldung der Amerikaner Banden. Drei Tage lang erhielten diese Banden in der Stadt und im Landkreis das Plünderungsrecht. Vergewaltigung, Raub, Mord und Todschlag waren an der Tagesordnung. Dieser Zustand dauerte nicht nur drei Tage sondern mehrere Jahre. Die Ortschaften bildeten Nachtwachen zum Schutz für Haus und Hof. Trotzdem holten diese Banden das Vieh, meist gewaltsam, aus den Ställen oder von der Weide. Wir dagegen waren rechtlos und wehrlos. Somit war es nicht ganz gefahrlos, als ich mich am 30. Juli 1945 aufmachte und mit dem Fahrrad nach Deggendorf fuhr, um Frau und die zwei Kinder nach Bergkirchen zu holen. Früh um 7.00 Uhr stieg ich in den Sattel. Die erste Kontrolle bei Moosburg auf der Isarbrücke (50-Kilometer-Sperrzone). Die zweite Kontrolle bei Dingolfing und die dritte Kontrolle auf der Donaubrücke in Deggendorf. Hier wollte der Posten mein Fahrrad in die Donau werfen, weil ich unberechtigt die Brücke auf der Fahrbahn benutzt hatte. Die Brücke war von den Deutschen Truppen bei Anrücken der Amerikaner gesprengt worden. Die Amerikaner hatten sie nach Kriegsende wieder instand gesetzt und befahrbar gemacht. Somit durfte kein Deutscher ohne Genehmigung die Fahrbahn betreten bzw. befahren. Die mussten den eigens angebrachten Fußgängersteg benützen. »Du nicht wissen auf der Brücke nicht fahren«, entriss mir der Posten das Fahrrad, um es über das Brückengeländer in die Donau zu werfen. Nur aufgrund meines Entlassungsscheines, den ich mir für Bergkirchen und Deggendorf ausfertigen hatte lassen und den wenigen Worten Englisch, die ich damals beherrschte, gab ich zu verstehen, dass ich von der Verordnung nichts gewusst habe und mir der Posten am Anfahrtsufer keine Anweisung gegeben hatte. Somit bekam ich mein Fahrrad zurück. Ich konnte mich davon überzeugen, dass bereits eine größere Anzahl von Fahrrädern und Sonstigem am Uferrand und in der Donau lagen. Die Macht des Siegers wehe den Besiegten. Gegen 16.00 Uhr kam ich glücklich beim elterlichen Anwesen meiner Frau an. In neun Stunden hatte ich die 165 km Strecke Bergkirchen–Deggendorf–Stadtau 307, einschließlich der drei Kontrollen gefahren.

Mutti und Klein-Anneliese blieben über Nacht. Mit der Traudl und etwas Gepäck bestieg ich mein Fahrrad und fuhr nach Bergkirchen, wo wir gegen 20.30 Uhr ohne Zwischenfall ankamen. Am nächsten Tag holte ich die beiden in Dachau Verbliebenen nach Bergkirchen nach. Nach über vier Jahren war die Familie wieder vereint. Eine verworrene Zeit mit düsteren Zukunftsprognosen galt es privat wie auch beruflich zu meistern. Lebensmittelkarten,

Bezugsscheine, Wohnungsnot und der Schwarzmarkt waren die Zeichen der Nachkriegszeit. Mit Weizen aus dem Lagerhausbestand im Umtausch für Mehl aus der Feldlmühle und ab und zu eine Lebensmittelhilfe von meinen landwirtschaftlichen Kunden für irgendeine schriftliche Tätigkeit, brauchte meine Familie keinen Hunger leiden.

Nun zur Genossenschaft. Das Geldgeschäft nahm allgemein zu, denn es gab ja nichts zu kaufen. Kunstdünger und Futtermittel nach Kontingent – und das war wenig – Getreideanfuhr nach Ablieferungssoll, ebenso der Getreideverkauf nur nach schriftlicher Anweisung des Wirtschaftsamtes. Ökonomierat Winkler-Rotschwaige, Erfinder des Mangan als Grundnährstoffes für Moosböden sowie Dr. Späth, ehemaliger Zahlmeister, waren die Leiter des Wirtschaftsamtes. Außer Getreide musste die Landwirtschaft auch Vieh, Schweine, Kartoffel, Holz und Torf abliefern, was viele Streitigkeiten verursachte, denn die Ernteergebnisse wurden infolge der Düngemittelknappheit immer geringer. Dagegen gab es zusätzliche Arbeitskräfte für die Landwirtschaft. Viele entlassene Soldaten aus den Ostgebieten konnten nicht mehr in ihre alte Heimat zurück.

Als erster Russlandheimkehrer (Kriegsgefangenschaft) kam im September 1946 Hartmann Georg (Stockbauer Schorsch) nach Hause. Zugleich kamen im Herbst 1946 die Sudetendeutschen, die von den Tschechen aus ihrer Heimat vertrieben worden waren. Für die Gemeinde Bergkirchen war das ein Zuwachs von 160 Neubürgern. Mit den Schlesienflüchtlingen, die gegen Kriegsende (Ostern 1945) eingewiesen worden waren, ebenfalls 150 an der Zahl, hatte Bergkirchen jetzt nahezu einen Gleichstand zwischen Einheimischen und Neubürgern erreicht. Über 700 Personen insgesamt.

Nun aber zurück zum politischen Geschehen im Landkreis, Stadt und Gemeinden. Nachdem alle bisherigen Verwaltungen ihrer Ämter enthoben worden waren, musste die Militärregierung an einen Neuaufbau der Verwaltungen für Stadt und Gemeinden herangehen. Nur politisch unbelastete Männer und auch Frauen kamen dafür in Betracht. Und das waren nicht sehr viele, die sich für eine Amtsführung eigneten. Für den Landkreis wurde Dr. Kneuer als Landrat eingesetzt. Für die Stadt Dachau wurde Dr. Josef Schwalber als 1. Bürgermeister bestimmt. Zugleich wurde er beauftragt in den Gemeinden des Landkreises ebenfalls politisch unbelastete Bürger als Bürgermeister aufzustellen.

Für Bergkirchen wurde Korbinian Eder sen. aufgestellt. Er galt als politisch unbelastet (war nur SA-Reserve). Trotzdem wurde Korbinian Eder von der Militärregierung nicht genehmigt. Pfarrer Oberlinner hatte sein Veto eingelegt und Eder als Nazi-Anhänger bezeichnet. Eder war bis Kriegsende unter Pfarrer Oberlinner Kirchenmesner und wurde aus mir unbekannten Gründen von ihm als Mesner entlassen. Im zweiten Anlauf wurde der Landwirt, Jakob Leitenstorfer als Gemeindeoberhaupt aufgestellt und auch von der Militärregierung bestätigt. Mit seinem Amtsantritt bestellte er den Schlesienflüchtling Herrn Mahl als Gemeindeschreiber. Herr Mahl war nur bis Januar 1947 gemeindlich tätig. Er wurde zum stellvertretenden Flüchtlingskommissar ernannt und übersiedelte nach Dachau, wo er eine eigene Wohnung beziehen konnte. In Feldgeding wurde Altbürgermeister, Johann Brummer (zum Huber), der im dritten Reich als Bürgermeister abgesetzt worden war, wieder eingesetzt. In Eisolzried wurde der Landwirt August Schwarz als Bürgermeister berufen. Inzwischen hatten im Frühjahr 1946 die ersten Bürgermeister- und Gemeinderatswahlen stattgefunden. Bei dieser wurde Jakob Leitenstorfer zum Bürgermeister gewählt. Zum zweiten Bürgermeister wählte der Gemeinderat den Landwirt, Josef Glas (Hosl). Die übrigen Ratsmitglieder waren: Altbürgermeister Johann Haas, Franz Brummer sen., Walter Michael sen., Märkl Andreas, Glas Benno und Steier Emil als Obmann der Schlesier. Mitglieder von Partei und Parteiorganisationen (NSDAP, SS, SA u.a.) durften nicht wählen und konnten auch nicht gewählt werden. […]

Während das Geldgeschäft (Spareinlagen) eine steigende Tendenz zu verzeichnen hatte – es gab ja nichts zu kaufen – war der Lagerhauswarenhandel durch die Kontingentierung der Dünger- und Futtermittel sehr gering. Nur das Getreidegeschäft war infolge der weiter bestehenden Ablieferungspflicht normal. Es war für mich geschäftlich gesehen eine ruhige Zeit und ich konnte mich somit trotz Lebensmittelknappheit von den Strapazen des Krieges erholen. Gegen Ende Januar 1947 kam eines Abends Bürgermeister Jakob Leitenstorfer in meine Wohnung und klagte mir seine Sorge um die Gemeinde. Sein bisheriger Gemeindeschreiber Herr Mahl ziehe von Bergkirchen nach Dachau. Er allein könne die gemeindlichen Aufgabe und Verpflichtungen, insbesondere schriftlicher Art, nicht erfüllen. Er werde zurücktreten, wenn ich mich nicht bereit erkläre, dass derzeit schwierige Amt des Gemeindeschreibers zu übernehmen. Die Gemeinde würde eine von der Militärregierung eingesetzte kommissarische Verwaltung bekommen. Du bist der einzige in der Gemeinde, der dies verhindern kann. Es geht wirklich um die Eigenverwaltung der Gemeinde. Angesichts dieser bedrohlichen Lage gab ich dem Bürgermeister mein Jawort und wurde somit ab dem 1. Februar 1947

Gemeindeschreiber von Bergkirchen. Die Einwohnerzahl betrug damals 736 Einwohner. Einheimische und Neubürger waren zahlenmäßig fast gleich.

Meine damalige Arbeitszeit in der Kanzlei: Dienstag, Donnerstag und Samstag, je 3 bis 4 Stunden für den Parteiverkehr. Alle vier Wochen war die Ausgabe der Lebensmittelkarten, aufgeteilt in Selbstversorger, Normalverbraucher, vom Kleinkind bis zum Erwachsenen. Die Ausgabe dauerte jeweils 6 bis 8 Stunden. Nicht zu vergessen die Bezugsscheine, um die es am meisten Streit gab. Im Durchschnitt kam ich auf 15 bis 18 Arbeitsstunden in der Woche für 40 RM monatlich und 10 RM für die Lebensmittelkartenausgabe. Auf dem Schwarzmarkt hätte ich dafür zwei Schachteln Zigaretten bekommen. Was gab es außer den normalen gemeindlichen Aufgaben noch? Als erstes waren die Anordnungen der Militärregierung zu erfüllen. Monatliche Meldungen über den Einwohnerstand, aufgeteilt in Einheimische, Flüchtlinge und Heimatvertriebene, über Wohnraumbelegung bzw. –beanspruchung, Beurteilungen zwecks Entnazifizierung und sonstigem.

Schon im ersten Monat wurde mir klar, dass ich die gemeindliche Nebenbeschäftigung und meine fünfzigstündige Berufsarbeit auf die Dauer nicht bewältigen konnte. Da kam Hubert Ritter, der Sohn von Hauptlehrer Ritter in die Kanzlei. Er war 1946 vom Krieg bzw. Lazarett heimgekehrt. Er hatte vor seiner Einberufung zur Wehrmacht bei der Sparkasse Dachau eine Banklehre absolviert. Wegen seiner Zugehörigkeit zur Hitlerjugend und der Partei wurde er bei der Sparkasse aber nicht mehr weiterbeschäftigt. Seine Eltern waren aus der Schulhausdienstwohnung zwangsweise ausgezogen und wohnten bei der Schreinerei Pfeil, in den Räumen, wo während des Krieges die gefangenen Franzosen untergebracht waren. Als Nazi gebrandmarkt, waren auch ihre Bankkonten gesperrt. Hauptlehrer Ritter musste somit seinen Lebensunterhalt als Arbeiter im Sägewerk bzw. der Schreinerei Pfeil verdienen. Der Sohn Hubert war ebenfalls bemüht, eine Beschäftigung zu bekommen. Wir einigten uns und er wurde ab 1. März 1947 Angestellter der Raiffeisenkasse Bergkirchen. Er half mir auch bei der Gemeindearbeit, wie Lebensmittelkartenausgabe und bei sonstigen Anlässen, die eine Mehrarbeit erforderten. Leider dauerte unsere gute Zusammenarbeit nur bis Mitte Januar 1948. Hubert Ritter erkrankte erneut an seinem im Krieg zugezogenen Leiden und wurde ins Krankenhaus Dachau verbracht, wo er am 13. Februar 1948 im Alter von 24 Jahren, verstarb.

[...] Das Jahr 1947 war in Bayern ein Dürrejahr. Die ältere Generation hatte so etwas nur aus dem Jahr 1911 in Erinnerung. Schon im Frühjahr fast keinen Regen, der Sommer ohne Niederschläge und so heiß, dass insbesondere die leichten Böden und Kiesböden der Amper- und Maisachniederung bei Sommergetreide fast gar keine, bei Wintergetreide nur geringe Ernteerträge erbrachten. Kein Grünfutter und somit auch kein Heu und Stroh für das Vieh. Kraftfutter gab es nicht. Die Viehbestände mussten verringert werden. Die Ernteerträge auf den Lehmböden waren zwar geringer aber doch noch einigermaßen zufriedenstellend. Einen Vorteil hatte diese katastrophale Trockenheit. Das auferlegte Ablieferungs-Soll für Vieh wurde meist erfüllt und auch der Schwarzmarkt bekam noch seinen Teil.

Zu dieser Trockenheit des Jahres 1947 kam noch eine weitere Belastung für die Gemeinden dazu. Im Frühjahr kamen die Donau-Schwaben und Volksdeutschen aus Ungarn, Jugoslawien und Rumänien. Sie waren aus ihrer angestammten Heimat ausgewiesen worden. Jede Gemeinde musste seinen von der Militärregierung auferlegten Anteil übernehmen. Für Bergkirchen waren es 45 Personen. Sie wurden in der Gastwirtschaft Groß (Gast- und Tanzsaal) untergebracht. Die Gastwirtschaft selbst war ja seit Kriegsende geschlossen. Erst im Laufe mehrerer Monate wurden diese Familien in andere Wohnräume eingewiesen. Die meisten kamen zur Gemeinde Feldgeding.

In der Zwischenzeit, 1946/47, gab es noch folgende Ereignisse: Der aus dem Krieg heimgekehrte und aus Dachau stammende Dr. med. Heinz Pöhlmann, ließ sich in Bergkirchen als praktischer Arzt nieder. Im Gasthaus Groß und auch in der Gemeindekanzlei hielt er seine Sprechstunden ab und behandelte Patienten. […]

Der Turn- und Sportverein Bergkirchen – von 1927 bis 1933 war der Vereinsname »Deutsche Jugendkraft« – hatte im Frühsommer 1946 seine vom Krieg heimgekehrten Fußballer und auch die Neubürger zu einer Wiedergründungsversammlung ins Gasthaus Westenrieder in Feldgeding eingeladen. Das Altgründungsmitglied Josef Mayr wurde 1. Vorstand. Georg Ahammer wurde Jugendleiter, weitere Funktionäre wurden Noß Edi, Schwarz Georg, Zelder Günther. Gastwirt Groß stellte den bisherigen Fußballplatz weiterhin zur Verfügung und somit konnte der Spielbetrieb für die erste Nachkriegsspielsaison, 1946/47, aufgenommen werden. […]

Nun wieder zu den gemeindlichen Ereignissen. Das Jahr 1948 brachte im Frühjahr den ersten demokratischen Wahlkampf für die Kreistags- und Gemeinderatswahl. Einheimische, Altbürger und Neubürger stellten für den Gemeinderat getrennte Wahlvorschläge auf. Nachdem in Bergkirchen acht Gemeinderäte zu wählen waren, konnten zwölf Kandidaten je Wahlvorschlag aufgestellt werden. Für den Einheimischenwahlvorschlag wurde ich zum Schriftführer bestimmt und damit zum Verantwortlichen des Wahlvorschlages. Damit die Zahl »zwölf« erreicht werden konnte – viele Bürger waren ja noch nicht entnazifiziert und durften nicht aufgestellt werden – schrieb ich meinen Namen als letzten auf den Wahlvorschlag.

Als Bürgermeisterkandidat war wieder Jakob Leitenstorfer aufgestellt. Der Wahlausgang brachte eine Riesenüberraschung. Nicht der aufgestellte Jakob Leitenstorfer, sondern Korbinian Eder sen. wurde zum Bürgermeister gewählt. Er war bereits 1. Vorsitzender meiner Raiffeisenkasse und Gemeindekassier. Für ihn war im Geheimen Wahlpropaganda gemacht worden. Aber auch im Gemeinderat gab es Überraschungen. Vom Einheimischenvorschlag kamen nur 5 Kandidaten in den Gemeinderat. Vom Wahlvorschlag der Neubürger schafften es drei Kandidaten. Es fehlten keine 30 Stimmen, dann wäre ihnen der Gleichstand 4 zu 4 gelungen. Mit Jakob Leitenstorfer, der auch als Gemeinderatsmitglied aufgestellt worden war, erhielt ich als Ersatzmann die meisten Wählerstimmen. [...]

Witterungsmäßig begann das Jahr 1948 wiederum mit einem sehr trockenen Frühjahr. Erneut herrschte Futternot und erhebliche Ernteschäden traten auf. Das einzige, was blühte, war der Schwarzhandel. Man sprach allgemein von der Entwertung der alten Reichsmark und der bevorstehenden Währungsreform. Nur das »wie« der Durchführung wusste keiner, denn das war Sache der Militärregierung. Am Sonntag, dem 20. Juni 1948 war es dann endlich soweit. Mit eigens angefertigten Einwohnerlisten erfolgte die Auszahlung. Jeder polizeilich gemeldete Einwohner bekam 40 Deutsche Mark, so hieß die neue Währung.

Mit einem amerikanischen Militärfahrzeug, begleitet von zwei MP-Soldaten und einer Aufsichtsperson vom Landratsamt – für Bergkirchen war es Frau Engl, die zur Überwachung der Auszahlung eingeteilt worden war – wurden mir als Bevollmächtigten 30 000 DM in der Gemeindekanzlei zur Auszahlung übergeben. Mit der neuen Währung war auch der ersehnte Regen gekommen, denn es regnete an diesem Sonntag pausenlos. Wenige Wochen später gab es eine Nachzahlung von 20 DM. Somit erhielt jede Person 60 DM Erstausstattung. [...]

Wer nun geglaubt hatte, mir der neuen Währung würde der Schwarzhandel aufhören und die Kontingentierung bzw. Ablieferungspflicht wegfallen, der hatte sich getäuscht. In den Geschäften gab es zwar mehr Ware, aber ohne Lebensmittelkarten und Bezugsscheine ging nichts. Nur im Tauschgeschäft funktionierte, von dem die Schwarzhändler und auch die Landwirtschaft regen Gebrauch machten. Dieser Zustand dauerte noch über ein Jahr. Erst dann normalisierte sich der Markt in Angebot und Nachfrage. Die letzte Lebensmittelkartenausgabe machte ich im Jahr 1950 für Januar und Februar. Dann waren zehn Jahre Zwangswirtschaft und Einschränkung in allen Lebensbereichen zu Ende.

Nun nochmals zurück zu den sonstigen gemeindlichen und insbesondere schulischen Ereignissen. Glücklich die Gemeinde, die keine Schule bzw. keine Schulprobleme hatte. Wie bereits erwähnt, war Schulleiter Ritter seines Amtes enthoben und aus der Dienstwohnung des Schulhauses verwiesen worden. Auch seine Frau, Anna Ritter, die ebenfalls Lehrerin war und während des Kriegsjahre als Lehrkraft unterrichten musste, durfte nicht mehr im Schuldienst tätig sein. Sie war als hundertprozentige Nazianhängerin denunziert worden, obwohl sie nur bei der NS-Frauenschaft Mitglied gewesen war. Sie musste somit für ihren Mann büßen.

Bis Kriegsende waren zwei Lehrkräfte und die zwei Schulsäle für die acht Klassen mit durchschnittlich 120 bis 140 Schülern, die in Klassen 1 bis 4 und 5 bis 8 aufgeteilt waren, ausreichend. Mit Beginn des neuen Schuljahres 1945/ 1946 war die Schülerzahl auf über 200 gestiegen. Diese wurden nunmehr in 4 mal 2 Klassen aufgeteilt und von 4 Lehrkräften unterrichtet. Nachdem bloß zwei Schulsäle vorhanden waren, musste Schichtunterricht eingeführt werden. Je vier Klassen vormittags und je vier nachmittags. Jeweils 4 Stunden Unterricht. Die Fähigkeiten der vier Lehrkräfte, die Unterricht erteilten, lagen weit unter dem Durchschnitt. Nachstehend die Namen der Lehrkräfte: Peter Weinschrot (angeblich Lehrer) aus Rumänien, Johann Heinze, Schulhelferin aus Schlesien, Elisabeth Schaffranek, ebenfalls Schulhelferin und Anton Kellerer. Er war zugleich Schulleiter. Während unter der Schulleitung von Hauptlehrer Ritter für zwei Jahre Heizmaterial (Holz, Torf, Kohle) auf dem Speicher bzw. im Keller gelagert waren, waren unter der neuen Schulleitung trotz Zulieferung, im Winter 1946/47 der Brennstoff restlos aufgebraucht. Es war nicht nur die Schule, sondern auch die Privatwohnungen der vier Lehrkräfte geheizt worden. Ein noch schwierigeres Problem gab es im Frühjahr 1947, als in einem Schulsaal nicht nur die Ofenrohre, sondern auch der Ofen defekt war. Bürgermeister Leitenstorfer musste eine Schlachtente und einige Pfund Butter opfern. Ich selbst entnahm aus meinem Lagerhausbestand einen Zentner Weizen und im Umtausch Mehl bei der Feldlmühle in Günding, damit wir vom Hafnermeister, Schulmayr-Berthold in Dachau, Ofen und Ofenrohre geliefert bekamen. [...]

Schulisch veränderte sich für das Schuljahr 1947/48 die gesamte Lehrerschaft. Lehrer Kellerer wurde nach Weichs versetzt. Lehrer Weinschrot kehrte in seine Rumänische Heimat zurück und die beiden Schulhelferinnen wurden entlassen. Die neuen Lehrkräfte für das neue Schuljahr waren: Häckl Elisabeth (Schulleiterin), Onderka Willy, Neumann Katharina und Obesser Josef als Schulamtsbewerber. Die Schülerzahl hatte sich mit dem Zugang der Sudetendeutschen und der Donauschwaben (Ungarn, Jugoslawien und Rumänien) auf 250 Schüler erhöht. Im Herbst 1948 darf Hauptlehrer Ritter den Schuldienst wieder aufnehmen und ab dem 1. Januar 1949 wird er wieder Schulleiter. Damit hatten sich die Verhältnisse an der Schule wieder normalisiert.

Wie bereits erwähnt, war Korbinian Eder bei der Gemeindewahl Ende März 1948 zum Bürgermeister gewählt worden, was bei Pfarrer Oberlinner einen Schock auslöste. Er erlitt daraufhin einen Herzkreislaufkollaps. Scheinbar war ihm bewusst geworden, dass er an Eder nicht korrekt gehandelt hatte.

Erst zu Beginn der Volksmission, Anfang Mai 1948 (mit drei Patres), konnte Pfarrer Oberlinner seinen priesterlichen Dienst wieder aufnehmen. Ein freudiges Ereignis sollte für den Pfarrherrn und seine Gemeinde sein 40-jähriges Priesterjubiläum am 4. Juli 1948, werden. Franz Brummer war ein stiller Mann. Er war außer Kirchenrat auch Vorstandsmitglied der Raiffeisenkasse, in der Kurzperiode von 1946 bis 1948 auch Mitglied des Gemeinderates. Aber öffentlich eine Rede halten, das konnte er nicht. Eine Woche vor dem Jubiläumstag beging Franz Brummer Selbstmord durch Erhängen. Wir besprachen nach diesem traurigen Vorfall im Gemeinderat die Lage zur Jubiläumsfeier des Pfarrherrn mit dem Ergebnis, dass Bürgermeister Eder im Namen der Gemeinde die Festrede hielt. Ich selbst nahm an der Jubiläumsfeier nicht teil. Seine Anschuldigungen konnte ich so schnell nicht vergessen. Wegen seines angegriffenen Gesundheitszustandes resignierte Pfarrer Oberlinner zum Jahresende 1948. Im Frühjahr 1949 zog er als Ruheständler nach Kirchdorf am Inn. Dort starb er am 24. Juli 1956 im Alter von 73 Jahren. Er wurde in seinem Heimatort, Halfing, beerdigt. Zwölf Jahre war er Pfarrherr in Bergkirchen, wo er während des dritten Reiches viel Kummer und Ungerechtigkeit ertragen musste und wo er nach dem Kriege nicht immer nach der christlichen Lehre, »Liebet eure Feinde und verzeiht ihnen«, gehandelt hatte.

Kriegsende und Nachkriegsjahre in der Gemeinde Haimhausen

Hiltrud Frühauf

Vorbemerkung: Viele ältere Einwohner Haimhausens können sich noch an die letzten Kriegstage und die Nachkriegszeit erinnern. 17 von ihnen wurden in einem Zeitraum von knapp zwei Jahren befragt. Es wurden darüber Protokolle angefertigt, die die Befragten vorgelegt erhielten. Der jüngste Zeitzeuge war zum Zeitpunkt des Interviews 67 Jahre alt, die älteste Zeitzeugin 91 Jahre. Ihre nachfolgenden Zitate werden mit den Initialen ihrer Namen kenntlich gemacht. Die Aussagen der Zeitzeugen stellen – im Sinne der »mündlichen Geschichte« – einen Schwerpunkt der folgenden Ausführungen dar, der andere beruht auf den schriftlichen Quellen der Nachkriegszeit.

Zur Gemeinde Haimhausen gehört seit dem 1. Januar 1972 auch die Ortschaft Amperpettenbach. Diese war in der Nachkriegszeit noch eine selbstständige Gemeinde und umfasste neben Amperpettenbach selbst die Ortsteile Westerndorf, Oberndorf, Hörgenbach, Sulzrain, Gänsstall. Nachdem Amperpettenbach, Westerndorf, Oberndorf und Hörgenbach seit der Gebietsreform Ortsteile der Gemeinde Haimhausen sind, soll auch über die Nachkriegsgeschichte dieser Orte – wenn auch in knapperem Umfang – berichtet werden.

Die letzten Kriegstage

Fragt man ältere Einwohner Haimhausens nach ihren Erinnerungen an die letzten Kriegstage, so berichten sie von Hunderten erschöpfter Menschen, die am Freitag Nachmittag, 27. April 1945, durch Haimhausen getrieben wurden. Der Zug wird in die Geschichte als einer der Todes- oder Elendsmärsche von KZ-Häftlingen eingehen.

»Sie gingen die Hauptstraße in Richtung Ottershausen [einem Ortsteil Haimhausens in Richtung Dachau] entlang. Meine Mutter hat Kartoffeln gekocht. Sie hat ein Dampfhaferl voller Kartoffeln hinausgestellt auf den Straßenrand für die Häftlinge. Da hat aber ein Begleitsoldat gesagt, sie solle die Kartoffeln wieder ins Haus hineinnehmen, weil die Häftlinge nach dem Essen sie bloß wieder erbrechen würden. Meine Mutter hat auch einen Topf

voll sauberem Wasser hinausgestellt. Den haben die Häftlinge ausgetrunken.«
(A.K.)[1]

Am nördlichen Ortsanfang von Haimhausen, ungefähr gegenüber dem
Friedhof, habe es im Frühjahr 1945 ein Feld mit Saatkartoffeln gegeben. Darin hätten die Häftlinge nach Kartoffeln gewühlt. (A.F.)[2]

Eine Bauersfrau stellt Magermilch für die Häftlinge an den Straßenrand;
Magermilch, wie sie zum Verfüttern an das Vieh verwendet wird. (B.W.)[3]

»Als sie durch Haimhausen getrieben wurden, ist meine Mutter am Zaun
gestanden und hat Brot aufgeschnitten. Die Häftlinge haben alle durch den
Zaun hineingelangt. Meine Mutter hat sich nicht von der SS aufhalten lassen.
So lange sie Brot hatte, hat sie es herausgegeben. Nach dem Umsturz ist einer
[ein ehemaliger Häftling] gekommen und hat sich bedankt und gesagt: ›Ohne
Ihr Brot hätte ich Dachau nicht mehr erreicht‹.« (K.B.)[4]

Woher kommen die Häftlinge? Ihr Marsch lässt sich zumindest innerhalb
des Erzbistums München-Freising nachverfolgen. Die Pfarrer der Erzdiözese
München-Freising werden von Kardinal Faulhaber im Juni 1945 aufgefordert,
Berichte darüber zu verfassen, wie sich das Kriegsende in ihren Pfarreien zugetragen hat. So schreibt der Pfarrer aus Fürholzen von vielen Hunderten von
KZ-Insassen, auch Frauen, die sich auf dem Weg von Weiden nach Dachau
befanden.[5] Der Pfarrer der Expositur Tüntenhausen wiederum berichtet von
etwa 850 Häftlingen des Konzentrationslagers Buchenwald.[6]

Beide Aussagen haben ihre Berechtigung. Ca. 850–900 Gefangene verlassen das KZ Flossenbürg bei Weiden am 20. April 1945, weil das Lager evakuiert werden muss. Ziel ist das KZ Dachau, das zu diesem Zeitpunkt von den
vordringenden amerikanischen Truppen weiter entfernt ist als Flossenbürg.
Am 14. April 1945 hatte »Reichsführer SS« Heinrich Himmler befohlen, keinen KZ-Häftling lebend in die Hände der immer näher rückenden alliierten
Truppen fallen zu lassen.[7] Allerdings handelt es sich nicht um Gefangene aus
Flossenbürg, sondern um Häftlinge des Konzentrationslagers Buchenwald bei
Weimar. Mit der Evakuierung Buchenwalds verlassen sie das dortige Lager am
7. April 1945 in zwei Gruppen zu je über 1 500 Personen. Die Kolonnen teilen
sich mehrfach und erreichen Flossenbürg um den 17. April. Dort werden die
Häftlinge nicht mehr registriert, sondern behalten ihre Buchenwald-Nummern. Zusammen mit den Gefangenen des Hauptlagers Flossenbürg müssen
sie am 20. April weitermarschieren.[8] Sie werden durch die Oberpfalz in Richtung Süden getrieben. Leider ist für die Diözese Regensburg kein flächendeckender Pfarrberichtsbestand, vergleichbar mit demjenigen des Erzbistums

München-Freising, über das Kriegsende 1945 verfasst worden. Deshalb kann über den genauen Verlauf der Marschroute in diesem Gebiet nur gemutmaßt werden.

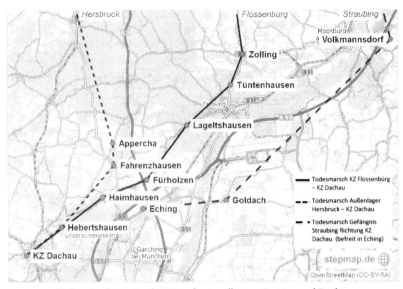

Todesmärsche im April 1945 in den Landkreisen Freising und Dachau

Am 27. April erreichen die Häftlinge Tüntenhausen im Landkreis Freising. Sie kommen vom nördlicher gelegenen Zolling an der heutigen B301 Freising-Mainburg. Nach Aussage ihrer Bewacher, so berichtet der Pfarrer von Tüntenhausen, hätten sie seit fünf Tagen nichts zu essen bekommen. Marschziel sei Dachau, »wo die Häftlinge bei Herannahen der Amerikaner in die Luft gesprengt werden sollten.«[9] Dass die Marschkolonne Aufsehen und Entsetzen erregt, zeigt folgendes Ereignis: Zwischen Tüntenhausen und Zolling liegt der kleine Ort Erlau. Dort wird die Kolonne von einem Verpflegungswagen des Internationalen Roten Kreuzes eingeholt. Seit März 1945 ist Moosburg Sitz des Internationalen Roten Kreuzes.[10] Die Häftlinge erhalten Verpflegungspakete. Ob sie für ca. 850 Häftlinge ausreichen, darüber berichtet der Pfarrer von Tüntenhausen nicht; wohl aber, dass die Gefangenen nach Brot, Kartoffeln und Wasser schreien.[11]

Ob der Zug von Tüntenhausen über Freising führt oder die Stadt umgeht, ist nicht geklärt. Zwar berichtet der Stadtpfarrer von St. Peter und Paul in Freising von einem »Elendszug« am Vortag der Belagerung der Stadt und dem Einmarsch der Amerikaner.[12] Dies wäre dann jedoch am 28. April gewesen, denn die Amerikaner besetzen Freising am 29. April.

Es gibt – so der Pfarrer von Volkmannsdorf im Landkreis Freising – aber zum Beispiel auch eine Marschkolonne, die von Straubing nach Dachau unterwegs ist. Allerdings werden die ca. 250 Häftlinge dieses Marsches am 29. April in der Nähe von Eching von den Amerikanern befreit.[13] Und es gibt – so der Pfarrer von Jarzt – einen Zug von »1800 Mann, [der] unter Bewachung von SS-Männern mit ihren Wolfshunden begleitet, durch Apperda, Jarzt und Fahrenzhausen nach Dachau geführt [wurde], ein ganz trauriger Zug.«[14] Ob es sich dabei um die mehr als 2000 Häftlinge eines Todesmarsches aus Hersbruck, einem Außenlager Flossenbürgs, handelt, der um den 24. oder 25. April in Dachau eintrifft, lässt sich nicht mehr feststellen.[15]

Jener Zug, der durch Haimhausen führen wird, wird von Tüntenhausen über Lageltshausen im Südwesten von Freising nach Fürholzen getrieben. Der Pfarrer von Fürholzen berichtet: »Wer ermattet zusammensank, erhielt von der Mordkommission einen Schuss und wurde in den Straßengraben gerollt.« Er zitiert einen Wachmann: »Es ist besser viele Leute zu töten, als sie gesund zu pflegen, sie würden doch sofort wieder das Plündern und Morden beginnen.«[16] Der Geistliche begleitet den Zug in die Nachbargemeinde Haimhausen, um eventuell Sterbenden Absolution und letzte Ölung zu geben. In Haimhausen löst ihn der örtliche Pfarrer Fischer ab. Im Wald zwischen Ottershausen und der Nachbargemeinde Ampermoching allerdings schicken ihn die Wachmannschaften zurück: »[…] kaum im Walde angelangt, knallten drei Schüsse. Als ich zum ersten der Toten kam und ihm die letzte Ölung spenden wollte, drohte mir ein SS-Führer mit dem sofortigen Erschießen, wenn ich nicht augenblicklich den Platz verlassen würde. Mitten im Walde und umgeben von einer Anzahl SS-Männer musste ich Folge leisten.«[17]

Der Zug schleppt sich dann durch Ampermoching und Hebertshausen, dem letzten Ort vor Dachau. Die Geistlichen dieser Dörfer schreiben in ihren Pfarrberichten nichts über einen Elendsmarsch. Allerdings fotografiert die damals 17-jährige Fotolaborantin Maria Seidenberger aus Hebertshausen heimlich Kolonnen mit Häftlingen, wenn sie an ihrem Elternhaus in der Münchner Straße vorbeikommen. Frau Maria Seidenberger schmuggelt während der beiden letzten Kriegsjahre Nachrichten, Briefe und Fotos von Häftlingen aus dem KZ. Für ihren unglaublichen Mut erhält sie von der Stadt Dachau 2005 den Zivilcourage-Preis der Stadt Dachau. Sie stirbt 2011.[18]

*Todesmarsch, von Maria Seidenberger im April 1945 fotografiert, unten am Gartenzaun M.
Seidenbergers Mutter (mit Schürze), die gekochte Kartoffeln verteilt.
(Fotos: KZ-Gedenkstätte Dachau)*

Die Häftlinge, die in Buchenwald am 7. April 1945 aufgebrochen sind, um
über Flossenbürg nach Dachau zu gelangen, haben einen zwanzig Tage dauernden, quälenden Fußmarsch hinter sich, bevor sie am Freitag, 27. April,
abends endlich Dachau erreichen. Wie viele Häftlinge unterwegs gestorben
sind, vermag niemand genau zu beziffern. Im Ehrenfriedhof Flossenbürg
liegen über 5500 Tote begraben. Es handelt sich um jene Häftlinge, die auf
Todesmärschen in ganz Bayern gestorben sind, und die die Geistlichen der
jeweiligen Pfarrbezirke gegen den Willen der Wachmannschaften bestatten.
Sie werden zwischen 1957 und 1960 exhumiert und auf dem neu errichteten
Ehrenfriedhof in Flossenbürg beerdigt.[19] Es ist allerdings anzunehmen, dass
längst nicht alle Toten entlang der Strecke nach Kriegsende gefunden und
bestattet werden.

Nach ihrer Ankunft im KZ Dachau müssen die Häftlinge des Zuges, der unseren Landkreis passiert hat, feststellen, dass das Lager bereits geräumt wird. Welch bizarre Situation! Bereits ab dem 23. April werden Häftlinge nach und nach aus dem KZ Dachau evakuiert. Sie sollen irgendwohin in Richtung Alpen, dorthin, wohin die Amerikaner noch nicht gekommen sind. Den Häftlingen des Todesmarsches in Richtung Süden wird heute mit Bronzeplastiken entlang eines Teils der Marschroute gedacht. Es bleibt zu hoffen, dass auch jene des hier geschilderten Todesmarsches nicht vergessen werden.

Wie stellt sich die Situation am Tag nach dem Durchzug der KZ-Häftlinge in Haimhausen dar? Am Samstag, 28. April, scheint es große Unruhe und Angst gegeben zu haben. Man weiß, dass die Amerikaner im Anrücken sind. »In der Nacht bevor die Amerikaner kamen, habe ich Herrn Schröder, der während des Kriegs als Polizist gearbeitet hat, angerufen. Er sagte: ›Die Amis sind in Fahrenzhausen, und morgen werden sie schon da sein‹.« (U.B.)[20]

»Am Samstag, 28. April, war große Spannung und Schrecken. Die Wehrmacht und SS waren einquartiert in Vorbereitung zum Kampf. Haimhausens Bevölkerung war in den Kellern und bangte um die Dinge, die kommen [sollten].« (D.S.)[21] – »Bis kurz vor dem Einrücken der Amerikaner gab es den Stab Neizel. Bei dem hätten sich die deutschen Soldaten, die durch das Dorf zogen, melden müssen. Aber die meisten haben geschaut, ob sie nicht schnell heimkommen […]. Am Samstag Abend hat es geheißen, dass wir nicht mehr hinausgehen dürfen. Meine Eltern, meine Schwester und ich sind zum Kellerberg gegangen. Dort war ja der Eiskeller. Vor dem Keller, wo die Eisblöcke gelagert waren, gab es einen Raum, und da haben wir uns versammelt. Wir haben einen Diwan auf einen Schubkarren geladen. Auf dem konnte man schlafen.« (A.K.)

Der Eiskeller unter dem Haus Nr.1 am Kellerberg existiert auch heute noch. Allerdings wird er längst nicht mehr genutzt. In der Zeit, als es noch keine elektronisch gesteuerten Kühlgeräte gibt, lagert die Haniel-Brauerei im etwa 100qm großen Keller Eisblöcke, die im Winter aus dem zugefrorenen Klarweiher »herausgepickelt« werden. In der warmen Jahreszeit holen Brauereiarbeiter die Eisbrocken aus dem Keller und beliefern damit das nahegelegene Gasthaus zur Post, aber auch andere Haniel-Gastwirtschaften.

»Kurz bevor die Amerikaner gekommen sind, ist der Volkssturmführer gekommen und wollte unseren Vater mitnehmen, dass er die Amperbrücke verteidigt. Unser Vater hat sich im Heu versteckt.« (B.W.) – »Der Ortsgruppenleiter wollte mit Panzersperren den Ort verteidigen. Es wurde eingesagt, dass alle Männer sich am Volkssturm beteiligen müssten. Aber alle Männer hatten sich versteckt. Außerdem sollte die Amperbrücke gesprengt werden. Mutige Feuerwehrmänner aus dem Ort haben sich dem Aufruf widersetzt. Sie entfernten die Panzersperren. Wegen der Sprengung der Amperbrücke haben sie gesagt: ›Da müssen wir zuerst Herrn Deger (Zimmerer) fragen‹. Mit dieser Hinhalte-Taktik haben die Feuerwehrmänner sicherlich dazu beigetragen, dass die Amerikaner den Ort friedlich einnehmen konnten.« (M.S.)[22]

Der Chronist der Haimhauser Feuerwehr bestätigt diese Aussage, wenn er in der Festschrift zum hundertjährigen Bestehen der Freiwilligen Feuerwehr Haimhausen 1975 schreibt: »Der letzte Kriegseinsatz der Wehr, das kann hier mit Recht gesagt werden, ersparte den Bürgern Haimhausens unnützes Leid und verhinderte die Zerstörung des Ortes. Nachdem drei Granateinschläge (am Samstag) erhebliche Schäden an den Anwesen Widmann [gegenüber dem Friedhof], Nörl [Gasthof gegenüber der Kirche] und im Friedhof angerichtet hatten, bewegten die Wehrmänner die noch in Haimhausen stationierten SS-Leute mit mehr oder weniger ›sanfter Gewalt‹, den Rückzug vor den mit Übermacht anrückenden Amerikanern anzutreten. Erwähnenswert ist noch das zu allerletzt erfolgte ›eigenmächtige‹ Wegräumen der Panzersperren an den Ortseingängen durch die Wehrmänner und das Hissen der weißen Fahne am Kirchturm durch Georg Past. Alle Einsätze erfolgten unter dem Kommando des Bezirksbrandmeisters Mayerbacher.«[23]

Auch im Ortsteil Inhausen gibt es Granateinschläge. Sie zerstören einen Stall; zwei Kühe werden dabei getötet, ein Ochse wird schwer getroffen und deshalb notgeschlachtet.[24]

Während die Bewohner Haimhausens am Samstag Abend in Kellern Zuflucht vor den Amerikanern suchen, tun dies flüchtende Soldaten »oberirdisch« auf den wenigen Straßen des Orts. »Bei uns waren am Samstag Abend 40 SS-Leute im Hof. Sie kamen alle in die Küche, und wir mussten ihnen die Adler wegschneiden. In der Früh am Sonntag waren alle verschwunden.« (M.S.) Mit »Adler« ist wohl das Rangabzeichen in Form eines Ärmelaufnähers an der Uniform gemeint, das auf die Zugehörigkeit zur Wehrmacht bzw. SS verweist.

Im Ortsteil Ottershausen haben SS-Männer in einem Stadel eine Flak aufgebaut. Unweit davon ist ein Anhänger mit Munition abgestellt. Die SS-Männer zünden ihn an, bevor sie in Richtung Dachau flüchten. (M.Z.)[25]

Zwischen dem Fahrenzhauser Ortsteil Unterbruck und Haimhausen befindet sich in südlicher Richtung ein Wald, der bis zur Straße (der heutigen B 13) reicht. Von der Bevölkerung wird er Breitholz genannt. Dort schlagen die amerikanischen Soldaten am Samstag Abend ihr Quartier für die Nacht auf. Um welche Soldaten handelt es sich? Es sind Streitkräfte der 45sten Infanterie Division, die von der Donau her in Richtung Süden vordringen. Ihr Standquartier am Tag zuvor war Schrobenhausen. Nun ist es Breitholz, das zur Gemeinde Haimhausen gehört. Deshalb wohl auch folgende Eintragung in den offiziellen Tagesaufzeichnungen der 45sten Inf. Division am 28. April: The Division Command Post (Führungs- oder Leitstelle) closed at Schrobenhausen and opened in Haimhausen.[26] Das vorrangige Ziel der Streitkräfte ist München, »die Wiege des Nazi Ungeheuers« (the cradle of the Nazi beast).[27] Gegen 22 Uhr treffen drei deutsche Soldaten in der Führungsstelle ein. Es handelt sich um den Kommandanten des Fliegerhorstes Schleißheim, Schröder, Major Lahr und den Fahrer Neumayer. Sie ergeben sich und bieten ihre Dienste an, umgehend zehn amerikanische Panzer sicher nach München zu geleiten. Ihr Angebot wird jedoch von den Amerikanern abgelehnt.[28]

Am Sonntag, 29. April, rücken die amerikanischen Streitkräfte der 45sten Division von zwei Seiten aus auf Haimhausen zu. Das 3. Bataillon kommt über Vierkirchen, Biberbach, Westerndorf und Amperpettenbach nach Haimhausen.[29] Die Amperbrücke hält den Panzern (doch) stand.

Postkarte der Amperbrücke aus der Vorkriegszeit

Das 2. Bataillon, das im Breitholz campiert, rückt von Nordosten ins Dorf ein. Nach den Aufzeichnungen Pfarrer Fischers schlagen um 10 Uhr die ersten Granaten ein, es entstehen jedoch keine größeren Gebäudeschäden. Etwa eine viertel Stunde nach der Beschießung erscheint der erste vierköpfige Spähtrupp im Pfarrhaus. Pfarrer Fischer sperrt Schulhaus und Kirche auf.[30] Die weiße Fahne auf dem Kirchturm ist bereits gehisst. Aus den Fenstern der meisten – wenn auch nicht aller – Häuser hängen weiße Laken. Nun fahren zahlreiche Panzerzerstörer und motorisierte Infanterie in das Dorf ein.

Im Laufe des Sonntags und Montags durchkämmen die Amerikaner anscheinend jedes Haus und durchsuchen es nach deutschen Soldaten und Waffen. Die Panzer werden auf einer freien Fläche abgestellt, und zwar dort, wo sich heute die Siedlung »Deutsches Heim« (Max-Bergmann-Straße) befindet.

»Die Amerikaner sind am Sonntag Vormittag mit ihren Panzern vorbeigefahren. Dann sind welche ins Haus gekommen und haben Zimmer beschlagnahmt. Sie wollten über Nacht bleiben. Sie waren nicht nett, wahrscheinlich deshalb, weil von München herausgeschossen worden ist. Einer wollte gleich unseren Hausschlüssel mitnehmen. Dann sind andere amerikanische Soldaten gekommen. Sie haben gesehen, dass links im Zimmer der Großeltern ein Baby – mein kleiner Bruder – geschlafen hat. Sie sagten: ›Ein Baby schläft, da gehen wir wieder‹. Ein anderer Soldat aber, er schaute aus wie ein Mexikaner, war unmöglich. Er nahm das Baby in seinen Arm, drückte ihm eine Art Dolch in die Hand und sagte: ›Unser kleiner Hitler‹. Die Soldaten wollten Eier und sind in den Keller gegangen. Dort haben sie Schnaps gefunden. Mein Vater musste zur Probe aus der Flasche trinken. Dann haben sie den Schnaps mitgenommen.« (K. B.)

»Ein Amerikaner kam zu uns ins Haus. Er sagte ›Grüß Gott‹ und konnte deutsch sprechen. Ich kann mich noch an seinen Spruch erinnern: ›In Nürnberg habe ich an euch gedacht‹. Er suchte eine Frau, die nähen konnte. Meine Schwester war Näherin. Er hatte einen zweireihigen Mantel, der kürzer gemacht werden sollte. Und Knöpfe sollten angenäht werden. Er hat uns Schokolade geschenkt. Ein anderer Amerikaner ist zum Baumann in den Laden gegangen und hat sich ein Baby-Jäckchen mit Mütze geholt. Er hat diese Sachen uns geschenkt, einfach so, weil bei uns im Haus ein kleines Kind war, von dem er begeistert war. Wieder andere Amerikaner haben unser Haus durchsucht. Bei uns wohnten Vertriebene oben im Haus. Sie haben das Gepäck der Vertriebenen durchsucht. Die Amerikaner waren sehr freundlich, sehr nett.« (A. K.)

Bei »Baumann«, wo sich der amerikanische Soldat bedient, handelt es sich um das »Kaufhaus Baumann« (heute Hauptstr. 23), das seit 1932 als Geschäft in Haimhausen existiert und in dem es neben Lebensmitteln auch Stoffe, Kurzwaren, Hüte, sogar Anzüge zu kaufen gibt. Dort wohnen seit September 1940 vier Ordensschwestern. Es sind Franziskanerinnen; ihr Mutterhaus befindet sich in Dillingen. Drei Ordensschwestern kommen bereits 1907 in den Ort, als die damalige Schlossherrin, Gräfin Henriette von Haniel, in der Dorfstraße (heute Dorfstr. 1) ein »Kinderasyl« als Stiftung gründet. Es besteht aus einer Abteilung für Kleinkinder, einer Krippe mit Säuglingsstation, einem Kindergarten und einem Hort. Das Betreuungsangebot richtet sich in erster Linie an die Kinder von Haimhauser Frauen, die im Haniel'schen Gutshof oder Schloss arbeiten, ist aber auch für andere Haimhauser Kinder offen.

Ende Juli 1940 wird den katholischen Schwestern gekündigt; es ziehen NSV-(nationalsozialistische Volkswohlfahrt) Erzieherinnen ein. Nun müssen sich die Schwestern eine neue Bleibe suchen, was sich als sehr schwierig gestaltet. Im September 1940 bietet ihnen Kaufmann Heinrich Baumann vier Zimmer in seinem Haus an. Ab April/Mai 1945 wohnen für ein paar Monate 50 Heimatvertriebene im Kindergarten. Im September 1945 können die Schwestern in den renovierten Kindergarten zurückkehren und ihre Arbeit wieder aufnehmen.

Vom Verlauf des Sonntags berichten die Schwestern wie folgt: »Herr Baumann und die Schwestern zeigten gleich die weiße Fahne. Nun kamen die Panzer nachgerückt. Die Amerikaner besichtigten das Dorf, besonders die Häuser. Als sie uns Schwestern sahen, schrieben sie an die Haustüre: ›Wohnung Sisters, nicht betreten‹. Drei Amerikaner kamen zu uns Schwestern und ersuchten um ein Mittagessen. Eier brachten sie mit. Wollten Eier aufschlagen und Spinat. Erkundigten sich auch, ob in nächster Umgebung großer Widerstand wäre. Als sie wieder fortgingen, ließen sie eine Dose Fleisch zurück.«[31] – »Ein paar Amerikaner kamen auf unser Haus zu. Das war ein großer Schrecken für uns. Sie durchsuchten das Haus vom Keller bis zum Speicher und fragten, ob sich hier deutsche Soldaten versteckten. Sie wollten eigentlich nur eins: Sich kurz hier niederlassen und essen. Sie brachten Eier mit und fragten, ob sie diese hier braten könnten. Die Amerikaner, es war eine Gruppe von 3–4 Leuten, verzehrten die Eier mit großem Appetit.« (U.B.)

Eier scheinen das Nahrungsmittel Nr. 1 für die amerikanischen Soldaten gewesen zu sein. Eier können nicht vergiftet sein wie vielleicht andere Lebensmittel, und sie sind schnell zubereitet. Als das o.g. 3. Bataillon durch

Westerndorf fährt, halten Panzer und Jeeps im Hof eines großen Bauernhofes an. Die Soldaten verlangen Eier von der Bauersfrau. Sie gibt jedem Soldaten mehrere aus einem Eierkorb. Dies ist den Soldaten nicht genug; kurzerhand nehmen sie den Korb mit dem gesamten Inhalt mit, darüber hinaus Pfannen und Teller. (E. D.)[32]

»Zwei Amerikaner haben bei uns übernachtet, Herr Schmidt - er sprach deutsch - und Herr Leo. Das war ein Schwarzer. Sie haben mit dem Russen-Toni gesprochen. Er hat gesagt, dass wir gut zu ihnen [den Zwangsarbeitern] waren.« (B. W.)

»Russen-Toni« ist ein Zwangsarbeiter aus Osteuropa, der während des Zweiten Weltkriegs von der Wehrmacht verschleppt wurde. Laut einer Liste der Gemeinde Haimhausen arbeiten während des Krieges insgesamt 113 zwangsverpflichtete Personen im Ort, und zwar 14 Personen aus Slowenien, 20 aus Polen, – die ersten Polen treffen bereits im April 1940 hier ein –, 27 Personen aus der Ukraine, 13 aus Weißrussland, 31 aus Frankreich und je 4 aus der Slowakei und Italien.[33] Sie arbeiten auf den Bauernhöfen und im Haniel'schen Gut. Ein Teil der Zwangsarbeiter ist im Gasthof Nörl untergebracht. Dort werden sie von zwei deutschen Soldaten bewacht, die man im Dorf »Russen-Posten« nennt. Einer davon, Herr W., scheint die ausländischen Arbeiter drangsaliert zu haben. So habe er sie bei Fehlverhalten in ein gemauertes Grünfutter-Silo eingesperrt. Als die Amerikaner den Gasthof Nörl durchsuchen, treffen sie auf die Zwangsarbeiter. Sie lassen sich erzählen, wie denn die Posten sich ihnen gegenüber verhalten hätten. Für das folgende Ereignis gibt es zwei verschiedene Aussagen von Zeitzeugen. Einmal wird berichtet, es hätte den Anschein gehabt, dass Wachmann W. flüchten wolle. Daraufhin hätten ihn die Amerikaner erschossen. (M. K.)[34]

Glaubhaft erscheint die Aussage einer Zeitzeugin, die den Vorfall so schildert, wie sie ihn unmittelbar danach von ihrer Tante erfahren hat: »Die Wachposten mussten beim Nörl in der Küche antreten, außerdem die Familie Nörl, wer eben da war. Dann ist einer von den Russen zu jedem einzelnen hingegangen und hat gesagt: ›Du gut, du gut‹. Beim Wachposten W. hat er gesagt: ›Nicht gut‹. Was passiert? Da schießt sofort ein Amerikaner [auf ihn].« (M. S.) Der Vorfall wird von Pfarrer Fischer bestätigt, wenn er schreibt, dass er am 30. April einen Wachmann auf dem Friedhof beerdigt.[35]

Für die Fremdarbeiter aus Mittel- und Osteuropa entsteht durch die Befreiung am 29. April 1945 eine schwierige Situation. Auf der einen Seite sind sie froh, nun befreit zu sein, auf der anderen Seite wissen sie von der Drohung

Stalins, nach ihrer Rückkehr mit ihnen kurzen Prozess zu machen. Er sieht in ihnen Kollaborateure des nationalsozialistischen Regimes. In Haimhausen erinnert man sich an drei junge Frauen aus der Ukraine. Sie arbeiteten auf verschiedenen Bauernhöfen.»Bei uns hat es ihr [Maria S.] schon gefallen. Sie hat dazu gehört zur Familie. Sie hat Kleider von der Anni [Schwester] angehabt. Sie hat ja nichts zum Anziehen gehabt.« (B.W.) Eine der jungen Frauen habe bitterlich geweint, als sie in ihre Heimat zurückkehren sollte.

Pfarrer Fischer erwähnt in seinem Bericht eine für ihn prekäre Situation: Im Laufe des Sonntag Nachmittags erscheinen amerikanische Soldaten nochmals bei ihm, diesmal zusammen mit einem russischen Zwangsarbeiter. Dieser bezichtigt den Pfarrer, drei Russen im Wald erschossen zu haben. Er meint damit wohl den Vorfall vom Freitag im Wald zwischen Ottershausen und Ampermoching.»Ich konnte aber doch den wahren Sachverhalt den Amerikanern auseinandersetzen, so dass diese den Russen stehen ließen und mich in keiner Weise belästigten.«[36]

Im Laufe des Sonntag Nachmittags hört man in Haimhausen immer wieder Detonationen und Gefechtsdonner aus südlicher Richtung. Die amerikanische Infanterie befindet sich auf der Inhauser Höhe, von wo aus sie am frühen Abend nach Unterschleißheim vorrückt.[37] Längst haben sich die unterlegenen deutschen Verteidiger in den Wald zwischen Inhausen und Ottershausen zurückgezogen.

Eine schwere bewaffnete Auseinandersetzung, die in die lokale Geschichte als »Kampf vor Lohhof« eingehen wird, findet am Sonntag Nachmittag an der heutigen B 13 zwischen Maisteig und der Bahnlinie in Lohhof statt. Vom Maisteig aus sehen die Amerikaner die offene Panzersperre, die ein besonnener Bewohner Maisteigs weggeräumt hat, und weiße Fahnen in Lohhof. Die ersten Panzer rollen in Lohhof in der Höhe der Bahnlinie ein, ohne dass etwas passiert. Allerdings haben sich am Bahndamm und im Straßengraben SS-Männer verschanzt. Sie beginnen auf die nachrückenden LKWs zu schießen, wobei ein amerikanischer Oberst und sein Fahrer tödlich getroffen werden. Daraufhin feuern die Amerikaner zurück, und ihre Panzer attackieren heftig. Viele Häuser werden getroffen und brennen bis auf den Grund nieder.[38] Die Verluste auf deutscher Seite lassen sich nicht mehr feststellen. So schreibt Pfarrer Moser aus Unterschleißheim, dass »die Leichen, als man sich wieder auf die Straße wagen durfte, von den Amerikanern weggeschafft waren.«[39] Die Amerikaner berichten in ihren Tagesaufzeichnungen von zahlreichen Gefangenen, die sie an der Bahnhof-Unterführung nördlich von

Schleißheim (Unterschleißheim) genommen hätten.[40] Die amerikanischen Soldaten rücken daraufhin in Unterschleißheim ein.

Ein US-Trupp allerdings, der sich noch auf der Inhauser Höhe befindet, scheint sich nach Ottershausen zu bewegen. So berichtet ein Zeitzeuge, der damals im Ortsteil Ottershausen lebte: »Die Amerikaner sind von Inhausen gekommen, und zwar über die heutige Hochstraße nach Ottershausen. Sie haben alle Häuser durchsucht. Was brauchbar war, haben sie mitgenommen. Alte Kameras haben sie zertreten. Ich kann mich erinnern, dass sie Eier dabei gehabt haben. Beim Nachbarn haben sie sich dann Spiegeleier machen lassen.« (M. Z.)

Pfarrer Fischer berichtet, dass es den ganzen Sonntag über Kämpfe gegeben habe. Am Abend um 19 Uhr hätte er zwar die Pfarrmesse zelebrieren können, aber unter Kanonendonner und Granateinschlägen, nur 100–200 m entfernt. Das Schießen hätte fast bis Mitternacht gedauert.[41] Diese Darstellung wird von Zeitzeugen jedoch bestritten. Im Ort sei es ruhig gewesen. »Am Abend erschien ein amerikanischer Offizier bei uns. Meine Großmutter wollte wissen, ob man wieder in den Keller gehen müsse. Er meinte, wir bräuchten keine Angst mehr zu haben und beruhigte uns mit den Worten ›Krieg finished‹.« (M. S.)

Am Montag, 30. April, wird München angegriffen und von Norden, Nordosten und Westen her eingenommen. Es ist der Tag, an dem Hitler Selbstmord begeht. Wie ist die Situation in Haimhausen? Noch sind Amerikaner im Ort, die in Bauernhöfen Quartier bezogen haben, wie z. B. Mr. Schmidt und Leo. In Oberndorf und Westerndorf quartieren sich amerikanische Soldaten für 3 oder 4 Tage in einem Bauernhof und einem Gasthof ein, ebenso in Inhausen und am Maisteig. In der Haimhauser Bäckerei Mayerbacher errichten sie eine Kommandozentrale. Mathias Mayerbacher verfügt als »Rechner« des Spar- und Darlehensvereins (Vorläufer der Raiffeisenbank) über Schreibmaschine und Telefon; gute Voraussetzungen für ein Büro der U. S. Army. Wie lange das Büro genutzt wird, ist nicht mehr festzustellen. (M. S.)

Offiziell ziehen die amerikanischen Truppen der 45sten Infanterie Division an diesem Tag weiter. So lautet die Tagebucheintragung für den 30. April: The Division Command Post closed at Haimhausen and opened in Feldmoching.[42]

In den darauffolgenden Tagen scheinen im Ort Chaos und Anarchie zu herrschen. Es gibt keine Obrigkeit mehr. Der Bürgermeister wird, wie in fast allen der damaligen 55 Landkreis-Gemeinden, als NSDAP-Mandatsträger von den Amerikanern verhaftet. Die bis vor wenigen Tagen zwangsverpflichteten Fremdarbeiter sind frei. Auch die Häftlinge des Konzentrationslagers Dachau sind seit dem 29. April befreit. Die Gesunden unter ihnen wollen so schnell wie möglich weg von der Umgebung des KZs, halten sich aber naturgemäß noch im Landkreis auf. Pfarrer Fischer berichtet: »Geplündert wurden vor allem die hiesigen Lager. Voran gingen die Ausländer, aber die hiesige Bevölkerung folgte in erschreckender Weise nach. Ein Ausrüstungslager des Fliegerhorstes Schleißheim im hiesigen Schulhause, ein Radiolager im Schloße und ein Lager von Kondensmilch sowie die Bierbrauerei wurden restlos ausgeplündert, während in den Geschäften nur ein kleinerer Teil fortgenommen wurde.«[43]

Schulleiter Maißinger fordert vergeblich per Aushang auf, die im Schulhaus entwendeten Sachen wie Schulausstattungs-Gegenstände und Schreibzeug zurückzubringen. (M.S.)

Zur Bevorratung mit Kondensmilch berichtet eine Zeitzeugin: »In der Brauerei war Kondensmilch Bärenmarke eingelagert. Die haben sich die Amerikaner genommen. Auch wir Einheimische wollten Milch haben. Es war gar nichts mehr da. Ein amerikanischer Soldat ist vor dem Lager in der Brauerei gestanden. Ich sagte: ›Ich möchte Milch‹. Daraufhin hat uns der Soldat eine ganze Kiste Dosenmilch geholt. Ich glaube, das war am Montag.« (A.K.)

Das Schloss Haimhausen wird während des Krieges als Depot staatlicher Institutionen genutzt. So stapeln sich in der Schlosskapelle Bücher der Bayerischen Staatsbibliothek bis unter die Decke. Zwischen 1943 und 45 wird die Staatsbibliothek wiederholt bombardiert; nahezu 500 000 Bände verbrennen. Nach diesen schweren Verlusten werden die Bestände an 28 oberbayrische Bergungsorte, wie z.B. das Schloss Haimhausen, ausgelagert.[44]

Die Bayerische Staatsoper lagert Requisiten und Kostüme im Schloss, das Münchner Museum Glyptothek schließlich antike Skulpturen.[45] Besonders die Kostüme der Staatsoper sind Objekt der Begierde, nachdem die Tore des Schlosses aufgebrochen worden sind.

»Ein polnischer KZler mit einer Frau im Arm kam zu uns. Er hat zu meiner Schwester, die ja Näherin war, gesagt, sie müsse ein Brautkleid nähen. Er hat sie gleich bedroht. Er hatte Theaterkleidung dabei, die im Schloss aufbewahrt gewesen war.« (A.K.) Im Dorf wundert man sich über die schönen Kleider,

Schlosskapelle Haimhausen 1949 (Foto: Bayr. Staatsbibliothek, München)

die so manche Haimhauserin in der ersten kargen Nachkriegszeit trägt. »Wo hat die denn die Kleider her? Ballkleider!« Man ist sich sicher, dass sie aus dem Schloss stammen. (B. W.)

Als der amerikanische Offizier Schmidt sich noch in Haimhausen aufhält, schaut er sich – vielleicht auf Bitte des Schlossbesitzers v. Haniel – mit der Schwester einer Zeitzeugin und Herrn v. Haniel die Räume des Schlosses an. Man ist entsetzt, was alles im Laufe von etwa zwei Tagen gestohlen worden ist. (B. W.)

DIE NACHKRIEGSZEIT

Die amerikanische Militärregierung handelt schnell, denn landkreisweit herrscht Anarchie. Bereits am 3. Mai 1945 richtet sie in Dachau eine Behörde unter Captain Vendig ein, die für die Stadt und den Landkreis zuständig ist.[46] Für Haimhausen ist in den ersten Nachkriegswochen im Mai 1945 ein »provisorischer« Bürgermeister verantwortlich: Johann Kling. Als politisch Unbelasteter scheint er der amerikanischen Militärregierung der richtige Mann für das Amt zu sein. Er ist mehr als politisch unbelastet: Für seinen Widerstand gegen das nationalsozialistische Regime wird er zwischen 1933 und 1945 insgesamt 10 Monate und 24 Tage gefangen gehalten, davon 21 Tage im KZ Dachau. Dort ist er einer der »frühen« (d.h. politischen) Häftlinge, denn er befindet sich zwischen dem 10.04. und 1. Mai 1933 im KZ Dachau, das seit dem 22. März 1933 besteht.[47]

»Er war kein Einheimischer, kein Bauer. Er hat in Ottershausen ein Haus gehabt.« (M.S.) Über Johann Kling ist im Ort wenig bekannt. Er wird 1893 in München geboren und betreibt in München-Milbertshofen ein Fahrrad- und Elektrogeschäft. Johann Kling kauft 1938 für 250 Reichsmark einen Krautgarten in Ottershausen.[48] Er errichtet am ehemaligen Mühlweg ein Haus, in dem er und seine spätere Ehefrau Johanna am Wochenende wohnen. Nach Auskunft von Klings Tochter versteckt das Ehepaar Kling im Krieg verfolgte Juden auf dem Dachboden oder im Keller des Hauses in Ottershausen und verhilft ihnen dann zur Flucht. Frau Kling reist mit Wertsachen wie Pelz und Schmuck in die Schweiz, um sie jüdischen Emigranten zu übergeben, die dorthin geflüchtet sind.[49]

Johann Kling wird im Ort als »der Kommunist von Haimhausen« bezeichnet. Es lässt sich nicht mehr feststellen, warum er nur einige Wochen das Bürgermeister-Amt innehat. Es hat wohl mit der »Furcht vor dem Kommunismus« zu tun, die die amerikanische Militärregierung beim von ihr eingesetzten Landrat Dr. Kneuer konstatiert: Er will keine Kommunisten in der

*Johann Kling, provisorischer Bürgermeister
Haimhausens im Mai 1945 (Foto: privat)*

Verwaltung haben.[50] So erscheint denn auch im ersten Dachauer Dokument der Nachkriegszeit, dem »Amtsblatt für die Stadt und den Landkreis Dachau« vom 27. Juni 1945 ein neuer Name als Bürgermeister von Haimhausen: Franz Pallauf, damals 52 Jahre alt.[51] Die Bürgermeister der 55 Landkreisgemeinden werden entsprechend den Weisungen der amerikanischen Militärregierung auf Vorschlag des Landrats Dr. Kneuer eingesetzt. Allerdings beklagen die Amerikaner, dass sie die vorgeschlagenen Personen nur eingeschränkt oder überhaupt nicht überprüfen können.[52]

Franz Pallauf ist Landwirt und stammt aus einer alteingesessenen Haimhauser Familie in der Pfarrstraße, deren Hofname »Beim Pollak« lautet. Er hat Erfahrung als Gemeinderatsmitglied der Vorkriegszeit.[53] Er war kein Mitglied der NSDAP – alles gute Voraussetzungen für das Amt eines Bürgermeisters.

»Er war ein ruhiger, reeller Mensch. Er war nicht bei der Partei.« (M. S.) »Er war ein stiller Mensch und hat nicht viel erzählt. Es war eine sehr schwere Zeit. Das Schwierigste war für ihn das Flüchtlingsproblem.« (J. P.)[54]

Die ersten Flüchtlinge treffen noch vor Kriegsende in Haimhausen und Amperpettenbach ein. So kommen 73 Flüchtlinge aus Schlesien, vor allem aus Leobschütz, am 1. April 1945 in Haimhausen an. In

*Franz Pallauf, Haimhausens Bürgermeister
von 1946–1948 (Foto: privat)*

Amperpettenbach treffen einen Tag später 53 Flüchtlinge aus Wien, Schlesien und Nordmähren ein. Am 10. August 1945 ziehen 31 Personen aus Lokut (Ungarn) in den Gasthof Rottmair in Oberndorf ein. Sie sind seit Jahresbeginn im Auffanglager Webling, ihrer ersten Station im Landkreis, untergebracht. Männer, Frauen und Kinder, alle kommen nun im Tanzsaal im Obergeschoss des Gasthofs unter.

Im November 1945 schließlich werden ca. 50 Flüchtlinge, mehrheitlich aus Jugoslawien, im Gasthof Maisteig untergebracht. Sie treffen bereits im Sommer 1945 im Auffanglager Rothschweige ein.[55] »Wir sind am 8. Oktober 1944 aus Werbas, das ist im heutigen Serbien, vor den jugoslawischen Truppen geflohen; wir waren ja Reichsdeutsche. Wir wollten nach Wien. Aber dann mussten wir vor den heranrückenden Russen wieder flüchten. [...] Es hat immer geheißen, wir dürfen wieder heim. Im November 1945 kamen wir nach Haimhausen, nach Maisteig. Wir wurden im großen Tanzsaal im ersten Stock untergebracht. In einer Ecke des Saals waren ein paar ungarndeutsche Männer untergebracht. Wir wohnten lang in diesem Saal, etwa ein Jahr lang.« (K.P.)

In Amperpettenbach wird der 32-jährige Josef Zacherl als Bürgermeister eingesetzt. Er ist Landwirt im Ortsteil Oberndorf; sein Anwesen wird von alters her »Beim Pointner« genannt. Zacherl beruft bereits am 17. Juni 1945 eine Gemeindeversammlung ein. Das Manuskript seiner Rede ist noch erhalten.[56] Er stellt zu Beginn seiner Ausführungen fest, dass er »vor einem Monat«, d.h. bereits Mitte Mai, zum neuen Bürgermeister ernannt worden« sei. Er spricht über die genauen Mengen an Großvieh, Brotgetreide, Milch, Eier und Holz, die abgeliefert werden müssen. Zacherl weist darauf hin, dass kein Ausländer und kein Amerikaner das Recht habe, von Bauern Lebensmittel zu verlangen, für die Lebensmittelmarken benötigt werden. »Aber wir sind nun mal die Besiegten und müssen uns der Gewalt fügen.« Bei Übergriffen von Ausländern oder Amerikanern würde der Bürgermeister, sowie er eine Telefonleitung habe, das amerikanische Überfallkommando in Dachau anrufen. Er beklagt Einbrüche durch Polen und Russen, die in einem Sammellager waren, und empfiehlt, Haustüren stets geschlossen zu halten und nachts einheimische Männer als Wachposten aufzustellen. Auf keinen Fall sollen mit »einem Russen oder sonstigen Ausländer« Tauschgeschäfte gemacht werden, denn alles sei eh nur gestohlen. Zacherl meint mit seinen Äußerungen zwar Osteuropäer, über deren Verhalten im Landkreis überall geklagt wird, aber schließt offenbar »die Amerikaner« nicht grundsätzlich aus.

Josef Zacherl, Bürgermeister von Amperpettenbach 1945–1966 (Foto: privat)

Die Übergriffe von amerikanischen Soldaten werden von Zeitzeugen auch für die Ortschaften Oberndorf und Westerndorf bestätigt. »Die Soldaten sind 14 Tage oder 3 Wochen jeden Tag gekommen und haben sich Eier geholt. Sie sind nachts gekommen; es war nicht so harmlos.« (E.D.) – Die Unsicherheit der Bevölkerung, besonders nachts, mag einer der Gründe für die von der Militärregierung verhängte Ausgangssperre zwischen 19 Uhr und 6 Uhr morgens gewesen sein.

Auch in Haimhausen ist die Beurteilung der amerikanischen Soldaten zwiespältig. Sie haben sich im Sommer 1945 im Haniel'schen Schloss einquartiert. Das leerstehende Schloss bietet sich als Quartier an, besonders da nach einer Bestimmung des Generals Eisenhower amerikanische Soldaten mit Deutschen nicht unter einem Dach wohnen dürfen.[57] Allerdings scheinen die Amerikaner nicht die hohe Qualität der Antiquitäten im Schloss zu erkennen. »Die haben Lagerfeuer mit vergoldeten Sesseln gemacht.« (M.K.) »Vor dem Schloss haben sie eine Latrine mit wertvollen Teppichen ausgekleidet.« (M.Z.) »Da war doch der Stich, ein Rembrandt oder so was, auf den haben sie mit Pfeilen geschossen.« (K.B.) Problematisch erscheinen diese Aussagen allerdings dann, wenn man bedenkt, dass die Bevölkerung Haimhausens nur gerüchteweise vom Verhalten der »kulturlosen« Amerikaner im Schloss erfahren hat. Leider gibt es anscheinend keine Fotos vom Zustand des Schlosses zur fraglichen Zeit. Allerdings bestätigt der Sohn des damaligen Schlossbesitzers Günter v. Haniel, Edgar, dass die Amerikaner nicht sehr pfleglich mit dem Mobiliar umgegangen seien. Er habe als damals Siebenjähriger mit eigenen Augen gesehen, wie sie Schriftstücke und Möbel vor dem Schloss verbrannt haben. (E.H.)[58]

Im Laufe des Monats August erhalten die Behörden in Dachau Kenntnis vom verwüsteten Schloss. Die Militärregierung empfiehlt, das Schloss gründlich reinigen zu lassen, die im Schloss eingelagerten Bücher in der Kapelle aufzubewahren und eine Person einzusetzen, die die Aufsicht über das Schloss und das umliegende Gelände übernimmt. Landrat Dr. Kneuer schlägt hierfür den ungarischen Grafen Wenkherren vor, der Ungarn erst vor kurzem verlassen habe, bereits im Schloss wohne und sehr daran interessiert sei, diese Aufgabe zu übernehmen.[59]

Wie bereits erwähnt, befinden sich im Sommer 1945 ehemalige Zwangsarbeiter und KZ-Häftlinge noch im Landkreis. Einer davon heißt Stanislaw K. Als Häftling ist er am 27. April auf dem Todesmarsch von Flossenbürg nach Dachau durch Haimhausen getrieben worden. Nach der Befreiung arbeitet er wahrscheinlich bei einem Bauern in Ottershausen. Dort lernt er eine junge Haimhauserin kennen. Es muss Liebe auf den ersten Blick gewesen sein. Die beiden wollen heiraten. Der Vater der erst 16-Jährigen will die Verbindung nicht zulassen. Seine Tochter ist längst noch nicht volljährig. Er sei sogar mit einem Gewehr auf Stanislaw losgegangen, aber die »Military Police« habe ihn entwaffnet. Im Dorf ist man über das Verhältnis entsetzt. Das Liebespaar wartet bis zum 17. Geburtstag der jungen Frau Ende September 1945. Dann verlassen die beiden den Ort und schlagen sich bis in die polnische Heimat Stanislaws durch. Dort leben sie in größter Armut. Als Deutsche wird die Haimhauserin in Polen verachtet. Deshalb lernt sie sehr schnell die polnische Sprache. Sie versteht es, die immer größer werdende Familie – das Paar hat innerhalb von zehn Jahren sieben Kinder – einigermaßen durchzubringen, nicht zuletzt mit Lebensmitteln und Bekleidung, die sie per Päckchen aus Haimhausen erhält und mit denen sie auf dem Schwarzmarkt Tauschgeschäfte machen kann. Sie wird zwar ihre alte Heimat besuchen, aber in Polen bis zu ihrem Tod 1998 bleiben.[60]

Sommer 1945. Es ist die Zeit, als General Eisenhower dem deutschen Volk in der amerikanischen Besatzungszone rät, schon mal in die Wälder zu gehen, um Holz zu fällen und einzusammeln, da im Winter keine Kohle zur Verfügung stehen wird. Es ist die Zeit, in der die Bauern – wie während des Krieges – Zentrifugen und Butterfässer abliefern müssen, damit gewährleistet ist, dass nicht heimlich Milch zur Buttergewinnung zurückgehalten wird.[61] Es ist die Zeit der politischen Überprüfung aller Geschäftsinhaber, die ein Geschäft neu eröffnen oder fortführen wollen, der Beamten und Angestellten, im Mai 1946 letztlich aller »kreisangehörigen Personen.«[62]

Längst ist die Situation an der Haimhauser Volksschule geklärt. Schulleiter Maißinger wird nach Kriegsende wegen seiner Zugehörigkeit zur NSDAP dienstenthoben. Kollegin Eckstein nimmt seine Stelle ein. Zusammen mit Eleonore Münzhuber ist sie eine der wenigen Lehrkräfte im Landkreis, die wegen ihrer »einwandfreien Vergangenheit« im Dienst verbleiben darf.[63] Die damals 19-jährige Nichte des örtlichen Pfarrers, Anni Fischer, besucht Anfang September 1945 einen vierzehntägigen Schnell-Lehrgang für Lehrkräfte an der Dachauer Klosterschule. Sie darf sich nun Schulhelferin nennen, übernimmt in der Realität jedoch ab Schuljahresbeginn am 17. September 1945 die volle Verantwortung für die »Abteilung 4/5« mit 63 Schülerinnen und Schülern. (A. F.) Unter Abteilung 4/5 versteht man die 4. und 5. Klasse, die zusammen unterrichtet werden. In Haimhausen sind zu dieser Zeit die Schülerzahlen eines einzelnen Jahrgangs so gering, dass entweder zwei Klassen, in der Oberstufe sogar drei Klassenstufen, zusammen unterrichtet werden. Als Ersatz für Frau Münzhuber, die nach Ampermoching versetzt wird, beginnt im September 1945 die »Flüchtlingslehrerin« Nitzpon ihren Dienst in Haimhausen. Sie wird als geschätzte Lehrerin bis zu ihrer Pensionierung hier unterrichten, genauso wie ab 1946 die »Flüchtlingslehrerin« Thiele dies tun wird.

Schulleiterin Eckstein beklagt die angespannte Situation im September 1945. »Es war ein äußerst schweres Schuljahr. Kinder und Volk mussten sich daran gewöhnen, ohne Bücher, Anschauungshilfen, mit zehntägig ausgebildeten Lehrkräften zu arbeiten, und der dienstenthobene Lehrer schaut zu. Was an Spannungen, Schwierigkeiten etc. entstand, bleibt besser ungemeldet. […] Aber das Jahr schloss am 12. Juli 46, und alle Kinder waren beschult, während an manchen anderen Orten einzelne Klassen, ja ganze Schulen geschlossen waren.« (M. S.)

Ob wirklich alle Kinder »beschult« waren, muss dahingestellt bleiben. So berichtet eine Zeitzeugin, dass sie sich als Flüchtlingsmädchen Ende 1945 bei der Schulleiterin gemeldet habe. »Ich war 12 und groß. Ich hatte vier Jahre Schulbesuch in Werbas (Jugoslawien) hinter mir und sollte aufs Gymnasium.

Da sagte Frau Eckstein, ich müsste in der ersten Klasse anfangen. Das wollte ich absolut nicht, und so ist es bei mir bei vier Jahren Schulbildung geblieben.« (K. P.)

Die im Juni 1945 von Landrat Kneuer eingesetzten Bürgermeister des Landkreises sollen, so die Absicht der amerikanischen Militärregierung, durch eine demokratische Wahl legitimiert werden. Außerdem sollen in der ersten Nachkriegswahl in Bayern auch Gemeinderäte gewählt werden. Die Gemeindewahlen sind für den 27. Januar 1946 vorgesehen. Als einzige Wahlkampfveranstaltung findet in Haimhausen eine Versammlung der Kommunistischen Partei Dachau im Gasthaus Nörl am 6. Januar statt.[64] Ob bei dieser Gelegenheit der Dachauer KPD-Stadtrat Franz Klein fast verprügelt wird, ist nicht sicher. Auf alle Fälle geschieht es in einem Ort des Landkreises mit der Nachsilbe –hausen, dass er nach einer Wahlkampfveranstaltung in der frühen Nachkriegszeit zu seinem Auto rennt, um sich vor der Wut der ihm nachlaufenden einheimischen »Schwarzen« zu retten.[65] Sicher ist, dass Haimhausens Bürger die KPD nicht schätzen, was sich im Wahlausgang widerspiegeln wird.

Die wahlberechtigten Haimhauser bestätigen im Januar 1946 die Ernennung Franz Pallaufs (CSU)[66] durch ihr Votum; ebenso wird in Amperpettenbach Josef Zacherl (parteilos) in seinem Amt bestätigt. Die Wahlbeteiligung beträgt in Haimhausen zwischen 80 und 90%, in Amperpettenbach sogar 96%. Gehen in Amperpettenbach sämtliche Gemeinderatssitze an die CSU, so stellt sich das Ergebnis in Haimhausen anders dar: Die CSU erhält 5 Sitze, die SPD 4. Das starke Abschneiden der SPD in Haimhausen erstaunt, wenn man berücksichtigt, dass in Stadt und Landkreis Dachau auf die SPD insgesamt 12 Sitze entfallen: 5 in Dachau, 4 in Haimhausen, je ein Sitz in Karlsfeld, Röhrmoos und Günding.[67]

Das Gesamtergebnis in Dachau und im Landkreis stellt sich wie folgt dar: Die CSU erhält 276 Sitze, die SPD 12 und die KPD 3 (2 Sitze in Dachau, 1 Sitz in Karlsfeld). In Haimhausen erhält die KPD nur 15 Stimmen. Die Namen der Haimhauser Gemeinderäte 1946–1948 lauten: Franz Pallauf, (1. Bürgermeister), Michael Schober (2. Bürgermeister), Josef Deger, Bartholomäus Past, German Schlammer, Martin Schmid, Martin Kranz, Josef Rottmair, Johann Hörmann.[68] Leider sind die Namen der Gemeinderäte für Amperpettenbach 1946–1948 nicht mehr bekannt.

1946 wird das Jahr der vier Wahlen genannt werden. Bereits am 28. April 1946 findet die Kreistagswahl statt. Aus Haimhausen werden Bartholomäus

Past (CSU) und Josef Deger (SPD) gewählt. – Das Gesamtergebnis der Kreistagswahl in Haimhausen lautet: CSU 53,3%, SPD 42,4%, KPD 3,5% und WAV (Wirtschaftliche Aufbauvereinigung) 0,5%. Wenn man bedenkt, dass landkreisweit die CSU auf 71,1% der Stimmen kommt und die SPD lediglich auf 21,4%, so überrascht erneut das starke Abschneiden der SPD im Ort.[69] Am 30. Juni 1946 findet die Wahl zur Verfassungsgebenden Landesversammlung statt. Sie soll eine demokratische Verfassung für Bayern erarbeiten. Am 1.12. schließlich stimmt die Bevölkerung per Volksentscheid über die neue bayerische Verfassung ab. Die Verfassung wird bayernweit mit 70,6% angenommen. Durch das Ergebnis der am 1. Dezember 46 gleichzeitig stattfindenden Landtagswahl vertritt Dr. Josef Schwalber die Interessen für den Landkreis Dachau im Landtag.

Das Jahr 1946 geht in die Geschichte Haimhausens und Amperpettenbachs auch als das Jahr der Flüchtlinge und Vertriebenen ein. So kommen am 13. Juni in Haimhausen 25 bis 30 Familien aus Dunakömlöd (Ungarn) an, in Amperpettenbach sind es 32 Personen. Als deutschstämmige Minderheit müssen sie innerhalb kürzester Zeit das seit Kriegsende kommunistische Land verlassen. Sie werden in Viehwaggons nach Dachau transportiert und von dort aus per LKW in die einzelnen Landkreisgemeinden befördert. Es ist die schwierige Aufgabe der Bürgermeister, den Ungarndeutschen und den Vertriebenen aus anderen Ländern Quartier zu beschaffen. Wo können sie unterkommen? Der Bürgermeister und ein Kommissar für Wohnungsbewirtschaftung aus Dachau suchen nach Quartieren in Privathäusern; die Anzahl der Zimmer ist in gemeindlichen Wohnungskarteiblättern aufgelistet. Die Vertriebenen werden aber auch in den großen Sälen der Haimhauser Gasthäuser zur Post und Maisteig untergebracht, in Zimmern des Gasthofes zur Amperquelle in Ottershausen, im damaligen Haimhauser Gemeindehaus in der Dorfstraße und im Saal des Gasthofs Rottmair in Oberndorf.

»Die Bauern hatten keine echte Freude. Sie konnten sich nicht vorstellen, wer da kam und welche Berufe die Vertriebenen hatten. Der Name ›Zigeuner‹ und ›Rumtreiber‹ für Leute aus Ungarn war bekannt. […] Nach kurzer Zeit waren die einheimischen Bauern sehr zufrieden mit der Arbeit der Vertriebenen, nachdem sie gesehen hatten, dass diese was von der Landwirtschaft verstanden.«(S. W.)[70] – »In einem Bett waren wir vier Kinder gelegen, zwei am Kopf- und zwei am Fuß[ende]. Gegenseitig haben wir uns den Bauch zerschlagen. Die anderen (zwei) Kinder waren bei den Eltern im Doppelbett gelegen.«(J.W.)[71]

»Das Dorf ist mit Flüchtlingen aus Ungarn und Sudetenland vollgestopft«, so die Beschreibung Haimhausens aus der Sicht einer jungen Frau, die aus Ostpreußen stammt.[72] Tatsächlich kommen die meisten Vertriebenen, die 1946 in Haimhausen aufgenommen werden, aus dem Sudetenland (35%), aus Ungarn (14,4%) und aus der russischen Zone (34%). Nach einer Liste der Gemeinde Haimhausen ist am 15. August 1946 fast jeder dritte Bewohner Haimhausens ein Vertriebener bzw. Flüchtling. Es werden 1094 Einheimische und 514 Flüchtlinge/Vertriebene gezählt. Im Februar des Jahres 1947 sinkt die Zahl der Flüchtlinge auf 418, steigt jedoch im Oktober 1947 auf einen Höchststand von 524 Personen, und zwar 158 Männer, 214 Frauen und 152 Kinder.[73] Die Fluktuation kann nur bedeuten, dass ständig Familien zu- und wegziehen. Die geringere Anzahl der Männer als die von Frauen ist wohl darauf zurückzuführen, dass die Männer von Flüchtlingsfrauen sich entweder in Kriegsgefangenschaft befinden oder aber im Krieg gefallen sind.

Eine Statistik vom Mai 1948 weist 1230 Einheimische und 410 Flüchtlinge aus, so dass die Einwohnerzahl Haimhausens auf 1640 Personen steigt. In den darauffolgenden Jahren 1949 und 1950 reduziert sich die Anzahl der Flüchtlinge unwesentlich auf 387 bzw. 383. Behördliche Einweisungen von Flüchtlingsfamilien sind bis 1953 belegt.[74] Erst danach ist anzunehmen, dass sich die Wohnsituation entspannt.

Ein Grund hierfür ist die Tatsache, dass sich Vertriebene Häuser bauen. Ab 1953 entstehen vor allem in der Brunnenfeldstraße Doppelhäuser von Ungarndeutschen, die beim Bau von Verwandten und Freunden aus der alten Heimat tatkräftig unterstützt werden. »In der Brunnenfeldstraße wurde an jedem Wochenende gebaut. Die ehemaligen Dorfnachbarn aus Dunakömlöd, die in Arnbach, Vierkirchen, Röhrmoos und Kollbach einquartiert worden waren, kamen zum Helfen. Es waren etwa 30 Leute, die jeden Samstag – wahrscheinlich mit dem Fahrrad gekommen – an den Baustellen mithalfen. Am Abend wurde dann selbstgemachter Wein getrunken – das Keltern kannte man ja aus Ungarn – und es wurden Lieder gesungen.« (S.W.)

In Amperpettenbach ist die Wohnsituation noch angespannter als in Haimhausen. So beläuft sich im September 1947 die Zahl der Altansässigen auf 317, die der Vertriebenen und Flüchtlinge auf 231. Dies bedeutet, dass mehr als 40% der Bevölkerung aus Vertriebenen besteht. Wo können so viele Flüchtlinge unterkommen? Es gibt 40 bäuerliche Anwesen und 9 sonstige Gebäude (Gasthäuser, Hüthaus, d.i. Gemeindehaus, und Handwerkerbetriebe). 548 Personen in 49 Gebäuden – nach heutigen Verhältnissen unvorstellbar. So werden die Flüchtlinge auch in Gesindekammern über den Stallungen oder in Scheunen untergebracht. Im Jahr 1955 schließlich leben nur noch 69 Vertriebene und Flüchtlinge in Amperpettenbach.[75] Die Mehrheit ist weggezogen, wahrscheinlich in größere Orte, in denen genügend Arbeitsmöglichkeiten vorhanden sind.

An der Schule in Haimhausen, die auch von Kindern aus Amperpettenbach besucht wird, steigt die Schülerzahl 1946 durch den Zuzug von Vertriebenen rapide an. Zu Ferienbeginn 1946 sind es knapp 300 Schülerinnen und Schüler. Das einstöckige Schulhaus, es steht bis 1976 an der Stelle des heutigen Schulgebäudes an der Pfarrstraße 10, besteht aus lediglich vier Zimmern; je zwei Zimmer befinden sich im Erdgeschoss und ersten Stock. Auch wenn zwei oder drei Klassen zusammengelegt werden, bedeutet dies täglichen Schichtunterricht. Es herrscht Unzufriedenheit im Ort über die Situation an der Schule. Allerdings nicht über die räumliche Enge, wie zu vermuten wäre, sondern über das Schulklima. Man ist mit der Verhaltensweise der Schulleiterin äußerst unzufrieden. Diese Unzufriedenheit gipfelt im Februar 1948 in einem eintägigen Schulstreik, den der Gemeinderat beschließt. Auf diese Weise soll die Versetzung der Schulleiterin erzwungen werden – ohne Erfolg. Im Mai 1949 schließlich lehnt der Gemeinderat einstimmig den Schulhaushaltsplan mit folgender Begründung ab: »Der Gemeinderat ist mit der derzeitigen Schulleiterin nicht zufrieden und lehnt jede Zusammenarbeit mit derselben ab.«[76] Im September 1949 schließlich wird Frau Eckstein nach Dachau versetzt.[77]

Zu einer Ausbildungsstätte anderer Art reussiert das Schloss in Haimhausen. Es erfährt im Sommer 1946 eine neue Nutzung. Nachdem die Amerikaner das Schloss verlassen haben, ziehen neue Gäste, nämlich Kunststudenten, ein. Das Gebäude der Akademie der Bildenden Künste in München-Schwabing ist zerstört. Deshalb sucht der kommissarische Akademiedirektor Schinnerer, der seit langem in Ottershausen wohnt, eine neue Bleibe. Er wird nun drei Jahre lang das Schloss als »Akademie-Ersatzgebäude« nutzen. Am 24. Juli 1946 melden sich 2 Studenten und 48 Studentinnen der Akademie der Bildenden Künste in der Haimhauser Gemeindekanzlei an.[78]

Eine der Studentinnen heißt Lieselotte Popp; 1946 ist sie 33 Jahre alt. »Die Radierklasse hatte sich in der ehemaligen Schlossküche eingerichtet; die Kupferplatten, die der Dorfschmied glättete, holten wir uns von den Trümmer-

Von Lieselotte Popp gestaltete Einladung vom Juli 1946

bergen in München. [...] – Die Radierpresse steht in den ungeheizten und fußkalten Kellerräumen unseres Schlosses.«[79]–»Beim Aktzeichnen saßen wir auf Bretterbänken in saalartigen, ausgeplünderten Räumen.«[80] L. Popp wohnt mit drei weiteren Studentinnen im ersten Stock des Pfarrhofs bei Pfarrer Fischer. Nachdem die Öfen in den zwei oberen Zimmern sich nicht heizen lassen, dürfen die Studentinnen sich manchmal in der Küche des Pfarrhaushalts aufwärmen. L. Popp holt sich »wandernd und radelnd« Anregungen für ihre Zeichnungen und Aquarelle aus der Amperlandschaft, die sie an ihre ostpreußische Heimat erinnert. »Der weißbärtige, aus Ostpreußen stammende Tiermaler Max Hein-Neufeldt hatte mir das Fahrrad seiner verstorbenen Frau geliehen.«[81] Popp verbringt drei Jahre im Pfarrhof, bevor sie ab 1949 für einige Jahre bei der Familie Schinnerer in Ottershausen wohnen wird. 1953 reist sie nach Südtirol, findet dort eine neue Heimat und heiratet den Bildhauer Hans Plangger. Der Kontakt zu Haimhausen wird durch Bürgermeister Deger wiederbelebt. 1981 ernennt die Gemeinde sie zur Ehrenbürgerin; eine Anerkennung für die Überlassung von Bildern zur Errichtung einer Kindergartenstiftung im Ort.[82]

Im Wintersemester 1948/49 kann der Akademiebetrieb wieder in München aufgenommen werden, nachdem die Akademiegebäude instandgesetzt worden sind.[83] Vielleicht geschieht die Wiederaufnahme sukzessive, denn der in Ottershausen lebende Künstler Klaus Bergmann besucht am 9. Febr. 1949 einen Faschingsball der Kunstakademie im Schloss. Seine Witwe kann sich deshalb so gut an das Datum erinnern, weil sie tags darauf ein Kind zur Welt brachte. (U.B.)

Für die Künstler in Haimhausen – seit der Zeit um 1900 entwickelt sich der Ort zur Malerkolonie – gestaltet sich die Nachkriegszeit als äußerst schwierig. Die Maler versuchen, bei Bauern Naturalien zu ergattern und diese gegen ihre Werke einzutauschen. Aber wem steht in dieser schweren Zeit schon der Sinn nach Kunst? Noch brisanter wird die Situation nach der Währungsreform im Juni 1948. Die Ersparnisse, mit denen Menschen früher Bilder gekauft hatten, sind inzwischen wertlos geworden.

Ab dem Sommer 1949 gibt es für das Schloss einen weiteren Nutzungswechsel, der bis 1952 dauern wird: Die Bayerische Finanzschule bildet in ca. dreimonatigen Lehrgängen ihre Anwärter für den gehobenen Finanzdienst in den Räumen des Schlosses aus. So berichtet der »Dachauer Volksbote« mit Nachricht vom 12. Juli 1949 von einer »Beamtenausbildungsstätte im Landkreis« und davon, dass 80 Teilnehmer, darunter auch kriegsversehrte Anwärter, im Schloss Haimhausen mit dem ersten Lehrgang für den gehobenen Dienst für Finanz-Berufsbeamte begonnen hätten. Im Dezember 1949 wird vom Ende des zweiten Lehrgangs berichtet. Zwischen den Lehrgangsteilnehmern und der Einwohnerschaft von Haimhausen, vor allem mit den Sportfreunden, habe ein »schönes Einvernehmen« geherrscht.[84]

Wer sind die Haimhauser »Sportfreunde«? Es können Freunde aus dem Turnverein gewesen sein. Der TVH (Turnverein Haimhausen) wird 1928 als »Verein für körperliche Ertüchtigung Abteilung Turnen« gegründet. Während des Kriegs ruhen alle sportlichen Aktivitäten. 1946 jedoch nimmt man den Turnbetrieb, wenn auch auf Sparflamme, wieder auf, zuerst in einem Schulzimmer, später im Saal des Gasthauses zur Post. Der damalige Vorstand Konrad Ganter verhandelt mit der amerikanischen Militärregierung, damit der Verein offiziell wieder auftreten darf. Es gelingt, so dass 1948 das 20-jährige Bestehen mit einem großen Sportfest in Haimhausen gefeiert werden kann.[85]

Die »Sportfreunde« können aber auch Fußballer des FC Haimhausen gewesen sein. Der Verein wird 1947 gegründet, nachdem es nicht gelungen ist, sich als neue Sparte dem TVH anzuschließen. Mit Karl Krusche wird ein Vertriebener zum ersten Vorstand gewählt. Als zweiter Vorstand fungiert ein junger Alteingesessener, der später Bürgermeister werden soll: Alfred Deger. Es fällt auf, dass die erste Fußball-Mannschaft von 1947 sich aus Vertriebenen, Auswärtigen aus der näheren und weiteren Umgebung und Einheimischen zusammensetzt. Beispiel einer sich anbahnenden Integration? Es wird im Ort von Älteren noch davon erzählt, dass Frau Baumann vom gleichnamigen Geschäft auf Männer-Unterhemden Kragen nähte und so ein perfektes Fußball-Dress schuf, und dass Spieler-Frauen und –mütter eifrig weiß-blaue Stutzen strickten. Aktive Fußballer und Sympathisanten, Vertriebene und Einheimische, karrten jedes Wochenende mit Hilfe von Ochsen Kies aus der Amper heran, um den Untergrund für den zukünftigen Fußballplatz an der so genannten Ödwiese (heutiger Sportplatz) zu erstellen.[86]

Haimhausen im Jahr 1948. Noch immer kommen Hamsterer aus München zu den Bauern. Sie fahren mit dem Zug bis Lohhof und gehen dann zu Fuß nach Inhausen, Haimhausen und Amperpettenbach. Eine Inhauser Bauersfrau erhält als Gegenleistung für Naturalien etwas sehr Exotisches: einen Tennisschläger, (U.B.) ein junger Haimhauser Bauer einen Siegelring mit seinen Initialen und eine Schreibmaschine. (M.K.) Werden die Hamsterer auf dem Rückweg in Lohhof von der Polizei kontrolliert, müssen sie ihre Waren abgeben.

Die Vertriebenen versuchen sich einzuleben, so gut es eben geht. Viele Flüchtlingsfrauen sind in der Landwirtschaft des Haniel-Guts beschäftigt. »Die Frauen sind in der Früh zum Gut gegangen. Dann ist vom Verwalter die Arbeit eingeteilt worden, entweder aufs Kartoffelfeld zum Kartoffel-Klauben oder zum Unkraut-Jäten. Die Männer arbeiten bei ortsansässigen Bauern oder bei Münchner Baufirmen, in Brauereien oder bei der Firma Rodenstock.«[87] Die Männer, die in München arbeiten, radeln entweder nach Lohhof, oder sammeln sich an der Haltestelle Postwirtschaft und fahren mit »dem Strasser« (Schmid) nach Lohhof. Dort steigen sie in einen Klein-Lastwagen ein, der sie nach München bringt. - Die Vertriebenen schließen sich politisch zusammen und gründen für die anstehenden Kommunalwahlen einen Flüchtlings/Block (Flü/Block).

Am 25. April 1948 finden im Landkreis Dachau Gemeinderatswahlen mit Wahl der Bürgermeister statt. In Haimhausen gibt es eine politische Sensation: Michael Schober, seit der Kommunalwahl 1946 SPD-Gemeinderatsmitglied und zweiter Bürgermeister, wird mit großer Mehrheit zum ersten Bürgermeister gewählt. Auf ihn entfallen 68,6% der Stimmen, wohingegen sich der bisherige erste Bürgermeister Pallauf mit 19,4% der Stimmen begnügen muss. Die verbleibende Stimmenanzahl entfällt auf die beiden weiteren Kandidaten Bartholomäus Past und Mathias Mayerbacher.[88]

Die SPD stellt nicht nur den ersten Bürgermeister, sondern ist mit 4 Sitzen stärkste Fraktion im Gemeinderat. Die CSU und der Flü/Block sind mit jeweils 3 Sitzen vertreten. Die Namen der Gemeinderatsmitglieder lauten wie folgt: Bartholomäus Past (stellvertretender Bürgermeister), Josef Deger, Martin Schmid, Josef Rottmair, Adolf Mörl, Herbert Hahn, Johann Metzinger, German Schlammer, Remy Reischmann, Karl Krusche.[89] Die Herren Schober, Past, Deger, Schmid, Rottmair, Schlammer sind bereits in der Periode 1946–48 im Gemeinderat tätig. Es fällt auf, dass im neuen Gemeinderat 1948 außer Remy Reischmann und Herbert Hahn (als gebürtiger Schlesier heiratet er bereits während des Kriegs nach Haimhausen) die drei Herren Mörl, Metzinger und Krusche Neubürger sind, vermutlich von der Gruppierung »Flü/Block«.

Michael Schober, Haimhausens Bürgermeister von 1948–1972 (Foto: privat)

Im Landkreis spricht man vom »roten Haimhausen«. Die starke Anhängerschaft der SPD hat sicher damit zu tun, dass es lange vor dem Zweiten Weltkrieg bereits einen SPD-Ortsverein gibt. 1928 gründen einige Haimhauser Sozialdemokraten einen Ortsverein. Zum ersten Vorsitzenden wählen sie Michael Schober, der seit 1924 bereits Mitglied der Dachauer SPD ist. Bei den Gemeinderatswahlen 1929 erreicht die SPD in Haimhausen die Hälfte der Sitze. Allerdings werden 1933 sämtliche Parteien im Deutschen Reich aufgelöst, und die NSDAP wird zur einzigen Partei erklärt. Die

Haimhauser Sozialdemokraten vernichten alle Unterlagen, um einer eventuellen Verfolgung zu entgehen. Von Schober wird berichtet, dass er sich bis 1945 beobachtet gefühlt habe.[90]

Michael Schober wird 1900 in Haimhausen geboren. Als 17-Jähriger kämpft er im Ersten Weltkrieg. Nach dem Krieg arbeitet er in verschiedenen Stellen der Haniel-Brauerei, hauptsächlich als Koch im Sudhaus. In der Brauerei werden gewerkschaftliche Ideen diskutiert. »Er hat die ganzen Betriebsangehörigen von Haniel hinter sich gehabt. Die haben ihn alle gewählt.« (K.B.) Wenn die Gemeindeangehörigen ein Anliegen haben, kommen sie sehr häufig zum Bürgermeister nach Hause in die Hauptstraße – und nicht in die offizielle Gemeindekanzlei. Diese befindet sich seit Beginn des 20. Jahrhunderts im Erdgeschoss der ehemaligen Schule bzw. im so genannten Lehrerhaus in der Pfarrstr. 7. Erst durch den Bau des Rathauses 1968 in der Hauptstraße wird die Amtsstube in der Pfarrstraße aufgelöst.

Schober scheint eine charismatische Persönlichkeit gewesen zu sein. Nur so lässt sich erklären, dass er bis zum selbst gewählten Ruhestand 1972 fast 25 Jahre lang immer wieder gewählt wird. »Er war ein ruhiger, ausgeglichener, friedfertiger Mensch. Er hätte niemand etwas zu leide tun können. Schober musste Flüchtlinge einweisen. Er war wirklich ein feiner Mensch. Schober war zwar bei der SPD, aber er hat es nicht auf seine Amtsgeschäfte übertragen.« (M.Z.) – »Schober hat sich nie heraushängen lassen, dass er von der SPD ist.« (M.K.) – Schober habe, so Dr. Andrä in seiner Beschreibung, nach den ersten Notjahren durch zahlreiche Maßnahmen wie z.B. die Gründung einer Wohnbau-Genossenschaft und den Beginn des Kanalisationsbaus die Weichen für ein modernes Haimhausen gestellt.[91] – Neben dem Amt des Bürgermeisters übt Schober 20 Jahre die Funktion eines Kreisrats aus (1952–1972) und vertritt von 1960–1966 Landrat Dr. Schwalber. Für seine Verdienste wird er 1968 mit dem Bundesverdienstkreuz ausgezeichnet.

In Amperpettenbach wird Josef Zacherl als Bürgermeister in der Kommunalwahl 1948 in seinem Amt bestätigt. Er scheint sehr beliebt und geschätzt gewesen zu sein, denn er wird bis zu seinem Amtsverzicht 1966 immer wieder von Neuem gewählt. - Die Namen der im April 1948 gewählten Gemeinderatsmitglieder lauten wie folgt: Peter Prachhart, Michael Knorr, Vitus Ausfelder, Josef Wittmann, Franz Riedmair, Anton Rottmair, Josef Weinsteiger, Michael Sedlmair.[92]

Die Nachkriegsjahre enden in dieser Betrachtung mit dem Jahr 1949. Wirtschaftlich gesehen dauert es allerdings noch einige Jahre, bis die Lebensmittelmarken für Fleisch, Zucker, Butter, Vollmilch etc. abgeschafft werden können. Trotzdem wünschen die Menschen sich Normalität und Lebensfreude. In Haimhausen sind Tanzabende und Kinovorführungen angesagt. So wird in der Regionalzeitung vom guten Besuch bei Strobl (Gasthof zur Post) anlässlich einer Tanzveranstaltung berichtet, bei der die Kapelle Fuchs aufspielte.[93]

Bereits 1948 haben die Gemeinderäte einen Kaffee-Ausschank bei Frau Schmidt genehmigt.[94] Aus dem Kaffee-Ausschank von 1948 wird im Laufe der Jahre das berühmte Café der »Madame« (heute Dorfstr. 12), das gerne von Künstlern, Schauspielern und einigen eingeladenen Haimhausern besucht wird, die dort auch legendäre Feste feiern. So berichtet die Zeitung 1949 von zahlreichen Besuchern einer »Venezianischen Nacht« im »Amperlido« [Café Schmidt], bei der die bekannte Hauskapelle aufspielte.«

Im Gasthof zur Post und im Gasthof Nörl finden Filmvorführungen von Streifen wie »Der große Bluff«, »Vergiss mein nicht« und »Traummusik« statt, die in der Presse angekündigt werden.[95]

1949 – das Jahr der Gründung der Bundesrepublik Deutschland. Am 23. Mai 1949 wird das Grundgesetz verkündet. Am 14. August 1949 findet die Wahl des ersten Bundestags statt. In Haimhausen stimmen 31% für die CSU, 35,9% für die SPD, 12,7% für die WAV, 1,8% für die KPD, 6,7% für die FDP und 11,9% für die BP (Bayern-Partei). Das starke Abschneiden der SPD überrascht dieses Mal nicht, wenn man liest, dass landkreisweit die SPD die stärkste Partei darstellt. Nicht so allerdings in Amperpettenbach. Hier erhält die CSU 52,1% der Stimmen, wohingegen sich die SPD mit 9,1% begnügen muss. Sie schneidet nach der KPD als Partei mit dem zweitschlechtesten Stimmenanteil ab, wohingegen die Bayern-Partei mit 15,6% der Stimmen das zweitbeste Ergebnis nach der CSU einfährt. Der restliche Stimmenanteil geht an FDP und WAV.[96] Die CSU wird im bäuerlich geprägten Amperpettenbach stärkste Partei bis zum Ende der Selbstständigkeit des Ortes bleiben.

1974 begeht die Gemeinde Haimhausen ihre 1200-Jahr-Feier. Aus diesem Anlass werden verdiente Einwohner zu Ehrenbürgern ernannt. All diese Personen haben die Geschichte des Orts in der Nachkriegszeit geprägt. So wird Schwester Zephyrina von den Dillinger Franziskanerinnen dafür geehrt, dass sie seit 1935 im Haimhauser Kindergarten und als Handarbeitslehrerin an der örtlichen Volksschule selbst im Alter von 78 Jahren noch »in vollem Umfang« tätig ist. Sie habe, so die Begründung Bürgermeister Degers, sich große Verdienste bei der Erziehung der heranwachsenden Jugend erworben. Therese Baumann habe sich »durch die noble Gesinnung ihres Hauses« die Ehrenbürgerwürde verdient. Damit ist die Aufnahme und Verpflegung der vier Dillinger Schwestern während des Kriegs gemeint. Durch ihr uneigennütziges Verhalten hätte sie es den Schwestern ermöglicht, nach Kriegsende unverzüglich den Kindergartenbetrieb wieder in die Hand zu nehmen. Auch ihr Engagement für den 1947 gegründeten Fußballclub wird gewürdigt.

Günter v. Haniel erhält die Auszeichnung dafür, dass er »in Grundstücksangelegenheiten großzügigerweise den Bedürfnissen der Gemeinde Haimhausen Rechnung getragen hat.«

Franz Pallauf stirbt kurz vor der Verleihung der Ehrenurkunde. Nachdem er erfährt, dass er zum Ehrenbürger vorgeschlagen worden ist, stellt er in einem Gespräch mit Bürgermeister Deger fest, dass die Jahre seiner Amtszeit die schwersten seines Lebens gewesen seien. Er dachte dabei wohl an das Flüchtlingsproblem und an die alltäglichen Schwierigkeiten mit der Besatzungsmacht.

Michael Schober schließlich erhält die Ehrenbürgerschaft dafür, dass er als Erster Bürgermeister der Gemeinde Haimhausen deren Geschicke bis zum Jahre 1972 geleitet hat. Aus der anfänglich schwierigen Nachkriegszeit habe er im Laufe von annähernd zweieinhalb Jahrzehnten dazu beigetragen, ein Haimhausen »modernerer Prägung« zu gestalten.[97]

---

1 Ortsarchiv Haimhausen im Haimhauser Kulturkreis e.V., nachfolgend OAH genannt, Interviewprotokoll, nachfolgend IP genannt, vom 9. August 2011, Frau A.K., geb. 1926

2 OAH, IP vom 18. Oktober 2011, Frau A.F., geb. 1925

3 AOH, IP vom 17. Oktober 2012, Frau B.W., geb. 1937

4 OAH, IP vom 14. September 2011, Frau K.B., geb. 1931

5 Pfister, Peter (Hg.): Das Ende des Zweiten Weltkriegs im Erzbistum München und Freising. Die Kriegs- und Einmarschberichte im Archiv des Erzbistums München und Freising. 2 Bde. (Schriften des Archivs des Erzbistums München-Freising, Band 8/I und II), Regensburg 2005; hier Teil II, S.1364

6 ebd., S.1396f

7 zum Evakuierungsbefehl Himmlers s. Zámecnik, Stanislav: Kein Häftling darf lebend in die Hände des Feindes fallen, in: Wolfgang Benz/Barbara Distel (Hg.): Die Befreiung (Dachauer Hefte 1), München 1985/1993, S.219ff

8 KZ-Gedenkstätte Flossenbürg: E-Mail-Nachricht vom 8. Oktober 2012

9 wie Anm. 6

10 wie Anm. 5, S. 843

11 wie Anm. 6

12 ebd.

13 wie Anm. 5, S. 856

14 wie Anm. 5, S. 1381

15 Distel, Barbara: Die Befreiung des KZ Dachau, in: Wolfgang Benz/Barbara Distel (Hg.): Die Befreiung (Dachauer Hefte 1), wie Anm. 7, S. 6

16 wie Anm. 5

17 wie Anm. 5, Teil I, S. 523f

18 Gierlich, Walter: Tod einer stillen Heldin, in: Süddeutsche Zeitung, Dachauer SZ, 27. September 2011

19 KZ-Gedenkstätte Flossenbürg (Hg.): Rundgang-Broschüre, 2008

20 OAH, IP vom 17. April 2011, Frau U. B., geb. 1920

21 OAH, Dillinger Schwestern: Manuskript der geschichtlichen Sammlung der Schwestern des Haimhauser Kindergartens, undatiert, S. 8

22 OAH, IP vom 10. Mai 2011, Frau M. S., geb. 1929

23 Freiwillige Feuerwehr Haimhausen (Hg.), Festschrift 100 Jahre Freiwillige Feuerwehr Haimhausen, 13. bis 16. Juni 1975, S. 19

24 Bogner, Markus: Chronik von Haimhausen, Gemeinde Haimhausen (Hg.) 2003, S. 113

25 OAH, IP vom 17. Januar 2013, Herr M. Z., geb. 1936

26 National Archives at College Park, MD: Record Group 407, WWII Operations Report, German campaign April 28–30, 1945, S. 32f

27 National Archives at College Park, MD: The Fighting Forty-Fifth: Combat Report of an Infantry Division, S. 187

28 Pötsch W. R. und Bürger O.: Zeitspiegel, Schleißheim und Umgebung zur Zeit des Nationalsozialismus, Freunde von Schleißheim e. V., Oberschleißheim (Hg.) 2002, S. 23

29 Christoph, Wolfgang: Die letzten Kriegstage in unserer Heimat, Stadt Unterschleißheim (Hg.) 2007, S. 16

30 wie Anm. 17

31 wie Anm. 21

32 OAH, IP vom 14. Januar 2013, Frau E. D., geb. 1931

33 Archiv der Gemeinde Haimhausen, nachfolgend AGH genannt, Liste der Zwangsarbeiter, undatiert

34 OAH, IP vom 15. Januar 2013, Herr M. K., geb. 1925

35 wie Anm. 17

36 ebd.

37 wie Anm. 5, S. 215

38 wie Anm. 29, S. 17

39 wie Anm. 37

40 wie Anm. 26

41 wie Anm. 17

42 wie Anm. 26

43 wie Anm. 17

44 www.bsb-muenchen.de/bestandsgeschichte

45 Köpf, Peter: Der Königsplatz in München, ein deutscher Ort. Berlin 2005, S. 127

46 BayHStA, RG 260 OMGUS 1945/5 to 1945/9 Field inspection reports, Folder 30 Dachau

47 Amtlicher Ausweis Johann Kling, Privatbesitz

48 ogner, Markus: Haus- und Hofchronik, Haimhausen 1999/2006 (unveröffentlicht): Ottershausen, Haus-Nr. 50

49 OAH, IP vom 23. Oktober 2012, Frau H. W., geb. 1946

50 BayHStA, RG 260 OMGUS CO-475/7: War Diary July 1945

51 Stadtarchiv Dachau, nachf. StadtADAH genannt, Amtsblatt, nachfolgend AB genannt, Nr. 1 vom 27. Juni 1945

52 wie Anm. 46. »He has appointed Burgermeisters throughout the Landkreis, with little or no exercise of review by the Military Government Officer«

53 AGH, Gemeinderatsbeschlussbuch Haimhausen: Eintrag vom 10. März 1935

54 OAH, IP vom 1. März 2012, Frau K. P., geb. 1933, Herr J. P., geb. 1929

55 AGH, Flüchtlingslisten Haimhausen und Amperpettenbach

56 AGH, Dokumente Amperpettenbach

57 AB Nr. 2 vom 11. Juli 1945

58 OAH, Erklärung vom 27. November 2012, Herr E. H., geb. 1938

59 BayHStA, OMGBY 10/77 2–2: War Diary August 1945

60 OAH, Erklärung vom 24. November 2012, Frau A. G., geb. 1948; E-Mail KZ-Gedenkstätte Dachau vom 4. Dezember 2012

61 AB Nr. 6 vom 11. August 1945

62 AB Nr. 7 vom 18. August 1945, Nr. 14 vom 6. Oktober 1945 und Nr. 19 vom 8. Mai 1946

63 wie Anm. 61

64 AB Nr. 1 vom 5. Januar 1946

65 Barta, Tony: Lebensgeschichte von Franz Klein, undatiert, 1991 der KZ-Gedenkstätte Dachau übergeben

66 AB Nr. 3, 16. Januar 1946: Seit 6. Januar 1946 führt der Bayerische Volksbund Dachau im Untertitel Christlich-Soziale Union

67 AB Nr. 5 vom 30. Januar 1946

68 AGH, Gemeinderatsbeschlussbuch Haimhausen

69 AB Nr. 19 vom 8. Mai 1946

70 OAH, IP vom 13. April 2011, Herr S. W., geb. 1944

71 OAH, IP vom 22. September 2012, Herr J. W., geb. 1939

72 Zacher, Christina: Die Graphikerin Lieselotte Plangger-Popp, Innsbruck 2002, S. 21

73 wie Anm. 55

74 ebd.

75 wie Anm. 57

76 AGH, Gemeinderatsbeschlussbuch Eintrag 6. Februar 1948, 22. Mai 1949

77 StadtADAH, Dachauer Anzeiger Nr. 3 vom 29. Oktober 1949

78 wie Anm. 55

79 wie Anm. 72

80 OAH, Lieselotte Plangger-Popp: Rede-Manuskript vom 01./2. Oktober 1999

81 ebd.

82 wie Anm. 72, S. 35

83 ebd.

84 StadtADAH, Dachauer Volksbote, Band 1949

85 SV Haimhausen 1928 (Hg.): 60 Jahre SV Haimhausen, Chronik 1988

86 SV Haimhausen, Abt. Fußball (Hg.): Festschrift 50-jähriges Gründungsjubiläum der Fußballer des SV Haimhausen 1997

87 OAH, IP vom 18. April 2011, Herr A. B., geb. 1929

88 Bayerisches Landesamt für Statistik und Datenverarbeitung: E-Mail-Nachricht vom 9. Januar 2013

89 AGH, Gemeinderatsbeschlussbuch Haimhausen

90 Dr. Andrä, Simon: 70 Jahre SPD Haimhausen. Eine kleine Chronik, in: Die Drehorgel, Sonderausgabe 1998, SPD-Ortsverein, G. Reichold (Hg.), 1998

91 ebd.

92 AGH, Gemeinderatsbeschlussbuch Amperpettenbach

93 StadtADAH, Dachauer Anzeiger vom 1. September 1949

94 AGH, Gemeinderatsbeschlussbuch, Eintrag vom 13. März 1948

95 wie Anm. 93

96 StadtADAH, Dachauer Volksbote, 19. August 1949

97 OAH, HAIMHAUSEN aktuell 2/74, Gemeinde Haimhausen (Hg.), 1974

WEICHS IN DER NACHKRIEGSZEIT

Heinrich Fitger

In der Gemeinde Weichs haben wir uns bereits seit vielen Jahren unter verschiedenen Aspekten mit dieser Zeit beschäftigt. Schon in unserer Chronik »So war's bei uns« von 1989 schrieb Nikolaus Jung über die Zuwanderung der Heimatvertriebenen (S.218/219). Seit den ersten »Heimatblättern der Gemeinde Weichs« (Dez. 2003) waren Kriegsende und Nachkriegszeit immer wieder ein Thema. Wir sind in der glücklichen Lage, dass wir einerseits über eine Vielzahl von schriftlichen Quellen verfügen, andererseits schon vor 10 Jahren mit der Sammlung von Zeitzeugenberichten begonnen haben. Deshalb ist im folgenden Beitrag Vieles nicht neu, wohl aber berichtigt oder präzisiert.

KRIEGSENDE

Ende März 1945 wurden rund 180 Pfarrer aus dem KZ Dachau entlassen. Die SS-Schergen glaubten, sich hierdurch bei den künftigen Siegern in letzter Minute noch Pluspunkte verdienen zu können. Zwei der Priester, Ludwig Spießl und Hans Jäger, wanderten nach Weichs, wo Spießls Schwester unter dem Namen Maria Klodulfa Klosterfrau war. Am Gründonnerstag, 29. März, betraten sie abends die Klosterküche. »Wer diese freudigen Gesichter sah«, schreibt die Verfasserin des Klostertagebuchs, »vergisst sie sein Lebtag nicht«. Aber noch herrschte Nazi-Ungeist in Weichs: Pfr. Hans Jäger aus Goslar gehörte in die Diözese Hildesheim. Dorthin konnte er aber wegen des Krieges vorerst nicht zurückkehren. Er bat auf der Gemeindekanzlei um eine Aufenthaltsbewilligung für einige Wochen, die »ihm aber vom Bürgermeister und dem Gemeindeschreiber« »in rohester und schärfster Weise« versagt wurde. Drei Tage wurden ihm zugestanden. Durch die Bemühungen der Schwestern konnte er aber ab Osterdienstag als Vikar in Hirschenhausen unterkommen, wo gerade ein Pfarrer fehlte. Pfr.Spießl konnte noch in seine Heimatdiözese Regensburg zurückkehren.[1]

Am 2. April traf eine erste Gruppe von Flüchtlingen ein: Etwa 30 Personen aus Oberschlesien wurden beim Wirt in Ebersbach einquartiert,[2] von denen schließlich nur eine Familie dauernd in Ebersbach blieb.

Am 9. April 1945 wurden bei einem Bombenangriff auf Ingolstadt zwei Söhne des Weichser Hauptlehrers, Gemeindeschreibers und NSDAP-Ortsgruppenleiters Adolf Hanselmann getötet.[3]

Am 20. April wurde die Schule bis auf weiteres geschlossen. Wegen der ständigen Fliegerangriffe musste immer wieder Alarm gegeben werden, so dass an einen geordneten Unterricht nicht mehr zu denken war.[4] Am 21. April kamen wieder 40 Flüchtlinge, diesmal aus Wien, die bis zum 3. Oktober 1945 blieben. Zwei Frauen wurden im Pfarrhof untergebracht. Wien war am 13. April nach tagelangen Kämpfen von russischen Truppen eingenommen worden.

Am 23. April wurde in Weichs eine Nachrichteneinheit der Wehrmacht einquartiert, während der folgenden Tage zogen »oft in armselig aufgelöstem Zustand«[5] zahlreiche Reste deutscher Truppen durch Weichs. So mancher verzweifelte Soldat versuchte sich abzusetzen und bei Bauern oder in Feldscheunen ein vorübergehendes Versteck zu finden.

Wolfgang Schmutz, Landwirtssohn von Fränking, berichtet: »Es kamen in diesen Tagen immer wieder einzelne deutsche Soldaten vorbei, die um ein Nachtlager im Heu baten, was sie auch bekamen. Am 27. April hörten wir von Jetzendorf her heftiges Maschinengewehrfeuer. Ich hatte furchtbare Angst. Am 28. kamen amerikanische Panzer von Eglersried her durch den Wald und fuhren durch Fränking weiter nach Ainhofen. Ein Soldat auf dem Panzer lachte mich an; da verlor ich meine Angst. Einen Tag später sollte ich mit dem Fahrrad nach Weichs fahren. Da stieß ich am oberen Waldrand auf einen SS-Mann, der mich bat, jemanden zu seiner Verwandtschaft nach Edenholzhausen mit der Bitte um Zivilkleidung zu schicken, was ich auch tat. Er gehörte zu einer Gruppe von fünf Soldaten, die sich im Dickicht eine Hütte gebaut hatten. Nachts kamen sie zu uns und wurden im Heustock in einer Höhle versteckt. Essen erhielten sie durch eine Lücke im Dach, wo wir einen Ziegel abgenommen hatten. Zwei dieser Fahnenflüchtigen verschwanden rasch wieder. Aber jemand muss etwas gemerkt und Meldung gemacht haben. Jedenfalls kam eines Tages der Bürgermeister Hefele von Ainhofen mit US-Soldaten, um den Hof zu durchsuchen. [...] Gefunden wurden die drei aber nicht.«

Pfarrer Niederhuber beschreibt die letzten Tage wie folgt[6]: »Die Aufregung wird immer größer. Besonders am Freitag, 27. April, da SS in Petershausen, Indersdorf etc. eintraf und bekannt wurde, Petershausen, Weichs, Indersdorf etc. sollten verteidigt werden; nervöses Packen von den notwendigsten Sachen und Verstauen in den Kellern oder an anderen sicheren Orten. Nachts rascher Abmarsch der Nachrichtenabteilung; das Schießen kommt immer näher; Gerüchte über baldiges Herannahen der Amerikaner immer wilder; Samstag bis spät nachmittags fluchtartiger Durchmarsch deutscher Truppen; ein Bild des Jammers; der Volkssturm hatte noch die Panzersperren zumachen sollen, weigerte sich aber zum Glück. Gegen 6½ [18.30 Uhr] kamen die ersten Panzerspitzen von Petershausen und Ainhofen durch das obere und untere Dorf; es fiel kein Schuss; das Dorf war gerettet und vor Zerstörung bewahrt.«[7]

Im Tagebuch der Klosterschwestern heißt es etwas anders: »Die Nächte hindurch rollten schwere Wehrmachtsautos und Pferdewagen durchs Dorf. Wehrmacht und SS gingen in die größeren Ställe und holten frische Pferde. Gut, daß unser Pferdestall abseits von der Hauptstraße liegt! An den drei Haupteingängen des Dorfes wurden Panzersperren gebaut. In unserem Garten nahe der [Glonn-] Brücke wurde eine Grube ausgehoben, von der aus ein Panzerjäger mit der ›Panzerfaust‹ schießen sollte. Tagelang wurde beraten und gestritten, ob die Panzersperren geschlossen werden sollten. Eine Abteilung Militär rückte ins Dorf; aufregende Gerüchte schwirrten durchs Dorf; doch der Hauptmann versicherte immer wieder, Weichs werde nicht verteidigt. Die eingefleischten Nazi jedoch glaubten, dem Befehle der SS folgen zu müssen.«[8]

Zum Thema »Panzersperren« berichtet Josef Reichlmeier als Zeuge im Entnazifizierungsverfahren Hanselmann zu dessen Entlastung: »Am 28. April kam der Befehl der Kreisleitung: ›Panzersperren schließen‹. Hanselmann informierte mich und sagte: ›Befehl wird nicht ausgeführt und nicht weitergegeben, auch wenn wir dadurch unser Leben aufs Spiel setzen.‹« Am gleichen Tag erschien ein Auto mit einem SS-Kommando in Weichs, das die Brücken sprengen wollte, musste aber unverrichteter Dinge wieder abziehen, weil »keine der vier Ortsbrücken unter Minen war.«[9]

Nun wieder die Schwestern: »Kühne Radler vom Dorfe waren Richtung Pfaffenhofen gefahren und brachten die Meldung, dass der Amerikaner mit seinen Panzern sicher heute noch gegen Weichs vorstoße.« »Um 3 Uhr nachmittags wurde Befehl zur Kellerflucht gegeben. Müde Haufen geschlagener Wehrmacht schleppten sich quer über Wiesen und Felder dem Walde zu. Wir saßen schweigend und betend im Keller vor ›ausgesetztem Allerheiligsten‹«.[10]

Die deutschen Soldaten, die durch Weichs zogen, dürften vor allem Angehörige der 212. Volksgrenadierdivision gewesen sein, die Tage zuvor noch im Donaumoos zwischen Marxheim und Neuburg gestanden hatte, aber in den frühen Morgenstunden des 28. April von Teilen der 20. US-Panzerdivision völlig auseinandergerissen worden war. [11] Ob die US-Truppen zur 42. oder 45. Infanterie-Division gehörten, ist nicht ganz klar. Beide reklamieren die Befreiung Dachaus am 29. April für sich und Teile davon werden am Tag vorher durch Weichs gekommen sein. [12]

Die Amerikaner befreiten zunächst die französischen Zwangsarbeiter in ihrem Lager beim »Bräu« und hielten dann beim Wirt Georg Schönwetter an. [13] Hier erfolgte die Übergabe des Dorfes durch den damaligen Bürgermeister Schneidermeister Anton Schönwetter. [14] Ein Teil der Amerikaner kampierte auf dem geräumigen Hof des Gasthauses. Dort wurden deutsche Gefangene auf Lastwagen verladen und abzuliefernde Waffen gesammelt und verbrannt. [15] Das Ehepaar Ruckert, das fließend Englisch sprach und beim Schönwetter wohnte, dolmetschte. [16] Hier geschah dann das Unglaubliche: Unter den Gefangenen war auch Hermann Bücherl. Als er abtransportiert werden sollte, erklärten Ruckerts den Amerikanern, dass der junge Mann hier zu Hause sei und erreichten, dass er auf der Stelle »in die Heimat« entlassen wurde. [17]

Es dauerte nicht lange, dann erschienen neugierige Weichser Buben, die mit Schokolade beschenkt wurden. Herbert Betz, damals 15 Jahre alt, war schon clevererer Geschäftsmann. Als ein Soldat »Schnaps« verlangte, konnte er aus einem Versteck mit zurückgelassenen Wehrmachtsbeständen das Gewünschte liefern – gegen Zigaretten und Schokolade. Lehrer Hanselmann, vor dessen Augen sich der Handel abspielte, war empört. Aber Mutter Betz war begeistert über die amerikanischen Zigaretten. [18]

Josef Lamprecht, Bauernsohn von Zillhofen, erinnert sich an die vielen US-Panzer, die im »Krautgarten« an der Abzweigung nach Markt Indersdorf geparkt waren. Anton Riedl fügt hinzu: »Eine besondere Attraktion für uns Buben war ein US-Panzer, der nach den beiden Glonn-Brücken nach rechts von der Straße abgekommen und in den sumpfigen Wiesen bis zum Turm versunken war. Er konnte erst Wochen später von einem schweren Bergepanzer wieder herausgeholt werden.«

Erna Reiter, geb. Mandl, erinnert sich an die vielen US-Soldaten, die plötzlich in der Küche der elterlichen Gastwirtschaft standen und Eier gebraten haben wollten, die sie sich beim Wagenbauer geholt hatten. Nur Eier, nicht den schönen Schweinsbraten, der gerade im Rohr war. Den konnten die Deutschen ja vielleicht vergiftet haben. Und bei den Eiern passten sie schon mit Luchsaugen auf, dass alles seine Richtigkeit hatte.

In den Klostergebäuden räumte man ganz rasch mit der braunen Vergangenheit auf: »Im Lager (d.h. in den Lagerräumen des Klosters) war nichts mehr zu finden, was an Hitler erinnerte. Die Hitlerbilder waren verbrannt, die Rahmen in den Baderäumen verstaut, die Hitlerfahnen teils zerrissen und verbrannt. Das angepflanzte Hakenkreuz auf der Spielwiese wurde noch am Nachmittag [des 28. April] auf Befehl der Lagerkindergärtnerin Frl. Lechenbauer umgeschaufelt. Im Badehaus fand sich ein Bündel Uniformen, die wir teils zertrennten, teils als ganze Kleidungsstücke des guten Stoffes wegen aufhoben.«[19]

Am 29. April 1945 hielt der französische Priester Louis Roy die Sonntagsmesse, der als Kriegsgefangener zuletzt beim Wallner beschäftigt gewesen war und den noch kurze Zeit vorher ein rabiater SS-Mann hatte erschießen wollen.[20]

DER ZUSAMMENBRUCH

Nachdem es keine deutschen Ordnungskräfte mehr gab, setzten Plünderungen ein. Am 30. April und am 1. Mai war die Schuhfabrik Wagner mit ihren Vorräten an Rohmaterial und fertigen Schuhen das Ziel.[21] In den nächsten Tagen wurde ein Bestand von angeblich 28000 Decken aus Vorräten der Volksdeutschen Mittelstelle, der sich im Kloster befand, mit Genehmigung des Landrats in den umliegenden Ortschaften verkauft. Die Menge der sonst noch im Kloster gelagerten Gegenstände lockte viele Menschen an. In der Klosterchronik heißt es: »Jeden Morgen sammelte sich im Garten des Benefiziums eine Unmenge von Leuten, besonders Ausländer, auch KZ[häftlinge]. Öfter nahm diese Menschenmasse eine bedrohliche Haltung an. […]. Am 5. Mai war diese Menschenmenge nicht mehr zu halten. In wilder Gier brachen Russen, Polen, Slovenen, Deutsche des Lagers und auch Dorfbewohner in den Turnsaal ein, der mit Flüchtlingsgut belegt war. Sie plünderten in der unsinnigsten Weise. Jeder nahm mit, was er meinte, brauchen zu können. Wertvollstes wurde zugrunde gerichtet.«[22] Hierbei wurden lt. Pfr. Niederhuber Werte von vielen Tausend Reichsmark vernichtet.

In dieser Situation bewährten sich die französischen Fremdarbeiter, die in der Schuhfabrik und bei verschiedenen Bauern gearbeitet hatten, als Hüter der zerfallenden Ordnung. Pfarrer Niederhuber schreibt: »Während der unruhigen Tage haben sie sich überall als edelste Menschen erwiesen.«[23] Über einen von ihnen heißt es in der Chronik der Klosterschwestern: »Unser Franzose Robert Lothé schützte uns mehrfach gegen das Eindringen zweifelhafter Elemente in unsere Keller und Räume.«[24] Ein anderer, Marcel Gouillard, wurde mit Schreiben des amerikanischen Hauptmanns Malcolm A. Vendig vom 7. Mai zum Polizeichef von Weichs ernannt. Mit dem gleichen Schreiben wurde Anton Schönwetter als Bürgermeister in seinem Amt bestätigt.[25] Dies geschah wahrscheinlich vor allem deshalb, weil sich schon einer der polnischen Zwangsarbeiter, die bei der Fa. Cyclo oder bei der Fa. Fischer arbeiteten, als neuer Bürgermeister ausrufen ließ.[26]

Kurz vor dem 8. Mai kamen noch einmal etwa sechzig volksdeutsche Flüchtlinge an, die dem Kloster zugewiesen wurden.[27] Die Schwestern hatten nun für fast 400 Personen, Aussiedler und Flüchtlinge, in den völlig überfüllten Räumen des Klosters und der Schule zu sorgen. Sie waren am Ende ihrer Kräfte, zumal unter den Bewohnern Streit um die Verpflegung ausbrach.[28] Am 12. Mai sollten die Volksdeutschen mit achtzehn hoch beladenen Gespannen in das Lager Rothschwaige umgesiedelt werden. Aber am Abend kehrten sie unverrichteter Dinge zurück: Die Polen hatten sie aggressiv empfangen und nicht eingelassen. Der Landrat war machtlos.[29]

Die Amtsdauer von Anton Schönwetter als Bürgermeister und Marcel Gouillard als Polizeichef war nur von kurzer Dauer: In der Woche nach Himmelfahrt verließen die Franzosen Weichs. Am Pfingstmontag, 21. Mai, setzte der neue Dachauer Landrat Dr. Kneuer Anton Schönwetter und Stellvertreter Josef Lechenbauer als Bürgermeister ab; Hauptlehrer Adolf Hanselmann wurde als Gemeindeschreiber entlassen.[30] Sein letzter Eintrag in das Versicherungsquittungsbuch trägt das Datum 23. Mai 1945.[31] Als neuer Bürgermeister wurde der angesehene Bauer Martin Wallner berufen, zu seinem Stellvertreter der Landwirt Josef Erlewein[32], der in der Weimarer Zeit für die Bayerische Volkspartei bis 1925 im Bezirkstag (heute: Kreistag) und dann bis 1933 im Weichser Gemeinderat gesessen hatte. Als BVP-Mitglied war er im Juni 1933 im Zuge der großen Verhaftungswelle für eine Woche ins KZ Dachau gebracht worden.

Die unruhigen Zeiten dauerten an: Noch im Mai gab es zahlreiche Überfälle und Plünderungen in den Ortsteilen Ebersbach, Edenholzhausen und Fränking sowie in den großen einzeln gelegenen Gehöften Albertshof, Breitenwiesen und Zillhofen. Hierfür wurden in erster Linie Polen und Russen verantwortlich gemacht. Am 10. und 12. Juni wurden Einbrüche in Aufhausen und Gundackersdorf verübt. Am 10. November wurde die Gießerei Fischer am Eingang des Erlbachtals überfallen. Dem Posthalter Fottner wurde im November 1947 sogar das Auto gestohlen.[33] Das Schlimmste geschah in der Nacht vom 12. auf den 13. Juni 1945: Beim »Hanslpeter« in Zillhofen wurden Vater und Sohn Eberl bei einem nächtlichen Überfall erschossen, angeblich von marodierenden Russen; aber der Fall wurde nie aufgeklärt.[34] Zwei Jahre später errichtete die verwitwete Bäuerin am Rande des Hofes eine kleine Kapelle zum Gedächtnis für ihre gefallenen und ermordeten Angehörigen.[35]

Am 29. Mai 1947 wurde nach der Maiandacht ein fast neues Altartuch vom Epistelaltar der Pfarrkirche gestohlen, so dass diese nun auch tagsüber geschlossen wurde.[36] Weihnachten 1947 fürchtete man sich so sehr vor Plünderungen, dass der Pfarrer auf obrigkeitliche Anregung die mitternächtliche Christmette auf 19.30 Uhr vorverlegte.

Verhältnis zu den amerikanischen Soldaten

Am 13. Juni 1945 wurden zahlreiche Häuser für etwa 140 amerikanische Soldaten als Unterkünfte beschlagnahmt, was bei den Betroffenen für große Aufregung sorgte.[37] Im Elternhaus von Herbert Betz logierte der Divisionsstab. Er erzählt: »Die Amerikaner befestigten das Gelände um die beschlagnahmten Häuser mit Kies, stellten dort ihre Küchen- und Proviantzelte auf und legten einen Baseballplatz an. Trotz der Beschlagnahme kam ich täglich mit der Mutter in unser Haus, denn wir hatten unsere Tiere dort lassen dürfen: Hühner, Enten, Hasen und ein Schwein. Die mussten ja gefüttert werden. Ich freundete mich rasch mit den Amerikanern an, lernte viele von ihnen kennen und lernte auch etwas Englisch.«[38]

Die Freundschaft förderte auch folgende Geschichte, die ebenfalls Herbert Betz erzählte: »Einige Monate zuvor war bei Puch ein amerikanischer Bomber abgestürzt und alle Besatzungsmitglieder bis auf einen waren ums Leben gekommen. Ich hatte mir aus den herumliegenden Trümmern eine Pistole und eine Ledertasche ›organisiert‹ und zu Hause gut versteckt. Als nun die Amerikaner da waren und man alle Waffen abgeben musste, bekam ich Angst und gab meine Beutestücke einem sehr gut Deutsch sprechenden US-Offizier. Der öffnete die Tasche und fiel mir dann regelrecht um den Hals. Denn darin befanden sich die Papiere und persönlichen Habseligkeiten eines der abgestürzten Flieger, die der Offizier nun an die Einheit des Toten und an seine Angehörigen weiterleiten konnte. Mein Lohn war ein Berg Schokolade.«[39]

Das Tagebuch der Klosterschwestern berichtet ebenfalls von freundlichen Kontakten: »Am 16. Mai besprach sich Ehrw. Oberin Edigna wegen Räumung des Lagers im Schönwettersaal mit dem dort stationierten Oberst. Frau Ruckert diente als Dolmetscherin. Sie wurde sehr wohlwollend und freundlich empfangen. Der Oberst versprach ihr Hilfe. Leider kam er schon nach einigen Tagen fort.«[40]

Nach weiteren Verhandlungen mit dem Landrat und den Amerikanern räumten am 25. Juni die letzten Umsiedler aus Ungarn und Slovenien das Kloster und zogen nach Karlsfeld in das Lager Rothschwaige. Pfr. Niederhuber und die Schwestern schreiben, dass sie das Haus in einem unbeschreiblich schmutzigen und verwüsteten Zustand zurückgelassen hätten. Die Aufräum- und Renovierungsarbeiten dauerten zwei Wochen.

Rückkehr der Zwangsarbeiter in ihre Heimatländer

In Weichs hatten während des Krieges etwa 50 französische Zwangsverpflichtete gelebt. 20 waren als landwirtschaftliche Hilfskräfte auf mehreren großen Höfen beschäftigt gewesen, 30 hatten in der Schuhfabrik »Hochland« gearbeitet. Sie hatten sich trotz primitiver Unterkunft im Bräustadel und bei den Bauern in Zillhofen und Fränking durchwegs wohl gefühlt, wie langjährige Freundschaften beweisen.[41] Es gab auch eine große Gruppe Polen in Weichs, die vor allem bei der Cyclo gearbeitet und beim Reindl gewohnt hatten. Aber das Verhältnis zu ihnen war insgesamt wohl weniger freundschaftlich.

Nun waren sie frei. Die Franzosen wurden bereits zwischen dem 10. und 18. Mai nach Freising und von dort in Güterwagen und ohne ausreichende Verpflegung nach Hause gebracht. »So haben wir während des ganzen Krieges nicht gehungert«, berichtete ein Heimkehrer später nach Weichs.[42] Die Weichser Polen wurden am 1. Juni 1945 in das Lager Wagenried bei Altomünster gebracht.[43]

Kriegsteilnehmer: Gefallene, Vermisste, Invaliden, Heimkehrer

Wieviele Weichser Männer am Zweiten Weltkrieg teilgenommen haben, wissen wir nicht genau. Ich stütze mich auf das große Foto auf S. 201 der Ortschronik »So war's bei uns«, das 173 Fotos von 38 Gefallenen, 20 Vermissten und 115 Heimkehrern zeigt.

Pfarrer Niederhuber würdigt in seinem »Liber Memorabilium« 54 Kriegs-tote aus seiner Pfarrei – die aber nicht genau mit dem heutigen Gemein-debereich Weichs übereinstimmt – mit einer kurzen Lebensbeschreibung, zusammen mit einem Sterbebild. Eine zweite Liste hat Josef Kreitmair in Heimatblätter 2006 anhand der von seiner Mutter gesammelten Sterbebilder zusammengestellt. Eine dritte Liste steht auf den großen Gedenkplatten am Weichser Kriegerdenkmal. Hier sind aus Weichs 36 Namen und aus dem Bereich der Filialkirchen 40 Namen verzeichnet. Außerdem werden dort die Namen von 20 Vermissten aufgeführt, die man wohl auch zu den Toten rech-nen muss. Hiernach betrug der Blutzoll, den die Pfarrei Weichs im Zweiten Weltkrieg zu zahlen hatte, 96 Tote. Da war kaum eine Familie ohne einen Toten; in vielen gab es zwei. Elf Gefallene waren verheiratet gewesen und größtenteils Familienväter, ein junger Mann war verlobt.[44] Die Nachricht, dass ein Soldat gefallen oder in der Gefangenschaft gestorben war, kam oft erst nach langen Jahren bangen Wartens. Am Allerheiligentag 1945 fand eine Gefallenenfeier für 46 bis dahin bekannte Tote und für alle Vermissten statt. 47 Kinder umstanden mit Kerzen eine Totenbahre. Sie sagten Gedichte auf, es wurden Lieder gesungen und aus der Bibel gelesen.

Die Zahlenunterschiede ergeben sich daraus, dass die Zählungen zu ver-schiedenen Zeiten vorgenommen wurden und die Bereiche von Pfarrei und politischer Gemeinde nicht übereinstimmen. Von denen, die aus diesem sinnlosen und verbrecherischen Krieg zurückkamen – manche erst nach jahrelanger Gefangenschaft in russischen Lagern oder nach Zwangsarbeit in Frankreich – waren viele für den Rest ihres Lebens durch Krankheiten und Verwundungen gezeichnet.

Nur zwei Beispiele: Georg Rieger waren wegen Erfrierungen im Russland-feldzug beide Beine unterhalb der Knie amputiert worden.[45] Gleich nach dem Krieg wurde er als Nachfolger von Adolf Hanselmann als Gemeindeschreiber angestellt. Xaver Ahammer musste im März 1947 im 38. Lebensjahr wegen Invalidität die Arbeit ganz aufgeben.[46]

Für Georg Hailer, den späteren Bürgermeister von Asbach und Weichs, ist der Krieg nie ganz zu Ende gegangen. Noch heute spricht er oft unvermittelt vom Russlandfeldzug und von seinen Erlebnissen in der russischen Gefan-genschaft. Über sein Heimkommen nach fast achtjähriger Abwesenheit am 1. Dezember 1948 berichtet er: »Zuhause fand ich Stiefvater und Stiefmutter vor. Der Stiefvater war schon 1925 ins Haus gekommen, aber meine Mutter war erst im Mai 1948 gestorben. Der Stiefvater hatte gleich wieder geheiratet. Anfangs habe ich auf dem Hof gearbeitet, für eine DM am Tag, mit freier Wohnung und Kost, aber ohne Sozialversicherung. 27 Tagwerk waren zum Leben zu wenig und zum Sterben zu viel. Ich fuhr täglich ab fünf Uhr früh als Gelegenheitsarbeiter mit dem Radl in die Umgebung, um irgendwo etwas hinzuzuverdienen.«

Simon Eberl vom »Hanslpeter« kommt erst am 4. Mai 1950 nach zwei Jahren Krieg und fünf Jahren Gefangenschaft nach Hause. Er hat seine Erlebnisse in einem Buch aufgezeichnet, aus dem ich hier zitieren darf: »Am Abend des 1. Mai fuhren wir in Hof-Moschendorf ein. Durch die beleuchteten Fenster konnte man in die bewohnten Zimmer sehen. Ganz langsam passierten wir die letzten paar hundert Meter. Wir standen alle an der Waggonöffnung. Jeder wollte den Anblick genießen. Wir sahen eine Wirtschaft. Oben im Saal wurde getanzt. […] Im Lager wurden wir herzlich, ja liebevoll empfangen. Die Glocken läuteten und Spruchbänder hießen uns herzlich willkommen. Wir waren wieder unter zivilisierten Menschen. Als erstes gings zum Baden. Es gab frische Wäsche und neue Klamotten. Im Speisesaal brachten uns liebe, nette Rotkreuzschwestern endlich einmal wieder etwas Vernünftiges zum Essen« zugleich mit der Warnung, dem ausgehungerten Magen nicht zu viel zuzumuten.

Am 3. Mai 1950 bekommt er von der Fürsorgestelle im Durchgangslager Hof-Moschendorf als Erstausstattung ausgehändigt: ein Anzug, zwei Hemden, zwei Unterhosen, zwei Paar Socken, ein Mantel. Am 4. Mai 50 empfängt er morgens noch im Lager DM 150,00 Entlassungsgeld. Abends ist er endlich daheim. Am 16. Mai stellt er sich beim Vertrauensarzt in München vor. Aber alles, was der Arzt an Krankheiten und Schäden feststellen kann, ist nicht so schlimm, wie die nächtlichen Albträume, die dem Heimgekehrten noch lange Todesängste verursachen. Er macht dann eine landwirtschaftliche Lehre, besucht die Landwirtschaftsschule in Dachau und erwirbt die Befähigung zum Ausbilder und Lehrherrn. Er findet ins gesellschaftliche Leben zurück und auf einer der vielen Hochzeiten, zu denen er nun eingeladen wird, lernt er seine zukünftige Frau kennen. Drei Jahre nach der Heimkehr wird Hochzeit gehalten.[47]

Am 18. Juni 1950 findet auf Einladung der Gemeinde eine Heimkehrfeier statt. Eingeladen werden sämtliche Kriegsteilnehmer der Gemeinde, Einheimische und Flüchtlinge.[48] Der am 22. Februar 1948 »in verhältnismäßig gutem gesundheitlichen Zustand« aus Russland heimgekehrte junge Priester Thomas Schmid vom »Hanslpeter« in Zillhofen hält den Gottesdienst und Bürgermeister Ludwig Fischer eine Ansprache. Pfarrer Niederhuber berichtet darüber: »H. H. Schmid hielt eine gründende, sehr zeitgemäße Ansprache über die Pflichten der Heimkehrer. Unter den Klängen einer Musikkapelle bewegte sich der Zug zu den beiden Kriegerdenkmälern. An der Mariensäule war eine erhebende Marienfeier, am 2. Kriegerdenkmal die Gefallenenfeier; der Bürgermeister legte unter ehrenden Worten einen Kranz nieder. Weltliche Feier in der Mandl-Wirtschaft [Beniwirt],[49] umrahmt von Gedichten der Schulkinder, lustigen Einlagen von Heimkehrern, Liedern des Kirchenchors (unter der temperamentvollen Leitung d. H. Koop. Raček) u. flotten Weisen der Blaskapelle. Sämtl. anwesenden Heimkehrer wurden ausgespeist. H. Bürgermeister Fischer hatte zu Beginn der Feier den Sinn derselben nochmals kurz angerissen. Die ganze Feier verlief sehr schön ohne jeden Misston, ohne dass getanzt wurde, also ganz dem Sinn des Tages entsprechend.« Auch Erna Reiter vom Mandl erinnert sich genau: »Der Saal beim Beniwirt war gesteckt voll von Heimkehrern.«

Aus der Pfarrei fehlten damals noch über 20 Vermisste und Kriegsgefangene, von welchen man nichts wusste. In der Weichser Ortschronik »So war's bei uns« stellt Mathias Ligsalz den wirklich letzten Heimkehrer vor: Josef Erlacher aus Fränking, der nach vier Jahren Krieg und fast elf Jahren russischer Gefangenschaft im Herbst 1955 im Alter von fast 51 Jahren heimkehrte und keine schwere Arbeit mehr leisten konnte.[50]

WIEDERBEGINN VON NORMALITÄT

Pfarrei St. Martin

Als erste fand die katholische Kirche zurück in ihr früheres Leben, zu ihren Bräuchen und ihrer Tradition. Pfarrer Niederhuber hatte noch am 13. März 45 dem Landratsamt Dachau mit beeindruckender Sturheit gemeldet, welche Wallfahrten und Bittgänge er in den kommenden Wochen und Monaten mit den Pfarrangehörigen zu unternehmen gedachte.[51] Ob er an ihre Durchführbarkeit wirklich glaubte? Die für den 3. Mai geplante Wallfahrt zum Kloster Scheyern musste jedenfalls unterbleiben. Aber die Fronleichnamsfeier fand am 31. Mai wieder wie früher statt, wenn auch wegen Regens in der Pfarrkirche. Am Sonntag danach wurde bei strahlendem Wetter die Prozession nachgeholt. Am 14. September gab es wieder einen Bittgang nach Scheyern, an dem 200 Leute teilnahmen.[52] In späteren Jahren gab es besondere Andachten für Flüchtlinge, z.B. am 9. Juni 1947 mit dem Augustinerpater Dr.Sladek aus Karlsbad.

Der Kindergarten

Der öffentliche Kindergarten der N.S.V., der 1938 mit großem politischen Getöse eingeweiht worden war,[53] war als Nazi-Einrichtung bald nach Kriegsende unter die Kontrolle der Militärregierung gestellt und geschlossen worden.[54] Lt. Pfarrer Niederhuber wurde aber schon am 11. Juni 1945 von der Gemeinde im selben Gebäude für ca. 40 Kinder ein neuer »Erstkindergarten« auf konfessioneller Grundlage eröffnet. Die Organisation lag bei den Armen Schulschwestern, die Leitung bei Schwester Alberta.[55]

Die Schulen

Der Schulunterricht war anscheinend den ganzen Sommer 1945 ausgefallen, vielleicht weil Hauptlehrer Adolf Hanselmann seines Amtes enthoben und am 25. Juli 1945 in Garmisch interniert worden war,[56] vielleicht auch, weil man die Hilfe der Schulkinder beim Kartoffelkäfersammeln und bei der Ernte dringend benötigte. Am 17.9. versammelten sich die Schüler wieder im Schulhaus bei der Mühle und im Kloster. Statt der seit dem 17. Oktober 1938 bestehenden Gemeinschaftsschule für Buben und Mädchen gab es jetzt für die Klassen fünf bis acht wieder getrennten Unterricht. Die 48 Mädchen kamen zur großen Erleichterung des Pfarrers wieder in die Obhut von Schwester Ma. Roswitha Dill (* 19. Januar 1899, seit 1927 im Weichser Kloster). Die 43 Buben übernahm der neue Hauptlehrer Johannes Westphal (* 2. Mai 1904) aus Berlin.[57] Die drei unteren Klassen mit 80 Schülern wurden noch einige Wochen aushilfsweise von Schwester Ma. Magentia Bopp gemeinsam unterrichtet, weil zusammen mit Hanselmann auch die lt. Pfarrer politisch unbelastete Schulhelferin Josefa Göb entlassen und verhaftet worden war. Dann gelang es, einen weiteren Lehrer für die 51 Buben zu finden: Reinhard Wiescholek (* 24. November 1911) aus Kattowitz,[58] Amtsbezeichnung ebenfalls »Schulhelfer«. Nun konnten auch die Klassen eins bis drei wieder getrennt werden.

Die 29 Mädchen übernahm Ma. Ethelgina Hügele (* 30. Oktober 1904, seit 1938 im Kloster Weichs).[59]

Am Ende des Schuljahrs 1945/46 zählte man in Weichs 171 Schulkinder, davon 94 in der Knabenschule, 77 in der Mädchenschule. Die Anzahl der Flüchtlingskinder gibt Bertold[60] für die Mädchenschule mit 20 an, ich finde in den Schülerlisten nur 16. In der Knabenschule dürften es 10 oder 11 gewesen sein, insgesamt 26 oder 27.

Westphal und Wiescholek blieben nur ein Jahr an der Knabenschule. Die Klassen eins bis vier übernahm ab Herbst 1946 die Lehrerin M. Wagner, und ab Herbst 1947 die Lehrerin Cäcilie Weigl. Die älteren Buben wurden ab Herbst 1946 von Anton Kellerer unterrichtet.[61] Pfarrer Niederhuber äußert sich 1948 über diesen ehemaligen Angehörigen des Oblatenordens sehr anerkennend. Bei den Mädchen änderte sich jahrelang nichts: Schwester Ma. Ethelgina Hügele betreut die Klassen eins bis vier, Schwester Ma. Roswitha Dill die Klassen fünf bis acht.[62] Ab Herbst 1946 wurde anscheinend neben den Noten eine wörtliche Beurteilung verlangt. In beiden Schulen bemühten sich die Lehrerinnen um ein freundliches, objektives Urteil; aber es fällt auf, dass viele Kinder als sehr unruhig geschildert werden.[63]

Ab dem Schuljahr 1946/47 erhöht sich durch den Zustrom von Vertriebenen die Schülerzahl und die Zusammensetzung der Klassen: Unter 63 Knaben der Klassen eins bis vier befanden sich 16 aus Flüchtlings- und Vertriebenenfamilien. Im Jahr darauf waren es in den ersten vier Knabenklassen 60 Schüler, davon 12 Wiederholer, was ein Licht auf die schwierigen Lernverhältnisse dieser Zeit wirft. 20 Buben stammten aus Flüchtlings- und Vertriebenenfamilien. Für das Schuljahr 1946/47 sind aus der Mädchenschule keine Unterlagen vorhanden. 1947/48 besuchten 53 Mädchen die 1. bis 4. Klasse, darunter neun Wiederholer und 16 aus Flüchtlings- und Vertriebenenfamilien.[64]

Ein besonderes Ereignis der Schulgeschichte dieser Jahre ist die Abstimmung der Schülereltern am Sonntag, 22. August 1948. Hauptlehrer Hanselmann war im Entnazifizierungsverfahren von der Lagerspruchkammer Moosburg am 15. April 1947 als »Minderbelasteter« eingestuft, dann aber auf seine Berufung hin von der Berufungskammer für Oberbayern, Senat Dachau, am 24. Juni 1948 zum »Mitläufer« herabgestuft worden, womit das Berufsverbot entfiel. Bereits am 3. April 1947 war er wegen Haftunfähigkeit aus dem Lager Moosburg nach Weichs entlassen worden.[65]

Jetzt versuchte er, in seine alte Stellung in Weichs zurückzukommen. Der Gemeinderat war anscheinend geteilter Meinung und fand es sicherer, die

Schülereltern darüber abstimmen zu lassen.[66] Der Pfarrer berichtet: »Zwei Drittel der Eltern stimmten in Anwesenheit des Dachauer Schulrats gegen die Wiederanstellung von Hanselmann.« Trotz dieses Votums wurde er ab September 1948 als Vertragsangestellter[67] wieder eingestellt, vor allem wohl aus sozialen Gründen: Er konnte kaum eine andere Arbeit finden, hatte aber eine kranke Frau und fünf Kinder zu versorgen, denen die »Verelendung« drohte.[68] Hanselmann wirkte als Lehrer der 5. bis 8. Knabenklassen in Weichs noch bis 1953. Kellerer übernahm die Klassen eins bis vier.

Bürgermeister und Gemeinderat

Seit 21. Mai 1945 amtierten Martin Wallner und Josef Erlewein als 1. und 2. Bürgermeister. Aber was war mit dem Gemeinderat? Der alte, bestehend aus Josef Lechenbauer, Anton Drexler, Josef Geitner und Johann Griebler,[69] war sicher zusammen mit den beiden früheren Bürgermeistern schon im Mai abgesetzt worden. Am 27. Oktober 1945 wird im »Amtsblatt für die Stadt und den Landkreis Dachau«, das auf Veranlassung und mit Genehmigung der amerikanischen Militärregierung gedruckt wurde, folgende Namensliste veröffentlicht:

»Für Gemeinderäte im Landkreis sind vorgesehen: Kistler, Josef, Weichs Hs. Nr. 3; Winterholler, Joh., Erlhausen 3; Mühlthaler, Anton, Weichs b. Dachau; Huber, Simon, Weichs Nr. 52; Barth, Joh., Aufhausen Nr. 22; Scharl, Andreas, Weichs b. Dachau.«[70]

War das nun schon die Ernennung zu Gemeinderäten oder nur die Bescheinigung, politisch »sauber« zu sein? Hatte der Übersetzer der im Original englischen Verfügung ein juristisches Fachwort mit »vorgesehen« falsch wiedergegeben? Der Verdacht liegt nahe, denn dieselben Personen unterschreiben zusammen mit den beiden Bürgermeistern am 28. Dezember 1945 im Protokollbuch der Gemeinde ein Sitzungsprotokoll als »Gemeinderat«. Da in Markt Indersdorf ein neuer Gemeinderat durch die Militärregierung eingesetzt wurde,[71] nehme ich an, dass das in Weichs auch so war. Jedenfalls beschließen diese acht Männer die Aufstellung einer Ortswache und den Verkauf eines Grundstücks, handeln also rechtlich für die Gemeinde.[72]

Die Aufstellung einer Ortswache zeigt, wie angespannt die Sicherheitslage weiterhin war. Wer und wie viele Männer ab 1. Januar 1946 zehn lange Nachtstunden von 18.00 bis 4.00 Uhr Wache schieben mussten, steht leider nicht im Protokoll. Auch nicht, wann die Maßnahme wieder aufgehoben wurde.

Am 27. Januar 1946 fanden Gemeinderatswahlen statt, für die schon die neue von der Militärregierung erlassene Gemeindeordnung und Wahlordnung vom 18. Dezember 1945 galt. Hierfür konnten Parteien und neu organisierte Wählergruppen Wahlvorschläge einreichen. Deren Gründung, sowie die Abhaltung von Wahlversammlungen und der Druck von Wahlplakaten mussten jedoch von der Militärregierung genehmigt sein.[73]

Die Wahlbeteiligung war aus heutiger Sicht enorm hoch: 88 % im Landkreis, 95 % in Weichs und einigen anderen Gemeinden.[74] In Weichs ging es bei der Wahl recht stürmisch zu, berichtet der Pfarrer kritisch. Es wurden gewählt: Martin Atzenhofer, Johann Barth, Josef Kistler und Johann Winterholler, die schon dem provisorischen Gremium angehört hatten, außerdem Johann Bayerl, Johann Jocham, August Kaltner und Johann Kreitmair. Bei der Wahl zum Bürgermeister hatten weder Josef Erlewein, noch Ludwig Fischer die absolute Mehrheit erreicht, so dass der Gemeinderat zu entscheiden hatte. Eine Stichwahl gab es damals wohl nicht. Bei der Abstimmung siegte Josef Erlewein. Josef Kistler wurde zum 2. Bürgermeister bestellt.[75] Beide galten als »unbelastet«: Von Erlewein war oben schon die Rede; Kistler war eines von den drei AfA-Mitgliedern, die im Rahmen der damals anlaufenden Entnazifizierungsverfahren ein Votum über alle ehemaligen Parteigenossen abgeben mussten.

Bei der nächsten Kommunalwahl am 25. April 1948 wurde der Mechaniker Ludwig Fischer mit 390 Stimmen zum 1. Bürgermeister gewählt. Auf seinen Mitbewerber Martin Wallner entfielen 130 Stimmen, auf Josef Reichlmaier etwas über 90. Der Gemeinderat wählte Martin Edelmann sr. zum 2. Bürgermeister. Für den zehnköpfigen Gemeinderat waren zwei Listen aufgestellt worden: CSU und Neubürger. Die CSU erhielt acht Sitze, die Neubürger zwei notiert der Pfarrer. Aus dem vorigen Gemeinderat kamen nur Atzenhofer, Barth und Bayerl auch in den neuen. Die Vertreter der Flüchtlinge und Vertriebenen waren Wilhelm Mayer, ab 30. September 1950 Anton Wambach aus Tschanad, und Matthias Rödelmeier sr. aus Dunakömlöd.[76]

Kreistag

Auch der Kreistag musste nach demokratischen Regeln neu gewählt werden. Schon am 15. September 45 wurde eine Liste von 15 Personen veröffentlicht, die für den Kreistag »ernannt« wurden, darunter aus Weichs nur Josef Erlewein.[77] Hier stellt sich die gleiche Frage, wie bei den Gemeinderäten: Bedeutete dies schon die Konstituierung eines neuen Kreistages mit 15 Mitgliedern oder nur, dass diese 15 Personen als politisch einwandfrei und wählbar bezeichnet wurden? Die Antwort muss offen bleiben.

Eine Wahl fand erst am 28. April 46 statt. Obwohl »die Sozialisten und die Kommunisten eine große Agitation entfaltet« und selbst in Weichs eigene Versammlungen veranstaltet hatten (Pfr. Niederhuber), siegte die CSU bei unterdurchschnittlicher Wahlbeteiligung (72 % gegenüber 81 % im Landkreis) mit großem Vorsprung (192 Stimmen gegenüber 42 für die SPD). Für Weichs zogen Josef Erlewein (CSU) und Alois Buchberger (SPD) in den Kreistag ein, der damals 41 Mitglieder hatte.[78]

Bei der nächsten Kreistagswahl am 25. Mai 48, an der die »Neuen« schon teilnehmen durften, erreichte in Weichs die CSU 264 Stimmen, die SPD 134, die Bayernpartei 85, die Wirtschaftliche Aufbauvereinigung 65 und die KPD fünf Stimmen. So Pfarrer Niederhuber. Johann Wex aus Edenholzhausen, der als einziger Weichser auf Platz 28 der CSU-Liste kandidiert hatte, erreichte nicht die nötige Stimmenzahl.[79]

Verfassunggebende Versammlung

Am 30. Juni 1946 wurden die Delegierten zur verfassunggebenden Landesversammlung gewählt, die über den Entwurf einer neuen bayerischen Verfassung beraten und abstimmen sollte. Bei 73 % Wahlbeteiligung entfielen in Weichs auf die CSU 228 Stimmen (83,5 %), auf die SPD 33 (12,1 %), auf die Wirtschaftliche Aufbau-Vereinigung 10 und auf FDP und KPD je eine Stimme. Im Landkreis stimmten bei 78 % Wahlbeteiligung »nur« 66,4 % für die CSU, aber 28,2 % für SPD und KPD.[80] Die Vertriebenen durften noch nicht an der Abstimmung teilnehmen, da sie keine deutschen Staatsangehörigen waren.

Landtag

Am 1. Dezember 1946 wurde in einer Volksabstimmung die neue Bayerische Verfassung mit großer Mehrheit angenommen und auch der Bayerische Landtag gewählt. Damit war der rechtliche Rahmen für die neue politische Wirklichkeit zunächst vollendet.

Bewältigung der Vergangenheit

Gleich nach Kriegsende wurde alles Nazivermögen beschlagnahmt. Leute, die in der örtlichen Nazihierarchie ein Amt bekleidet hatten, wenn es auch noch so unbedeutend war, wurden als Förderer und Stützen des Unrechtsregimes angesehen und interniert. Darunter waren auch vier Weichser und ein Bürger aus Fränking. Sie wurden in die Internierungslager Garmisch-Partenkirchen bzw. Moosburg verbracht.

Darüber hinaus gab es noch weitere Maßnahmen: Berufsverbote, Entlassung aus Vertrauensstellungen, z. B. bei Kreditinstituten, Sperrung von Renten, Verhängung von Geldbußen. Die Weichser Schuhfabrik Adolf Wagner wurde unter die Kontrolle der Militärregierung gestellt. Der Eigentümer Adolf Wagner war von der Geschäftsführung ausgeschlossen; diese lag vorübergehend bei Jakob Kollmair, einem Verwandten seiner Frau. Wagner durfte nur als einfacher Arbeiter in seinem Betrieb mitwirken.[81]

Den Wirten wurde von der Militärregierung mit Wirkung vom 1. Dezember 1945 die Führung ihrer Gastwirtbetriebe untersagt.[82] In Weichs waren das Anton Mandl, Anton Reindl und Georg Schönwetter. Nur Johann Rauch, der »Schuhwastl«, durfte seine kleine Kneipe selbst weiter betreiben, aber ohne Hilfskräfte.[83] Diese Beschränkungen werden nicht allzu lange gedauert haben; Anton Mandl wurde die Ausübung seines Berufs Anfang April 1946 gegen die Zahlung von 4000 Reichsmark wieder genehmigt.[84] Sein Sohn Johann war schon im November 1945 für unbedenklich erklärt worden.[85]

Entnazifizierungsverfahren

Die amerikanische Militärregierung erließ für ihre Zone am 5. März 46 das »Gesetz zur Befreiung von Nationalsozialismus und Militarismus«, auf Grund dessen in detaillierten Fragebögen jedermann Auskunft über seine Lebensverhältnisse und seine politische Vergangenheit geben musste. In etwa einem Viertel aller Fälle kam es ab Mitte 1946 zu Verhandlungen vor den mit Deutschen besetzten »Spruchkammern«.[86] Diese Verfahren nannte der Volksmund kurz und treffend »Entnazifizierung«.

Aufgrund der Fragebögen konnte schon die Bedeutung des Betroffenen für das Naziregime ungefähr eingeschätzt werden. Hinzu kam die Beurteilung durch ein unabhängiges Gremium, das »Antifaschistischer Ausschuss«

(AfA) hieß und in Weichs aus folgenden Leuten bestand: Kistler Josef, Landwirt, geb. 10. Oktober 1889; Huber Simon, Maler, geb. 10. Januar 09; Andreas Scharl, Landwirt; geb. 1. Juli 1882. Wenn jemand schon nach Prüfung des Fragebogens als »Entlasteter« eingestuft werden konnte, wurde sein Name im Amtsblatt veröffentlicht. In den Jahren 1946/47 enthält jede Ausgabe des Amtsblatts lange Listen solcher Leute.

Je nach angenommener Belastung wurde das Spruchkammerverfahren eingeleitet und öffentlich dazu aufgefordert, sich bis zum Verhandlungstermin als Be- oder Entlastungszeuge zu melden. Meistens bemühten sich die Angeklagten selbst um Entlastungszeugen. Beliebt waren wohlwollende Aussagen der Pfarrer oder anderer unverdächtiger Personen, weil sie im Verfahren als besonders wertvolle Entlastungsnachweise galten. Der Volksmund nannte sie »Persilscheine«, da sie der »Weißwaschung« dienten.

Einem Spruchkammerverfahren mussten sich 20 bis 30 Weichser Bürger und Bürgerinnen stellen, darunter auch der einzige Arzt Dr. Braren. Ihm wurde wegen seiner Zugehörigkeit zur NSDAP die Kassenlizenz entzogen, aber zwei Wochen später schon wieder erteilt,[87] weil offensichtlich gegen ihn nichts Belastendes vorlag. Er war nach fünf Jahren Kriegsdienst erst am 20. Mai 1945 nach Weichs gekommen; wahrscheinlich weil hier sein Vater Lorenz mit der Cyclo eine Bleibe gefunden hatte. Das Spruchkammerverfahren wurde am 22. April 1947 eingestellt: »Nicht betroffen.«[88]

Alle anderen Weichser, die ein Amt in der NSDAP bekleidet hatten, wurden als »Mitläufer« eingestuft und hatten als Sühne Geldbeträge in unterschiedlicher Höhe zwischen 500 und 1 000 Reichsmark zu bezahlen.

Die zugleich einsetzende politische »Umerziehung« (»Reeducation«) führte sicher nicht bei allen Betroffenen zur Einsicht in ihre Mitschuld am Nazi-Unrecht. So schreibt der 1948 aus der Kriegsgefangenschaft nach Langenpettenbach heimgekehrte Pfarrer Jakob Huber: »Unfassbar aber erschien es mir, dass eine große Anzahl von Menschen zu Hause so tat, als sei nichts gewesen, als hätten wir nichts zu lernen gehabt.« [89]

Aber es gab auch andere Beispiele: Hermann Schmutz, ein großer Landwirt in Fränking (»Beim Bauern«) war als Nachfolger des zur Wehrmacht eingezogenen Bürgermeisters Jungmair zum Ortsgruppenleiter von Ainhofen ernannt worden, hatte sich aber nichts zuschulden kommen lassen. Nach seiner Entlassung aus der Internierung bekannte er in Ainhofen öffentlich, dass es ihm sehr leid tue, dass er sich zur Unterstützung der Nazis habe verleiten lassen.

Umsiedler, Evakuierte, Flüchtlinge und Vertriebene

Die ersten Fremden, die durch Maßnahmen des Naziregimes nach Weichs kamen, waren »Umsiedler« aus Bessarabien, einem Teil des heutigen Moldavien. Die dort siedelnden Deutschen verließen 1940 das Land, das aufgrund des »Hitler-Stalin-Pakts« von der roten Armee besetzt worden war. Die »Volksdeutsche Mittelstelle« fungierte auf deutscher Seite als aufnehmende Behörde, die für die Weiterleitung der »Umsiedler« nach Polen sorgen sollte. Ein Durchgangslager der »Volksdeutschen Mittelstelle« bestand während der ganzen Dauer des Zweiten Weltkrieges im Kloster der Armen Schulschwestern in Weichs. Von diesen Menschen ist nach meiner Kenntnis niemand in Weichs zurückgeblieben. Nur viel von ihrem Umzugsgut, das im Mai 1945 den oben schon erwähnten Plünderern in die Hände fiel. Leiter des Lagers war mehrere Jahre der Weichser Tabakwarenhändler Ludwig Decker.[90]

Als nächstes kamen »Ausgebombte« und »Evakuierte«, d. h. Menschen, die in den Städten durch Bombenangriffe ihre Wohnungen und meistens auch alles Hab und Gut verloren hatten. In Weichs gibt es keine Spuren mehr von ihnen. Nur Therese Hailer in Ebersbach kann sich an Familien aus München, Pforzheim und Köln erinnern, die in Ebersbach untergebracht waren und nach einigen Jahren in ihre Heimatorte zurückzogen. Das oben erwähnte Ehepaar Rucker gehörte auch zu den Ausgebombten.

Dann kamen Flüchtlinge und Heimatvertriebene, die von den Behörden der Gemeinde Weichs zugewiesen wurden. Bei meinen Interviews fiel mir auf, wie sehr meine Gesprächspartner auf die Unterscheidung von »Flüchtlingen« und »Vertriebenen« achteten. »Flüchtlinge« waren deutsche Staatsangehörige, die vor den Kriegsereignissen geflohen waren, vor feindlichen Armeen, vor allem vor den Russen, denen ein schlimmer Ruf vorausging. Sie hatten gewissermaßen »freiwillig« ihre deutsche Heimat verlassen, z. B. Ostpreußen oder Schlesien.

»Heimatvertriebene« dagegen waren nicht freiwillig gegangen, sondern von neuen politischen Gewalten aus ihrer bisherigen Heimat in Jugoslawien, Ungarn und Rumänien ausgewiesen worden, weil sie trotz ihrer formellen Staatsangehörigkeit kulturell Deutsche waren. Es war für diese Länder eine einfach durchzuführende Rachemaßnahme, mit der man sich bei der eigenen Bevölkerung beliebt machen konnte. Aber für die Vertriebenen, die Haus und Hof, ihre Kirche und ihre Gräber, oft auch erhebliche sonstige Werte zurücklassen mussten, war es ein furchtbarer Einschnitt.

Für die Einheimischen waren die »Fremden« größtenteils unwillkommen und das ließ man sie spüren. Schon die altertümliche Tracht der Fremden, ihre großen Röcke, die Kopftücher, alles schwarz, reizte zu verächtlichen Bemerkungen über die »Zigeuner« und dies nicht nur von Seiten der Einheimischen, sondern auch von Seiten der Sudetendeutschen, von denen manche sich als etwas Besseres dünkten.[91]

Schon im Frühjahr 1945 kamen die Flüchtlinge aus Ostpreußen und Oberschlesien.[92] Dann kamen am Kathreintag (25. November) desselben Jahres etwa 40 aus Jugoslawien ausgewiesene Banater Schwaben, so Pfr. Niederhuber.[93] Nikolaus Jung meint, es seien etwa 60 Personen gewesen, die über das Lager Rothschwaige nach Weichs kamen.[94] Das für diesen Abend bei den Wirten Mandl und Reindl[95] angesetzte Tanzvergnügen musste abgesetzt werden, um in den Sälen Platz für die Fremden zu schaffen. Nachfahren von ihnen leben noch heute in Weichs. Ihnen folgten die Rumäniendeutschen aus Temeschburg und benachbarten Orten, wie Tschanad, Groß-St.Nikolaus und Neu-Arad. Zahlreiche Angehörige auch dieser etwa 14 Familien leben heute noch in Weichs.

Am 31. Mai 1946 kamen 90 Vertriebene aus dem Sudetenland in unser Dorf, vor allem aus der Umgebung von Karlsbad und Aussig, so Pfr. Niederhuber. Nikolaus Jung beziffert diese Gruppe auf etwa 45 Personen.[96]

»Ein Bild des Jammers boten die 100 Flüchtlinge [richtiger: ›Vertriebenen‹] aus Dunakömlöd (Ungarn), die am 13. Juni kamen; ohne Geld, nur armselig gekleidet, hatte man sie fortgeschickt, ganz armselig auch ihre vorläufige Unterbringung im ehemaligen Bräuhaus; keine Öfen, keine Türen und Fenster …« schreibt Pfr. Niederhuber. Ich zähle 23 Familien mit ca. 70 Menschen; Jung meint, es seien 35 Familien mit 120 bis 130 Menschen gewesen.[97] Auch von ihnen gibt es noch viele bei uns.

Im September 1946 kamen nochmals etwa 40 Flüchtlinge nach Ebersbach und Asbach, die ursprünglich in Feliziental in Galizien ansässig und schon vor mehreren Jahren erst nach Oberschlesien und dann nach Oberösterreich gebracht worden waren.[98]

Die Zahlenangaben sind leider unsicher und heute nicht mehr genau nachprüfbar. Der Pfarrer und Jung, selber Vertriebener, waren sicher mit den Tatsachen wohl vertraut; ich kann mich nur auf eine alte Meldedatei stützen, die wahrscheinlich unvollständig ist.

Nach der Volkszählung vom Herbst 1946 (s. u.) waren mindestens 285 fremde Menschen in Weichs, vielleicht noch mehr, weil die Klosterbewohner nicht einzeln registriert waren. Das Verhältnis der einzelnen Volksgruppen zueinander war nicht immer kollegial oder gar freundschaftlich. Dafür war der Kampf um die knappen Ressourcen zu hart. Sie kamen auch aus ganz verschiedenen Milieus: Die Vertriebenen aus Jugoslawien, Ungarn und Rumänien waren oft Bauern gewesen, sogar große Bauern mit eigenen Weinbergen; auch Handwerker waren darunter. Sie waren Diaspora-Deutsche, die im 18. und zu Beginn des 19. Jh. auf Einladung fremder Herrscher ausgewandert waren, aber zur Wahrung ihrer Identität in der neuen Heimat an alten Gebräuchen, Trachten und an einer altertümlichen Sprache festgehalten hatten und auch jetzt noch festhielten, weil ihnen nichts anderes geblieben war. Die Sudetendeutschen dagegen kamen aus einer städtisch geprägten Umgebung, sahen sich als Kulturträger, waren Arbeiter und Handwerker, waren oft schon politisch organisiert gewesen, hatten nicht in Enklaven gelebt, sondern in enger Nachbarschaft mit den Tschechen und seit 1938 zum Deutschen Reich gehört. So konnte es wohl nicht ausbleiben, dass man sich gegenseitig – gelinde gesagt – mit Zurückhaltung begegnete. Auch der Pfarrer notiert kritisch dieses Verhalten.

Selten waren solche Erfahrungen, wie sie mir Maria Huber, geb. Brandtner erzählte: »Unsere siebenköpfige Familie, die Brandtners aus Dunakömlöd, wollte niemand haben, denn die Männer, mein Vater Vincent und mein Bruder Vincent, waren keine Bauern, sondern Maurer. Der Vater hatte in Ungarn während des Sommers in (!) der Donau eine Wassermühle betrieben. Außerdem waren wir so viele. Da erbarmte sich die Ströber-Bäuerin Anna Ligsalz in Aufhausen und nahm uns alle auf. Sie war eine fromme Frau, die sich mit meiner Mutter gut verstand, die ebenfalls sehr fromm war. Wir erhielten immer wieder Nahrungsmittel und Essen von ihr. Die Männer waren oft die ganze Woche über in München beim Wiederaufbau beschäftigt. Wir wohnten viele Jahre in Aufhausen. Ich zog weg, als wir unser erstes Haus bauten. Aber die Freundschaft hielt ein Leben lang.«

Auch Anna Wirosaf, geb. Recktenwald, berichtet von einer Freundschaft ihrer alleinstehenden Mutter – der Vater war noch in Kriegsgefangenschaft – mit Katharina Meier in Weichs, die damit begann, dass die alte Frau, die selbst offensichtlich auch arm war, der jungen Vertriebenen einen Wecken Schwarzbrot schenkte. Diesen Akt der Barmherzigkeit vergaß ihr Mutter Recktenwald nie. Viele Jahre wurde Frau Meier zu allen Familienfeiern eingeladen.

Flüchtlingsbeauftragter

Angesichts des Zustroms an Heimatlosen wurde es notwendig, für sie einen Sprecher zu finden, der ihre Interessen untereinander koodinieren und für alle als Sachwalter auftreten konnte. Insbesondere ging es um die gerechte Verteilung der Bezugsscheine für die »bewirtschafteten« Dinge des täglichen Lebens. In Weichs erhielt dieses Amt Robert Moula, ein gebildeter Mann, der in Karlsbad eine größere Schneiderwerkstatt betrieben und für elegante Kundschaft gearbeitet hatte. Er ließ sich das Elend der Vertreibung nicht anmerken: Anton Riedl weiß noch, dass er immer eine Krawatte trug. Als die Gemeinde am 15. Januar 1948 den Wohnungs- und den Verbraucherausschuss wählte, gehörte Robert Moula als Vertreter der Heimatvertriebenen jeweils dazu.[99]

Volkszählungen

Nach den starken Zuwanderungen des Jahres 1946 versuchte der Staat, sich durch eine Volkszählung am 30. Oktober 1946 einen Überblick zu verschaffen. Sie ergab für die Gemeinde Weichs lt. Pfarrer Niederhuber:

Gesamt: 1 078 Personen, davon 450 (41,7%) männlichen und 628 (58,3%) weiblichen Geschlechts. 678 Einheimischen standen 115 Klosterbewohner, 20 Evakuierte und 265 Flüchtlinge (davon 17 Evangelische) gegenüber. Im Kloster wohnten damals ca. 34 Ordensschwestern, zahlreiche Novizinnen und wohl immer noch Flüchtlinge oder Vertriebene. Internatsschülerinnen gab es lt. »An- und Abmeldebuch des Klosters« erst ab 2. September 1947. [100]

Am 13. September 1949 fand wieder eine Volkszählung statt:[101] Einheimische: 766; Evakuierte: 29; Flüchtlinge: 364. Davon Sudetendeutsche: 129; Ungarn: 123; Rumänen: 63; Jugoslawen 16; Ostpreußen und Oberschlesier: 32; Österreicher: 1. Ausländer: 5. Zusammen 1 164; davon 1 127 Katholiken, 34 Evangelische und 3 »Sonstige«. Mehr als ein Drittel der Weichser Bevölkerung war also nicht einheimisch.

Der ganz normale Alltag

Ausweise

Im Juli 1946 sollten neue einheitliche »Kennkarten« als Ausweisdokumente eingeführt werden und zwar mit Passfotos.[102] Aber schon eine Woche später stellte man fest, dass man wegen Mangel an fotografischem Material vorerst keine Passbilder machen könne.[103] Eine neue bürokratische Maßnahme musste her: Ende August 1946 erhielten zumindest die Bürger der Stadt Dachau »Fotomarken«.[104] Wie es den Bürgern der Landkreisgemeinden in dieser Hinsicht erging, habe ich nicht feststellen können.

Sperrstunde

Durch Bekanntmachung vom 11. August 1945 wurde von der Militärregierung angeordnet, dass sich zwischen 22.30 und 5.00 Uhr niemand außerhalb seiner Wohnung aufhalten durfte. Diese Vorschrift wurde später gemildert; wann sie aber ganz aufgehoben wurde, ist mir nicht bekannt.

Wohnungsprobleme

Man kann sich heute nur noch anhand der alten Bilder in der Weichser Chronik von 1989 vorstellen, wie man hier bis weit in die 60er/70er-Jahre hinein wohnte: Durchweg in einstöckigen Häusern mit wenigen Räumen im Erdgeschoss und kleinen Kammern unter dem Dach. Nur wenige große Bauern und die Wirte hatten damals schon zwei volle Stockwerke. Die meisten Räume, bis auf die Stube, waren eher spärlich eingerichtet. Man hatte zwar eine Küche, aber fast nie ein Bad; vielleicht ein Badhaus außerhalb. Auch der Abort befand sich meistens außerhalb des Hauses.

Vor dem großen Vertriebenen-Zustrom im Sommer 1946 war die Situation noch erträglich. Man konnte zusammenrücken. Aber dann wurde es sehr schwierig. Zunächst wurden die Säle im Bräuhaus, beim Schönwetter (Bücherl) und beim Mandl belegt. Darin gab es nur durch Decken abgetrennte Schlafplätze, kaum Strom, Wasser, Toiletten.[105] Das war keine Dauerlösung. Also musste man, als der Herbst kam, in den Häusern weiter zusammenrücken: Pro Familie oft nur ein Zimmer.

Aber nicht jede Familie war willkommen. Es ging zu, wie auf dem Sklavenmarkt: Die Bauern nahmen zunächst Leute mit landwirtschaftlicher Erfahrung. Aber wohin mit den anderen, den Handwerkern, den männerlosen Familien? Woher sollte man die notwendigen Bettstellen und das Bettzeug nehmen? Woher die Kochtöpfe und das Geschirr? Woher Handtücher?

Nur die Kinder freuten sich: Maria Lamprecht vom Mandl erzählt, dass sie mit den vielen fremden Kindern, die bei ihnen im Saal untergebracht waren, viel Spaß gehabt hat.

Die Bürgermeister Erlewein und Kistler waren ständig bemüht, Abhilfe zu schaffen. Als niemand Frau Recktenwald mit ihren zwei Töchtern haben wollte, nahm Erlewein sie selbst, jedoch nicht ohne bissigen Kommentar. Anna Wirosaf, geb. Recktenwald, schildert die Situation: »Im September zogen wir vom Bräu zum Bürgermeister Erlewein in ein Hinterzimmer. Sein Schreibtisch stand direkt neben der Tür, so dass jedes ›Rein und Raus‹ ihn maßlos störte. Hier blieben wir während des strengen Winters 1946/47. Das war auch nötig, weil ich in dem zugigen Notquartier beim Bräu Gelenkrheumatismus bekommen hatte, das ich nur dank der intensiven ärztlichen Versorgung durch Dr. Braren auskurieren konnte.«[106]

Am 4. Dezember 1947 wurde im Amtsblatt eine Neuregelung des Wohnungswesens bekannt gegeben. Demgemäß bestellte der Gemeinderat am 15. Januar 1948 einen Wohnungsausschuss, bestehend aus den Herren August Kaltner, Schneidermeister und Gemeinderat; Thomas Lamprecht, Landwirtssohn; Johann Kreitmeier, Landwirt; dem Flüchtlingsbeauftragten Robert Moula aus Karlsbad, und Josef Herold jr., ebenfalls aus dem Sudetenland.[107] So konnten auch die Vertriebenen an den Entscheidungen beteiligt werden, die zu dieser Zeit noch keine Vertreter im Gemeinderat hatten.

Die Versorgungslage

Infolge der Kriegsschäden an Produktionsanlagen und Infrastruktur, der Verluste an Menschen durch den Krieg selbst und der Rückkehr der Zwangsarbeiter in ihre Heimatländer kam es sehr bald zu einer erheblichen Verknappung bei Lebensmitteln und Gegenständen des täglichen Bedarfs. Hinzu kam, dass intakte Produktionsanlagen, Transportmittel und Kohle als Reparationsleistungen an die Alliierten abgeliefert werden mussten. Die Ausgabe von Lebensmittelkarten und Bezugsscheinen musste nun noch weitaus strenger gehandhabt werden, als schon während des Krieges.

Die Versorgung mit Lebensmitteln war auf dem Dorf nicht ganz so problematisch, wie in den Städten. Die Landwirte waren durchweg »Selbstversorger«, d.h. ihnen standen keine Lebensmittelmarken zu, aber »Otto Normalverbraucher« bekam nichts ohne die entsprechenden Marken. Das galt auch für die Zuckerbuden auf Jahrmärkten und das Essen in Gaststätten.[108] Viele Flüchtlinge und Vertriebene verdienten sich durch Feld- und Erntearbeit bei den Bauern zusätzliche Naturalien. Trotzdem gab es Hunger. Edith Geitner, verw. Pospischil, erzählte mir einmal, dass sie ihre Buben zum Betteln schicken musste, weil die immer Hunger hatten. Als Tochter von Robert Moula, dem Herrenschneider aus Karlsbad, war sie an Wohlstand gewöhnt gewesen. Anna Wirosaf berichtet davon, wie die Leute die Mülleimer der Amerikaner auf halbleere Dosen und Packungen und brauchbare Essensreste durchsuchten. Ihre Mutter fuhr auf dem Dach überfüllter Züge bis nach Stuttgart zu Verwandten, um Obst zu beschaffen.

Versorgung mit Kleidung und Dingen des täglichen Bedarfs

Wie verzweifelt die Lage auch auf dem Lande war, geht aus den Mitteilungen des Wirtschaftsamtes Dachau im Amtsblatt hervor. Kleidung gab es nur von Zeit zu Zeit für einen unter Tausend Landkreisbürgern.[109] Fahrradschläuche und –reifen und ähnliche Verschleißartikel waren gesuchte Kostbarkeiten. Für Rasierklingen konnte man sich bei seinem Kaufmann in eine Bestellliste eintragen lassen. In Weichs war das Josef Lechenbauer, Schneider und Krämer. Am 31. Juli 1947 wird im Amtsblatt zur Vorbestellung von 10 Rasierklingen aufgerufen; am 27. November 1947 wird mitgeteilt, dass die Ware eingetroffen ist.[110] Für fast alles brauchte man einen Bezugsschein. Für Anna Wirosaf und andere fertigte eine mitleidige Klosterschwester Holzpantinen an, damit sie nicht weiter in ihren zerlumpten Schuhen gehen mussten, für die es kein Flickmaterial gab. Im November 1947 wurde eine Schuhreparaturkarte eingeführt: Jeder Schuhmacher musste dazu noch eine Kundenliste führen[111]. Glühlampen gab es im Winter 1947/48 nur noch für lebenswichtige Betriebe. Leerfahrten von LKWs waren verboten; Treibstoff streng rationiert.[112]

Brennmaterial

Schon General Eisenhower wies in seiner Ansprache an die deutsche Bevölkerung darauf hin, dass es im kommenden Winter nicht genügend Brennmaterial geben werde und dass man rechtzeitig privat Vorsorge treffen müsse.[113]

Ursache war, dass die einheimische Kohle als Reparationsleistung an die Siegermächte abgeliefert werden musste. Jedes Stück Holz oder Kohle musste also bedachtsam verwendet und alles gesammelt werden, was irgend brennbar war. Das führte zu einer Plünderung der Wälder, worüber denn auch bald öffentlich Klage geführt wurde. Auch der Weichser Pfarrherr schildert bekümmert den Zustand seines Kirchenwaldes, aber einzelne arme Flüchtlinge lässt er mit Holz unterstützen. Besonders schlimm war der Winter 1946/47. Die scharfe Kälte dauerte bis Anfang März. Wasserleitungen froren ein und Stromsperren waren an der Tagesordnung.

Tauschhandel und Suchanzeigen

Das Amtsblatt und erst recht ab Mitte 1947 der Dachauer Anzeiger sind voll von Anzeigen, in denen alle möglichen Dinge des alltäglichen Bedarfs gegen Barzahlung oder Tauschobjekte gesucht werden. Schlimm ist es, wenn jemand seine Lebensmittelmarken verliert, oder einen Handschuh oder einen Mantel. Die Verlierer bitten in der Zeitung dringend um Rückgabe. Noch schlimmer ist es, wenn man bestohlen wird. Lebensmittelmarken werden z.B. gern im Gedränge am Tresen entwendet; Fahrraddiebstähle häufen sich.[114]

Hamsterer

Auch dieses schöne Wort hat der Volksmund erfunden. Man ging mit entbehrlichen Dingen auf »Hamsterfahrt«, um sie auf dem Land für dringend benötigte Lebensmittel einzutauschen. Oder man ging einfach betteln, z.B. bei der Mühle in Weichs. Es war bekannt, dass der Müller Georg Seyfang[115] ein gutes Herz hatte und keinen Bedürftigen wieder fortschickte. Die Gemeinde Weichs hat ihm viele Jahre später eine Straße im neuen Gewerbegebiet gewidmet.

Verbraucherausschuss

Um all diesen Schwierigkeiten auf örtlicher Ebene ausgleichend zu begegnen, wurde neben dem Wohnungsausschuss am 15. Januar 1948 auch ein Verbraucherausschuss eingesetzt, dem folgende Bürger angehörten: Der 2. Bürgermeister Josef Kistler, der frühere 1. Bürgermeister Martin Wallner; die

Landwirte Johann Jocham und Johann Kreitmeier; und der Flüchtling Erich Ehrenberg aus Oberschlesien.[116]

Gaststätten

Gaststätten durften lt. Mitteilung im Amtsblatt vom 21. Juli 1945 ab sofort ihren Betrieb wieder aufnehmen und zunächst täglich von 7 bis 20 Uhr geöffnet sein; aber wegen der angespannten Versorgungslage dienstags und freitags keine Fleischgerichte anbieten.[117] Das war übrigens auch während des Krieges schon so.[118] Selbst Kartoffelgerichte durften nur gegen entsprechende Lebensmittelmarken serviert werden.[119]

Ablieferungsverpflichtungen und Schwarzschlachtungen

Um die Versorgung der Städte zu sichern, waren die Bauern verpflichtet, bestimmte Prozentsätze ihrer Produktion an die Behörden abzuliefern. Der Viehbestand wurde gezählt und immer wieder kontrolliert. Auf Nichterfüllung der Ablieferungspflichten standen schwere Strafen. Trotzdem gelang es auch in Weichs, Hühner und Schweine, an die man noch die letzten Küchenreste verfüttern konnte, den Blicken der Prüfer und der Nachbarn zu entziehen und »schwarz« zu schlachten.[120]

Sammlungen für wohltätige Zwecke

Es ist erstaunlich, was und wieviel trotz der großen Not doch noch immer bei öffentlichen Sammlungen gespendet wurde. Bereits im Juli 1945 wurden aufgrund eines Hirtenbriefs des Kardinals Faulhaber Lebensmittel für München gesammelt.[121] Ab Herbst 1945 sammelte man in Weichs zweimal jährlich für die Caritas und Pfr. Niederhuber verzeichnet sorgfältig die immer sehr erfreulichen Ergebnisse.[122] Vom Kapuzinerkloster St. Anton in München kam 1948 ein »Sammelbruder«, dem 50 Ztr. Kartoffeln und 9 Ztr. Getreide mitgegeben wurden. Münchener Franziskaner sammelten im Frühjahr und Herbst 1949 Geld, wobei DM 1512 zusammenkamen.

Zu Weihnachten 1945 wurde für das Rote Kreuz gesammelt. Das Amtsblatt meldet am 22. Dezember folgendes Ergebnis:[123] Insgesamt RM 119446, davon aus Weichs RM 2000. Im Juni 1947 fand eine Flüchtlingshilfsaktion statt, für die Bargeld gesammelt wurde. Im Landkreis kamen insgesamt RM 48 565,66 zusammen, davon aus Weichs (1 078 Einwohner) RM 1 120,50.[124]

Weihnachtspakete für die Kriegsgefangenen

Zu Weihnachten 1946 werden 74 Pakete an die Kriegsgefangenen gepackt und über das Pfarramt Dachau und das Rote Kreuz an die ausländischen Lager verteilt.

Schulspeisung

Auch in Weichs dürfte es ein Schulspeisungsprogramm gegeben haben, denn lt. Gemeinderatsprotokoll vom 30. September 1950 stand dieser Punkt auf der Tagesordnung. In Dachau war das Programm bereits am 30. April 1948 auf Fälle echter Unterernährung beschränkt worden.[125]

Gesundheit

Im Hinblick auf die beengten Wohnverhältnisse und die schlechte Ernährung kam der vorbeugenden Gesundheitspflege große Bedeutung zu. Regelmäßig wurden die Kinder zu Reihen-Impfungen gegen diverse ansteckende Krankheiten aufgefordert. In Weichs fanden sie im Gasthaus Gattinger statt, dem »Bräu«, Ecke Münchner/Fränkinger Str.[126]

Arbeit

Größte Arbeitgeber waren in Weichs bis zum Kriegsende die Schuhfabrik Adolf Wagner, die Fa. Cyclo Getriebe und die Fa. Ludwig Fischer, Metallbearbeitung. Darüber hinaus gab es Arbeit im Handwerk: Schneider, Schreiner, Maurer, Zimmerleute, Schäffler, Brunnenbauer. Die meisten Beschäftigten aber waren in der Landwirtschaft tätig, jedenfalls während der Erntezeit.

Gleich nach dem Krieg bestand die Schuhfabrik nur aus einigen wenigen Leuten,[127] weil es an Rohstoffen und Werkzeugen fehlte. Auch für die hochtechnischen Getriebe der Fa. Cyclo bestand vorerst keine Nachfrage. Obwohl es also wenig Arbeit gab, bestand doch eine Art Arbeitspflicht. Am 20. Februar 1946 heißt es im Amtsblatt, dass Lebensmittelkarten an männliche Personen zwischen 14 und 65 Jahren und an weibliche Personen (Witwen,

Geschiedene, Kinderlose ohne eigenen Haushalt) zwischen 16 und 30 Jahren nur gegen Arbeitsnachweis ausgegeben werden.[128] Am 10. Mai 1946 wurde sogar verkündet, dass »Arbeitsverweigerer« mit Gefängnis bestraft würden.[129] Aus dem Quittungskarten-Verzeichnis für Weichs kann man leider nicht entnehmen, wo die Versicherten arbeiteten. Wenn »Hilfsarbeiter« angegeben ist, bedeutet das oft nur, dass jemand nicht entsprechend seiner früheren Berufserfahrung und Qualifikation beschäftigt ist. Der größte einzelne Arbeitgeber dürfte bald wieder die Schuhfabrik gewesen sein. Schon im November 1945 erfolgen drei Einstellungen, am 26. Juni 1946 lassen sich sieben Neue und ein Heimkehrer Versicherungskarten ausstellen, alle Schuhmacher und Lehrlinge. Am 27. November 1946 werden wieder drei oder vier Leute neu eingestellt. Aber dann tritt eine lange Pause ein. Trotz Währungreform blieb die Nachfrage für Sportschuhe gering. Erst im Februar 1950 werden wieder vier neue Mitarbeiter eingestellt, darunter zwei Schuhmacherlehrlinge.[130]

Die Spezialgetriebefabrik Cyclo war 1943 aus München nach Weichs verlagert worden. Ab 1947 wurden wieder Arbeitskräfte eingestellt, am 4. März 1948 suchte man sogar per Zeitungsanzeige nach Personal.[131] 1948 suchte Cyclo auch Land, um den Betrieb erweitern zu können, stieß aber bei Bürgermeister Fischer und den großen Bauern auf entschiedene Ablehnung, weil sie fürchteten, dass die jungen Männer lieber bei der Cyclo als in der Landwirtschaft arbeiten würden. Damals, als noch kaum jemand einen Traktor hatte, brauchte man dort noch viele starke Hände. Da zog die Firma 1949 weg und errichtete den neuen Betrieb in Engelbrechtsmühle in der Gemeinde Markt Indersdorf. Bei der Cyclo waren bis zu ihrem Weggang ca. 15 bis 20 Leute beschäftigt. Nikolaus Jung schreibt, dass 1952 etwa 60% der gewerblichen Cyclo-Mitarbeiter »Flüchtlinge« waren.[132]

Ludwig Fischer hatte in seiner Eisengießerei und Maschinenfabrik nur drei Mitarbeiter, davon immer zwei Lehrlinge.[133]

Im Handwerk gab es nur wenige Arbeitsplätze. Selten wurde jemand neu eingestellt oder als Lehrling angenommen.[134] Gelegentlich gab eine Frau auch »Heimarbeit« als Beschäftigung an.[135] Das war wahrscheinlich Stricken, Schneidern, Reparieren und Umarbeiten von gebrauchter Kleidung.

Die Branche, die als solche immer noch die meisten Arbeitsplätze bot, aber wohl auch viel Fluktuation zu verzeichnen hatte, war in Weichs die Landwirtschaft.[136] In einer Gärtnerei in Dachau waren ebenfalls Weichser beschäftigt.[137]

Die Post

Durch das starke Bevölkerungswachstum im Jahre 1946 nahm die Nachfrage nach Postdiensten überproportional zu. Die Neuen hatten einen viel stärkeren Brief-, Geld-, Telefon- und Telegrammverkehr, als die Alteingesessenen. Posthalter Fottner musste in den zwei Stunden Schalteröffnungszeit am Vormittag durchschnittlich 40 bis 50 Kunden bedienen, oft noch mehr. Deshalb bat er am 11. Januar 1947 bei seiner vorgesetzten Stelle darum, für täglich zwei Stunden die Mitarbeit seiner Frau zu bewilligen. Das wurde genehmigt.[138] Die Post war übrigens bis 1959 das einzige Geldinstitut in Weichs.

Straßen und Verkehr

Die Straßen waren damals noch nicht geteert, größtenteils noch nicht einmal gepflastert, sondern nur geschottert. Nach dem Krieg befanden sie sich in so schlimmem Zustand, dass z. B. die Ortsverbindungsstraße von Weichs nach Engelbrechtsmühle und Kloster Indersdorf durch Beschluss der Gemeinderäte von Weichs und Markt Indersdorf im Februar 1946 und im April 1947 für Lastkraftwagen und schwere Zugmaschinen gesperrt werden musste.[139] Erst nach der Währungsreform war wieder Schotter erhältlich.[140] Wer nach Dachau oder München zur Arbeit musste, hatte noch keine Busverbindung zu den Bahnstationen, sondern musste eine Stunde zu Fuß gehen oder mit dem Rad fahren. Nach der Währungsreform gab es wieder einzelne Motorräder.

WIEDERBEGINN DES GESELLSCHAFTLICHEN LEBENS

Vereinsgründungen

Vor der Nazizeit hatte es schon ein reges Vereinsleben in Weichs und seinen Ortschaften gegeben: Die freiwillige Feuerwehr von 1873, die Schützengesellschaft »Bavaria« von 1886, den Krieger- und Soldatenverein von 1895, die Schützenvereine »Gemütlichkeit« in Ebersbach (gegr. 1907) und »Glück Auf« in Aufhausen (gegr. 1911), sowie den Katholischen Burschenverein von 1932.[141]

Bis auf die Feuerwehr hatten alle Vereine ab 1933 ihre Aktivitäten einstellen müssen; es gab nur noch zentral gesteuerte und ideologisch gleichgeschaltete

NS-Gruppierungen. Die wurden bald nach Kriegsende von den Besatzungsmächten verboten. Aufgrund neu erteilter Genehmigungen konnten jedoch
die alten Vereine wiederbelebt und neue gegründet werden. Dies galt jedoch
nicht für die Schützenvereine. Im Amtsblatt vom 8. Februar 47 heißt es über
die Neugründung von Vereinen, dass eine Lizenz des Landrats erforderlich
sei; dass nur politisch einwandfreie Personen als Mitglieder in Frage kommen
und dass Versammlungen genehmigt werden müssen.

In Weichs gründete man Vereine mit unverdächtigen Zielen: Allein 1947
entstanden der Sportverein Weichs auf Initiative des Oberschlesiers Erich
Ehrenberg, der Trachtenverein »D'Kreuzbergler« und der Verein für Garten-
bau und Landschaftspflege. 1948 folgte das Maschkera Komitee, dessen erster
Vorstand aus Johann Scharl (»Baiermo«), Lambert Fischer, Schorsch Metz
und Anton Reindl bestand. Sie veranstalteten 1948 einen Maschkera-Zug
und auf der Wiese links neben dem Fussballplatz auf der Glonn-Insel ein
Ochsenrennen.[142]

Der schon 1932 gegründete Katholische Burschenverein wurde im Herbst
1947 auf dringlichen Wunsch der Kirche durch Kooperator Lanzinger wieder gegründet. Er begann mit 25 Mitgliedern und widmete sich vor allem
dem Theaterspielen. So berichtet Pfr. Niederhuber in seinem Tagebuch von
mehreren Aufführungen des katholischen Burschenvereins und einer katholischen Mädchengruppe im Dezember 1948.

Der Schützenverein »Bavaria« konnte erst 1950 seine Aktivitäten wieder
aufnehmen;[143] ihm folgte der Krieger- und Soldatenverein, dessen Kassenbuch für 1951 erstmals wieder Einnahmen und Ausgaben verzeichnet.[144]

Die Menschen wollten die furchtbaren Jahre des Nationalsozialismus, des
Krieges und die Erlebnisse von Flucht und Vertreibung möglichst rasch vergessen. Man suchte die Geselligkeit, um der Enge in den Wohnungen zu entfliehen, die Not zu teilen und gemeinsam Pläne für die Zukunft zu schmieden.
Es gab bald schon wieder Tanzveranstaltungen, meistens am Samstagabend.
Der schon erwähnte Erich Ehrenberg erteilte Tanzunterricht (Landler und
Polka), sogar für ältere Menschen, was der Pfarrer, der dieses Treiben sehr
kritisch kommentierte, ganz besonders überflüssig fand. Der Gipfel war, dass
beim Wirt ab Frühjahr 1949 alle acht Tage Kinovorführungen stattfanden,
nachmittags für Kinder, abends für Erwachsene. Der Pfarrer sprach von »fast
krankhafter Vergnügungssucht«; selbst der Sportverein fand keine Gnade,
weil die Männer damit ein gutes Argument bekamen, seltener in die Kirche
zu gehen.

Es war aber gerade der Sportverein Weichs, der am meisten zur Integration der Neuen in die Weichser Gesellschaft beitrug, jedenfalls was die Männer anbelangt. Gut Fußball spielen zu können, war die beste Empfehlung. So machte man sich Freunde. Der erste Fußball stammte übrigens aus Karlsbad; Willy Wagner hatte ihn mitgebracht; den zweiten und viele andere nähte später der Nefzger Max. Anton Riedl meint, dass sicher ein Drittel bis die Hälfte der aktiven Fußballer aus Heimatvertriebenen bestand.

Parteien

In Weichs gab es in der Nachkriegszeit noch keine eigenen Ortsvereine, nur Wahlveranstaltungen.

Die Wirtshäuser

Weichs hatte schon seit den 1870er Jahren drei Wirtshäuser: Den »Wirt« gegenüber der Kirche[145], den »Beniwirt« (Mandl) und den »Bräu« (Reindl) an der Münchner Straße, dazu die Schnapswirtschaft vom »Schuhwastl«.[146] Sie waren dem Pfarrer ein ständiges Ärgernis, denn in den Wirtsstuben wurde oft schon wieder unmäßig gezecht.[147] Bei einer Geburtstagsfeier soll der Wein in Strömen geflossen sein. Aber die Wirtshäuser waren doch auch für das Gemeindeleben wichtige Treffpunkte: Hier trafen sich die Vereine, hier wurde Theater gespielt, hier saß man nach den Gemeinderatssitzungen noch lange beieinander.

Pfarrgemeinde St. Martin

Für ihre Pfarrkirche hatten die Weichser trotz allem Mangel immer etwas übrig. Schon 1946 konnte für RM 1 400 ein neuer Baldachin für die Fronleichnamsprozession erworben werden. Am 20. Januar 1946 wurden die neuen Kreuzwegbilder in der Pfarrkirche geweiht. Im Frühjahr 1946 wurde als Ersatz für die im Krieg eingeschmolzenen drei Glocken und zur Unterstützung des verbliebenen »armseligen Glöckleins« eine neue zweite Glocke von 6,5 Ztr. aus Zinkersatzlegierung angeschafft. Zum »Portiuncula-Fest« Anfang August 1946 wurden neue geschlossene Beichtstühle aufgestellt, die Schreinermeister Drexler für RM 1 680 angefertigt hatte.

Im Frühjahr 1947 wurde in Bochum ein ganz neues vollständiges Geläut aus Stahl bestellt. 1948 wurde klar, dass infolge der Währungsreform trotz der Anzahlung von RM 6530 eine erhebliche Nachzahlung von DM 6720 zu leisten sein würde. Da zogen Martin Wallner, Ludwig Fischer, Johann Wex und Martin Eberl – sämtlich Mitglieder der Kirchenverwaltung – von Haus zu Haus und sammelten über DM 8000. Am 3. April 1949 wurden die Glocken vom Bahnhof Petershausen in feierlichem Geleitzug eingeholt und vor dem Bücherl'schen Gasthaus geweiht. Nachdem ein Bochumer Monteur einen neuen Glockenstuhl montiert hatte, wurden sie am Gründonnerstag, 21.4., auf den Kirchturm gebracht und am Abend des Ostersamstags zum ersten Mal geläutet. Fast 20 Jahre versahen sie ihren Dienst, bevor sie 1977 an die Kathedrale von Quito, Ecuador, verschenkt und durch das heutige Bronzegeläut ersetzt wurden.

1950 erbrachte eine Sammlung DM 14500. Damit konnte man sich eine vollständige Renovierung des Kircheninnern leisten. Hierbei wurden die barocken Deckengemälde wieder freigelegt, die im 19. Jh. einfach zugepinselt worden waren.

1957 kam mit Günter Bürger der erste »Fremde« in die Kirchenverwaltung.

Das Kloster

In der Nachkriegszeit war das Weichser Kloster für den Orden der Armen Schulschwestern von ganz besonderer Bedeutung. Das Münchner Mutterhaus war vollkommen zerstört. Deshalb mussten die Zeremonien der Ewigen Profess am 8. August 1945 und der Einkleidung der Postulantinnen am 28. August 1945 in Weichs stattfinden. Die Leitung hatten jeweils Prälat Neuhäusler, der spätere Weihbischof der Diözese München-Freising und Weihbischof Dr. Scharnagl. »Es war ein Ereignis für das ganze Dorf und seine Umgebung. Die Angehörigen [...] fanden im Dorf eine Nachtherberge und beim Wirt Schönwetter wurden sie zur vollen Zufriedenheit verköstigt.«[148]

Vom 3. bis 8. September 1945 fanden Konventsexerzitien unter der Leitung des Dominikanerpaters Roth statt, der sieben Jahre im KZ verbracht hatte, davon fünf in Dachau. »Er hielt die hl. Übungen aus Dankbarkeit für all das Gute, welches die Priestersträflinge in schwerster Zeit von unserem Kloster erfahren haben.«[149]

Dieser Wiederanfang eines lebendigen Kloster- und Schullebens wurde freilich durch den Tod der Oberin Ma. Edigna Lang am 4. Mai 1947 überschattet, die 33 Jahre in Weichs gelebt und das Kloster seit 1936 in schwerster

Zeit geleitet hatte. Der Pfarrer schildert sie als »eine ganz ungemein zartfühlende, freundliche, liebenswürdige, gütige Klosterfrau und Oberin, an der Schwestern und Kinder mit gleicher Liebe hingen.«

Evangelische

Nicht unerwähnt soll bleiben, dass mit den Fremden auch evangelische Christen nach Weichs kamen. Bei der Volkszählung 1946 waren es 17, bei der Volkszählung 1949 schon 34.

Neue Familien

Schon im Sommer 1945 fanden wieder kirchliche Eheschließungen statt; vier insgesamt. 1946 waren es zehn; 1947 schon achtzehn. Allmählich fanden auch Fremde und Einheimische zueinander. 1947 heiratete zuerst ein Schlosser aus Dresden, der seine Frau bei dem furchtbaren Bombenangriff verloren hatte, die Witwe eines gefallenen Maurers aus Weichs; dann ein Maurer aus Weichs eine Kriegerwitwe aus Karlsbad; dann ein Hafner aus Temesvar eine Dienstmagd aus Weichs.[150] Aber solche Verbindungen blieben noch lange Zeit die große Ausnahme; die Einheimischen und die Neuen blieben lieber unter sich.

Später scheint das Eis dann gebrochen zu sein. So bemerkt der allezeit kritische Pfarrherr 1951: »Bedauerlich ist, dass Einheimische sich mit Vorliebe Flüchtlingsmädchen suchen und so einheimische Mädchen, die sich nicht so aufputzen und herandrängen, sitzen bleiben müssen.« Nun ja, die Flüchtlingsmädchen mussten auch schauen, wie sie in ihrer neuen Umgebung Fuß fassen konnten.

Die Währungsreform

Am 20. Juni 1948 wurde nicht ganz unerwartet, aber doch überraschend die DM eingeführt. Statt der seit fünfundzwanzig Jahren vertrauten Geldscheine gab es nun quadratische blaue Scheine der US-Notenbank, sogar anstelle von Hartgeld. Pfarrer Niederhuber notiert in sein Tagebuch, was wahrscheinlich viele an diesem Tage denken: »Mit einem Schlag sind wir alle bettelarm. [...] Sämtliche Guthaben auf 1/10 abgewertet, leider schematisch, ohne Rücksicht auf alte Leute, Kranke, Rentner u.s.w. Besonders auffallend war, dass sofort nach der Währungsreform wieder Waren aller Art sichtbar waren (scheinbar über Nacht wie Pilze gewachsen).«

Das neue Geld tut auch in Weichs seine Wirkung: Schon am 20. August 1948 beschließt man die Renovierung der Straßen und bestellt 100 cbm Schotter, den es jahrelang nicht gab. Freilich sieht man für die Eröffnung neuer Geschäfte »in der heutigen Zeit« noch keine Veranlassung: Einem Herrn Haberzettel wird ein Obst- und Gemüsegeschäft abgelehnt und der Beschluss über ein Fahrradgeschäft des Hans Haut wird vertagt.[151] Vielleicht wollte man einerseits die schon bestehenden Kramerläden schützen und zum anderen abwarten, ob nun wirklich wieder Fahrräder und Reifen regelmäßig geliefert würden. Im folgenden Fasching 1949 »ging es toll her«. Ein Ball folgte dem anderen. »Wein und Schnaps floß in Strömen.« Beim »Bräu« war der Saal bedeutend vergrößert worden und beim »Wirt« fand am Faschingsdienstag ein Kindermaskenball statt.

Baumaßnahmen

1947 musste wegen der starken Zunahme von Todesfällen der damals einzige Friedhof bei der Pfarrkirche erweitert werden. Für die Fremden war kein Platz mehr. Der ehemalige Schlossgraben wurde mit ca. 2 000 Fuhren Erde verfüllt. Die erste Tote, die am 2. August 1948 auf dem neuen Gelände bestattet wurde, war denn auch eine Flüchtlingsfrau: Johanna Fladerer aus Beringen, Sudetenland. Auch ein Leichenhaus wurde auf dem Erweiterungsgebiet errichtet und am 16. Oktober 1949 eingeweiht. Bauherr war die Gemeinde, die Arbeiten wurden weitgehend in Eigenleistung der Bürger erbracht.

Private Baumaßnahmen bestehen zunächst nur in An-, Aus- und Umbauten. So dient der Einbau eines Kamins[152] oder einer Waschküche[153] der besseren Bewohnbarkeit des Hauses. Meistens geht es aber um die Ausweitung wirtschaftlich genutzter Flächen oder die Ausbesserung von baufälligen Stallungen.[154] Der Mangel an Baumaterial ist besonders hinderlich. So teilt der Wagner Martin Huber dem Kreisbaumeister mit, er wolle sich die notwendigen 400 Steine leihen.[155] Und der Kaminbau beim Forster verzögert sich deshalb so sehr, weil er die benötigten 800 Steine nicht bekommen hat.[156] 1946/1947 mussten die benötigten Baustoffe behördlich zugeteilt werden. 1948 hatte der Bauantrag immerhin noch die eidesstattliche Erklärung des Bauherrn zu enthalten, dass er das Material rechtlich einwandfrei erworben habe.[157]

Erst 1949 werden neue Wohnhäuser errichtet. Die Bauherren sind Einheimische: Als erster baut sich der Bäckergesell Max Bernkopf ein kleines Haus.[158] Für die Flüchtlinge und Vertriebenen dagegen war es schwer, überhaupt Baugrund zu bekommen. Die großen einheimischen Grundbesitzer waren lange nicht bereit, Grundstücke an die Fremden abzugeben. Aber 1950 gingen der Pfarrer und einige andere mit gutem Beispiel voran und gewährten Erbbaurecht, z. B. auf Kirchengrund, südlich der äußeren Münchner Straße vor dem Erlbach, wo Emmerich Recktenwald ein Haus mit der Grundfläche 4 × 8,5 m baute.[159] Dann verkauften auch einige große Bauern stattliche Baugrundstücke, als erster der »Wagenbauer« Anton Reindl. Um die Kreuzstr. entstand dann das heutige »Paprikaviertel«, so genannt nach den vielen Ungarndeutschen, die sich da ansiedelten. Die ersten Fremden, die sich ein eigenes Heim bauten, waren 1950 der Dorfarzt Dr. Braren, Franz Hirth und Anton Domjan.[160]

AUSBLICK

Die Erinnerung an den schwierigen Wiederbeginn in der neuen Heimat in einem nicht immer freundlichen und durch materielle Not geprägten Umfeld ist bei Manchen aus der Generation der Flüchtlinge und Vertriebenen noch immer lebendig. Wie sehr, hat mich bei einigen Gesprächen doch erstaunt. Dennoch: Fragt man heute die Weichser Bürger, so hört man durchweg, dass es ein Glück für den Ort war, dass in der Nachkriegszeit so viele Neue zugezogen sind. Sie haben neue Ideen und Initiativen mitgebracht und den Ort mit frischem Leben erfüllt.

QUELLEN:

Protokollbuch zu den Gemeinderatssitzungen der Gemeinde Weichs für die Jahre 1934 bis 1950 (Gemeindearchiv Weichs), zitiert »GR«

Quittungskartenverzeichnis für Weichs vom 1. Januar 1932 bis 31. Dezember 1954 (Gemeindearchiv Weichs), zitiert »QKV«

Tauf-, Trau- und Sterbematrikel der Pfarrgemeinde Weichs, jeweils von ca. 1928 bis 1990 (Archiv Pfarrgemeinde St. Martin), zitiert »TfM«, »TrM«, »StM«

Schulakten der weltlichen Knabenschule und der klösterlichen Mädchenschule aus den Jahren 1944/45 bis 1949/50 (Gemeindearchiv Weichs), zitiert »SchAKn«, »SchAM«

Maschinenschriftlicher Bericht des Weichser Pfarrers Josef Niederhuber (1884 bis 1962; in Weichs 1931 bis 1962) an Kardinal Faulhaber über das Kriegsende (Archiv Pfarrgemeinde St. Martin), veröffentlicht in »Heimatblätter der Gemeinde Weichs 2012«, zitiert »Kriegsendebericht, HB2012«

Tagebuch »Liber Memorabilium« in Sütterlin-Handschrift des genannten Weichser Pfarrers, für den hier interessierenden Zeitraum noch nicht transskribiert (Archiv Pfarrgemeinde St. Martin), zitiert »LibMem« mit Seitenzahl, soweit der Verfasser selbst die Seiten nummeriert hat, was jedoch nur bis S.19 der Fall ist. Alle anderen Seiten tragen keine Nummern und werden deshalb nicht zitiert. Dies Tagebuch ist nicht allgemein zugänglich.

Maschinenschriftlich geführtes Tagebuch der Armen Schulschwestern von Weichs (Archiv des Klosters der Armen Schulschwestern in Weichs), zitiert »Schulschw.« mit Seitenzahl. Dies Tagebuch ist nicht allgemein zugänglich.

Amtsblatt für die Stadt und den Landkreis Dachau, 1945 bis 1948

Dachauer Anzeiger ab 1947

»So war's bei uns«, Ortschronik von Weichs, 1989

»1200 Jahre Weichs«, Festschrift 2007

Artikel »Kriegsende« (2003), »Franzosen in Weichs«, »Drei fremde Pfarrer« und »Die Ungarndeutschen kommen nach Weichs« (alle 2005), »Die Gefallenen im Zweiten Weltkrieg« (2006), »Josef Erlewein – ein vergessener Bürgermeister«, »Die Post in Weichs«, »Die Hochland Schuhfabrik Adolf Wagner«, »Naziterror gegen Weichser Priester und die Armen Schulschwestern in Weichs«, »Schwester Maria Imma Mack« (alle 2010), »Aus meiner Kindheit«, »Weichser Gemeinderäte und Bürgermeister 1945 bis 1978«, »Da Schowaschl, a Weichsa Boazn« (2012), sämtlich veröffentlicht in den »Heimatblättern der Gemeinde Weichs«. Die Jahrgänge sind in Klammern angegeben.

Gertraud Bücherl, Simon Eberl, Adolf Geitner sr., Georg und Therese Hailer, Josef und Maria Huber, Anton Kistler, Josef und Maria Lamprecht, Erna Reiter, Anton Riedl, Erich Schickel, Wolfgang Schmutz und Anna Wirosaf, mit denen ich oft lange Gespräche führen durfte, danke ich herzlich für all ihre Informationen; ebenso Hans Scharl, der meinen Textentwurf gegengelesen hat.

1 LibMem. S.10; Schulschw. S.162; Heinrich Fitger, »Drei fremde Pfarrer«, HB 2005 (siehe unter Quellen)

2 LibMem. S.11

3 StM St.Martin; Lib. Mem. S.10; Glonntal-Bote v. 23. April 1945.

4 LibMem. S.11

5 Schulschw. S.163; LibMem S.11

6 LibMem. S.12

7 LibMem. S.12

8 Schulschw. S.163

9 Spruchkammerakte Hanselmann, StAM Spruchkammerakten Dachau, Karton 3559.

10 SchulSchw. S.163

11 Brückner, Kriegsende in Bayern 1945, S. 140, 196.

12 Die Gedenktafel in Dachau erwähnt nur die 42. ID; Brückner erwähnt beide Divisionen; in beiden Regimentsgeschichten (Internet) wird behauptet, an der Befreiung beteiligt gewesen zu sein.

13 1919–1935 Bücherl; dann Martin Wallner; dann an Georg Schönwetter verpachtet; ab 1952 wieder Bücherl.

14 Schulschw. S. 163/164

15 LibMem S. 11; Gertraud Bücherl am 20. Juli 2012

16 Gertraud Bücherl am 20. Juli 2012; Hubert Bücherl in »Als der Ami kam«, HB 2003; Heinrich Fitger in »Weichser Geschichten«, Nr. 5, HB 2006

17 Gertraud Bücherl am 20. Juli 2012

18 Herbert Betz, in »Als der Ami kam«, HB 2003.

19 Schulschw. S. 164

20 Heinrich Fitger; »Drei fremde Pfarrer«, HB 2005

21 LibMem, S. 12; Heinrich Fitger, »Die Hochland Schuhfabrik Adolf Wagner«, HB 2010

22 Schulschw., S. 164

23 LibMem. S. 13

24 Schulschw. S. 164

25 Heinrich Fitger, »Weichser Gemeinderäte und Bürgermeister 1945–1978 (I)«, S. 1, HB 2012

26 Mdl. Mitt. Josef Lamprecht, 16. April 2013

27 LibMem. S. 12

28 Schulschw. S. 165

29 Schulschw. S. 165; LibMem. S. 12

30 LibMem. S. 13/14

31 QKV S. 144, Nr. 1714

32 Amtsblatt Nr. 1 v. 27. Juni 1945; Heinrich Fitger, Mathias Schuhmacher: »Josef Erlewein – ein vergessener Bürgermeister«, HB 2010

33 Pfarrer Niederhuber: LibMem

34 »EineGruppe wilder Burschen, denen die Haare über das Gesicht hingen, stiegen über die Altane, den Balkon über dem vorderen Hauseingang ein, brachen alle Türen auf, die ihnen im Wege waren und schossen auf den schlafenden Bauern, der tot zwischen Küche und Kellertreppe liegen blieb. Sie verfolgten auch den fliehenden Sohn, den man erst nach Stunden im Kartoffelfeld hinter dem Garten des Nachbarn tot auffand. Den Frauen und den im Hause wohnenden Flüchtlingen geschah nichts. Es wurde auch nichts entwendet«. Informationsblatt in der Kapelle in Zillhofen.

35 »So war's bei uns«, S. 423; LibMem.; StA München, Baupl. Dachau 1947/140.

36 LibMem. O.S.

37 LibMem, S. 15

38 Bericht in »Als der Ami kam«, HB 2003

39 A. a. O.

40 Schulschw. S. 166

41 Heinrich Fitger, »Franzosen in Weichs«, HB 2005

42 Bericht von Frau Maria Lamprecht, geb. Mandl, »Franzosen in Weichs«, HB 2005

43 LibMem, S.14

44 Auswertung der Sterbebilder

45 Mündl.Bericht von Anton Riedl jr., April 2013

46 QKV S.153

47 Alles aufgrund des unveröffentlichten Erinnerungsbuches von Simon Eberl.

48 GR 8. Juni 1950; die Teilnehmerliste ist leider verloren gegangen; LibMem

49 Siehe S.328

50 Mathias Ligsalz, »So war's bei uns«, S.416

51 Pfarrarchiv Weichs

52 LibMem, S.16

53 LibMem Jahr 1938; »So war's bei uns«, S.197

54 Amtsblatt Dachau 1945, Nr.8 v. 25. August 1945

55 LibMem S.14

56 Spruchk'akte Adolf Hanselmann, St.A München, Spruchk. Dachau, Karton 3559; die Amtsenthebung als Lehrer war wahrscheinlich zugleich mit seiner Entlassung als Gemeindeschreiber schon im Mai erfolgt.

57 LibMem, S.16, QKV S.144, Amtsblatt Nr.20 v. 17. November 1945

58 Amtsblatt Nr.24 v. 15. Dezember 1945

59 LibMem,S.16, QKV S.144, SchAKn 1945/46; SchAM 1945/46

60 In seinem Beitrag »Geschichte der Weichser Grundschulen« zu »1200 Jahre Weichs«, dort gekürzt abgedruckt.

61 Geb. 30. März 1914 in Pasenbach, StA München, PA 18150; Schülerliste 1947, 5.–8. Jahrgang (männl.); GR, Protokoll v. 20. August 1948 im Zusammenhang mit der Wiedereinstellung von Hanselmann.

62 SchAM 1945/46, 1947/48, 1948/49

63 SchAM 1947/48, 1948/49

64 SchAM 1947/48

65 Siehe oben FN 9

66 GR, Protokoll v. 20. August 1948

67 Ehefrau Lina Hanselmann in ihrem Spruchk'verfahren; StA München, Spruchk. Dachau, Karton 3559

68 Schulrat Haegeler vom Schulamt Dachau; Stellungnahme im Spruchk'verf. Hanselmann, s.o. FN 9

69 GR, Protokolle von 1944 und 1945

70 Amtsblatt Nr.17 v. 27. Oktober 1945

71 Amtsblatt Nr.10 v. 8. September 45

72 GR Protokoll v. 28. Dezember 1945

73 Amtsblatt Nr.29 v. 29. Dezember 1945

74 Amtsblatt Nr.5 v. 30. Januar 1946

75 LibMem, S.19; Amtsblatt Nr.5 v. 30. Januar 46

76 Heinrich Fitger: »Weichser Gemeinderäte und Bürgermeister 1945–78. (I)« HB 2012

77 Amtsblatt Nr. 11 v. 15. September 45

78 Amtsblatt Nr. 19 v. 8. Mai 1946

79 Amtsblatt Nr. 20 v. 20. Mai 1948

80 Amtsblatt Nr. 27 v. 3. Juli 1946

81 Amtsblatt Nr. 20 v. 17. November 1945; mündliche Information von Josef Huber, Weichs

82 Amtsblatt Nr. 18 v. 3. November 1945

83 A. a. O.

84 Amtsblatt Nr. 14 v. 3. April 1946

85 Amtsblatt Nr. 20 v. 17. November 45

86 Wikipedia

87 Amtsblatt Nr. 12. v. 22. September 45

88 Spruchkammerakte; StA München, Spruchkammer Dachau

89 »Naziterror gegen Weichser Priester und die Armen Schulschwestern in Weichs«, HB 2010

90 Spruchkammer-Akte; StA München, Spruchk. Dachau, Karton 3547

91 Pfr. Niederhuber, Lib. Mem. o. S.

92 LibMem, S. 10

93 LibMem, S. 18

94 So war's bei uns; S. 218, rechte Spalte

95 StA München, Bpl Dachau 1946/229

96 »So war's bei uns«, S. 219, linke Spalte

97 A. a. O., S. 218, rechte. Sp.

98 Pfarrer Niederhuber, LibMem

99 GR Protokoll v. 15. Januar 1948

100 An- und Abmeldebuch des Klosters Weichs, Gemeindearchiv Weichs

101 Amtsblatt; Pfarrer Niederhuber, LibMem

102 Amtsblatt Nr. 28 v. 10. Juli 1946

103 Amtsblatt Nr. 29 v. 17. Juli 1946

104 Amtsblatt Nr. 35 v. 28. August 1946

105 Mündliche Mitteilung von Anna Wirosaf

106 Mündliche Mitteilung von Anna Wirosaf

107 GR 15. Januar 1948; Josef Herold (18. September 1883–3. November 1968) stammte aus Gesmesgrün, Sudetenland.

108 Wikipedia

109 Amtsblatt, Nr. 15 v. 18. April 1947 und Nr. 20. v. 22. Mai 1947

110 Amtsblatt, 27. November 1947, S. 1

111 Amtsblatt Nr. 44 v. 6. November 1947

112 Amtsblatt Nr. 46 v. 20. November 1946; Nr. 48 v. 4. Dezember 1947

113 Amtsblatt v. 11. August 1945

114 Amtsblatt Nr. 33 v. 21. August 1947 u. Nr. 37 v. 18. September 1947

115 Geb. 3. Juni 1896; gest. 30. Juli 1976

116 GR Protokoll v. 15. Januar 1948

117 Amtsblatt Nr. 20 v. 15. Mai 1946

118 Mündliche Mitteilung von Frau Erna Reiter, geb. Mandl

119 Amtsblatt Nr. 20 v. 15. Mai 1946

120 Mündliche Schilderung von Erna Reiter

121 LibMem: 47,6 Ztr. Brotgetreide, 9,3 Ztr. Mehl; 1,3 Ztr. Erbsen; 1 Ztr. gelbe Rüben; 2,5 Ztr. rote Rüben; 17 Pfd. Butter, 390 Eier.

122 LibMem: Caritas 1945: 21.–28.10: 374 Kleidungs- und Wäschestücke gesammelt. Caritas 1947: 19.–26.10: 46 Ztr. Kartoffeln; 2 Ztr. Weizen; 23 Ztr. Roggen; 1 Ztr. Weizenmehl; 8 Ztr. Gemüse; u. a.; eine Woche vorher hatten schon der Kooperator und die Herren Edelmann und Atzenhofer 60 Ztr. Kartoffeln für das Knabenseminar in Freising gesammelt. Caritas 1948: 2 Sammlungen: 91 Ztr. Kartoffeln; 30 Ztr. Getreide; je 3 Ztr. Mehl + Gemüse, 188 Eier. Caritas 1949: Herbst: 20 Ztr. Roggen; 5,5 Ztr. Weizen; 1,5 Ztr. Mehl; 25 Ztr. Kartoffeln

123 Amtsblatt Nr. 25 v. 22. Dezember 1945

124 Amtsblatt Nr. 26 v. 3. Juli 1947

125 Amtsblatt Nr. 17 v. 30. April 1948

126 Amtsblatt Nr. 15 v. 18. April 1947

127 Heinrich Fitger, »Die Hochland Schuhfabrik Adolf Wagner«, HB 2010

128 Amtsblatt Nr. 8 v. 20. Februar 1946

129 Amtsblatt Nr. 10 v. 6. März 1946

130 QKV S. 178, Nr. 3007–3010

131 Dachauer Anzeiger, 4. März 1948, S. 1

132 »So war's bei uns«, S. 219, rechte Spalte

133 Mündliche Mitteilung von Adolf Geitner sr. am 29. Mai 2013

134 Auswertung des Quittungsbuches QKV

135 Juliana Wambach, QKV Nr. 1975 v. 3. September 1948

136 Analyse des QKV

137 QKV; mündl. Mitteilung von Anton Riedl jr.

138 Heinrich Fitger, »Die Post in Weichs«, HB 2010

139 GR, Protokoll v. 25. Februar 1946; Amtsblatt 14 v. 12. April 1947

140 GR Protokoll v. 20. August 1948

141 Heinrich Fitger, Vereine in Weichs, Festschrift 2007, S. 142 ff

142 Schriftl. Mitteilung der Maschkera

143 »So war's bei uns«, S. 48

144 Kassenbücher des Vereins, im Archiv des Vereins

145 Wie Anm. 13

146 Heinrich Fitger, »Der Schowasch'l, a Weichsa Boazn«, HB 2012

147 Heinrich Fitger, »Erinnerungen – Menschen in Weichs« (August Kaltner), HB 2012

148 Schulschw. S. 166

149 A. a. O.

150 TRM 1947
151 GR Protokoll vom 20. August 1948
152 StA München, Bpl. Dachau 1946/229
153 StA München, Bpl Dachau 1946/301
154 StA München, Bpl Dachau 1946/275; 1947/352
155 StA München, Bpl Dachau 1946/301
156 wie Anm.152
157 StA München, Bpl Dachau 1948/138
158 StA München, Bpl Dachau 1949/180
159 Mündliche Mitteilung Anna Wirosaf, geb.Recktenwald
160 StA München, Bpl Dachau 1950/438; 1950/534/; 1950/535

DIE NACHKRIEGSJAHRE IN ODELZHAUSEN 1945–1950

Ursula Kohn unter Mitarbeit von Simbert Greppmair

Ein Altersunterschied von einem Jahr konnte für einen Jugendlichen im Winter 1945 erhebliche Konsequenzen bedeuten. Während der Zeitzeuge Anton W., Jahrgang 1929, zum Volkssturm in eine provisorische Kaserne nach Dachau eingezogen wurde, um eine militärische Grundausbildung zu absolvieren, nahm der Hitlerjunge Josef H., Jahrgang 1930, im Februar an einem Schilager am Tegernsee teil. Hier die Mobilisierung der letzten Reserven, dort das Vortäuschen von Normalität.

Für Anton W. fand die militärische Ausbildung mit Exerzieren am Volksfestplatz in Dachau statt. Zum Schießen wurden sie zum SS-Schießplatz nach Hebertshausen gebracht, wo er eines Tages einen Häftlingstransport aus dem KZ in Dachau beobachten konnte. Vermutlich wurden sie zur Erschießung transportiert, denn kurz darauf hörte er Gewehrschüsse. Dennoch konnte

Flugwachmannschaft von links nach rechts: Josef Roth (»Faber«), Thomas Groß, Hans Pfaffenzeller (Weiherschuster), Ludwig Schwaiger (Hauptlehrer), Leonhard Asum (»Buchbinder«), Anton Kiemer (Bürgermeister in den sechziger Jahren), Simon Haas, Andreas Roth (»Wagner«), Weinbauer, Lorenz Maurer, Josef Heckenstaller (Schneider), Hillreiner (Schlossgärtner) (Bild: Josef Heckenstaller)

er sich zum damaligen Zeitpunkt einen Massenmord nicht vorstellen. Allerdings wurde er dann zu seinem Glück für ein halbes Jahr zurückgestellt.[1] Auch Josef H. wurde nach dem Schilager von der Realität eingeholt. Im Frühjahr 1945 wurde die Hitlerjugend aus den umliegenden Gemeinden verstärkt als Feuerwehr nach Bombenangriffen in München eingesetzt. Der Transport erfolgte mit einem Traktor und einem mit Bierbänken bestückten Anhänger mit 25 km/h über die Autobahn.[2]

Beide Zeitzeugen erzählten, wie sie die Zeit vom Einmarsch der Alliierten bis 1950 erlebten. Zur Überwachung des Luftraums befand sich eine Einheit der Luftwaffe unterstellter Dorfbewohner auf der sogenannten Flugwacht (heute: Große Breiten). Im Gegensatz zu den sonst üblichen goldenen Kragenspiegeln waren sie mit orangefarbenen ausgestattet.

SAMSTAG 28. APRIL 1945

Die Bevölkerung von Odelzhausen erwartete den Einmarsch der amerikanischen Truppen. Bereits Tage zuvor wurden durch den örtlichen Volkssturm auf Anordnung der SS Panzersperren über Glonn und Freigraben errichtet. An der Autobahnbrücke über die Glonn wurden Minen eingebaut. Die SS befahl Odelzhausen zu verteidigen. Der Volkssturm jedoch war sich einig, Odelzhausen nicht zu verteidigen und die Panzersperren nicht zu schließen.

Wehrmacht und SS befanden sich auf dem Rückzug. Noch am Freitagabend forderte die SS vom Dorfmüller ein Schwein zum Schlachten. Ob es sich um ihre »Henkersmahlzeit« handele, fragte der Schuster Heiß, ein Verwandter von Pfarrer Brugger und provozierte damit die ohnehin schon unberechenbaren SS-Leute.[3]

Im Hinblick auf den kurz bevorstehenden Einmarsch der Amerikaner versuchten Bürgermeister Josef Asum, Pfarrer Brugger und weitere Dorfbewohner die SS zum Abzug zu bewegen, was ihnen auch gelang. Hierfür organisierte der Bürgermeister einen Anhänger von der Schlossbrauerei, zwei Pferde vom Wirthmüller und einen Schlüter-Traktor vom Niedermair. Damit zog die SS ab. Eine weitere brenzlige Situation ergab sich in diesem Zusammenhang, als der örtliche SA-Sturmführer Johann G. dem kommandierenden und mit einer Pistole bewaffneten SS-Sturmbannführer erklärte, dass er sich der Freiheitsaktion Bayern (geführt von Hauptmann Gerngroß) angeschlossen hätte und er ihn aufgefordert die Waffen niederzulegen.[4] Die Freiheitsaktion Bayern setzte sich für eine gewaltlose Kapitulation ein.

Während der Nacht kam die rückflutende Wehrmacht an, vollkommen erschöpft und kampfesmüde. Sie sollten vom Dorf aus die Autobahn verteidigen und den Vormarsch der Amerikaner aufhalten. Alles Zureden der Ortsbewohner, den Ort zu verlassen war umsonst. Sie bezogen Stellung in der Nähe der Kirche und des Pfarrhofes.[5]

An diesem Samstagabend löste sich die öffentliche Ordnung im Dorf auf. Die Bevölkerung begann die beiden Lager für Wehrmacht und SS beim Schwanzer in Höfa (Textilien) und im Schloss (Lebensmittel und Spirituosen) zu plündern. Der bereits leicht angetrunkene Dorfschmied versuchte das Ausräumen der Vorräte in geordnete Bahnen zu lenken und überließ den Dorfbewohnern lediglich die Lebensmittel und Konserven.[6] Dennoch spricht der im Juli 1945 geschriebene Einmarschbericht von Pfarrer Brugger von etwas anderem: »Von großem Verhängnis war es, dass am Samstagabend ein SS-Lager mit Spirituosen, namentlich Schnäpsen, geöffnet und verteilt wurde, wovon manche einige hundert Flaschen erbeuteten. Dadurch kamen in einigen Häusern Frauen und Mädchen, die zum Teil mit den Amerikanern tranken, in Gefahr, in einem Fall erreichten sie ihren Zweck nicht ohne Schuld des Mädchens, das von auswärts ist.« Des Weiteren: »Ein trauriges Kapitel waren die Plünderungen, die meist von ausländischen Arbeitern, besonders den Polen begonnen und von den eigenen Leuten mit Gier fortgesetzt wurden [...] einzelne Bauern fuhren mit Fuhrwerken Stoffe und Einrichtungsgegenstände ab«.[7]

Die Familie des Zeitzeugen Anton W. (Dorfmüller) begab sich am Samstagnachmittag mit einem Pferdefuhrwerk nach Todtenried, um dort Zuflucht zu suchen. Zuvor stattete der Dorfmüller noch Wehrmachtssoldaten mit Zivilkleidung aus. In Haus und Stall blieben zahlreiche Soldaten und Gefangene zurück. Ein Wehrmachtsleutnant war zu Fuß unterwegs nach Todtenried und wurde von einem US-Aufklärungsflugzeug entdeckt und beschossen. Zwei Granaten schlugen im Stall in Todtenried ein. Dort befanden sich bereits viele Menschen, um vor den ankommenden Amerikanern Schutz zu suchen.

Sonntag, 29. April 1945

Ab 7.30 Uhr war aus Richtung Hadersried Motorenlärm und das Kettenrasseln der Panzer zu hören. Auf der Autobahn fuhren zwei amerikanische Panzer an Odelzhausen vorbei Richtung München. Im Anschluss daran »eröffneten die wenigen noch verbliebenen Wehrmachtssoldaten das Maschinengewehrfeuer. Sofort antworteten die Amerikaner mit einer Salve. Dann setzten sie aus, worauf die Odelzhausener wieder begannen, zu feuern. Dieses Duell dauerte ungefähr eine Stunde.[8] Dabei wurde ein Soldat, der im Hof des Dorfmüllers postiert war, getötet, ein weiterer im Schlosspark. Beide waren erst 17 Jahre alt.[9] Ein Großteil der von den Amerikanern abgefeuerten Granaten richtete keinen Schaden an, da die Ortsmitte (›Seitzwiese) nicht bebaut war und diese von den Amerikanern nicht eingesehen wurde. Schwer getroffen wurde der Kirchturm. Da Einsturzgefahr bestand, wurden in der Folgezeit die Messen im Leichenhaus abgehalten. Weitere Treffer bekamen der Stall vom »Stefflbauer« in Höfa ab, der niederbrannte, und mehrere Wohnhäuser. Das kleine Mesnerhäuschen wurde vollständig zerstört. Der Zeitzeuge Josef H. konnte

Links Bäcker Saumweber, Mitte Mesnerhäuschen, dahinter Sonnenwirt (erste Reparaturen wurden zum Aufnahmezeitpunkt bereits durchgeführt), rechts beschädigtes Stalldach vom Sonnenwirt. Im Bildhintergrund das Haus der ehemaligen Bäckerei Seitz (Bild: Josef Heckenstaller)

dies aus dem Keller des gegenüberliegenden Elternhauses beobachten, ebenso wie einen Granateinschlag beim Bäcker Saumweber (später Steiner, heute Gradl), welcher kurz zuvor noch an der Einschlagstelle eine weiße Fahne aufgehängt hatte. Josef H. nahm an, dass der Saumweber diesen Einschuss nicht überlebt hätte. Dennoch kamen keine Zivilpersonen zu Schaden. Außerdem berichtet Josef H., dass im Haus seiner Familie alle 95 Fensterscheiben zu Bruch gingen.

Gegen 10.00 Uhr rückten die ersten Amerikaner mit LKWs und Jeeps in Odelzhausen ein. Es wurden sofort alle Häuser nach Schusswaffen und Munition durchsucht. »Nachmittags kam der Befehl, dass der Pfarrhof zusammen mit anderen in der Nähe liegenden Häusern, auch das Josefsheim, geräumt werden muss. Bei dieser Gelegenheit wurden die einzelnen Häuser von oben bis unten bis ins Kleinste durchstöbert. Vom Pfarrhof fehlten nach diesen 24 Stunden: zwei Schreibmaschinen, eine Gitarre, zwei Füllfederhalter, ein Wecker, eine goldene Uhrkette, einige Flaschen Wein und Eier. Kästen waren aufgesprengt und beschädigt. Das Haus wurde in unsagbar beschmutztem Zustand angetroffen. Der Messwein war zum größten Teil vergraben und wurde so gerettet. In der Kirche wurde nichts berührt. Auch in anderen Häusern kamen größere und kleinere Entwendungen vor.«[10]

Die Amerikaner beschlagnahmten auch den ersten Stock im hochgelegenen Heckenstallerhaus. Hier richteten sie eine Funkstation ein. Beim Durchsuchen des Hauses nach Waffen fand ein GI eine Hakenkreuzfahne im Kleiderschrank. Diese war zuvor von den Bewohnern vergeblich gesucht worden, wenn die Nazis Beflaggungen anlässlich militärischer Erfolge anordneten. Dadurch bekam die Familie während des Krieges immer wieder Probleme mit der örtlichen Parteileitung. Die Mutter von Josef H. zerschnitt die Flagge unmittelbar in Gegenwart des amerikanischen Soldaten, um so glaubhaft zu machen, dass die Familie sich von den Nazis distanzierte.

Der Führungsstab der Amerikaner quartierte sich im Gasthaus Niedermair ein. Dort war kurz zuvor noch die SS stationiert. Ein Teil der US-Truppen zog weiter der fliehenden Wehrmacht nach. Nach ungefähr zwei Wochen wurde ein Kontingent von ca. 250 US-Soldaten nach Odelzhausen verlegt und bei verschiedenen Familien einquartiert. Sie verhielten sich ruhig und freundeten sich zum Teil mit ihren Hausleuten an.[11]

*»Heckenstallerhaus«, in dem die Amerikaner eine Funkstation einrichteten,
links alte Schule (Bild: Josef Heckenstaller)*

*Im Bild links Apotheke, hinter Heckenstallerhaus Gemeindehaus
(»Sigmundhaus«) (Bild: Josef Heckenstaller)*

Das Gasthaus Niedermair. Quartier für SS und US-Streitkräfte; ab 1947 erstes Vereinslokal des SV Odelzhausen (Bild: Josef Heckenstaller)

Nach dem Einmarsch

Nach Durchsuchung der Häuser und Quartiernahme enthoben die Amerikaner sämtliche Amtsinhaber wie Bürgermeister, Nazi-Funktionäre und den Lehrer ihrer Ämter. Als kommissarischer Bürgermeister wurde der Kaufmann Michael Renner, der im Dritten Reich kurzzeitig inhaftiert war, eingesetzt.[12] Mehrere belastete NSDAP-Mitglieder wurden später in ein Lager nach Moosburg gebracht. Ein schwerer belastetes Mitglied kam nach Ludwigsburg.[13]

Die Bevölkerung wurde aufgefordert sämtliche Waffen vor der Gemeindeverwaltung (damals im Haus des vorherigen Bürgermeisters Asum) abzugeben, wo sie an Ort und Stelle vernichtet wurden. Der Dorfschmied, vormals noch SA-Sturmführer, verriet den Amerikanern, dass in einem kleinen Wald nahe dem Schloss noch Panzerfäuste gelagert seien.[14] Dennoch wurden einige Waffen der Wehrmacht, die sich im Feuerwehrhaus befanden, vergessen anzumelden. Zudem hatten Kinder vergrabene Waffen heimlich wieder ausgebuddelt, wie Wolfgang Renner, der Sohn des Bürgermeisters Michael Renner erzählt. Er war damals 7 Jahre alt und erinnert sich, dass sein Vater aufgrund der Waffenfunde inhaftiert wurde. Auf dem Weg nach Dachau waren die Amerikaner ratlos, weil sie nicht wussten, wohin mit ihm. Daraufhin fragten sie den Bürgermeister, ob er einen Vorschlag für seine Arrestierung hätte. Michael Renner schlug den Huber-Wirt in Wiedenzhausen vor. Also

Marktstraße um 1945; links Saur-Haus, dahinter Friseurladen (Richard Kretschmer); rechts Stangl-Anwesen, dahinter »Schorsch-Katl Lugg« (heute Raiffeisenbank); Mitte Brunetti-Haus (Bild: unbekannte Herkunft)

fuhren die Amerikaner nach Wiedenzhausen und gaben den Bürgermeister in die Hände vom Huber-Wirt. Seine dreitätige Arrestierung verbrachte er in der Gaststube beim Schafkopfen, was ihm nicht sehr zuwider war. Danach kam er in sein Amt als Bürgermeister zurück.[15]

DIE KRIEGSGEFANGENEN

Bereits seit Kriegsbeginn wurden in Odelzhausen Kriegsgefangene – überwiegend Franzosen, aber auch einige Polen – im Saal vom Sonnenwirt interniert. Sie mussten in der Landwirtschaft und auch bei den Dorfhandwerkern arbeiten. Morgens sperrte ein Wachmann die Saaltür auf und sie gingen an ihre zugewiesene Arbeitsstelle. Abends kehrten sie wieder zurück. Nach unbestätigten Berichten war die Saaltür häufig unverschlossen, sodass sie sich relativ frei bewegen konnten. Die meisten von ihnen nahmen auch an den sonntäglichen Gottesdiensten teil. Grundsätzlich lässt sich sagen, dass die

Behandlung unterschiedlich war. Während die Franzosen mehr integriert waren, wurden die Polen nach der damals herrschenden Doktrin »Untermenschen« schlechter behandelt. Selbst unter den Gefangenen bestanden diese zwei Fronten. So gab es ständige Hänseleien zwischen den beim Mülleranwesen eingesetzten Franzosen und dem einzigen Polen.[16]

Aufgrund weitverbreiteter »Schwarzschlachtungen« – hierzu später mehr – war die Versorgungslage auf dem Land relativ gut. Davon profitierten im einen oder anderen Fall auch die Gefangenen. Nicht zuletzt aus diesem Grunde machten sich speziell die Franzosen bei den Amerikanern für die Dorfgemeinschaft stark. In einigen Fällen kam es auch zu belastenden Aussagen über den »Dienstherren«.[17]

Im Gegensatz zu anderen Gemeinden beobachteten die Zeitzeugen in Odelzhausen keine Plünderungen oder Übergriffe durch die Kriegsgefangenen.[18] Lediglich der Einmarschbericht von Pfarrer Brugger spricht von Plünderungen nach Kriegsende, besonders durch die Polen.[19] Als während des Krieges die französischen Gefangenen erfuhren, dass die SS ein Schwein erhielt, forderten sie auch eines für die Gefangenen.

Bereits am Montag oder Dienstag nach dem Einmarsch der Amerikaner konnten die Franzosen ein Auto »organisieren«. Sie wussten, dass der Dorfmüller Benzin vergraben hatte und forderten die Herausgabe. So ausgestattet, verließen sie Odelzhausen Richtung Heimat.[20]

In der Folgezeit kam ein nicht endender Strom heimkehrender Zwangsarbeiter, Kriegsgefangener und Flüchtlingen durch den Ort, die von der Bevölkerung mit Nahrungsmitteln und Schlafgelegenheiten in Haus und Stall versorgt wurden.[21]

DIE HEIMATVERTRIEBENEN UND HEIMKEHRER

Im Jahr 1944 begann die Ansiedlung von Heimatvertriebenen in Odelzhausen. Die Evakuierung aus ihrer Heimat fand zu dieser Zeit noch relativ organisiert statt, sodass viele mit eigenen Möbeln und Hausrat ankamen. Nach Ankunft in München bzw. Dachau wurden sie auf die einzelnen Gemeinden aufgeteilt. Der Transport nach Odelzhausen erfolgte durch den ortsansässigen Fuhrunternehmer Andreas Stangl mit dem LKW. Die ersten Flüchtlinge kamen aus Schlesien. Durch den Flüchtlingsobmann Walter Schöniger wurden sie den einzelnen Anwesen zugeteilt. Zuständig für die Belange der Flüchtlinge war

Adolf Seger. Vom Staat wurden pro Zimmer, das zur Verfügung gestellt wurde, 5 Mark bezahlt.[22]

Später trafen immer mehr Personen und Familien unorganisiert und häufig zu Fuß mit wenigen Habseligkeiten ein. Insgesamt wurden in Odelzhausen bis zum 23. September 1947 238 Personen aus dem Sudetenland, 112 Personen aus Jugoslawien, 76 Personen aus Schlesien und 7 Personen aus Ostpreußen registriert.[23] Die Einwohnerzahl stieg enorm an: 1939 betrug die Einwohnerzahl 579 und 1946 waren es 945 Einwohner.[24] Natürlich gab es zwischen 1945 und 1950 und noch später durch Zuzug (besonders ab 1948, als vermehrt Arbeitsplätze in der Industrie entstanden) und durch Wegzug erhebliche Bevölkerungsschwankungen. Das belegen die Volkszählungen. 1950 hatte Odelzhausen 957 Einwohner und 1961 761 Einwohnern.[25]

Die anfängliche Skepsis der Einheimischen wich im Laufe der Jahre einer zunehmenden Integration. Die »Neuen« brachten ihre Kultur und Lebensgewohnheiten in die Dorfgemeinschaft ein. Arbeit fanden sie in den Nachkriegsjahren auf den Bauernhöfen und im Handwerk, die nun keine Kriegsgefangenen mehr hatten. Darüber hinaus fehlten als Arbeitskräfte die Gefallenen und 29 Männer aus Odelzhausen, die ab dem 30. September 1945 nach und nach aus der Kriegsgefangenschaft heimkehrten.[26]

Die Flüchtlinge brachten Leben in die Gemeinde, nicht unbedingt zur Freude des Pfarrers. In der Pfarrchronik schrieb er:»Ganz groß wird von den Flüchtlingen der Sport aufgezogen und zwar der Fußball; fast jeden Sonntag ist etwas los, sodaß die Leute von der Nachmittagsandacht abgezogen werden. Auch Frauen und Mädchen teilen diese Leidenschaft. Namentlich die Schuljugend ist fußballwütig geworden, sogar die Mädchen der oberen Klassen dank einer sportwütigen Lehrerin, die auch eine Damen-Handballriege in Odelzhausen gründete, die aber durch das Dazwischentreten des Pfarrers schnell wieder verschwand. Es wird von den Karlsbader Flüchtlingen versucht, alles, was sie in der Kurstadt hatten, auch aufs Dorf zu verpflanzen, was meistens mit einem Fiasko endet.«[27]

RÜCKKEHR ZUM ALLTAG

Nach den turbulenten Tagen rund um den 29. April kehrte allmählich wieder der Alltag ein. Was sich sofort änderte, war das Radioprogramm. Aus Volksempfängern tönte von nun an amerikanische Swing-Musik an Stelle von

Propaganda und Wehrmachtsberichten, was für so manchen Odelzhausener befremdlich war.[28]

Kirchliche Festtage wurden sehr schnell wieder wie gewohnt gefeiert. Erstkommunion, Firmung, Fronleichnam waren Höhepunkte im alltäglichen Leben.

Der damals noch bescheidene öffentliche Personennahverkehr nach München und Augsburg wurde wieder aufgenommen. Bis 1948 wurde die Verbindung durch die Post gewährleistet. Später übernahm ein Münchner Busunternehmer die Linie nach München. Der Bus fuhr einmal morgens und einmal abends und brachte die Leute zu ihren neuen Arbeitsplätzen.

Die ärztliche Betreuung im Ort wurde durch Zahnarzt Dr. Zinkl und den Hausärzten Dr. Bruns und Dr. Koch gewährleistet.

Der von der NSV (Nationalsozialistische Volkswohlfahrt) 1938 errichtete Kindergarten wurde 1945 von der Gemeinde Odelzhausen unter der Leitung einer geprüften Kindergärtnerin der Niederbronner Schwestern und einer Hilfskraft weitergeführt. Erst 1949 konnte er von der Rechtsnachfolgerin der NSV, dem Land Bayern, für 2000 Mark erworben werden. Dem Kauf gingen vier Jahre andauernde Rückerstattungs-Verhandlungen voraus. Um den Kaufpreis wurde heftig gerungen, weil die Gemeinde in dieser Zeit eine Reihe von notwendigen Reparaturen durchführen musste. Aus einem Schreiben an das Landratsamt Dachau von 1950 mit der Bitte um einen Zuschuss aus dem MacCloy Fond geht hervor, dass der Kindergarten sehr notdürftig ausgestattet war. Das Gebäude war eine Holzbaracke, deren Innenwände mit Papier verkleidet waren. Dringend notwendig wäre die Instandsetzung des Fußbodens und der Winterfenster. Außerdem wäre an Inneneinrichtung und Beschäftigungsmaterial noch zu beschaffen: 10 Liegestühle à 15 Mark, 20 Scheren, 5 Bilderbücher, 5 Gummibälle, 5 kg Plastilin, 2000 Perlen, 1 Puppenküche und vieles mehr.[29]

Der Schulunterricht wurde sehr bald wieder aufgenommen. Da Hauptlehrer Schwaiger in Moosburg interniert war, wurden häufig wechselnde Hilfslehrer zur Aufrechterhaltung des Lehrbetriebs eingesetzt. Im neuen Schulhaus (1910 erbaut, heute Gemeindeverwaltung) waren die Klassen 1 bis 3 untergebracht, im alten Schulhaus (neben dem Heckenstallerhaus) die Klassen 4 bis 8. Im ersten Stock wohnte die Hilfslehrerin Frau Laube, im Erdgeschoß die Familie von Hauptlehrer Schwaiger. Nachdem alles nationalsozialistische Gedankengut aus den damaligen Lehrplänen entfernt wurde, beschränkte man sich in der unmittelbaren Nachkriegszeit auf die Vermittlung von Rechnen,

Schreiben und Lesen. Die Auseinandersetzung mit der jüngeren Vergangenheit fand nicht statt.[30]

Dass nicht nur im Kindergarten vieles im Argen lag, dokumentiert ein Artikel in den Dachauer Nachrichten vom 1./2. September 1951 mit folgender Überschrift:»Schulhaus, das jeder Hygiene spottet – Schulhof als Wirtschaftsgarten – Soll die Odelzhausener Schule Stiefkind bleiben?«[31]

Nach wie vor gab es Mangelwirtschaft. Lebensmittel und Artikel des täglichen Bedarfs waren bis 1948 nur gegen Bezugsmarken zu bekommen. Die Ausgabe der Marken erfolgte wie während des Krieges durch die Poststelle (von der Familie Saur betrieben). Doch die Bevölkerung wusste sich durch jahrelange Erfahrung sehr wohl zu helfen. Schwarzschlachtung und Tauschhandel waren an der Tagesordnung. Nach wie vor kamen die »Hamsterer« in die Dörfer. Unser Zeitzeuge Anton W. berichtet von einem Samstagvormittag, an dem in der väterlichen Mühle ungefähr 500 Personen zu Fuß von der nächstgelegenen Bahnstation Maisach kommend, um Mehl baten. Alle erhielten einen Scheffel Mehl. Dies war nur möglich, weil nicht alles Nutzvieh und Getreide ordnungsgemäß gemeldet wurde.[32]

Erste Gemeinderatswahlen[33]

Bereits 1945 begann die alliierte Militärverwaltung mit der Zulassung von politischen Parteien in Bayern, um so erste Wahlen für Land und Kommunen vorzubereiten.

In Odelzhausen fanden die ersten Gemeinderatswahlen nach dem Krieg am 27. Januar 1946 statt. Zum Wahlvorstand wurde der kommissarische Bürgermeister Michael Renner ernannt. Nachdem mit Anton Wirthmüller (Vater des späteren Bürgermeisters) für den Bayerischen Volksbund (später CSU) nur ein Wahlvorschlag eingereicht wurde, bestimmte Wahlleiter Renner folgende Gemeindebürger zu Beisitzern: Leonhard Hermann, Anton Weinbauer, Hans Niedermair und Josef Roth. Zu Gemeinderäten wurden gewählt: Michael Renner (Kaufmann in Odelzhausen), Anton Wirthmüller (Mühlenbesitzer in Odelzhausen), Leonhard Hermann (Landwirt in Dietenhausen), Anton Weinbauer (Landwirt in Dietenhausen), Jakob Obermair (Landwirt in Lukka), Hans Eser (Brauereibesitzer in Odelzhausen) und Josef Roth (Maurer in Odelzhausen).

Am 31. Januar 1946 wurde durch den Gemeinderat die Wahl des ersten und zweiten Bürgermeisters durchgeführt. Zum ersten Bürgermeister wurde Leonhard Hermann mit sechs gültigen von sieben abgegebenen Stimmen gewählt. Eine Stimme war unbeschrieben und somit ungültig. Zum zweiten Bürgermeister wurde Anton Wirthmüller gewählt.

Die zweite Gemeinderatswahl fand am 25. April 1948 statt. Erstmals gab es bei diesen Wahlen drei Wahlvorschläge: SPD (Ortsverein Odelzhausen), »Gemeinschaft«, Freie Wahlgemeinschaft. Gewählt wurden nun 9 Gemeinderäte: Hermann Leonhard, Niedermair Johann, Wirthmüller Anton, Eser Hans, Haas Simon, Groß Thomas, Laube Franz, Germann Adam, und Seger Adolf. Gleichzeitig fand die Wahl des ersten Bürgermeisters erstmals durch die Wähler statt. Gewählt wurde erneut Leonhard Hermann. Anton Wirthmüller wurde zweiter Bürgermeister.

NEUBEGINN DES VEREINSLEBENS

Ankündigungsplakat für das Rückspiel »Einheimische« gegen »Flüchtlinge« (Quelle: SV Odelzhausen)

Nach Ende des Krieges waren durch die alliierte Verwaltung Schützen-, Krieger- und Soldatenvereine verboten. Sie waren aufgrund ihrer Nähe zum Militarismus suspekt. Erst zu Beginn der fünfziger Jahre wurden sie wieder zugelassen.

Anders verhielt es sich beim Fußball. Die größten Strapazen des Krieges und Kriegsendes waren überstanden. Und so kam es am 1. Juni 1947 zum ersten Fußballspiel zwischen Einheimischen und Flüchtlingen vor über 900 Zuschauern. Die Frage nach angemessenen Trikots wurde pragmatisch gelöst. Michael Renner, Kaufhausinhaber, spendierte für die Hosen roten Stoff, der in großen Mengen für Hakenkreuzfahnen eingelagert war, Die Spielerfrauen und –freundinnen strickten die Stutzen und als Trikot dienten weiße Unterhemden. So entstanden die Vereinsfarben rot und weiß.

Das Spiel endete 6:6. Bei diesem Spielstand musste abgebrochen werden, weil bei einem von Dr. Karl Eser verschossenem Elfmeter dem Ball die Luft entwich. Es war der einzige verfügbare Ball. Die Odelzhausener hatten ihn von den GIs geschenkt bekommen. Einen Ersatzball gab es nicht.[34]

Dieses Spiel war der Auslöser zur Vereinsgründung des SVO am 15. August 1947 in der Gaststätte und dem Vereinslokal Niedermair im Rahmen einer Gründungsversammlung. Dies war ein weiterer Schritt zur Integration. Seit diesem Spiel traten Einheimische und Vertriebene geschlossen in einer Mannschaft auf. Allerdings kam es am 18. April 1948 noch einmal zu einem Rückspiel – mit Lautsprecherübertragung!

Als frisch gegründeter SVO fuhr man damals zu Auswärtsspielen mit dem Fahrrad oder zu weiter entfernten Spielorten auf dem mit Bierbänken ausgerüsteten LKW der Schlossbrauerei.

Nach der Währungsreform 1948 kam es zu einem rasanten wirtschaftlichen Aufschwung. Nach fast 10-jähriger Zwangswirtschaft füllten sich die Ge-

Aufstellung zum Faschingsumzug im Hof der Schlossbrauerei. Als erster Nachkriegs-Faschingsprinz in der Kutsche sitzt Josef Heckenstaller, mit Zylinder Andreas Stangl (Bild: Josef Heckenstaller)

schäfte mit Waren. Kurzum, es gab wieder etwas zu lachen. Wie das Bild von 1950 zeigt, konnten sich die Odelzhausener Bürger sogar wieder an einem Faschingsumzug erfreuen.

NACHWORT VON SIMBERT GREPPMAIR, ENKEL DES SA-STURMFÜHRERS JOHANN GREPPMAIR

Nachdem mich Ursula Kohn in dieses Projekt mit einbezogen hat, begann ich verstärkt über die Rolle meines Großvaters im Dritten Reich nachzudenken. In unserer Familie wurde darüber nie viel gesprochen. Es beschränkte sich auf seine Mitgliedschaft in der NSDAP und die Internierung und Entnazifizierung nach dem Krieg in Moosburg.

Wie ich einem Artikel des Amperboten vom 5. November 1942 anlässlich seines fünfzigsten Geburtstags entnehmen konnte, war er neben seinem Rang als SA-Sturmführer auch noch Kommandant der Freiwilligen Feuerwehr, Ortshandwerksverwalter, Prüfungsmeister der Schmiedeinnung und Aufsichtsratsmitglied der Schmiedeeinkaufsgenossenschaft. Auf bayrisch nennt man das »Gschaftlhuaberei«.

Aus einer weiteren Quelle konnte ich erfahren, dass er in dieser Zeit aber auch das Amt des Kirchenpflegers versah und Mitglied im Kirchenchor war. Das war in sich bereits ein Widerspruch und mit der braunen Ideologie nicht kompatibel.

Durch häufige Abwesenheit aufgrund seiner zahlreichen Ämter, fehlte er in der Familie und im Betrieb. Dennoch war das Familienleben ideologiefrei und eindeutig religiös geprägt. Nachdem mein Vater 1942 in München eine Lehre begann, nutzte er diese Gelegenheit, die Versammlungen der Hitlerjugend zu »schwänzen«. In München sagte er, dass er in Odelzhausen bei der HJ wäre und umgekehrt. Auch das war für den strammen Parteigänger in Ordnung.

Darum versuchte ich, bei den Gesprächen mit unseren Zeitzeugen mehr darüber zu erfahren. Ich wollte wissen, was für ein Mensch er war. Laut Josef H. herrschte während des Krieges ein Mangel an Männern und mein Großvater konnte niemals nein sagen, wenn es darum ging ein weiteres Amt zu übernehmen. Logische Konsequenz war, dass er gegen Kriegsende auch noch die Leitung des Volkssturms übernahm. Er betrachtete seine Tätigkeiten als Pflichterfüllung.

Ich konnte erfahren, dass sein Umgang mit Kriegsgefangenen nicht immer korrekt war, jedoch der damals vorherrschenden Art der Führung von angestellten Mitarbeitern entsprach. Seine Kooperationsbereitschaft gegenüber den Amerikanern und der Anschluss an die Freiheitsaktion Bayern sprechen für eine – wenn auch späte – Läuterung. Von unserem Zeugen Anton W. hörte ich, dass sein Vater in zahlreichen Gesprächen in der Schmiede versuchte, ihn vor und während des Krieges umzustimmen. Leider war mein Großvater von »seinem« Führer und seiner Propaganda verblendet.

Ich erfuhr, dass er mit Pfarrer Brugger eine intensive Beziehung hatte und im Gesellschaftsleben in unserer Gemeinde sehr integriert war. Ich selbst lernte ihn als gutmütigen und vollkommen unpolitischen, immer allen gegenüber hilfsbereiten Menschen kennen – und so werde ich ihn in Erinnerung behalten.

1 Interview mit Zeitzeuge Anton W. vom 8. März 2013

2 Interview mit Zeitzeuge Josef H. vom 22. Februar 2013

3 Wie Anm. 1

4 Ebd.

5 Einmarschbericht Pfarrer Brugger an Ordinariat München vom 30. Juli 1945

6 Wie Anm. 1 und 2

7 Zitiert aus Einmarschbericht (wie Anm. 5)

8 Wie Anm. 4

9 Renate Zauscher: Erinnerungen an Angst, Neugier und Erleichterung. Süddeutsche Zeitung vom 24. April 1995

10 Wie Anm. 4

11 Wie Anm. 5

12 Gemeindearchiv Odelzhausen

13 Wie Anm. 2

14 Ebd.

15 Wie Anm. 1

16 Ebd.

17 Wie Anm. 1 und 2

18 Ebd.

19 Wie Anm. 5

20 Wie Anm. 1

21 Wie Anm. 8

22 Wie Anm. 2

23 Vgl. Verzeichnis der Flüchtlinge, Gemeindearchiv Odelzhausen

24 Bayerisches Statistisches Landesamt (Hg.): Historisches Gemeindeverzeichnis. Die Einwohnerzahlen der Gemeinde Bayerns in der Zeit von 1840 bis 1952. München 1954 (Beiträge zur Statistik Bayerns, Heft 192), S.20f

25 Meldung an das bayr. Statistische Landesamt, Gemeindearchiv Odelzhausen

26 Heimkehrer-Anmeldungen, Gemeindearchiv Odelzhausen

27 Pfarrchronik von Pfarrer Gottfried Brugger, Oktober 1947

28 Wie Anm.1

29 Wie Anm.12

30 Zeitzeuge Max Eberle, Jahrgang 1941

31 Schulhaus, das jeder Hygiene spottet – Schulhof als Wirtschaftsgarten – Soll die Odelzhausener Schule Stiefkind bleiben? In: Artikel Dachauer Nachrichten v. 1./2.September 1951

32 Wie Anm.1

33 Wie Anm.12

34 Vereinschronik SVO, 1997

Nachkriegszeit in Ampermoching 1945–1949

Hedy Esters und Thomas Schlichenmayer

Einmarsch der Amerikaner

»Der Einmarsch der Amerikaner war ortsüblich, ohne Widerstand und Kampf, ohne Tote und Verwundete.«[1] So schreibt Pfarrer Franz Xaver Dobler in seinem am 25. Juli 1945 verfassten Einmarschbericht an das Dekanat Dachau. Der Einmarsch erfolgte am Sonntag, den 29. April 1945 »während des Pfarrgottesdienstes, der sehr schlecht besucht war; die Leute hielten sich versteckt und fürchteten die kommenden Dinge. Tatsächlich war der Geschützdonner – auch schon die vorausgehende Nacht, recht unheimlich und die einzige Musik beim Sonntags-Gottesdienst. Dafür fand der Pfarrer, als er nach dem gratiarum actio die Kirche verließ, kein III. Reich mehr sondern die Panzer überall; der Herr gibt es also den Seinen nicht nur im Schlafe.«[2]

Lediglich auf einem abgelegenen Hof [Durchsamsried][3] gab es Widerstand durch Angehörige der SS, die sich hier verschanzt hatten und das Feuer auf die vorrückenden amerikanischen Truppen eröffneten. Diese wiederum erwiderten das Feuer »in verstärktem Maße«.[4] Die SS-Leute »und nicht die Amerikaner, steckten hierauf die ausgedehnten Stallungen nebst Stadel in Brand.«[5] Die amerikanischen Truppen wären wohl an dem abseits der Straße gelegenen Hof vorbeigefahren, hätten die dort versteckten SS-Leute nicht das Feuer eröffnet. Die These des Pfarrers, die abziehenden SS-Leute hätten die Gebäude in Brand gesteckt, ist zwar wahrscheinlich, aber nicht belegt.[6]

Der Pfarrer war besorgt wegen eines Bombentreffers in einem Hof in der Nachbarschaft zum Pfarrhaus: »[…] wobei Kirche und Pfarrhaus unbedeutende Dach- und Fensterschäden erlitten. Fernerhin waren die vollgepfropften Gebäude – Privateinlagerungen, sowie große Bestände der Staatsbibliothek und des Erzbischöflichen Ordinariats – in großer Gefahr.«[7] Was der Pfarrer nicht erwähnt sind die kostbaren Kunstschätze, die im Pfarrstadel aus verschiedenen Kirchen in München, so aus St. Peter, der Heiliggeistkirche oder auch aus dem Dom ausgelagert waren. Dabei handelte es sich insbesondere um die überlebensgroßen Apostelfiguren aus der völlig zerstörten Peterskirche, die von dem Meister der Spätgotik Erasmus Grasser geschaffen wurden. Diese Figuren wurden erst nach dem Wiederaufbau der Peterskirche restauriert und an ihren ursprünglichen Platz gebracht.[8]

14 US-Soldaten quartierten sich an diesem Sonntag im Pfarrhof ein. Die Art und Weise wie dies geschah, bezeichnete Pfarrer Dobler als »erträglich im Vergleich zur Belegung des Hauses am 13. Juni durch 27 Mann – wohl eine unerklärliche Ausnahme. Gestohlen wurde beide Male nichts, aber zarte Rücksichtnahme auf Zimmer und Möbel (eigene und eingelagerte) kann nicht vermerkt werden.«[9]

Der Eindruck des Pfarrers deckt sich mit den Berichten von Zeitzeugen in Interviews. Demnach war der Einmarsch mehr ein Durchmarsch durch das Dorf. Die bewaffneten US-Einheiten kamen aus Richtung Lotzbach über die Kreisstraße oder mit Panzerfahrzeugen auch quer über die Felder. Allerdings rückten die Fahrzeugführer sehr vorsichtig in den Ort, da sie nicht wissen konnten, ob Widerstand geleistet werden würde. Zeitzeuge Josef Blank kann sich gut erinnern, dass sich ca. 4 bis 5 Panzerfahrzeuge zwischen Lotzbach und Ampermoching zunächst abwartend postiert hätten. Erst als klar war, dass es keinen Widerstand geben würde, sind sie dann in den Ort eingerückt: »[…] wie der erschte Panzer reigfahrn is drobn, do kann i mich no erinnern, weil do hat der Dobler no in der Früah Kirch ghalten, i glab drei so oide Muttern warn, aber ob er jetzt die ganze … ich glaube nicht mehr, dass er's ganz zu Ende gführt hat. Da is eam auf oamoi no z' mumlig wordn, no werd ers obbrocha hom und na sam mir hoam. Aber wia i do beim Wechslberger – Schuster-Lenz nennt mer des – um die Kurve num bin, do is er unten am Kriegerdenkmal scho rumgfahrn, der Panzer. Und der is no grad raufgfahrn bis zum Weihrer-Bauer. Beim Weihrer-Bauer hot er sich gdreht und a bisserl gschaut. Do is er no scho a guate Stund drobn gstandn, gell. Grührt hot sich nix«.[10]

Das Verhalten der Amerikaner besonders Kindern gegenüber hat Josef Blank positiv in Erinnerung: »Da hast die erste Banane und Orangen gsehn! Des hast du net kennt, was des is. Da waren recht nette dabei. Die warn eigentlich – mir warn bloß mei Schwester und i – uns zwoa Kinder sehr zugetan, des wern scho a fuffzehne, zwanzge gwesen sei, wo do sich aufgehalten ham. Mei, eana Leibspeise Speck und Ei, ois was gfunden ham is do ausgeräubert wordn [lacht]. A bisserl was war do scho do, zfui a net.«[11]

Die damals 28 Jahre alte Zeitzeugin Barbara Göttler erzählt: »Des war schlimm. Die san da draußen auf der Straßen gstanden und ham uns immer so beobacht und na hat einer gsagt – so hat er's gmacht zu mir her (sie macht

eine lockende Handbewegung) – also er wollt ins Haus eigeh, aber Gottseidank bin i net mitganga [lacht]. Do hab i Glück ghabt, der war gfährlich gwesen, na… ja, die san dann wieder wegzogn, weiterganga die Amerikaner.«[12]
Frau B. berichtet, dass sie als junges Mädchen die Aufgabe hatte, das zum
Hof gehörende Pferd auf die jenseits der Amper im Moos gelegenen Wiesen
zu führen. Die Amperbrücke war von abziehenden SS-Leuten gesprengt worden und es existierte nur eine provisorische Holzkonstruktion, die von amerikanischen Soldaten kontrolliert wurde. Das Pferd scheute vor dem Übergang,
ein farbiger US-Soldat wollte behilflich sein und das Pferd über die Brücke
führen. Daraufhin wurde das Pferd noch wilder, weil es sich anscheinend vor
dem ungewohnten schwarzen Antlitz des Soldaten fürchtete. Erst einem weißen Soldaten gelang es, das Pferd auf die andere Seite der Amper zu führen.[13]
Auch auf dem Hof von J. L. haben sich Amerikaner aufgehalten:»Ja, da
san hoid de Amerikana, de wo da kemma san, dös warn a ned de Schlimman.
Da drauss hams a ghoitn da und da war a Amerikana, des war scho mehra
so, ja in gehobener Stellung, und da hintn is a oa gwen in da Küch. Und na
kimmt mei Mam daher: ›Du stoi dir dös vor‹, da Großbabb war a in da Küch
drin, ›iatz ham ma d'Amerikana d'Oar a no oisamt gstoin, dös heds ja a ned
braucht.‹ Und der Chef vo de Amerikana, der hod nix mehr gsagt. Na is a
staad gwen. Na is a da raus und da war oa Nega dabei, de wo da so drauss
gstanna san, ham dös erklärt, was ma da so ois klaun kon. Da host ja koan
Buchstabn ned vastanna, ja an Buachstabn scho, awa koa Wort ned vastanna,
awa recht gschimpft, hams eahnane Oar wieda zruck gem, de Amerikana.«[14]

ENTNAZIFIZIERUNG UND REEDUCATION

Bekannt ist, dass die beiden Lehrkräfte Funktionen in der NSDAP innehatten.
So schreibt Pfarrer Dobler in seinem»Einmarschbericht«, dass die Lehrkräfte
entfernt, respektive verhaftet wurden. Offenbar gab es auch Bestrebungen den
Ortspfarrer, also ihn selbst, zu entfernen. Dies ist »trotz vieler Anläufe, An-
strengungen, Anzeigen und polizeilicher Vernehmungen« nicht gelungen.[15]
Mehrere Personen aus Ampermoching wurden in ihren Entnazifizierungsverfahren nicht entlastet und zu unterschiedlichen Strafen verurteilt.[16]
Es gab Stimmen, die das Entnazifizierungsverfahren als ungemein schädlich
für die Gegner des Nationalsozialismus, nicht jedoch für die ehemaligen Parteigenossen hielten. Pfarrer Dobler sieht bereits 1947 ein erneutes Aufleben

des totgeglaubten Nationalsozialismus. Er ist der Meinung, die ehemaligen Parteigenossen würden bereits wieder »Morgenluft« wittern, wobei sich die Gegner des Nationalsozialismus betrogen und benachteiligt fühlten. Die Parteigenossen »wohnen gut, fahren Auto, beherbergen Ausländer usw. und erstere [Nichtparteigenossen] verlieren den Glauben an eine ausgleichende Gerechtigkeit. In der Pastoration fühlt und hört man das alles, weil ein Zusammenhang besteht zwischen Wirtschaft und Glaube, zwischen Politik und Religion.«[17]

Am 1. November 1949 fand ein Seelsorgerwechsel statt. Der neue Pfarrer Alfons Wilhelm schreibt in seinem Seelsorge-Jahresbericht, dass ihm die Gemeinde Ampermoching als »eine Hochburg des Nationalsozialismus charakterisiert«[18] wurde. Die Folge davon war insbesondere nach 1945 eine Spaltung der Pfarrei. »Meine Aufgabe ist es vorerst, diese Gegensätze zu neutralisieren und kirchlich auszurichten.«[19]

SCHULE

Die Schule war von Mai 1945 bis September 1945 geschlossen.[20] Natürlich war es wie überall auch in Ampermoching nicht einfach, neue, unbelastete Lehrkräfte zu finden. Oftmals halfen Flüchtlinge aus, die zum Teil in einem Schnellverfahren zu Lehrkräften ausgebildet wurden. Pfarrer Dobler berichtet, dass nach seiner Einschätzung die Jugend »mehr Verstand und Bescheidenheit, in der Schule mehr Fleiß und gesittetes Betragen« an den Tag legt.[21] Allerdings hatte der Pfarrer über eine der beiden weiblichen Lehrkräfte keine allzu hohe Meinung: »leider ist von beiden weiblichen Lehrerinnen eine aus Schlesien (in Polen geborene) mit 8-tägiger Ausbildung bei 22 j.[jähriger] Einbildung.«[22] Die »Laienlehrkraft«, wie sie im Schulbericht bezeichnet wurde, die in ihrer Heimat Medizinstudentin war, musste wegen Erkrankung bereits zum 1. Februar 1946 den Schuldienst quittieren.[23]

Die »Klaßverteilung« für das Schuljahr 1945/46 sah folgendermaßen aus:

1. Klasse	34	(Schüler und Schülerinnen)
2. Klasse	28	
3. Klasse	20	
4. Klasse	25	
5. Klasse	25	

6. Klasse	19
7. Klasse	16
8. Klasse	10

Die insgesamt 107 Schüler und Schülerinnen der Grundschule wurden von der »Laienlehrkraft« unterrichtet. Die restlichen 70 Schüler und Schülerinnen der Hauptschule unterrichtete ab Schuljahresbeginn die aus Haimhausen nach Ampermoching versetzte Lehrerin Eleonore Münzhuber.

Der Unterricht musste ohne Schulbücher und ohne Hefte beginnen. Für die 34 Erstklässler standen lediglich 13 Fibeln zur Verfügung.[24] Daran änderte sich auch für die 40 Erstklässler des neuen Schuljahrs 1946/47 nichts. Erst im Mai und Juni 1948 wurden an die Schule neue Lese- und Rechenbücher geliefert. Im Schulbericht ist vermerkt: »Leider reicht der Bestand an Schulbüchern bei weitem noch nicht aus.«[25]

Von großer Bedeutung war offenbar die Teilnahme der Schüler an der sogenannten Schulspeisung. Konnten im Schuljahr 1946/47 lediglich 40 Kinder daran teilnehmen [wohl aus Kostengründen], so wird im Schulbericht des darauf folgenden Jahres festgestellt, dass 100 Schülerinnen und Schüler an der Schulspeisung teilnehmen.[26]

Im Schuljahr 1946/47 wurde eine Elternbefragung zur Anwendung der körperlichen Züchtigung der Schüler und Schülerinnen durch die Lehrkräfte durchgeführt. Dabei sprachen sich knapp zwei Drittel aller Eltern für die Anwendung der körperlichen Züchtigung aus.[27] Dieses Ergebnis überrascht, da man annehmen könnte, die Menschen hätten im Angesicht des gerade beendeten Krieges mit all seiner Gewalt eine andere Einstellung gewonnen. Zeitzeuge P.O. erzählt im Interview: »An Pfarrer Dobler ham mer hoit khot und der is scho, muaß i sogn, a grober Kerl gwen. I woaß des heit nimmer warum, aber, – do bin i vielleicht nach der ersten oder der zwoaten Klass ganga, i woaß nimmer – des woaß i net warum, hot mi der rausgholt und hot mi a so obgfotzt, dass mers Bluat rogloffa is vo der Nosn und no hot er mi an Hausgang nogschickt, do is a Auguss drunten gwen und no hot er gsagt: ›Wasch di do!‹ Und nacha – i bin no z'dumm gwen, dass i hoamgloffa war – und no bin i hoit wieder nauf und nacha hot er gspöttelt: ›Bischt no net gstorbn, bischt no net gstorbn.‹ Und sowas vergisst ma seiner Lebtag net.«[28]

Ab dem Schuljahr 1946/47 wurden 215 Schülerinnen und Schüler, von vier und ab dem darauf folgenden Schuljahr von fünf Lehrkräften unterrichtet. Allerdings mussten die Unterrichtszeiten wegen der eklatanten Raumnot in Vormittags- und Nachmittagsschichten aufgeteilt werden.

Schwierig war jeweils die Bereitstellung von Wohnraum für die Lehrkräfte, da die eigentlichen Lehrerdienstwohnungen immer noch ganz oder teilweise von Flüchtlingen belegt waren. Im Schulbericht wird jeweils genau aufgelistet, welche Lehrkraft welche Wohnung im Ort zugeteilt bekommt:
»R. Münzhuber, Dienstw. I. Ordnung: 2 Zimmer u. Küche
L. A. A. J. Söhl: Dienstw. II. Ordnung: 2 kleine Zimmer
L. a. Dr. N. Germann: bei Scheribl: 1 Zimmer
L. a. Dr. E. Winklat: bei E. Bachinger: 1 Zimmer u. Küche
L. A. A. E. Reindl: bei E. Bachinger: 1 Zimmer
Durch den Neubau von Wohnungen beim ›Huberbauer‹ hat sich die brennende Wohnungsfrage, wenn auch nicht zu voller Zufriedenheit aller Beteiligten, klären lassen.«[29]

Am 25. Mai 1948 starb die bei Schülern und allgemein sehr beliebte Lehrerin Eleonore Münzhuber nach langer Krankheit. Die Beerdigung fand unter großer Anteilnahme der Bevölkerung und der gesamten Schule am 28. Mai 1948 statt. Die Verdienste der ehemaligen Schulleiterin in den schweren Zeiten der Nachkriegszeit wurden von verschiedenen Rednern gewürdigt: »Der derzeitige Schulleiter J. Söhl forderte am Grabe der Verstorbenen die gesamte Erzieherschaft und Kinder auf, das Vermächtnis der Toten zu achten und zu beachten: ›Gediegenes Wissen und gediegene Religiosität‹.«[30]

1. Klasse der Volksschule Ampermoching mit Lehrer Otmar Schreiner 1948

Kirche

Der Entwicklung der Kirche in der Pfarrei Ampermoching kann sowohl Pfarrer Dobler, der bis zum 30. Oktober 1949 das Amt des Pfarrers bekleidete, als auch sein Nachfolger Pfarrer Wilhelm nicht viel Positives abgewinnen. Der religiöse Eifer und das religiös-sittliche Verhalten der Schulkinder werden insbesondere von Pfarrer Wilhelm gelobt.[31] Fast resignativ klingen jedoch viele Passagen in den Seelsorgeberichten Pfarrer Doblers für die Jahre 1945–1949. Er hält es für einen Trugschluss, wenn man unmittelbar nach dem verlorenen Krieg eine – in religiöser Hinsicht – Aufwärtsbewegung erwarten würde. »Die kirchlichen Optimisten haben sich getäuscht, denn jeder Krieg demoralisiert.«[32] Die Moral und die sittliche Lebenseinstellung der Heranwachsenden, aber auch der Eltern, der Rückkehrer und der Flüchtlinge sind Pfarrer Dobler ein Dorn im Auge. Mit drastischen Worten kritisiert er z. B., dass »den Zugewanderten […] Schuhe fehlen zum Kirchengehen, nicht aber beim Tanzen, zum Reisen u. s. w.; sie haben Sonntagskleider, sehr selten aber ein Werktagsgewand für die Arbeit; […] Andere betrübliche Zeiterscheinungen: Schulpflichtige besuchen öffentliche Tänze, zweideutige Theater in Gegenwart von Lehrpersonen, die sich mitvergnügen?«[33]

Kein gutes Wort hat Dobler für ehemalige NSDAP-Parteigenossen übrig, die ihn geradezu »vergewaltigen, um ein kirchliches Entlastungszeugnis zu ihrer Säuberung und ignorieren ihn wieder, sobald sie aus der Klemme sind.«[34]

Offenbar erhofft sich der Pfarrer einen Aufschwung in seiner Gemeinde durch einen noch zu gründenden Pfarrausschuss, der »zum großen Segen werden …« könnte.[35] Gleichzeitig ist er aber auch sehr skeptisch, ob sich »überhaupt Männer u. Frauen u. Jugendliche zur Mitarbeit bereit erklären, die bisherige Erfahrung mit den Kirchenverwaltungs-Mitgliedern – freilich ›Mitläufer‹ im 3. Reiche – ist nicht ermutigend«.[36]

Mehrere Gründe führt Pfarrer Dobler auf, das 8. Schuljahr – zumindest auf dem Lande – abzuschaffen. Zum einen glaubt er, dass dadurch eine Entspannung im schulischen Bereich durch die Freisetzung von Lehrkräften und Unterrichtsräumen eintreten würde. Die Schüler der jetzigen 8. Klassen würden zum anderen dringend auf dem Arbeitsmarkt benötigt. Ganz wichtig scheint für ihn aber ein dritter Aspekt zu sein: »und endlich in moralisch-pädagogischer Hinsicht, weil es erfahrungsgemäß sehr gefährlich ist, wenn halbreife und frühreife Jugendliche in den Pubertätsjahren – noch dazu beiderlei Geschlechts – viele Stunden zusammen sind in der Schule und auf dem Wege. Diese Nachteile werden nirgends und niemals aufgehoben durch den Vorteil eines achten Schuljahres, das deswegen allein schon abbaureif ist, weil dort nichts dazu gelernt wird.«[37] Auch 1947 ist keine religiöse Aufwärtsbewegung zu spüren. Der Pfarrer vergleicht das trockene und nicht allzu fruchtbare Jahr durchaus mit der religiösen Entwicklung im Dorf. Nach seiner Auffassung hätten die Bauern, von Blutopfern abgesehen, wenig vom Zweiten Weltkrieg gespürt, so dass »die Not ihnen das Beten nicht lernt«[38]

An dieser eher negativen Darstellung des religiösen Lebens im Dorf ändert auch das Jahr 1948 nichts. Die Pfarrei Ampermoching ist nicht besser oder schlechter als andere Pfarreien, aber der Pfarrer sieht, dass es »in religiöser Hinsicht überall abwärts« geht. Er spricht dem »Landvolk« religiöses Bewusstsein ab.[39] Tanzveranstaltungen sind ihm wiederholt ein Dorn im Auge. Er kritisiert sie insbesondere dann als »unerhört«, wenn sie während der Missionswoche stattfinden oder von Samstagabend bis Sonntagmorgen andauern, weil dementsprechend auch der Besuch des Pflichtgottesdienstes, »dessen Erfüllung ganz in das ›Belieben‹ des Einzelnen gestellt wird.«[40] Auf völliges Unverständnis stoßen bei ihm als »älteren Seelsorger«, wie er sich selbst bezeichnet, die Bemühungen katholischer Jugendverbände »den 16–18 Jährigen eigens [geschlossene?] Tanzveranstaltungen zu ermöglichen, weil sie staatlicherseits verboten sind.«[41]

Die Schule bezeichnet Dobler inzwischen als »Versorgungs-Anstalt für verschiedene Nationen, Alter, Berufe und dergleichen.«[42] Zu diesem Urteil gelangt er, weil unter den fünf angestellten Lehrkräften »ein ehemaliger ungarischer Theologe, eine geschiedene Gräfin aus Böhmen u.s.w.« beschäftigt sind, und das in einer »kath. Konfessions-Schule. Trotzdem ist der religiös-sittliche Stand der Schule befriedigend.«[43]

POLITIK

Nach dem Einmarsch der Amerikaner installierten diese sofort eine sogenannte Militärregierung. Auf deren Weisung wurden alle Bürgermeister, die während des Nationalsozialismus Mitglied der NSDAP waren, ihres Amtes enthoben und durch unbelastete Personen ersetzt. In Ampermoching war der durch die Amerikaner eingesetzte erste Bürgermeister der Nachkriegszeit der parteilose Franz Wechslberger.[44] Bei der Kommunalwahl am 28. April 1946 wurde Franz Wechslberger in seinem Amt bestätigt[45] und 1948 wieder gewählt.[46]

Der Gemeinderat bestand 1946 aus fünf parteilosen Mitgliedern, zwei CSU Mitgliedern und dem ebenfalls parteilosen 1. Bürgermeister.[47] Der erste Haushalt nach der Währungsreform 1948 schloss für das Rechnungsjahr 1949 mit Ein- und Ausgaben in Höhe von 32 550 DM.[48] Umgelegt auf die Einwohnerzahl von ca. 930 entspricht dies einem Pro-Kopf-Betrag von 35 DM. Unter Berücksichtigung der Kaufkraft (Faktor 3,77) würde dies heute etwa 66 Euro pro Kopf entsprechen. Der Haushalt der Gemeinde Hebertshausen im Jahre 2010 wurde mit einem Volumen von ca. 8,5 Mio. Euro verabschiedet.[49] Umgelegt auf 5 356 Einwohner entspricht dies einer Pro-Kopf-Summe von ca. 1 587 Euro.

FLÜCHTLINGE

Wie auch in anderen Gemeinden kamen Flüchtlinge nach Ampermoching aus den unterschiedlichsten Gegenden Osteuropas wie der Ukraine, Schlesien, Ungarn oder dem Sudetenland. Es waren Hunderte, die irgendwie und irgendwo untergebracht werden mussten, eine Aufgabe, um die insbesondere die Bürgermeister nicht zu beneiden waren. Die Einwohnerzahl des kleinen Ortes schnellte von 535 (1939)[50] auf fast 1 000 hoch.[51]

Die schwierigen Jahre der Integration begannen. Für die Kinder war es sicher einfacher als für die Erwachsenen. Pfarrer Dobler schreibt zwar in seinem Seelsorgebericht 1944/45: »Zu weilen hat es den Anschein, als müsste die Landbevölkerung sich verantworten, weil sie besser gestellt ist wie die Flüchtlinge, deren Arbeitslust aber sehr zu wünschen übrig lässt; auch deren religiöser Eifer war Strohfeuer«[52] Überhaupt hatte der Pfarrer zu den Flüchtlingen wohl keine allzu gute Meinung. Dies bringt er in seinen Seelsorgeberichten immer wieder zum Ausdruck. So schreibt er im Bericht 1947 u. a.: »religiös sind sie [die Flüchtlinge] meist abgestanden und kirchenfremd wie ehedem romfremd; Segen bedeuten sie auch nicht in sozialer Weise; völlig einig sind sie sich aber mit den Einheimischen bei Vergnügen und Tanz«.[53] Die negative Charakterisierung der Flüchtlinge durch Dobler dürfte jedoch eine Einzelmeinung sein, denn die meisten Flüchtlinge bekamen schließlich doch die verdiente Anerkennung, weil sie sich, wie etliche Zeitzeugen in Interviews berichten, durch Fleiß und Disziplin auszeichneten.

Da viele der Flüchtlinge evangelischen Glaubens waren, wurde ab 1946 in der Schule evangelischer Religionsunterricht durch eine »Volksdeutsche aus der Ukraine«, Frau Pröckel, erteilt.[54]

Erwin Müller, der mit seiner Mutter und der Tante aus der Ukraine stammt, kam im August 1945 in Ampermoching als 6-jähriges Flüchtlingskind an. Er kann sich heute noch gut erinnern, wie er mit 60 Mitbewohnern im Saal des Gasthauses Geisenhofer Unterschlupf fand: »Und dann sind wir am 6. August 1945 nach Ampermoching gekommen. Gasthof zur Post, der Geisenhofer war der Besitzer. Da waren wir ungefähr 60 Personen oben im großen Tanzsaal. Da waren also die Doppelbetten dringestanden und die wurden mit Decken so abgeteilt. Ja, so ging's damals los und damals gab's noch ne Kegelbahn draußen und an der Kegelbahn da hat dann jeder Holz gesammelt und auf drei Steinen, ein Töpfchen drauf und da wurd ein bisschen gekocht draußen. Man kann sich's heute nicht vorstellen. Wir sind alle evangelisch und dann haben wir den Hinweis bekommen, da gab's eine evangelische Familie. Das war die Familie Straub. Mit denen haben wir dann Kontakt aufgenommen. Die waren auch sehr nett zu uns. Ab und zu haben sie uns ein bisschen Gemüse und Suppengrün gegeben. Und die Bevölkerung von Ampermoching war natürlich sehr reserviert, ich mein, das war damals so, wenn da plötzlich 60 Personen neu ins Dorf kommen. Na ja, man war Flüchtling und es war ungewohnt. Bayern sind ja an und für sich ein bisschen reserviert, bisschen harte Schale. Aber wenn man mal da durchgedrungen ist, dann konnt man schon gut mit ihnen auskommen. Ja, wie ging's uns? Als Kind hat man das ja gar nicht so empfunden wie vielleicht die älteren Leute. Für die war es schon schlimm. Die Kindheit na ja, da hieß es dann, in den Wald gehen, Holz sammeln. Die Wälder waren ja alle sauber. Wenn man heute durch den Wald geht, da denkt man, na, so ein Reichtum, das wär was gewesen damals. Und da musste man immer Holz sammeln, dass man kochen konnte, draußen kochen konnte.«[55]

Erwin Müller kann sich auch noch gut an das Weihnachtsfest 1945 erinnern: »Ja, das war Weihnachten 45. Sie [amerikanische Soldaten] sind hier vom Lager gekommen und haben uns Kinder beschert. Da gabs Cadbury Schokolade und Orangen. Ja, man staunte ja, was es da so alles gab, und wie die geduftet haben und die haben uns beschert, das weiß ich noch da oben«.[56]

Aber auch im Gasthaus Grossmann, in der Schule und in den Höfen musste Wohnraum für die Menschen, die teilweise wochenlang unterwegs waren bis sie endlich hier ankamen, zur Verfügung gestellt werden.

Natürlich war die Situation mit den Flüchtlingen für die Einheimischen äußerst schwierig. Für die Flüchtlinge selbst war das alles jedoch ungleich schlimmer. Kamen sie doch völlig erschöpft und unter Entbehrungen unvorstellbaren Ausmaßes in eine ihnen völlig fremde Umgebung mit entsprechenden Sitten und Gebräuchen. So wunderte sich Erwin Müller über die Misthaufen, die in Bayern üblicher Weise an der Straßenseite, also für jeden sichtbar vor dem Haus angelegt waren: »Ja, das war für uns neu. Die Misthaufen vorm Haus, also an der Straßenseite. Bei uns im Dorf, wo wir in der Ukraine waren, da waren die ganz weit hinten versteckt. Bei uns da waren die Vorgärten gepflegt und hier die Misthaufen... Aber die Zeit war schön. Und da haben wir einmal ein Unwetter erlebt – ich mein, das war 45 oder 46, muss das gewesen sein [26. Juli 1946] – war so ein Unwetter, wir waren beim Geisenhofer oben. Scheiben gingen zu Bruch und plötzlich schwamm da ein ganzer Misthaufen – ein ganzer Misthaufen – am Gasthaus vorbei! Der kleine Bach, der da durchläuft, der ist über die Ufer getreten. Also da waren Überschwemmungen, da haben wir draußen... da waren die Wiesen überschwemmt. Da haben wir Fische gefunden, das war natürlich wieder was zum Essen. Also so was habe ich noch nie erlebt.«[57]

Wenngleich Lebensmittel rar waren und die Beschaffung äußerst schwierig, so erzählen alle Zeitzeugen übereinstimmend, dass sie hier auf dem Lande keinen Hunger leiden mussten. In der Stadt war die Situation ungleich problematischer. Barbara Göttler: »Ja, mei Schwager hot a Landwirtschaft ghabt, der Göttler, und der hot an ganzen großen Wagen voll Kartoffeln amol nei do [nach München] und die hot er aufgeteilt in der Verwandtschaft, weil die warn rar. Mei Schwester hot später amol gsagt: Wenn mia die Ampermochinger Kartoffeln net ghabt hätten, dann wärn ma verhungert, hot die gsogt. Ja, des war scho wos wert, gell. Andere ham net a mol Kartoffeln ghabt.«[58]

Die Kinder mussten natürlich auch ihren Beitrag zum Lebensunterhalt leisten. Erwin Müller erzählt: »Wir waren drei Kinder, die Tante und die Mutter. Im Herbst dann mussten wir Ähren sammeln in den Feldern, damit wir über die Runden kamen. Mit den Lebensmittelmarken war ja auch alles rationiert und begrenzt. Ich kann mich an eine Begebenheit erinnern. Da hatten wir die Ähren gesammelt. Die wurden dann bei Straubs gedroschen und dann sind wir mit einem Leiterwagen, es waren zwei oder drei Säcke Weizen oben, sind wir nach Ottershausen in die Marienmühle gegangen und kurz da hinten – da geht ja der Wald an – und auf einmal kam da die Militärpolizei mit zwei deutschen Polizeibeamten und haben uns angehalten. Sie uns ausgequetscht, was da drin wär und so weiter. War ja Schwarzmarkt und da hat man – wie es eben so war – dann haben wir eben so geschildert, wo das her kommt und dann haben sie reingeschaut, ›jawohl‹, und dann durften wir weiterfahren. Aber der Blutdruck stieg dann sofort und dann hat man sich eben so durchgeschlagen. Da kann ich mich dran erinnern, das ist so haften geblieben. Und dann im Herbst so oder im Spätsommer Beeren pflücken. Marmelade wurde immer gekocht. Oder wenn dann der Leberkäse beim König [Bäckerei und Lebensmittelhandlung] gebacken wurde – die haben da so große Reinen gehabt – bin schnell hingefahren und wenn dann der Leberkäs aus der Reine rauskam, da blieben da immer so Reste drinnen und das hab ich dann bekommen.«[59]

Die letztlich erfolgreich verlaufende Integration von Millionen Menschen in Westdeutschland kann wohl ohne Übertreibung als eine herausragende Leistung der deutschen Nachkriegsgeschichte bezeichnet werden.

Frauen und Familien

Die Frauen, ob Flüchtlinge oder Einheimische, hatten zu Hause die Hauptlast zu tragen. Die Männer der Flüchtlingsfrauen waren oft von ihren Familien getrennt, verschleppt, gefangen, gefallen oder vermisst. Aber auch unter den Einheimischen gab es Familien, in denen der Vater vom Krieg noch nicht zurückgekehrt war. Barbara Göttler hat ein ganzes Jahr auf eine Nachricht ihres Mannes warten müssen. Sie hatte keine Ahnung, ob er lebt, ob er gefallen war oder welches Schicksal ihn ereilt hatte. Sie erfuhr mit der ersten Nachricht nach einem Jahr, dass er in amerikanischer Kriegsgefangenschaft in West Virginia war. Als er 1946 nach Hause kam, erinnert sich der Sohn Georg Göttler: »Ein großer schwarzer Mann is vor mir gstandn!« Barbara Göttler: »I bin halt naus und hab aufgemacht die Tür, dann… do is mei Mann draußen gstanden und do is aber der Schorschi a scho kumma. Du bist zum Balkon reikumme, glaub i und dann, dass du gsagt hast: ›Der Papa!‹ Er hot ihn glei kennt. Also des vergiss i nie, dass er gsagt hat: ›Der Papa‹. Durch des, dass i des hoit erzählt hab und Buidl zeigt hob … er hot ihn glei kennt. Er hat gsagt: ›Der Papa‹«.[60]

Erwin Müller kann sich erinnern, dass seine Mutter beim Bauern, bei dem sie später einquartiert waren, mitgearbeitet hat: »Es dauerte nicht lange, da ist der Knecht abgehauen. Da musste sie eben die ganze Arbeit machen.«[61]

Mit Strick- oder Näharbeiten konnten sich manche Frauen ein kleines Zubrot verdienen. Wenn es auch in der Regel kein Geld für die geleistete Arbeit gab, so wurde man hier auf dem Lande mit Lebensmitteln entlohnt, die das Überleben sicherten. Auch das Halten von Ziegen, Schweinen und Hühnern erleichterte den Überlebenskampf im Alltag.

Die Frauen waren es auch, die die Organisation für das Überleben der Familienangehörigen übernahmen. Elisabeth Kellner, deren Familie aus Roben, Kreis Leobschütz in Oberschlesien stammt, erinnert sich: »Ja, jetzt kommt da unsere Mutter zu euch [Froschmairhof, beim Glas] in die Stube. Es war halt gar nix da. Es war zwar schön sauber, ich glaub deine Eltern haben den Fußboden blau gestrichen gehabt. Nein, es war schon sauber. Aber es war halt kein Ofen, es war kein Licht. Es war nichts drin. Unsere Mutter hat sich auf die Klamotten gesetzt und hat bitterlich geweint. So, was mach ma jetzt. Jetzt bin halt ich wieder, ich war die Älteste, zum Reischl [damals Bürgermeister]. Dann hab ich gesagt: ›Sie, wir haben nichts, wir haben kein Bett, kein gar nichts.‹ Da war halt immer noch Krieg und das Deutsche Reich und im Mai war dann der Krieg aus. So. Auf alle Fälle bin ich dann zum Bürgermeister und hab gesagt: sag i, wir brauchen dies und jenes. Und da war dann von der Frauenschaft – bei euch heißt das jetzt Frauenbund und früher hieß des Frauenschaft – und da waren die Frauen da, die wo da halt organisiert waren. Wir haben dann auch unsere Betten gekriegt, unsere drei Betten. Die haben Platz gehabt, in der Stube. Woast scho, so hinter einander, drei Betten.«[62]

Während der Abwesenheit ihrer Männer oder der Brüder organisierten die Frauen die Arbeitseinsätze von den ihnen als Arbeitskräften zugewiesenen Zwangsarbeitern oder Kriegsgefangenen – sicher keine leichte Arbeit.

NORMALITÄT

Die Sehnsucht nach Normalität im Alltag war groß. Bereits am 15. September 1945, also noch nicht einmal einem halben Jahr nach Kriegsende, gab der Landrat bekannt, dass im Schloss in Dachau ein Lieder- und Arienabend zum Eintrittspreis von 3 RM (Reichsmark), 2 RM und 1 RM besucht werden kann.[63]

Am 24. November 1945 wurden im Amtsblatt Nr. 21 Anzeigen zu Thea-

terveranstaltungen im Schloss Dachau und Filmvorführungen in den »Stadt-
lichtspielen Dachau« veröffentlicht. Es wurde die Märchenoper »Hänsel und
Gretel« von Engelbert Humperdinck aufgeführt und im Kino wurde »Der
junge Edison« als amerikanischer Großfilm angekündigt.[64] Filmvorführungen gab es dann bald auch in den Dörfern. In Ampermoching veranstaltete
das Lichtspieltheater Indersdorf regelmäßig Filmvorführungen. Im September 1949 wurden u.a. die Filme »Traummusik« oder »Der große Bluff« zur
Aufführung gebracht.[65]

Das allgemeine Tanzverbot wurde mit Bekanntmachung am 13. September
1947 im Amtsblatt aufgehoben.[66] Bald konnten auch wieder Heimatabende
und Tanzvergnügungen abgehalten werden. Im Amtsblatt vom 15. Oktober
1949 wird von einem Heimatabend in Ampermoching im »Gasthaus Post«
berichtet: »Zum Brechen voll war der Saal, in welchem Adi Brunner mit seinen Ansagen, Hannerl Obermüller mit ihren Gesangs- und Jodlerpartien und
mit Duetten mit Hans Ritzinger reichen Beifall ernteten. Auch die aktuellen

Fasching Feiernde auf der Straße vor dem Gasthaus Großmann (1949)

G'stanzln des letzteren und Franz Wimberger mit seinem altbayerischen Humor riefen helle Begeisterung hervor. Zum Schlusse spielte sich noch Otto Ebner mit alten und neuen Weisen in die Herzen der Tanzlustigen hinein.«[67]

Vereine waren von der Militärregierung verboten worden. Viele Sportvereine konnten ihren Übungs- und Spielbetrieb zum Teil bereits Ende des Jahres 1945 wieder aufnehmen. Lediglich die Schützenvereine waren länger verboten und durften sich erst Anfang der 1950er Jahre wieder neu organisieren.

In Ampermoching freute man sich über den guten Besuch der 1. Monatsversammlung nach der Neugründung des 1904 ins Leben gerufenen Rad- und Motorsportvereins. Im Amtsblatt/Dachauer Anzeiger vom 11. Oktober 1949 heisst es, dass »der Verein nun zu neuem Leben erwacht [...] [ist] und da sich eine wesentliche Verjüngung in der Mitgliederschaft vollzogen hat, ist damit zu rechnen, dass der Verein bald wieder seinen guten alten Ruf erlangt. Viele wertvolle Preise und die unzähligen Bänder an der Vereinsstandarte sind Beweis für die rege Anteilnahme an radsportlichen Veranstaltungen. Am vergangenen Sonntag wurde eine Begrüßungsfahrt zum Bruderverein nach Freising-Neustift durchgeführt, während an einem weiteren Sonntag die Jugend zu einem Grasbahnrennen starten will.«[68] Leider hat sich der Verein Anfang der 1950er Jahre aus heute nicht bekannten Gründen aufgelöst.

Ampermoching wird im Herbst 1949 Haltestelle im direkten Omnibusverkehr nach München.[69] Bis dahin war München für die Ampermochinger nur mit dem Zug von Walpertshofen oder Dachau aus erreichbar. Nicht selten gingen die Menschen zu Fuß zu den Haltestellen.

Der Gemeinderat befasste sich in seiner letzten Sitzung im Jahre 1949 u.a. mit der Frage des »Ankaufs eines Ebers und einer weiteren Schultafel.«[70]

Georg Wallner aus Lotzbach gibt bekannt, dass er unter der Rufnummer Röhrmoos 57 an das Fernsprechnetz angeschlossen ist.[71]

Glück im Spiel hatten offenbar zwei Ampermochinger, die im Fußballtoto einen hohen Betrag gewinnen konnten. Die Gewinner zeigten sich großzügig und veranstalteten mit einem Teil ihres Gewinns eine »große Weihnachtsfeier, bei welcher die bedürftigsten Altbürger- und Neubürgerkinder beschert« wurden.[72] Die großzügige Spende wurde sogar im Schulbericht erwähnt.[73] Auch Erwin Müller gehörte zu den Beschenkten: »Winter wars und ich hatte keine Schuhe, mit Holzpantinen bin ich zur Schule gegangen. Nur eine kleine Episode: Da hat ein –es waren ein oder zwei – die haben Lotto gespielt und haben dann nen Gewinn gemacht und dem Bürgermeister einen Betrag zur

Verfügung gestellt und dann hab ich ein Paar Schuhe bekommen von dem Betrag. Das war toll«[74]

Die Kinder spielten damals natürlich auch schon mit Begeisterung Fußball. Allerdings fehlte es an gutem Spielgerät. Bälle, geschweige denn aus Leder, gab es so gut wie nicht. Man hat sich zunächst mit irgendwelchen selbst gebastelten Stofflappenbällen beholfen. Der Sohn eines Bauern bekam aber eines Tages doch einen echten ledernen Fußball von seinen Eltern geschenkt. Leider währte das Glück nicht lange, denn: »Da hatten wir gerade Pause – vor der Schule da haben wir auf der Straße gespielt – und dann kam vom Bachinger der Traktorist, der den Bulldog gefahren hat, ein alter Lanz, und wir spielen und der kommt angefahren. Wir sind auseinander gelaufen und irgendwer hat nach dem Ball getreten und der rollt genau unter den breiten Reifen. Es hat einen Schlag getan und dann war er platt und dann waren wir wieder ohne Ball.«[75] So erzählt Erwin Müller die traurige Geschichte vom ersten Lederball im Dorf nach dem Krieg.

Die kirchlichen Feste konnten ebenfalls wieder in alter Tradition gefeiert werden: »Das Kirchweihfest ist wieder mit der Rückkehr zu normaleren Zeiten zu einem Fest geworden wie es in den Jahren vor dem Krieg gefeiert werden konnte. Den Feiern in den Kirchen, die ja den ursprünglichen Sinn bedeuteten, folgten die weltlichen Freuden. Auch auf die traditionelle Weihnachtsgans brauchte diesmal nicht verzichtet zu werden […] wenn die Geldmittel dazu reichten. Und so hat die Kirchweih hier in unserem Ort den althergebrachten Verlauf genommen. Auch der Kirchweihtanz fehlte nicht. Am Sonntag lud die Kapelle Maier-Lohhof im Gasthaus Großmann und am Montag die Kapelle Schwarz im Gasthof Geisenhofer zum Tanz und Frohsinn und es gab an beiden Tagen bis in die späten Nachtstunden ein bewegtes Leben in den Gasthöfen.«[76]

In einer Ausgabe des Amtsblattes/Dachauer Anzeiger 1949 konnte man folgende Nachricht lesen: »Die letzten sommerlich heißen Tage hatten an der unteren Amper den Badebetrieb bis in den September hinein in vollem Betrieb gesehen. Von Ampermoching entlang dem Wasser bis Ottershausen-Haimhausen sah man die Badelustigen sich in den kühlen Fluten der Amper vergnügen. Mit Motorrädern, Autos und Fahrrädern kamen die Badegäste aus nah und fern, denn der idyllischen Plätzchen an der Amper gibt es genug, wo man ungestört, trotz des Massenbetriebs sein kann. Als Wegweiser zu solchen Plätzchen erweist sich am besten die Schuljugend, die ja jeden Weg und Steg kennt. Waren es untertags meist Badegäste aus der Stadt, so fand sich in den Abendstunden nach heißer Arbeit der Ernte dann die Landjugend ein, wenn die ›Stadterer‹ meist weg waren, um nach der Hitze des Tages Kühlung und Erfrischung zu finden.«[77]

Vom Volksfest in Dachau wird berichtet, dass beim Landwirtschaftsfest zwei Bauern aus Ampermoching schöne Preise gewinnen konnten. »So erhielt Ed. Bachinger (Huberbauer) einen 1a-Preis und Mathias Bachinger (Weiherbauer) einen 1. Preis auf der Gerstenschau. Auf der Rindviehschau erhielt Ed. Bachinger für eine Kuh einen 1b-Preis und außerdem noch für eine zur Schau gestellte Kuh mit 31 Litern Milchleistung einen 3. Preis. Beim Motorradrennen erzielte der Fahrer Toni Beck auf dem Sachs-Motorrad von Ed. Bachinger einen 2. Preis.«[78]

Die besonders im ländlichen Bereich so beliebten Schafkopfturniere wurden jetzt auch wieder regelmäßig veranstaltet. Auf eine ganz besondere Partie wird unter dem Titel »Schafkopfpartie über 400 Jahre alt« aufmerksam gemacht: »An Sonntagen kann man hier immer wieder eine Schafkopfpartie erleben, die wohl nicht leicht ihres gleichen hat. Da treffen sich Seb. Mittweger, die Brüder Georg und Josef Lerchl und Johann Sedlmair in der Wirtschaft zu ihrem nun wirklich schon Tradition gewordenen Kartenspiel, an welchem als Kiebitz ebenso sicher Ludwig Hausböck teilnimmt und diese 5 Herren zählen zusammen mehr als 400 Jahre, was man allerdings dem Temperament beim Spiel kaum anmerken dürfte.«[79]

Mehr Normalität für den Alltag brachte die Währungsreform am 20. Juni 1948. Zeitzeugen berichteten, dass über Nacht wie von Zauberhand plötzlich die Regale in den Geschäften wieder gut gefüllt waren. Barbara Göttler: »War alles da, ja. Aber kaufen ham mas net kenna, weil mer koa Geld ghabt ham. Ja, wia gsagt, die 40 Mark, die hat ma scho einteilen müssen am Anfang. Bis amal mehr gebn hot, dann ham mir nur des Notwendigste kaufa kenna, nix irgendwas Bsonders, was ma mögn hat.«[80]

Auch Regina Keller, geb. Moosrainer, wunderte sich als damals 22-jährige, woher die Waren und Materialien plötzlich herkamen. Für sie war es ein Glücksfall, als sie 10 DM von ihrer Großmutter geschenkt bekam und sich einen Kinobesuch leisten konnte.[81]

J.L. erzählt, wie er sich ein paar Mark und Naturalien verdienen konnte, als er half, das zur Kühlung dringend benötigte Eis für die Wirtshäuser zu beschaffen: »Beim Geisnhofer hom mia geeist, dös stimmt, für a poor Markl. Dös is in Keller neikemma. An Mochinga Weihra dram is Eis ghoit worn. Wenn da Kella voi war, dann is wieda Feirowad gwen. Vom Mondog bis an

Warensortiment im Lebensmittelgeschäft König 1949/50

Samsdog, Vormiddag von achde bis an Nomiddog um fünfe. Sag i, dann homma viea Hoibe Biea kriagt. An Vormiddog host oane drunga, an Nomiddog oane, und zwoa host mid hoam nehma deaffa, und da Stund neinzg Pfenning. Na sans dreissg Mark gwen. Dreissg Mark. Da hod d'Hoiwe Bier 40 Pfenning koscht.«[82]

Nachkriegsalltag

Nach der Befreiung des KZ in Dachau durch die US-Armee ist es auch in Ampermoching zu Plünderungen gekommen. Pfarrer Dobler berichtet zwar, dass sämtliche Kirchen in der Pfarrei verschont geblieben sind, jedoch wurden im Pfarrhaus »von (per Auto vorgefahrenen) Russen 15–20 Flaschen Meßwein geraubt (mit starker Betonung der Pistolen); einige Tage später wurden bei Nacht aus dem Keller abermals etliche Flaschen nebst Eßwaren entwendet.«[83]

Auch P. O. kann sich noch gut an die unmittelbare Nachkriegszeit erinnern. Auf seinem Hof lebte eine Flüchtlingsfrau aus Lettland: »Und no san drei Mordsträmmer-Mannsbilder, san an Hausgang drin gwen und ham auf russisch gredt do, heit Nocht kemmas und rama des Haus aus. Und die

Flüchtlingsfrau, die Lettländerin, die hot russisch kennt und die is hoit a do gstandn und die hots oplärrt nacha: ›Wos mechts es? Heit Nocht do kemma und ausrama!‹ De san naus bei der Haustür und davo … Da Nachbar drobn, hot glei nach am Kriag gheirat. Und do san bei der Nocht hoit wieder Plünderer kemma. Und die Flüchtlingsfrau do, die hot recht guat pfeifa kenna und die is raus, Fenster aufgmacht und zum Nachbarn naufpfiffa do und der hot net amal in der Hochzeitnach a Ruah ghot. Der is kemma, und dawei san aber die wieder davo.«[84]

SCHLUSSBEMERKUNG

Mit den Recherchen und Zeitzeugeninterviews wurde im Jahre 2011 begonnen. Die befragten Zeitzeugen waren im erforschten Zeitraum von 1945–1949 im Kindes- oder Jugendalter. Naturgemäß beschränkte sich dadurch der Wahrnehmungshorizont der Befragten weitgehend auf die Umgebung, wie sie Kinder oder Jugendliche erfahren. Politische Ereignisse, wie z. B. Wahlen oder das manchmal doch schwierige Miteinander zwischen Einheimischen und Flüchtlingen wurde entweder gar nicht wahrgenommen oder als eher unproblematisch erlebt. Das Miteinander der Flüchtlingskinder und der einheimischen Kinder war offenbar sehr harmonisch.

1 Peter Pfister (Hg.): Das Ende des Zweiten Weltkriegs im Erzbistum München und Freising. Die Kriegs- und Einmarschberichte im Archiv des Erzbistums München und Freising. 2 Bde. (Schriften des Archivs des Erzbistums München und Freising 8/I+II), Regensburg 2005. Hier Bd. I, S. 505, 506

2 Ebd.

3 Telefonat am 12. April 2013 mit Stefan Sedlmair, dem jetzigen Besitzer des Anwesens Durchsamsried, Röhrmoos

4 Peter Pfister (wie Anm. 1)

5 Ebd.

6 Telefonat am 12. April 2013 mit Stefan Sedlmair (wie Anm. 3)

7 Peter Pfister (wie Anm. 1)

8 Dachauer Nachrichten 8./9. November 1952, Zeitungsausschnitt

9 Peter Pfister (wie Anm. 1)

10 Interviewtranskript Josef Blank vom 3. April 2013

11 Ebd.

12 Interviewtranskript Barbara Göttler vom 11. Mai 2011 gekürzt

13 Erzählung Zeitzeugin Frau B. am 5. März 2013

14 Interviewtranskript Josef Lerchl

15 Peter Pfister (wie Anm. 1)

16 Amtsblatt Nr. 1, Nr. 14, 1946, für Stadt und Landkreis Dachau

17 Archiv des Erzbistums München und Freising (AEM); Seelsorgebericht 1947

18 Archiv des Erzbistums München und Freising (AEM); Seelsorgebericht 1949 v. 18. Januar 1950

19 Ebd.

20 Schularchiv Hebertshausen; Schulgeschichtliche Aufzeichnungen 1913–1969, Schulbericht 1945/46

21 Archiv des Erzbistums München und Freising (AEM); Seelsorgebericht 1944/45

22 Ebd.

23 Schularchiv Hebertshausen; Schulgeschichtliche Aufzeichnungen 1913–1969; (wie Anm. 20)

24 Ebd.

25 Schularchiv Hebertshausen; Schulgeschichtliche Aufzeichnungen 1913–1969, Schulbericht 1947/48

26 Ebd.

27 Schularchiv Hebertshausen; Schulgeschichtliche Aufzeichnungen 1913–1969, Schulbericht 1946/47

28 Interviewtranskript P. O. (vollständiger Name ist den Verfassern bekannt) vom 21.05.2011

29 Schularchiv Hebertshausen; Schulgeschichtliche Aufzeichnungen 1913–1969 (wie Anm. 27)

30 Schularchiv Hebertshausen; Schulgeschichtliche Aufzeichnungen 1913–1969; (wie Anm. 25)

31 Archiv des Erzbistums München und Freising (AEM); (wie Anm. 18)

32 Archiv des Erzbistums München und Freising (AEM); Seelsorgebericht 1946

33 Ebd.

34 Ebd.

35 Ebd.

36 Ebd.

37 Ebd.

38 Archiv des Erzbistums München und Freising (AEM); Seelsorgebericht 1947

39 Archiv des Erzbistums München und Freising (AEM); Seelsorgebericht 1948

40 Ebd.

41 Ebd.

42 Ebd.

43 Ebd.

44 Stadtarchiv Dachau, Amtsblatt Nr. 1 v. 27. Juni 1945

45 Registratur Landratsamt Dachau; Meldung des Wahlergebnisses der Gemeinde Ampermoching v. 27. Januar 1946

46 Bayerisches Landesamt für Statistik und Datenverarbeitung, Sachgebiet Wahlen, Büro des Landeswahlleiters; Statistischer Fragebogen für die Gemeindewahl 1948

47 Registratur Landratsamt Dachau; (wie Anm. 45)

48 Archiv der Gemeinde Hebertshausen; Haushaltssatzung, Haushaltsplan und Haushaltsrechnung für das Rechnungsjahr 1949

49 Gemeinde Hebertshausen; Angaben der Kämmerei zum Haushalt 2010

50 Dachauer Nachrichten, Ausgabe 6. Oktober 1950

51 Archiv der Gemeinde Hebertshausen; (wie Anm. 48)

52 Archiv des Erzbistums München und Freising (AEM); (wie Anm. 21)

53 Archiv des Erzbistums München und Freising (AEM); (wie Anm. 38)

54 Schularchiv Hebertshausen; Schulgeschichtliche Aufzeichnungen 1913–1969 (wie Anm. 25)

55 Interviewtranskript Erwin Müller v. 14. März 2013 gekürzt

56 Ebd.

57 Ebd.

58 Interviewtranskript B. Göttler; (wie Anm. 12)

59 Interviewtranskript Erwin Müller; (wie Anm. 55)

60 Interviewtranskript B. Göttler wie Anm. 12

61 Interviewtranskript Erwin Müller; (wie Anm. 55)

62 Interviewtranskript Elisabeth Kellner v. 18. März 2013 gekürzt

63 Stadtarchiv Dachau, Amtsblatt 15. September 1945

64 Stadtarchiv Dachau, Amtsblatt 24. November 1945

65 Stadtarchiv Dachau, Amtsblatt 10. September 1949

66 Stadtarchiv Dachau, Amtsblatt 13. September 1947

67 Stadtarchiv Dachau, Amtsblatt 15. Oktober 1949

68 Stadtarchiv Dachau, Amtsblatt 11. Oktober 1949

69 Stadtarchiv Dachau, Amtsblatt 15. September 1949

70 Stadtarchiv Dachau, Amtsblatt 22. Dezember 1949

71 Stadtarchiv Dachau, Amtsblatt 13. Januar 1946

72 Stadtarchiv Dachau, Amtsblatt 22. Dezember 1949

73 Schularchiv Hebertshausen; Schulgeschichtliche Aufzeichnungen 1913–1969, Schulbericht 1949/50

74 Interviewtranskript Erwin Müller; (wie Anm. 55)

75 Ebd.

76 Stadtarchiv Dachau, Amtsblatt 29. Oktober 1949

77 Stadtarchiv Dachau, Amtsblatt 15. September 1949

78 Stadtarchiv Dachau, Amtsblatt 8. September 1949

79 Ebd.

80 Interviewtranskript B. Göttler; (wie Anm. 12)

81 Protokoll über das Gespräch mit Reinhold und Regina Keller, geb. Moosrainer v. 12. April 2013

82 Interviewtranskript Josef Lerchl v. 28. Januar 2013 gekürzt
83 Peter Pfister (wie Anm. 1)
84 Interviewtranskript P. O. wie Anm. 26

KRIEGSGEFANGENSCHAFT UND HEIRAT NACH GAGGERS
ERINNERUNGEN EINES KRIEGSGEFANGENEN

Thomas Vötter jun.

Viele Soldaten verbrachten die Nachkriegszeit in Kriegsgefangenschaft. Im folgenden Beitrag geht es um diese Erfahrungen. Thomas Vötter sen. (1919–2003), geboren und aufgewachsen in Meringerzell, war von 1945–1948 in französischer Gefangenschaft. Unmittelbar nach seiner Rückkehr heiratete er nach Gaggers. Seine Erinnerungen, die hier auszugsweise wiedergegeben werden, hat der Verfasser aufgezeichnet.

Nach Aufenthalten in verschiedenen Lagern landete Thomas Vötter sen. in Mouzon (Ardennen, Frankreich), wo er bis zum 9. Juli 1945 gefangen war:

Dann hieß es auf einmal, es geht raus zu den Bauern. Das hörte sich schon besser an. Aber wir kamen nicht ohne weiteres zu den Bauern. Zuerst mußten wir vor einer einzelnen Kammer mit unseren Habseligkeiten antreten, dabei standen auch Posten. Ein jeder kam einzeln ins Zimmer zum filzen. Man mußte sich nackt ausziehen und die Sachen auf den Tisch legen; zwei Soldaten haben dann alles durchsucht. Ein dritter saß dabei und sah zu, es war ein Höherer. Wehe, es hatte einer was eingenäht und wurde erwischt – da hörte mans draußen schon noch patschen! Als Abschluß mußte man sich umdrehen und bücken: Da haben sie einem noch ins Arschloch reingeschaut, ob nichts versteckt ist!

Darauf gings raus und auf die andere Seite zu den Durchsuchten; natürlich stand überall ein Posten, daß keiner einem bereits Durchsuchten etwas zustecken konnte. So warteten wir mehrere Stunden. Endlich, am 10. Juli abends um sechs Uhr kamen dann einige Bauern mit einem Traktor und zwei hartgummibereiften Brückenwagen, um uns in ihr Dorf zu holen. [...] Die Bauern sahen uns der Reihe nach an und dann ging es los. Ich nehm den, ich den – auch unseren Mageren, den »Christus« hatten wir dabei. Da sagte einer »ich nehme ihn, wenn er etwas zu Essen bekommt, wird er schon!« Und so war es auch. Um Mitternacht war dann der ganze Handel beendet und es ging jeder mit seinem Bauern nach Hause. [...]
Das Essen beim Bauern war gut und reichlich. Morgens um sieben Uhr

Frühstück. Dann fuhr man so um halb acht aufs Feld. Früher fuhr vom ganzen Dorf keiner raus, auch nicht zum Futter holen! Der weiteste Anmarschweg zum Feld betrug eine Stunde. Für die Mittagszeit mußte man um ein Uhr zu Hause sein, als erstes wurde den Pferden der Hafer gegeben, darauf gings zum Essen [...], dann gings bis drei Uhr ins Bett oder einfach Ausrasten. Vor drei Uhr wurde wieder geweckt und es ging wieder raus aufs Feld.

Während der Ernte stand in der Mittagszeit ein Gewitter am Himmel. Ich meinte zum Bauern, aufs Gewitter zeigend, schnell noch ein, zwei Fuhren zu holen. Der sagte: »leß« [lasse] und meinte: »Es wird schon wieder trocken!« Da hat sich – im Gegensatz zu meinem Dienst bei den Bauern daheim – keiner aus der Ruhe bringen lassen. [...] Zum Säen fuhr das erste Mal der Bauer selbst mit; wir hatten eine Sämaschine von drei Meter Breite, ebenfalls mit drei Pferden vorgespannt. Der Bauer fragte mich, ob es genauso wäre, wie in Deutschland (»egal Allemagne«) - ich meinte »ja« (»wui«) [oui].

Also fuhr ich das erste Mal den Acker rauf, der Bauer sah zu. Ich dachte mir, schau bloß Thomas, daß es gerade wird. Als ich wendete und nach dem Bauern sah, war dieser schon verschwunden. Der wird sich gedacht haben, der kanns, da er am Tag nur noch einmal kam zum Nachsehen. [...]

Einmal kam ich mit dem Bauern ins Gespräch übers Kirche gehen am Sonntag. Er fragte mich, ob ich katholisch sei und sonntags in die Kirche gehen wolle? Ich sagte: »ja!« So kam es, daß ich alle Sonntage eine Stunde vor Messbeginn vom Feld nach Hause gehen konnte, um mich für den Kirchgang herzurichten. Das hatte mir der Knecht zu sagen, da ich selbst keine Uhr hatte. Mein Kamerad war evangelisch, so war ich der einzige von vierundzwanzig Gefangenen des Ortes, der am Sonntag in die Kirche ging. Es waren das erste Mal schon ein wenig gemischte Gefühle dabei! Ich wußte ja nicht, wo ich hin sollte und wie sie mich aufnehmen. Beim Eintreten sah ich, daß vorn auf der rechten Seite, in einer Einbuchtung, Mannsbilder waren. Ich ging ebenfalls nach vorne, getraute mich aber in keine Bank zu gehen. Es war ja schließlich riskant, als Gefangener neben französischen Bürgern zu sein! So blieb ich an einer Säule stehen. Nach einigen Sonntagen stellte eine katholische Schwester einen Stuhl hinter mich und deutete mir, ich sollte mich draufsetzen. So hatte ich ab sofort in der Kirche meinen festen Stammplatz, den mir auch keiner streitig machte. [...]

Daß uns die Franzosen nicht gerne mochten, konnte ich selbst recht deutlich erfahren. Ich habe einmal weit vom Dorf mit dem Zweischar-Wendepflug geackert und kam wegen anderer Arbeiten für einen Tag nicht auf dieses Feld, der Pflug stand aber draußen. Als ich am übernächsten Tag rauskam, sah ich auf der Pflugschar was mit Kreide. Bei näherem hinschauen war da doch ein Galgen draufgezeichnet, an dem einer hing. Dazu stand noch geschrieben *boches* (gesprochen »bosch« – zu Deutsch »Deutsches Schwein«)!

Meine Wut kann man sich denken. Die Pferde mußten es büßen, immer fleißig »hü«, bis Waage und Secht verbogen waren! Die Zeichnung ließ ich drauf! Als ich fertig war, gings nach Hause. Beim Bauern angekommen, verlangte ich den Luxemburger als Dolmetscher und sagte dann: »Wenn ich nicht mehrer wert bin, als aufgehängt zu werden, höre ich das Arbeiten auf!« Darauf ging der Bauer zum Bürgermeister und verbot sich solche Sachen. Darauf hieß es: Wenn ein Gefangener seine Arbeit macht, soll man ihn in Ruhe lassen! Weiß auch hernach keinen solchen Vorfall mehr. [...]

Wie heißts: »Wenn es dem Esel zu gut geht, geht er aufs Eis!« Mit der Zeit sickerte vom Lager aus durch, daß wir, die Gefangenen, im Sommer nur neun Stunden und im Winter acht Stunden am Tag zu arbeiten brauchten. So habe ich mich auf dies versteift und zum Bauern gesagt, er soll mich ins Lager zurückbringen. In der Zwischenzeit gehörten wir nicht mehr zum Lager Mouzon, sondern zum Lager Sedan. Im Juni brachte mich dann der Bauer ins Lager zurück. Dort wurde ein jeder einzeln verhört, zuerst ich, dann der Bauer. Ich machte geltend, daß wir im Sommer vierzehn Stunden und länger arbeiten müßten. Für die Überstunden, meinte ich, ob ich nicht Geld bekommen könnte? Dies wurde mir verneint. Da bekanntlich Gefangene kein Geld haben durften, war da nichts zu erreichen. Als der Bauer von der Vernehmung raus kam, hatte er einen roten Kopf. Die anderen meinten, ob ich nicht doch wieder mit dem Bauern mitginge. Ich verneinte und so wars entschieden.

Kaum war der Bauer fort, war schon ein anderer da, der sagte, ich soll mit ihm mitgehen. Auf Deutsch, ich werde es gut bei ihm haben! »Ich Deutschland auch gut haben!« Durch die deutsche Sprache des Bauern ließ ich mich ein und ging mit ihm. Der Bauer hatte schon ein zweites Fahrrad dabei, so ging es ab nach Sy bei Le Chesne. Wie sich später herausstellen sollte, habe ich doch »in den Dreck« getappt! [...]

Das Essen war bei dem Bauern eintönig. Sonntag wie Werktag gleich. Es kam ein halber Suppenhafen voll Wasser auf den Herd, geschälte Kartoffeln, gelbe Rüben und ein Stück Fleisch rein. Zu Mittag wurde dann Brot aufgeschnitten, in eine Schüssel, die Brühe vom Gekochten drübergeschüttet, so war die Suppe und das ganze Essen fertig! Brotzeit und Abendessen war auch ziemlich mager. So habe ich mich abends in der Dunkelheit ans Obst gehalten. Es gab nämlich sämtliche Sorten von Kirschen, von Mai bis August. Abends, wenn es dunkel war, hab ich die Kirschbäume heimgesucht, eigene und fremde! Damit hab ich mir den Bauch vollgeschlagen. Im Herbst waren es dann Birnen und Äpfel. [...]

Bei diesem Bauern hab ich auch mal mit Weinbergschnecken gesammelt. Ob sie verkauft wurden, weiß ich nicht; jedenfalls zum Essen habe ich keine bekommen. Wurden sie zum Essen hergerichtet, kamen alle zuerst in ein Gefäß mit Salz, für ein paar Tage. Da haben sie sich aus- und abgeschleimt. Darauf wurden die Schnecken in kochendes Wasser gegeben, damit sie sich aus dem Häuschen lösten. Als letztes dann in einer Pfanne mit Fett geschmort. Wollte jemand die Schnecken besonders schön servieren, steckte er sie wieder ins Häuschen! Für so eine Mahlzeit hatte ich keinen Appetit, da kam mir das Grausen. [...]

Es ging auf den Winter zu und ich trug mich mit dem Gedanken, nicht länger bei dem Bauern zu bleiben. Aber welches Mittel gebrauchen, um loszukommen? [...] Mit Beginn der Winterzeit kam auch das Dreschen auf den Plan. Wir hatten eine Dreschmaschine wie üblich. Ich war zum Auffangen des Strohs eingeteilt. Soweit ging alles gut. Aber kurz vor Weihnachten, es hatte 15 Grad Kälte und ich keine Handschuhe. Da packte mich die Wut und ich sagte zum Bauern: »Bei dieser Kälte bin ich nicht verpflichtet ohne Handschuhe zu arbeiten!« Da erfuhr ich dann des Bauern wahres Gesicht und es ging los: »Du Schwein, du es hier gut haben, ich in Deutschland schlecht haben!« So war das Ende besiegelt, ich habe nichts mehr gearbeitet und gesagt: »Ich will ins Lager zurück.« Ich mußte noch zwei Tage warten, bis der Bürgermeister am Heilig Abend mit dem Auto nach Sedan fuhr, zum Wäschetausch. Am Heilig Abend im Lager angekommen, war kein Vernehmungsoffizier mehr da, nur ein Schaschand [Sergeant, Unteroffizier]. So wurde ich wegen Arbeitsverweigerung zu dreißig Tagen Prison (Gefängnis) im Lager verurteilt! Noch drei andere waren dazugekommen, die wegen Fluchtverdacht, Beihilfe und Mitwisserschaft ebenfalls 30 Tage Bau erhielten. So marschierten wir vier zum Gefängnis. Dort angekommen hieß es warten, denn die anderen Insassen wurden durch Amnestie gerade entlassen und marschierten heraus. So zogen wir vier ins leere Gefängnis mit unseren Habseligkeiten ein. Das Gefängnis bestand aus zwei leeren Räumen mit Betonboden, darauf Bambusunterlagen; durch türlose Öffnung mit einem Vorraum verbunden. Im Vorraum war eine meterhohe Blechtonne mit zwei Griffen, ein Brett drauf – für die menschlichen Abfälle! Sie mußte täglich von zwei Mann unter Bewachung entleert werden. Vor dem Gebäude stand ein Posten. Zum größten Teil waren es Marokkaner oder aus anderen französischen Kolonien. Die Räume waren ohne Licht, oben ein kleines Fenster. In der ersten, der Heiligen Nacht bekamen wir Besuch vom Lagerpfarrer. Jeder erhielt eine kleine Kerze, Trockenbananen und einige Süßigkeiten. Unsere Ansicht war, daß es uns gut gehe.

Das Lager war eine alte Kaserne, bestehend aus größtenteils erdgeschossigen Gebäuden, oberhalb Sedan auf der Höhe. Von da ab beschloß ich dann, mich nicht mehr zu rasieren und einen Schnurrbart wachsen zu lassen. Im Bau bekamen wir laufend Zuwachs, so wurde es keinem langweilig. Es gab immer etwas Neues zu erzählen. Arbeit hatten wir ganz selten, höchstens ab und zu in der Küche Kartoffeln schälen, oder in der Schreibstuben-Baracke den Gang zu kehren. Auf diese Arbeit waren wir besonders scharf, denn dort war immerhin mal eine Zigarettenkippe zu finden – an Rauchwaren gab es sonst hier nichts! [...]

Als Essen gab es Eintopf, abends Brot und morgens dazu Kaffee. Immerhin, es war zum Aushalten ohne Arbeit. Die meisten, die nach Sedan in den Bau kamen, wurden an der Grenze auf der Flucht erwischt. [...]

Etwa im Juli 1947 hieß es dann, wer sich in einen Zivilarbeiter umwandeln lassen will, kann sich melden. Jedoch mit der Auflage, einen einjährigen Vertrag zu unterzeichnen. Da die Aussichten auf eine baldige Entlassung aus der Gefangenschaft sowieso recht gering waren, entschloß ich mich, für ein Jahr noch in Zivil zu arbeiten. [...]

Am 10. September 1947 kam dann der Bauer mit einem Reservefahrrad und holte mich vom Lager ab. [...] Mit dem Dienstplatz hatte ich es gut getroffen. [...] Bei meiner Einstellung beim Bauern wurde bereits der Lohn vereinbart: 4500 Franc im Monat. Das war dort zu dieser Zeit der übliche Verdienst. Der Franc war nach Deutschem Geld damals 5 Pfg. So verdiente ich in der Zeit im Monat umgerechnet 225 Mark. Das war viel Geld! [...]

Laut meiner Verpflichtung auf ein Jahr, standen mir vier Wochen Urlaub in der Heimat zu. In der Zeit mußte der Bauer trotzdem den Lohn weiterzahlen. Die Fahrt war frei. So fuhr ich mit dem Zug über Metz, Speyer, Ludwigshafen, Karlsruhe, Stuttgart und Augsburg nach Mering. Von dort zu Fuß nach Zell, in mein Heimatdorf. Die Freude war groß, meine Brüder – sofern sie noch lebten – alle schon zu Hause. [...] Es war Faschingszeit. So bin ich doch mal nach Hörmannsberg zum Tanzen gegangen. Es war ein Ball, da durfte ein Weiberts allein nicht rein, also habe ich von Zell gleich zwei mitgenommen. Eine von ihnen war alleinstehend und wollte doch auch mit. Zu Trinken und

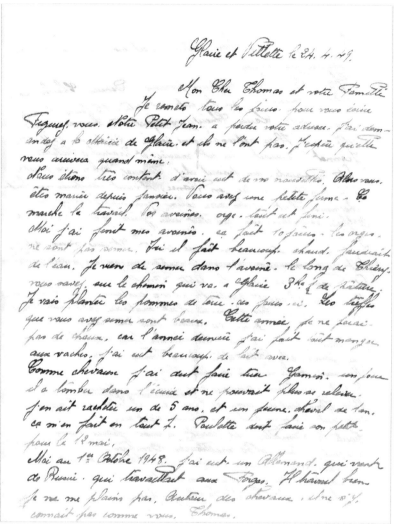

Brief der französischen Bauernfamilie 1949

zu Essen gab es wenig; zum Trinken – soviel ich noch weiß – ein Liter Dünnbier mit 3% Stammwürze. Frei zum Essen war soviel wie gar nichts, höchstens
Bratkartoffel mit Ei. Es war ja »Markenzeit« und die brauchte man zu Hause
notwendiger. Am besten war, man nahm seine Brotzeit selber mit, dagegen
hatte auch der Wirt nichts. Ich hatte auch Eierlikör dabei, selbstgemacht.
Brachte dazu von Frankreich Rum mit und mit Eigelb und Zucker dann zu

Glaire et Villette den 24.4.49

Mein Lieber Thomas und Familie,

Ich denke immer daran Dir zu schreiben.
Stell Dir vor unser kleiner Jean (Johann) hat Deine Adresse verloren. Ich habe auf
der Gemeinde von Glaire nachgefragt, aber dort wußte man sie auch nicht.
Ich hoffe, daß dich der Brief trotzdem erreicht.
Wir waren sehr glücklich über Deine Nachricht. Nun bist Du also seit Januar
verheiratet und hast einen kleinen Hof. Wie geht es mit der Arbeit? Sind Dein Hafer
(avoine (avwan gesprochen lt. Lexikon)) und die Gerste (orge (orsch gespr.)) schon
fertig? Mein Hafer ist schon fertig. Es hat 10 Tage gedauert. Die Gerste ist noch
nicht gesät. Hier ist es sehr heiß und wir brauchen Wasser. Ich werde den Hafer
entlang Chieuz (?) säen, Du weist schon, am Weg der nach Glaire führt. 3 1/2 ha
Weide (pature (patür gespr.)).
In den nächsten Tagen werde ich die Kartoffeln (pommes de terre) pflanzen.
Der Klee (trefle, wahrscheinlich) den Du gesät hast ist sehr gut geworden.
Dieses Jahr habe ich keinen Kohl (choux) gemacht, denn das letzte Jahr habe ich
alles den Kühen (vaches (wasch gespr.)) gegeben. Da hatte ich viel Milch.
Bei den Pferden (chevaux (schevo gespr.)) habe ich Gamiss (name des pferdes)
erschießen müssen. Eines Tages ist er in den Graben gefallen und konnte nicht
mehr aufstehen. Ich habe noch einen fünfjährigen und ein junges einjähriges Pferd
gekauft. Das macht nun zusammen 7. Paulette (name des pferdes) bekommt ihren
Kleinen am 12 Mai.
Ich habe seit 1.Oktober 1948 einen Deutschen, der aus Rußland gekommen ist und
der bei Forges gearbeitet hat. Er arbeitet gut. Ich beklage mich nicht. Aber mit den
Pferden kennt er sich nicht so gut aus wie Du Thomas.
Schließlich bin ich sehr zufrieden. Ich beende die Feldarbeit.
Fritz (eventuell Francois) hat immer keinen niemanden. Seit Charles hat er schon 4
Helfer gehabt, aber keiner ist länger als 14 Tage oder 1 Monat geblieben.
Louis Chieuz wird eventuell dieses Jahr heiraten. Er wird einen Hof 20 km von
Villette übernehmen.
Jeannet Dussait ist auch verheiratet und arbeitet in Villette.
Dein Freund/Kamerad der bei Droguez Robin arbeitet wird eventuell auch bald in
Frankreich heiraten. Er kommt immer zu uns für die Milch. (...)
Dein Kamerad der in Glaire mit Giselle befreundet war ist immer noch da; es geht
ihm gut
Ich hoffe, daß Du bei guter Gesundheit bist. Und das Du schon einen kleinen Sohn
oder Tochter bestellt hast.
Wie geht es der Familie deines Bruders?
Unser Jean springt überall herum. Er geht zwischen die Pferde mit einem Stecken.
Zur Zeit ist er krank und hat eine Erkältung. Er weint nur die ganze Zeit.
Mein Schwiegervater kann nicht mehr so gut laufen. Er hat Schmerzen im Bein.
Meiner Schwiegermutter und meiner Frau geht es gut.
Mir geht es auch gut. Erinnerst Du dich noch: Vor einem Jahr im Mai war ich krank
und Du mußtest die "betreffes" säen.
Wir werden vielleicht Wasser bekommen, denn es donnert.
Wir brauchen Wasser, sonst können wir nicht mehr Arbeiten. Es ist so trocken.
Die ganze Familie wünscht Dir alles Gute
Wenn Du Zeit hast schreibe uns einmal. Wir sind sehr zufrieden Thomas.
Schreibe uns ein bißchen, was sich bei Dir so tut, die Arbeit und das Leben.

winwont → turpins. doc

Hause Eierlikör fabriziert. Er schmeckte nicht schlecht. [...] Übrigens hätte
ich in Deutschland nur ein Viertel von dem, was ich in Frankreich bekam,
verdient! Dazu hätte ich für das Geld hier zu Hause nicht viel oder nichts kau-

fen können; es ging ja noch alles auf Marken oder Kleiderkarte. Dagegen war
in Frankreich schon vieles frei zu haben. So habe ich im Urlaub so manches
heimgebracht; unter anderem auch Wolle. Auch dieser Urlaub ging zu Ende
und ich fuhr am Faschingsdienstag 1948, vormittags wieder Richtung Frankreich. Ich hatte die Heimat und die zu Hause mich gesehen – so gings wieder
leichter. Solange man jung und ledig ist, hat man nicht viel zu verlieren. Beim
Bauern wieder glücklich angekommen, ging der Alltag weiter.

Einige Wochen nach meiner Ankunft erhielt ich von zu Hause, von der
Schwägerin [...] einen Brief. Darin war zu lesen, daß sie zu ihres Bruders
Jahrzeit (Toten-Jahrmesse) bei sich zu Hause war und da hätte eine nach mir
gefragt! [...] Ich soll ihr selber schreiben!

Ich wußte nicht, war es ein gut gemeinter Rat oder wollte sie mich los
sein, wenn ich heimkäme. Damit ich nicht zulange an ihrer Schüssel säße. Mir
war es ja logisch, denn mit neunundzwanzig Jahren war es an der Zeit, daß
man schön langsam selbständig wurde und einen eigenen Hausstand gründete. Was zu der Zeit nicht ganz einfach war. Die Industrie war vernichtet, die
Arbeit wenig. Das Geld rar und somit schlecht ein Unterkommen zu finden.
So habe ich es halt doch riskiert und »derjenigen« geschrieben. In der Zwischenzeit hat die Mutter meiner Schwägerin »diejenige« schon des Öfteren
gefragt, ob sie noch keine Post erhalten hätte. Und dabei zugleich etwas Re-
klame gemacht! Es wäre der Bruder ihres Schwiegersohnes, einer sei Pfarrer,
also vielleicht ein Aushängeschild für Anständigkeit in unserer Familie! Wie
dem auch sei, ich habe der »Angebotenen« geschrieben und nach einiger Zeit
auch wieder Post erhalten. So gingen die Briefe hin und her. [...]

Im Sommer sind wir zwei Zivilarbeiter sonntags auch des öfteren nach
Sedan gegangen, ins Kino. Da war es uns oft nicht ganz wohl dabei. Zeigten
sie doch manchmal Kriegsfilme oder vor dem Film noch Wochenschauen
vom Krieg. Hat da zum Beispiel ein Franzose einen Deutschen erschossen,
so riefen sie: »Bravo, bravo!« Dagegen wurde, wenn ein Deutscher einen
Franzosen erschoß, gerufen: »bosch« (Deutsches Schwein) oder »sal bosch«
(Deutsches Dreckschwein). Dabei haben wir meist die Köpfe etwas zwischen
die Schultern gezogen. Man konnte ja nicht wissen, ob man nicht gleich eine
drauf bekam, im Eifer des Gefechtes! [...]

Ich richtete mich schon langsam für die Heimfahrt, da am 10. September
ja mein Pflichtjahr zu Ende war. [...]

Einige Tage vor meiner Abreise fuhr ich zum Arbeitsamt nach Charlevill
um die Papiere für die Heimreise abzuholen. Dort bekam ich ein Zertifikat

(einen Reiseschein), daß mein Ziviljahr zu Ende ist und ich berechtigt bin, die französisch-deutsche Grenze zu überschreiten. [...]

Es war ein Donnerstag, das Wetter schön. Mit dem Bauern hab ich vereinbart, vormittags noch Hafer einzufahren. Dabei war auch des Bauern Vater anwesend. Der Bauer meinte, zwei sollten aufladen und einer oben anrichten. Da sagte ich: »Geht nur alle zwei rauf, ich lade auf!« Da hätte ich dann bald alle zwei zugedeckt, denn ich habe aus Übermut und Freude gleich drei und vier Garben auf einmal raufgeschmissen. Nach dem Mittagessen war es dann so weit. Ich habe mich gewaschen und die restlichen »sieben Zwetschgen« zusammengepackt, noch etwas gerastet und bin abends mit Sack und Pack nach Sedan zum Bahnhof marschiert. In meinem prallvollen Reisegepäck war so ziemlich alles an Bekleidung anzutreffen: Hemden, Socken, zwei Hüte, zwei Paar Werktagsschuhe, zwei Paar Halbschuhe, zwei Paar Gummistiefel (die es zu der Zeit in Deutschland noch nicht zu kaufen gab!), Arbeitsanzüge und viele andere, brauchbare Dinge, dazu auch Rauchwaren. Ebenfalls hatte ich sieben Meter weiße Seide im Gepäck – Stoff fürs Brautkleid derjenigen, die ich einmal heiraten würde!

Der Abschied war für die Bauersleute schwer. Die Bäuerin hatte nasse Augen, verlor sie doch eine Arbeitskraft, dafür mußte sie wieder zupacken. Dennoch bekam ich von ihr einen gebratenen Gockel und ein Weißbrot als Marschverpflegung mit. So ging dann die Fahrt los von Sedan über Metz nach Straßburg, von Straßburg nach Kehl über den Rhein, zugleich über die französisch-deutsche Grenze. [...] Damals konnte man nicht her und telefonieren »ich brauche abholen!« Es hatte auch niemand ein Auto. So ist die Überraschung umso größer, wenn man ohne Ankündigung nach langer Zeit mit einem mal zu Hause auftaucht!

Es war Samstagvormittag, das Wetter schön – so kam meine Schwägerin gleich mit dem Vorschlag, tags darauf, es war Sonntag der 12. September, in ihr Heimatdorf zu fahren! Jene, der ich geschrieben hatte, wohnte eine Ortschaft weiter und dort wollte sie mich auch gleich vorstellen. Ich kannte ja nicht mal den Weg, noch weniger sonst jemanden! So fuhren wir mit dem Rad die 27 km ins Unterland, von dem es bei uns zu Hause immer hieß: »Dort ist die Welt mit Bretter vernagelt!« [...] Meine Gedanken: wie wird sie in Wirklichkeit aussehen und alles drum rum. Der Weg war kurz und wir im nu im Ort. Meine Schwägerin kannte sich aus – wir standen vor dem Haus und begehrten Einlaß. Meine Zukünftige machte auf – »da wären wir«, meinte meine Begleiterin! Wir bestaunten uns wie die ersten Menschen. Nun kam die nächste Hürde: Ihr Vater, er war im Garten und lag auf dem Bauch im Gras. Wie überall fiel auch bei ihm meine Schwägerin mit der Tür ins Haus und sagte kurz: »Da hätte ich einen!«; denn sie kannte ja den Hausherrn von früher. Der hat mich nur angeschaut und dazu »Grüß Gott« gesagt – so war für ihn die Sache soweit erledigt; er ließ sich nicht weiter aus seiner Ruhe bringen. Seine Tochter war ja auch schon 25 Jahre und werde schon wissen, was sie wolle. [...] Vor dem ersten Abschied vereinbarten wir für den kommenden Sonntag ein neues Treffen.

Die darauffolgenden Sonntage habe ich dann meinen Weg schon alleine gefunden. So bin ich immer Sonntagmittag mit dem Radl die 27 km ins Unterland gefahren, abends dann wieder heim. [...] Das nächstliegende war, daß ich dort auch mal bei der Arbeit half, so beim Rüben rausstechen und beim Dreschen. Waren wir uns doch in der Zwischenzeit soweit näher gekommen, daß wir uns sagten: »Gut, wir heiraten bald!«

Auch Heiraten war zu der Zeit nicht ganz einfach. Zuerst brauchte man vom Bezirksamt eine Zuzugsgenehmigung, damit man überhaupt dort zu wohnen berechtigt war. Im Falle einer Heirat gings allerdings leichter. Dadurch mußten sich allerdings die Flüchtlinge wieder etwas einengen; eine Person mehr brauchte wieder Platz und Raum für den späteren Hausstand. [...]

Um eine Hochzeit abhalten zu können mußte man sich damals schon vorher um so manches kümmern. [...] Ein großes Problem war das Fleisch! Man konnte doch den Hochzeitsgästen nicht zumuten, fürs Mittagessen ihre Fleischmarken abschneiden zu lassen! Dafür hat mein Bruder zu Hause eine Sau schwarz geschlachtet und davon dem Wirt dreißig Pfund Fleisch geliefert. Er hat sich dabei aber schon mit einem anderen, seinem Nachbarn, der einen Fleischschein hatte, abgesichert. Dann noch für den Nachmittagskaffee das Gebäck. Dafür hatte die Braut schon lange Zeit vorher Zucker gespart, oder im Nachbardorf schwarz mal ein Pfund bekommen. Mehl und Butter war noch relativ leicht abzuzweigen. Gebacken wurde alles zu Hause. Den Bohnenkaffee stiftete der Wirt! Des Weiteren hatten wir an den Wirt schwarz ein Schlachtkalb geliefert, also war fürs Essen der Gäste reichlich gesorgt.

Die Brautschuhe ließen wir vom Schuster Berghammer machen, denn zu kaufen gab es keine. Die Sohle bestand aus Leder, das Obermaterial jedoch war Leinen und wurde mit einer weißen Masse bestrichen. Damit wurde das ganze etwas fester und der Stoff war nicht mehr zu erkennen! Das Kleid selbst

Thomas Vötter sen. (1919–2003)

war kein Problem, da ich den weißen Seidenstoff bereits aus Frankreich mitbrachte. [...]

Beim näheren Betrachten der Heiratsurkunde habe ich auch erkannt, daß ich in eine fremde Gemeinde gekommen bin. Stand da doch geschrieben *der ledige Gütlerssohn heiratet die ledige Landwirtstochter* – obwohl wir zu Hause um das zweieinhalbfache an Grund mehr besaßen!

Krieg und Kriegsende in Hilgertshausen

Jakob Schlatterer und Michael Lechner

Am südlichen Berghang bei Hilgertshausen befand sich ein Bunker zur Flugbeobachtung, (Flugwacht) mit Verbindung zur Nachtflugleitstelle bei Senkenschlag. Viele Flugzeuge der Alliierten flogen bei ihren Angriffen auf München über Hilgerthausen.

Die Bewohner von Stadelham beobachteten kurz vor Kriegsende, wie deutsche Jagdflieger einen Bomberverband angriffen und in einen Luftkampf mit den alliierten Kampfflugzeugen verwickelt wurden. Die beiden deutschen Flugzeuge wurden abgeschossen. Eines stürzte bei Junkenhofen ab, wo später ein Gedenkkreuz aufgestellt wurde. Das andere Flugzeug stürzte bei Gartelsried in die Wiese beim Burgert. Hier wurde nach dem toten Piloten gegraben und die menschlichen Überreste und Uniformstücke in einem Sarg zusammengetragen. Der Flugzeugmotor hatte sich sechs Meter tief in den Boden eingegraben.

Südlich von Neßlholz im Wald (Zollbrecht) stürzte ebenfalls ein deutscher Jagflieger ab. Der Pilot hing tot am Fallschirm an einem Baum.

In Hilgertshausen konnte man die alliierten Bomberverbände beobachten, die dann über München ihre tödliche Last abwarfen. Hilgertshausen blieb davon verschont. Zwischen Junkenhofen und Stadelham wurden einige hundert Brandbomben abgeworfen, von denen die meisten glücklicherweise nicht brannten. Die Buben von Stadelham sammelten viele davon ein und trieben mit ihnen gefährliche Spielchen.

Ein angeschossener Bomber, der eine starke Rauchfahne hinter sich herzog, warf im Junkenhofener Forst einen Treibstofftank und zwischen Stadlham und Pranst vier Sprengbomben ab, die kellergroße Trichter hinterließen. Das Flugzeug flog in geringer Höhe über Hilgertshausen Richtung Jetzendorf und machte kurz vor Tann eine Bruchlandung. Die zwei amerikanischen Piloten konnten lebend geborgen werden und wurden gefangen genommen. Bei der Feldarbeit erlebten die Bäuerin Salvamoser (Seitz) und ihr Sohn Josef dieses Geschehen hautnah mit und warfen sich in Todesangst auf dem Ackerboden nieder. Hilgertshausen blieb wahrscheinlich nur deshalb verschont, weil der Bomber sich seiner tödlichen Last rechtzeitig vor der Ortschaft entledigen konnte.

In Tandern beim Kistler (Feldermann) stürzte ein angeschossenes Jagflug-
zeug in den Stadel, der daraufhin Feuer fing und abbrannte.

Bei Luftalarm musste die Schule geräumt werden. Die Schüler suchten
Schutz im Kartoffelkeller beim Kirschnerwirt, was auch manchmal ganz
lustig und eine willkommene Abwechslung für die Schüler war. Die Kinder,
die in der Nähe wohnten, durften nach Hause gehen. Eine einzige Lehrerin,
Frau Bauer, unterrichtete alle Kinder. Sie waren aufgeteilt in vier Klassen, die
vormittags und vier Klassen, die nachmittags unterrichtet wurden.

Bei Michelskirchen im Wald Richtung Ed (Weichselbaumer- u. Holler-
schlagerholz) war ungefähr zwei Wochen vor Einzug der Amerikaner eine
große deutsche Einheit stationiert. Zur Verpflegung der Soldaten wurde beim
Bauern Kölbl (Fobi) der Zuchtstier beschlagnahmt. Die Bauerstochter Leni
(später verh. Weichselbaumer) musste den Stier von Michelskirchen ungefähr
zwei Kilometer nach Gumpersdorf zum »Eichstöckler« führen, wo er für die
Feldküche geschlachtet wurde. Auch die anliegenden Bewohner bekamen
einen Teil davon ab.

Die »Fobi« Tochter Dora, die schon mit 14 Jahren den Bulldog-Führer-
schein besaß, musste mit dem Lanz-Bulldog, zusammen mit ihrem Vater, auf
einem Anhänger verwundete deutsche Soldaten bei Nacht nach Farenzhausen
fahren. Auf der Heimfahrt wurden sie zwischen Kammerberg und Kollbach
von deutschen Soldaten mit vorgehaltener Waffe gezwungen, einen defekten
Omnibus nach Unterbruck abzuschleppen. Der Bus war mit Lebensmittel
vollbeladen, die für die Verpflegung der Soldaten bestimmt war. Straßen-
steigungen konnten sie nur überwinden, indem sich Soldaten vorne auf den
Bulldog setzten. Die Heimfahrt mussten sie dann bei Tageslicht antreten, was
wegen der feindlichen Tiefflieger besonders gefährlich war. Zuhause angekommen, manipulierten sie das Fahrzeug so, dass niemand mehr damit fahren konnte, indem sie ein kleines Maschinenteil herausdrehten. Kaum hatten
sie es entfernt, standen schon die Soldaten wieder da und wollten den Traktor
ausleihen. Doch Dora und ihr Vater sagten, dass er kaputt sei. Und weil der
Motor tatsächlich nicht ansprang, mussten die Soldaten unverrichteter Dinge
wieder gehen. Kurze Zeit später, als der Krieg vorbei war, drehten sie das Ma-
schinenstück wieder ein und konnten mit dem Traktor wieder fahren.

Bei Kriegsende überstürzten sich die Ereignisse. Die SS-Einheiten waren
auf dem Rückmarsch, ebenso die Soldaten, von denen etliche versuchten, zu
flüchten.

Beim Fobi haben noch vier Soldaten übernachtet, als sie vom »Dohofer«

erfuhren, dass die Amerikaner schon bei Stadelham, ungefähr ein Kilometer von Hilgertshausen entfernt seien. Daraufhin setzten sie sich über das Neubaurnhölzl in Richtung Hollerschlag ab.

Ein Offizier, der mit einem Pferd flüchtete, drohte die Michelskirchener zu erschießen, als er von der Fobimutter hörte, dass beim »Gialer« die weiße Fahne gehisst werden sollte.

SS-Einheiten haben auf dem Rückzug mehrere Fernmeldemädchen (Blitzmädchen, Flackhelferinnen) bei den Bauern abgesetzt, eine davon auch beim Fobi-Bauern. Sie half beim Kartoffellegen. Getarnt als Witwe mit einem Kinderwagen machte sie sich später auf den Weg nach Norddeutschland. Ihre Halskette mit einem Hitlermedaillon wollte sie aber auch jetzt noch nicht ablegen. Obwohl sie gewarnt wurde, dass es viel zu gefährlich sei, das Bild jetzt noch zu tragen, wollte sie sich als überzeugte Hitler-Anhängerin nicht davon trennen.

Amerikanische Soldaten beschossen bei Ed von der Stadlhamerstraße her einen deutschen Landser, der über die Ilm nach Michelskirchen und dann weiter nach Süden flüchtete.

In Stadelham waren noch bis kurz vor Kriegsende deutsche Soldaten einquartiert, die noch unbedingt Widerstand leisten wollten. Viktoria Ettl (Kuhn) konnte den kommandierenden Offizier durch inständiges Bitten dazu bewegen, dass sie sich ohne Gegenwehr zurückzogen.

Um den 20. April 1945 war eine Feldjägereinheit unter General Wilhelm Speidel in Hilgertshausen und Gumpersdorf einquartiert, um desertierte Soldaten aufzuspüren. Der Tross der Einheit mit Feldküche war im Garten der Kirchner-Wirtschaft untergebracht. Der jugendliche Wirtssohn erlebte so hautnah die Ereignisse. General Wilhelm Speidel war im Doktorhaus (Dr. Obermeier), heute Breitwieser einquartiert, die anderen Offiziere waren verteilt auf andere Häuser. Bei ihrer Suche nach Deserteuren gingen sie sehr streng vor. Der Hilgertshausener Soldat Jakob Breitsameter, der wegen einer Verwundung auf Heimaturlaub war, wurde von den Feldjägern verdächtigt, geflohen zu sein. Unter dem Vorwand, er habe nicht gegrüßt, hielten sie ihn an und verhörten ihn peinlich genau. Zu seinem Glück konnte er seine Verwundung und den damit verbundenen Genesungsurlaub belegen.

Am 23. April fuhr der »Schmied Jack« zur ärztlichen Behandlung nach Pfaffenhofen. Auf dem Weg traf er bei Lichthausen auf eine größere deutsche Militäreinheit, die auf dem Rückzug waren. Dort herrschte sichtlich ein großes Durcheinander. Keiner hatte einen Plan, wie es weitergehen sollte. Nirgends war ein Kommandant, der die Gruppe anwies.

Wahrscheinlich setzten sich von dieser Einheit mehrere »Landser« ab. Zwei von ihnen kamen nach Michelskirchen auf den Hof beim »Neubaurn« und baten Michael Lechner um eine Übernachtungsmöglichkeit. Es war für die ganze Familie lebensgefährlich, flüchtige Soldaten unterzubringen. Der Neubaur versteckte die Soldaten dennoch im Stadel. Am nächsten Morgen wechselten sie die Kleidung und zogen weiter.

Am 24. April 1945 morgens wurden in Hilgertshausen vier desertierte Soldaten von den Feldjägern aufgegriffen. Sie hatten sich vermutlich versteckt und sind verraten worden. Die Soldaten wurden gefesselt und bewacht am Eingang der Wirtschaft gefangen gehalten. Die Feldjäger erkundigten sich bei den Wirtsleuten nach einem geeigneten Platz für die Hinrichtung, ein Platz, der vom Dorf aus nicht einsehbar war.

In der Wohnstube vom »Scheureranwesen« in Gumpersdorf wurden die vier Deserteure im Schnellgerichtsverfahren zum Tode verurteilt. Zwei junge Burschen, Hans Kirschner und Willi Junglas aus Hilgertshausen, konnten heimlich durchs Fenster das Verfahren beobachten. Die vier Gefangenen standen gefesselt und von Soldaten mit gezogenen Pistolen bewacht vor dem Richtertisch mit dem General und zwei Offizieren.

Nach der Urteilsverkündung durften sie noch einen letzten Wunsch äußern. Der Jüngste, ein 18-jähriger, weinte, er wolle am Leben bleiben und seine Mutter nochmals sehen. Zwei schrieben Abschiedsbriefe, einer verweigerte dies. Einer betete am Nachmittag sehr viel. Unter den Verurteilten waren zwei Familienväter. Einer der beiden, der jungverheiratet war, soll aus der Nähe von Berlin stammen, der andere war über 30 Jahre alt und hatte Frau und zwei Kinder.

Die Hinrichtung wurde für den gleichen Tag am 24. April sofort nach der Verurteilung gegen 15 Uhr anberaumt. Zehn Soldaten wurden dazu abkommandiert. Auf Militärfahrzeugen schaffte man die Verurteilten an den bewaldeten Südhang der kleinen Ilm zwischen Hilgertshausen und Gumpersdorf bei der »Brunnenstube«. Die letzten Meter den Hang hinauf mussten die Soldaten noch selbst gehen. Einem versagten die Kräfte, so dass er von seinen Kameraden zum Hinrichtungsort hinauf geschleppt werden musste. Angeblich verweigerten Wehrmachtssoldaten die Hinrichtung, so dass die Feldjäger selbst die Erschießung vornahmen. Den Verurteilten verband man die Augen und band sie an einem Eschen- und einem Birkenbaum fest. Währenddessen mussten vier Volkssturmmänner aus Hilgertshausen und Gumpersdorf ein Loch schaufeln, in das die Erschossenen hineingeworfen werden sollten.

Die beiden jungen Burschen, die schon heimlich die Verurteilung mit verfolgten, beobachteten versteckt im Wald die Hinrichtung. Sie hörten auch noch kurz nach der Erschießung einige Pistolenschüsse. Die Volkssturmmänner mussten das Loch mit den Toten sofort wieder zuschaufeln. An der Hinrichtungsstätte war der Boden so fest zusammengetreten, dass dort einige Jahre kein Gras mehr wuchs. Im Laufe des Sommers begann die Birke zu kränkeln und starb noch im selben Jahr ab. Einige Leute im Dorf, die den Vorfall miterlebten, waren so aufgewühlt, dass sie gar nicht mehr essen und schlafen konnten. Ein Offizier unter dem Rang von General Speidel sagte zu den Leuten, bei denen er einquartiert war, dass er mit der Hinrichtung nicht einverstanden gewesen sei.

Vereinzelt wurde versucht, die Amerikaner aufzuhalten. Der Volkssturm – nicht kriegsfähige Männer – wurden zum Kriegsende noch eingesetzt, um Panzersperren zu graben. Die Amerikaner prüften, ob sie mit Gegenwehr rechnen mussten. Am 26. April kamen die amerikanischen Truppen von Junkenhofen her nach Stadelham. Sie schossen in zwei Holzhaufen, ohne jedoch Schaden anzurichten. Jakob Breitsameter beobachtet zwischen 13 und 14 Uhr den Anmarsch der Amerikaner, die aus Richtung Schrobenhausen kamen. Pfarrer Josef Blinsler und der Bader Pantolier gingen mit einer weißen Fahne vom Pfarrhof aus auf der Strasse der Kolonne entgegen. Diese hielt an. Die beiden sprachen mit den Amerikanern und überzeugten sie, dass in Hilgertshausen kein Widerstand geleistet werde. Den Kindern, die neugierig am Straßenrand standen, warfen die »feindlichen« Soldaten Schokolade und Kaugummi zu.

Die Amerikaner zogen weiter nach Jetzendorf, wo der Braumeister, der von einem Fenster aus auf die Soldaten schoss, bei dem Schusswechsel zu Tode kam.

In der Nacht zum 27. April morgens um 3 Uhr musste Michael Lechner (Neubaur) mit dem Gaiwagerl nach Jetzendorf fahren, um die Hebamme zu holen, da bei seiner Frau die Wehen einsetzten. Es war eine gefährliche Fahrt bei Nacht in den besetzten Nachbarort, denn es herrschte Ausgangssperre bei Nacht. Irgendwie konnte er den Amerikanern klarmachen, dass ein neuer Erdenbürger unterwegs war. Es ging alles gut und das Mädchen kam gesund zur Welt, in einer Zeit, in der Mord und Verbrechen herrschte.

In Tandern blieben amerikanische Einheiten einige Tage. Beim »Beck« Öttl war ein Gefangenenlager eingerichtet und beim »Sellmair« im Hof bauten die Amerikaner ein Geschütz auf, das angeblich in Richtung Michelskirchen ausgerichtet war. Zu diesem Zeitpunkt sollen dort nämlich noch deutsche Soldaten gewesen sein. Die Amerikaner änderten aber ihre Angriffsrichtung und besetzten die Funkleitstelle bei Wagenried – Senkenschlag. Aus dieser Richtung kam am 2. Mai zwischen 6 und 7 Uhr morgens eine Panzerkolonne nach Hilgertshausen. Widerstand gab es aus Michelskirchen keinen. Die deutschen Soldaten waren bereits geflohen.

Der Krieg war für Hilgertshausen ohne militärische Auseinandersetzung zu Ende gegangen.

Ein Dreivierteljahr später, am 3. Januar 1946 musste das Grab der hingerichteten Soldaten von »Nazi-Anhängern« ausgeschaufelt werden, um die Toten zu identifizieren. Es wurden aber weder Soldbuch noch Erkennungsmarken gefunden. Der Schmied Breitsameter Jakob musste einen eisernen Hacken von ca. 80 cm Länge anfertigen mit dem man die Toten aus der Grube ziehen konnte. Die Toten wurden nun eingesargt und am nächsten Tag auf einem geschmückten Wagen zum Friedhof bei St. Ursula überführt. Die einheimischen Vereine und die Blaskapelle begleiteten den Trauerzug. Zwei oder drei Tage später kam eine Kommission und ließ die Gräber nochmals öffnen, um sämtliche Erkennungsmerkmale wie Gebiss usw. aufzunehmen. Jahre später fanden die Soldaten endlich ihre letzte Ruhestätte auf dem Soldatenfriedhof bei Donau-Eschingen. Die Abschiedsbriefe hatten anscheinend ihr Ziel nicht erreicht. Ein Soldat der Feldjäger soll damals schon geäußert haben: »Die werden sowieso nicht abgeschickt.«

Der Zeitzeuge Schmiedemeister Jakob Breitsameter errichtete an der Hinrichtungsstelle ein eisernes Gedenkkreuz. Der Baum und das Kreuz überstanden auch ein stürmisches Unwetter, das Jahre später fast den gesamten Eichenbestand am Hang umriss. Der CSU-Ortsverband Hilgertshausen hat zum 100-jährigen Jubiläum des Krieger-, Soldaten- und Reservistenvereins Hilgertshausen im Jahr 2012 eine Gedenktafel für die erschossenen Soldaten am Gedenkkreuz bei der Hinrichtungsstätte anbringen lassen.

In den letzten Kriegstagen wurden auf dem Ziegeleigelände Redl viele deutsche Wehrmachtsfahrzeuge abgestellt, die vermutlich nicht mehr funktionsfähig waren. Diese Fahrzeuge wurden von der Bevölkerung ausgeschlachtet, was natürlich verboten war, aber man konnte damals alles dringend gebrauchen.

Gefährlich war auch, dass die Jugendlichen mit herumliegendem Militärgerät und Munition spielten und experimentierten; glücklicherweise ist dabei nichts passiert.

Bald nach Kriegsende setzten die Amerikaner den amtierenden Bürgermeister Rassl ab. An seiner Stelle wurde Johann Kölbl (Fobi) auf Empfehlung von Pfarrer Blinsler zum kommissarischen Bürgermeister ernannt. Er hatte eine schwere Aufgabe zu erledigen, insbesondere die Unterbringung der Heimatvertriebenen und Flüchtlinge bei den Dorfbewohnern, die oft selbst kaum genügend Platz hatten. So wurde im ehemaligen Hüthaus in Thalmannsdorf, in dem früher der Dorfhüter wohnte, eine Familie aus dem Egerland untergebracht. Sie besaßen in ihrer Heimat einen Bauernhof mit einer Mühle. Nun wurde die achtköpfige Familie mit den beiden früheren Bewohnern in der beengten Behausung zusammengepfercht.

Dora, die Tochter des Bürgermeisters (Fobi) musste die Neuankömmlinge in Aichach am Bahnhof mit dem Traktor und einem angehängten Bauernwagen abholen, um sie zusammen mit ihrem Vater in Hilgertshausen und den einzelnen Ortsteilen zu verteilen. Schon gegen Kriegsende waren ausgesiedelte Deutsche aus Ungarn nach Hilgertshausen gekommen. Sie konnten noch, im Gegensatz zu den späteren Flüchtlingen und Heimatvertriebenen, einen Teil ihrer Habe und Lebensmittel mitbringen. Eine Schülerin von damals erinnert sich noch heute, dass es im Schulhaus, in dem sie vorübergehend untergebracht waren, nach Surfleisch gerochen hat.

Die Gemeinde Hilgertshausen baute in den Jahren 1949 bis 1950 zwei Gemeindehäuser, um die rapide angestiegene Bevölkerung unterbringen zu können. Die Einwohnerzahl stieg von 703 Einwohnern (1939) auf 1 102 (1950) an. Auch die Schülerzahl nahm zu. 1940 gingen 103 Schüler in Hilgertshausen in die Schule. Zehn Jahre später waren es 138. Bis 1947 waren drei Lehrer für die Schüler zuständig, danach waren es vier Lehrer.

Der pensionierte Oberlehrer Alois Elsner kam als Ausgebombter von München nach Hilgertshausen und stellte sich ab 1945 als Lehrer zur Verfügung, um den herrschenden Lehrermangel zu lindern.

Bis 1948 war die Zeit der Lebensmittelmarken und der Bezugsscheine. Wally Schlatterer, geb. Weigl, erzählt: »Ich habe im Lebensmittelgeschäft meiner Eltern erlebt, dass manchmal um Mehl, Zucker oder sonstige Lebensmittel gebettelt wurde. Auch Kohlen waren nur auf Bezugsscheine zu bekommen.

Ein Kunde versuchte ein Paar Briketts mehr zu ergattern, weil seine Frau Katharina vor Kälte nur noch zittere. Manches Brikettstück verschwand auch in einem vermeintlich unbeobachteten Augenblick in der Hosentasche.«

In den Jahren 1946 und 1947 wurde die Entnazifizierung der ehemaligen Parteimitglieder (NSDAP) durchgeführt. Einige »kleinere Fische« wurden als Mitläufer eingestuft und mussten als Strafe Brennholz für die Schule machen. »Mein Schwiegervater war auch dabei.«, erzählt Jakob Schlatterer. »Er wurde als Geschäftsmann, wie viele andere, dazu genötigt, in die Partei einzutreten. Zeit seines Lebens wollte er dann nichts mehr von einer Partei wissen.«

Viele der Vertriebenen fanden bald Arbeit bei den Bauern und später hauptsächlich in München-Karlsfeld bei MAN und Kraus Maffei bis dann die große Umzugswelle hauptsächlich ins Ruhrgebiet einsetzte, weil dort bald wieder Arbeitskräfte gesucht wurden.

Es dauerte auch nicht lange bis auch das Vereinswesen wieder in Gang kam. Bereits 1946 spielte wieder eine Mannschaft des TSV–Hilgertshausen Fussball. Auch die Ilmtaler-Schützen konnten wieder ihren Sport betreiben. 1949 nahm eine Fahnenabordnung am Schützenfest in Aichach teil.

Nach Kriegsende wurden neue Kirchenglocken gegossen. 1942 während des Krieges mussten einige Kirchenglocken für Rüstungszwecke abgeliefert werden. Bereits 1945 wurde in Erding eine neue Glocke mit einem Durchmesser von 95 cm in Auftrag gegeben. 1948 nahm die Pfarrei die Innenrenovierung der Pfarrkirche St. Stephan in Angriff. Während der Kriegsjahre von 1939 bis 1949 war Dr. Josef Blinsler Pfarrer in Hilgertshausen. Er hatte das Amt von Pfarrer Kalixtus Englert übernommen, der Hitleranhänger gewesen war und von der Gemeinde deshalb aus seinem Amt gedrängt wurde. Sein Nachfolger Pfarrer Binsler wirkte ab November 1949 als Hochschulprofessor in Passau.

Quellen:

Aufzeichnungen von dem Lehrer Wendelin Rasenberger um ca. 1958
Zeitzeugen-Interviews mit:
Jakob Breitsameter (Schmied Jack),
Michael Lechner sen. (Neubaur),
Hans Knöferl (Reischl),
Viktoria Kölbl (Fobi Dora),

Josef Salvamoser (Seitz Sepp),
Hans Kirschner,
Willi Junglas
Wally Weigl verh. Schlatterer

Die Volksschule Tandern in der Nachkriegszeit
Schulgeschichtliche Aufzeichnungen

Josef Mayr

Besetzung des Ortes

Das Dritte Reich zeitigte auch noch nach dem Ende des Weltkrieges seine Folgen für das Schulgeschehen. Erst am 5. Dezember 1945 wird die amtliche Schulchronik wieder fortgeführt.[1] Die Berichterstatterin, Lehrerin Anna Eberhard, gibt einen Überblick über den Zeitraum vom Einmarsch der Amerikaner bis zum Beginn eines geordneten Schulbetriebs.

In Tandern scheint die Besetzung ohne größere Komplikationen verlaufen zu sein, da der Ort nicht verteidigt wurde.

»Der Einmarsch der Amerikaner am 28. April gegen 16 Uhr verlief in unserem Dorfe ruhig. Die Soldaten bezogen in den größeren Häusern Quartiere, die Bewohner mussten die Häuser verlassen, durften ihre Wohnungen nicht mehr betreten, solange die Soldaten darin hausten.«[2]

Auch das Schulhaus blieb nicht verschont. Es fand zwar kein Schulbetrieb statt, doch war das Gebäude von Flüchtlingen und von den Angehörigen des vermissten Lehrers Lampl – er wurde 1940 eingezogen – bewohnt. Sie mussten ausziehen und den Besatzern Platz machen.

»Die Möbel des Lehrers wurden in der Frauenkirche untergebracht, und hier blieben sie ein Vierteljahr stehen, bis endlich ein Wohnraum der Mutter des Lehrers und dessen Bruder zugewiesen wurde. Während dieser Zeit mussten die beiden in der Frauenkirche schlafen.«

Die Amerikaner blieben bis zum 10. August 1945.

Entnazifizierung

In diese Zeit fiel auch die Verfügung der Besatzer, nach der Angehörige des Öffentlichen Dienstes, die Mitglieder in der NSDAP gewesen waren, aus ihren Ämtern entlassen wurden. Die Chronistin Anna Eberhard und die Aushilfslehrerin Centa Höß mussten ebenfalls den Dienst vorerst quittieren. Trotzdem sollte im September 1945 der Unterricht wieder beginnen. Man nahm die Reorganisation der Schulbezirke in Angriff. Schulrat Simon Sedlmeier aus Pfaffenhofen, der den Bezirk Aichach während des Krieges mitbetreut hatte, war ebenfalls seines Amtes enthoben worden. Als kommissarischen Schulrat ernannte die Militärregierung den Hauptlehrer Heinrich Huber von Obermauerbach.

Eine pädagogische Kuriosität ergab sich daraus, dass fast keine so genannten »parteilosen« Lehrkräfte mehr zur Verfügung standen. Laienkräfte mit dem Titel eines »Schulhelfers« wurden deshalb eingesetzt. In Tandern war dies Paul Pluskotta aus Hannover, der zusammen mit seinen Schwiegereltern auch die Wohnung im Schulhaus bezog, denn sein Schwiegervater war als Postangestellter in Aichach vom Dienst suspendiert worden.

BÜCHERBEREINIGUNG

»Vom Entnazifizierungsverfahren waren auch alle Lehr- und Lernmittel der Schule betroffen: Schülerbücher, welche nach 1933 erschienen waren, mussten nach Aichach geliefert werden. Somit verblieb in der hiesigen Schule, außer einigen unbedeutenden Lehrbüchern, nichts mehr.«

ABZUG DER BESATZER

Die Chronik schildert auch, wie sich der Abzug der Amerikaner aus dem Dorf gestaltete:

»Beim Abzug nahmen die Soldaten mit, was ihnen gefiel, auch Möbelstücke, vor allem Betten und Matratzen, Uhren und Schmucksachen. Fotoapparate waren ganz besonders begehrt.«

Das Schulhaus kam auch nicht ungeschoren davon:

»Vorhänge, Bilder und dergleichen wurden gestohlen, die Schulschränke erbrochen und ausgeräumt, von den Soldaten vieles verbrannt, Stühle und Pult vom 1. und 2. Stock durch das Fenster in den Garten geworfen. Dabei gingen diese Dinge in Trümmer.«

Welche Bedeutung in dieser Zeit allem Essbaren zukam, lässt sich aus dem Hinweis schließen, dass beim Ausräumen des Schulhauses die Obstbäume

Schaden litten. Einer wurde sogar gestohlen, womit allerdings die Besatzer wahrscheinlich nichts zu tun hatten.

NEUBEGINN

Ein Umschwung in den Schulverhältnissen setzte erst ein, als im Oktober 1946 die Lehrerin Anna Eberhard wieder in den Schuldienst eingestellt wurde. Die Aushilfslehrerin Centa Höß betrieb ebenfalls ihre Entnazifizierung und kam wieder nach Tandern, beide jedoch nur als Angestellte auf Dienstvertrag. Herr Pluskotta, der bis jetzt die Schulgeschäfte als »Schulhelfer« geführt hatte, kam zur Aushilfe nach Tödtenried und wurde nach einem Jahr aus dem bayerischen Schuldienst entlassen. Sein Schwiegervater Randeck erhielt wieder eine Anstellung bei der Post in Aichach, wohnte aber noch im Schulhaus.

1948 wurde die Chronistin Anna Eberhard wieder zur Beamtin ernannt, Centa Höß legte die zweite Lehramtsprüfung ab und wurde Lehrerin auf Probe. Im Januar desselben Jahres hatte Schulrat Josef Vogel aus Ingolstadt den Bezirk Aichach übernommen und damit den bisherigen kommissarischen Schulrat abgelöst.

NEUE PROBLEME

Vom Lehrkörper und der Schulaufsicht her gesehen war der Unterricht an der Tanderner Schule wieder einigermaßen im Lot. Doch ergaben sich zunächst andere Probleme. Anna Eberhard berichtet, dass Schulbücher fehlten und die Ersatzbücher wenig geeignet waren. Erst seit dem Schuljahr 1948 wurde die Schule allmählich mit neuen Büchern versorgt, zunächst nur in beschränkter Anzahl, doch bald in ausreichender Zahl.

Eine weitere Schwierigkeit ergab sich aus der ständig wachsenden Schülerzahl, zum größten Teil verursacht durch den Zuzug von Flüchtlingen.

»Im Laufe des Jahres kamen auch Ausgewiesene aus dem Sudetenland, wodurch unsere Schülerzahl rasch anstieg. Ein Drittel aller Schulkinder waren Ausgewiesene und Flüchtlinge. In den letzten beiden Jahren [1946–48, Anm. d. Verf.] waren es durchschnittlich 166 Kinder.«

Erst ab 1949 war die Schülerzahl wieder rückläufig. Als direkte Folge des Schülerzuwachses richtete man 1947 eine dritte Lehrerstelle ein, die Lehrer

Edmund Hegen aus Komotau übernahm. Zusammengefasst waren jetzt die Jahrgänge 1 bis 3, 4 bis 5 und 6 bis 8. Allerdings ergab sich ein Riesenproblem dadurch, dass nur zwei Schulsäle zur Verfügung standen. Deshalb war eine Klasse gezwungen zu wandern, außerdem wurde der Unterricht »verdichtet und verkürzt«.

Da der Schulhelfer, Herr Pluskotta, mit seiner Frau nach Hannover übergesiedelt war, konnte Herr Hegen ein Zimmer im Schulhaus beziehen. Angestellt war er vorerst nur auf Dienstvertrag, da über die Einstellung der Flüchtlingslehrkräfte als Beamte keine endgültige Regelung getroffen war.

Welchen Einfluss zu dieser Zeit noch die Militärregierung auf alle Bereiche des täglichen und somit auch des schulischen Lebens nahm, zeigen verschiedene Hinweise in der Schulchronik, zum Beispiel auf eine Weihnachtsschulspeisung im Anschluss an eine Feierstunde. Schulspeisungen waren damals eine Einrichtung der Besatzer, um Kinder nicht unter der Hungersnot der Nachkriegszeit leiden zu lassen.

Dass die Besatzungsmacht auch auf die gesamte Jugendarbeit Einfluss nahm, zeigt der Hinweis auf eine amerikanische Jugendbetreuung vom 14. Juli 1949:

»Von der amerikanischen Jugendbetreuung [...] erhielten wir Lose der Jugendlotterie zugesandt. Unter den 25 Losen war der beste Gewinn des Kreises Aichach, ein Fußball [...]«

Damals, in den armen Jahren nach der Währungsreform, muss dieser Fußball für den Gewinner, einen Schüler der 3. Jahrgangsstufe, ein kostbarer Besitz gewesen sein.

In Tandern herrschte nun, im Jahre 1949, ein geregelter Unterrichtsbetrieb. Nur die Schulleitergeschäfte wurden von der Lehrerin Anna Eberhard kommissarisch geführt, da der frühere Schulleiter, Lehrer Lampl, noch immer vermisst war. Als aber die Familie Randeck nach Aichach umzog, wurde die Dienstwohnung »1. Ordnung« im Schulhaus frei und am 1. Dezember von Lehrer Thomas Pöller aus Ernsgaden, Kreis Pfaffenhofen, übernommen, der nun auch die Planstelle eines Schulleiters zugewiesen bekam und in Tandern bis 1954 blieb.

Zu Beginn des Schuljahres 1950/51 am 1.September wurden sämtliche bisherigen Lehrpläne und Übergangsbestimmungen außer Kraft gesetzt. An ihre Stelle trat der neu konzipierte »Bildungsplan für die bayerischen Volksschulen«, der von den Lehrkräften eine Umorientierung und neue Stundenkonzepte verlangte. Größere Anschaffungen an Lehrmitteln waren wegen der durch die Währungsreform bedingte Geldknappheit nicht möglich.

Dass die Lehrer in diesen schwierigen Jahren, die auch an anderen Orten zu überstehen waren, ihre gute Laune nicht völlig verloren hatten, beweist der Eintrag von Hauptlehrer Pöller vom 13. Juli 1953:

»Am 13.Juli [vorletzter Schultag; Anm.d.Verf.] nachmittags trafen sich die Kollegen und Kolleginnen von Tandern, Randelsried, Thalhausen, Alberzell und Hilgertshausen nach einem arbeitsreichen Jahr im Gasthaus in Niederdorf zu einem geselligen Beisammensein. Bei guter Stimmung und fröhlichem Geplänkel wurde bis Mitternacht ausgehalten. Die Jugend tanzte bei Radioklängen sogar etliche Walzer.«

1 Schulgeschichtliche Aufzeichnungen Tandern, 1945–1950
2 Alle Zitate sind den Schulgeschichtlichen Aufzeichnungen entnommen. Wie Anm. 1

Kriegsende und Nachkriegszeit in der Gemeinde Karlsfeld 1945–1949

Petra Röhrle

Einleitung

Auf Grund der wenigen Dokumente und Zeugnisse ist es noch schwieriger als bei den gewachsenen Gemeinden im Norden des Landkreises Dachau die unmittelbare Nachkriegszeit in Karlsfeld zu beschreiben. Erst 1939 wurde Karlsfeld zur eigenständigen Gemeinde mit den Ortsteilen Karlsfeld, Rothschwaige, Obergrashof und Waldschwaige, die aber unterschiedlichen Pfarreien, Schulsprengeln, Postbezirken und Bahnstationen zugeordnet waren. Es fehlte der Gemeinde lange Zeit Rathaus (1950), Schule (1962), Friedhof (1955) und Kirche (1953) als Grundlage für ein lebendiges Ortsgedächtnis.

Zudem war die unmittelbare Nachkriegszeit für Karlsfeld mit großen Veränderungen verbunden, die auch aus der Lage der Gemeinde zwischen München und Dachau resultierten. Während des Dritten Reichs befanden sich in unmittelbarer Nähe sowohl Außenlager des KZ Dachau als auch Lager für Tausende von Zwangsarbeitern. (siehe Skizze): das Durchgangslager Rothschwaige (auch Russenlager oder Dulag genannt), das KZ-Außenlager Rothschwaige, das Würmlager, das Wohnlager Ludwigsfeld, das KZ-Außenlager Allach, das KZ-Außenlager Karlsfeld OT und das Wohnlager Karlsfeld.

Die Lager erhielten zum Teil den Namen der Gemeinde oder eines Ortsteils (siehe Karlsfeld, Rothschwaige), ohne dass die eigentlichen Gemeindegrenzen dabei berücksichtigt wurden.[1] Wenn man also die Situation Karlsfelds vor und nach Kriegsende untersucht, kann man sowohl in Bezug auf das Dachauer Gemeindegebiet als auch auf das Münchener Gebiet keine klaren Abgrenzungen treffen. Die politische und moralische Verantwortung Karlsfelds endet nicht an ihren Gemeindegrenzen.[2]

Besetzung durch die Amerikaner

Die Anwesenheit der Zwangsarbeiter, außerhalb und innerhalb der Lager, und der vielen tausend KZ-Häftlinge in den Lagern hatte einen erhebli-

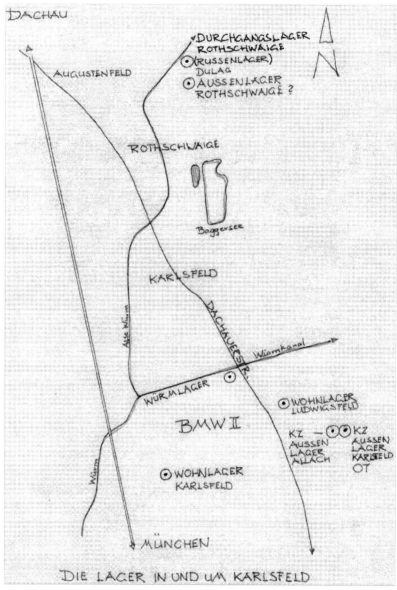

Die Lager in und um Karlsfeld

chen Einfluss auf die Situation der Gemeinde nach der Besetzung durch die US-Armee. So musste die Unterbringung, Versorgung und Rückführung der befreiten Zwangsarbeiter und KZ-Häftlinge geregelt werden, zudem füllten sich die Lager rasch aufs Neue mit Flüchtlingen und Vertriebenen aus den deutschen Ostgebieten und den deutschen Siedlungsgebieten in Jugoslawien, Polen, Rumänien, Ungarn und der CSR.

Nachdem am 29. April 1945 Einheiten der 42. und 45. Infanteriedivision der 7. US-Armee Dachau besetzt und das KZ, wie auch das Außenlager Rothschwaige und das Durchgangslager befreit hatten, rückten amerikanische Truppen auf der Dachauer Straße Richtung München vor. Im Bereich der Rothschwaige wurden sie von der SS beschossen, woraufhin die US-Soldaten neben den Besitzern des Guts Rothschwaige auch andere Einwohner vorübergehend festnahmen.[3] Anschließend drangen die Soldaten weiter bis zur Münchener Stadtgrenze vor. Nach heftigen Kämpfen mit SS-Einheiten konnten sie am 30. April die Lager rund um den BMW-Werkskomplex befreien.

Die chaotischen Zustände in den Lagern stellten die Amerikaner vor schwierige Aufgaben: das Überleben der Menschen musste gesichert, grassierende Seuchen eingedämmt und eine einigermaßen stabile Ordnung hergestellt werden. Dies brauchte Zeit. So kam es vor allem in den ersten Wochen zu Plünderungen, auch in Karlsfeld. Die Gemeindekanzlei in der Rothschwaige wurde befreiten Häftlingen als Unterkunft zugewiesen und diese nahmen auf Akten und Mobiliar keine Rücksicht; auch das Gut Rothschwaige wurde während der kurzzeitigen Internierung der Besitzer von befreiten Häftlingen besetzt und geplündert, bis die Militärregierung einschritt und die Besitzer auf den Hof zurückkehren konnten.[4]

Die schon im Mai einsetzende Repatriierung der befreiten KZ-Häftlinge und Zwangsarbeiter, die als »Displaced Persons« (DPs) bezeichnet wurden, half die Situation zu entspannen, allerdings gab es bei der Repatriierung in die osteuropäischen Staaten und die SU erhebliche Probleme, da aufgrund der dort herrschenden politischen Verhältnisse viele Menschen zögerten oder es ganz ablehnten dorthin zurück zu kehren.[5] Eine Repatriierung der jüdischen Überlebenden war in vielen Fällen nicht möglich, da ihre Familien ausgelöscht und ihre Lebensgrundlagen in der Heimat vernichtet worden waren.

Für die Gemeinde stellte die Unterbringung der DPs und der Flüchtlinge ein erhebliches Problem dar: Einerseits war ihr Haus- und Wohnungsbestand gering, andererseits lag sie günstig zu den Arbeitsstellen bei dem von der Militärregierung beschlagnahmten BMW-Werkskomplex und anderen

Münchener Firmen und bot in den eigenen landwirtschaftlichen Betrieben Arbeitsplätze, wodurch es einen erheblichen Zuzugsdruck gab. Die Einwohnerzahl wuchs von 1945 bis 1950 von 1450 auf 2024. Diese Zahlen spiegeln nicht die tatsächliche Situation wider, da die Einwohnerentwicklung eine erhebliche Fluktuation kennzeichnet. Die Melderegister geben darüber Auskunft: Teilweise blieben die Menschen nur einige Tage, Wochen oder Monate. So weist etwa das Gut Rothschwaige für die Zeit vom 1. April. bis zum 3. September 1946 40 Zugänge und 23 Abgänge von Leuten auf, die dort wohnten und arbeiteten.[6]

In einer Gemeinderatssitzung ist im April 1946 von ca 500 »Flüchtlingen, KZ-Juden, Ausländern u. s. w.«, die Rede, »das sind ca. 50% es soll aber bis auf 80% erhöht werden.«[7] Offenbar hatte die Gemeinde eine Aufnahmequote zugewiesen bekommen.

Eine vergleichsweise kleine Gruppe der DPs waren jüdische Überlebende. Im Frühjahr 1946 wurden rund 200 Juden auf Veranlassung der Militärregierung auf drei beschlagnahmten Gutshöfen untergebracht. Hier sollten landwirtschaftliche Ausbildungs-Kibbuzim (»Hachscharoth«) entstehen, in denen Juden für ihre Zukunft in Palästina Kenntnisse in der Landwirtschaft erwerben sollten.[8] Als Grundlage für die vorübergehende Enteignung galt ein Gesetz der amerikanischen Militärregierung, wonach Immobilien von aktiven Nationalsozialisten jüdischen Überlebenden als Ausbildungsstätte und Wohnung dienen sollten.[9] So bekamen sie z.B. im Gut Rothschwaige das Hauptgebäude und einen Teil der landwirtschaftlichen Fläche zugewiesen, in den übrigen Teilen wurde der normale Gutsbetrieb aufrechterhalten. Der Kibbuz baute Gemüse an und legte Obstplantagen an.[10] Anfang 1948 wurden die Kibbuzim wieder aufgelöst, wohl wegen der jetzt möglichen Einwanderung in den neu gegründeten Staat Israel. Die Beschlagnahmungen wurden aufgehoben und die Eigentümer konnten das Gut wieder vollständig in Besitz nehmen.

In den Lagern um Karlsfeld stellt sich die Situation differenziert dar. So wurde das Dulag Rothschwaige zwar ab dem 1. April 1946 als Flüchtlingslager genutzt, mit dem Abschluss des Umzugs eines Großteils der deutschen Flüchtlinge aus dem Dulag in die Flüchtlingswohnsiedlung Dachau-Ost Anfang 1949 füllte es sich jedoch im Februar 1949 erneut mit 457 DPs aus 18 Ländern Europas, die nach der Auflösung des IRO-Lagers in der Münchner Luitpold Kaserne in dieses Lager geschickt wurden.[11] Im September 1949 lebten dort 1136 Personen, je Wohnbaracke 45 bis 48 Menschen. Es gab keine

Zwischenwände, Wolldecken teilten notdürftig Bereiche ab, es existierten lediglich Trockenaborte, der Klärteich wurde bei einer offiziellen Untersuchung als »Seuchentümpel« bezeichnet, die Bewohner durften das Wasser aus dem neben dem Tümpel gelegenen Brunnen nur abgekocht verwenden.[12] Auf Grund der katastrophalen Zustände wurden am 28. November 1950 die Bewohner in ein anderes Lager gebracht. Im August 1956 wurde das Dulag bis auf zwei Baracken abgebrochen. Heute besteht dort eine Unterkunft für Asylbewerber.

In den Lagern um das von der Militärregierung beschlagnahmte BMW-Werk im Süden Karlsfelds verließen nach den ersten Wochen nach Kriegsende, in denen die Militärverwaltung wegen einer Typhus- und Fleckfieberepidemie die befreiten Häftlinge und Zwangsarbeiter unter Quarantäne gestellt hatte, Tausende die Baracken. Sie wurden repatriiert oder in andere DP-Lager – vor allem ins Lager Schleißheim-Frauenholz (ausschließlich DPs aus der SU) und die ehemalige SS Kaserne Freimann (größtes DP-Lager in der US-Zone) – gebracht. Ein geringer Teil der DPs blieb, in die frei werdenden Baracken zogen deutsche Flüchtlinge ein. Im westlichen Teil der beiden KZ-Außenlager wurden die Holzbaracken größtenteils abgerissen und dort von 1950 bis 1952 mit Geldern des Marshall-Plans als größte DP-Siedlung in Westdeutschland die Siedlung Ludwigsfeld gebaut. Noch heute leben in der Siedlung Ludwigsfeld viele der ursprünglichen Einwohner und ihre Nachfahren.

Während sich also in Ludwigsfeld ein bis heute sicht- und erlebbares Erbe der DPs erhalten hat, haben sich die Spuren der DPs in Karlsfeld weitgehend verloren.

DER ZUZUG DER FLÜCHTLINGE NACH KARLSFELD UND UMGEBUNG

Anders als bei den DPs prägte der Zuzug der Flüchtlinge die Gemeinde nachhaltig. Viele der Flüchtlinge, die in Karlsfeld oder den großen Flüchtlingslagern eine vorläufige Bleibe gefunden hatten, ließen sich dauerhaft in Karlsfeld nieder und trugen als Bürger, Gemeinderäte, Bürgermeister, Geschäftsleute, Unternehmer, Lehrer, Künstler etc. zur Entwicklung der Gemeinde bei.

Die drei von der Geschichtswerkstatt durchgeführten Interviews mit Karlsfelder Bürgern aus Schlesien und dem Sudetenland lassen ein lebendiges Bild von den schwierigen Anfängen und der allmählichen Integration der

Flüchtlinge entstehen. Alle drei kamen in den Jahren 1946 bis 48 in Allach mit Flüchtlingszügen an, von dort aus blieben sie entweder zunächst im Durchgangslager Allach bzw. später im Wohnlager Ludwigsfeld oder wurden weiter in den Landkreis Dachau (Röhrmoos) bzw. Freising (Schönbichl) gebracht. Schließlich ließen sie sich in den 50er und 60er Jahren in Karlsfeld nieder: das Haus, die Wohnung, die Arbeit machte sie bis heute zu Karlsfelder Bürgern.[13] Was die individuellen Lebensgeschichten widerspiegeln, lässt sich auch allgemein für Karlsfeld feststellen.

Für die frühe Nachkriegszeit kann häufig nur von einem Transit oder kurzfristigen Aufenthalt der Flüchtlinge in der Gemeinde die Rede sein. Zu gering waren die Unterbringungsmöglichkeiten auf Bauernhöfen, in Privathäusern und -wohnungen. Die Einweisungen stießen oft auf heftigen Widerstand seitens der Wohnungs- und Hausbesitzer. Von der amerikanischen Militärregierung wurde lapidar festgestellt, dass nahezu alle Unterkunftsregelungen mit Hilfe der Polizei vorgenommen werden mussten und die Stimmung in der Bevölkerung gegenüber den Flüchtlingen feindselig war.[14]

Weniger problematisch gestaltete sich die Unterbringung von Flüchtlingen in landwirtschaftlichen Betrieben, die dort Unterkunft und Arbeit fanden. Angesichts des enormen Arbeitskräftemangels in der Landwirtschaft – Väter und Söhne waren gefallen oder befanden sich in Gefangenschaft – wurde die Zuweisung von landwirtschaftlichen Hilfskräften, aber auch Handwerkern vielfach positiv gesehen. Am Gut Rothschwaige waren Gärtner, Metzger, Müller, Schmiede, Schuster und Schreiner beschäftigt, die älteren Flüchtlingsfrauen kochten am großen Herd in der Gutsküche für alle, Getreide wurde mit Pferd und Wagen zur Mühle und dann zum Bäcker gefahren und dort Brot gebacken. Kartoffeln und Gemüse erzeugte der Hof selber, ebenso Rindfleisch und Milch. Wenn ein Rind geschlachtet wurde, verarbeitete der Schuster am Hof das Leder zu Schuhen.[15]

Während des Krieges war die Gemeinde von 1009 auf 1450 Personen gewachsen, 1946 auf 1669, 1949 auf 1851 und 1950 auf 2024.[16] Erst als nach 1950 Bauland in der Gemeinde ausgewiesen wurde und legaler aber auch illegaler Siedlungsbau (Schwarzbauten) in Karlsfeld begann, zogen direkt aus dem Gemeindegebiet oder aus den umliegenden Lagern Flüchtlinge in größerer Zahl in die Karlsfelder Neubaugebiete.

Dazu kommt, dass erst nach 1950 der verstärkte Zuzug von Volksdeutschen aus den deutschen Siedlungsgebieten von Ungarn, Jugoslawien und Rumänien erfolgte, von denen manche direkt nach dem Krieg in Internierungs- und Zwangsarbeitslager gebracht worden waren.[17] So stieg die Zahl der Einwohner schnell an (6690 Einwohner im Jahr 1960). Während im April 1946 nur allgemein von ca. 500 Ortsfremden die Rede ist,[18] gibt die Volkszählung von 1950 für Karlsfeld die Zahl von 609 Flüchtlingen an, die damit gut ein Drittel der Bevölkerung ausmachten.[19] Wie im gesamten Landkreis und in Bayern überhaupt, stellten die Sudetendeutschen unter ihnen die größte Gruppe, die Schlesier die zweitgrößte.[20] Die Schlesier gründeten als erste im November 1948 eine Ortsgruppe in Karlsfeld, die Ost- und Westpreußen im Oktober 1949, die Sudetendeutschen erst 1970.

Wie schon erwähnt, zogen vor allem nach 1950 Flüchtlinge aus den umliegenden Lagern (siehe Skizze) in großer Zahl in die Karlsfelder Neubaugebiete. Daher soll die Situation in den Lagern kurz beleuchtet werden.

Das Dulag Rothschwaige

Das Durchgangslager Rothschwaige wurde ab dem 1. April 1946 offiziell als Regierungsdurchgangslager für Flüchtlinge genutzt. Dies bedeutete, dass zunächst täglich Transporte von durchschnittlich 1200 Flüchtlingen und 50 bis 60 Einzelflüchtlinge im Lager ankamen und die Menschen nach etwa 10 – 12 Stunden zu ihren Unterbringungsorten im Landkreis weitertransportiert wurden.[21] Teilweise – vor allem mit Beginn der gezielten Ausweisungen der deutschen Bevölkerung aus der CSR und dem ehemaligen Reichsgebiet östlich von Oder und Neiße – wurden mehr als 30000 Menschen in einem Monat durch das Lager geschleust.[22] Seit Mai 1947 erfolgte kein Weitertransport aus dem Dulag und das Lager entwickelte sich somit zum Dauerlager mit etwa 1500 Insassen.[23]

Wie schon erwähnt, waren die Zustände im Lager katastrophal. Die Flüchtlinge waren zu etwa 50 bis 60 Personen in Einfachstbaracken untergebracht, die keine Zwischenwände hatten, sondern nur notdürftig durch Decken oder selbst gezimmerte Verschläge abgeteilt waren, ohne sanitäre Installationen, stattdessen mit außerhalb liegenden Trockenaborten.[24] Angesichts dieser Verhältnisse verwundert es nicht, dass im November 1948 die Lagerinsassen in einen vierundzwanzigstündigen Hungerstreik traten, um ihren Forderungen nach alternativen Unterbringungen Nachdruck zu verleihen.[25] Für viele der Flüchtlinge wurde mit der Fertigstellung der Flüchtlingswohnsiedlung Dachau-Ost im Februar 1949 und ihrer Übersiedlung dorthin diese Forderung erfüllt.

Das Würmlager

Flüchtlinge aus Ostpreußen, Schlesien und dem Sudetenland fanden in dem ehemaligen Lager für sowjetische Kriegsgefangene eine neue Bleibe. In den großen Steinbaracken waren jeweils vier Familien untergebracht, Heizung (Fernheizung vom Werk) und ein Bad sorgten für einen gewissen Komfort. Die Verpflegung erfolgte zentral über die Werkskantine. Die Kinder gingen zunächst in die provisorisch im Gasthaus »Zur Lüfte« untergebrachte Volksschule von Ludwigsfeld, die auch die Karlsfelder Kinder besuchten. Später erfolgte der Wechsel in die Barackenschule der BMW-Wohnsiedlung westlich des BMW-Werks.

Das Wohnlager Ludwigsfeld

Ein Teil der Holzbaracken des ehemaligen Zwangsarbeiterlagers Ludwigsfeld östlich der Dachauer Straße wurde zunächst von den amerikanischen Streitkräften genutzt, bis dann immer mehr Flüchtlingsfamilien aus den verschiedenen Durchgangslagern in die Baracken eingewiesen wurden.[26]

Die ersten Kinder des Ludwigfelder Lagers gingen noch in die behelfsmäßig in der Gastwirtschaft »Zur Lüfte« eingerichtete Volksschule, wo sie mit den Ludwigsfelder und Karlsfelder Kindern im kleinen Saal in zwei Abteilungen unterrichtet wurden. 1945 waren es 76 Kinder, 1948/49 162 und Ende Februar 1950 schon 220, so dass zur Entlastung im Ludwigsfelder Lager eine Barackenschule eingerichtet und 1951 die neue Volksschule an der Dachauer Straße gebaut wurde. Viele Bewohner des Lagers konnten ab Ende 1952 als ein Teil der 873 deutschen Flüchtlinge in die neue Siedlung Ludwigsfeld einziehen.

Die BMW-Wohnsiedlung

Das ehemalige Wohnlager Karlsfeld westlich des BMW-Werks wurde von den Amerikanern zunächst für entlassene Kriegsgefangene genutzt, die im beschlagnahmten BMW-Werk, das als Reparaturwerk der US-Armee unter deutscher Werksleitung Panzer, Geschütze und LKWs instand setzte, Arbeit fanden. Die Baracken waren unterteilt in Männer- und Frauenbaracken. Als immer mehr Flüchtlinge und damit Familien in das Lager, nun BMW-Wohnsiedlung genannt, eingewiesen wurden, gestaltete man viele der Unterkünfte in Familienbaracken um.[27] Im Oktober 1948 wurde die erste Schule in einer der Baracken eröffnet, zunächst mit 337 Schülern, 1948 waren es schon 418 und 1949 432 Schüler. Die Schule blieb bis zum Jahr 1965 in Betrieb. Mit dem Bau der Siedlung »Vogelloh« 1952 an der nördlichen Gemeindegrenze zu Karlsfeld gab es erste Möglichkeiten, das Lager zu verlassen und in »richtige«, wenn auch kleine Wohnungen umzuziehen. Die BMW-Wohnsiedlung, 1957 in Gerberau umbenannt (nach der Übernahme des BMW-Werks durch die MAN nach dem Gründer des MAN Stammwerks H. Gerber), wurde 1964 aufgelöst und machte Neubauten Platz.

Schluss

Heimatlose – Ausländer und Deutsche – prägten in der unmittelbaren Nachkriegszeit die Situation in Karlsfeld. Die einen verstreuten sich in alle Welt, die anderen schufen sich in Karlsfeld eine neue Heimat und teilten sie mit den alteingesessenen Familien.

1 Bayer. Stat. Landesamt, Überprüfung der Angaben zum Ortsverzeichnis, 18. Juli 1950

2 Genauere Informationen zu den Lagern, siehe Petra Röhrle, Die Folgen des Dritten Reichs – Displaced Persons und Flüchtlinge in Karlsfeld und Umgebung. In: Norbert Göttler (Hg.): Nach der »Stunde Null« Stadt und Ladkreis Dachau 1945 bis 1949, (Dachauer Diskurse. Beiträge zur Zeitgeschichte und zur historisch-politischen Bildung, Bd. 2). München, S. 110–132

3 Zeitzeugenbericht, Frau Kauppe, Gut Rothschwaige am 9. Dezember 05: Die angegriffenen US-Soldaten dringen in den Gutshof ein, die für die Besitzer bedrohliche Situation wird durch Erklärungen von bulgarischen Gutsarbeitern entschärft, ein polnischer Arbeiter erhält einen Streifschuss, an dem er stirbt. Nach 1–2 Tagen der Internierung im Hörhammerbräu werden die Besitzer entlassen. Zeitzeugenbericht Frau Negraszus, geb. Haberditzel, vom 11. April 2006 über Angriffe der SS auf amerikanische Soldaten in der Rothschwaige mit Maschinengewehren und Handgranaten: Einige Rothschwaiger Einwohner müssen ins Gut, werden dort verhört, ihr Onkel kann nach dem Verhör wieder nach Hause gehen.

4 Zeitzeugenbericht Frau Kauppe

5 Fremdarbeiter in Oberfranken, Staatliche Archive Bayerns Kleine Ausstellungen, Nr. 15, München 2000, S. 45

6 An- und Abmeldebuch für Reichsdeutsche, Gemeinde Karlsfeld

7 Protokollbuch für Gemeinderatssitzungen, angefangen April 1946, beendet am 10. Juni 1948

8 OMG By Yearly Historical Report 1945/46

9 www.hagalil.com/deutschland/bayern/dp-camps.htm

10 Zeitzeugenbericht Frau Negraszus

11 Monatsberichte des Landrats H. Junker an Regierungspräsidenten März 1949

12 Bayerisches Hauptstaatsarchiv, Landbauamt 3130

13 Geschichtswerkstatt Landkreis Dachau: Interview mit Frau C.T., Karlsfeld, geboren 1939 in Wetzwalde bei Reichenberg, Sudetenland, Interviewer Horst Rubröder; Interview mit Herrn J.W., Karlsfeld, geboren 1924 in Freistadt, Schlesien (Frystat/Karvina), Interviewer Horst Rubröder; Interview mit Frau Maria Seiter, geboren 1934 in Hindenburg, Oberschlesien, Interviewerin Heidemarie Hofer

14 OMGBY Quarterly Historical Report Juli-Sept. 1947

15 Zeitzeugenbericht Frau Kauppe

16 Bayer. Landesamt für Statistik II.1 141 und 169 Volkszählung 29. Oktober 1946 und 13. September 1950

17 Heimatmuseum Karlsfeld, Dokumentation

18 Gemeinderatssitzung 17. April 1946

19 Bayer. Landesamt für Statistik II.1 142

20 ebenda, 142

21 Monatsbericht des Landrats Dr. Kneuer an Regierungspräsidenten April 1946

22 ebenda, z.B. Juni 1946: 31588 Flüchtlinge

23 Monatsbericht des Landrats H. Junker an Regierungspräsidenten, Jan. 1948

24 Staatsarchiv München, Landbauamt 3130, Ortsbesichtigung am 23. September 1949

25 Münchner Merkur: »Neuer Hungerstreik im Lager Dachau« 15. November 1948

26 Zeitzeugenbericht Frau C.T., wie Anm.13

27 Zeitzeugenbericht Ursula Herbrich vom Jan. 2006, geboren 1949 im Wohnlager Karlsfeld

Bürgermeister Gruner verhaftet! – Zur Nachkriegsgeschichte von Altomünster[1]

Wolfgang Graf

Am Pfingstmontag, den 21. Mai 1945 wurde der Uhrmachermeister Alto Gruner von Landrat Matthäus Reichart aus Aichach, dem für Altomünster zuständigen Landkreis und mit Zustimmung der amerikanischen Besatzer, zum 1. Bürgermeister von Altomünster ernannt.

Alto Gruner wurde am 1. April 1893 in Altomünster geboren. Er erlernte das Uhrmacherhandwerk bei seinem Vater und besuchte die gewerbliche Fortbildungsschule. Im März 1915 wurde er zum kgl. bayerischen 1. Telegraphen-Bataillon einberufen. Das Ende des Krieges erlebte er in Rumänien, wo er 1919 entlassen wurde. Ein Jahr darauf übernahm er das Geschäft seines Vaters.

Bei Ausbruch des Zweiten Weltkrieges wurde Alto Gruner zur Luftnachrichtentruppe eingezogen und war auch Leiter der Beobachtungsstelle bei Altomünster, Ortsteil Hohenried.

Gruner war Gemeinderat von 1929 bis 1933, musste aber ausscheiden, da er nicht der NSDAP beitreten wollte. Seiner Einsetzung als Bürgermeister durch die amerikanische Besatzungsmacht ist sicher eine Rücksprache mit Pfr. Leopold Schweiger voraus gegangen. Neben seiner Persönlichkeit sprach für ihn sein Engagement bei den 1200-Jahrfeierlichkeiten, als Schriftführer beim Kath. Gesellenverein und besonders sein Verzicht auf ein Gemeinderatsmandat.[2]

Bei den Gemeinderatswahlen am 27. Januar 1946 wurde er im Amt bestätigt. Zu seinem Stellvertreter wurde der Landwirt Anton Hofberger[3] gewählt. Der Bürgmeister von Altomünster war ehrenamtlicher Wahlbeamter.

Am 22. Mai 1945 war sein erster Amtstag. Im Rathaus wurde er empfangen von dem damaligen zweiten Bürgermeister, Apotheker Luitpold Sitzmann und Obersekretär Georg Jung, der sichtlich erleichtert aufatmete und Gruner die Hand schüttelte und freudig rief: »Gott sei Dank! Jetzt ha ma doch wenigstens wieder an Bürgermeister! So geht's ja net weiter. Es muaß doch oaner da sein, der anschafft!«

Schon seit Wochen bemerkte Gruner, wie Angestellte der Verwaltung und der gemeindlichen Sparkasse durch Angehörige der Besatzungsmacht befragt wurden. Darauf angesprochen wichen die Mitarbeiter Gruner aus. Auch Gruner selbst wurde vom Special Investigator[4] Martin Schmidt vernommen, aber nicht zu den späteren Anklagepunkten.

Morgens um 8.00 Uhr, am 14. September 1946, fuhr ein Jeep vor dem Haus der Gruners vor. Zwei Militärpolizisten und ein deutscher Polizist eröffneten Gruner, dass eine Anklage gegen ihn eingegangen sei, dass er Parteigenosse gewesen sei und dies in seinem Fragebogen verschwiegen hätte. Die Durchsuchung seiner Wohnung dauerte über eineinhalb Stunden, wobei sie eine halbe Stunde mit der Militärregierung in Aichach telefonierten. Ohne etwas gefunden zu haben, zogen sie ab. Gruner ging in die Gemeindeverwaltung zur Sprechstunde, zur Mittagszeit war er wieder zu Hause. Da klopfte es kräftig an der Haustür. Gruner wollte zunächst nicht öffnen, da sein Geschäft während der Mittagszeit geschlossen war. Die Haushaltshilfe Rosi[5] schaute nach und kam mit der Nachricht: »Zwei Amerikaner und ein deutscher Polizist stehen draußen.« Gruner wurde eröffnet, dass er zum Verhör mitkommen müsse nach Aichach. Ihm war klar, dass es an diesem Tag kein Verhör mehr geben würde, weil am Samstagnachmittag die Dienststelle geschlossen war. Er packte einige notwendige Sachen zusammen und verabschiedete sich von seiner Familie. Den Sohn Alto[6] hatte er zum 2. Bürgermeister Hofberger geschickt, um ihn von der Verhaftung zu unterrichten. Um 13 Uhr ging die Fahrt, im offenen Jeep mit schneller Fahrt, also im »amerikanischen Tempo«, nach Aichach. Es wurde am Schlossplatz 113 vorgefahren, der diensthabende Soldat machte nur eine Handbewegung, wenige Schritte bis zur Gefängnispforte, eine kurze Betätigung des Glockenzuges, die Gefängnistür ging auf und schloss sich geräuschvoll hinter dem neuen Häftling. Gruner wurde registriert, musste alles abgeben, auch Bleistift und Notizbuch und wurde auf seine Zelle geführt.

Die Zelle beschreibt Gruner als einen Raum, vier Meter lang, 2,50 Meter breit, weiß getüncht mit hellblauem Sockel und graublauen Streifen. Ein schmaler Tisch mit zwei Hockern, zwei aufklappbare Pritschen, ein weiterer Hocker, zwei Waschschüsseln und ein eiserner Ofen, der von außen zu beheizen war. Des Weiteren gab es zwei blau-emaillierte Wasserkrüge, an der Wand ein hölzerner Kleiderrechen und in der Ecke ein Aborteimer, der aber einen anderen Namen verdient hätte. Das Fenster war geschätzt 1,20 cm lang und 80 cm hoch und war schwer vergittert, mit fünf Stangen senkrecht und zwei Stangen waagrecht.

Das Essen wurde vom Frauengefängnis geliefert. Im blechernen Pfännlein war Buttermilch und im Blechteller geröstete Kartoffeln, beides kalt.

Am späten Nachmittag bekam Gruner noch Besuch von dem kommissarischen Landrat Wilhelm Wernseher. Er macht ihm Mut: »In ein paar Tagen ist eh alles vorbei«. Auch machte er Andeutung, dass Gruner wegen einem Hitler-Jugendheim verhaftet worden sei. Nach einer ruhelosen Nacht erhielt Gruner am Sonntag Besuch von seinem Sohn Alto. Sie durften sich nicht sehen oder sprechen, aber ein Päckchen mit Zwetschgen, Birnen und Datschi wurde vom Gefängniswärter weitergegeben.

Am Montagvormittag wurde Gruner abgeholt und in das Sprechzimmer gebracht. Landrat Wernseher, 2. Bürgermeister Anton Hofberger und die Gemeinderäte Hans Rößler[7] und Rudolf Bayerl[8] warteten dort. Der Landrat eröffnete Gruner, dass er nach Stellung einer Kaution in Höhe von 5000 Reichsmark entlassen wird und dass die Verhandlung für kommenden Freitag vor dem Einfachen Militärgericht in Aichach festgesetzt sei. Auch wurde Gruner dringend geraten, einen von der Militärregierung zugelassenen Rechtsanwalt zu nehmen. Empfohlen wurde die Kanzlei von Dr. Roßteuscher in Augsburg. Noch aus dem Gefängnis heraus wurde ein telefonischer Kontakt zur Kanzlei hergestellt. Mit der Zusage, dass die Verteidigung übernommen wird und Gruner am Mittwochnachmittag einen Termin beim Rechtsanwalt hat, legte er etwas beruhigter auf. Nur woher sollte Gruner soviel Geld nehmen? Sein Freund Hans Rößler sprang ein. Er fuhr nach Altomünster zurück, packte das Geld in ein Kuvert und war kurz vor Dienstschluss, 18 Uhr, bei der Militärbehörde. Er erreichte noch den Gerichtsoffizier, übergab das Geld, das ohne nachzuzählen in einer Schublade verschwand, erhielt eine Quittung und den Entlassungsbefehl. Gruner verabschiedete sich noch rasch von seinen Mithäftlingen und fuhr mit Rößler zurück nach Altomünster.

Der Dienstag begann mit einem Paukenschlag. Kurz nach acht Uhr fuhr Oberleutnant Clark und Special Investigator Martin Schmidt, der als Dolmetscher fungierte, bei Gruner vor. Mit kurzen Worten erklärte Schmidt, dass sich Rößler bei der Einzahlung der Kaution geirrt hat und 1000 Reichsmark fehlten. Schnell wurde Sohn Alto zu Rößler geschickt, um zu bestätigen, dass die 5000 Reichsmark einbezahlt wurden, wofür es auch eine Quittung gab. Rößler war nicht aufzufinden. Gruner bezahlte, wenn auch mit schwerem Herzen, die 1000 Reichsmark und bekam eine Quittung. Wie sich später herausstellte, waren die 1000 Reichsmark noch im Kuvert von Rößler, er hatte in der Eile nicht alle Scheine erwischt. Beim Hinausgehen gab Clark über den Dolmetscher zu verstehen, dass wahrscheinlich der Fall Gruner nicht vor dem Einfachen Militärgericht in Aichach verhandelt, sondern an die Mittlere Militärbehörde nach Ingolstadt verwiesen würde.

Am Mittwoch fuhr Gruner mit dem Mietwagen der Firma Holzhammer, das als Sammeltaxi fungierte, nach Augsburg. Angekommen in der Kanzlei von Dr. Roßteuscher und nach einer längeren Wartezeit konnten sie beide den Fall durchsprechen. Der Anwalt machte Gruner Mut, er hätte schon dutzender solcher Fälle erfolgreich vertreten und so schlimm wird es schon nicht werden. In zehn Minuten war die Unterredung vorbei.

Am Donnerstagnachmittag wurde Gruner die Anklageschrift durch den jungen Dolmetscher Müller überbracht. Ursprünglich wurde diese ins Gefängnis zugestellt, bis man mit Erstaunen feststellte, dass Gruner entlassen war. Nun erfuhr Gruner erstmals weswegen er verhaftet wurde und angeklagt war:

Aichach, den 18. September 1946

Alto Gruner wird hiermit wegen folgender strafbaren Handlungen angeklagt:

Erste Anklage: Verstoß gegen Gesetz 52, Art. II und 53 Art. III, § 4

Einzelheiten: Ungefähr am 9. September 1946 wurde entdeckt, dass Alto Gruner einen Betrag von 11 249,11 Reichsmark von einem Hitler-Jugend Sperrkonto auf das Konto der Gemeinde Altomünster überführte.

Zweite Anklage: Verstoß gegen das Gesetz I, Art. II, § 33: Wissentlich falsche Angaben in Form von Schreiben an die Alliierten Kräfte oder einen Angehörigen derselben, und zwar Angaben von amtlicher Bedeutung.

Einzelheiten: Ungefähr am 30. August 1946 verheimlichte der Angeklagte auf seinem M.H Fragebogen[9], dass er eine Ansprache anlässlich der Einweihung eines Denkmals gehalten habe.

Die Verhandlung wird vor dem Einfachen Militärgericht in Aichach, am 20. September 1946 um 9.00 Uhr stattfinden.

George R. Clark, 1st. Lt.

Auf Antrag von Rechtsanwalt Roßteuscher wurde die Verhandlung auf 15 Uhr verlegt. Mit einigen möglichen Entlastungszeugen fuhr Gruner nach Aichach. Die Verhandlung fand im Sitz der Militärregierung im 2. Stock statt. Den Vorsitz führte Major Potter, Ankläger war Oberleutnant Clark, mit dem Special Investigator Schmidt als Dolmetscher sowie weitere Dolmetscher.

Ohne jede Vorbereitung begann die Verhandlung. Es wurden die Perso-

nalien festgestellt. Der Vorsitzende verlas die Anklageschrift in Englisch, die
übersetzt wurde. Über die Dolmetscherin wurde Gruner gefragt, ob er sich
für schuldig bekenne. Er antwortete mit einem bestimmten Nein. Zu seiner
Verteidigung machte er geltend:

Zu Anklagepunkt 1: Die erste Umbuchung erfolgte am 25. Mai 1945, also
zwei Tage nach seinem Amtsantritt. Weiter sagte er aus, dass er von dem Geld
nichts gewusst hätte und wenn eine Anmeldung nötig gewesen wäre, wäre
dies die Aufgabe des leitenden Beamten gewesen. Außerdem war das fragli-
che Geld nicht auf einem Konto der Hitler-Jugend, sondern auf einem Konto
der Gemeinde. Weder die NSDAP noch die Hitler-Jugend hätten darüber
Verfügungsgewalt gehabt.

Zu Anklagepunkt 2: Ja, er habe am 21. Februar 1937 eine Rede bei einer Heldengedenkfeier gehalten, zum Gedächtnis der Gefallen des Ersten
Weltkrieges, also seiner Schulkameraden. Er sei nicht in der Parteiformation
gegangen, war in Zivil und ohne ein Abzeichen. Die Rede habe ungefähr zehn
Minuten gedauert. Im Fragebogen selbst habe er diese Rede nicht angegeben,
aber in einer Beilage dazu. Auch habe er einen Bericht darüber geschrieben,
der in der Presse veröffentlich wurde.

Nun wurden die Zeugen hereingerufen, vereidigt und vernommen: Josef
Marxreiter, Alfons Halbig (beide Gemeindeverwaltung) und Käthe Sedlmeier
(Sparkasse). Im Laufe der Verhandlung wurde Gruner vom Vorsitzenden ge-
fragt, ob er der Präsident der Sparkasse sei. Er antwortete: »Ja formell schon,
denn jeder Bürgermeister ist ja automatisch Vorstand der gemeindlichen
Sparkasse, ohne jedoch mit der Geschäftsführung etwas zu tun zu haben. Da-
für ist ja wiederum der hauptamtlich angestellte Sparkassenleiter da.« Major
Potter fragte nach: »Was beziehen Sie an Gehalt?« Gruner antwortete darauf:
»Ich bin ehrenamtlicher Bürgermeister und für die Tätigkeit als Vorsitzender
der Sparkasse erhalte ich eine Aufwandsentschädigung in Höhe von zehn
Reichsmark im Monat.«[10]

Nach eineinhalb Stunden wurde die Verhandlung auf Antrag von Rechtsanwalt Dr. Roßteuscher abgebrochen. Das Gericht hatte die beiden Hauptbelastungszeugen, den ehemaligen Gemeindeobersekretär Georg Jung[11] und
den ehemaligen Sparkassenleiter Alfons Gailer[12] nicht geladen.

Die Fortsetzung der Verhandlung wurde auf den Mittwoch, 25. September, 15 Uhr festgelegt. Gruner sorgte für Fahrgelegenheit für sich und seine
Zeugen. Da kam um 11 Uhr ein Anruf, dass die Verhandlung an diesem Tag

nicht stattfinden würde wegen der Versetzung eines Offiziers. Sie würde auf unbestimmte Zeit vertagt werden.

Immer wieder fragte Gruner bei der Militärregierung nach, wann denn endlich der neue Verhandlungstermin sei, bekam aber keine Antwort darauf. Seit seiner Verhaftung hatte Gruner das Rathaus nicht mehr betreten. Der Parteiverkehr konnte nur notdürftig aufrechterhalten werden. Der 2. Bürgermeister, Anton Hofberger, war neben seiner Landwirtschaft besonders gefordert.

Am 25. Oktober war Gruner wieder in Aichach und fragte überall nach seinem Verhandlungstermin, bekam aber nur Achselzucken. Enttäuscht fuhr er zurück nach Altomünster. Kaum zuhause, kam Dolmetscher Müller: »Herr Bürgermeister, ich soll Ihnen mitteilen, heute Nachmittag um zwei Uhr ist Ihre Verhandlung.« Nun war Eile geboten, der Rechtanwalt und die Zeugen mussten benachrichtigt und eine Fahrgelegenheit organisiert werden. Es klappte alles soweit, nur der Rechtsanwalt konnte erst etwas später von Augsburg kommen. Deshalb wurde eine andere Verhandlung vorgezogen.

Endlich war es soweit, Gruner und sein Anwalt wurden in den Verhandlungssaal gerufen. Es waren Oberleutnant Clark, Captain Thayer, der Special Investigator und eine Dolmetscherin anwesend. Diese ging auf Gruner zu und sagte: »Herr Bürgermeister, Sie müssen sich noch etwa zehn Minuten gedulden. Wir müssen erst noch auf einen Brief warten. Dann wird Ihre Angelegenheit wahrscheinlich niedergeschlagen.«

Das Übrige wickelte sich dann sehr rasch ab. Nach einer kurzen Pause brachte der junge Dolmetscher Müller ein maschinengeschriebenes Blatt, das die beiden Offiziere mit Hilfe des Dolmetschers durchstudierten. Gleich darauf ließ der Vorsitzende durch den Dolmetscher erklären, dass aufgrund des vorliegenden Schreibens – sowohl die amerikanische wie auch die deutschen Behörden – über die Einstufung derartiger Gelder noch nicht im Klaren seien und dass infolgedessen die gegen ihn erhobene Anklage niedergeschlagen würde. Die ganze Angelegenheit sei damit erledigt. Von der 2. Anklage sprach überhaupt niemand mehr.

Rechtsanwalt Dr. Roßteuscher und Gruner wurden in das Büro von Captain Thayer gebeten. Dieser entnahm ein Kuvert aus dem Tresor und zählte es umständlich nach und übergab die 5000 Reichsmark Kaution an Gruner zurück. Dieser hatte schon die Quittung von Oberleutnant Clark zur Hand, um diese zurück zugeben. Etwas überrascht nahm Captain Thayer sie entgegen, um diese ungelesen zu zerreißen. Die Dolmetscherin musste im Auftrag des

Captain mitteilen, dass er hiermit entlassen und als Bürgermeister von der Militärregierung wieder eingesetzt sei. (Dabei war er nie abgesetzt worden.) Gruner bedankte sich bei allen mit einem kräftigen Händedruck und war froh, dass nach sechs Wochen langem Warten und Bangen die leidige Sache doch noch zu einem guten Ende führte.

Am 18. Oktober nahm Gruner seinen Dienst als Bürgermeister wieder auf. Die Kosten, die im Zusammenhang mit dem Verfahren entstanden waren – 467,00 Reichsmark für den Rechtsanwalt und Fahrtkosten in Höhe von 76,60 Reichsmark – wurden von der Gemeindekasse übernommen.[13]

Die beiden Hauptbelastungszeugen Gailer und Jung versicherten nach der Verhandlung gegenüber Gruner, dass sie nicht die Denunzianten gewesen seien. Damit bleibt die Frage, wer ihn vor Gericht gebracht hat, bis heute unbeantwortet.

1 Dieser Aufsatz basiert in vielen Teilen auf dem Bericht von Alto Gruner sen. »Hinter Aichacher Gefängnismauern«, der von Alto Gruner jun. im Eigenverlag und geringer Stückzahl veröffentlicht wurde.

2 1948 stellte er sich nicht mehr zur Bürgermeisterwahl. Alto Gruner war weiterhin auch als Heimatforscher und Schriftsteller tätig. Für seine Verdienste um die Heimat wurde Alto Gruner 1970 die Bundesverdienstmedaille verliehen. Alto Gruner verstarb am 29. Juni 1971. In Würdigung seiner Leistung wurde nach ihm eine Straße in Altomünster benannt.

3 wurde 2. November 1887 in Altomünster geboren, erlernte das Schmiedehandwerk und übernahm später das elterliche, landwirtschaftliche Anwesen. 1950 wurde er als 1. Bürgermeister gewählt und 1952 wiedergewählt. Anton Hofberger verstarb am 20. Januar 1972.

4 Ermittler, Aufspürer, Befrager

5 Rosa Ostermeir, später verehelichte Stich. (1928 – 2009)

6 Geburtsjahrgang 1931, lebt jetzt in Dinkelscherben.

7 Gerbereibesitzer (1899 – 1955)

8 Schreinermeister (1886 – 1949)

9 Gemeint ist hier der Fragebogen zur Entnazifizierung. Die Entnazifizierung der deutschen Bevölkerung war ein zentrales Ziel der Alliierten gewesen. Wichtigstes Instrument war ein aus 131 Fragen bestehender Fragebogen, mit dem die alliierten Behörden Informationen über den Grad der NS-Beteiligung der Betroffenen erheben wollten.

10 Zum Vergleich: Johann Nadler wurden die monatlichen Bezüge für die Reinigung vom Marktplatz, Kirchen- und Schultreppe von 20 auf 30 Reichsmark erhöht. (Niederschrift zur Gemeindratssitzung vom 14. Januar 1947)

11 Geboren am 17. Oktober 1898 in Rain am Lech, musste auf Befehl der Militärregierung aus der Gemeindeverwaltung ausscheiden. (Niederschrift zur Gemeinderatssitzung vom 11. Dezember 1945) Jung kandidierte 1948 als Bürgermeister und kam gegen Gruner in die Stichwahl. Jung zog einen Tag vor der Wahl seine Kandidatur zurück, worauf Gruner auch nicht mehr kandidierte. Jung starb am 31. Juli 1972 in Altomünster.

12 Geboren am 11. März 1906 in Hemau, musste auf Befehl der Militärregierung als Sparkassenleiter entlassen werden. (Niederschrift zur Gemeinderatssitzung vom 11. Dezember 1945). Gailer wurde von der Spruchkammer Aichach am 11. Juni 1947 als Mitläufer der Gruppe 4 eingestuft. Das Verfahren wurde eingestellt. Er verstarb am 12. März 1949.

13 Niederschrift zur Gemeinderatssitzung vom 10. Dezember 1946

Kriegs- und Nachkriegszeit in Röhrmoos im Spiegel der Pfarrchronik (1945–1950)

Mit einer Einführung von Helmuth Rumrich

Ludwig Endres war in den Jahren von 1940 bis 1953 Pfarrer in Röhrmoos. Er hat eine sehr ausführliche Pfarrchronik über diese Zeit hinterlassen. Sehr genau und häufig hat er über Vorkommnisse jeglicher Art in Röhrmoos berichtet. Herr Ambros Blank, ein Mitglied des Vereins »Röhrmooser Heimatblätter«, hat in zweijähriger, akribischer Arbeit die handschriftlichen Aufzeichnungen (301 handgeschriebene Seiten) von den Röhrmooser Pfarrherren Josef Niklas (1933 bis 1939) und Ludwig Endres in einen Computertext »übersetzt«, so dass er für jedermann zu lesen ist.

Pfarrer Ludwig Endres schreibt im Juni 1945:
»Wer in der Hitlerzeit als Christ tätig war, musste in den Aufzeichnungen alles vermeiden, was die Hitlerpartei hätte bloßstellen können. Vieles wäre zu schreiben gewesen über Volksbetrug und Gewissenszwang, über Bedrückungen in der Kirche, in der Schule und im täglichen Leben.«

Am 29. Juli 1945 verfasste Pfarrer Endres für das Erzbischöfliche Ordinariat einen ausführlichen Bericht über die Auswirkungen des Krieges in seiner Seelsorgestelle und über die Ereignisse beim Einmarsch der amerikanischen Truppen. Diesen Bericht hat Pfarrer Endres auch in der Pfarrchronik niedergeschrieben:

Bericht für das Erzbischöfliche Ordinariat

Vorgänge beim Einmarsch der Amerikaner

Als nach der Durchstoßung des »unüberwindlichen Atlantikwalles« (so sagten die Hitleranhänger) von den alliierten Truppen auch noch der Westwall durchbrochen war, (Atlantikwall = Befestigung an der holländisch-belgisch-französischen Atlantikküste; Westwall = Befestigungen an der deutschen Reichsgrenze gegen Belgien und Frankreich) da dämmerte es selbst auch unter den bisher ganz gutgläubigen und siegesbewussten Hitleranhängern allmählich auf, dass der Krieg verloren sei, und in der Bevölkerung war allgemein nur noch ein Wunsch, der freilich in Hinsicht auf den Naziterror immer noch nur mit Vorsicht geäußert werden durfte: »Wenn nur die Amerikaner oder Engländer bald kämen, damit Hitlerregime und Krieg überstanden wären!« Der Monat April 1945 brachte dann die ersten Anzeichen, dass die Amerikaner nun nicht mehr lange auf sich warten ließen.

Am 7. April 1945 begannen der Volkssturm und die H. J. (= Hitlerjugend) in fiebernder Eile mit der Errichtung von 3 Sperren an der durch Röhrmoos ziehenden Distriktstraße und mit der Anlage mehrerer Deckungsgräben entlang der Distriktstraße. Diese Hindernisse (Barrikaden aus Holzstämmen) waren als Abwehrmaßnahmen gegen den Vorstoß feindlicher Panzer gedacht, erwiesen sich aber schon bei der Anlage als ein nur ganz kläglicher, letzter Versuch eines Widerstandes und zeigten in aller Deutlichkeit die Ohnmacht der deutschen Verteidigungskraft.

In den folgenden Aprilwochen erlebte dann Röhrmoos Einquartierungen von größeren Truppenteilen; es waren bereits Fronttruppen, die in äußerst gedrückter Stimmung sich auf dem Rückzug befanden. Röhrmoos war in den Frontbereich gekommen. Das ließ auch der immer lauter werdende Donner der Geschütze aus der Richtung Ingolstadt und die immer lebhafter werdende Tätigkeit der Flieger, besonders der mit Bordwaffen schießenden Tiefflieger, erkennen. Von Tag zu Tag sah man nun mit größter Spannung dem Anmarsch der Amerikaner entgegen. Alles war von der bangen Sorge erfüllt: Wird es zum Kampfe kommen oder nicht. Bald hieß es, München und Dachau würden als offene Städte erklärt, dann wieder, es würde jede Stadt und jedes Dorf bis zum letzten Mann verteidigt werden.

Da kam der 28. April 1945. Schon die Morgenstunden dieses Tages brachten die Überraschung, dass im Rundfunk über den Sender München sich eine Bayerische Freiheits-Aktion (F. A. B.) hören ließ, die aufforderte, mit der Nazipartei zu brechen und den Amerikanern keinen Widerstand entgegenzusetzen. Bereits nach wenigen Stunden aber gab der Sender München wieder eine Erklärung des Gauleiters Paul Giesler durch, die Aufstandsbewegung in München sei niedergeschlagen, die Partei habe alles wieder fest in der Hand und man sehe mit fester Zuversicht dem Endsieg entgegen. Immer wieder wurde diese Erklärung des Gauleiters wiederholt. Und während man im Radio vom Endsieg sprach, musste Röhrmoos das Ende, aber ohne Sieg erleben.

In den Nachmittagsstunden des 28. April 1945 setzte in Röhrmoos der

Durchmarsch der letzten deutschen Truppen ein, der sich abends 5 Uhr dann zu einem ununterbrochenen Zug von Wagen und marschierenden Truppen verdichtete. Es waren nur Gepäckwagen und armselige Pferdefuhrwerke, während den Straßenrand entlang die Soldaten einzeln hintereinander marschierten, oder richtiger gesagt, müde und erschöpft dahin wankten. Gegen 7 Uhr abends verhallten im Dorf die letzten Schritte deutscher Soldaten und auch das Gerassel der Pferdefuhrwerke verstummte. Eine geradezu feierliche Stille legte sich nun auf die Ortschaft. Die Straßen waren leer; auch die Ortsbewohner zogen sich in die Häuser zurück. Etwa um 8 Uhr abends wurde die lautlose Stille dann jäh unterbrochen durch die Explosion einiger kleiner Granaten, die in nächster Nähe des Dorfes auf freiem Felde krepierten. Die Amerikaner waren da. Kurz darauf kam dann auch schon die Nachricht, dass die ersten amerikanischen Panzer von Großinzemoos her kommend die Siedlung »Station Röhrmoos« erreicht hätten und der vorderste Panzer vor dem Hause des Herrn Eggl, Röhrmoos Nr. 50, stünde. Nochmals setzte ein Schießen mit Granaten ein, das mit kürzeren Unterbrechungen etwa 2 Stunden bis nachts 11 Uhr dauerte; jedoch traf auch diesmal kein Schuss in die Ortschaft. Dann wurde es wieder ruhig und nur vom Bahnhof her hörte man in der Stille der Nacht noch das Motorengeräusch der feindlichen Panzer und vereinzelt auch laute Stimmen amerikanischer Soldaten. Aber auch dieser Lärm verstummte gar bald. Auf die Nachricht hin, die Amerikaner auf der Station Röhrmoos hätten sich zur Ruhe begeben, ging man auch im Dorf Röhrmoos zur Ruhe, allerdings mit einer gewissen Enttäuschung, denn man hätte den Durchmarsch der Amerikaner zu gern hinter sich gehabt.

Sonntag, 29. April 1945: Um ¾4 Uhr früh schreckte ein gewaltiger Krach die Bewohner von Röhrmoos aus dem Schlafe auf. Eine Granate war mitten im Dorfe explodiert, sodass die Häuser stark erbebten. Und nun folgte eine Granate auf die andere, etwa 2 Stunden lang. Die meisten fielen ins Dorf. Es waren nur kleinere Kaliber; immerhin war die Splitterwirkung nicht unerheblich. Eine Unzahl von Dachplatten gingen in Trümmer, Fensterscheiben zersplitterten und Häusermauern wurden durchlöchert. Besonders schwer getroffen wurden die Anwesen beim Schmied (Schwalb), beim Rab (Mayr), beim Wagner (Wiedemann), beim Geiger (Ostermair), und beim Mesner (Haller). Menschenleben waren nicht zu beklagen, auch Verletzungen kamen nicht vor. Beim Rab (Familie Mayr) schlug eine Granate schräg durchs Dach, bohrte sich durch die Mauern quer durch ein Schlafzimmer und kam auf der anderen Seite des Hauses heraus, um erst hier im Freien zu explodieren. Frau Mayr, die sich mit ihrem 5-jährigen Buben gerade in diesem Schlafzimmer befand, kam mit dem Schrecken davon. Um 6 Uhr hörte der Feuerüberfall auf Röhrmoos auf und in die feierliche Stille des Sonntagmorgens tönte nun wieder, wie schon am Vorabend, vom Bahnhof Röhrmoos her das Motorengeräusch der feindlichen Panzer und dazwischen hinein laute Rufe amerikanischer Soldaten.

Jetzt erfuhr man auch, wie es zu diesem Feuerüberfall auf Röhrmoos in den Morgenstunden kam. Nachts zwischen 2 und 3 Uhr kam ein deutscher Leutnant mit einigen Soldaten, darunter auch ein Hitlerjunge, nach Röhrmoos, in der Absicht, amerikanische Panzer zu erledigen. Es gelang ihnen bis zu dem vor dem Hause des Herrn Eggl stehenden Panzer vorzudringen, ohne vom Feinde bemerkt zu werden. Die Besatzung des Panzers hatte sich in ein Nachbarhaus (Nr. 46 beim Haas) zurückgezogen und ließ in diesem Haus ohne Verdunkelung der Fenster die Lichter brennen. Vom Lichtschein angelockt wandten sich die deutschen Soldaten zuerst diesem Hause zu und als sie in der Stube Amerikaner erblickten, schossen sie hinein. Dabei wurde ein auf dem Diwan liegender Amerikaner von einer Kugel tödlich durch die Brust getroffen. Ein weiterer Kampf entstand nicht, da die deutschen Soldaten sofort flohen. Der deutsche Hitlerjunge wurde an den Hüften verwundet und von den Amerikanern als Gefangener eingebracht. Die Folge dieses Zwischenfalls war dann, dass eine Stunde später der oben erwähnte, zweistündige Feuerüberfall auf das Dorf Röhrmoos erfolgte.

Sonntag, 29. April 1945: Endlich um ¾9 Uhr vormittags rückte der erste amerikanische Panzer ins Dorf herein und nun folgte den ganzen Tag über ein Panzer auf den anderen. Der Einmarsch der Amerikaner hat ein ganz anderes Bild als der Rückzug der Deutschen am Tage vorher. Schon die ersten Panzer wurden von der deutschen Bevölkerung freudig begrüßt durch Schwenken großer weißer Tücher und durch laute Zurufe. Die amerikanischen Soldaten, in ihrem Aussehen frisch und gut genährt und auch gut bewaffnet, saßen mit frohen Gesichtern ohne Deckung auf ihren Panzerwagen und dankten hin und wieder durch Zuwinken für die ihnen zuteil gewordene Begrüßung. Der Krieg war über Röhrmoos hinweggegangen und zwar ohne nennenswerte Kampfhandlung. Zivilpersonen kamen nicht ums Leben; etwa 5 Häuser wurden, wie schon erwähnt, durch Granatsplitter beschädigt. Die Kirche blieb bis auf einige zersprungene Fensterscheiben unversehrt. Im Pfarrhof gab es kleinere Schäden am Dach, an den Fenstern und an der Gartenmauer. Das

Schulgebäude erlitt keinen Schaden. Da der Einmarsch der Amerikaner gerade in den Vormittagsstunden des Sonntags erfolgte, konnten die üblichen Gottesdienste bis auf die Pfarrmesse, die in aller Stille ohne Beteiligung der Bevölkerung gefeiert wurde, nicht gehalten werden. Werktagsgottesdienste in der folgenden Woche wurden aber dann wieder regelmäßig durchgeführt. Die Kirche wurde von den durchziehenden Amerikanern überhaupt nicht betreten; im Pfarrhof zeigten die Amerikaner ein einwandfreies Benehmen.

In (der Filialkirche) Sigmertshausen zogen die amerikanischen Truppen bereits am Samstag 28. April 1945 abends ein. Dabei kam es zu kleineren Schießereien und Handgreiflichkeiten zwischen deutschen und amerikanischen Soldaten. Drei deutsche Soldaten fanden den Tod. Der Obergefreite Max Meier aus Aufkirchen am Starnbergersee wurde vor der Wirtschaft in Sigmertshausen von Amerikanern erstochen. Der Soldat Heinrich Theobald starb im Hause Eggendinger (beim Koch, Nr. 9), wohin er schwer verwundet gebracht wurde. Ein dritter deutscher Soldat, dessen Personalien nicht festgestellt werden konnten, wurde auf der Straße von Sigmertshausen nach Rumeltshausen tot aufgefunden. Diese 3 toten Krieger wurden am 1. Mai 1945 auf dem Friedhof in Sigmertshausen in einem gemeinsamen Grabe kirchlich beerdigt und ihre Namen ins Totenbuch der Pfarrei eingetragen. Sonstige Tote waren in Sigmertshausen nicht zu beklagen, auch Beschädigungen von Häusern kamen nicht vor. Ein größerer Schaden entstand allerdings auf den Feldern, da die Amerikaner in der Sigmertshausener Flur ihre Geschütze in Stellung brachten, um am Montag, 30. April, nach München zu schießen.

In (den Pfarrfilialen) Schönbrunn und Riedenzhofen erfolgte der Durchmarsch der Amerikaner reibungslos. [Ergänzung: In der Anstalt Schönbrunn war in den letzten Kriegsjahren ein Lazarett eingerichtet. Auch Teile des Münchener Krankenhauses des »Dritten Ordens« und eines Lungensanatoriums waren dort untergebracht.]

Materielle Kriegsschäden

Die durch Fliegerangriffe verursachten Schäden im Pfarrbezirk Röhrmoos waren nicht erheblich. Die abgeworfenen Bomben fielen auf die Felder. Etwa 15 Granattrichter auf Äckern und kleinere Beschädigungen von Dächern an 3 Wohnhäusern waren die einzigen Folgen feindlicher Bombenabwürfe. In den letzten Wochen des Krieges haben noch Tiefflieger bei einigen Angriffen den Bahnhof Röhrmoos, die Lagerhalle des Bahnhofes und einige Holzhütten in Brand geschossen. Dabei kam ein italienischer Soldat ums Leben. An kirchlichen Gebäuden und an Schulhäusern entstand durch Fliegerangriffe keinerlei Schaden; auch Personenverluste unter der deutschen Bevölkerung waren nicht zu beklagen.

Plünderungen

Zu einem besonders traurigen Kapitel wurden nach dem Einmarsch der Amerikaner die Plünderungen. Von amerikanischen Soldaten wurden in einigen Privathäusern Uhren und Wertsachen, auch Radioapparate mitgenommen. Die eigentlichen Plünderungen geschahen aber durch deutsche und ausländische Zivilpersonen. Zwei große Lagerhäuser [Ein SS-Warenlager in der ehemaligen Ziegelei Bücherl und das Warenlager der Baywa am Bahnhof Röhrmoos] wurden von deutschen Volksgenossen vollständig ausgeraubt. In diesen Lagern waren große Mengen von Kübeln, Kochtöpfen, Liegestühlen und Kabok [Polstermöbelfüllung] mehrere hundert Zentner Getreide, ferner Futtermittel, Wolle, Marmelade, chemische Präparate und anderes mehr aufbewahrt. Besonders hervorgetan als Plünderer haben sich ortsansässige Einwohner der Siedlung Station Röhrmoos. (Diese Siedlung, unter dem Namen »im Elend« oder »Glasscherbenviertel« bekannt, steht von jeher schon in schlechtem Rufe); aber auch Gütler und Bauern sah man tagelang auf langen schwer beladenen Leiterwagen Waren aus diesen Lagern fortfahren; auch von umliegenden Gemeinden kamen Wagen angefahren. Dabei machten die Plünderer nicht einmal Halt vor dem Privateigentum von Münchener Fliegergeschädigten, die ihre letzte Habe durch Unterbringung auf dem Lande [im Stadel der Gastwirtschaft und Metzgerei Weinsteiger] noch zu retten suchten. So wurden auch eingelagerte Möbel von nicht geringem Werte gestohlen und teilweise auch in primitiver Weise vernichtet.

Auf diese Vorkommnisse hin sah sich das Pfarramt Röhrmoos veranlasst, am Sonntag 27. Mai 1945 beim Pfarrgottesdienst folgende Kanzelerklärung abzugeben:

»Das Pfarramt wurde in letzter Zeit wiederholt angegangen, zu den Vorkommnissen in der Station Röhrmoos Stellung zu nehmen. Es haben sich an das Pfarramt sowohl Opfer dieser Vorkommnisse gewandt, nämlich Geschädigte, aber auch solche, die in irgend einer Weise an diesen Vorkommnissen sich beteiligten und in ihrem Gewissen nicht recht Ruhe finden können. Ich gebe nun dazu folgende Erklärung ab: Es ist grundsätzlich ein Unterschied zu machen zwischen der Wegnahme von Sachen aus dem SS-Lager und der Wegnahme anderer Sachen. Über das SS-Lager kann gesagt werden: Da mit dem Einmarsch amerikanischer Truppen die SS-Organisation aufgehört hat zu existieren, sind die aufgestapelten Waren im SS-Lager herrenloses Gut geworden und schließlich auch Allgemeingut, da – wie ich gehört habe, amerikanische Truppen dieses Lager für die Bevölkerung freigegeben haben. Man kann also die Wegnahme von Waren aus dem SS-Lager mit seinem Gewissen noch vereinbaren. Nur wäre angebracht gewesen, die Leerung des SS-Lagers nicht nach der Art des Plünderns vorzunehmen, sondern eine geordnete Verteilung an die Allgemeinheit durchzuführen. – Abgesehen vom SS-Lager wurden aber auch noch andere Waren und Gegenstände weggenommen und zum Teil auch zerstört, deren Eigentümer jetzt noch da sind und mit vollem Recht Anspruch auf ihr Eigentum erheben können. In diesem Falle entsteht natürlich ohne Zweifel die Pflicht der Zurückerstattung bzw. des Schadenersatzes. An dieser Tatsache ändert sich nichts, auch wenn einzelne amerikanische Soldaten vielleicht auf irgendeine Beschuldigung hin solches Privateigentum der Bevölkerung zur Wegnahme freigaben. Die Bevölkerung oder die Allgemeinheit hätte erst dann ein Recht auf Aneignung solcher Sachen, wenn deren Eigentümer ihres Besitzrechtes verlustig erklärt würden. Eine derartige Erklärung können aber nicht einzelne Soldaten abgeben, sondern müsste nach Prüfung der ganzen Sachlage von den Behörden, gegenwärtig von den amerikanischen Militärbehörden, ausgesprochen werden. Das ist die rechtliche Beurteilung der Vorkommnisse an der Station Röhrmoos und danach hat sich jeder zu richten, der Wert legt auf ein ruhiges Gewissen. Betonen möchte ich noch, dass in letzterem Fall, wo es sich um Privateigentum und zwar um größere Werte handelt, auch die Beichte nichts nützt, solange nicht eine Zurückerstattung oder Wiedergutmachung durchgeführt wird. Es ist daher zu erwarten, dass alle nicht aus dem SS-Lager weggenommenen Gegenstände und Waren ihren Eigentümern wieder zurückgegeben werden, gleichgültig ob diese Sachen aus Gründen der Sicherstellung fortgeschafft wurden oder aus anderen Gründen. Es haben nicht nur ortsansässige Einwohner von ihrem Eigentum eingebüßt, auch fliegergeschädigte Familien aus München haben ihre letzte Habe, die sie auf dem Lande zu retten suchten, verloren. Bei einer eventuellen Anzeige, die bereits in Aussicht genommen ist, werden die amerikanischen Militärbehörden ganz gewiss diesen geschädigten Personen zu ihrem Rechte verhelfen und in Röhrmoos gegebenenfalls Hausdurchsuchungen vornehmen. Möge darum die Aufforderung zur Herausgabe der widerrechtlich angeeigneten Sachen befolgt werden, um zu verhüten, dass amerikanische Militärbehörden eine größere Aktion in Röhrmoos unternehmen.«

Die Plünderungen durch deutsche Volksgenossen nahmen nach einigen Tagen wieder ein Ende, aber eine wahre Landplage wurden dann doch die Plünderungen durch polnische und andere ausländische Zivilpersonen. Über zwei Monate lang wurden bäuerliche Anwesen immer wieder ausgeraubt. Gestohlen wurden vor allem Lebensmittel, Vieh und Fahrräder. Kirchen und Pfarrhof in der Pfarrei Röhrmoos blieben von den Plünderungen verschont.

Die Auswirkungen des Krieges in der Seelsorgestelle Röhrmoos

machten sich vor allem fühlbar geltend auf dem Gebiete der Schule und der gottesdienstlichen Verrichtungen:

Der Schulbetrieb in Röhrmoos litt während es ganzen Krieges unter fortlaufenden Veränderungen der Klasseneinteilungen und Schulzeiten sowie auch unter dem Ausfall zahlreicher Schulstunden. Im letzten Kriegsjahr steigerte sich diese Unstetigkeit im Schulbetrieb noch in einer fast nicht mehr tragbaren Weise. An und für sich besteht in Röhrmoos eine zweiteilige Schule mit den Abteilungen 1 mit 4 und 5 mit 8. Doch wurde die 4. Klasse, auch mitten im Schuljahr, bald in die Oberabteilung und bald wieder in die Unterabteilung mit einbezogen. Zeitweise wurde auch die Unterabteilung wieder aufgeteilt in 1 mit 2 und 3 mit 4. Schule wurde für jede Abteilung jeden Tag gehalten. Sehr häufig hatten die Kinder aber auch, wenn nur ein Schulzimmer benützt wurde oder nur eine Lehrkraft zur Verfügung stand, in jeder Abteilung nur dreimal in der Woche, oder bei Aufteilung der Schule in 3 Abteilungen auch nur zweimal in der Woche Schule. Vorübergehend wurde auch wieder in der Weise Schule gehalten, dass jede Abteilung jeden Tag nur auf 2 bis 3 Stunden die Schule besuchte. Wenn der Religionslehrer zu seinen Stunden, die unter diesen Verhältnissen im Laufe des Jahres natürlich immer wieder neu festgesetzt werden mussten, in die Schule kam, wusste er nie, welche Kinder er vor sich hatte und ob er überhaupt Unterricht halten konnte. Begründet waren diese ständigen Veränderungen des Schulbetriebes in Kohlenmangel, in der Benützung eines Schulsaales als Flüchtlingslager und auch in der Beurlaubung von Lehrkräften (bald war eine Lehrkraft beurlaubt wegen Schonung vor und nach der Entbindung, bald wieder, weil der Mann aus dem Felde

auf Urlaub kam, u. s. w.). Der Ausfall von Schulstunden war größtenteils verursacht durch die Heranziehung der Kinder zu nicht in Unterrichtsbereiche
liegenden Arbeiten (Sammeln von Heilkräutern und deutschem Tun, Absu-
chen der Äcker nach dem Kartoffelkäfer, Sammeln von Tannenzapfen u. s. w.)
und durch die zahlreichen Fliegerangriffe in den letzten Jahren. Dass unter
diesen Verhältnissen auch der Religionsunterricht, der so schon nur als lästi-
ges Anhängsel behandelt wurde, stark zu leiden hatte, ist selbstverständlich.
Die Lehrkräfte zeigten jedoch immer noch so viel Entgegenkommen, dass sie
ausgefallene Religionsstunden an anderen Tagen möglichst nachholen ließen;
war dies nicht möglich, dann wurden die Kinder zum Religionsunterricht in
die Kirche gerufen.

In der Schule in Sigmertshausen (eine einteilige Schule) fand während des
Krieges kein Wechsel der Lehrkraft statt. Es zeigten sich hier auch während des
Krieges keine wesentlichen Störungen des Schulbetriebes. Erst in den letzten
Monaten des Krieges unterlag der Schulunterricht starken Einschränkungen.
Im Dezember 1944 und Januar 1945 war wegen Kohlenmangel überhaupt
kein Unterricht, dann wurde verkürzter Unterricht gegeben (täglich nur etwa
2 Stunden) und in den letzten Wochen waren nur noch Schulappelle, zu denen die Kinder ein- bis zweimal in der Woche in die Wohnung des Lehrers gerufen wurden, um Hausaufgaben entgegenzunehmen. Die Religionsstunden
wurden jedoch stets in vollem Umfang weitergehalten, – soweit es nicht in
der Schule möglich war, in der Kirche. Auch die Religionsstunden, die einige
Male wegen Fliegergefahr unterbrochen wurden bzw. ausfallen mussten, wurden in der Kirche nachgeholt.

Im kirchlich-religiösen Leben der Pfarrei äußerten sich die Auswirkungen des
Krieges vor allem in einer empfindlichen Einschränkung der gottesdienstlichen Verrichtungen. Abgesehen davon, dass die herkömmlichen Prozessionen und Bittgänge auf Sonntage verlegt werden mussten und manche hohe
Feiertage nicht mehr gehalten werden konnten (die Bevölkerung hat diese
Maßnahmen bitter empfunden), mussten auch die Gottesdienste selbst in
immer einfacherer Weise durchgeführt werden. Mit Kerzen und Weihrauch
musste gespart werden. Aushilfe durch fremde Geistliche bei besonderen Festen, wie Bruderschaftsfesten, war nur selten noch möglich. Auch die Orgel
musste zeitweise schweigen, da die Organisten zum Heeresdienst einberufen
wurden. Auch die Wegnahme der Kirchenglocken darf nicht unerwähnt blei-

ben; konnte doch die frohe Stimmung, die das Läuten der großen Glocke oder das Zusammenläuten der Glocken in den Herzen der Gläubigen auslöste, mit der einen, noch verbliebenen kleinsten Glocke, nicht mehr geweckt werden. Eine starke Beeinträchtigung erfuhren die Gottesdienste auch dadurch, dass den Gläubigen bisweilen die Erfüllung ihrer Sonntagspflicht durch Übungen und Dienstleistungen bei der Landwacht, Feuerwehr, Volkssturm und H. J. (= Hitler-Jugend) unmöglich gemacht wurde. Diese Dienstleistungen wurden in der Regel auf den Sonntagvormittag ohne Rücksicht auf kirchliche Veranstaltungen festgelegt.

Der sittlich-religiöse Stand der Bevölkerung hat im Großen und Ganzen durch den Krieg nicht gelitten. Nur einige bedauernswerte Fälle sind vorgekommen, dass Kriegerfrauen, während ihr Mann im Felde stand, sich vergessen haben und die eheliche Treue brachen. Sehr fühlbar machen sich die Auswirkungen des Krieges besonders noch in jenen Familien bemerkbar, in denen Väter oder Söhne zu den Waffen gerufen wurden. Auf diesen Familien lastete neben einem Übermaß von Arbeit auch noch die ständige Sorge um ihre Angehörigen. In manche Familien zog dann auch die bittere Klage über gefallene oder vermisste Krieger ein. 45 Krieger aus der Pfarrei Röhrmoos sind gefallen, etwa 10 bis 15 Krieger sind, zum Teil seit Jahren schon, vermisst und viele sind aus der Gefangenschaft noch nicht zurückgekehrt. Da gerade gut religiöse Familien von diesem Opfer des Krieges besonders schwer getroffen wurden, wurden Glaubenstreue und Gottesvertrauen auf eine harte Probe gestellt. Es kann jedoch festgestellt werden, dass die Gläubigen durchwegs die Kraft fanden, ihr schweres Los zu tragen. Allerdings muss auch erwähnt werden, dass das Wort »Not lehrt Beten«, in diesem Kriege sich nicht besonders bewährte. Der Besuch der Messen und der Andachten sowie auch der Sakramente-Empfang haben nicht in dem erwarteten und erwünschten Maße zugenommen

Soweit der Bericht von Pfarrer Endres an das Erzbischöfliche Ordinariat über die Vorkommnisse und die Situation am Ende des Zweiten Weltkrieges.

Die Aufzeichnungen beschränken sich auf Röhrmoos und Sigmertshausen, den größten Orten der damaligen Pfarrgemeinde. Über die übrigen Orte, die heute zur Pfarrei oder zur politischen Gemeinde Röhrmoos gehören, finden sich daher in der Pfarrchronik 1933–53 keine Eintragungen.

PFARRCHRONIK VON AUGUST 1945 BIS NOVEMBER 1950

1. August 1945

Als die Amerikaner am 29. April durchmarschiert waren, trat eine Stockung im ganzen öffentlichen Leben ein. In den Geschäften gingen die Lebensmittel aus, da neue Waren infolge mangelnder Transportmittel nicht nachgeschafft werden konnten; zudem waren die Lagerhäuser überall ausgeplündert worden. In den Bäckereinen ging sogar das Brot aus. Bis zum 9. Mai war der elektrische Strom unterbrochen, so dass man wie in früheren Zeiten sich mit Kerzenlicht behelfen musste. Wegen Strommangel schwieg auch der Radio. Man war von der Welt ganz abgeschlossen. Der Postverkehr setzte erst gegen Ende Juni wieder ein, ebenso war auch der Eisenbahnverkehr wochenlang vollständig lahmgelegt. Zeitungen gab es ebenfalls mehrere Wochen hindurch nicht. In Fabriken und Betrieben, in den Büros und in den Werkstätten ruhte die Arbeit. Banken, Behörden und Geschäfte waren geschlossen.

Der Staat war ohne Regierung; Landrat, Bürgermeister und Gendarmerie waren ihres Dienstes enthoben. So hatte das lichtscheue Gesindel freie Hand. Vor allem die Polen, die unter der Hitlerregierung ihrer Freiheit und ihrer Menschenrechte beraubt worden waren und nur noch geduldet waren, um ihre Arbeitskraft auszunützen, trieben ungestört ihr Unwesen. In den Häusern und auf offener Straße nahmen sie unter Bedrohung des Lebens Fahrräder weg, versahen sich mit gestohlener Kleidung, fuhren in gestohlenen Autos und hielten, was ihnen bisher nicht gestattet war, nun gleich massenhaft (gleich 50 und 60 Paare auf einmal) Hochzeit, wozu sie die Lebensmittel aus den Bauernhöfen holten. Und niemand schritt dagegen ein. Wer sich zur Wehr setzte, musste sein Leben lassen.

Auch viele Häftlinge aus dem Konzentrationslager durchzogen die Dörfer und suchten in den Häusern vorübergehend Unterkunft und Verpflegung. Gar manche trugen die Spur unmenschlicher Behandlung, die sie im Konzentrationslager erlitten hatten, noch deutlich an sich. Jetzt erst erfuhr man Einzelheiten über die bestialischen Grausamkeiten, die in den Konzentrationslagern, auch im Lager Dachau, verübt wurden.

Ebenso kam auch jetzt erst an die Öffentlichkeit wie die »Volksbeglücker« des Dritten Reiches, die »Nazibonzen«, in einem unvorstellbaren Luxusleben schwelgten mit den Steuer- und Opfergroschen, die das Volk in gutem Glauben gab.

Man kann es verstehen und auch billigen, wenn die amerikanische Militärregierung nun mit aller Schärfe darangeht, den Nationalsozialismus und den deutschen Militarismus auszurotten. Das Sonderbare ist, dass nun auf einmal niemand mehr Nationalsozialist gewesen sein will. Gerade jene, die vor wenigen Wochen noch so stolz auf ihren »Führer« (Adolf Hitler) waren und mit ihrem Parteiabzeichen protzten, sind jetzt auf einmal nur aus Zwang bloß »zahlende Mitglieder« geworden und haben für die Partei nichts getan. Früher wollten sie von der Kirche und vom Pfarrer nichts wissen, jetzt kommen sie ins Pfarramt und bitten um eine amtliche Beglaubigung, dass sie keine aktiven Nationalsozialisten waren. Aber die Amerikaner sorgen dafür, dass die Schuldigen nicht entwischen. Auch in der Pfarrei Röhrmoos sind schon einige »prominente« Nazis fortgeholt worden.

17. September 1945

Heute hat in Röhrmoos und Sigmertshausen die Volksschule wieder angefangen. Der Religionsunterricht durfte mit Erlaubnis der Militärregierung schon seit Mai erteilt werden. Die Kinder bekommen neue Schulbücher, die bisherigen nationalsozialistischen Schulbücher müssen abgeliefert werden. Alle Lehrkräfte, die Parteimitglieder waren, sind ihres Dienstes enthoben. Auch in anderen Berufen, gleichgültig, ob staatlich, städtisch oder privat, werden Parteimitglieder entlassen und dürfen nur noch als einfache Arbeiter oder Angestellte ohne leitende Stellung beschäftigt werden. Diese Säuberung von Parteimitgliedern wird mit dem Worte »Entnazifizierung« bezeichnet.

25. Dezember 1945

Heuer konnte die Mitternachtsmesse, die in den vorausgegangenen Kriegsjahren wegen der Fliegergefahr am Hl. Abend vor Eintritt der Dunkelheit gehalten werden mußte, wieder nachts um 12 Uhr gehalten werden. Der Besuch der Mitternachtsmesse war sehr gut. Von der Militärregierung wurde wegen der Mitternachtsmesse die nächtliche Sperrzeit (von abends ½11 bis 5 Uhr dürfen Deutsche nicht auf die Straße) von 3 Uhr nachts bis 5 Uhr früh festgesetzt.

31. Dezember 1945

Das Jahresende 1945 verpflichtet zu einem besonders dankbaren Aufblick zu Gott. Das Jahr 1945 hat endlich dem Menschenmorden ein Ziel gesetzt. Der Krieg ist vorüber; allerdings sind noch manche Männer der Pfarrei in Gefangenschaft, aber es besteht doch wenigstens gute Hoffnung, daß sie wieder heimkommen. Nicht nur der Kampf an der Front hat aufgehört, auch die Heimat ist nun wieder sicher vor Fliegerangriffen. Mit Ruhe kann man seiner Arbeit nachgehen, mit Ruhe auch am Abend sich zum Schlafen legen. Ein besonderes Geschenk des Jahres 1945 ist auch der Zusammenbruch der Hitlerherrschaft. Freilich sind die Zeiten immer noch schwer und die Folgen des verlorenen Krieges werden als Erbe der Hitlerregierung noch lange zu spüren sein, aber die Befreiung von der Hitlertyrannei konnte nur vom Ausland, also durch einen verlorenen Krieg, kommen. So ist das furchtbare Unglück, in das unser Vaterland gestürzt wurde, letzten Endes doch ein Glück. Es ist nach Überwindung der Hitlerzeit nun der Boden bereitet, auf dem unser Volk wieder einer glücklicheren Zukunft entgegengehen kann.

Die Pfarrei Röhrmoos zählt zur Zeit etwa 920 Katholiken und 17 Nichtkatholiken; dazu sind gegenwärtig in der Pfarrei noch ca. 150 Flüchtlinge aus Schlesien und Ungarn untergebracht.

10. Februar 1946

Unser Oberhirte rief die Frauen seiner Diözese zu einer Kriegsopferhilfe (Verstümmelte Krieger, Hinterbliebene und Waisen) auf. Eine Kirchensammlung, die heute für diesen Zweck gehalten wurde, ergab 900.– RM. Im Jahre 1945 wurden zur Linderung der Not zwei Kirchensammlungen mit 800.– RM und zwei Lebensmittelsammlungen im Werte von ca. 500.– RM dem Caritasverband übermittelt. Eine Kirchensammlung für die Bettelorden ergab 400.– RM. Das Pfarramt Röhrmoos gab außerdem an Notleidende Barunterstützungen in Höhe von 300.– RM und an die Flüchtlinge 450 gesammelte Kleidungsstücke im Wert von etwa 2000.– RM; ferner wurden aus der Pfarrei an die Kriegsgefangenen im Lager Dachau 25 Weihnachtspakete geschickt.

17. Februar 1946

Dem Winter 1945/46 wurde mit großer Sorge entgegengesehen, Hunger und Kälte drohten. Aber die Gefahr ging doch vorüber. Waren die Lebensmittelzuweisungen auch knapp, so brauchte man doch wenigstens nicht hungern. Auch die Winterkälte war nicht so streng, wie man es befürchtete; und das war auch gut so, denn wegen Transportschwierigkeiten gab es keine Kohlen für Privathaushalte.

Im Dezember 1945 war die Kälte mäßig; den Januar 1946 über hatte die Kälte zugenommen, ohne übermäßig streng zu sein; der Februar begann dann wieder mit einer etwas milderen Witterung; bald aber setzten starke Stürme ein, die von einer ganz ungewöhnlichen Heftigkeit waren und kein Ende nehmen wollten.

Astronomen erklärten dieses Sturmwetter damit, daß die Venus aus ihrer Bahn getreten sei und der Erde sich genähert habe. In Zusammenhang damit wurde auch für Freitag, 15. Februar mittags 12 Uhr, Untergang der Welt vorhergesagt. Aber es geschah nichts.

25. Februar 1946

Gemeinde und Kirchenverwaltung Röhrmoos befassen sich zur Zeit mit der Errichtung eines Leichenhauses auf dem Röhrmooser Friedhof. Da der Wohnraum durch den Zuzug von Flüchtlingen immer knapper wird, besteht hierfür ein dringendes Bedürfnis; aber große Schwierigkeiten bieten die Baugenehmigung und die Beschaffung von Baumaterial.

5. Juni 1946

Heute kamen 95 Flüchtlinge aus Südmähren, Kreis Znaim, nach Röhrmoos. Sie wurden durch die Tschechen von ihrer Heimat vertrieben. Röhrmoos beherbergt jetzt Flüchtlinge aus Schlesien, Ungarn und der Tschechei.

6. Oktober 1946

Heute wurde die Pfarrbücherei Röhrmoos eröffnet. Bücherausgaben erfolgen vorerst jeweils am ersten Sonntag im Monat nach dem Pfarrgottesdienst.

27. Oktober 1946

Die Landpfarreien des Dekanates Dachau veranstalteten heute eine Wallfahrt nach Altötting, an der sich etwa 1400 Wallfahrer beteiligten. Von der Pfarrei Röhrmoos nahmen 165 Gläubige an der Wallfahrt teil.

25. Dezember1946

Eine Weihnachtssammlung für die Flüchtlinge wurde heuer vom Bürgermeister durchgeführt. Das Pfarramt unterstützte die Sammlung durch einen Kanzelaufruf. Das Ergebnis der Sammlung war nicht groß.

31. Dezember 1946

Bittere Kälte! Die Not in diesem Winter ist drückender als im vergangenen Winter. Grund dafür ist die außerordentliche Verknappung aller Lebensmittel und Bedarfsgegenstände, sowie die Überbevölkerung von Stadt und Land durch Flüchtlinge aus den Ostgebieten (Schlesien, Ungarn und Sudetenland). Die Lebensmittelrationen, durch Lebensmittelmarken geregelt, sind klein. Kleider, Schuhe und andere Bedarfsgegenstände sind überhaupt nicht zu bekommen, da Fabriken und Betriebe teilweise vom Krieg her noch zerstört sind, teilweise auch von den Besatzungsmächten (vor allem in der russischen Zone) abmontiert wurden und soweit sie noch bestehen wegen Materialmangel nicht arbeiten können.

Man hat Geld und keine Ware. Auf ordnungsgemäßem Wege gibt es nichts zu kaufen, dagegen blüht umso mehr der Schwarzhandel, der sich in Tauschgeschäften vollzieht oder mit ganz horrenden Preisen abgewickelt wird. In München gibt es dafür den sogenannten »Schwarzen Markt«. Da kann man ein Pfund Butter um 100.– und 120.– RM kaufen, eine einzige Zigarette um 5.– bis 8.– RM, u. s. w. Am besten haben es gegenwärtig wieder die Bauern, die für ihre landwirtschaftlichen Erzeugnisse im Tausche alles bekommen. Doch wer das zum Leben Notwendige und dazu noch seine eigene Wohnung hat, darf nicht klagen. Viel schlimmer sind die Flüchtlinge daran, die ihre Heimat und ihr ganzes Hab und Gut verlassen mußten und nun froh sein müssen, wenn sie nur irgendwo notdürftig Unterschlupf gefunden haben.

Am beklagenswertesten sind unsere deutschen Kriegsgefangenen, die 20 Monate nach Kriegsende immer noch im Feindesland zurückgehalten werden. Sie müssen nicht nur die Heimat entbehren, sondern sind auch ihrer Freiheit beraubt; sie möchten fast vergehen vor Sehnsucht nach den Ihren zu Hause. Besonders schlimm ist es mit den Kriegsgefangenen in Rußland, da Rußland über seine Kriegsgefangenen immer noch nur ganz spärlich Auskunft gibt.

31. Dezember 1946

Auf caritativem Gebiete hat die Pfarrei im Jahre 1946 folgende Leistungen zu erbringen:

155 Lebensmittelpfundpakete wurden an die Pfarrei Petershagen bei Berlin geschickt; 40 Lebensmittelpakete wurden dem Caritasverband als Weihnachtsgabe für die Kriegsgefangenen in Frankreich überwiesen; 220.– RM wurden als Geldunterstützung verausgabt. Außerdem ergaben die caritativen Kirchensammlungen (kath. Frauenhilfswerk, Caritassammlung, Sammlung für Mendikantenorden) im Ganzen 1800.– RM, die an die Erzb. Finanzkammer geschickt wurden.

Mit Dank gegen Gott schaut der Berichterstatter auf das vergangene Jahr zurück. Das Jahr 1946 ließ zwar die Folgen eines total verlorenen Krieges bitter fühlen (das Erbe der wahnsinnigen Hitlerwirtschaft!), aber trotzdem brachte das Jahr 1946 uns ein großes Glück: Die Verhütung eines Glaubenskampfes. Wären die Hitlerelemente als Sieger aus dem Kriege hervorgegangen, dann wäre ein erbitterter Kampf gegen die Kirche und die christliche Religion entbrannt; vielleicht hätten wir schon das Jahr 1946 ohne hl. Messe und ohne Sakramentenspendung in Deutschland durchleben müssen, – geplant und vorbereitet war dies von den Hitleranhängern alles schon und die breiten Volksmassen hätten sich dem Zwang und der Gewalt nachgebend in alles gefügt; haben ja doch die breiten Massen in den 12 Jahren Hitlerregierung »ihrem geliebten Führer« auch mit Begeisterung gefolgt.

Der Ausblick auf das neue Jahr (1947) berechtigt zu guter Hoffnung. Vor allem wird das neue Jahr endlich den Friedensabschluss bringen. Dann werden doch unsere Kriegsgefangenen einmal heimkommen dürfen; auch weiß man dann doch endlich einmal, wie man in Deutschland daran ist, es wird dann ein fester Boden geschaffen, auf dem wieder aufgebaut werden kann, wenn auch von ganz unten angefangen werden muß. So sehen wir mit froher Zuversicht dem neuen Jahr entgegen. Möge Gott unserem deutschen Volk wieder aufwärtshelfen.

19. März 1947

In die Gemeinde Röhrmoos wurden neuerdings Flüchtlinge aus der Tschechoslowakei (Sudetendeutsche) eingewiesen. Diese 70 deutschen Flüchtlinge brachten auch ihren Hausrat mit und zwar so viel, daß die Wohnräume die Kästen und Koffer nicht mehr bergen konnten; manche Möbelstücke mußten in die Scheunen gestellt werden. Auch im Pfarrhof wurden neuerdings noch zwei Zimmer beschlagnahmt. Die Flüchtlingskommissare, die selbst Flüchtlinge sind, gingen dieses Mal bei der Beschlagnahme von Wohnräumen gegen die einheimische Bevölkerung frech und roh vor.

19. März 1947

Ende Januar wurde es wieder empfindlich kalt. Diese Kälteperiode dauerte den ganzen Februar hindurch an. Erst Mitte März ließ die Kälte etwas nach. Der vergangene Winter war besonders streng und von lang anhaltender Kälte. Auch in diesem Winter gab es keine Kohlen. In Moskau haben am 10. März die ersten Vorbesprechungen der amerikanischen, englischen, französischen und russischen Außenminister über einen Friedensvertrag mit Deutschland begonnen. Mit großer Spannung und geringer Hoffnung sieht man dem Ergebnis dieser Besprechungen entgegen. Obwohl von der engen Verbundenheit unter den alliierten Großmächten viel geredet wird, ist es doch kein Geheimnis, daß die Freundschaft zwischen Rußland einerseits und den Westmächten andererseits nur mit Müh und Not aufrecht erhalten wird.

31. Dezember 1947

Schulspeisung 1947 mit Lehrer Mairgünther

An den Schulen im Gemeindegebiet Röhrmoos werden Schulspeisungen durchgeführt.

Wirtschaftlich und politisch hat das Jahr 1947 für Deutschland keinen fühlbaren Fortschritt gebracht. Die Verknappung der Lebensmittel ist noch größer als im vergangenen Winter. Als Jahresware wurde nur ein Zentner Kartoffel pro Person zugewiesen, Fett und Fleisch sind ganz gering, Mehl und Eier werden überhaupt nicht zugewiesen. Wer sich als Normalverbraucher an seine amtlich zugewiesenen Lebensmittelrationen hält, muß verhungern. So muß man schauen, daß man ohne Marken bei den Bauern etwas bekommt. Der Schwarzhandel mit Wucherpreisen ist immer noch in Blüte. Viel wird zur Zeit von einer unmittelbar bevorstehenden Geldumwertung gesprochen. Am schwersten wird dabei wohl wieder der einfache Mensch aus dem Volke getroffen werden. Denn die wenigen, in harter Arbeit erworbenen Spargroschen werden bei der Geldentwertung in ein Nichts zurücksinken, während den Schiebern und Schwarzhändlern, die nur mit Tausendern Geschäfte machen, von ihrem Wuchergeld immer noch ein hübsches Sümmchen bleibt.

In politischer Hinsicht brachte das Jahr 1947 insofern eine Enttäuschung, als die Friedensverhandlungen der alliierten Siegermächte durch die Quertreibereien Rußlands zu keinem Ergebnis führten. Hoffentlich bringt nun das kommende Jahr den Abschluss der Friedensverhandlungen und endlich auch die Rückkehr unserer Kriegsgefangenen in die Heimat.

26. Juni 1948

Der 20. Juni 1948 brachte die seit einiger Zeit schon angekündigte, mit Bangen erwartete Währungsreform. Mit dem 20. Juni verlor alles auf Reichsmark und Rentenmark lautende Geld seine Gültigkeit, nur Kleingeld blieb noch zu einem Zehntel des Wertes in Umlauf (1 RM = 10 Pfennige, 50 Reichspfennige = 5 Pfennige, 10 Reichspfennige = 1 Pfennig). Ab 21. Juni 1948 war nur noch Deutsche Mark = DM gültiges Zahlungsmittel. Zur Bestreitung der notwendigen Lebensbedürfnisse erhielt jede Person 40.– DM Kopfgeld. Alles noch vorhandene Reichsmarkgeld mußte bis zum 25. Juni bei den Banken angemeldet und abgeliefert werden und soll später in DM, das ist zu einem Zehntel des eingelieferten Reichsmarkwertes, wieder zur Verfügung stehen.

Nun sind wir in Deutschland bettelarm geworden. Manche wurden durch die Währungsreform besonders hart getroffen. Die Bauern sind auch jetzt wieder gut weggekommen; sie erhalten pro Person auch 40.– DM Kopfgeld und haben doch ihren Lebensunterhalt dazu noch aus dem eigenen Betrieb. Wer aber das Essen täglich kaufen muß, wird mit 40.– DM nicht weit reichen. Arbeiter und Angestellte bekommen, und das wird die Notlage bald bessern, ihren Lohn am Ende der Woche oder des Monats in gleicher Höhe wie früher in RM, so jetzt in DM ausbezahlt. Was tun aber die alten und invaliden Leute, die nicht mehr arbeiten können, die von ihren hart erworbenen, geringen Spargroschen leben zu können glaubten und jetzt vor dem »Nichts« stehen?

Was tut auch, um nur ein Beispiel anzuführen, ein Landpfarrer, der sein Einkommen aus verpachteter Ökonomie bezieht? Der Erlös aus dem im Winter geschlagenen Holz wurde ihm noch in Reichsmark bezahlt und ist jetzt auf der Bank abgeliefert. Der Pachtzins für verpachtete Grundstücke war zur Hälfte am 1. April fällig und wird später einmal nur zu einem Zehntel ausbezahlt, während die 2. Hälfte des jährlichen Pachtzinses im Oktober fällig wird und, da es den Pächtern erfahrungsgemäß mit dem Zahlen nicht pressiert, erst einmal im Januar oder Februar 1949 oder noch später bezahlt wird. Kann ein solcher Ökonomiepfarrer die kommenden Monate durchhalten und mit dem Kopfgeld von 40.– DM und den anfallenden Stipendien seine Auslagen (Lebensunterhalt, Lohn für Haushälterin, Steuern u. s. w.) bestreiten? Bei den Banken kann man wohl Geld aufnehmen (mit einem Zinsfuß von 6%!), aber wer will mit Schulden seinen Lebensunterhalt decken? Oder soll man Betteln gehen oder sich noch um einen Nebenberuf umsehen?

Auffallend ist, daß mit Beginn der neuen Währung in den Geschäften sofort alles wieder zu haben war, sogar auch Sachen, die schon seit vielen Jahren nicht mehr gekauft werden konnten, wie Fahrräder, Uhren u. s. w. Diese Waren wurden vor der Währungsreform zurückgehalten (»gehortet«) und damit behielten die Geschäftsleute ihr Vermögen wertbeständig. Die Inflation nach dem Ersten Weltkrieg (1914–18) war schon ein großes Unrecht, die jetzige Währungsreform hat aber unvergleichlich größere Ungerechtigkeiten gebracht.

1. Oktober 1948

Zum ersten Schrecken, den die Währungsreform brachte, kam jetzt noch ein zweiter: Das zu 10% abgewertete und bei den Banken eingelieferte Altgeld wird nur zur Hälfte ausbezahlt, also von 1 Reichsmark bekommt man nur 5 Deutschemark-Pfennige. Trotz der dadurch verursachten Verarmung des deutschen Volkes gibt es doch auch schon wieder Leute, denen das Geld auch in der neuen Währung recht locker sitzt. Tanzveranstaltungen und Theater, die fast in jedem Dorf Woche für Woche abgehalten werden, haben einen großen Zulauf. Neuerdings werden auch noch Kinovorführungen in den Dörfern regelmäßig, wöchentlich einmal, gegeben; so auch in Röhrmoos jeden Dienstag. Und es gibt Leute genug, auch unter den Flüchtlingen, die all diese

Lustbarkeiten mitmachen, während so viele andere in bitterster Armut leben und auch so manche Soldaten noch in Kriegsgefangenschaft schmachten.

1. November 1948

In Röhrmoos hat sich in den letzten Tagen ein praktischer Arzt ansässig gemacht und wohnt in der Gastwirtschaft Weinsteiger (Dr. Walter Rauchalles). Der Praxisraum war das Nebenzimmer beim Weinsteiger, Wartezimmer war die Wirtsstube.

2. November 1948

Am Allerheiligentag nachmittags wurde das neuerbaute Leichenhaus auf dem Röhrmooser Friedhof eingeweiht. Das Leichenhaus wurde ganz aus kirchlichen Mitteln, ohne jeden Zuschuss der Gemeinde, erbaut.

24. Dezember 1948

Am 17. Dezember fiel über Nacht der erste Schnee in diesem Jahr, aber nicht viel. Die Kälte ist mäßig, erst der 23. Dezember brachte stärkeren Frost, so dass das Weihwasser in der Kirche gefroren war. Die Mitternachtsmesse wurde auch heuer wieder wegen der immer noch herrschenden Unsicherheit (Einbruchgefahr) in den späten Stunden des Hl. Abend (um 7 Uhr) gehalten.

13. April 1949

In Schönbrunn fand heute Nachmittag um ¼4 Uhr durch H. H. Prälat Friedrich Pfanzelt die Weihe von 4 neuen Glocken für die Anstaltskirche statt. Die kleine Glocke aus dem früheren Geläute, die von der Glockenabnahme im Kriege verschont blieb, übernahm Glockengießer Oberascher in München, der das neue Geläute gegossen hat.

23. April 1949

An Stelle des nach Pittenhart versetzten Hauptlehrers Otto Wiedenmann, der seit 1934 in Sigmertshausen als Schulleiter tätig war, zog heute Herr Oberlehrer Franz Goll in das Schulhaus zu Sigmertshausen ein. Herr Oberlehrer Goll, ein Flüchtling, kam aus der Pfarrei Großdingharting und ist vom dortigen Pfarrer als ein gläubiger Lehrer empfohlen, so dass zu hoffen ist, daß die nun schon 4 Jahre bestehenden unerquicklichen Schulverhältnisse in Sigmertshausen endlich eine zufriedenstellende Lösung finden.

8. Juni 1949

Anschaffung neuer Glocken an Stelle der 1942 für Kriegszwecke abgenommenen Glocken.

1. September 1949

Zu Beginn des neuen Schuljahres kam an Stelle des nach Haimhausen versetzten Flüchtlingslehrers Mirko Kneifel, Herr Lehrer Josef Bauschmann als Lehrer und Schulleiter an die Schule in Röhrmoos.

Somit wirken zur Zeit in Röhrmoos an Lehrkräften: Herr Josef Bauschmann, Frau Walburga Sigl, Fräulein Maria Schega und Fräulein Franziska Christmann. Da nur zwei Schulsäle vorhanden sind, wird Halbtagsunterricht erteilt. Die Volksschule in Röhrmoos wird von 99 Knaben und 95 Mädchen, also insgesamt von 194 Kindern besucht. Die Berufsschule in Röhrmoos wird von 27 Mädchen besucht. Den Unterricht in der Berufsschule erteilt als Wanderlehrerin Frl. Hilda Bruhns im Gastzimmer der Wirtschaft Hagn. Die berufsschulpflichtigen Knaben erhalten ihren Unterricht in Dachau und Ampermoching. – In die Volksschule Röhrmoos gehen 5 evangelische Kinder.

Die Volksschule Sigmertshausen zählt 25 Knaben und 24 Mädchen (und 9 evangelische Kinder) und wird von Herrn Oberlehrer Goll geleitet.

31. Dezember 1949

Am Ende des Jahres 1949 besteht immer noch Ungewissheit über 11 Krieger aus der Pfarrei: (In Röhrmoos: Kaiser; in Sigmertshausen: Hof Leonhard, Schaupp Johann, Fröhler Josef, Mairhanser Josef, Lederer, Schamberger, Schamberger; in Riedenzhofen: Zollbrecht, Wacht).

Ein Schandfleck in der Geschichte des 20. Jahrhunderts sind die von Hitler geschaffenen Konzentrationslager, wo Millionen Menschen aufs Unmenschlichste gequält und zu Tode gemartert wurden. Aber ein ebenso großer Schandfleck für die Geschichte des 20. Jahrhunderts wird es bleiben, daß 5

Jahre nach Kriegsschluss immer noch deutsche Kriegsgefangene, in Rußland der Freiheit beraubt, zurückgehalten werden und die Angehörigen ohne jede Nachricht gelassen werden. Die Siegermächte des letzten Weltkrieges (Amerika, England, Frankreich und Rußland) sprechen große Worte von der Wahrung der Menschenrechte und von dem Recht des Einzelnen auf Freiheit, in der Kriegsgefangenenfrage aber werden, wie in den alten Zeiten der Sklaverei, die primitivsten Menschenrechte mit den Füßen getreten und unschuldige Menschen, als wenn sie Verbrecher wären, jahrelanger seelischer und körperlicher Qual überlassen.

24. Juni 1950

Gestern wurden die 5 neuen Glocken von der Glockengießerei Czudnochowsky in Erding durch den Bauer Michael Reischl von Schillhofen auf dem Lastwagen abgeholt und in der Anstalt Schönbrunn hinterstellt. Heute nachmittags, 2 Uhr, wurden dann die neuen Glocken von Schönbrunn her feierlich in die Pfarrei eingeholt. Der Festzug reichte in seiner Länge von Schönbrunn bis Röhrmoos. Es nahmen am Festzug teil die Schulen von Röhrmoos und Sigmertshausen, die Kirchen- und Gemeindeverwaltungen und viele Gläubige. Den 3 vierspännigen Glockenwagen gingen 42 Reiter und ein Musikwagen voraus. Im Ganzen waren 58 schön geschmückte Pferde vertreten. Bevor der Zug sich in Bewegung setzte, wurde im Ökonomiehof der Anstalt Schönbrunn noch eine kleine Feier gehalten, bei der der Pfarrer eine Ansprache hielt und Kinder Gedichte und Lieder zum Vortrag brachten, während die Blaskapelle zwischenhinein Musikstücke spielte.

25. Juni 1950

Heute wurde in der herrlich geschmückten Pfarrkirche das Patrozinium mit einem levitierten Festgottesdienst gefeiert. Anschließend fand dann im Hofe des Zinsmeisteranwesens die feierliche Weihe der Glocken von Röhrmoos und Riedenzhofen durch H. H. Prälat Friedrich Pfanzelt statt.

2. Juli 1950

Die feierliche Weihe der Glocken von Sigmertshausen wurde am 2. Juli nachmittags ½3 im Hofe des Jagerbauern durch H. H. Prälat Dr. Michael Hartig gehalten.

Am 4. Juli wurden die neuen Glocken in Röhrmoos, Riedenzhofen und Sigmertshausen auf den Turm gezogen.

In Röhrmoos wiegt die große Glocke (Ton g') 550 kg, die mittlere (Ton b') 260 kg; die kleinere Glocke (St. Michaelsglocke aus Bronze, 160 kg) ist noch die alte, vom Krieg verschont gebliebene Glocke.

14. August 1950

Für den gefallenen Gefreiten Franz Wacht, dessen Mutter und Geschwister als Flüchtlinge in der Pfarrei wohnen, wurde heute in Riedenzhofen der Seelengottesdienst gehalten. Franz Wacht ist am 18. März 1906 in Moskowitz (Kreis Znaim) geboren, ledig und Landwirt. Er starb den Soldatentod nach erst jetzt eingetroffener amtlicher Meldung am 25. Februar 1945 zwischen Saarburg und Saarlautern.

15. August 1950

Über die politische Lage gehen seit einiger Zeit wieder recht beängstigende Gerüchte um. Man spricht von einem bevorstehenden neuen Krieg. Besonders Schlaue fangen schon wieder zu hamstern an und kaufen Vorrat ein, sodass manche Waren, wie Zucker und Seifenartikel, in den Geschäften ausverkauft sind. Beunruhigend wirken auch die »Weissagungen« des Freilassinger Hellsehers Irlmeier, der den Krieg schon für die allernächste Zeit voraussagt und bereits weiß, wo sich die Hauptkämpfe abspielen und welche Städte und Orte vom Erdboden verschwinden. Irlmeier ist zur Zeit überall das Tagesgespräch. Ein anderer Großer, der viel von sich reden machte, aber mit seinen Künsten bereits ausgespielt hat, ist der Wunderdoktor Gröning. Er hat nie Medizin studiert, sondern kurierte seine Patienten einzig dadurch, daß er ihnen sagte, sie seien gesund. Und viele Kranke glaubten auch, daß sie auf diese Weise geheilt worden seien. In großen Scharen, zu Tausenden, eilten die Dummen, die nicht aussterben, zu Gröning und warteten mitunter tagelang, auch bei Regen, vor dem Haus des Wunderdoktors, bis dieser sich der Menschenmenge zeigte. Nun hat sich herausgestellt, daß vieles, was über Gröning gesagt wurde, ein Schwindel war, und daß Gröning und seine Genossen, obwohl sie mit ihren Wunderkuren gute Geschäfte machten und hohe Summen vereinnahmten, wahrscheinlich Zechprellereien verübten.

5. September 1950

Zu Beginn des neuen Schuljahres 1950/51 wurde Frl. Franziska Christmann von der Röhrmooser Schule als Lehrerin nach Hebertshausen versetzt. Von Hebertshausen kam Frau Amalie Rumpler, geb. Reischl (eine Jackerbauerntochter von Schillhofen) als Lehrerin nach Röhrmoos. Während der Sommerferien wurde das Röhrmooser Schulhaus einer gründlichen und aufwendigen Reparatur unterzogen. Die Reparaturkosten sollen sich auf 5–6000.- DM belaufen.

15. November 1950

Aus der Gefangenschaft zurückgekehrte Kriegskameraden brachten die Nachricht, daß der Hilfsarbeiter Bernhard Burgmair von Röhrmoos Station Nr. 53 am 7. Mai 1946 in einem Lazarett in Odessa als Kriegsgefangener an doppelseitiger Lungenentzündung starb. B. Burgmair war am 1. Oktober 1902 in Röhrmoos geboren und am 19. November 1929 mit Katharina Riepl kirchl. getraut. Am 2. Januar 1944 eingerückt, kam er 1945 in russische Gefangenschaft. Der Kriegergottesdienst für den Gefallenen war am 19. November 1949 in Röhrmoos.

Am 15. November 1950 begab sich Pfarrer Ludwig Endres in ein Münchener Krankenhaus, um sich einer Nabelbruchoperation zu unterziehen.

KINDHEITSERINNERUNGEN AN DIE NACHKRIEGSZEIT IN RÖHRMOOS

Franz Thaler

Meine Großeltern hatten im Zweiten Weltkrieg 6 Söhne, darunter auch meinen Vater und einen, von ihnen aufgezogenen Neffen an der Front. Diese, zum Zeitpunkt des Krieges etwa 60 Jahre alten Leute hatten durch den Krieg viel Leid zu ertragen. Drei ihrer Söhne sind gefallen. Ein Sohn war ab 1944 vermisst, 1946 kam ein erstes Lebenszeichen von ihm. Erst als Spätheimkehrer ist er aus russischer Gefangenschaft zurück gekommen. Ein weiterer Sohn verlor im Krieg ein Auge. Nachdem drei seiner Brüder gefallen waren und einer vermisst war, wurde er nach einigen Jahren aus dem Kriegsdienst als sog. »Blutgruppenträger« entlassen. Das NS- Regime wollte mit dieser Regelung den Fortbestand von arischen Geschlechtern im täglich propagierten »Tausendjährigen Reich« sichern. Die einzigen der Familie, welche den mörderischen Krieg heil überstanden waren der Neffe und mein Vater. Nach der Teilnahme am Polenfeldzug kam mein Vater als Besatzungssoldat in das kriegerisch relativ ruhige Paris und verbrachte dort mehrere Jahre. Erst Mitte Juni 1944, als die Alliierten zur Landung in der Normandie ansetzten, wurde er mit seiner Einheit an die Küste versetzt. Die Kämpfe, welche bei Freund und Feind viele tausend Opfer gefordert hatten, überlebte er und kam unverletzt in amerikanische Gefangenschaft.

Mein Vater war von Beruf Schneidergeselle. Im Gefangenenlager wurde er zusammen mit einigen Berufskollegen bald beauftragt, eine Lager-Schneiderei einzurichten. Dort hatten sie bei etwas besserer Verpflegung amerikanische Uniformen in gutem Zustand zu halten.

Anfang 1946 wurde er aus der Gefangenschaft entlassen. In der Heimat angekommen, waren die Zustände sehr schlecht. Wegen der vielen »Ausgebombten« aus den Städten, sowie wegen der Millionen Flüchtlinge und Heimatvertriebenen war die Wohnungsnot sehr groß. Allein in Bayern mußten rund 3 Millionen Flüchtlinge und Heimatvertriebene untergebracht und versorgt werden. Die ersten Flüchtlinge, welche laut Schulchronik am 2. April 1945 in Röhrmoos-Dorf mit einem Lastwagen eintrafen, waren aus Oberschlesien. Sie wurden im unteren Schulsaal einquartiert. Etwas später kamen Flüchtlinge aus dem Sudetenland hinzu.

Durch die Verwendung des unteren Schulsaales als Flüchtlingunterkunft, wegen der ständigen Fliegerangriffe und letztendlich durch den Zusammenbruch des 3. Reiches haben wir viele Schulstunden verloren. Infolge der Beschlagnahme eines Schulraumes als Unterkunft für die Flüchtlinge und des Lehrkräftemangels waren die Schülerzahlen, welche eine Lehrkraft in einem Klassenzimmer zu unterrichten hatte, sechzig und mehr. Die Schule Großinzemoos wurde 1935 wegen zu geringer Schülerzahl geschlossen. Die Kinder gingen von da an in Röhrmoos zur Schule. 1947 wurde in Großinzemoos der Schulbetrieb wieder aufgenommen. Herr Lehrer Mairgünther hatte von da an mehrere Jahre alle acht Jahrgänge zum Teil mit über 70 Kindern in einem Schulzimmer zu unterrichten. Durch die Kinder von Evakuierten aus München sowie den Kindern der Flüchtlingen und Heimatvertriebenen war die Schülerzahl in Röhrmoos auch nach dem Weggang der Großinzemooser immer noch sehr hoch.

Das damalige Schulhaus in Röhrmoos hatte nur zwei Schulräume. Obwohl nun in Röhrmoos der untere Schulraum nicht mehr von Flüchtlingen belegt war und die Großinzemooser weg waren, musste wegen der nach wie vor großen Schülerzahl der Unterricht schichtweise durchgeführt werden. Dieser Zustand war auch um 1950 noch so (erst 1959 wurde das Schulhaus erweitert). Durch das besondere Engagement unserer damaligen Lehrkräfte wurde uns aber trotz aller Widrigkeiten so viel schulisches Grundwissen beigebracht, dass wir zum Wiederaufbau unseren Beitrag leisten konnten.

Im Ortsteil Kleininzemoos wurde gegen Ende des Krieges ein Barackenlager erstellt. Von den Baracken wurden aber nur zwei kurzzeitig mit Flüchtlingen belegt. Obwohl die Wohnungsnot auch in Röhrmoos sehr groß war, wurden die Baracken schon kurz nach dem Kriegsende wieder abgebaut. Weitere Flüchtlinge kamen mit Viehwaggons aus Ungarn, aus der Nähe des Plattensees. Sie wurden in Röhrmoos-Station im Saal des Gasthauses Bücherl untergebracht.

Dann erfolgten die Einweisungen in Privathäuser. Dieses immer engere »Zusammenrücken« in den eigenen Häusern gefiel den Besitzern ganz und gar nicht. 1946 wurde es dann noch enger, als die Heimatvertriebenen aus den Ostgebieten hier eintrafen. Bald sah man aber, die Neuen sind ja fleißige, ehrliche Menschen, mit denen kann man schon zusammen leben. Es wurden auch bald erste Ehen zwischen Einheimischen und Flüchtlingen geschlossen. Schon 1949/50 haben in Röhrmoos Flüchtlinge und Heimatvertriebene angefangen, sich eigene vier Wände zu schaffen (südlich der Baywa). Durch das Zusammenhelfen mehrerer Flüchtlinge entstanden innerhalb kurzer Zeit bezugsfertige Häuser. Dadurch wurde dann die Wohnungsnot etwas entschärft. Zuvor mussten in manchen Fällen Großeltern, Eltern und Kinder in einem Raum zusammen leben.

War in einem zugewiesenen Zimmer kein Schornstein in der Nähe, so hat man einfach aus dem Fenster eine Scheibe herausgenommen und eine Blechscheibe eingesetzt. In diese schnitt man dann ein rundes Loch und schob durch diese Öffnung hindurch ein Rauchabzugsrohr ins Freie hinaus. Bei Lebensmitteln, Kleidung, Schuhen usw. waren die Zuteilungen noch weniger als in den letzten Kriegsjahren. Der Bürgermeister hatte da große Mühe, die Leute wenigstens mit dem Notwendigsten zu versorgen. Da jedes Kind in der Regel nur ein Paar Schuhe hatte, ist man vom zeitigen Frühjahr bis zum Spätherbst »barfuß« gelaufen, um die Schuhe zu schonen. Kleider und Schuhe, welche den älteren Kindern zu klein wurden, mussten die Jüngeren auftragen, bis nichts mehr zu flicken war.

Bei den europäischen Siegerstaaten war die Situation auch nicht besser. Mit Ausnahme der Amerikaner, deren Heimat von den Kriegsschauplätzen weit entfernt war, litten alle anderen, am Krieg beteiligten Staaten große Not. Beiderseits sind mehrere Millionen Soldaten gefallen. Diese fehlten nach dem Krieg zum Wiederaufbau der völlig danieder liegenden Wirtschaft. In Deutschland kamen zu den, durch Bomben zerstörten Industrieanlagen auch noch die Demontagen intakter Fabriken durch die Alliierten. Diese Demontagen, so verheerend sie sich in den nächsten Jahren auch auswirkten, hatten in späterer Zeit auch etwas Gutes an sich. Notgedrungen wurden in Deutschland die demontierten Maschinen und Anlagen durch neue, und damit bessere ersetzt. Die Siegerländer hingegen produzierten mit den erbeuteten alten Maschinen noch Jahrzehnte lang weiter. Deutsche Maschinen, Geräte, Autos usw. waren bald wieder sehr gefragt und sind es heute noch.

Bezüglich der Versorgung mit Lebensmitteln und Brennmaterial hatte es die auf dem Lande lebende Bevölkerung wesentlich besser als die Stadtbewohner. Wenn die Wälder damals auch wie ausgekehrt waren, ein paar Prügel fand man immer noch, so dass man das Essen kochen und wenigstens einen Raum einigermaßen heizen konnte. Bezüglich Lebensmittelbeschaffung konnte man den Bauern bei den Erntearbeiten helfen. Neben der relativ wertlos gewordenen Reichsmark hat man als Bezahlung meistens noch etwas Getreide oder Kartoffel ausgehandelt. Das Getreide tauschte man in der Mühle gegen Mehl.

Bei diesem Tauschvorgang musste man aber sehr vorsichtig sein, denn es war verboten. Wurde man von Kontrolleuren erwischt, wurde einem das Getreide bzw. das Mehl weggenommen. Auf den abgeernteten Feldern der Bauern mußten wir Kinder liegen gebliebene Getreideähren sammeln. Auch zum Aufsammeln von liegen gebliebenen Kartoffeln mussten wir auf die Äcker.

Einige Wochen nach dem Kriegsende wurde der Zugverkehr von und nach München zunächst eingleisig wieder aufgenommen. Wenn bei uns die Züge am Vormittag von München kommend in den Bahnhof Röhrmoos einfuhren, standen die Leute auch auf den Trittbrettern der überfüllten Waggons. Es waren »Hamsterer«, welche auf den Bauernhöfen und Anwesen um ein Ei oder ein Pfund Mehl bettelten. Es waren aber auch Leute dabei, welche versuchten Dinge, die den Bomben nicht zum Opfer gefallen waren, z.B. Schmuck, Pelzmäntel usw., auf den Bauernhöfen gegen Essbares einzutauschen. Meine Eltern hatten sich kurz vor dem Kriegsausbruch 1939 in Röhrmoos einen Bauplatz gekauft, kamen aber nicht mehr zum Hausbau. Auf diesem Platz errichtete man zunächst nur eine etwas größere Holzhütte. Auf dem relativ großen Grundstück wurde in den schlechten Nachkriegsjahren jeder Quadratmeter gärtnerisch und zur Haltung von Hasen, Hühnern, Gänsen und Enten genützt. So war unsere Familie im Bezug auf Lebensmittel den Stadtbewohnern gegenüber weit besser gestellt.

Wie schon erwähnt, war die Reichsmark fast wertlos, nur der Schwarzhandel »Ware gegen Ware« funktionierte. Als Tauschgut war damals Tabak Marke »Eigenbau« sehr gefragt. Auch meine Eltern haben Tabak angebaut. Sie bauten wesentlich mehr an, als für den Eigenbedarf erlaubt war. Um die Übermenge an Tabakpflanzen vor den Augen anderer Leute zu verbergen, wurden sie hinter hochrankenden Bohnenstauden gepflanzt. In Röhrmoos hatte sich der technisch sehr begabte und geschäftüchtige Martin N. zwei Tabakschneidemaschinen konstruiert. An diesen herrschte immer reger Betrieb.

Unsere siebenköpfige Familie lebte unweit des Gartens in einer Zweizimmer-Wohnung zur Miete. Als unser Vater kurz nach der Rückkehr aus der Gefangenschaft eine eigene Schneiderei eröffnete, diente die kleine Küche noch mehrere Jahre auch als Schneiderwerkstatt. Im Krieg waren auch viele Handwerksmeister gefallen, oder noch in Gefangenschaft. Um die Wirtschaft wieder zu beleben wurde die »Gewerbefreiheit« eingeführt. Das heißt, Handwerksgesellen konnten damals ohne Meisterprüfung verwaiste Geschäfte übernehmen oder auch neue Geschäfte gründen. Textilien unterlagen damals auch der sehr knapp ausgelegten Zwangsbewirtschaftung. Aus diesem Grund erwarben viele Bürger im Tauschhandel warme Wolldecken aus amerikanischen und deutschen Militärbeständen. Diese unansehnlich gelb braunen Decken wurden umgefärbt und dann zum Schneider gebracht. Dieser fertigte daraus warme Winterkleidung aller Art.

Wegen der beengten Wohnverhältnisse haben unsere Eltern 1946 die Holzhütte auf unserem Baugrundstück so ausgebaut, dass wir Kinder uns tagsüber darin aufhalten konnten und manchmal darin auch übernachteten. 1947 wurde mit dem Bau des Wohnhauses angefangen. Den Betonkies für den Keller transportierten uns Röhrmooser und Kleininzemooser Bauern mit ihren Pferdefuhrwerken von der Kiesgrube in Ampermoching nach Röhrmoos. Zement und Kalk waren zum Teil auch nur gegen Naturalien zu bekommen. Diese beschaffte sich unser Vater von den Bauern durch die Anfertigung von deren Kleidung. Baustahlgewebe gab es damals nicht. In die Kellerbetondecke wurden einfach ein paar alte Eisenbahnschienen mit einbetoniert. Die Beschaffung der Ziegelsteine für das Mauerwerk war ein großes Problem. Vor der Währungsreform am 20. Juni 1948 waren neue Steine kaum zu bekommen und nach der Währung war die Deutsche Mark so knapp, dass das Geld kaum zum Leben reichte. In München im Bombenschutt gab es aber Steine genug. Wochenlang fuhr unsere Mutter, wie mehrere Andere auch, täglich mit dem Zug nach München und arbeitete mit Pickel, Hammer und Meißel, als sogenannte »Trümmerfrau« Steine aus dem Schutt heraus. Diese mussten natürlich noch am selben Tag abtransportiert werden, sonst wären sie über Nacht weg gewesen.

Lastwagenbesitzer waren damals rar. Hat man einen gefunden, so verlangte dieser für den Transport mit seinem »Holzgaser« Naturalien als Bezahlung. Holzgas war damals wegen des Mangels an Diesel der übliche Treibstoff. Tabak Marke »Eigenbau« war da ein gefragtes Zahlungsmittel für den Steine Transport. Die Maurer ließen sich ihre Arbeit auch nur mit der Anfertigung von Kleidungsstücken entlohnen. Bäume für die Balken und Sparren des Dachstuhles bettelte unser Vater bei den örtlichen Bauern. Seine Bitte wurde meistens erfüllt. Dachplatten waren vor der Währungsreform natürlich auch absolute Mangelware und nur gegen Lebensmittel zu bekommen. Über einen Mittelsmann konnte der Besitzer von neuen Dachplatten ausfindig gemacht werden. Erschreckend für die damalige Zeit war seine Forderung: zehn Zentner Mehl. Unsere Mutter stammte aus einem kleinen Bauernanwesen in Glonn bei Indersdorf, ihr Bruder bewirtschaftete dieses. Von ihm und Glonner Bauern erbettelte die Mutter so viel Weizen und Roggen, dass man dafür in der Mühle die zehn Zentner Mehl bekam. Bei Nacht und Nebel brachte dann ihr Bruder mit dem Ochsenfuhrwerk das Getreide zur Mühle in Weichs. Der Weichser Müller war ein sehr hilfsbereiter, gutmütiger Mann. Obwohl solcher Mehlumtausch verboten war, hat er diesen vorgenommen. Eine Schwester unserer Mutter hatte ein kleines Anwesen in Weichs. Wiederum in einer Nacht - und Nebelaktion brachte sie mit ihrem Ochsengespann das Mehl nach Röhrmoos. Wäre sie erwischt worden, hätte man sie schwer bestraft und das Mehl wäre weg gewesen, es ging aber alles gut. Einige Tage später, wieder in der Nacht, tauchte auf der Baustelle ein mit Dachplatten beladener Lastwagen auf. Der Fahrer, wahrscheinlich der Besitzer, hat sich zunächst vergewissert, ob das Mehl vorhanden ist, erst dann wurde abgeladen. Anschließend wurde das Mehl verladen und der Lastwagen verschwand in der Nacht.

Durch die Währungsreform am 20. Juni 1948 geschah ein Wunder. Die Ausgabe des neuen Geldes erfolgte am Sonntag. Am Montagmorgen waren die Schaufenster der Geschäfte voll mit Dingen, welche vorher fast nie, selbst auf Lebensmittelkarten nicht, zu bekommen waren. Nachdem, wie schon erwähnt, das neue Geld sehr knapp war, zog sich die Fertigstellung aller Räume bis 1953 hin.

Wenn man genügend Kartoffeln im Keller hatte, dann wurde in der Winterzeit ein Schwein gemästet. Fleisch war damals sehr teuer. Für ein Schwein mit ca. 120 Kilo bekam man vom Metzger ca. 450 DM. Mit dem Erlös von einem Schwein haben unsere Eltern 1950 eine ganze Treppe bezahlt, welche vom Erdgeschoß in den 1. Stock rauf führte.

Um 1949/50 ist die wirtschaftliche Situation für verschiedene Handwerker sehr schlecht geworden. Schneider und Schuhmacher bekamen die Konkurrenz durch die großen Bekleidungshäuser bzw. Schuhgeschäfte stark zu spüren. Häufig war bei uns kein Pfennig Geld mehr im Haus. Um für das Abendessen noch etwas zu besorgen, wurden des Öfteren einige Eier zum Kramer gebracht und gegen Bratheringe oder ein paar Stückchen Käse in Zahlung gegeben.

In fast allen Berufen gab es viele Arbeitslose. Auch der Mangel an Lehrplätzen war sehr groß. Trotz guter Schulnoten bekam ich nicht den gewünschten Lehrplatz. Obwohl es zu diesem Zeitpunkt mit dem Schneiderberuf schon merklich abwärts ging, erlernte ich in der elterlichen Schneiderei notgedrungen den Schneiderberuf. Drei Jahre später wechselte ich in die Papierindustrie. Dort arbeitete ich dann 35 Jahre als Papiermacher, 4 Jahre als Lehrlings-

Schulklasse in Röhrmoos 1950/51 mit mehr als 60 Kindern, Lehrerin: Maria Schega

ausbilder und nach der Pensionierung freiberuflich 12 Jahre als Führer von Besuchergruppen.

Landwirtschaftliche Produkte, wie Getreide, Kartoffel, Eier, auch Milch, Schlachtschweine usw. erbrachten um 1949/50 gute Erlöse. So konnten sich bald größere Bauern und etwas später auch die Besitzer kleinerer Höfe einen Traktor aus der Nachkriegsproduktion kaufen. Für die hölzernen Wägen, welche vom Wagner gebaut und vom Dorfschmied mit Eisen beschlagen wurden, hat man eiserne Anhängevorrichtungen geschaffen, mit welchen man die herkömmlichen Wägen auch an die Traktoren hängen konnte. Pferde und Ochsen waren als Zugtiere bald vom Traktor verdrängt. Die bisherigen Wagen der Bauern gingen mit der höheren Geschwindigkeit der Traktoren bald in die Brüche. Sie wurden durch luftbereifte Anhänger ersetzt. Durch diesen technischen Fortschritt wurden in wenigen Jahren Sattler, Wagner und Schmiede brotlos.

Die Lebensmittelkarten und die Bezugscheine verschwanden schon um 1950. Aber die allgemeine wirtschaftliche Situation besserte sich nur langsam. Ein Beispiel: Durch meinen relativ guten Verdienst als Schichtarbeiter in der Papierfabrik in Dachau konnte ich mir 1958 einen neuen VW kaufen. Dies war in Röhrmoos fast eine Sensation, es war eines der ersten Privatautos. Mit diesem hatte ich sogar das Privileg, mehrere Hochzeitspaare zur Trauung zu fahren. Nur der Herr Pfarrer, einige Großbauern und Geschäftsleute hatten ein Auto.

Aus dem Nachkriegsalltag
Zeitzeugen berichten aus der Altgemeinde Pfaffenhofen an der Glonn (Egenburg, Pfaffenhofen, Wagenhofen)

Ernst-Michael Hackbarth

Der erste Band »Nach der ›Stunde Null‹ (2008) enthält einen umfassenden Bericht von Katharina Axtner über die heutige Gemeinde in der Nachkriegszeit.[1] Im folgenden Beitrag soll nun die Nachkriegszeit aus der Perspektive von Zeitzeugen der Altgemeinde Pfaffenhofen dargestellt werden.

Nach dem Einmarsch der Amerikaner

Nach dem Einmarsch sah man die Amerikaner nur noch selten in der Gemeinde:

»Sonst hat man von den Amerikanern nicht viel gesehen.«[2]

»Sie waren in Odelzhausen stationiert.«[3]

»Die Amerikaner waren nur kurz in Pfaffenhofen, sind praktisch nur durchgefahren. In Egenhofen waren sie lang.«[4]

»Die Einwohner durften nach der Besetzung durch die Amerikaner ihren Ort im Umkreis von fünf bis sechs Kilometer nicht verlassen. Außerdem galt noch die Ausgangssperre, so dass man sich mit beginnender Dunkelheit auf der Straße nicht mehr aufhalten durfte. Die Ausgangssperren dauerten von Beginn der Dunkelheit bis Beginn der Helligkeit. Es gab keine festen Zeiten. Zu der Zeit – im April – gab es schon die Sommerzeit. Eine direkte Kontrolle gab es nicht. Aber es hätte ein Jeep der Amerikaner vorbeifahren können.

Dann wurden Registrierscheine ausgegeben, auch als Kennkarten bekannt. Die ersten Kennkarten gab es schon etwa Mitte 1945. Die Ausgabe erfolgte beim Wirt [in Pfaffenhofen]. Der Registrierschein enthielt kein Passfoto. Fotografieren war damals fast unmöglich. Die Karte enthielt stattdessen den Fingerabdruck und wurde mit einem Ami-Stempel versehen. Damit konnte man seinen Ort verlassen, verreisen und wahrscheinlich die Lebensmittelkarten erhalten. Mit dem Registrierschein – auf der Rückseite wiederverwendeter amerikanischer Landkarten – konnte ich wieder zur Arbeit fahren.«[5]

Später gab es dann die Kennkarten mit Foto und Fingerabdrücken auf speziellem, grauem Papier.

Kennkarte (Bildnachweis: Privatbesitz)

Der Pfarrer aus Egenburg berichtete zum Kriegsende: »Egenburg war bekannt als Hochburg der Nazisozi. Darum allgemeine Verwunderung, daß beim Einzug der Amerikaner in Egenburg alles so ruhig war.«[6]

Allerdings schickten die Amerikaner so etwas wie Aufpasser. »Ein Herr Was war als Betreuer im Ort. Er ist von den Amerikanern als Leumund […] für [ehemalige] ›Nazi-Betriebe‹ eingesetzt worden. Er hatte so drei oder vier Betriebe […]. Der hat halt aufgepasst. Er war ein Schriftsteller. Wo der hergekommen ist, weiß ich nicht. Der hat eine Sekretärin gehabt und eine Frau.«[7]

Es gab aber auch Aufregendes, besonders für die Jungen im Ort. »Nach Kriegsende 1945, die Amerikaner waren schon da, ist […] ein Amerikaner abgestürzt. Die [zwei amerikanischen Flugzeuge] sind in der Luft zusammengestoßen. Die sind über Egenburg gerade noch so drübergekommen, seitlich am Kirchturm vorbei. Das Flugzeug ist auf dem Feld, das damals noch dem Koppold gehörte, zwischen Egenburg und Pfaffenhofen am Wasserbehälter abgestürzt. Das habe ich erlebt, als ich gerade in den Rossstall gegangen bin, wo der oben drüber ist. Da sind dann die Amis gekommen und haben das Maschinengewehr bzw. die Bordkanonen geholt. Die Bordmunition ist alles liegengeblieben. Der Schreiner Toni ist doch da verunglückt. Wir haben von der Munition die Spitzen [Geschosse] weggemacht und das Pulver angezündet.«[8]

Die Amerikaner zeigten sich in der Gemeinde ansonsten nur durch Patrouillen:

»Sie [die Amerikaner] sind mal mit Pferden von Weyern ohne Sattel durchgeritten.«[9]

Sie fuhren mit Jeeps, aber auch mit Kettenfahrzeugen, die den nicht befestigten Fahrbahnen arg zusetzten.

Transport- und Verkehrssituation

»Die heutige Staatsstraße 2051 [oberhalb von Unterumbach] war damals als übergeordnete Straße in den Landkarten ausgewiesen, während die Straßen um Pfaffenhofen reine Gemeindeverbindungswege waren. Diese Straßen waren alle ohne festen Belag, nur die Straße nach Friedberg war teilweise befestigt. Die übergeordneten Straßen wurden von der Straßenmeisterei gepflegt.«[10]

»Die Straße nach Odelzhausen war ein Kies-Sandweg. Wenn der Frost war, dann war die Straße da hinauf nach Pfaffenhofen, da wo heute der Bauhof steht, fast nicht zum Durchkommen mit schwerem Gerät. Ausweichen war schwierig. [...] Nach Kissing, Mering haben wir überhaupt keine Verbindung gehabt. Durch den Högl[wald] hat man mit dem LKW gar nicht durchfahren können, so eine schlechte Straße war das.«[11]

»Die Straßen hier waren alle unbefestigt, auch Egenhofen–Maisach. Die Verbindung Stockach–Weyern–Egenhofen war ein Feldweg. Der ist erst vor etwas mehr als 30 Jahren befestigt worden, als unsere Gemeinde zum Landkreis Dachau gekommen ist. Das geschah 1972.

Nach Odelzhausen ging es ca. eine dreiviertel Stunde zu Fuß. Der Weg verlief etwa dort, wo heute die Umgehungsstraße um Wagenhofen ist. [Fahrzeuge fuhren auf der Straße durch Wagenhofen nach Odelzhausen].

Die Straßenverläufe in Pfaffenhofen haben sich nicht geändert. Die Kurve beim Hartmann war etwas enger als heute. Der Durchgangsverkehr ging durch die heutige Weberstraße, bog vor dem Ura-Bauern ab, wo die Langholzfahrzeuge Probleme hatten und den Gartenzaun vom Weber häufiger beschädigten, vorbei an der Schule [heute alter Kindergarten] und dann durch die heutige Gerberstraße.«[12]

Die Verbindungen mit Bussen zu den umliegenden Städten gab es damals schon, allerdings nicht so oft am Tage wie heute. Man konnte damit direkt in die Kreisstadt Friedberg, nach Dachau und Maisach gelangen, so dass auch

Pfaffenhofen in den 1940iger Jahren
(Bildnachweis: Privatbesitz)

Augsburg und München erreichbar waren. Der nächste Bahnhof war in Nannhofen.

»Der Postbus von Egenhofen fuhr nur morgens gegen halb sechs bis sechs Uhr nach Maisach und abends zurück. Über diese Strecke konnte man morgens gegen sieben bis viertel nach sieben Uhr schon in München sein.

In Odelzhausen sind Postbusse gefahren, einer nach Dachau, die anderen nach Augsburg über Friedberg. [...] Der Postbus Richtung Friedberg ist auf der Straße [heute Staatsstraße 2051] oberhalb von Unterumbach gefahren, wo die Umbacher zusteigen konnten.«[13]

»Damit mussten viele Leute fahren, die auswärts haben arbeiten müssen. Man ging eine Stunde. Wenn sie mal nach Friedberg gefahren sind und weiter nach Augsburg, sind sie dann von Friedberg zu Fuß bis nach Hochzoll zur Straßenbahn nach Augsburg gegangen. [...] In der ganz schlechten Zeit sind sie mit dem Milchauto mitgefahren, das die Milch abgeholt und zur Molkerei nach Friedberg gefahren hat.«[14]

»Der Bus nach Dachau fuhr über Schwabhausen. Diese Busverbindungen sind nach dem Krieg relativ bald, so Mitte des Jahres 1945, wieder in Betrieb genommen worden, sobald es den Treibstoff wieder gab. Es wird wohl bis in den Herbst gedauert haben, bis die Verbindungen wieder richtig liefen. Gleiches gilt für die Egenhofener Verbindung.«[15]

»Wir mussten zur Hauptstraße oberhalb Unterumbach hinauf, wenn man nach Friedberg gefahren ist, nach München ist der Bus in Weyern weggegangen. Das war der gleiche Bus wie in Egenhofen. In Weyern war die Station an der so bezeichneten Posthalle.«[16]

»Der Fußweg nach Weyern ging über die Glonnbrücke, heute beim Kalmbach. Nach Umbach ging es hinten über das Wildmoos rüber, früh um fünf Uhr und das im Winter.«[17]

»Viele Arbeiter aus Pfaffenhofen, die in München gearbeitet haben, sind mit dem Fahrrad jeden Tag nach Nannhofen gefahren und wieder zu-

*Die ehemalige »Posthalle« in Weyern 2012
(Bildquelle: Privatbesitz)*

rück. Nannhofen war die nächste Eisenbahnstation.«[18]

»Vom Frühsommer an bin ich mit dem Fahrrad meines Vaters montags früh auf der Autobahn nach München und samstags nachmittags wieder heimgefahren. Dies ging bis zum Wintereintritt. Dann fuhr ich mit dem Postbus von Egenhofen nach Maisach und weiter mit dem Zug. [...] Der Bus war überfüllt. Man bekam nur mit Mühe einen Platz im Bus. Mit dem Bus war das jahrelang eine unsichere Geschichte, weil sie uns wegen des großen Andrangs nicht alle mitgenommen haben. Die Fahrgäste mit Wochenkarte hatten das Vorrecht. Es waren praktisch Arbeiterbusse. Deshalb fuhr ich die Tour 1946/47 per Anhalter auf der Autobahn, als der Verkehr wieder lief und zunahm. Zur Autobahn ging es zu Fuß.«[19]

»Die Autobahn wurde per Anhalter genutzt. [...] Da hat man, auf der Autobahn noch halten dürfen. Ich bin mit der Zugmaschine mit Anhänger auf der Autobahn gefahren und habe Kies von der Grube bei der Abfahrt Dachau/Bergkirchen geholt. Das war Anfang der 1950er Jahre, ich war 16.«[20]

»Wenn man Glück gehabt hat, hat man ein Radl gehabt. Dann hat es keine gescheiten Radl und keine Reifen mehr gegeben, am Ende vom Krieg und anfangs danach. Man hat die Reifen und Mäntel geflickt, aus alten Reifen ein gutes Teil rausgeschnitten und übergelegt. Sonst hat man zu Fuß gehen müssen.«[21]

Erschwert wurde das Fortkommen im Winter.

»Die Winter waren damals überhaupt heftig.«[22] Das gilt umso mehr, als das Schneeräumen damals doch um einiges schwieriger war als in der mechanisierten Welt von heute.

»Das Schneeräumen des Ortes, nicht nur des eigenen Grundes, erfolgte per Hand mit Schaufeln. Es bestand die Regelung, dass pro Haushalt eine Person dazu abgestellt werden musste, Hand- und Spanndienst des bayerischen Gesetzes. Einen Schneepflug gab es per [Pferde-]Gespann. Der Pflug war v-förmig gebaut. Das Schneeräumen war für den Milchwagen wichtig. Im Herbst wurden von den vier Bauern in Pfaffenhofen turnusmäßig Schneezeichen, Stangenholz, an den Wegen zu den nächsten Orten gesetzt.«[23]

Die Motorisierung war damals in der Gemeinde noch erst am Anfang gewesen. Die ersten PKW wurden Ende der 1930er Jahre beschafft.

»Der Kaut und der Lampl hatten einen PKW, beide DKW Reichsklasse. [...] bis Anfang der 1950er Jahre [...] fuhr keiner der Bauern mit der Kutsche, zur Zeit meiner Kindheit schon. Man fuhr da mit dem Gäuwagerl mit einem Kutschbock vorne und dahinter einer Pritsche für z. B. zwei Säcke oder ein Schwein in einem Verschlag. Bei größeren Lasten z. B. fünf Säcke und mehr kam der Schrannenwagen [...].«[24]

»PKW oder Motorrad gab es nicht in Wagenhofen.«[25]

In Egenburg »Ein Auto hat der Zeiler gehabt. Ich glaub, dass es ein Opel war. Und der Lehrer hat ja eines unterm Krieg gehabt, einen DKW glaub ich. [...] Die erste Tankstelle, von der ich weiß, die war beim Zeiler im Hausgang drinnen. [...] Der Augustin hat dann später eine DEA-Deutz gekriegt.«[26]

Bevor es die Tankstelle gab, versorgte man sich, wie auch nachher, auf den Höfen mit den Kraftstoffen weitgehend selbst.

»Zum Tanken hatte man ein 200-Liter-Fass auf dem Hof, mit der [Hand-]Pumpe in die Gießkanne und dann in den Tank hinein. Den Kraftstoff gab es bei der Raiffeisen, die es damals schon gab.«[27]

Wie bei den PKW setzte auch die Mechanisierung in der Landwirtschaft schon Ende der 1930er Jahre ein.

»Der Kistler [Wagenhofen] hat einen Schlüter gehabt. [...] Auf jeden Fall hat er ihn noch vor dem Krieg bekommen. [...] Einzelne haben schon Bulldogs [Traktoren] vorher gehabt, wie der Bäckerbauer [Pfaffenhofen], [...] der Wirt Lampl von Pfaffenhofen. [...] Während des Krieges war der Raiffeisen-Bulldog da. Der Ura-Bauer [Pfaffenhofen] hat den Bulldog während des Krieges gekriegt [...] einen Eicher. [...] Die anderen haben erst nach dem Krieg Bulldogs in den 1950er Jahren bekommen. Da ist die Mechanisierung [richtig] losgegangen.«[28]

In Egenburg »Und da hat der Bernhard einen Lanz Bulldog, der Asam hat, glaub ich, einen Stock Diesel gehabt und unser Wirt [...] hat einen Fendt gehabt, also Dieselross hat der geheißen.«[29]

Die Kraftstoffversorgung in der Nachkriegszeit war generell schwierig. »Sie [die Kraftfahrzeugbesitzer] erhielten Benzin zugeteilt auf Bezugsschein. [...] Die Rationierung dauerte bis Anfang der 1950er Jahre.«[30] In der Landwirtschaft führte das dazu, dass der Einsatz der Traktoren häufig eingeschränkt werden und damit auf den Vorteil einer Mechanisierung teilweise verzichten musste.

Der erste Bulldog des Ura-Bauers in Pfaffenhofen (Bildquelle: Privatbesitz)

»Wir haben einen Mähbinder gehabt, den haben wir mit dem Bulldog gefahren. Aber Futter heimfahren und so etwas, weiß ich, dass der Vater mal gesagt hat, dass wir mit dem Bulldog nicht fahren können und mit den Rössern fahren müssen.«[31]

1947 verstärkte sich der allgemeine Mangel. So machte sich neben der bis dahin üblichen Probleme bei Neureifen verstärkt der Kraftstoffmangel bemerkbar.[32]

Bereits mit Verordnung vom 22. Oktober 1945 wurde die Verkehrsdisziplin im Amtsblatt des Landkreises Friedberg angemahnt, was sich eigentlich jährlich wiederholte.[33]

1946 gab es dann neue, schwarze amtliche Kennzeichen für die Fahrzeuge,[34] und eine Geschwindigkeitsbegrenzung von 64 km/h für PKW wurde eingeführt[35].

Die Polizei war zwar auf dem Land an mehr Orten stationiert, als man es heute kennt, aber zumindest in der unmittelbaren Nachkriegszeit nur wenig motorisiert.

»Die Polizei war während des Krieges in Egenhofen stationiert und für Pfaffenhofen zuständig. Nach dem Krieg war in Unterumbach eine Polizeistation [zusätzlich] gewesen. Mit der Polizei in Odelzhausen hatte man hier nichts zu tun gehabt.«[36]

»Die Polizei ist hier schon vorbeigekommen, spazieren gegangen oder mit dem Fahrrad gefahren. Der Merk hat mir gestern erzählt, dass er mit der Sense auf dem Rücken mit dem Fahrrad rausgefahren ist. Die Schneide der Sense musste man mit einem Schutz versehen, wegen der Verletzungsgefahr. Da waren die Polizisten so scharf und haben damals solche Sachen kontrolliert. Sie haben ihn aufgehalten und ihn da verwarnt. Zahlen hat er nichts müssen. Einer der Polizisten, der Hartl, hat ihn gekannt.«[37]

Versorgungssituation und Wohnverhältnisse

Die Versorgung der Gemeinde war zu der Zeit von den Straßenzuständen nicht so abhängig wie heute. Auf dem Land war man bezüglich der Lebensmittel weitgehend Selbstversorger. Aber die Versorgungslage war insgesamt prekär. Hinzu kam, dass von Seiten der Besatzungsmacht Lebensmittel requiriert wurden.

»Die UNRRA ist bereits in den ersten Wochen nach Kriegsende im Ort zum Requirieren aufgetaucht.«[38]

»Am nächsten Tag [nach dem Einmarsch], glaub ich, ist dann so ein Amiwagen durch den Ort gefahren, der Lebensmittel gesammelt hat für Fürstenfeldbruck. Es könnte aber auch ein größerer Zeitraum dazwischen gewesen sein. Ich weiß, dass in dem Keller in dem Haus, in dem früher das Franzosenhäusl war, Brot gelagert wurde, das auf dem Hof [Gallerbauer] selbst gebacken wurde. Da haben wir das Brot verschenkt.«[39]

Die Versorgungsgüter waren rationiert und wurden gegen Lebensmittelmarken und Bezugsscheine ausgegeben, wie es bereits während des Krieges der Fall war. Die sogenannte Zuteilungsperiode umfasste den Zeitraum von einem Monat. Außerdem wurden die Preise amtlich festgelegt.

»Die Lebensmittelkarten wurden im Bürgermeisteramt monatsweise ausgegeben. [...] Nach der Besetzung gab es weiter Lebensmittelkarten.«[40]

»Wenn du Schuhe gebraucht hast, dann hast du zum Bürgermeister gehen müssen und einen Bezugsschein gekriegt.«[41]

»Als Kind ist man immer barfuß gelaufen. Man hat die Schuhe sparen müssen, die man gehabt hat. Im Winter hatte man handgemachte hohe Schuhe vom Schuster, mit Nägeln drauf, dass sie lange gehalten haben. Als die Flüchtlinge da waren, war einer dabei, der die Holzschuhe gemacht hat. Dann haben sie solche Holzschuhe gehabt.«[42]

»Die Versorgung mit Lebensmitteln erfolgte weitgehend vom Hof. Lebensmittel, die nicht auf dem Hof produziert werden konnten wie Zucker, Salz wurden in Odelzhausen gekauft. In Pfaffenhofen war der Bäcker, der keine Lebensmittel hatte. Die hatte der Steininger [Kramer].«[43]

»Salz, Zucker, Seife, also das was der Hof nicht herbrachte, wurde [in Egenburg] beim Kramer Zeiler gegen Marken gekauft. Dorthin hat man auch die Eier abliefern müssen.«[44]

»Ein jeder hatte [...] zu seinen Markenrationen noch etwas dazu gebraucht. [...] Hier draußen hat es keine Hungersnot gegeben. Man hat einfach geschlachtet [...] Wenn man eine Sau geschlachtet hat, [...] sind eben zwei Schwanzeln dagelegen. [...] Man hat zwar Lebensmittel abgeben müssen, aber das ist nicht so genau gegangen.«[45]

»Vom Reichsnährstand, glaube ich, so hat es geheißen, sind welche gekommen und haben geschaut, was man noch hat. Milch, Getreide hat man abliefern müssen. Nach dem Krieg wird es auch noch so gewesen sein. [...] Vor denen hat man Angst gehabt. Die haben jeden Winkel durchsucht.«[46]

»Die Lebensmittel sind nicht abgeholt worden. Ich weiß, wir haben die Lebensmittel immer nach Pfaffenhofen zur Raiffeisen gebracht. Die Milch haben wir zuerst verbuttert und die Butter verkauft oder abgeliefert.«[47]

»Für die Versorgung musste der Hof Getreide, Tiere und auch Holz, jeden Winter 70 Ster, abgeben.«[48]

Nach dem Krieg waren die Bürgermeister mit diesen Kommissionen beauftragt.

Aus dem »Amtsblatt des Landkreises Friedberg« (Stadtarchiv Friedberg, Bayer. Staatsbibliothek) lässt sich entnehmen, dass 1947 die größte Not in der Nachkriegszeit herrschte. 1948 wurden die ersten Versorgungsgüter aus der Rationierung herausgenommen, z.B. die Freigabe von Schuhen der Hauptgruppe III ab 3. August 1948[49] oder die Anordnung zur Aufhebung der Bewirtschaftung von Eiern am 29. Juni 1948[50].

Die Versorgungslage verschärfte sich durch den Zuzug der Flüchtlinge und Vertriebenen, deren Arbeitskraft allerdings in der Landwirtschaft dringend gebraucht wurde. Es gab viele Gefallene und Vermisste sowie Gefangene in der Gemeinde zu beklagen. Die letzten Kriegsgefangenen kamen erst in den 1950er Jahren nach Hause.

Außerdem wurde in der Gemeinde der Wohnraum noch enger, als er sowieso schon war. In den Häusern konnte man nicht alle Räume heizen, so dass die Familien der Zugezogenen auch teilweise getrennt untergebracht werden mussten, damit sie zumindest über einen geheizten Raum verfügen konnten. Es mussten alle Möglichkeiten der Unterbringung genutzt werden.

»Die Flüchtlinge waren [...] fast überall eingewiesen worden. [...] Das Sportheim bestand bis dahin aus dem festen Gebäude und hinten dran dem Waggon. [...] Im Waggon hat der Lilla mit Familie gewohnt und im vorderen der Brui. Die waren, glaube ich, sechs oder sieben Leute und beim Lilla waren es auch fünf oder sechs, zwei Familien.«[51]

»Flüchtlinge hatten wir in Wagenhofen auch. Ein Zimmer haben wir droben abgeben müssen. [...] Die Flüchtlinge waren im Haus, bis wir geheiratet [1954] haben.«[52]

»In der Zeit [in der ersten Hälfte der 1950er Jahre] sind fast alle Flüchtlinge von uns [hier] weggezogen, sehr viele nach Kissing in die St.-Afra-Siedlung und Rederzhausen.[53]

»In der Schule gab es nach dem Kriegsende eine Schulspeisung, für die Kinder der ansässigen Landwirte allerdings nicht. Deren Kinder hätten aber den Kakao auch gerne gehabt.«[54]

Man musste zusammenrücken. Die Sanitäreinrichtungen, noch ohne WC, und Küchen mussten häufig gemeinsam genutzt werden. Die Wasserversorgung erfolgte noch mit Brunnen mit Schwengel- oder elektrischer Pumpe, auch Ziehbrunnen oder hydraulischen Widdern.

»Die [Flüchtlinge] haben aber nicht selbst gekocht. Es gab Gemeinschaftsessen.«[55]

Aus den Städten kamen die Hamsterer, die es in geringerer Zahl auch schon während des Krieges auch gab. Durch Tauschhandel mit Dingen, die es auf dem Land nicht gab wie z.B. Stoffe, trugen sie aber auch zur Versorgung bei.

Mantel geschneidert aus einer Decke (Bildquelle: Privatbesitz)

»Man hat ja gar nichts gehabt und sich davon [von den Stoffen] Jacken und Mantel vom Schneider machen lassen.«[56] Es gab häufig noch die Störnäherinnen bzw. -näher.

»Hamsterer tauchten schon bald im Spätsommer/ Herbst 1945 in Pfaffenhofen auf. Sobald es die Registrierscheine gab und die Beschränkungen im Verkehr nicht mehr so waren, sind diese mit dem Fahrrad gekommen. Ich weiß von vielen Bekannten und Freunden in München, die bis ins Württembergische fuhren, um Obst zu hamstern. [...] Die Züge waren entsprechend voll. Die Hamsterer konnten öfter auf der Rückfahrt nicht nach Odelzhausen gelangen, weil an der Glonnbrücke in Höfa eine Kontrolle war. Dann mussten sie über die Brücke bei Dietenhausen fahren. Die Hamsterer sind auch über Egenhofen gekommen. Allerdings nicht mit dem Postbus.«[57]

»Die meisten Hamsterer sind von Augsburg gekommen. Die sind auch mit dem Radl gekommen. Jeden

Donnerstag, glaube ich war das, ist ein älterer Herr gekommen und hat bei uns ein Mittagessen bekommen.«[58]

»Die Hamsterer sind entweder zu Fuß oder mit dem Fahrrad gekommen. Wenn sie von München herkamen, sind sie per Anhalter über die Autobahn gekommen.«[59]

»Die sind mit dem Zug nach Nannhofen gefahren und dann zu Fuß hier rüber gegangen. Dann haben sie gebettelt um Eier, einen Löffel Fett in einen Becher. [...] Fallobst haben sie gesammelt. [...] Die aus der Stadt heraus, die keine Verwandten auf dem Land hatten, die waren arm.«[60]

»Jeder hat eine Schaufel voll Mehl bekommen. Das war ungefähr ein Kilo, wofür jeder was zahlen musste. Dazu war ein Karton hingestellt, in das jeder sein Geld warf. Wenn er ein Zehnerl reingeworfen hat, war es auch gut. Da hat kein Mensch nachgeschaut. [...] Mein Vater hat einmal einen Fotoapparat [eine Agfa Box] gegen ein Fahrrad von einem Flüchtling eingehamstert. Der konnte nicht mehr gescheit gehen, aber Fahrrad fahren.«[61]

Mit der Währungsreform verbesserte sich die Versorgungslage spürbar, wenn auch die Zuteilung mit Lebensmittelmarken bis 1950 weiterhin bestand.

»Wenn man bei uns in den Kramerladen unserer Zeilerin gegangen ist, hat sie so einen schönen Spruch gehabt: ›Haben wir nicht mehr, kriegen wir nicht mehr rein!‹. Und dann ist die Währungsreform gewesen, und da ist dann alles immer dagewesen.«[62]

»Danach hat man alles kaufen können, wenn man Geld gehabt hat«[63]

»Die Währungsreform war eigentlich ganz einfach. Von der Gemeinde hat man die 40 DM gekriegt.«[64]

»Aber die Sparbücher, Schulsparkasse, waren weg.«[65]

FREMD-, ZWANGSARBEITER, KRIEGSGEFANGENE

Die in der Gemeinde während des Krieges arbeitenden Fremd-, Zwangsarbeiter und französischen Kriegsgefangenen mussten nicht mehr versorgt werden. Sie sind unmittelbar nach Kriegsende durch die Amerikaner bzw. UNRRA in ihre Heimat zurückgeführt worden.

»Die Fremdarbeiter sind ziemlich bald weggekommen; wie, ist nicht bekannt. Sie sind von der UNRRA in Sammellagern zusammengefasst worden.

Von Plünderungen im Ort und Bedrohungen der Einheimischen ist nichts bekannt.«[66]

»Vom Kistler, dem [damals] stellvertretenden Bürgermeister, weiß ich, dass er die Polen auf dem Anhänger nach Augsburg hat fahren müssen.«[67]

»Als die Amerikaner schon da waren, hat der Pole Tadek mit einem Strumpf vor dem Gesicht vom Herrn Wurm den Fotoapparat verlangt. Der hatte aber keine Angst und hat ihn gepackt, den Strumpf runtergezogen und gesagt: ›Schaugst Du, dass d' weiterkimmscht!‹ Er hat ihm den Apparat nicht gegeben.«[68]

»[Unsere] beiden Russinnen waren so nett. Die sind nicht heimgekommen, wie wir gehört haben. Der Russe hat die aus unseren Waggons in Viehwaggons umgeladen und sie nach Sibirien geschickt.«[69]

Entnazifizierung

Um erstmalig die Lebensmittelkarten zu erhalten, mussten die Erwachsen direkt nach Kriegsende entsprechend dem »Gesetz zur Befreiung von Nationalsozialismus und Militarismus« vom 5. März 1946 einen Meldebogen ausfüllen und einreichen.[70] Mit dem Meldebogen wurde dann die Entnazifizierung in den sogenannten Spruchkammern eingeleitet. Auch Pfaffenhofen mit seinen drei Ortsteilen war davon betroffen. Damit wurden u.a. die Voraussetzungen geschaffen, dass die öffentlichen Ämter wieder besetzt werden konnten, wie z.B. den örtlichen Obmann des Bauernverbandes. In der Altgemeinde Pfaffenhofen a.d. Glonn wurden von den Spruchkammern ca. 4 Prozent verurteilt (als Mitläufer eingestuft), ca. 22 Prozent amnestiert und ca. 74 Prozent als »nicht betroffen« eingestuft.[71]

»Das hat sich zum Schluss alles fast in Wohlgefallen aufgelöst. Da sind Verschiedene nach Moosburg gekommen [Internierung], die halt bei der Partei waren, der Ortsbauernführer nicht und der Ortsgruppenleiter […] nicht lang.«[72]

»Man hat ja die Leute gleich wieder gebraucht. Es war ja sonst niemand da.«[73]

Medizinische Versorgung

Die medizinische Versorgung war damals etwas schwieriger. Ärzte gab es nicht im Ort. Man musste über die unbefestigten Straßen nach Odelzhausen. Über diese erreichte man auch das Krankenhaus in der Kreisstadt Friedberg. Die Rettungswagenstation in Odelzhausen existierte noch nicht.

»Beim Bau des Stadls 1948 ist ein Steinhaufen umgefallen und hat meinem Bruder den Fuß gebrochen. 14 Jahre alt war er. Dr. Koch in Odelzhausen hat den Fuß dann gerichtet und eingegipst. Nach einiger Zeit hat der Junge Schmerzen und einen Bluterguss bekommen, der aufgebrochen ist. Dann ist er nach Friedberg ins Krankenhaus gekommen. Er wurde mit dem eigenen Auto, das man auch schon vorher während des Krieges gehabt hatte, gefahren.

Wenn man ihn besuchen wollte, hat niemand Zeit gehabt, so dass man mit dem Milchauto fahren musste und eventuell mit dem Raiffeisen-Bulldog wieder zurück.«[74]

»In Odelzhausen hatte sich der Arzt Koch in der Schlossstraße gegenüber dem heutigen Schreibwarenladen niedergelassen. […] Es gab noch einen weiteren Arzt in Odelzhausen, Dr. Staudinger. Die ärztliche Versorgung bestand nur in Odelzhausen. Eine Apotheke hatte es auch schon gegeben. In Egenhofen gab es einen Dentisten. Dessen Mutter, Frau Ziegenaus, war die Hebamme.«[75]

»Der Koch hat schon selber ein Auto gehabt. Der Koch war ein Militärarzt gewesen. Der hat drei Rösser gehabt, weil er ein Pferdenarr war. Hauptsächlich ist er mit so einer zweiachsigen Kutsche gefahren. Er ist auch geritten.«[76]

Geselligkeit und Vereinsleben

Trotz der schwierigen Umstände fand die Bevölkerung auch in der Gemeinde wieder Freude am geselligen Leben.

»In Dachau war erstaunlicher Weise im August schon das Volksfest und im Herbst das Oktoberfest [in München]. Die jungen Leute haben sich an der Kastanie beim Schmied getroffen. Beim Bernhard drinnen wurde getanzt, zu Musik vom Grammophon. Dabei waren auch junge Männer, die aus dem Krieg gekommen und im Dorf einquartiert waren.«[77]

»Getanzt wurde in Egenburg. Das war im alten Saal beim Wirt. Den haben wir auf Knien geschrubbt und geschrubbt. Ich glaube, vor der Währungs-

Theaterspiel in Pfaffenhofen, Sofie Riepl und M. Mittelhammer (Bildquelle: Privatbesitz)

reform sind wir schon zusammen tanzen gegangen, als die Flüchtlinge schon da waren 1946. Wir haben selbst etwas für uns getan. Von den Jungen hat da einer ein Grammophon gehabt, und bei der Schmiede hat ein großer Kastanienbaum, oder war es eine Linde, gestanden, und da hat er eine Bank um den Baum und einen Tisch gebaut. Wir sind, wenn es gegangen ist, fast jeden Tag abends zusammen gesessen und haben gesungen. Da waren die Flüchtlinge schon da. Wir haben uns schon unterhalten. Es war nicht jede Woche Tanz.«[78]

»In Pfaffenhofen war nicht so viel. Da ist halt Theater gespielt worden.«[79]

»Es gab hier und da Tanzveranstaltungen oder Hochzeiten oder so was. Während des Krieges gab es keine Tanzveranstaltungen. Das ging erst langsam nach dem Krieg wieder, [...]. Danach [...] gab es dann die Tanzveranstaltungen und auch Theatervorführungen vom Burschenverein nach 1948. Das Musikantenzimmer war die Bühne, wenn Theater gespielt worden ist.«[80]

»In Miesberg war eine große Wirtschaft. Das war auch eine gute Wirtschaft. Die Leute von Eurasburg sind auch dorthin gekommen. Da ist viel gewesen, Pferderennen, Hunderennen, auch nach dem Krieg.«[81]

»Es hat auch Faschingsbälle und Tanzveranstaltungen beim Lampl und Staffler gegeben und in Odelzhausen sowieso. [...] Die Faschingsbälle, maskierte Faschingsbälle, gab es gleich von Anfang an. Die Leute wollten dem Frust vom Krieg entfliehen.«[82]

»1949 ist der Fußballverein gegründet worden. Da war das erste Spiel und die Alten und die Flüchtlinge haben gegen die Jungen gespielt. Mitgespielt haben der Flüchtling Beck und der Tragl. Der Beck war so ein Dicker, wir haben gar nicht geglaubt, dass der Fußball spielen kann. Vom Tragl hat man es schon gewusst, weil er öfters mit uns gespielt hat. Vom Tormann weiß ich nicht mehr, wie der geheißen hat. Der Bernhard hat auch mitgespielt. Das war mehr ein Gaudispiel, und der Zeiler hat es organisiert. Da haben die Alten gar

Tanzvergnügen am 16. Februar 1946 beim Sonnenwirt in Odelzhausen (Bildquelle: Privatbesitz)

gewonnen. [...] Da hat man dann gesagt, wir gründen einen Fußballverein. Dann ist es natürlich so gewesen, dass wir einen Fußballplatz brauchten.«[83]

Dazu aus der Vereinschronik des Vfl-Egenburg unter dem Abschnitt »6. Meilensteine der Vereinsgeschichte«: »1949 Erstes Fußballspiel ›Wellblech‹(jung) gegen ›Alteisen‹ (alt) findet statt«.[84] Am 21. Mai 49 wurde der Verein gegründet.

1 Axtner, Katharina: Nachkriegszeit in der Gemeinde Pfaffenhofen an der Glonn. In: Norbert Göttler (Hg.): Nach der »Stunde Null« Stadt und Landkreis Dachau 1945 bis 1949 (Dachauer Diskurse. Beiträge zur Zeitgeschichte und zur historisch-politischen Bildung, Bd. 2). Herbert Utz Verlag GmbH München 2008, S.355–366

2 Zeitzeugin Kalmbach, Regina; geb. 1928

3 Zeitzeuge/in anonym; geb. 1930

4 Zeitzeuge/in anonym; geb. 1933

5 Wie Anm.3

6 Pfarrer H. Brachetti, 17–3 Pfarrei Egenburg 30. Juli 1945; Schriften des Archivs des Erzbistums München und Freising, Bd. 8 Teil 1, S.597

7 Zeitzeuge Kiemer, Stefan; geb. 1937

8 Ebd.

9 Wie Anm. 2

10 Wie Anm. 3

11 Zeitzeuge Merk, Rudolf; geb. 1926

12 Zeitzeuge Lampl, Michael; geb. 1934

13 Wie Anm. 3

14 Wie Anm. 4

15 Wie Anm. 3

16 Wie Anm. 7

17 Ebd.

18 Wie Anm. 4

19 Wie Anm. 3

20 Wie Anm. 12

21 Wie Anm. 4

22 Wie Anm. 3

23 Ebd.

24 Ebd.

25 Wie Anm. 11

26 Wie Anm. 7

27 Wie Anm. 12

28 Wie Anm. 11

29 Wie Anm. 7

30 Wie Anm. 3

31 Zeitzeuge/in anonym; geb. 1936

32 Amtsblatt des Landkreises Friedberg Nr. 26 und 36, 1947; Bayer. Staatsbibliothek

33 Amtsblatt des Landkreises Friedberg Nr. 9, 1945; Stadtarchiv Friedberg

34 Amtsblatt des Landkreises Friedberg Nr. 12, 1946; Stadtarchiv Friedberg

35 Amtsblatt des Landkreises Friedberg Nr. 38, 1946; Stadtarchiv Friedberg

36 Wie Anm. 4

37 Wie Anm. 31

38 Wie Anm. 3

39 Wie Anm. 7

40 Wie Anm. 3

41 Wie Anm. 11

42 Wie Anm. 4

43 Wie Anm. 31

44 Wie Anm. 2

45 Wie Anm. 12

46 Wie Anm. 31

47 Wie Anm. 11

48 Wie Anm. 2

49 Amtsblatt des Landkreises Friedberg Nr. 32, 1948; Stadtarchiv Friedberg

50 Amtsblatt des Landkreises Friedberg Nr. 27, 1948; Stadtarchiv Friedberg

51 Wie Anm. 7

52 Zeitzeugin Merk, Maria; geb. 1929

53 Wie Anm. 12

54 Wie Anm. 4

55 Ebd.

56 Ebd.

57 Wie Anm. 3

58 Wie Anm. 11

59 Wie Anm. 12

60 Wie Anm. 4

61 Wie Anm. 2

62 Wie Anm. 7

63 Wie Anm. 12

64 Wie Anm. 11

65 Wie Anm. 52

66 Wie Anm. 3

67 Wie Anm. 11

68 Wie Anm. 4

69 Wie Anm. 2

70 Wangler, Fabienne: Entnazifizierung. www.hbg.ka.bw.Schule.de/publikat/ka45/docs/essay/entnazifiz.html am 10. April 2013

71 Entnazifizierung zahlreicher Gemeindebürger, Gemeindearchiv P-2/28

72 Wie Anm. 4

73 Wie Anm. 12

74 Wie Anm. 4

75 Wie Anm. 3

76 Wie Anm. 11

77 Wie Anm. 2

78 Wie Anm. 52

79 Wie Anm. 7

80 Wie Anm. 4

81 Wie Anm. 11

82 Wie Anm. 3

83 Wie Anm. 7

84 Vereinschronik Vfl Egenburg 2012

»Stunde Null«? – Veränderung und Kontinuität nach 1945 am Beispiel der Gemeinde Petershausen

Karl Kühbandner

Vorbemerkung

In seiner richtungweisenden Rede zum 8. Mai 1985 sagte der damalige Bundespräsident Richard von Weizsäcker: »Es gab keine ›Stunde Null‹ aber wir hatten die Chance zu einem Neubeginn. Wir haben sie genutzt, so gut wir konnten.«[1] Dennoch hat sich dieser Begriff eingeprägt, vielleicht auch befördert durch Roberto Rosselinis Film »Deutschland im Jahre Null« von 1948.

Zu verführerisch war ja auch der Gedanke, man könne einfach »bei Null« anfangen, die Vergangenheit vergessen, sie ersetzen durch eine neue Kultur, eine neue Politik und neue Werte. Zu lange wollte man in beiden Teilen Deutschlands nichts mehr zu tun haben mit der jüngsten Geschichte, obwohl deren Zeugen lebten und alsbald wieder mitwirkten im öffentlichen Leben.

Obwohl: Wenn man heute die Zerstörung der deutschen Städte in Bildern und Filmen sieht, wahrnimmt, wie hier buchstäblich »tabula rasa« gemacht wurde, kann man das Gefühl der Menschen nachvollziehen, jetzt müsse etwas ganz anderes, ganz Neues entstehen. Und so gab es durchaus Bestrebungen für eine »radikal moderne« Stadtplanung, »die mit der Vergangenheit bricht«.[2] Und dieser Wunsch nach einem Neubeginn im Städtebau kann auch als Sinnbild einer radikal zu erneuernden Kultur verstanden werden.

Allerdings: Im ländlichen Bereich sah dies ein wenig anders aus. Zwar war auch hier der Krieg gegenwärtig: Die jungen Männer wurden eingezogen, es gab in vielen Familien Gefallene oder Vermisste. Bombergeschwader flogen über den Wohnort, Tiefflieger beschossen auch die Dörfer. Aber insgesamt blieb das vorwiegend bäuerliche Leben gleich, Kriegszerstörungen geschahen eher vereinzelt und zufällig. Der Einmarsch der Besatzungsmacht brachte Angst und Aufregung, aber die Besatzer zogen wieder weiter, die Militärverwaltung saß in der nächsten Kreisstadt. Andererseits waren mit Vertriebenen und Flüchtlingen plötzlich Menschen aus anderen Gegenden da, mit anderem Dialekt, anderer Konfession, anderen Gebräuchen. Mit denen musste man irgendwie zurechtkommen.

Die Frage nach Kontinuität und Neubeginn stellt sich also auch hier. Am Beispiel der Gemeinde Petershausen wird zu zeigen sein, inwieweit Altes erhalten geblieben beziehungsweise doch ganz Neues entstanden ist.

Um das Thema überschaubar zu halten, beziehe ich mich hier auf die Grenzen der »alten« Gemeinde Petershausen, wie sie im Jahre 1945 bestand, die durch die Gebietsreform neu hinzugekommenen Ortsteile Kollbach, Asbach, Obermarbach und Weißling müssen daher außer Betracht bleiben.

Weil die Frage nach Kontinuität und Wandel gestellt wird, soll in einer Retrospektive zunächst geklärt werden, auf welche Weise und mit welcher Intensität das Gemeindeleben in Petershausen durch den Nationalsozialismus geprägt wurde.

Die Gemeinde zur Zeit des Nationalsozialismus

Die Quellenlage ist hier nicht unproblematisch, wie auch Günther Eckardt in seiner Arbeit über diese Zeit im Rahmen der Petershausener Ortschronik feststellt.[3] Insbesondere die auch hier verwendete Ortsgeschichte des Lehrers Roman Niedermayer[4] für Petershausen und die Darstellung des ihm folgenden Johann Parak sind nicht immer zuverlässig. Dennoch lässt sich, auch mit Hilfe der Pfarr- und der Schulchronik, sowie aus den auch von Eckardt verwendeten Zeitungsberichten und einigen Facharbeiten Dachauer Abiturienten, die auf der Befragung von Zeitzeugen fußen, ein recht treffendes Bild zeichnen.

Das Aufeinandertreffen von katholischem Konservativismus und Nationalsozialismus

In Dachau hatte die »braune Bewegung« vor 1933 einen »extrem schwachen Stand«, stellt Sybille Steinbacher in ihrem Buch »Dachau – die Stadt und das Konzentrationslager in der NS-Zeit« fest.[5] Während allerdings in der Stadt Dachau nach 1919 zunächst die SPD dominierte und erst ab 1924 die Bayerische Volkspartei (BVP) auch auf kommunaler Ebene zur stärksten politischen Kraft wurde, war in einer Landgemeinde wie Petershausen das katholisch-konservative Milieu bestimmend. Bei den beiden Reichstagswahlen am 31. Juli und am 6. November 1932 lag die BVP in Petershausen weit vor der NSDAP (228 zu 71 bzw. 200 zu 38 Stimmen), und selbst bei der schon von

Propaganda und SA-Terror bestimmten Wahl vom 5. März 1933 gelang es den Nazis in Petershausen (anders als in Kollbach und Asbach) nicht, stärkste Partei zu werden (Die BVP erhielt 164, die NSDAP 156 Stimmen).[6]

Dies zeigt eine generelle Tendenz der Entwicklung in Deutschland in Bezug auf die Unterstützung des Nationalsozialismus: Das katholische Milieu stellte zunächst eine gewisse Barriere gegenüber der NS-Ideologie dar.[7] Allerdings verlor sich diese Schutzwirkung mit den rigorosen Gleichschaltungsmaßnahmen nach der »Machtergreifung«, unter anderem der Absetzung des bayerischen BVP-Ministerpräsidenten Heinrich Held im März 1933, und dem im Juli 1933 geschlossenen Reichskonkordat mit dem Vatikan. Die Selbstauflösung der BVP und der katholischen Zentrumspartei am 4. bzw. 5. Juli 1933 bedeuteten das vorläufige Aus für den politischen Katholizismus.

Bürgermeister und Gemeinderat

In Petershausen amtierte seit 1912 der Landwirt Gallus Hörmann als Bürgermeister. Am 11. April 1937 wurde in der Gemeinde sein 25-jähriges Dienstjubiläum begangen.[8] Im selben Jahr wurde aber nach dem Willen der Kreisleitung Dachau der NSDAP ein neuer Bürgermeister bestimmt. Nach der neuen Gemeindeordnung vom 30. Januar 1935 musste die Wahl der Gemeinderäte (jetzt »Ratsherren« genannt) durch die NS-Kreisleitung und die staatliche Aufsichtsbehörde bestätigt werden. Die Gemeinderäte wählten Gallus Hörmann, den Sohn des abgesetzten Bürgermeisters. Die Kreisleitung sah dies als Provokation und setzte den Elektromeister Rudolf Rädler ein, der dies vergeblich abzulehnen versuchte.[9]

Der Gemeinderat war schon am Abend der Reichstagswahl vom 5. März 1933 umgebildet worden, indem die BVP-Gemeinderäte vorläufig weiter geduldet wurden, die übrigen sich einer NS-Organisation anschließen mussten, um noch im Amt bleiben zu können.[10] Ob sich die Räte oder auch nur einige dem Verfahren widersetzten, ist nicht bekannt.

An anderer Stelle zeigte sich der Petershausener Gemeinderat durchaus widersetzlich. Als der Dachauer Kreisleiter Friedrichs die Gemeinde aufforderte 100 Reichsmark als Beitrag für die Partei zu entrichten, beschloss man eine »symbolische« Spende von 5 Reichsmark.[11]

Am 1. Januar 1938 wurde dann ein neuer NSDAP-Kreisleiter eingesetzt, von weiteren Widersetzlichkeiten der Petershausener Verwaltungsspitze ist seither nicht mehr die Rede.[12] Allerdings bestätigen Zeitzeugen, dass Bürmeister Rädler es vermochte, dass kritische Äußerungen zum NS-Regime, etwa in Predigten des Pfarrers, nicht zu nachteiligen Folgen für die Betroffenen führte. Auch war Rädler offenbar an keiner Verhaftung beteiligt.[13]

Parteiorganisationen und Funktionäre

Anfang Februar 1933 – also kurz nach der »Machtergreifung« – wurde in Petershausen der Tierarzt Dr. Burger, der sich vorher abwertend über die Nazis geäußert hatte, zum Leiter der Ortsgruppe Petershausen der NSDAP ernannt, die alsbald zum »Stützpunkt« ausgebaut wurde.[14] Burger hatte sich zuvor – durchaus »bürgerlich« – im Männergesangverein des Ortes engagiert. Er war zwischen 1919 und 1926 Vorsitzender und bis 1937 auch Chorleiter.[15]

Nach seiner Berufung zum städtischen Fleisch- und Trichinenbeschauer in Dachau wurde sein Nachfolger der Reichsbahn-Assistent Alfons Kornberger.[16] Kornberger galt und gilt in der Gemeinde bis heute als wenig fanatisch (»Der hat keinem was wolln!«), er war der Schwager von Bürgermeister Rädler; zwischen ihnen kam es so zu keinen Rivalitäten. Aus den Spruchkammerakten geht hervor, dass Kornberger immer wieder an die Kreisleitung der Partei berichtete, aber wohl versuchte, Konflikte zwischen den Interessen z. B. der Kirche und der Parteilinie zu entschärfen. So empfahl er etwa der Kreisleitung, gegen eine Versammlung des katholischen Burschenvereins nicht vorzugehen, allerdings mit der Begründung, man könne den Verein so besser beobachten. 1937 löst sich der Verein aber dennoch auf, wird auch nach 1945 nicht wiedergegründet. In der Schule unternimmt er laut Aussage der Lehrerin nichts, damit das Kreuz im Klassenzimmer abgenommen wird.[17] Allerdings ist seine Rolle bei der Verfolgung Andersdenkender nicht ganz unumstritten.[18]

Auch die Unterorganisationen der NSDAP, wie NS-Volkswohlfahrt, Arbeitsfront, NS-Frauenschaft, NS-Betriebszellenorganisation, HJ und BdM, SA, SA-Reserve, Deutsche Arbeitsfront (DAF) waren im »Stützpunkt« Petershausen vertreten,[19] und Kornberger bemühte sich bald nach seinem Amtsantritt als Ortsgruppenleiter um die Besetzung der Stellen, einschließlich dreier »Fahnenträger«. Manche neuen Amtsträger mussten dazu erst in die Partei aufgenommen werden.[20]

Ende Mai wurde in Petershausen die NS-Bauernschaft gegründet. Vorsitzender wurde Anton Wallner. Er war zuvor BVP-Obmann und bis 1939

Vorsitzender der Freiwilligen Feuerwehr.[21] 1946 wurde er erster gewählter Bürgermeister der Gemeinde.

Schule und Jugend

»Die Erziehung der Jugend im Geiste des Nationalsozialismus« machte auch vor Petershausen nicht Halt. Dazu wurde die Schulerziehung gleichgeschaltet, auch in der Freizeit sollten Kinder und Jugendliche durch die NS-Jugendorganisationen ideologisiert werden.

In der Schulchronik ist aufgezeichnet, und Johann Parak schrieb es akribisch nach,[22] wie die Petershausener Volksschule vom Beginn der NS-Zeit in den Dienst der NSDAP-Ideologie gestellt wurde. Feiern zum Jahrestag der »Machtergreifung«, Leo Schlageter- und Horst Wessel-Gedenkfeiern, Vorführungen von ideologisch eindeutigen Filmen (genannt sei hier als Beispiel Leni Riefenstahls Dokumentation eines Reichsparteitags mit dem Titel »Triumph des Willens«, gezeigt am 11. Juli 1936), gemeinsames Anhören von Hitlerreden im Rundfunk wechselten sich ab.[23]

Am 4. August 1933 erklären der Ortslehrer und die zweite Lehrkraft »im Vollzuge des Gesetzes zur Wiederherstellung des Berufsbeamtentums«, dass sie »arische[r] Abstammung« sind und nicht der Kommunistischen Partei angehören. Am 28. August 1934 wird der Schulleiter auf den »Führer und Reichskanzler« vereidigt. Ideologische Fortbildungsveranstaltungen sollten die Lehrer auf die Parteilinie bringen, so eine »rassenkundliche Schulung« an der Universität München am 20. Juli 1936.[24]

Die von der NSDAP propagierte Gemeinschaftsschule, die die Schule dem geistlichen Einfluss entziehen sollte, fand bei einer Abstimmung am 11. Juni 1937 allerdings kaum Befürworter.[25]

Im Zentrum der Jugendarbeit stand das weitgehend in Eigenleistung erbaute HJ-Heim am Glonnufer. Am 27. Oktober 1937 wurde es als erstes seiner Art im Bezirk Dachau eingeweiht.[26] Der Amperbote zitiert in seinem Bericht über die Einweihung Ortsgruppenleiter Kornberger: »Das Heim ist so groß geworden, dass alle Buben und Mädel in Petershausen darin Platz haben, und so wäre unser Wunsch, dass bald die ganze Jugend im Heim vereinigt sein möge.«[27] Wenn auch die Veranstaltungen von HJ und BDM ihre Anziehungskraft auf die Jugendlichen nicht verfehlten[28], so gab es offensichtlich Vorbehalte bei den Eltern gegen ein zu starkes Engagement ihrer Kinder, so dass der Organisationsgrad bei HJ und BdM noch 1938 nicht besonders hoch war.[29]

Kirchliches Leben

Pfarrer Filchner, der Ende 1936 den bisherigen Pfarrer Dr. Zauner abgelöst hatte, beklagt die Beeinflussung des Schulunterrichts, insbesondere des Religionsunterrichts durch die nationalnationalsozialistische Propaganda und die Veranstaltungen der Hitlerjugend.[30] Er fährt dann fort: »Die Gottesdienste konnten in Petershausen regelmäßig abgehalten werden.«[31] Regimekritische Äußerungen des Pfarrers in der Predigt hatten für ihn nie negative Folgen, wie Zeitzeugen berichten, auch weil er eng mit Bürgermeister Rädler befreundet war und dieser ihn deckte (s. oben).

Der Einfluss auf das dörfliche Leben

Schon bald nach der »Machtergreifung« bestimmten NS-Rituale auch das dörfliche Leben in Petershausen. Am 19. April 1933 pflanzte man im oberen Dorf »unter reger Beteiligung der Einwohnerschaft«[32], wie man in der Schulchronik nachlesen kann, eine »Hitlerlinde«. Zehn Tage später wurde ein 28 Meter hoher Flaggenmast aufgestellt »mit zwei Fahnen in bayer. deutschen Farben sowie einem auf Kugellager sich drehenden Hakenkreuz an der Spitze«.[33]

In der Schulchronik liest man weiter: »Am 30. April [1934] fand anlässlich Vorabend des Tages der nationalen Arbeit[34] eine Flaggenhissung am Dorfplatz statt. In geschlossenem Zuge marschierten Kinder und Erwachsene zur Anhöhe bei den Eichen, nördl. der Ortschaft. Flammen loderten zum Himmel, Fackeln erhellten die Nacht. Der Stützpunktführer Dr. Burger hielt die Gedenkrede, erklärte den Sinn des Feuers und die Bedeutung der Eichen als Symbol der Kraft und Stärke, aber auch der Treue und Volksverbundenheit.«[35] Die Schilderung zeigt, dass derartige Rituale wohl auch als dörfliche Feste gesehen wurden, nicht ausschließlich als Bekenntnis zur NS-Ideologie.

Und es geht weiter mit Lönsgedenkfeier, Saarbefreiungsfeier mit Fackelzug, Freudenfeuer und »Sieg Heil auf den Führer und das Vaterland«, Gedenkfeier zur Machtergreifung, Heldengedenktag, und immer wieder Aufmärsche und Reden der Funktionäre. Die Petershausener verhielten sich da nicht anders als die Bürger anderer Gemeinden in Deutschland.

Opfer von Zwangsarbeit und Verfolgung in Petershausen

Wie an vielen anderen Orten in Deutschland wurden auch in Petershausen Zwangsarbeiter aus den besetzten Ländern eingesetzt. Beim »Linterbauer« (Landwirt Reischl in Lindach) waren laut Josef Gschwendtner zwei polnische und ein russischer Arbeiter und eine Frau aus der Ukraine beschäftigt.[36] Pfarrer Filchner spricht von »Polen, Belgiern, Franzosen, Russen [und] Ukrainern« die nach dem Einzug der amerikanischen Truppen »geplündert« hätten.[37]

Nach Ende des Krieges wurde die Bevölkerung leibhaftig mit ehemaligen Häftlingen des Konzentrationslagers Dachau konfrontiert, die nach der Befreiung den Ort passierten und in der Bevölkerung »Beunruhigung« hervorriefen, wie der Kollbacher Pfarrer Aubry schreibt, der immerhin zwischen »Verbrecher[n]« und »politische[n] Märtyrer[n]« unterscheidet.[38]

Günther Eckardt schildert den Fall des Kasimir Wolski, eines Polen aus Lodz, der 1941 nach Petershausen kam, wo sein Vater Ludwig Wolski seit Jahren bei der Reichsbahn arbeitete. Lodz gehörte seit der deutschen Besetzung Polens im Jahre 1939 zum so genannten »Warthegau«, war in »Litzmannstadt« umbenannt worden und damit nach deutscher Auffassung Teil des Deutschen Reiches. Der Sohn arbeitete bei einem Petershausener Bauern; er wurde im Juli 1942 wegen verschiedener Diebstähle verhaftet, die er auch eingestand. Ein Sondergericht verurteilte ihn im November 1942 zu drei Jahren Straflager, die er in verschiedenen Lagern und Gefängnissen verbüßte. Nach seiner Entlassung verlor sich die Spur.[39]

Spektakulärer ist der Fall des Berliner jüdischen Ehepaars Lowinski, den ebenfalls Eckardt recherchiert hat. Die Lowinskis lebten in der ehemaligen Knorr-Villa, die im Juni 1941 von Gertrud Schollinger aus München gekauft wurde. Von den Kindern des Ehepaars Schollinger wurden sie als »Oma und Opa« angesprochen. Vermutlich hatte Frau Schollinger die Villa anstelle der Lowinskis erworben, damit diese hier untertauchen konnten. Dennoch wurde das Ehepaar im Mai 1942 durch die Petershausener Gendarmen verhaftet und der Gestapo in München ausgeliefert und anschließend nach Berlin verbracht. Von dort wurden sie Im Juli 1942 in das Konzentrationslager Theresienstadt deportiert, wo sie 1945 befreit wurden.[40]

Denunziationen gab es auch aus der Mitte der Bevölkerung, ein Bürger aus Glonnbercha war zeitweise im KZ Dachau. Wer entlassen wurde, sprach aber nicht über die KZ-Haft, um keinen Vorwand für eine abermalige Verhaftung zu liefern.[41]

Resistentes Verhalten am Kriegsende

Bahnunterführung Jetzendorfer Straße

Johann Breitsameter

Kurz vor dem Einmarsch der amerikanischen Truppen verhinderten beherzte Petershausener Bürger, dass der Ort Schauplatz von Kampfhandlungen und damit der Zerstörung preisgegeben wurde. Dass Petershausen kampflos übergeben werden konnte, lag auch an zwei nicht ungefährlichen Sabotageaktionen:

Der Schmied und Wirt Johann Breitsameter und der Landwirt Ferdinand Kloiber verhinderten die Sprengung der Eisenbahnbrücke über die Straße nach Jetzendorf, indem sie den Sprengstoff verschwinden ließen.[42] Annemarie Ziegler, geborene Schneider, damals ein 16-jähriges Mädchen, berichtet, dass ihr Vater und ein Sohn des Häuslers Kollmair schon vorher mehrmals Munition, die an der Unterführung deponiert war, beseitigt hätten.[43]

Der damalige Baywa-Angestellte Josef Walter erzählt, wie er durch den Ausbau des Schalthebels und der Batterie einen Lastwagen betriebsunfähig gemacht hatte, um zu verhindern, dass in Dachau Waffen und Munition besorgt werden konnten.[44]

Das Fehlen von Waffen machte auch den schon befohlenen Einsatz des Volkssturms gegen die heranziehenden amerikanischen Streitkräfte unmöglich. Ein großer Teil der Volkssturmmänner soll außerdem von einem Petershausener Arzt krankgeschrieben worden sein.[45]

Am Ende siegte bürgerliche Vernunft über irrationalen Fanatismus.

Fazit

Das Verhalten der Petershausener unterschied sich nicht wesentlich von dem anderer Deutscher in der Zeit des Nationalsozialismus. In den ersten Jahren des NS-Regimes schien man sich gegenüber den Forderungen der Partei – und einer betont forschen Kreisleitung – in Einzelfällen widersetzlich gezeigt zu haben, und ganz am Ende siegte die Vernunft. Sonst aber fügte man sich nicht nur, sondern zeigte sich gegenüber der Nazi-Ideologie und ihren Ritualen angepasst bis aufgeschlossen. Wie groß die Begeisterung war, lässt sich heute nicht mehr feststellen. Bürgermeister und Ortsgruppenleiter haben gegenüber regimekritischen Aussagen einzelner Bürger wohl eher menschlich zurückhaltend reagiert. Die Verbrechen des Regimes wurden weitgehend ignoriert bzw. verdrängt. In Interviews mit Zeitzeugen werden Themen wie die Vernichtung der Juden, die Verfolgung Andersdenkender oder KZ-Gräuel als etwas gesehen, das mit der eigenen Lebenswelt nichts zu tun hatte. Dies mag auch daran liegen, dass viele der Interviewten am Kriegsende erst im Kindes- oder Jugendalter waren.

PETERSHAUSEN BEI KRIEGSENDE: KONTINUITÄT UND NEUBEGINN

Für die Petershausener veränderten sich das private und das öffentliche Leben nach Kriegsende in vieler Hinsicht. Daneben blieben aber politische und gesellschaftliche Haltungen aber auch die meisten Lebensbedingungen, wie sie waren.

Diese Frage nach Kontinuität oder Neubeginn ist nunmehr in den einzelnen Bereichen des dörflichen Lebens zu klären.

Die Begegnung mit der Besatzungsmacht[46]

Am 28. April 1945 war für Petershausen der Krieg zu Ende. Von Westen, der Nachbargemeinde Jetzendorf her waren amerikanische Truppen vorgestoßen und hatten das Dorf und bald darauf auch das benachbarte Kollbach besetzt.

Dekan Filchner schreibt zur Besetzung Petershausens durch amerikanische Truppen:

»Am Samstag, den 28.IV.1945 nachm. ¼4 h Sommerzeit rückten die Amerikaner von Jetzendorf her im Ort ein. Seit 5 Tagen schon war das geschlagene deutsche Heer auf Straßen u. Wegen, zu Fuß, zu Pferd, zu Wagen mit Personen- u. Lastauto im jämmerlichen Zustand, hungernd und frierend, teils schlecht gekleidet von den Feinden hergetrieben, zurückgeflutet, nun waren die Straßen nach Kollbach und Hohenkammer verstopft, ein schauerlicher Anblick. Vor dem Ostermairstadel stand ein SSAuto, dies sahen die Amerikaner, schossen auf den Wagen und schon ging auch der Stadel, teilweise gefüllt mit Heu und Stroh in Flammen auf. Der Feind schoß auf fliehende Soldaten, 5 wurden getötet, etwa 50 verwundet. Diese wurden in die Kinderbewahranstalt, die jetzt im Zeichen des Roten Kreuzes stand, eingebracht und später nach Schönbrunn überführt. Ein gefallener SSMann, der keine Ausweispapiere bei sich trug, wurde in einem Feld in der Nähe des Pfarrwaldes leicht verscharrt gefunden und etwa Mitte Mai 1945 bei den 5 anderen Gefallenen beerdigt.«[47]

Nachdem bei der Annäherung der Amerikaner kein Widerstand geleistet wurde – die SS-Einheiten, die zuvor an den Ort kommandiert wurden, um dort Panzersperren zu errichten, waren bereits geflohen – und die Petershausener Bürger weiße Tücher gehisst hatten,[48] wurde der Ort mit der in der Pfarrchronik erwähnten Ausnahme nicht bombardiert. Dennoch waren sechs Tote zu beklagen, darunter zwei Zivilisten.[49] Eckardt berichtet, dass zwei der Todesopfer möglicherweise von der abziehenden SS erschossen wurden, weil im Fall des Oberstleutnants Max Höfter verhindert werden sollte, dass Wehrmachtseinheiten an die Amerikaner übergeben werden sollten, man im anderen Fall den niederländischen Zivilarbeiter Gerardus van Alphen für einen »Arbeitsflüchtling« hielt.[50]

Besonders tragisch war der Tod von Bernhard Zins, der sich verwundet auf Heimaturlaub befand. Nach dem Bericht von Josef Gschwendtner, damals ein neunjähriger Junge, war er auf dem Weg, sich in Gefangenschaft zu begeben. Als er von einem amerikanischen Soldaten von hinten angerufen wurde, drehte er sich nicht um, hob aber einen Arm, weil der andere, verletzte, von einer Schiene gehalten wurde. Da die Amerikaner vermuteten, dass er in der verborgenen Hand eine Waffe hielt, trafen ihn mehrere Schüsse. Er starb kurz darauf.[51] Die Schulchronik vermerkt irrtümlich, er sei beim Löschen des in der Pfarrchronik erwähnten Brandes erschossen worden.[52]

Am 29. April 1945 mussten, wie Niedermayer berichtet, die Häuser in der Bahnhofstraße binnen 40 Minuten geräumt werden, die dann von amerikanischen Soldaten besetzt wurden. Erst am 2. Mai konnten die Bewohner zurückkehren und fanden ihre Wohnungen geplündert.[53]

Annemarie Ziegler erzählt von einem »Beinahe-Raub«: »[Ein amerikanischer Soldat] sah meine Firmlingsuhr an meinem Handgelenk. Er wollte sie unbedingt haben, ich aber gab sie nicht her. Da schoss er vor meinen Füßen in den Boden. Wir erschraken sehr, aber da kam schon ein Vorgesetzter und stauchte den Soldaten zurecht.«[54]

Andererseits konstatiert der Ortspfarrer Dekan Rudolf Filchner: »Der Ortsgeistliche und die Schwestern [im Ort ansässige Nonnen] wurden von den Amerikanern korrekt behandelt.«[55]

Aus Kindersicht erscheint die Besatzung eher wie ein Abenteuer. Der Petershausener Tierarzt Dr. Manfred Sommerer, damals neunjährig, berichtet, wie ein baumlanger farbiger Soldat den Kindern eine Orange schenkt. In seinen gereimten Erinnerungen führt er aus:

Aus Trümmer Dosn hamma gschleckt
Erdnuss-Reste; prima hams gschmeckt.
Cadbury-Schoko, im Dreeg drin gfunden
Ham uns begeistert no für Stundn.
Kemma is oiß aus ara fremdn Welt,
in de des Kriegsend uns hat gstellt.[56]

Erleichterung angesichts der Tatsache, dass der Krieg beendet war, findet man in den Quellen zur Ortsgeschichte kaum, aber immer wieder Klagen über die Last von Besatzung und Zuwanderung. So kann man davon ausgehen, dass die amerikanischen Soldaten kaum als Befreier gesehen wurden. Extrem drückt das Niedermayer am Schluss seiner Ortsgeschichte aus: »Das deutsche Volk lebt in seiner tiefsten Erniedrigung. Herr mach uns frei!«[57]

Bevölkerungsstruktur Petershausens 1945

Die Gemeinde Petershausen hatte im Jahre 1939 796 Einwohner[58]. Am Ende des Jahres 1946 war die Zahl bereits auf 1 359 gestiegen,[59] darunter 829 »Einheimische« und 530 Vertriebene, Flüchtlinge und Evakuierte[60]. 1 262 Petershausener waren katholisch, 97 gehörten der evangelischen Kirche an oder waren so genannte »Gottgläubige«[61].

Flüchtlinge und Vertriebene

Johann Parak, ein ehemaliger Lehrer, der aus Mähren vertrieben worden war, hat in seiner Ortsgeschichte die Zahl der Flüchtlinge und Vertriebenen akribisch wiedergegeben. Der größte Teil der Vertriebenen, 275 Personen, kam aus der Tschechoslowakei, zumeist aus dem Sudetenland, 124 Zugezogene waren so genannte Ungarndeutsche, 81 waren Schlesier. Nach Petershausen evakuiert (meistens aus München) waren 70 Menschen.[62]

Die Einquartierung dieser Familien war sowohl für die Quartiersuchenden wie für die – meist unfreiwilligen – Quartiergeber schwierig. Oft musste man mit bisher fremden Menschen auf engstem Raum zusammenleben. Anfangs dienten die Schule und der Pertrichhof als Notunterkünfte. Auch in den schon 1943 errichteten »Behelfsheimen« und im ehemaligen HJ-Heim am Heimweg wurden Vertriebenenfamilien untergebracht.[63] Der Gemeinderat richtete dazu im Januar 1947 eine »Wohnungskommission« ein, die aus dem Bürgermeister, seinem Stellvertreter und einem Flüchtlingsobmann bestand. Gleichzeitig erließ man sogar eine Zuzugssperre, da weitere Personen nicht mehr unterzubringen seien.[64] Die betroffenen Hauseigentümer versuchten sich oft gegen die Einquartierung zu wehren, manchmal dadurch, dass man im eigenen Haus Zwischenwände entfernte, um die Zahl der Räume zu verringern.

Das Verhältnis zwischen einheimischer Bevölkerung und Zugezogenen wird heute von beiden Seiten unterschiedlich gesehen. Die Einheimischen sprechen eher über die Unterstützung der Flüchtlinge und Vertriebenen, die man im eigenen Haus unterbrachte und mit verpflegte. Auch sei das Verhältnis zwischen den beiden Gruppen fast ausschließlich harmonisch gewesen (»Da hat's nix gebn!«). Von Seiten der Flüchtlinge nimmt sich die Situation oft anders aus. Sie seien als Fremde angesehen worden, oft – auch Kinder von den einheimischen Kindern – sei man als »Saupreuß« tituliert worden. Die Ernährungssituation sei schwierig gewesen, insbesondere die Großbauern hätten nichts abgegeben.[65]

Als die in Petershausen verbliebenen Vertriebenen Anfang der fünfziger Jahre daran gingen, sich Häuser für ihre Familien zu bauen, lagen die außerhalb des Ortes an der Straße nach Mittermarbach, wo die Kirche Grundstücke in Erbpacht zur Verfügung stellte, oder am Westring westlich der Bahn, wo bis dahin keine Bebauung bestand.

Der konfessionelle Unterschied zwischen Einheimischen und Zugezogenen war nicht sehr groß, da die meisten der letzteren katholisch waren.[66]

Ausgerechnet in der vorwiegend katholischen und vor 1933 politisch von der konservativen Bayerischen Volkspartei bestimmten Gemeinde gründeten im Februar 1947 60 sozialdemokratisch orientierte Vertriebene aus Karlsbad einen Ortsverein der SPD.[67]

In das örtliche Erwerbsleben gliederten sich die Neubürger bald ein. Manche halfen in der Landwirtschaft mit, andere arbeiteten in den örtlichen Gewerbebetrieben. Nachfolger des örtlichen Zahnarztes war ebenso ein Heimatvertriebener wie ein Lehrer der Petershausener Volksschule. Viele fanden aber auch Arbeit in den Industriebetrieben im Norden von München, wohin eine Bahnverbindung bestand.

Schließlich ist zu erwähnen, dass unter den Zugezogenen etliche sehr gute Musiker waren, die das Musikleben in der Gemeinde prägten. Genannt seien hier beispielhaft Richard Czerny, der 1949 den Gesangverein mit anderen neu gründete und zeitweise die Orgel spielte oder der spätere Leiter des Gesangvereins, Dr. Hubert Bednara.

Immerhin machte die Integration Fortschritte. Es gab etliche Heiraten zwischen den Einheimischen und den Zugezogenen – von den Eltern der Ansässigen nicht immer gerne gesehen. Heute sind Unterschiede zwischen den Nachkommen der ehemaligen Flüchtlinge und denen der damals Einheimischen kaum mehr feststellbar, abgesehen davon, dass viele ehemalige Flüchtlingsfamilien häufig noch in den Wohngebieten leben, in denen ihre Eltern seit den fünfziger Jahren Einfamilienhäuser errichtet hatten.

Zusammenfassend lässt sich sagen, dass der Zuzug von Vertriebenen und Flüchtlingen nach 1945 den Charakter der Gemeinde Petershausen als reines »Bauerndorf« nicht unerheblich verändert hat. Ein weiterer größerer Wandel stellte sich erst wieder 1972 mit dem Bau der S-Bahn von München her ein, der das Dorf noch einmal erheblich vergrößerte.

Schule und Kindergarten

Während noch im Jahr 1942 132 Kinder die Volksschule in Petershausen besuchten,[68] waren es beim Schulbeginn 1945 bereits 173[69] und am Anfang des Schuljahres 1946/47 242 Schülerinnen und Schüler[70]. Die hohe Schülerzahl ab Kriegsende ist vor allem auf die vielen Kinder von Vertriebenen und Flüchtlingen zurückzuführen. So waren in der ersten Klasse im Jahre

Schulklasse mit Lehrerin Maria Böller

1946 nur 17 von 57 Schülern Einheimische.[71] Die Raumsituation war äußerst schwierig: Zu Beginn des Schuljahres 1945/46 waren die Schulsäle noch von schlesischen Heimatvertriebenen belegt[72], so musste man in Gasträume und Säle örtlicher Gaststätten ausweichen. Ein Anbau an das 1913 erbaute Petershausener Schulhaus wurde erst 1954 erstellt.

Der pädagogische Neubeginn war in den »Übergangsrichtlinien [des bayerischen Kultusministeriums] für die bayerischen Volksschulen« vom 10. Oktober 1945, die für die Volksschule in Kollbach in säuberlicher Handschrift abgeschrieben wurden. Dort heißt es, es sei »notwendig, das gesamte Schulleben […] von allen nationalsozialistischen und militaristischen Spuren zu säubern.« Der Jugendliche solle »künftig zu einer gesunden, lebenstüchtigen, religiös-sittlich gefestigten Persönlichkeit werden, aufgeschlossen für alle Kulturgüter des eigenen Volkes und der Menschheit.« Und weiter: »Weder Blut noch Rasse, noch das Volk sind höchste Werte. Es muß wieder der einzelne Mensch in seiner Bedeutung, seinem Wert, seinen Rechten und Pflichten gesehen werden.«

Schon 1945 konnte »in ausgebauten Volksschulen« »für Schüler mit mindestens durchschnittlichen Leistungen vom 5. Schülerjahrgang ab Unterricht in der englischen Sprache als Pflichtfach erteilt werden.« Die dafür notwendigen Unterrichtsstunden werden unter anderem »durch den vorläufigen Wegfall des Geschichtsunterrichts« gewonnen. Dem Geschichtsverständnis der Lehrkräfte traute man offenbar noch nicht recht.

Von geringerer Bedeutung war offenbar der Sportunterricht: »Leibesübungen werden bei eingeschränkter Unterrichtszeit möglichst auf freie Halbtage gelegt.«

Und die Erziehung der Mädchen? Da heißt es unter anderem, das »Mädchenturnen« solle der »Entwicklung des fraulichen Wesens« »Rechnung tragen«. Der Handarbeitsunterricht der Mädchen habe sich »vor allem praktischen Aufgaben (Stopfen, Flicken) zuzuwenden«.[73]

Englischunterricht hat es an der Petershausener Schule nicht gegeben. Sportunterricht betrieb man ausgiebig, und zwar für Buben und Mädchen. Im Sommer ging man auf den nahen Sportplatz, um sich im Laufen, Weitsprung und Ballweitwurf zu üben. Im Winter blieben allerdings nur die »Freiübungen« im Klassenzimmer. Die Schülerinnen und Schüler waren sogar bei Kreissportfesten erfolgreich. Im Fach Handarbeit beschäftigten sich die Mädchen keineswegs nur mit »Stopfen« und »Flicken«, sondern stellten kunstvolle Stick- und Strickobjekte her, die alljährlich in einer Ausstellung gezeigt wurden.[74]

Im ganzen Land waren die meisten Lehrkräfte wegen Zugehörigkeit zur NSDAP 1945 von der amerikanischen Militärregierung entlassen worden. So unterrichtete auch in Petershausen zunächst allein die Lehrerin Maria Böller. Am Schuljahrsbeginn 1947 waren es dann vier, 1948 bereits fünf Lehrkräfte: Nur noch die 1. und 2., die 5. und 6. sowie die 7. und 8. Jahrgangsstufe wurden gemeinsam unterrichtet.[75]

Um Lehrkräfte zu finden, griff man zu ungewöhnlichen Maßnahmen: Im August 1945 wurde ein zwölftägiger Schnell-Lehrgang für Lehrkräfte eingerichtet. An ihm nahm auch Alois Auberger teil, der ab November 1945 in Petershausen unterrichtete und ins Schulhaus mit seiner fünfköpfigen Familie einzog. Johann Parak schreibt über ihn, er sei ursprünglich Fluglehrer gewesen. Am Jahresende schied er nach Schwierigkeiten mit den Behörden freiwillig aus dem Schuldienst aus und übernahm in Freising »nach einer entsprechenden Ausbildung« die väterliche zahnärztliche Praxis.[76]

Am Anfang des Jahres 1947 wurde der Oberlehrer Hans Hartl Schulleiter, der zuvor in Göbelsbach bei Pfaffenhofen/Ilm unterrichtet hatte, 1947 kamen die Lehrkräfte Rudolf Braun (aus Freising) und Benno Lang dazu, 1948 noch Hermann Verderber, ein Heimatvertriebener aus Südmähren. Zeitweise war

Carola Schmid, die Witwe des noch am Kriegsende erschossenen Obersten Schmid, Hilfslehrerin. Weiterhin unterrichtete – meist in der 1. Klasse – die Lehrerin Maria Böller. Als Hartl Anfang 1950 Schulrat in Rottenburg/Laaber wurde, folgte ihm als Schulleiter Franz Schmuck aus dem Kreis Erding.[77]

Dass sich der Geist der Vergangenheit noch nicht ganz verflüchtigt hatte, zeigt ein Vorgang, der sich Ende 1948 in der Schulchronik findet: Ein Lehramtsanwärter der Petershausener Schule hatte zum Thema Waisenkinder die Stichworte »arm, heimatlos, verschüchtert, zerlumpt, verkommen, diebisch, grindige Hände« an die Tafel geschrieben, die Kinder sollten dazu einen Aufsatz schreiben. Die SPD-Zeitung »Münchner Post«, möglicherweise von SPD-Gemeinderat Maschek informiert, schreibt dazu einen empörten Kommentar. Der Schulleiter erläutert in der Schulchronik, es habe sich um eine Stunde mit dem Thema »Pestalozzi, der Vater der Bettelkinder« gehandelt. Der Fall gelangt bis zur Regierung von Oberbayern. Dort wird die »Haltlosigkeit« der »Verdächtigungen und Gemeinheiten« bescheinigt.[78]

Obwohl der bayerische Kultusminister im Juni 1946 »jede Form der körperlichen Züchtigung« verbietet, ist die Prügelstrafe noch gang und gäbe und wird von verschiedenen Lehrkräften, auch vom Pfarrer im Religionsunterricht teilweise mit bemerkenswerter Brutalität angewendet, wie damalige Schüler berichten. Auch hätten einzelne Lehrkräfte Strafen willkürlich und ungerecht erteilt.[79] So war die Entwicklung zu einer humanen und fördernden Schule noch lange nicht abgeschlossen. Erst 1980 wurde die Prügelstrafe in Bayern endgültig abgeschafft.

Organisatorisch blieb die Volksschule Petershausen bis zum Jahr 1966 selbständig, war dann mit verschiedenen Nachbargemeinden zu Schulverbänden vereinigt. Mit dem Beginn des Schuljahrs 1971/72 verlor Petershausen seine Hauptschule an den neu gebildeten Schulverband Markt Indersdorf, wo die Petershausener Hauptschüler seit 1974 im damals neuen Schulgebäude unterrichtet werden.[80]

Die katholische Pfarrei betrieb seit 1910 an der Petershausener Kirchstraße eine Kinderbewahranstalt, die von Beginn an bis zum Jahr 1962 von den aus dem Elsass stammenden Schwestern der Niederbronner »Kongregation vom Göttlichen Erlöser« geführt wurde. Hier gab es durch Nazizeit und Krieg also keine Unterbrechung. Ab 1962 wurde die Einrichtung als katholischer Pfarrkindergarten weitergeführt,[81] seit 1975 im neuen Gebäude an der Moosfeldstraße. Inzwischen hat das Franziskuswerk Schönbrunn die Trägerschaft übernommen.

Kirchliches Leben nach 1945

Katholische Kirche

Auf dem Gebiet der heutigen Gemeinde Petershausen gab es mit Asbach, Kollbach, Obermarbach und Petershausen ursprünglich vier Pfarreien. Hier soll es aber nur um die Pfarrei Petershausen gehen.

Am 20. August 1945 schreibt der katholische Pfarrer von Petershausen, Dekan Rudolf Filchner:

»Der Weltkrieg v. 1. IX. 1939–8. V. 1945 hat auch über unsere Pfarrgemeinde großes Elend gebracht. […] Die Erziehungsarbeit in der Schule war erschwert, der Nazigriff beherrschte die ganze Jugend, Sport, Appelle, Kinovorführungen, Marschieren, Tanz und Lümmeleien im Hitlerheim an der Glonn, Mangel an Rel.Büchern u. Bibeln, täglich Verbreitung von Lüge und Hetze in Presse und Radio, der Jammer der Frauen über ihre abwesenden Männer, teilw. Ausnützung der Kinder zu schwerer Arbeit im Feld und Wald, Herabsetzung des Priesterstandes durch gewisse weltliche Lehrkräfte, der Hunger vieler Kinder und vieles Andere machte einen guten Erfolg im Rel. Unterricht fast unmöglich.«[82]

Der seit 1936 in Petershausen amtierende Pfarrer, der auch in seinen Predigten »kein Blatt vor den Mund nahm«, stand nach Aussagen älterer Bürger aus Petershausen dem Nationalsozialismus kritisch gegenüber.

Das kirchliche Leben wurde 1945 nahtlos fortgeführt, es gab – abgesehen von den 1942 abgelieferten und eingeschmolzenen Kirchenglocken – keine Zerstörungen, kirchliche Feste stellten zunächst die wichtigsten Ereignisse im öffentlichen Leben dar.

Pfarrer Filchner, seit 1944 Dekan, seit 1953 Geistlicher Rat, führte die Gemeinde bis 1963. Die Gemeinde war offenbar recht spendenfreudig. So konnte schon im Mai von einem Münchner Holzbildhauer eine Marienstatue angekauft werden, deren Kosten die Pfarrgemeinde aufbrachte. Man spendete aber auch für die Armen in München, sammelte Pakete für ein Kriegsgefangenenlager in Südfrankreich und das Flüchtlingslager auf dem Gelände des ehemaligen Konzentrationslagers. Waldbauern stifteten Bäume für den Dachstuhl der Münchner Frauenkirche, die Caritas führte regelmäßig Sammlungen durch, die nicht unerhebliche Beträge einbrachten, auch Lebensmittel wurden gespendet.

Ein Mahnmal gegen den Krieg, ein hoch aufragendes Friedenskreuz

Friedenskreuz

stiftete der Münchner Josef Hechtl, der aus dem »Stolzbauern«-Hof in Sollern stammte. Am 28. September 1947 wurde es auf einer Anhöhe zwischen Sollern und Petershausen eingeweiht.

Eine innerkirchliche Großveranstaltung war eine »heilige Mission«, die im Oktober/November 1947 über eine Woche mit Gottesdiensten, und Vorträgen über christliche und allgemein ethische Themen von drei Redemptoristenpatres aus Niederbayern und der Oberpfalz durchgeführt wurde.

Im November desselben Jahrs wurde auch der neue Friedhof an der Moosfeldstraße eingeweiht, der am 1. November 1950 ein eigenes Leichenhaus erhielt.

Die wesentlichste Einbuße, die die Pfarrei während des Krieges zu erleiden hatte, war der Verlust der bronzenen Kirchenglocken, die am 24. Februar 1942 aufgrund des »Vierjahresplans für die Erfassung von Nichteisenmetallen« bis auf die kleinste Glocke und das Sterbeglöckchen abgeliefert werden mussten. Es war daher für die Pfarrei und für die ganze Gemeinde ein Großereignis, als am 3. April 1949 vier neue Glocken aus Gussstahl in der Stimmung e-g-a-h feierlich zur Kirche geleitet und am 10. April geweiht wurden.[83]

Kirchliches Leben stellte in einer Gemeinde wie Petershausen den wohl stärksten Faktor der Kontinuität nach 1945 dar, da die katholische Kirche – die ja in den ländlichen Gemeinden Altbayerns weitaus dominierte – durch das 1933 geschlossene Konkordat in gewisser Weise geschützt war, wobei die mutigen Priester und Ordensleute, die KZ-Haft und Tod erlitten, nicht vergessen werden dürfen.

Evangelische Kirche

Organisatorisch gehören die evangelischen Christen Petershausens zur Gemeinde Kemmoden-Petershausen. Rund um Kemmoden (Gemeinde Jetzendorf, Landkreis Pfaffenhofen/Ilm) hatten sich im 19. Jahrhundert evangelische Christen aus der Pfalz und dem Elsass angesiedelt. In der Gemeinde Petershausen blieb ihre Zahl allerdings bis zum Kriegsende gering. So zählt die katholische Pfarrchronik Anfang 1947 99 evangelische Einwohner, 82 von ihnen waren als Vertriebene bzw. Flüchtlinge zugezogen.[84] Für das Jahr 1935 kann man im Bereich der evangelischen Gemeinde (die ja weit über

Petershausen hinausreicht) 230 Mitglieder zählen.[85] 1961 wurde das Pfarramt von Kemmoden nach Petershausen verlegt, aber schon 1964 kam es nach Jetzendorf, bis es 1983 endgültig nach Petershausen zurückkehrte.[86]

Evangelisches Gemeindeleben in Petershausen entwickelte sich allerdings erst mit dem vermehrten Zuzug evangelischer Bürger nach dem S-Bahn-Bau 1972.

Vereine und Verbände

Im ländlichen Bereich wird das gesellschaftliche Leben fast ausschließlich durch die Vereine bestimmt. Die Gemeinde Petershausen entwickelte sehr früh ein recht lebhaftes Vereinsleben. Aus den Zeiten der Monarchie stammen die Freiwillige Feuerwehr (1877), der Schützenverein (1885), der Fischereiverein (1889), der Gartenbauverein (1906 als Ortsgruppe des Obstbau- und Bienenzuchtvereins Dachau-Indersdorf gebildet), sowie der Gesangverein (1909). Nach dem Ersten Weltkrieg gründeten sich der Krieger- und Soldatenverein (1920), der Kirchenchor (1922), die Blaskapelle (1925), der Katholische Mütter- und Frauenverein (1925) und der Heimat- und Trachtenverein (1937).[87]

»Kulturvereine«

Der »Heimat- und Trachtenverein Glonntaler Petershausen«, der damals jüngste der genannten Vereine, nahm – nach einer Pause im Krieg – das Vereinsleben schon im November 1945 wieder auf, das sofort mit großer Intensität betrieben wurde. Eine erste Veranstaltung fand an Silvester 1946 statt, im August 1947 wurde unter Beteiligung des ganzen Ortes die neue Fahne geweiht, im Oktober des selben Jahres übernahm man schon die Patenschaft für den Allacher Verein »Alpenrösl«. Man veranstaltete ein »Preisplattln«, veranstaltete regelmäßig Heimatabende in den Petershausener Gasthäusern und führte im Dezember 1950 mit einer vereinseigenen Theatergruppe das Stück »Das Grab des Wilderers« auf.[88]

Sehr bald nach Kriegsende traten bei kirchlichen Feiern und weltlichen Festen Instrumental- und Chorgruppen auf. Die Blaskapelle Petershausen probte zwar erst ab 1952 wieder regelmäßig, Bläsergruppen traten aber schon früher auf, unter ihnen Richard Czerny und Hans Walter. Sie hatten sich im Krieg getroffen und fanden sich nun in Petershausen wieder. Walter war

Alteingesessener (»Schaffler-Sima«), Czerny – sein Sohn Eckhard ist heute Vorsitzender des die Blaskapelle tragenden Vereins – kam mit seiner Familie als Heimatvertriebener nach Petershausen. 1947 wirkten die Bläser bei der Einweihung des Sollerner Friedenskreuzes und der des neuen Friedhofs mit. Gottfried Bauer, der 1948 aus der Kriegsgefangenschaft zurückkehrte, übernahm danach sofort die Leitung der Blaskapelle. Von da an wurden alle Kriegsheimkehrer am Petershausener Bahnhof von der Blaskapelle empfangen. 1949 gestaltete man die Weihe der neuen Kirchenglocken mit.[89]

Der Kirchenchor und ein Männerchor waren ebenfalls bereits an der Einweihung von Friedenskreuz und neuem Friedhof beteiligt. Der Gesangverein Petershausen, der in frühen Jahren einen Männerchor, einen Frauenchor, einen gemischten Chor und sogar eine Theatergruppe umfasste, wurde im Dezember 1949 auf Initiative des späteren Ehrenmitglieds Josef Walter als reiner Männerchor wiederbegründet. Als erster Auftritt gilt aber bereits die Darbietung von Beethovens »Die Himmel rühmen« bei der Weihe der neuen Glocken am 10. April 1949. Erster Vorsitzender und Chorleiter war bis 1950 der Leiter der Volksschule Hans Hartl. Sein Nachfolger als Schulleiter, Franz Schmuck, übernahm auch Vorsitz und Chorleitung.[90]

NS-Zeit und Krieg überlebt hatte der *Kirchenchor*, die Gottesdienstfeier war ja im Wesentlichen nicht beeinflusst worden. Den Chor leitete bis Anfang der sechziger Jahre jeweils die »Chorschwester« und Organistin der Niederbronner Kongregation. Bis Dezember 1944 war dies Schwester Maria Celine Thesing, dann bis zur Abberufung der Niederbronner Schwestern Schwester Euphrata Aringer.[91]

Freizeitvereine

Der 1920 gegründete Sportverein Petershausen war zunächst ein reiner Fußballclub, Ende der zwanziger Jahre kamen die Turnriege und die Fuß- und Faustballer des Katholischen Burschenvereins dazu. Kurz war der Petershausener Sportverein auch Teil des Verbands »Deutsche Jugendkraft (DJK)«, der aber 1935 im Zuge der Gleichschaltung der Sportorganisationen aufgelöst wurde. Der Fußball-Spielbetrieb ruhte zwischen 1941 und 1945, aber schon 1946 wurde eine Fußballmannschaft beim Bayerischen Landessportverband angemeldet. Nachdem kurzfristig auch eine Damenhandballmannschaft bestanden hatte, entwickelten sich ab 1957 weitere Sportabteilungen. Ab 1955 stand 40 Jahre lang Ludwig Zins an der Spitze des Vereins.[92]

Der Petershausener Schützenverein, der sich ab 1930 »Bürgerschützen« nannte, war bis in den Weltkrieg hinein, bis 1940 aktiv, begann dann ab 1950 wieder mit einem »Anfangsschießen«.[93]

Der Obst- und Gartenbauverein Petershausen, heute »Verein für Ortsverschönerung und Gartengestaltung«, wurde während des Zweiten Weltkriegs aufgelöst. Am 1. Juli 1947 wurde er auf Initiative von Korbinian Aigner wiederbegründet, dem »Apfelpfarrer von Hohenbercha«, der wegen seiner Gegnerschaft zum Nationalsozialismus ab 1939 in Gefängnissen und Konzentrationslagern saß. Erster Vorsitzender wurde Anton Echtler.[94]

Auch der Glonntal-Fischereiverein musste seine Tätigkeit während des Krieges einstellen, er wurde 1953 neu gegründet.[95]

Interessenverbände

Als Interessenverband der Kriegsgeschädigten und Kriegshinterbliebenen gründete sich ab 1946 in verschiedenen Bundesländern der Verband der Kriegsbeschädigten, Kriegshinterbliebenen und Sozialrentner Deutschlands (VdK), heute Sozialverband VdK. Man wollte besonders die Interessen der Kriegsopfer vertreten. Heute geht es dem Verband um die sozialen und politischen Interessen unter anderem von Menschen mit Behinderungen, von chronisch Kranken, von Senioren und Rentnern sowie von Kriegs-, Wehrdienst- und Zivildienstopfern. In Petershausen bildete sich bereits 1947 eine Ortsgruppe. Erster Vorsitzender wurde Valentin Moll, der kriegsversehrt war und in der Gemeinde als Gemeindesekretär arbeitete. Moll wurde 1949 wiedergewählt.[96]

Interessant ist die Geschichte des Krieger- und Soldatenvereins Petershausen, der 1920 nach dem Ersten Weltkrieg gegründet wurde zum Gedenken an die Opfer des Krieges, Pflege der Kameradschaft und Sorge um Kriegsgräber. 1933 weigerte sich der Vereinsvorsitzende, der Petershausener Zahnarzt Friedrich Schwarzfischer, den Verein als »Kyffhäuserbund« weiter zu führen. Diesen Namen hatte sich der »Bund der deutschen Landes-Kriegerverbände« schon 1900 gegeben. Die Nationalsozialisten hatten ihn für den NS-Kriegerbund übernommen.[97]

Man kann darin durchaus ein Resistenzverhalten des Petershausener Vereinsvorstandes sehen mit dem Ziel, sich der Gleichschaltung durch die Nazis zu widersetzen. Der Petershausener Verein wurde nicht aufgelöst, die Vereinsarbeit ruhte aber. Die amerikanische Militärregierung verbot 1945 den

Verein, er wurde erst 1954 wiedergegründet. Erster Vorsitzender wurde der BayWa-Angestellte Josef Philipp.[98]

Die Interessen der Landwirte vertrat seit 1945 der Bayerische Bauernverband. In Petershausen wurde ein Ortsverband 1956 gegründet. Erster Vorsitzender war Bernhard Reischl, der »Linterbauer«.[99]

Sonstige

Die Freiwillige Feuerwehr Petershausen bestand seit 1877. 1932 schaffte man eine Motorspritze an, die erste im Landkreis, sie wird auch heute noch im Feuerwehrhaus aufbewahrt. Die Kommandanten kamen über Generationen hinweg aus der Familie Hörmann (»Gugg«). Ab 1950 bemühte sich der Kommandant Gallus Hörmann erfolgreich um einen Neuaufbau. Heute ist die Petershausener Feuerwehr als Stützpunktfeuerwehr mit den modernsten Geräten ausgerüstet.[100]

Der Katholische Frauen- und Mütterverein bestand von 1925 bis 1972 und übernahm vor allem Aufgaben in der Katholischen Pfarrgemeinde. Nachfolgeorganisation ist seither die Katholische Frauengemeinschaft Petershausen.[101]

Das Vereinsleben am Ort war während der Zeit des Nationalsozialismus nur dort beeinträchtigt, wo die Gleichschaltungsinteressen der Nazis zu einem Verbot bzw. der Eingliederung in Naziorganisationen führten (bäuerliche Organisationen, Katholischer Burschenverein, Krieger- und Soldatenverein). Während des Zweiten Weltkriegs kam das Vereinsleben allerdings praktisch zum Erliegen.

GEWERBE, HANDEL UND LANDWIRTSCHAFT IN PETERSHAUSEN NACH 1945

Gewerbe und Handel

Petershausen war 1945 ein noch weitgehend von der Landwirtschaft bestimmtes Dorf. Im Ort gab es die traditionellen Handwerke des Schreiners, Sattlers, Schmieds, Schneiders, Schusters, Müllers, Steinmetz, Bäckers oder Metzgers. Daneben wurden mehrere »Kramer«, also Gemischtwarenläden am Ort betrieben, eine Elektrofirma und ein Baustoffhandel. 1946 eröffnete Franz Hecht aus Eglersried in Petershausen eine Drogerie, die heute von der

»Rädler-Kiosk«, erster Standort der Drogerie Hecht

Tochter Marie-Luise Lehle geführt wird. Außerdem finden sich mehrere Gaststätten und sogar eine Brauerei, die erst 1957 ihren Betrieb einstellte. Alle diese Betriebe dienten der Grundversorgung der Bevölkerung.[102]

Es gab auch Betriebe, die über die örtliche Bedeutung hinausgingen. Die Ziegelei von Georg Schneider, kurz vor Kriegsende durch einen Luftangriff zerstört, wurde 1948/49 wieder aufgebaut.[103] Die am Bahnhof gelegenen Lagerhäuser der BayWA (die 1934 die BVP-nahe GeWa geschluckt hatte) und von Lorenz Braumiller waren Umschlagplatz für die Landwirtschaft im Umkreis.

Es gab mehrere Speditionsbetriebe am Ort. Ferdinand Kloiber – ursprünglich ein Landwirt – hatte 1930 ein Unternehmen mit Lohnackern begonnen und besaß dafür den ersten Traktor am Ort. 1937 eröffnete er einen Langholzfuhrbetrieb mit Pferden, den er nach dem Krieg zu einer Speditionsfirma ausbaute, die sein Sohn ab 1952 weiterführte und die heute als Großspedition vom Enkel geleitet wird.[104]

Georg Müller betrieb seit 1932 ein Omnibusunternehmen, seit 1937 eine Tankstelle und – eine Besonderheit im ganzen Umkreis – seit 1948 ein Kino.[105] Die Spedition Georg Müller wandelte sich nach dem Krieg zu einem reinen

Omnibus der Firma Müller

Omnibusbetrieb, die Tankstelle wurde weitergeführt. Später wurde unter dem Sohn Georg daraus ein Taxiunternehmen.

Auch die Langholzspedition von Josef Schaller wurde nach dem Krieg ausgebaut, seit 1950 führte der Sohn, seit 1976 der Enkel den Betrieb weiter.[106]

Der Landmaschinenhandel und -reparaturbetrieb von Johann Ziller begann nach 1945, nach der Rückkehr der Söhne Josef und Reinhard, erst allmählich wieder mit der Reparatur, dem Verkauf und der Produktion von Teilen für Landmaschinen. Die Mechanisierung der Landwirtschaft stand erst am Beginn, Traktoren gab es noch kaum im Dorf. Das änderte sich erst nach der Währungsreform 1948, die auch in diesem Bereich zu einem gewissen Wirtschaftsaufschwung führte.[107]

Ein wichtiger Arbeitgeber war in Petershausen die Bahn, die seit 1867 über Petershausen nach Ingolstadt führte.[108] Der Bahnhof in Petershausen war am Ende des Krieges immer wieder Fliegerangriffen ausgesetzt. Am 25. April 1945, als die Ziegelei Schneider bei einem Fliegerangriff zerstört wurde, wurde auch der Bahnhof stark beschädigt. Der Wiederaufbau wurde erst 1949 beendet. Große Bedeutung als Einzugsgebiet für Pendler und als Umsteigepunkt zu Regionalzügen gewann Petershausen dann mit der Eröffnung der S-Bahn nach München am 29. Mai 1972.[109]

Die Währungsreform im Juni 1948 verstärkte die wirtschaftlichen Aktivitäten am Ort. An den Gemeinderat wurden verstärkt Anträge auf Errichtung von Betrieben des Handels und der Produktion gestellt. Innerhalb kurzer Zeit wurden Genehmigungen für ein Betonwerk, ein Bauunternehmen, eine Weißgerberei, einen Putzmacherbetrieb, eine Apotheke und eine Limonadenfabrik beantragt und vom Gemeinderat zustimmend behandelt. Dazu kam ein Schreib- und Buchhaltungsbüro und Anträge zum Verkauf von Mineralwasser, Limonaden, Nährbier, Wildpret, sowie ein Fischverkauf. Wenn auch nicht alle Pläne umgesetzt wurden, so sieht man doch ein deutliches Zeichen für den Wiederaufbau.[110]

Landwirtschaft[111]

Neben den Großbauern gab es in Petershausen auch nach dem Krieg noch viele Dorfbewohner, die etwa als Handwerker nebenbei ein wenig Landwirtschaft betrieben, oft nur eine Kuh oder ein paar Schweine hielten.

Für die größeren Bauern bedeutete die Mechanisierung der Landwirtschaft eine Steigerung der Erträge. Im Laufe der Jahre vergrößerten sie ihre Flächen durch Pachten, die Kleinstlandwirtschaften verschwanden allmählich.

Bis in die fünfziger und sechziger Jahre hinein blieb aber Petershausen von der Landwirtschaft geprägt. Arbeitsplätze für die nichtlandwirtschaftliche Bevölkerung, hier besonders auch die Flüchtlinge und Vertriebenen, lagen oft außerhalb der Gemeinde, häufig bei den Großbetrieben im Münchner Norden.

DIE ENTWICKLUNG DER POLITISCHEN GEMEINDE NACH 1945

Im Potsdamer Abkommen zwischen den USA, der UdSSR und Großbritannien heißt es: »Alle Mitglieder der nazistischen Partei, welche mehr als nominell an ihrer Tätigkeit teilgenommen haben, und alle anderen Personen, die den alliierten Zielen feindlich gegenüberstehen, sind aus den öffentlichen oder halböffentlichen Ämtern und von den verantwortlichen Posten in wichtigen Privatunternehmungen zu entfernen. Diese Personen müssen durch Personen ersetzt werden, welche nach ihren politischen und moralischen Eigenschaften fähig erscheinen, an der Entwicklung wahrhaft demokratischer Einrichtungen in Deutschland mitzuwirken.«[112]

Aufgrund dieser Bestimmung wurden allerorts Bürgermeister, die der NSDAP angehört hatten, abgesetzt und durch Nichtparteimitglieder ersetzt, zum Teil sehr rigide, wie die folgende Anekdote aus der sowjetischen Besatzungszone zeigt: Ernst Lemmer, nach 1945 Vorsitzender der CDU in der Sowjetischen Besatzungszone und späterer Bundesminister in den Regierungen Adenauer und Erhard, erzählt, er sei in seinem Wohnort Kleinmachnow bei Berlin nach dem Krieg von einem Offizier der sowjetischen Besatzungsmacht aufgesucht worden, der ihn mit den Worten »Du Bürgermeister!« aufforderte, an die Spitze der Ortsverwaltung zu treten. Als Lemmer erklärte, er könne das Amt nicht übernehmen, weil er von Gemeindeverwaltung nichts verstehe, zog der Offizier eine Pistole, richtete sie auf Lemmer und wiederholte: »Du Bürgermeister – oder tott!« »Dann lieber Bürgermeister«, meinte Lemmer und nahm das Amt an.[113]

In Petershausen war 1937 gegen den Willen des Gemeinderats und gegen seinen eigenen der Betriebsleiter der Elektrofirma Lehle, Rudolf Rädler, von der Dachauer Kreisleitung der NSDAP eingesetzt worden.[114] Da er Parteimitglied war, wurde er von der Besatzungsbehörde abgesetzt und an seiner Stelle der Schneidermeister Johann Baptist Kislinger ernannt, der keine Amtserfahrung hatte und sich, wie auch der erfahrenere zweite Bürgermeister Gallus Hörmann, laut Johann Parak »aller Amtshandlungen enthielt«[115]. Zeitzeugen berichten allerdings, dass er sich stets bei Rädler Rat holte. Er muss also gelegentlich doch tätig gewesen sein.

Bei den Kommunalwahlen 1946 wurde Anton Wallner Bürgermeister, 1948 Gallus Hörmann, der Sohn des gleichnamigen von der NSDAP-Kreisleitung 1937 abgesetzten Amtsträgers, ehe 1952 erneut Rudolf Rädler ins Petershausener Rathaus einzog und bis zu seinem Tod Ende 1977 amtierte.[116]

Die erste Gemeinderatssitzung nach dem Krieg fand laut Beschlussbuch der Gemeinde erst wieder nach der ersten Kommunalwahl im Januar 1946 statt.

Dem ersten Nachkriegsgemeinderat gehörten ab 1946 an: Georg Schuhbauer, Georg Sedlmeier, Lorenz Geisenhofer, Ludwig Oberauer, Richard Kieser, Georg Mayer, Ferdinand Mooseder, Josef Mayer und Josef Kreitmeier.

1948, als mit der Strickerin Adele Haage aus Ziegelberg wohl erstmals eine Frau (für die SPD) kandidierte, waren es: Anton Schaller, Anton Rabl, Ferdinand Mooseder, Anton Hacker, Bernhard Reischl, Georg Mayer, Anton Hagen, Rudolf Maly, Fritz Kurde, Anton Maschek. Mit den vier Letztgenannten war nun im Gemeinderat Petershausen auch die Gruppe der Flüchtlinge und Vertriebenen, mit Maschek auch ein Mitglied der SPD vertreten.[117]

Ein wichtiges Thema der Gemeindeverwaltung und in den ersten Gemeinderatssitzungen war naturgemäß das Wohnungsproblem. Es ging dabei fast ausschließlich um die Unterbringung der Heimatvertriebenen (s. dazu oben: »Flüchtlinge und Vertriebene«).

Über Um- oder Ausbauten an den Behelfsheimen an der Glonn hatte der Gemeinderat immer wieder zu entscheiden. Zur Förderung des Wohnungsbaus trat die Gemeinde Petershausen am 13. März 1949 dem Wohnbauwerk des Landkreises Dachau bei.

In manchen Gemeinden wurde zur »Förderung des Wohnungsbaus« auf Eintrittskarten zu Veranstaltungen ein so genannter »Notgroschen« erhoben. Die Gemeinde Obermarbach führt ihn am 17. Mai 1949 in Höhe von 10 Pfennigen ein. In der Gemeinde Petershausen steht er am 25. Mai 1949 auf der Tagesordnung, im Protokoll findet sich aber kein Beschluss.

Auch um Infrastrukturmaßnahmen ging es. Der Wege- und Straßenbau war immer ein Thema im Gemeinderat. Immerhin begann man schon im August 1949 mit ersten Überlegungen zur Kanalisation an der Bahnhofstraße.

Am 26. Mai 1947 beschloss der Gemeinderat Petershausen den Bau eines neuen Friedhofs (jetziger alter Teil an der Moosfeldstraße), der am 9. November desselben Jahres eingeweiht wurde. Das neue Leichenhaus konnte am 1. November 1950 seiner Bestimmung übergeben werden.[118]

Von der großen Politik nahm man im Ort nicht so sehr Notiz. Die Pfarrchronik verzeichnet erst das Ergebnis der ersten Bundestagswahl am 14. August 1949, die bekanntlich eine knappe Mehrheit für eine von Konrad Adenauer (CDU) geführte Koalition brachte.

In Petershausen gewann die Bayernpartei mit 223 Stimmen vor der SPD (211). Die CSU landete erst auf dem dritten Platz (156 Stimmen). Es folgten die FDP (89), die WAV (Wirtschaftliche Aufbauvereinigung, bestand nur kurz, 65), und die KPD (5)[119]

Parteien

BVB/CSU

Nachdem die amerikanische Militärregierung im September 1945 die Wiedergründung der Bayerischen Volkspartei abgelehnt hatte, gründete Josef Schwalber, der erste Nachkriegsbürgermeister Dachaus, auf Anregung des Münchner Oberbürgermeisters Scharnagl eine örtliche Gruppe des »Bayerischen Volksbunds« (BVB), die Gründung des Landkreisverbands folgte am 13. November 1945 in Markt Indersdorf. Dieser plante sofort mehrere Veranstaltungen im Landkreis Dachau, unter anderem in Petershausen, man wollte wohl vor allem im ländlichen Raum Fuß fassen.[120] Nachdem in München ein »Vorbereitender Ausschuss« die Gründung einer überkonfessionellen »Christlich-Sozialen Union« plante, beschloss eine Vertrauens- und Obmännerversammlung des BVB am 6. Januar 1946 die Zusatzbezeichnung »Christlich-Soziale Union«.[121] Die Gruppierung gewann bei den ersten bayerischen Kommunalwahlen am 27. Januar 1946 im Landkreis die weitaus meisten Bürgermeister- und Gemeinderatsmandate.[122] In Petershausen stellte sie mit Anton Wallner sowohl den Bürgermeister als auch alle neun Gemeinderäte. Allerdings gab es am Ort keinen Ortsverband, dieser wurde erst 1968 gegründet.[123]

SPD

Vertriebenen aus dem Egerland verdankt es die SPD, dass sie nicht nur in Deutschland, sondern auch in Petershausen die älteste demokratische Partei ist. Die aus Karlsbad und seiner Umgebung Vertriebenen waren meist Fabrikarbeiter, vor allem aus den Porzellanfabriken rund um Karlsbad, die überwiegend sozialdemokratisch organisiert waren. Sie kamen mit »Antifaschistentransporten« auf einigen Umwegen erst Ende 1946 nach Petershausen.[124] Dort gründeten 60 ehemalige Karlsbader SPD-Mitglieder im Februar 1947 einen Ortsverein der SPD,[125] der bei den Gemeinderatswahlen 1948 und 1952 durch seinen Vorsitzenden Anton Maschek einen Sitz erringen konnte.[126] Im Jubiläumsjahr 1987 konnte die SPD Petershausen noch zwei Gründungsmitglieder, Gretl Lippert und Walter Ullmann, ehren. Nach dem Wegzug vieler »Karlsbader« konnte die SPD erst wieder 1978 zwei Mitglieder in den Gemeinderat entsenden.

Nicht zufrieden mit dieser Gruppe der Vertriebenen war zeitweise die katholische Pfarrei. Die Pfarrchronik stellt fest, dass sich an der »heiligen Mission« im Oktober/November 1947 (s. oben!) »auch die Flüchtlinge *mit Ausnahme der Karlsbader*« [Hervorhebung des Verf.] »rege« beteiligten.[127]

Andere Gruppierungen:

Zu den Kommunalwahlen bildeten sich in Petershausen immer wieder freie Wählergruppen, die auch erfolgreich für das Bürgermeisteramt und den Gemeinderat kandidierten. So war der langjährige Bürgermeister Rudolf Rädler ein Vertreter der »Bürgerlichen Wahlgruppe«.

Andere Parteien hatten in Petershausen bei Bundestags- und Landtagswahlen zwar Wähler, waren aber am Ort nicht organisiert.

Die Auseinandersetzung mit dem Nationalsozialismus

Einer der Grundsätze, die die Vertreter der Siegermächte auf der Konferenz von Potsdam für den Umgang mit den Deutschen festlegten, war die vollständige Beseitigung der national-sozialistischen Ideologie und aller NS- Institutionen, also die »Entnazifizierung«.[128] Neben den Hauptkriegsverbrechern sollten auch die alltäglichen Helfer, die Kreis- und Ortsgruppenleiter, SA- und

SS-Führer, die Unterstützer des Terrors ausfindig gemacht und sanktioniert werden. Dazu wurde von den Ministerpräsidenten der amerikanischen Besatzungszone am 5. März 1946 das »Gesetz zur Befreiung von Nationalsozialismus und Militarismus« unterzeichnet, mit dem Ziel, den Nationalsozialismus aus dem öffentlichen Leben, aus dem Erziehungswesen und der Wirtschaft auszumerzen. In der britischen und der französischen Zone wurde ähnlich verfahren. In einer umfassenden Fragebogenaktion (allein in Bayern gingen 6 Millionen Fragebögen ein) wurden die Bürger nach ihre Zugehörigkeit zu nationalsozialistischen Organisationen befragt, gegebenenfalls vor so genannte Spruchkammern, die aus nicht belasteten Bürgern bestanden, geladen. Dort wurde entschieden, ob der Betroffene in die Kategorie Hauptschuldige (in Bayern gehörten dazu letztlich 743 Personen), Belastete (11040), Minderbelastete (52940), Mitläufer (215585) oder Entlastete (8828) eingeordnet und Sanktionen bzw. Strafverfahren eingeleitet wurden.[129] Das Verfahren, das den Deutschen Gerechtigkeit widerfahren lassen und sie nicht einfach dem Kollektivschuldvorwurf aussetzen sollte, konnte seine Ziele nicht verwirklichen. Einerseits ließ der Eifer bei der Verfolgung von NS-Tätern mit dem fortschreitenden »Kalten Krieg« deutlich nach, andererseits empfanden die als »Mitläufer« oder »Entlastete« Eingestuften dieses Urteil als Freispruch und die darüber ausgestellte Bescheinigung als Freibrief gegenüber der Gesellschaft.

In Petershausen wurde am 24. Juli 1945 der ehemalige Ortsgruppenleiter Alfons Kornberger verhaftet und in ein Lager bei Augsburg gebracht. Dort war er bis zum 28. Januar 1948 inhaftiert. Am 25. November 1947 stuft ihn die Lagerspruchkammer als »Minderbelasteten« ein. Er erhält eine Bewährungsfrist von drei Jahren. Während dieser Zeit ist ihm untersagt, ein Unternehmen zu leiten, in anderer als einfacher Arbeit tätig zu sein oder als »Lehrer, Prediger Redakteur, Schriftsteller oder Rundfunkkommentator« zu arbeiten. Außerdem sollte er 1800 DM in den Wiedergutmachungsfonds einzahlen. In der Urteilsbegründung wird ihm zugute gehalten, dass er niemanden bedrängte, in die NSDAP einzutreten, die ausländischen Zwangsarbeiter ordentlich behandelte, ja französische Gefangene vor den Misshandlungen eines Bewachungspostens schützte und der 1941 getroffenen Anordnung, die Kreuze aus den Klassenzimmern zu erntfernen, nicht nachkam. Kornberger stellte im Juni 1948 den Antrag, die Zeit seiner Internierung auf die Bewährungsfrist anzurechnen. Die Spruchkammer Dachau hielt in ihrer Entscheidung fest, dass Kornbergers Gesuch vom bayerischen Sonderminister für Entnazifizierungsfragen stattgegeben wurde. Zudem stufte sie ihn nunmehr als »Mitläufer« ein. Eine anonyme Anschuldigung, Kornberger habe eine Frau, die sich abwertend über Hitler geäußert hatte, verhaften lassen und der Polizei übergeben, konnte nicht bestätigt, aber auch nicht restlos geklärt werden (vgl. Anm. 18). Es lässt sich sagen, dass im Falle Kornberger vor den jeweiligen Spruchkammern ein faires Verfahren stattfand und belastende und entlastende Fakten differenziert bewertet wurden.[130]

In mehreren eidesstattlichen Erklärungen gegenüber der Spruchkammer, wie auch in Gesprächen mit älteren Mitbürgern wird Kornberger bescheinigt, kein fanatischer Nazi gewesen zu sein[131], anders als der damalige Obmann der Deutschen Arbeitsfront in Petershausen, Anton Thalmeier, der immer wieder denunziert haben soll. Er soll kurz vor Kriegsende noch Nachfolger von Kornberger als Ortsgruppenleiter geworden sein und den Männern, die die Sprengung der Eisenbahnbrücke verhindern wollten (s. Kap. 3), mit dem Tod gedroht haben. Nach dem Krieg soll er in einem Gefangenenlager in Heilbronn gewesen sein.[132] Über ein Verfahren gegen ihn ist nichts bekannt.

Insgesamt gilt für Petershausen wie anderswo auch hier: Gesprochen wurde über die Zeit des »Dritten Reiches« wenig, man versuchte im Wesentlichen, den Alltag zu bewältigen.

Alltagsleben nach dem Krieg

Das Arbeiten war auch nach dem Krieg mühsam und zeitraubend. Die Mechanisierung und Motorisierung war noch längst nicht fortgeschritten. Die Landwirte erwarben Traktoren erst allmählich, vor allem nach der Währungsreform. Handarbeit nahm auch im Gewerbe noch einen großen Raum ein.

Auch weite Wege mussten zu Fuß oder mit dem Fahrrad bewältigt werden, dies gilt auch für die Schulwege der Kinder, besonders wenn sie aus entfernteren Ortsteilen kamen. Auch waren in Petershausen noch lange nicht alle Straßen geteert, was sie im Winter zu Schlammpisten machte.

Die Arbeit der Frauen, zumalen in bäuerlichen Betrieben, war ebenfalls schwer. Das Waschen, Kochen, Ausbessern der Kleidung, die Reinigungsarbeiten erforderten unglaublich viel Zeit. Für die Bäuerin kam dann noch die Stall- und Gartenarbeit, in Erntezeiten auch die Feldarbeit dazu.

Obwohl im ländlichen Bereich die Ernährung der Bevölkerung eher gesichert ist als in den Städten, zeigt die am 16. Juni 1946 in Petershausen eingeführte Schulspeisung, dass auch hier großer Bedarf besteht. Genehmigt wurden für 6 Tage in der Woche 50 Portionen für Schulkinder, die ihrer nach einer ärztlichen Untersuchung bedurften, als notwendig wurde sie für 100 Kinder erachtet, so dass man wöchentlich wechseln musste, das heißt die betroffenen Kinder nur jede zweite Woche an der Schulspeisung, die mittags in der Kinderbewahranstalt eingenommen wurde, teilnehmen konnten.[133] Im übrigen waren Lebensmittel in Westdeutschland noch bis 1950 rationiert (»Lebensmittelmarken«), in der DDR noch länger.

Vergnügungen fanden am Wochenende und – vor dem Fernsehzeitalter – in den Wirtshäusern statt. Tanz und Faschingsbälle gab es mehr als heute, im Saal des Xaverlwirts (Oberer Wirt) oder im Bauersaal (Pertrichhof). Da spielte die Blasmusik auf. Manchmal kamen auch Musikgruppen aus München und spielten modernere Stücke. Das Müllersche Kino war gut besucht.

Die Phase des Wirtschaftswunders war noch weit …

KEINE »STUNDE NULL«

Was war neu in Petershausen nach dem 28. April 1945? Zuvörderst einmal das existenziell Wichtigste: Der Krieg war zu Ende und damit die Angst vor Bombardierungen, Tieffliegern – die oft auch die Kinder auf ihrem Nachhauseweg von der Schule bedroht hatten – und der Ungewissheit, ob Petershausen noch direkt in die Kriegshandlungen verwickelt würde. Andererseits: Man war nun »besetzt«, Wohnungen mussten geräumt werden, es wurde geplündert, amerikanische Truppen lagerten mit ihrem schweren Kriegsgerät auf den Wiesen rund um das Dorf.

Die zuletzt noch die Menschen bedrohende SS-Einheit war verschwunden, die ehemaligen Funktionäre der Nazipartei hatten nichts mehr zu sagen. Man lernte, sich nicht mehr vor Denunziationen zu fürchten.

Andererseits war da nun eine fremde Macht, im Sommer hörte oder las man, dass »das deutsche Volk« »überzeugt werden« müsse, »dass es eine totale militärische Niederlage erlitten hat und dass es sich nicht der Verantwortung entziehen kann für das, was es selbst dadurch auf sich geladen hat, dass seine eigene mitleidlose Kriegführung und der fanatische Widerstand der Nazis die deutsche Wirtschaft zerstört und Chaos und Elend unvermeidlich gemacht haben.«[134] Auch wenn den meisten Deutschen in den letzten beiden

Kriegsjahren klar wurde, dass dieser Krieg nicht mehr zu gewinnen war, war man sich dieser Verantwortung wohl nicht bewusst gewesen.

Nach und nach kehrten die Männer, Väter und Söhne aus Krieg und Kriegsgefangenschaft zurück, so manche allerdings waren gefallen oder blieben vermisst. Für die Heimkehrer und ihre Familien aber begann sofort die Sorge um die Existenz und die harte Arbeit in Landwirtschaft und – so weit schon wieder möglich – Gewerbe.

Wie oben gezeigt, ging man in Gewerbe, Handel und Landwirtschaft mit Energie an den Neuaufbau. Das dörfliche Leben begann wieder mit seinen kirchlichen und weltlichen Festen, allerdings befreit von den verordneten Huldigungsritualen der Nazizeit.

Die Kinder gingen ab dem Herbst wieder regelmäßig in die Schule, der Unterricht wurde nicht mehr unterbrochen durch Fliegeralarm. Allerdings: An den autoritären und teilweise gewalttätigen Erziehungsmethoden der Lehrer hatte sich nicht so viel geändert, wenn auch der Unterricht von NS-Ideologie befreit war.

Die Gemeindepolitik begann mit den ersten Kommunalwahlen im Januar 1946 wieder in demokratischen Bahnen zu laufen. Die ersten frei gewählten Bürgermeister waren allerdings die im Dorf bekannten: der ehemalige Bauernobmann, der ehemalige Stellvertreter des Bürgermeisters und schließlich der Bürgermeister der Jahre 1937 bis 1945. »Keine Experimente«, der Wahlspruch, mit dem die Unionsparteien 1957 die absolute Mehrheit gewannen, galt für die Dorfpolitik in besonderer Weise. Parteien spielten im Gemeinderat und im Dorf kaum eine Rolle, nur so ist es zu verstehen, dass die örtliche CSU über zwanzig Jahre brauchte, um sich als Ortsverband zu organisieren. Die Gründung der SPD blieb da eher eine exotische Episode.

Auf Bundes- und Landesebene hatten die Petershausener Bürger einiges zu entscheiden, die Landtagswahlen im Dezember 1946 verbunden mit der Abstimmung über die Bayerische Verfassung, die Bundestagswahl im August 1949 und erneut die Landtagswahl im November 1950. Auch hier blieb man konservativ: Mehrheitlich entschied man sich anfangs für die CSU. Die teils erheblichen Verluste, die sie 1949 im Bund (im Vergleich zu den Landtagswahlen 1946) und 1950 in Bayern hinnehmen musste, kamen dann der »Vertriebenenpartei« Gesamtdeutscher Block/BHE und der Bayernpartei zugute, die noch konservativer und darüber hinaus noch partikularistischer auftrat. So gesehen war der Neubeginn weniger eine »Stunde Null« als vielmehr der Versuch, zu alten Verhältnissen zurückzukehren. Die bayerische »Königstreue« mag da – teils augenzwinkernd, teils ernst gemeint – als charakteristische Randerscheinung gelten.

Trotzdem konnte man die späten vierziger und vor allem die fünfziger Jahre als eine Zeit der permanenten Höherentwicklung sehen: Verbesserung der Wohnsituation, langsame Steigerung des Lebensstandards, schrittweise Motorisierung, Zugang zu modernen Massenmedien (Fernsehen!), erste Urlaubsreisen.

Was ging aber in den Köpfen der Menschen vor? Die Beschäftigung mit den existenziellen Fragen und Problemen wie Kriegsgefangenschaft der Ernährer, Einquartierungen von Flüchtlingen und Vertriebenen, die für beide Seiten schwierig war, oder auch der Wiederaufnahme von Erwerbsarbeit verhinderte, dass man sich mit der Vergangenheit auseinandersetzte.

Was Historiker wie der Freiburger Ulrich Herbert oder neuerdings der Jenaer Norbert Frei für ganz Deutschland festgestellt haben, dass Kriegstreiberei, die Eliminierung Andersdenkender, der Völkermord an Juden, Sinti und Roma, der Meinungsterror bis in die sechziger Jahre kaum ein Thema gewesen seien[135], gilt auch für unsere Region. Dort wo die alliierten Mächte die Verantwortlichen zur Rechenschaft zogen, verstand man dies als »Siegerjustiz«.

Dazu kommt – und das geht auch aus den geführten Interviews hervor – dass man sich häufig eher als Opfer denn als Täter sah, der Vertreibung, der Bombardierungen und Tieffliegerangriffe der amerikanischen Besatzung, und darüber das auslösende Element, nämlich die Gräuel eines Regimes, mit dem man sich irgendwie »arrangiert« hatte, »vergaß«. Das hieß dann: »Über NS-Verbrechen, das nahe KZ Dachau oder Judenverfolgung wurde in der Familie nicht gesprochen.«

Es gibt also aus zweierlei Gründen keine »Stunde Null«: Zum einen waren die Jahre nach 1945 gerade im ländlich-altbayerischen Raum weniger ein Neubeginn als die Wiederaufnahme alter, zum Teil patriarchalischer Positionen und Lebensformen. Andererseits war die Vergangenheit am Ende nicht zu verdrängen. Spätestens mit den Prozessen gegen die Auschwitz- und Majdanek-Täter in den sechziger Jahren war sie da. Erst da begann auch in Deutschland die Aufarbeitung des Vergangenen.

1 http://www.hdg.de/lemo/html/dokumente/NeueHerausforderungen_redeVollstaen-digRichardVonWeizsaecker8Mai1985/ aufgerufen am 28. Februar 2013

2 Jürgen Kniep: Wiederaufbau und Wirtschaftswunder. Bildband zur Bayerischen Landesausstellung 2009, Augsburg 2009, S. 79

3 Günther Eckardt: Die Gemeinde Petershausen von 1914–1946. In: Lydia Thiel und Elisabeth Mecking (Hrsg.): Chronik der Gemeinde Petershausen, Geschichte, Band 1, Dachau, S. 91

4 Niedermayer war Lehrer in Petershausen, aber in den dreißiger Jahren bereits pensioniert. Er war auch Gemeindeschreiber. Zeitweise leitete er den Kirchenchor und spielte die Orgel. Wie aus der Spruchkammerakte des Ortsgruppenleiters der NSDAP, Kornberger, hervorgeht, war er zeitweise »Stützpunktsamtleiter« der NS-Volkswohlfahrt, seine Frau (laut Amperboten vom 6. Oktober 1939) NS-Frauenschaftsleiterin (Staatsarchiv München, Akte Kornberger).

5 Sybille Steinbacher: Dachau – Die Stadt und das Konzentrationslager in der NS-Zeit. Frankfurt/Main 1993, S. 53

6 Eckardt: Die Gemeinde Petershausen, S. 91 f.

7 Vgl. u.a. Ian Kershaw: Hitler 1889–1936, München (dtv), 2002, S. 423 über die Reichstagswahlen 1930: »… blieben die überwiegend katholischen bayerischen Wahlkreise erstmals unter dem nationalen Durchschnitt«. Die NSDAP hatte im ganzen Reichsgebiet 18,3 % der Stimmen erhalten und war zweitstärkste Partei geworden.

8 Schulchronik zum 11. April 1937, auch Johann Parak: Petershausen im dritten Reiche, unveröffentlichtes Manuskript, S. 7

9 Eckardt: Die Gemeinde Petershausen, S. 100, der sich auf die Facharbeit »Die Etablierung und der Untergang des Führerstaates – Ereignisse in Petershausen und Erlebnisse von Einzelpersonen in den Jahren 1933–1945 mit historischen Hintergrundinformationen« des Abiturienten Josef Scheitler aus dem Jahre 1985 und Berichte im Dachauer »Amperboten« beruft.

10 Eckardt: Die Gemeinde Petershausen, S. 92 unter Berufung auf Scheitler

11 Ebd., S. 100 unter Berufung auf Scheitler

12 Ebd., S. 101

13 Ebd., S. 100

14 Roman Niedermayer: Ortsgeschichte von Petershausen, I. Heft, auch Eckardt, S. 91

15 Festschrift 100 Jahre Gesangverein Petershausen 1909–2009

16 Niedermayer, ebd.; Eckardt: Die Gemeinde Petershausen, S. 97

17 Staatsarchiv München, Akte Kornberger

18 Ob er die Verhaftung einer Frau, die sich anlässlich des Hitlerattentats vom 20. Juli 1944 abfällig über Hitler geäußert hatte, verhinderte oder zumindest bis Kriegsende hinausschob, bleibt ungeklärt (Staatsarchiv München, Akte Kornberger).

19 Niedermayer, ebd.

20 Staatsarchiv München, Akte Kornberger

21 Eckard: Die Gemeinde Petershausen, S. 94

22 Schulchronik Petershausen ab 30. Januar 1933; Johann Parak: Volksschule Petershausen, unveröffentlichtes Manuskript, S. 5 ff.

23 U.a. Schulchronik zum 26. Mai 1933, 10. November 1933, 13. Mai 1935, 30. Januar 1936, 7. März 1936, 11. Juli 1936, 30. Januar 1937

24 Schulchronik zum 4. August 1933, 28. August 1934, 20. Juli 1936

25 Schulchronik zum 11. Juni 1937

26 Eckardt: Die Gemeinde Petershausen, S.97

27 Amperbote vom 29. Oktober 1935

28 Eine damals Zwölfjährige erklärt es so: »Da war ich ein Jungmädchen. Da sind wir in das Heim (gemeint ist das HJ-Heim) hinaus [...] wir haben da draußen gesungen, das war mir das Wichtigste, und darum bin ich da gerne hinausgegangen. Wir Mädchen haben Spiele gemacht und gesungen [...]. Ich habe das gern getan.« (Interview mit Frau Annemarie Ziegler am 22. Mai 2012)

29 Schulchronik zum 25. Januar 1938: HJ: 17,64%, BdM 13 1/3%; Eckardt a.a.O., S.98

30 Pfarrchronik zum 20. Juli 1945

31 Ebd.

32 Schulchronik zum 19. April 1933

33 Schulchronik zum 29. April 1933

34 Der 1. Mai wurde schon 1933 von den Nationalsozialisten zum staatlichen Feiertag erklärt.

35 Schulchronik zum 30. April 1934

36 Gespräch mit Josef Gschwendtner am 21. Mai 2012

37 Pfarrchronik zum 20. Juli 1945

38 Peter Pfister (Hrsg.): Das Ende des Zweiten Weltkriegs im Erzbistum München und Freising, Teil I, Regensburg 2005, S.527 (= Schriften des Archivs des Erzbistums München und Freising, Band 8)

39 Eckardt: Die Gemeinde Petershausen, S.103f.

40 Ebd., S.105; Eckardt beruft sich unter anderem auf ein Gespräch mit Frau Annemarie Ziegler vom 28. Dezember 1999

41 Gespräch mit Ferdinand Kloiber am 6. Oktober 2012

42 Günther Eckardt: Die Besetzung der Gemeinden des Landkreises Dachau durch die US-Armee. In: Norbert Göttler (Hrsg.): Nach der »Stunde Null«. Stadt und Landkreis Dachau 1945 bis 1949, München 2008, S.52, unter Berufung auf Scheitler, Die Etablierung ..., S.27f., wie Anm.33. Breitsameter war zuvor schon von SS-Männern mit dem Tode bedroht worden, weil er als Tankstellenbesitzer Treibstoff an eine Wehrmachtseinheit und nicht an die SS ausgegeben hatte. (Bericht von Josef Walter in den Dachauer Nachrichten vom 28. April 1975)

43 Gespräch mit Frau Annemarie Ziegler vom 22. Mai 2012. Der ehemalige BayWa-Angestellte Josef Walter bestätigt diese Aktion »verschiedene[r] Petershausener Bürger« in einem Artikel der Dachauer Nachrichten vom 28. April 1975

44 Dachauer Nachrichten vom 28. April 1975

45 Eckardt: Die Besetzung, S.52 unter Berufung auf Scheitler, S.25f.

46 Ausführlicher Eckardt, Die Besetzung, S.50–53. Dort ist auch die Besetzung der ehemals selbständigen Gemeinden Kollbach und Asbach geschildert.

47 Pfarrchronik zum 20. Juli 1945

48 Gespräch mit Frau Annemarie Ziegler am 22. Mai 2012

49 Schulchronik zum 28. April 1945

50 Eckardt: Die Gemeinde Petershausen, S.109f., unter Berufung auf die Facharbeit des Abiturienten Andreas Horbelt, Petershausen am 28. April 1945. Die Biographien von fünf Gefallenen, S.19ff.

51 Gespräch mit Josef Gschwendtner am 21. Mai 2012

52 Schulchronik zum 28. April 1945

53 Roman Niedermayer: I. Beilage zur Ortsgeschichte, unveröffentlichtes Manuskript, ohne Paginierung

54 Annemarie Ziegler: Familienerinnerungen, unveröffentlichtes Manuskript, S.24

55 Pfarrchronik zum 20. Juli 1945

56 Manfred Sommerer: Mei Jugendzeit – Damois. Unveröffentlichtes Manuskript, ohne Paginierung

57 Niedermayer, Beilage III zur Ortsgeschichte

58 Eckardt: Die Gemeinde Petershausen, S.113

59 Pfarrchronik Petershausen zum 1. Dezember 1946

60 Ebd.

61 Ebd. Die Bezeichnung »Gottgläubige« war von den Nationalsozialisten für aus der Kirche Ausgetretene eingeführt worden.

62 Johann Parak: Die Bevölkerungsbewegung seit den letzten Kriegsmonaten. Unveröffentlichtes Manuskript, S.18

63 Eckardt: Die Gemeinde Petershausen, S.113

64 Beschlussbuch der Gemeinde Petershausen zum Jahr 1947

65 Aussagen in verschiedenen Interviews

66 Parak: Die Bevölkerungsbewegung, S.7

67 Eckardt: Die Gemeinde Petershausen, S.114, bezugnehmend auf einen Artikel in der Süddeutschen Zeitung/Dachauer Neuesten vom 24. Juli 1997

68 Schulchronik zum 2. September 1942

69 Schulchronik zum 17. September 1945

70 Schulchronik zum 9. September 1946

71 Ebd.

72 Parak, Volksschule Petershausen, ungedrucktes Manuskript, S.11

73 Übergangsrichtlinien für die bayerischen Volksschulen« vom 10. Oktober 1945, Manuskript ohne Paginierung

74 Auskunft von Frau Maria Niessner

75 Schulchronik zum 17. September 1945, 1. September 1947, 1. September 1948

76 Schulchronik zum 15. August 1945, 26. November 1945, 17. Januar 1946, 1. Februar 1947; Parak: Volksschule, S.11f. Ehemalige Schüler A.s bescheinigen ihm, ein wohlwollender und einfühlsamer Lehrer gewesen zu sein. (Gespräch mit mehreren Zeitzeugen am 20. Februar 2013)

77 Parak: Volksschule, S.12, Eckardt: Die Gemeinde Petershausen, S.113

78 Schulchronik zum 3. und 15. November 1948, dargestellt auch bei Eckardt: Die Gemeinde Petershausen, S.113

79 Schulchronik zum Juni 1946; Interview mit verschiedenen Petershausenern am 20. Februar 2013

80 Robert Probst und Lydia Thiel: Die Schulen in Petershausen und Kollbach. In: Lydia Thiel und Elisabeth Mecking (Hrsg.): Chronik der Gemeinde Petershausen. Geschichte, Band 2, Dachau, S. 227f.

81 Robert Probst und Elisabeth Mecking: Die Kinderbewahranstalt Petershausen. In: Lydia Thiel und Elisabeth Mecking (Hrsg.): Chronik der Gemeinde Petershausen. Geschichte, Band 1, Dachau, S. 199f

82 Pfarrchronik zum 20. Juli 1945

83 Pfarrchronik 1945–1950, Pfarrei Petershausen, Pfarrgeschichte von Petershausen, zusammengestellt von Elisabeth Mecking, Unterlagen zusammengestellt von Josef Kerschensteiner. In: Lydia Thiel und Elisabeth Mecking (Hrsg.): Chronik der Gemeinde Petershausen, Geschichte, Band 2, Dachau, S. 178f.

84 Pfarrchronik zum 1. Januar 1947

85 Ulrich Schneider: Die Evangelisch-Lutherische Kirchengemeinde Kemmoden –Petershausen. In: Lydia Thiel und Elisabeth Mecking (Hrsg.): Chronik der Gemeinde Petershausen. Geschichte, Band 2, Dachau, S. 218

86 Ebda.

87 Vgl. Robert Probst, Lydia Thiel und Elisabeth Mecking: Vereine, Verbände und Initiativen. In: Lydia Thiel und Elisabeth Mecking (Hrsg.): Chronik der Gemeinde Petershausen. Geschichte, Band 1, Dachau, S. 201ff.

88 Plakatveröffentlichung des Vereins zur Petershausener Ausstellung »Kriegsende und Nachkriegszeit«, 2013

89 Plakatveröffentlichung der Blaskapelle zur Petershausener Ausstellung »Kriegsende und Nachkriegszeit«, 2013

90 Festschrift »100 Jahre Gesangverein Petershausen«, 2009, ohne Paginierung

91 Pfarrchronik zum 1. Dezember 1944

92 Probst, Thiel und Mecking: Vereine, Verbände und Initiativen, S. 236f.

93 Ebd., S. 206

94 Ebd., S. 241

95 Ebd., S. 216f.

96 Plakatveröffentlichung des VdK zur Petershausener Ausstellung »Kriegsende und Nachkriegszeit«, 2013

97 http://de.wikipedia.org/wiki/Kyffhäuserbund, aufgerufen am 4. März 2013. Der Name geht auf die Kyffhäusersage zurück, nach der im Kyffhäuser, einem Thüringer Bergmassiv, der Stauferkaiser Friedrich Barbarossa schläft, um eines Tages zurück zu kommen und das Deutsche Reich zu retten.

98 Plakatveröffentlichung des Krieger- und Soldatenvereins zur Petershausener Ausstellung »Kriegsende und Nachkriegszeit«, 2013

99 Probst, Thiel und Mecking: Vereine, Verbände und Initiativen, S. 203

100 Ebd., S. 214f.

101 Ebda., S. 223f.

102 Vgl. Robert Probst und Lydia Thiel: Handel, Handwerk und Gewerbe. In: Lydia Thiel und Elisabeth Mecking (Hrsg.): Chronik der Gemeinde Petershausen, Geschichte, Band 1, S. 131ff.

103 Ebd., S. 154f.

104 Gespräch mit Ferdinand Kloiber am 6. Oktober 2012; Probst und Thiel: Handel, Handwerk und Gewerbe, S. 161

105 Probst und Thiel: Handel, Handwerk und Gewerbe, S. 162

106 Ebd.

107 Gespräch mit Reinhard Ziller am 6. Oktober 2012

108 Vgl. Robert Probst: Bahn und Bahnhof in Petershausen. In: Lydia Thiel und Elisabeth Mecking (Hrsg.): Chronik der Gemeinde Petershausen. Geschichte, Band 1, Dachau, S. 185 ff.

109 Ebda., S. 187 f.

110 Beschlussbuch der Gemeinde Petershausen 1945 – 1950

111 Vgl. Norbert Göttler: Die Landwirtschaft. In: Lydia Thiel und Elisabeth Mecking (Hrsg.): Chronik der Gemeinde Petershausen. Geschichte, Band 1, Dachau, S. 165–171

112 Mitteilung über die Dreimächtekonferenz von Berlin (»Potsdamer Abkommen«) vom 2. August 1945, Teil A, Nr. 6

113 Walter Roller: Stunde Null? Die Lage 1945. In: Jürgen Weber (Hrsg.): Auf dem Wege zur Republik 1945–1947. München 1978, S. 23 (Schriften der Bayerischen Landeszentrale für politische Bildungsarbeit A 61)

114 Eckardt: Die Gemeinde Petershausen, S. 100

115 Johann Parak: Petershausen im dritten Reiche, S. 17

116 Die Bürgermeister. Zusammengestellt von Lydia Thiel. In: Lydia Thiel und Elisabeth Mecking (Hrsg.): Chronik der Gemeinde Petershausen. Geschichte, Band 1, Dachau, S. 127

117 Eckardt Die Gemeinde Petershausen, S. 115 f.

118 Beschlussbuch der Gemeinde Petershausen 1945–1950

119 Pfarrchronik zum 14. August 1949

120 Helmuth Freunek: Die Gründung der CSU im Landkreis Dachau. In: Norbert Göttler (Hrsg.): Nach der »Stunde Null«. Stadt und Landkreis Dachau 1945 bis 1949. München 2008, S. 263 f.

121 Ebd., S. 265 f.

122 Ebd., S. 264 f.

123 Eckardt: Die Gemeinde Petershausen, S. 115 f.

124 Parak: Die Bevölkerungsbewegung, S. 16 f.

125 SPD-Echo Petershausen, Nr. 25, 9. Jahrgang [1987], S. 6

126 Eckardt: Die Gemeinde Petershausen, S. 116

127 Pfarrchronik zum 26. Oktober 1947

128 Mitteilung über die Dreimächtekonferenz von Berlin (»Potsdamer Abkommen«) vom 2. August 1945, Teil A, Nr. 6

129 Wilhelm Liebhart: Zusammenbruch, Neubeginn und Wiederaufbau in Bayern. In: Norbert Göttler (Hrsg.): Nach der »Stunde Null«. Stadt und Landkreis Dachau 1945 bis 1949. München 2008, S. 22

130 Staatsarchiv München, Akte Kornberger

131 U. a. Gespräch mit Ferdinand Kloiber am 6. Oktober 2012; Akte Kornberger. Interessant ist eine als Entlastung gemeinte Stellungnahme der Reichsbahn-Betriebsobleute vom 29. April 1947: »R. S. [= Reichsbahn-Sekretär] Kornberger war ein guter Nationalsozia-

list. Er hat für die Partei geworben und seine Tätigkeit durch viele Arbeitsstunden als aktiver Nazi bezeugt. R.S. Kornberger hat bis Kriegsende an den Sieg des deutschen Volkes geglaubt. Den Ausländern gegenüber trat er menschlich und korrekt auf, hat bei antinazistischen Auseinandersetzungen keinem mit K.Z.-Lager bedroht und hat sich kirchlichen Angelegenheiten fern gehalten. Als Bf. Vorstand hat er an Nicht-Parteigenossen keinerlei Druck während des Dienstes ausgeübt.«

132 Gespräch mit Ferdinand Kloiber am 6. Oktober 2012

133 Schulchronik zum16. Juni 1946; Interview mit verschiedenen Petershausenern am 20. Februar 2013

134 Mitteilung über die Dreimächtekonferenz von Berlin (»Potsdamer Abkommen«) vom 2. August 1945, Teil A, Nr.3 (III)

135 Ulrich Herbert: Zweierlei Bewältigung. In: Ulrich Herbert und Olaf Groehler: Zweierlei Bewältigung. Vier Beiträge über den Umgang mit der NS-Vergangenheit in den beiden deutschen Staaten, Hamburg 1992, S.7–27; Norbert Frei: 1945 und wir. München 2005

»GENERATIONEN IM GESPRÄCH« – EHEMALIGE KRIEGSTEILNEHMER ERZÄHLEN JUGENDLICHEN VON IHREN ERLEBNISSEN AUS DEM KRIEG, DER KRIEGSGEFANGENSCHAFT UND DEN NACHKRIEGSJAHREN EIN PROJEKT IM RAHMEN DER GESCHICHTSWERKSTATT

Anna Ziller

»Am 26. August 1943 wurde ich eingezogen. Auf meiner Kennmarke, die ich damals bekam, stand vorne meine Zugehörigkeit: ›Pionierersatzbataillon 7, zweite Stammkompanie‹. Und hinten: die Nummer ›748‹ und ›Blutgruppe A‹.«

Hinter dieser Nummer verbirgt sich einer von den Millionen deutscher Soldaten, die während des Zweiten Weltkriegs in jungen Jahren zum Kriegsdienst antreten mussten. Diese Kennmarke gehört Ernst Hermann – einem Petershausener, den mit gerade einmal 18 Jahren dieses Schicksal ereilte. Was ihm widerfahren ist, lässt sich bereits vermuten. Seine Vergangenheit ähnelt derer zahlreicher anderer Kriegsteilnehmer: mehrere Jahre Kriegsdienst, Absolvieren einer praktischen und theoretischen Militärausbildung, Kämpfen an der Front, Gefangenschaft, schließlich Rückkehr in die kriegszerstörte Heimat.

Man weiß um die Grausamkeit des Zweiten Weltkriegs, der alle Beteiligten ausgesetzt waren. Die Fakten und Zahlen hierzu hat man in Geschichtsbüchern gelesen, die Bilder dieser Zeit in Filmen gesehen und Zeitzeugen-Erzählungen kennt man aus den einschlägigen Dokumentationen. Wie sehr man jedoch auch versucht, diese Umstände fassen zu können – so richtig begreifen lassen sie sich nicht. Die Ereignisse haben sich gerade einmal vor rund 70 Jahren zugetragen und doch liegen sie in unvorstellbarer Ferne.

Um Erinnerungen weiterzugeben, das Interesse an Historischem aufrecht zu erhalten, um das Geschichtsbewusstsein zu fördern und das Gespräch bestehen zu lassen hat Dr. Norbert Göttler mit dem Dachauer Forum e. V. in Kooperation mit der vhs Dachau Land e. V. die Geschichtswerkstatt ins Leben gerufen.

An diesem Großprojekt, das zum Ziel hat, die Jahre um den Zweiten Weltkrieg herum aus Sicht von Zeitzeugen der eigenen Region zu beschreiben, haben sich mehrere Gemeinden aus dem Landkreis Dachau beteiligt, so auch Petershausen.

Interessierte brachten sich umfassend ein, da ihnen bewusst war, dass es sich um die letzte Möglichkeit handelt, mit Zeitzeugen ins Gespräch zu treten und somit deren Erinnerungen für die Nachkommen zu bewahren. Sie arbeiteten an verschiedenen Teilbereichen mit, beschäftigten sich beispielweise mit den Flüchtlingen und Heimatvertriebenen, dem Leben der Frauen, dem Gewerbe und dem Handel. Ein weiterer großer Teilbereich befasste sich explizit mit den ehemaligen Soldaten.

Alle noch lebenden Petershausener Kriegsteilnehmer wurden dazu eingeladen und erklärten sich gerne bereit, von ihrer Vergangenheit in Interviews zu erzählen. Geführt haben diese Interviews interessierte ortsansässige Jugendliche, die mehr erfahren wollten über die Generation ihrer Großväter.

Für eine intensive Vorbereitung auf dieses Thema nahmen die 15 Jugendlichen und jungen Erwachsenen im Herbst 2012 an einem eintägigen Workshop teil. Dort wurden in Fachreferaten das Überblickswissen zum historischen Hintergrund Deutschlands und zur politischen Lage ab 1933 erläutert, zudem aber auch methodische Fertigkeiten vermittelt: Eine Theaterwissenschaftlerin führte die TeilnehmerInnen in die Grundlagen qualitativer Interviewtechniken ein, damit diese als Zeitzeugen-Forscher aktiv werden konnten. Dabei ging es nicht nur um geeignete Aufnahmemodalitäten, um die richtige Dokumentation oder die exakte Auswertung der Gespräche – im Zentrum stand vielmehr eine sensible Durchführung der Interviews, um eine Annäherung und den Dialog zwischen Jung und Alt zu ermöglichen.

Die Gespräche selbst bereiteten die jungen Zeitzeugen-Interviewer in Eigenregie vor. Im Vorfeld wurde viel diskutiert, die Jugendlichen überlegten sich Fragen und ein Gesprächsleitfaden wurde erstellt. In Kleingruppen interviewten sie dann jeweils zwei bis drei Kriegsteilnehmer. Diese schilderten bereitwillig, wie sie den Krieg erlebt haben. Sie berichteten von ihrer Zeit im Soldatendienst und beschrieben auf sehr persönliche Art und Weise, welche Gefühle, Ängste und Sorgen diese Jahre mit sich brachten. Die jungen Erwachsenen interessierten sich dabei für das gesamte Leben dieser Männer, die heute zwischen 87 und 96 Jahre alt sind – angefangen bei deren Kindheit.

Als Josef Wiest, einer der Interview-Teilnehmer während der Unterhaltung bemerkte: »Ich war ja damals in eurem Alter«, formulierte er einen entscheidenden Vorteil dieser Zusammenkunft.

Da sich die jugendlichen Interviewer in etwa im gleichen Alter befinden wie die ehemaligen Kriegsteilnehmer, als für sie der Militärdienst begann, herrschte eine gewisse Verbindung. Die Fragensteller versuchten, Parallelen zum jeweils eigenen Leben und Alter zu ziehen – aber auch die Befragten profitierten von dieser Ausgangslage. Die meisten hatten weniger Hemmungen, Heranwachsenden von ihren Erlebnissen zu berichten. Manch einem fiel es vermutlich leichter, die schrecklichen Erfahrungen der Kriegszeit nicht seinen unmittelbaren Nachkommen schildern zu müssen, viele erkannten sich aber wohl auch einfach im Alter der Jugendlichen wieder.

Ein weiterer positiver Nebeneffekt dieser generationenübergreifenden Dialogsituation war, dass die Zeitzeugen in sehr verständlicher Sprache erzählten. Militärische Fachbegriffe oder Abkürzungen erläuterten sie sofort, daneben konnte Unverständliches unmittelbar geklärt werden. Die Jugendlichen fragten viel und häufig nach.

Grundsätzlich stellten alle Interviewer Fragen zu fünf großen Lebensabschnitten der Männer: Sie wollten mehr erfahren über deren Kindheit und Jugend, über die Militärzeit und Ausbildung, konkret über die Jahre des Zweiten Weltkriegs selbst, über die Gefangenschaft und schlussendlich über deren Ankunft in Petershausen.

Beim letzten Fragepunkt gab es nochmal große Unterschiede innerhalb der Gruppe. Da nicht alle von den ehemaligen Soldaten vor dem Krieg in Petershausen und der Umgebung lebten, sondern einige erst nach 1945 als Flüchtlinge beziehungsweise auf der Suche nach ihren Familien hierher kamen, hatten sie ganz andere Dinge zu erzählen. Sie wuchsen zuvor beispielsweise im Sudetenland auf oder waren Ungarndeutsche, mussten aber nach dem Krieg aus verschiedenen Gründen ihr Heimatland verlassen und in der Fremde neu beginnen. Im Großen und Ganzen wurden sie hier wohlwollend aufgenommen, die meisten Befragten erzählten von einer Hilfsbereitschaft untereinander. Trotzdem kamen noch zusätzliche Schwierigkeiten wie die Sprachunterschiede und die Eingliederung in die Dorfgemeinschaft, aber auch der Mangel an Wohnraum, die Not und Armut der gesamten Bevölkerung zu den traumatischen Erfahrungen der zurückliegenden Jahre hinzu.

Obwohl allen Jugendlichen die grausamen Geschehnisse dieser Zeit, wie eingangs erwähnt, bereits aus Büchern und Filmen bekannt waren, so erlebten sie an diesem Tag die nationalsozialistische Vergangenheit plötzlich auf ganz neue Weise. Die unmittelbaren Schilderungen und persönlichen Aspekte der Erzählungen ließen bekannte historische Fakten plötzlich in einem anderen

Licht erscheinen. Dass hinter den Zahlen in Statistiken immer Einzelschicksale stehen, war zuvor bereits jedem mehr oder weniger bewusst. Aufgrund des Projektes »Generationen im Gespräch« machten allerdings viele zum ersten Mal die eindringliche Erfahrung, dass sich hinter Nummern auch ihnen bekannte Menschen aus der eigenen Gemeinde verbergen können. Durch diese Nähe entstand eine besondere Form der Identifikation.

Janine Obeser, eine der Geschichtswerkstatt-Teilnehmerinnen, beschrieb ihre Erfahrung folgendermaßen: »Aus heutiger Sicht sind diese schrecklichen Kriegserlebnisse nur schwer vorstellbar. [...] Von jemandem persönlich zu erfahren, welche furchtbaren Erlebnisse ihm in der Kriegszeit widerfahren sind, ist mit dem bloßen Lesen eines Quelltextes in einem Geschichtsbuch nicht vergleichbar. Erst die persönliche Erzählung lässt eine – zumindest ansatzweise – Vorstellung darüber zu, wie schlimm diese Zeit gewesen sein muss. Für mich war die Geschichtswerkstatt eine einmalige Gelegenheit, solche Geschichten zu hören [...].«

Und auch Matthias Werner, ebenfalls einer der Zeitzeugen-Interviewer, zeigte sich berührt durch die Erzählungen: »Durch das doch sehr intime Gespräch mit einem Zeitzeugen, erhält man die Gelegenheit, in das Leben einer anderen Person eintauchen zu dürfen. Heute unvorstellbar, aber durch die bewegende Erzählweise der Zeitzeugen vorstellbar gemacht. [...] Dankeschön!«

Es zeigte sich, dass die generationenübergreifende Zusammenkunft für alle Beteiligten eine bereichernde und unvergessliche Erfahrung war. Dieses Projekt, das sich zum Ziel gesetzt hatte, Geschichte erfahrbar und noch besser verständlich zu machen, um solch grausame Vorfälle nie wieder geschehen zu lassen, ist somit auf allen Ebenen geglückt.

Nach Abschluss der Gespräche erstellten die Jugendlichen aus den geschilderten Erlebnissen sehr umfassende und lesenswerte Biographien der ehemaligen Soldaten, sogenannte »Kriegsteilnehmerprofile«. Hierzu werteten sie die Ton- beziehungsweise Videomitschnitte aus, transkribierten die Interviews, sortierten die Informationen und bereiteten sie in geeigneter Form auf. Auch diese Nachbereitung des Interview-Projekts übernahmen die Jugendlichen eigenständig und äußerst engagiert.

Zusammen mit alten Bildern, Dokumenten wie etwa ihrem Entlassungsschein und anderen persönlichen Gegenständen, die die ehemaligen Soldaten zu den Gesprächen mitbrachten, ergeben die Kriegsteilnehmerprofile umfassende zeitgeschichtliche Porträts, die in einer Ausstellung (28. April bis 16. Mai 2013) in Petershausen zu sehen waren. In deren Begleitprogramm wurden darüber hinaus auch Filme, zusammengestellt aus den Ton- und Videoaufnahmen, vorgeführt. Zu einem späteren Zeitpunkt wird diese umfassende Geschichtswerkstatt-Ausstellung, in der die Forschungen zu den Kriegsteilnehmern nur einen von vielen anderen Bereichen darstellen, weiterwandern in den Ortsteil Kollbach.

Wer die Ausstellung verpasst hat, sich aber für den Ergebnisse der Kriegsteilnehmerforschung interessiert, dem bleibt die Möglichkeit, sich den Film online (auf www.youtube.de) anzusehen oder die DVD dazu, die ferner auch die Kriegsteilnehmerprofile in Volllänge enthält, zu bestellen.

Die Autorinnen und Autoren

Prof. Dr. Helmut Beilner,
geboren 1940 in Witkowitz (Mähren), aufgewachsen in Wollomoos, Landkreis Aichach bzw. Dachau, 10 Jahre Lehrer an Grund-, Haupt- und Realschulen, Professor für Didaktik der Geschichte an den Universitäten Passau, Eichstätt und Regensburg (Lehrstuhlinhaber). Publikationen zur Didaktik der Geschichte und zur Neueren und Neuesten Geschichte.

Inge Bortenschlager,
geboren 1948 in Dachau, Familie seit vielen Generationen in Feldgeding ansässig, ehrenamtlich tätig als Leiterin der Gemeindebücherei Bergkirchen, Schatzmeisterin des kath. Frauenbundes, Mitarbeiterin des Seniorenclubs, Kirchenpflegerin der katholischen Kirchenverwaltung Feldgeding und Leiterin eines Arbeitskreises Geschichte Feldgeding, dazu Qualifizierung zur Heimatforscherin durch Regio Aktiv.

Dr. Annegret Braun,
geboren 1962, seit 2001 wohnhaft in Sulzemoos. Kulturwissenschaftlerin, Autorin, Lehrbeauftragte für Volkskunde/Europäische Ethnologie an der Ludwig-Maximilians-Universität in München, Projektleiterin der Geschichtswerkstatt im Landkreis Dachau (Teilprojekt 2). Publikationen zur Frauen- und Alltagsgeschichte.

Manfred Daurer,
(1947–2005), lebte seit seiner Kindheit in Sulzemoos. Betriebswirt bei der Sparkasse Dachau. Ehrenamtlich in vielen Vereinen tätig und qualifizierter Heimatpfleger. Erforschte die Geschichte von Sulzemoos und erstellte eine Dorfchronik (http://www.odelzhausen.de/geschichtesulzemoos/) sowie andere Beiträge zur Heimatgeschichte, die aber größtenteils unveröffentlicht blieben. Publiziert wurde der Kirchenführer der Pfarrkirche Johannes Baptist Sulzemoos und das Buch »Postkarten aus dem Dachauer Land« (1993).

Hubert Eberl,
geboren 1958, aufgewachsen und wohnhaft in Bergkirchen, Polizeibeamter bei der Bereitschaftspolizei in Dachau. Schon seit jungen Jahren in

verschiedenen Vereinen aktiv und an regionaler Geschichte interessiert. Mitarbeiter der Agenda Dorfgeschichte in Bergkirchen.

Hedy Esters,

geboren 1953 in Köln, Diplom-Bibliothekarin, zuletzt Leiterin der Bibliothek und des Archivs des Deutschen Alpenvereins in München, lebt seit 1978 in Ampermoching und engagiert sich in der »Geschichtswerkstatt des Landkreises Dachau«.

Heinrich Fitger,

geboren 1938 in Bremen, lebt seit 1991 in Weichs; Jurist im Ruhestand. Seit 2008 Gemeinderat und Kulturreferent der Gemeinde Weichs. Zahlreiche heimatgeschichtliche Veröffentlichungen in den Weichser Heimatblättern und in der Festschrift »1200 Jahre Weichs« (2007).

Hiltrud Frühauf,

geboren 1942 im Landkreis Eichstätt. Bis 2004 Lehrerin für Englisch und Geschichte am Oskar-Maria-Graf-Gymnasium in Neufahrn b. Freising. Lebt seit 40 Jahren in Haimhausen. Mitarbeit bei der Geschichtswerkstatt im Landkreis Dachau und beim Arbeitskreis Ortsgeschichte des Haimhauser Kulturkreises. Qualifizierung zur Kirchenführerin durch das Dachauer Forum.

Dr. Norbert Göttler,

geboren 1959 in Dachau. Theologe und Historiker, arbeitet als Schriftsteller, Publizist und Fernsehregisseur. Mitglied des deutschschweizer PEN-Zentrums. Von 2001–2011 nebenamtlicher Kreisheimatpfleger des Landkreises Dachau, seit 2012 hauptamtlicher Bezirksheimatpfleger von Oberbayern.

Wolfgang Graf,

geboren 1956 in Altomünster, 2. Bürgermeister der Gemeinde. Verfasser von einigen Vereinschroniken und Mitautor des Heimatbuches Altomünster und »Nach der ›Stunde Null‹ – Stadt und Landkreis Dachau 1945 bis 1949«.

Simbert Greppmair,

geboren 1956, aufgewachsen in Odelzhausen, Studium der Betriebswirtschaft, Inhaber eines Autohauses in Odelzhausen bis er sein Interesse für Geschichtsforschung entdeckte.

Helmut Größ,
geboren 1943 in München, aufgewachsen in Esterhofen/Vierkirchen, Ingenieur. Qualifizierung durch KAD/Region Aktiv 2004–2005 zum Heimatforscher/Heimatpfleger, Redakteur der Vierkirchner Heimatblätter »Haus, Hof und Heimat«.

Prof. Dr. Ernst-Michael Hackbarth,
geboren 1943, Studium an der RWTH Aachen, Bundeswehr, amtl. anerkannter Sachverständiger für den Kfz-Verkehr, 1989 bis 2008 Professor für Kfz-Technik an der UniBwM in Neubiberg. Seit 1979 wohnhaft in Pfaffenhofen a. d. Glonn

Josef Haas,
geboren 1941, war Kämmerer in der Gemeinde Bergkirchen. Seit mehr als 40 Jahren ehrenamtliche Tätigkeiten in der Gemeinde Bergkirchen und im TSV-Bergkirchen. Mitarbeiter der Agenda Dorfgeschichte Bergkirchen mit Schwerpunkt Haus- und Hofchroniken und der Befragung und Aufzeichnung der Lebensgeschichten von Zeitzeugen.

Ursula Kohn,
geboren 1957 in Odelzhausen und dort aufgewachsen. Nach dem Abitur Ausbildung zur Landwirtschaftsmeisterin. Inhaberin des Schlosshotels Odelzhausen. Als Mitgründerin von Kult A8 organisiert sie eine Vielzahl von kulturellen Veranstaltungen. Schon seit Gründung der Geschichtswerkstatt in der Erforschung der Regionalgeschichte aktiv.

Hans Kornprobst,
geboren 1964 in Markt Indersdorf, wo er heute noch lebt. Sparkassenbetriebswirt, tätig bei der Sparkasse Dachau, Vorstandsmitglied im Heimatverein Indersdorf e. V., verschiedene Veröffentlichungen zur Heimatgeschichte, Führungen durch Kirche und Kloster Indersdorf, Idee, Konzeption und Texte für das Augustiner-Chorherren-Museum in Markt Indersdorf.

Karl Kühbandner,
geboren 1945, Studium der Germanistik, Geschichte, Politischen Wissenschaft in München und Tübingen, von 1981 bis 2010 Lehrer für Deutsch, Geschichte, Sozialkunde und Ethik am Josef-Effner-Gymnasium in Dachau.

Michael Lechner,
geboren 1938, aufgewachsen in Hilgertshausen-Michelskirchen, Landwirt im Nebenerwerb und Maurer, Gemeinderatsmitglied, Bauernverband-Vorsitzender. Führt lebensgeschichtliche Interviews für die Aufarbeitung der Ortsgeschichte.

Josef Mayr,
geboren 1943, Besuch des Domgymnasiums Freising, Lehrer in Tandern von 1970–2007.

Cornelia Reim M.A.,
geboren in Dachau, studierte Neuere und Mittelalterliche Geschichte sowie Deutsch als Fremdsprache an der Universität München. Mitglied in mehreren Chören in Dachau und München. Seit einigen Jahren im Rahmen der Geschichtswerkstatt im Landkreis Dachau Beschäftigung mit der regionalen Zeitgeschichte, insbesondere Erforschung des örtlichen Musik- und Literaturlebens.

Petra Röhrle,
geboren 1947, Studium an der LMU: Germanistik, Geschichte und Politik, Abschluss 1. Staatsexamen für das Lehramt an Gymnasien und Magister Artium, 2. Staatsexamen und anschließender Schuldienst am Gymnasium München/Moosach, seit 2012 pensioniert, verheiratet, zwei Kinder, wohnhaft in Karlsfeld, Rothschwaige.

Helmut Rumrich,
geboren 1949, in Röhrmoos aufgewachsen, Volksschullehrer. Zulassungsarbeit »Monographie über die Gemeinde Röhrmoos« für das Lehramt an Volksschulen. Mitautor von drei Bildbänden über die Gemeinde Röhrmoos. Seit 1996 Mitarbeiter an den »Röhrmooser Heimatblättern«.

Jakob Schlatterer,
geboren 1941 in Aichach, lebt seit 1966 in Hilgertshausen, von 1966 bis 2000 Bauingenieur in Ingolstadt; seit 40 Jahren Kirchenpfleger in Hilgerthausen, Qualifizierung zum Heimatpfleger.

Thomas Schlichenmayer,

geb. 1950 in Stuttgart, Architekt, zuletzt Leiter des Bauamtes der Gemeinde Karlsfeld; lebt seit 1978 in Ampermoching und engagiert sich in der »Geschichtswerkstatt des Landkreises Dachau«.

Ernst August Spiegel,

geboren 1938 in München, aufgewachsen in Peiting und Schongau. Berufsschullehrer für elektrische Energietechnik bei der Landeshauptstadt München. Mitverfasser der Ortschronik von Schwabhausen (2005) und Mitarbeiter bei der Geschichtswerkstatt im Landkreis Dachau.

Blasius Thätter,

geboren 1936, war als Lehrer an Volksschulen und an der Kreisförderschule in Dachau tätig. Als Politiker 36 Jahre im Gemeinderat, 24 Jahre im Kreistag und 14 Jahre im bayerischen Landtag. Hat sein Interesse an Geschichte literarisch verarbeitet: »Der Brand des Dorfes im Jahre 1823. Ein Beitrag zur Dorfgeschichte von Großberghofen« und »Das Milchholen«.

Franz Taler,

geboren 1936, in Röhrmoos aufgewachsen, Papiermachermeister. Seit 1966 Zusammenstellen eines Bildarchivs von Ereignissen der Gemeinde. Mitautor von drei Bildbänden über die Gemeinde Röhrmoos. Seit 1996 Mitarbeiter an den Röhrmooser Heimatblättern.

Thomas Vötter,

geboren 1949, aufgewachsen in Gaggers, jetzt wohnhaft in Markt Indersdorf. Bis 2009 Mitarbeiter der Volksbank Dachau. Seit 1. Mai 2010 Koordinator der Geschichtswerkstatt im Landkreis Dachau.

Anna Ziller,

geboren 1989, seit 2009 Studium der Germanistik sowie der Kultur- und Medienwissenschaften an der Ludwig-Maximilians-Universität in München.

Wir danken herzlich unseren Förderern

Landkreis Dachau

Volksbank Dachau

Betriebskrankenkasse der A. T. U.

Große Kreisstadt Dachau

Sparkasse Dachau, Stiftung Bildung & Wissenschaft

Raiffeisenbank Pfaffenhofen an der Glonn

Dachauer Diskurse

Herausgegeben von Nina Ritz, Bernhard Schoßig und Robert Sigel

Band 8: Annegret Braun, Norbert Göttler (Hrsg.): **Nach der »Stunde Null« II** · Historische Nahaufnahmen aus den Gemeinden des Landkreises Dachau 1945 bis 1949
2013 · 532 Seiten · ISBN 978-3-8316-4288-5

Band 7: Ruth Elisabeth Bullinger: **Belastet oder entlastet?** · Dachauer Frauen im Entnazifizierungsverfahren
2013 · 160 Seiten · ISBN 978-3-8316-4204-5

Band 6: Kerstin Schwenke: **Dachauer Gedenkorte zwischen Vergessen und Erinnern** · Die Massengräber am Leitenberg und der ehemalige SS-Schießplatz bei Hebertshausen nach 1945
2012 · 146 Seiten · ISBN 978-3-8316-4096-6

Band 5: Bernhard Schoßig (Hrsg.): **Historisch-politische Bildung und Gedenkstättenarbeit als Aufgabe der Jugendarbeit in Bayern** · Einrichtungen – Projekte – Konzepte · Gautinger Protokolle 41
2011 · 234 Seiten · ISBN 978-3-8316-4054-6

Band 4: Christian König: **Der Dokumentarfilm »KZ Dachau«** · Entstehungsgeschichte – Filmanalyse – Geschichtsdeutung
2010 · 178 Seiten · ISBN 978-3-8316-0966-6

Band 3: Petra Schreiner: **Veränderungen des Gedenkens** · Die Gedenkfeiern der bayerischen Gewerkschaftsjugend im ehemaligen Konzentrationslager Dachau 1952–2006
2008 · 152 Seiten · ISBN 978-3-8316-0842-3

Band 2: Norbert Göttler (Hrsg.): **Nach der »Stunde Null«** · Stadt und Landkreis Dachau 1945 bis 1949
2008 · 406 Seiten · ISBN 978-3-8316-0803-4

Band 1: Daniella Seidl: **Zwischen Himmel und Hölle** · Das Kommando ›Plantage‹ des Konzentrationslagers Dachau
2008 · 192 Seiten · ISBN 978-3-8316-0729-7

Erhältlich im Buchhandel oder direkt beim Verlag:
Herbert Utz Verlag GmbH, München
089-277791-00 · info@utzverlag.de

Gesamtverzeichnis mit mehr als 3000 lieferbaren Titeln: www.utzverlag.de